AF154156

Ludwig Gumplowicz

Verwaltungslehre

Ludwig Gumplowicz

Verwaltungslehre

ISBN/EAN: 9783743314535

Hergestellt in Europa, USA, Kanada, Australien, Japan

Cover: Foto ©Andreas Hilbeck / pixelio.de

Manufactured and distributed by brebook publishing software
(www.brebook.com)

Ludwig Gumplowicz

Verwaltungslehre

Verwaltungslehre

mit besonderer Berücksichtigung

des

österreichischen Verwaltungsrechts

von

Dr. Ludwig Gumplowicz,

Universitäts-Docent in Graz.

Innsbruck,
Verlag der Wagner'schen Universitäts-Buchhandlung.
1882.

Inhalt.

Einleitung.

A. Thätigkeit des Staates zum Zwecke der Selbsterhaltung.

I. Wehrverwaltung.

II. Finanzverwaltung.

Der Staat ist die Organisation (Einrichtung) der Herrschaft, ohne die man sich ein höher geordnetes Zusammenleben der Menschen nicht denken kann. Ohne Staat leben nur wilde Menschenhorden und sogenannte Naturvölker; aber Cultur und Civilisation ist nur im Staate möglich.

Weil Cultur und Civilisation zu den höchsten Gütern der Menschen gehören und wir derselben nur im Staat und durch den Staat theilhaftig werden: so betrachten wir die Förderung derselben heutzutage als specifische Aufgabe des Staates.

Soll der Staat an der Lösung dieser Aufgabe arbeiten, so muß er vorerst sich selbst zu erhalten trachten.

Diese Selbsterhaltung des Staates, zu der er übrigens durch natürliche Triebe seiner socialen Bestandtheile gedrängt wird, diese Culturaufgabe, die ihm heutzutage die gebildete Menschheit zuweist, erheischen seinerseits die Entfaltung einer geordneten Thätigkeit, deren gesammten Inbegriff wir eben Verwaltung nennen.

Anm. a) Eine genaue und concise Begriffsbestimmung der Verwaltungslehre sucht man merkwürdigerweise bei den Staatslehrern, bei denen es an einer klaren Begriffsbestimmung der Verwaltung überhaupt fehlt, vergebens. Die älteren, wie z. B. Mohl, beschäftigen sich meist nur mit „Polizeiwissenschaft", deren Begriffsbestimmung viel zu eng ist für die Verwaltungslehre. Auch Bluntschli ist schwankend und herumtastend. Indem er von dem „Wesen der Regierungsgewalt" ausgeht, die sich „zu den andern Theilgewalten wie das Haupt zu den Gliedern des Leibes" verhält, gelangt er auf folgende Weise zur Definition der Verwaltung: „Bezieht sich diese Gewalt auf die Leitung des Staates im Großen und Ganzen, so heißen wir sie politische Regierung (gouvernement politique), bezieht sie sich auf das Kleine und Einzelne, so heißen wir sie Verwaltung (Administration)". (Lehre vom modernen Staat I. 595.) Diese Definition bleibt so lange unverständlich, bis man nicht weiß, was man im Staate unter Großem und Ganzem und unter Kleinem und Einzelnem zu verstehen hat. Und dann gehört ja das Einzelne oft zum Großen und das Ganze zum Kleinen. Was soll man mit solchen Definitionen anfangen?

Uebrigens behandelt Bluntschli in seiner Staatslehre die Gegenstände der sogenannten inneren Verwaltung noch unter der Rubrik: Polizei und da müssen wir eigentlich seine Auffassung der Verwaltung suchen. Freilich, eine klare und bündige Begriffsbestimmung derselben zu finden, dürfen wir bei Bluntschli nicht hoffen. „Erst allmählig gelingt es, meint er, den modernen Begriff der Polizei ins Klare zu bringen." (II. 273). „Ihr Beruf ist, heißt es dann, nicht zu strafen sondern zu sorgen." „Die öffentliche Wohlfahrt ist das Ziel all ihrer Handlungen." Sodann wird uns über Polizei bei den Römern, im germanischen Mittelalter und gegen das Ende des Mittelalters einiges ganz Allgemeine erzählt, worauf der Abschnitt über „das Wesen der Polizei" also schließt: „Aus diesen Schwankungen in das ruhige Gleichgewicht zu kommen und die Polizei von Neuem mit dem Geiste der Moral und der Ehre zu beleben und zu veredeln, das ist die staatliche Aufgabe der Zukunft". Mit solchen Phrasen will die herrschende Staatslehre den Mangel klarer wissenschaftlicher Begriffe verdecken. Da hat es ja der von Bluntschli sehr hoch gehaltene und zu obiger Stelle citirte Rohmer noch besser verstanden; der sagt einfach: „Freies Durchgreifen im richtigen Augenblicke ist das Wesen der Polizei." — Im britten Bande endlich seiner Staatslehre beantwortet Bluntschli die aufgeworfene Frage. „Was ist Verwaltung?" damit daß: „Der Begriff der Verwaltung noch sehr vielbeutig ist" (III. 465) worauf er dann viele Erklärungen anführt, ohne sich selbst klar darüber auszusprechen.

Die neueren wie z. B. Stein definiren meist das „Verwaltungsrecht" oder nur die einzelnen Theile, in der sie die Verwaltungslehre zerlegten also äußere, innere Verwaltungslehre.

Gerstner definirt die „Staatsverwaltungslehre" folgendermaßen: „Ergiebt sich die Verfassung als die ruhende Basis, die Verwaltung als das bewegte und Bewegung erzeugende Element des Staatsorganismus, so enthält unser Wissensgebiet die Grund- und Lehrsätze, welche die Staatsgewalt als handelndes und thätiges Prinzip in der Verwirklichung der Staatszwecke zu verfolgen hat. Oder definiren wir kürzer: unsere Wissenschaft hat die Lehren von der praktischen Verwirklichung und Durchführung der Staatsidee zum Gegenstand." Offenbar denkt hier Gerstner an die gesammte Thätigkeit der Staatsgewalt. Diese seine Auffassung geht auch aus folgender Stelle hervor: „Die Verwaltungslehren des materiellen Gebietes begegnen uns in der Bevölkerungswissenschaft, der Gesundheitspolizei, der Nationalöconomie, der Finanzwissenschaft und der Militärverwaltung. Die geistigen Interessen finden ihre Würdigung und Fürsorge in der Culturpolitik, in der Sittlichkeitspolizei, und die Grundsätze für die Handhabung der Rechtsordnung entwickelt die Justizverwaltung und Sicherheitspolizei." Gerstner Grundlehren der Staatsverwaltung. Würzburg 1862. I. 222. vgl. dazu unten § 10 Anm.

Anm. b) Kunde, Lehre und Wissenschaft, diese drei Begriffe sind genau zu unterscheiden und sie bezeichnen auch den Entwicklungsgang jeden Zweiges des menschlichen Wissens und geistiger Arbeit. Mit der bloßen, nackten Kunde eines Gegenstandes beginnt man, um zur Lehre und Wissenschaft aufzusteigen. Derselbe Gang wiederholt sich auf allen Gebieten des Wissens. Was speziell die Verwaltung anbelangt und ihre literarische Behandlung in Oesterreich in der Neuzeit, so sind für dieselbe charakteristisch Stubenrauch's: Verwaltungsgesetzkunde 1856. Stein's Verwaltungslehre 1865, die freilich schon den Anspruch erheben darf, die Verwaltungswissenschaft angebahnt, ja sogar begründet zu haben. Wir erklären die Verwaltungslehre als Lehre von der Thätigkeit der Staatsgewalt. Was muß nun der Inhalt einer solchen Lehre sein, damit sie nicht bloße unwissenschaftliche Kunde sei?

Zu diesem Zwecke ist es nicht genug, die Thätigkeit und das thatsächliche Vorgehen der Staatsgewalt auf den einzelnen Gebieten ihres Wirkungskreises objektiv wiederzugeben, darüber bloß zu referiren — sondern es muß das Wesen dieser Thätigkeit dargelegt werden. Dieses kann aber nur durch ein Zurückgreifen auf den historischen Werdeproceß geschehen, wenn man die Art und Weise des Entstehens und Inslebenstretens dieser Thätigkeit betrachtet, die Triebfedern, die seine allmählige Entwicklung förderten und die Richtung in der diese Entwicklung begriffen ist, untersucht. Nur dann und auf diese Weise stellt sich die einzelne Thätigkeit der Staatsgewalt nicht als bloße Thatsache dar, von der man eine Kunde hat, sondern als ein wissenschaftlicher Begriff, den man kennen lernt, über den man belehrt wird.

Verwaltungs-Wissenschaft und Verwaltungs-Lehre.

§ 2.

Aus der angegebenen Begriffsbestimmung von Wissenschaft und Lehre, von Staat und Verwaltung ergiebt sich die Erklärung der Worte Staatswissenschaft und Staatslehre, Verwaltungswissenschaft und Verwaltungslehre von selbst. Die Staatswissenschaft betrachtet den Staat im Allgemeinen, seine Entstehung und sein Wesen, seine Entwicklung und die Gesetze, nach denen sich dieselbe vollzieht. Staatswissenschaft ist die Philosophie des Staates, fruchtbringend, wenn sie auf geschichtlicher Basis ruht, wenn sie ohne Vorurtheil und vorgefaßte Meinung den Staat der Geschichte, in seiner wirklichen Erscheinung betrachtet und nach inductiver Methode das Naturgesetz seiner Entwicklung zu erforschen strebt. Oft nannte man minder passend eben diese Wissenschaft Staatslehre; unter dieser letzteren sollte man vielmehr pädagogische Einführung in die Organisation eines bestimmten Staates oder einer Gruppe von Staaten, die sich auf ähnlicher Entwicklungsstufe befinden, wie z. B. die constitutionellen

Staaten Europa's verstehen. Der begriffliche Unterschied zwischen Wissenschaft und Lehre sollte auch die Begriffe Staatswissenschaft und Staatslehre strenge scheiden.

Wie die Verwaltung eine Seite des Staates bildet, so kann man sich eine Verwaltungswissenschaft als Theil der Staatswissenschaft denken. Ihr Inhalt wäre sodann die Darstellung der Entwicklung der Staatsverwaltung; die Darlegung der Richtungen, die dieselbe zu verschiedenen Zeiten verfolgte, der Aufgaben, die sie sich stellte; der Ideen, die in dieser Entwicklung der Verwaltung zum Ausdruck gelangen und der dieser Entwicklung etwa zu Grunde liegenden Gesetze. Eine solche Verwaltungswissenschaft gehört noch der Zukunft an. Doch kann auch heute die Verwaltungslehre mehr oder minder wissenschaftlich dargelegt werden. Beschränkt sich dieselbe auf die bloße Darstellung der in einem bestimmten Staate für den öffentlichen Dienst und die öffentliche Verwaltung bestehenden Gesetze und Vorschriften, dann verdient sie wohl nur den Namen einer: Verwaltungsgesetzkunde [1]. Die Verwaltungslehre soll schon etwas mehr bieten. Sie soll nicht nur die bestehenden Einrichtungen und Gesetze eines bestehenden Staates kennen lehren, sondern auf ihre Entstehung und Bedeutung, auf ihren Geist und den Zweck, den sie befolgen, endlich auch auf die etwa wünschenswerthe Fortentwicklung der einzelnen Einrichtungen und Gesetze Rücksicht nehmen. Auch soll die Verwaltungslehre, um die Bedeutung und den Geist der Einrichtungen und Gesetze eines bestimmten Staates dem Verständnisse näher zu bringen, auf die Entwicklung derselben Einrichtungen und ihren Bestand in anderen Staaten hinweisen.

Eine solche mehr wissenschaftliche Verwaltungslehre, die die Anforderungen der Wissenschaft mit denen der Lehre verbindet, ist der Hochschule allein würdig und bewahrt den künftigen Staatsbeamten vor dem geistlosen Untergehen in den positiven Normen und Bestimmungen. Eine solche Verwaltungslehre wollen wir in diesem Buche in gedrängtem Umriß zur Darstellung bringen.

---

[1] Eine solche liefert **Mayrhofer** in seinem inhaltreichen Werke: Handbuch für den politischen Verwaltungsdienst in den österreichischen Ländern ꝛc. vierte Auflage, Wien, Manz 1881.

Verwaltungspolitik.

§ 3.

Noch immer wird Wissenschaft von den verschiedensten Fach=
männern in der Bedeutung der Lehre gebraucht und darunter der
Inbegriff der Regeln und Sätze verstanden, welche die beste Art und
Weise demonstriren sollen, wie etwas zu machen sei. So wird die
Wissenschaft der Nationalöconomie nicht als die Wissenschaft vom Ver=
kehr aufgefaßt, sondern als die Lehre, wie ein Volk reich werden
solle. So definirt Rau die Finanzwissenschaft als „die Wissenschaft
von der besten Einrichtung der Regierungswirtschaft oder von
der besten Befriedigungsweise der Staatsbedürfnisse durch sachliche
Güter". Die Wissenschaft wird auf diese Weise zum bloßen Mittel
für materielle Zwecke herabgewürdigt. Nach dieser Auffassung wäre
consequenterweise die Verwaltungslehre die Lehre, wie ein Staat am
besten zu verwalten sei.

Eine solche Auffassung beruht auf einer unrichtigen Voraus=
setzung, nähmlich, daß sowohl der Staat selbst, seine Gründung und
seine Entwicklung Werke der menschlichen Freiheit sind [1]). Dem ist
nicht so. Sowohl das Entstehen wie der ganze Entwicklungsgang der

---

[1]) Neuerdings noch, nachdem diese irrthümliche Ansicht zu wiederholten=
malen schon in philosophischen Schriften gründlich wiederlegt wurde, wird die=
selbe von einer staatsrechtlichen Autorität, von Sarwey vorgebracht. (Das
öffentliche Recht und die Verwaltungsrechtspflege Tübingen 1880.) Es muß
sehr beklagt werden, daß die Staatsrechtslehrer so ganz und gar den Fortschritt
der menschlichen Erkenntniß auf allen andern Gebieten ignoriren und auf ihrem
Isolierschemel noch immer den alten Hegel als alleinigen Born aller Staats=
weisheit ausbeuten. „Die Rechtsordnung und ihre Wahrung, schreibt
Sarwey l. c. S. 13, ist schlechthin der Ausfluß des menschlichen Willens,
das Produkt seiner That, jedoch nicht jedes beliebigen Einzelnen, sondern des
oder derjenigen Einzelnen, welche die Organe der Volkseinheit sind. Die That
dieser Einzelnen ist der von Hegel sogenannte allgemeine Wille; eine der
Aeußerungen des Staatswillens, welche als bestimmender Wille fortwirkt. Wir
können die Rechtsordnung auch als Produkt eines qualificirten Willensaktes in=
sofern bezeichnen, als jede Rechtsordnung stets den Ausdruck des allgemeinen
Willens, des Willens des Volkes sein muß und doch stets nur durch die
That des Einzelnen entsteht . . ." Auf solchen Hegel'schen Sätzen, die in eine
philosophische Antiquitätenausstellung hineingehören, werden im Jahre 1880
von staatsrechtlichen Autoritäten staatsrechtliche Theorieen aufgebaut.

Staaten sind naturnothwendige Processe, auf die eine menschliche Freiheit nur einen scheinbaren Einfluß übt. Alle Factoren des Staates, alle socialen Bestandtheile desselben handeln stets gemäß der zwingenden Natur ihrer Interessen. Nun ist das Resultat des Zusammenwirkens der Handlungsweise und der Thätigkeiten dieser verschiedenen socialen Bestandtheile oft ein, für den einen oder anderen derselben ungünstiges; der reflectirende Menschengeist ist oft mit dem durch dieses Zusammenwirken erzeugten Zustande nicht zufriedengestellt. Er besitzt die traurige Gabe, sich einen besseren Zustand vorstellen zu können. In Folge dessen ist er im Stande, jenes Zusammenwirken zu kritisiren, und verlangt bald hier bald dort ein anderes Vorgehen, eine Correctur der Handlungsweise. Diese Postulate sind aber der Natur der Sache nach immer subjectiv, und wenn sie auch als solche noch so vernünftig sind, so können sie doch der objectiven Vernünftigkeit der geschichtlichen Entwicklung nie ganz entsprechen. Daher kommt es, daß das, was vom subjectiven Standpunkte vom Staat verlangt wird, sich nie und nimmer realisirt, und in so ferne die Verwaltungslehre solche Postulate formulirt, bleibt sie immer in der Sphäre der Ideale.

Es entsteht nun die Frage, ob denn in Folge dieser ewigen Kluft zwischen dem Subjektiv= und Objektiv = Vernünftigen die Verwaltungswissenschaft nie und nimmer dem Staate, respektive der Staatsgewalt einen vernünftigen Rath ertheilen kann? Ob sie denn immer dazu verurtheilt ist, nur Geschehenes zu constatiren und sich über das zu Geschehende, über das von der Staatsgewalt Vorzunehmende gar kein Urtheil, keine Meinung gestatten darf? Nun das Letztere kann und darf sie allerdings, wiewohl in sehr beschränkten Grenzen, die wir hier ungefähr andeuten wollen.

Alles Dasjenige, was aus dem innersten Wesen des Staates fließt, was seiner innersten Natur entspricht, und ihr gemäß geschieht, das zu ändern ist keine Wissenschaft im Stande. Und sollte dieses auch dem subjectiven Geiste widerstreben, sollte es ihn nicht befriedigen, so wäre es doch unvernünftig, hier eine Aenderung anzustreben. Eben so wie es im natürlichen Lebensgange Dinge und Nothwendigkeiten gibt, die dem subjectiven Geiste widerstreben, die ihm unvernünftig und ungerecht erscheinen müssen, und die er doch nicht ändern kann und deren Änderung zu verlangen barer Unsinn wäre;

ebenso gibt es auch in der natürlichen Entwicklung und im natür=
lichen Lebensgange des Staates Dinge und Nothwendigkeiten, die dem
subjektiven Geiste als unvernünftig und ungerecht erscheinen, die je=
doch nie und nimmer geändert werden können. Gegen solche Er=
scheinungen und Nothwendigkeiten anzukämpfen ist ein unnützes und
unsinniges Beginnen.

Dagegen kann die Wissenschaft allerdings durch Beobachtungen
constatiren, wie die Staatsgewalt, um gewisse Zwecke zu erreichen,
im Laufe der geschichtlichen Entwicklung sich zu verschiedenen Malen
verschiedener Mittel bediente, und wie sie durch die einen Mittel
die erstrebten Zwecke leichter und schneller erreichte als durch die anderen.
In solchen Fällen sind allerdings die Resultate der Wissenschaft für den
Staat von praktischem Nutzen, ihre Rathschläge heilsam. Denn in
solchen Fällen können ihm dieselben ein unnützes Experimentiren er=
sparen und die Zickzack=Wege menschlicher Unkenntniß und Kurzsich=
tigkeit abkürzen. In dieser letzteren Beziehung ist nun die Ver=
waltungswissenschaft, wenn sie sich die angedeuteten Grenzen gegen=
wärtig hält, für Staatsmänner und Verwaltungsbeamte von nicht
zu unterschätzender Wichtigkeit und von praktischem Nutzen, und
wenn sie sich speziell die Aufabe stellt, die Resultate ihres Forschens
und ihrer Erkenntnisse nach dieser Richtung hin zu verwerthen, so
gestaltet sie sich zur Verwaltungspolitik — d. h. zu einer Lehre,
die nicht nur über Gewordenes und Bestehendes Aufschluß giebt,
sondern zugleich in jeder speziellen Frage Mittel angiebt, wie die
anzustrebenden Zwecke zu erreichen sind.

Soll nun die Verwaltungslehre ihrem mehr praktischen Zwecke
entsprechen, so muß sie trachten, neben der Belehrung über Bestan=
denes und Bestehendes auch gewisse wissenschaftlich begründete Mei=
nungen und Andeutungen über die Fortentwicklung der einzelnen
Verwaltungsthätigkeiten, über die Zweckmäßigkeit der einzelnen Ver=
waltungsmaßregeln zu äußern. Mit anderen Worten, die Verwal=
tungslehre muß, um ihrem Zwecke besser zu entsprechen, das Gebiet
der Verwaltungspolitik betreten und an die Beleuchtung der einzelnen
Verwaltungszweige die entsprechenden verwaltungspolitischen Winke
und Ausführungen knüpfen.

Wenn aber nun schon bei der Verwaltungslehre an und für
sich die Frage von Wichtigkeit ist, von welchem Standpunkte aus

dieselbe behandelt wird; so ist das noch mehr der Fall bei der Ver=
waltungspolitik, die wie all und jede „Politik" nie und nimmer einen
allgemeinen, sondern der Natur der Sache nach einen einseitigen
Standpunkt einnehmen muß.

Um diese Frage beantworten zu können, müssen wir uns über=
haupt über die Bedeutung des Standpunktes der Bearbeitung der
Verwaltungslehre und Politik klar werden.

Die Wissenschaft schlechtweg, da sie sich selbst Zweck ist, kennt nur einen
Standpunkt — den des möglichst objektiven Forschens nach Wahrheit.

Hingegen muß jede Lehre, die zugleich einen praktischen Zweck
befolgt, bei der die Kenntniß und Erkenntniß nur Mittel ist zu einem
Zwecke, den Standpunkt ihrer Betrachtung diesem Zwecke entsprechend
wählen. Die Verwaltungslehre ist nun so wie die Staatslehre über=
haupt von verschiedenen Standpunkten aus behandelt worden. Man
hat oft die bestehenden Einrichtungen im Staat zu dem Zweck be=
leuchtet und dargestellt, um die Unhaltbarkeit, ja um die Ungerecht=
tigkeit derselben zu erweisen. Oder man hat auch einzelne Zweige
der Verwaltung in der Absicht zum Gegenstande der Darstellung
genommen, um das Drückende derselben und die Nachtheile, die daraus
für das Volk oder einzelne Theile desselben entstehen zu demonstriren.
Man könnte einen solchen Standpunkt im allgemeinen einen oposi=
tionellen oder reformatorischen nennen, und derselbe kann speziell ein
kirchlicher, liberaler, nationaler u. s. w. sein. Die Verwaltungslehre
kann aber auch rein vom staatlichen Standpunkt behandelt werden,
wobei das Bestehende nur vom Standpunkt des Staatsinteresses aus
beleuchtet und erklärt wird. Offenbar ist es dieser letztere Stand=
punct, von dem aus die Verwaltungslehre behandelt werden muß,
wenn sie für angehende Beamte des Staates, für Männer, die sich
dem Staatsdienst widmen, von Nutzen sein soll.

Das hier von der Verwaltungslehre im allgemeinen Gesagte
gilt in viel höherem Maße von der Verwaltungspolitik, wie
wir das gleich sehen werden.

Standpunkt der Verwaltungspolitik.

§ 4.

Jede Politik ist ein Complex oder System von Rathschlägen
und Anweisungen zum praktischen Handeln. Jeder Rathschlag, jede

Anweisung kann nur dann gut und vernünftig sein, wenn sie zweck=
entsprechend sind, d. h., wenn durch ihre Befolgung irgend ein con=
creter Zweck leichter und besser erreicht werden kann. Nun haben
die Menschen im wirklichen Leben keine gemeinschaftlichen Zwecke,
welche sie alle gleich anstreben. Je nach der Stellung in Staat
und Gesellschaft, je nach Maßgabe der Macht und des Wohlstandes
sind die von ihnen anzustrebenden Zwecke verschieden. Nichts beein=
flußt aber so den Unterschied der Zwecke, als der Gegensatz der Herr=
schenden und Beherrschten.

In jeder gegebenen Frage des praktischen, staatlichen und ge=
sellschaftlichen Lebens drückt sich jener Gegensatz in einem Gegensatz
der angestrebten Ziele aus. In jeder concreten Frage der Tages=
politik tritt bezüglich des Zweckes der Gegensatz von Staatsgewalt
und Staatsunterthanen hervor. Kann es nun eine Politik als eine
Lehre von zu ergreifenden Mitteln behufs Erreichung gewisser Zwecke
in der Staatsverwaltung geben, die gleicherweise für beide für
Herrschende und Beherrschte, für den Staat und für die Staats=
unterthanen die passendsten Mittel, die entsprechendste Art und Weise
des Handelns angeben würde?

Das ist nicht möglich.

Soll die Politik als Lehre Werth und Bedeutung haben, so
muß sie vor allem der Ausdruck tiefster Ueberzeugung sein; sie muß
w a h r sein, d. h. aus der innersten Ueberzeugung des Autors fließen;
die Rathschläge, die er giebt, müssen auf wirklichen Erfahrungen
basiren, aus dem tiefsten Denkprocesse des individuellen Geistes re=
sultiren. Nur diese Eigenschaften verleihen den politischen Schriften
großer Staatsmänner ihren unvergänglichen Werth.

Kein Mensch aber kann in Wahrheit zwei Individualitäten be=
sitzen. Sein wahres Denken und Fühlen ist nur eins — sein wahres
Streben immer nur ein einheitliches. Politische Rathschläge, die nur
je von Bedeutung waren, kamen immer aus der Tiefe wirklicher
Ueberzeugung – sie waren immer einseitig, immer vom Standpunkte
des betreffenden Individuums gerechtfertigt.

Es ist also bei jeder Politik, und speciell hier bei der Be=
handlung der Verwaltungspolitik von Wichtigkeit, den Standpunkt
zu kennen, von dem aus die Rathschläge gegeben werden, den Zweck
den sie verfolgen[a]).

Der Standpunkt nun, den wir in diesem Buche einnehmen, ergiebt sich schon aus der oben erwähnten Bestimmung desselben. Es
soll ein Handbuch sein für Staatsdiener, für Beamte, für Politiker
und Staatsmänner. Auf welchem Standpunkte nun stehen diese,
auf welchem haben sie zu stehen? Offenbar auf dem Standpunkte
des Staates. Der staatliche Standpunkt also ist es, der in diesem
Buche immer und überall sich geltend macht.

Es wäre ja auch eine Thorheit, eine Verwaltungslehre und
Politik von einem andern Standpunkt schreiben zu wollen.

Denn wenn Verwaltungslehre und Politik einen praktischen
Zweck haben soll, dann muß sie ja für solche geschrieben werden,
die diese Lehre und Politik im Leben verwerthen können, d. h. für
solche, die in die Lage kommen, an der Verwaltung des Staates
Theil zu nehmen — also für Beamte des Staates, für Politiker
und Staatsmänner. Nun müssen aber der Natur der Sache nach
alle Staatsmänner im weitesten Sinne dieses Wortes, e i n e n Standpunkt gemeinsam haben u. z. den staatlichen, d. h. den Standpunkt
der Staatsgewalt. Dieser ist aber mit dem Staatsinteresse identisch,
denn ohne Staat gäbe es keine Staatsgewalt, ebenso wie es ohne
Staatsgewalt keinen Staat giebt.

Sind nun aber alle Staatsmänner im weitesten Sinne dieses
Wortes auf den staatlichen Standpunkt, auf das Interesse der Staatserhaltung als ihr oberstes Interesse gewiesen, dann kann es ja offenbar
für sie gar keine andere Verwaltungslehre und Politik geben, als eine die
von i h r e m Standpunkte acceptabel ist, die auf demselben Standpunkte
steht, die ebenfalls das Staatsinteresse als ihr oberstes Interesse proclamirt.

Eine Verwaltungslehre und Politik von einem andern Standpunkt behandelt wäre ein Widersinn und hätte gar keinen vernünftigen Zweck.

A n m. a) Staatslehrer und Politiker geben sich oft den
Anschein einen allgemeinen, quasi über allen Parteien erhabenen Standpunkt
einzunehmen; einen Standpunkt, der angeblich nur das allgemeine Beste der
Gesammtheit anstrebt. Von einem solchen allgemeinen Standpunkt gilt vollkommen, was M o h l bei Gelegenheit einer politischen Erörterung des Verhältnisses von Staat und Kirche sagt: „Wenn gewöhnlich und zwar sowohl
in allgemeinen Systemen der Staatskunst als in monographischen Werken, bei
den Erörterungen über das Verhältniß von Staat und Kirche ein Unterschied zwischen den verschiedenen religiösen Zuständen der Völker und

nach verschiedenen Staatsformen nicht gemacht wird, somit die aufgestellten Grundsätze scheinbar eine ganz allgemeine Gültigkeit in
Anspruch nehmen; so ist dieses jeden Falles eine Nachlässigkeit in der
Form, vielleicht aber selbst eine sachlich falsche, wissenschaftliche Behandlung. Ein und dasselbe System von Zweckmäßigkeitsregeln kann doch unmöglich passen auf wesentlich verschiedene Zustände und zur Erreichung entgegengesetzter Zwecke. — Daß dieser Fehler nicht häufiger gerügt, in der Regel
wohl gar nicht bemerkt wird, rührt wohl nur daher, daß sowohl Verfasser als Leser bewußt oder unbewußt von der Annahme ausgehen,
es handle sich von einem bestimmten Zustande und zwar von demjenigen, in welchem wir leben.
Der Fehler ungebührlicher Verallgemeinerung oder wenigstens
Verschweigung des Umstandes, daß bei Aufstellung von
Grundsätzen und Rathschlägen ein konkreter Zustand
vorausgesetzt ist, wird freilich im öffentlichen Rechte und in der
Politik nicht bloß bei der vorliegenden Frage sondern sehr allgemein begangen." (Mohl Staatsrecht, Völkerrecht und Politik
II. 172.)
Als ein Beispiel einer „Politik" von einem solchen allgemeinen
Standpunkt kann Holtzendorfs Buch „Principien der Politik" gelten
auf welches obige Worte Mohl's vollkommen passen.

Verwaltungslehre und Staatsdienst.

§ 5.

In mancher Beziehung erscheint die Frage wichtig, was dem
politischen Beamten noththut. Genügt ihm eine bloße Verwaltungsgesetzkunde, kann er jeder wissenschaftlichen Verwaltungslehre entrathen? Oder braucht er nur einen guten „Katechismus" der Verwaltungspolitik?
Man ist in neuester Zeit vielfach zur Einsicht gelangt, daß der
Staat nicht nur einer zahlreichen, sondern auch einer gebildeten Armee bedarf; man hat erkannt, daß die einfache physische
Kraft des Soldaten allein nicht hinreiche, daß der Soldat auch intelligent sein müsse. Was für den Soldaten die Schießfertigkeit ohne
Intelligenz, das ist für den politischen Beamten die Gesetzkunde ohne
wissenschaftliche Bildung, die Verwaltungsgesetzkunde ohne Verwaltungswissenschaft.
In einer solchen mechanischen Aneignung von bestehenden Gesetzen, in einer solchen geistlosen Verwaltungsgesetzkunde wurzelt das,

jebem Staate gefährliche Unkraut der Bureaukratie, wenn man dieß Wort in seiner schlechten Bedeutung nimmt.

Denn so wie die gesammten öffentlichen Verhältnisse des Staates in steter Entwicklung sich befinden, so schreitet auch jedes politische Gesetz von der Erlassung, durch die Anwendung und Übung zur Reform. Wie Theorie und Praxis das Gesetz erzeugten, so reagiren sie auch stets darauf, fordern dessen Entwicklung und Verbesserung, oder führen dessen Abänderung, Beseitigung und Aufhebung herbei.

Ohne eine solche stetige Entwicklung kann man sich keinen Staat denken. Stillstand wäre da Tod und Verwesung. Ewige Entwicklung ist das Leben des Staates. Mitten in diesem Leben kann der politische Beamte keine todte Maschine bleiben. Soll er das ausübende Organ des Gesetzes sein, so muß er das Gesetz nicht nur kennen, sondern verstehen und begreifen.

Mit der bloßen Kenntniß des Gesetzes steht er starr und kalt dem um ihn wogenden Leben entgegen — wie viele Wunden haben schon jedem Staate Bureaukraten geschlagen!

Dem Justizbeamten mag eine genaue Kenntniß des Gesetzes und die Fertigkeit juristischer Interpretation genügen; er mag aller sonstigen Wissenschaft, er mag dem Leben fremd bleiben, ohne seinem Berufe Eintrag zu thun. Blind für das Leben und dessen Forderungen, blind für die Entwicklung der menschlichen Verhältnisse : braucht er nur für Gesetz und dessen Interpretation offene Augen zu haben, um seinen Pflichten zu genügen. Wird ihm doch seine Göttin mit verbundenen Augen dargestellt! Wie oft ist Schimmel und Schablone seine sicherste Führerin, eine vor Jahren gefällte Entscheidung seine Meisterin!

Wie anders der politische Beamte. Nicht am Rathstisch auf Stößen von Schablonen erschöpft sich sein Beruf; dem pulsirenden Leben tritt er Aug in's Auge gegenüber — mitten in's Gewoge menschlichen Treibens. Wie oft muß er im Drange des Augenblickes in unvorhergesehenen Fällen, wo Verzug in Gefahr, seine Entscheidung treffen, für die es keine Schablone gibt — kein vergilbtes Präjudiz. Da heißt es immer auf der Höhe der Bildung seiner Zeit stehen — sich der großen Verantwortlichkeit bewußt sein, die Staatsgewalt zu repräsentiren und zu vertreten. Kann diesen Anforderungen gegenüber die bloße Verwaltungsgesetzkunde genügen?

Nie und nimmer. Mehr als jedes andere Organ des Staatswillens, mehr als Soldat und Richter muß der politische Beamte auf der Höhe seiner Zeit stehen; nicht nur die Entwicklung der öffentlichen Verhältnisse muß er zu würdigen wissen; sein Geist muß ausgreifen auf alle Gebiete der Wissenschaft, mit denen er immer wieder in Berührung kommt. — Was immer die Verhältnisse der Menschen, was das Leben angeht, alles das muß auch ihn angehen, muß ihn berühren.

Mit nichten also wäre ihm mit einer bloßen „Gesetzkunde" früherer Zeiten gedient. Verwaltungslehre und Wissenschaft, das ist's, was heute dem politischen Beamten Noth thut.

Daß für eine tüchtige wissenschaftliche Ausbildung der künftigen politischen Beamten sowohl an unsern, wie auch an den deutschen rechts- und staatswissenschaftlichen Fakultäten, an denen die juristische Bildung vorwiegt, nicht genügend gesorgt ist, ist allgemein anerkannt. Bei uns trägt daran die noch geltende, auf veralteten Anschauungen des bureaukratischen Staates beruhende Studienordnung von 1850 Schuld — die hoffentlich bald einer Reform unterzogen werden soll.

Die Staatsgewalt[*].

§ 6.

Bevor wir die Lehre von der Thätigkeit der Staatsgewalt beginnen, müssen wir uns erst sie selbst, das Subjekt dieser Thätigkeit, etwas näher ansehen.

Wir müssen uns die Frage stellen: wer ist die Staatsgewalt, wie ist sie beschaffen, welche Entwicklung hat sie durchgemacht[1])?

Die bekannten Eintheilungen der Staaten in Monarchieen, Aristokratien und Demokratien u. dgl.[2]) beziehen sich im Grunde auf die Beschaffenheit und die Form, in der die Staatsgewalt in die äußere Erscheinung tritt. Denn die Staatsgewalt als solche ist immer nur eine — es ist diejenige Gewalt im Staate, die in demselben souverän herrscht, d. h. die keiner andern Gewalt im Staate untergeordnet wird.

---

[1]) Die Frage nach der Entstehung des Staates und der Staatsgewalt gehört in das allgemeine Staatsrecht, keinesfalls in die Verwaltungslehre. Die letztere setzt den Staat und eine Staatsgewalt voraus.

[2]) Siehe darüber unser Phil. Staatsrecht S. 62.

Es ist eine bloße Täuschung, wenn man glaubt, daß es möglich ist, daß irgendwo ein einzelner Mensch diesen allmächtigen, souveränen Willen im Staate üben kann. Der Einzelne, mag er noch so hoch stehen, unterliegt immer dem entscheidenden Einfluß einer machthabenden Minorität — die ihn umgiebt. Was man Camarilla zu nennen pflegte, was als Prätorianerherrschaft bekannt ist, das sind nur extreme, den Völkern unliebsame Aeußerungen dieser nothwendigen Thatsache. In europäischen Staaten pflegt meist ein Kreis von Repräsentanten mächtiger Adelsgeschlechter die Entschließungen der Träger der Krone zu beeinflussen und thatsächlich im Mitbesitze der Staatsgewalt zu sein.

Es kann sich uns aber hier in der Verwaltungslehre nicht um die philosophische Betrachtung und wissenschaftliche Eruirung der wirklichen Inhaber der Staatsgewalt handeln; hier interessirt uns nur die gesetzliche Form, in der die Staatsgewalt in Erscheinung tritt.

Nach der Überwindung nun der absoluten Monarchie in den meisten europäischen Staaten des Continents trat daselbst in unserem Jahrhundert die repräsentative Regierungsform in's Leben. In derselben erscheint die Staatsgewalt im Besitze des Staatsoberhauptes und der Volksvertretung. Wir sagen die Staatsgewalt, ohne uns in die übliche Trennung und Theilung der Staatsgewalten einzulassen. Diese Trennung ist nämlich nur eine theoretische Zerlegung des Begriffes Staatsgewalt in seine einzelnen Merkmale — eine Zerlegung, der freilich die thatsächliche Organisation des Staates und die in derselben durchgeführte Arbeitstheilung den Schein der Berechtigung verleiht.

Thatsächlich kann die Staatsgewalt nur eine sein — und ihre Functionen sind: Gesetzgebung, Justizübung und Regierung. Daß die nothwendige Theilung der Arbeit und Übung der Staatsgewalt es mit sich bringt, daß die einen Gesetze geben, die anderen richten und regieren: das ändert nichts an der Sache. Übrigens ist das Rechtsprechen und Regieren nur eine Ausführurg des Willens des Gesetzgebers, die in seinem Namen geübt wird.

Im Geiste der bestehenden Gesetze also besitzen bei der repräsentativen Regierungsform Staatsoberhaupt und Volksvertretung in Gemeinschaft die Staatsgewalt. Justiz und Regierung sind nur Vollstrecker ihres in den Gesetzen sich offenbarenden Willens. Ein näheres

Eingehen auf die Bildung, Zusammensetzung und Stellung der Staats=
gewalt gehört in die Verfassungslehre und das Verfassungsrecht. Die
Bestimmungen darüber sind in den meisten europäischen Staaten in
den Verfassungsgesetzen enthalten [1]).

Anm. a) Wir glauben nur eine Unklarheit zu vermeiden, wenn
wir die Verwaltung als Thätigkeit der Staatsgewalt und nicht des
Staates darstellen, und überhaupt, das was die Staatsgewalt thut, nicht
als vom „Staat" gethan auffassen, trotzdem auch wir oft der Kürze wegen
statt von der Thätigkeit der Staatsgewalt von der des "Staates" reden.
In der staatsrechtlichen Literatur herrscht aber ganz ernstlich die
entgegengesetzte Anschauung. „Der Staat ist als Person ein handlungs=
fähiges Wesen. Er hat die durch seinen Zweck ihm gestellten Aufgaben
durch freie Thätigkeit zu erfüllen; er vermag, daß nur durch Handlungen
gerade wie der einzelne Mensch ꝛc ꝛc. Diese Worte stehen auch in
Laband's Staatsrecht des deutschen Reiches (II. 166), so wie sie in
hundert andern staatsrechtlichen Werken vorkommen.
Erst war der Staat ein „Organismus"; das dauerte einige De=
cennien; in neuester Zeit ist er wieder Person und handelt nach
Zwecken, um seine Aufgaben zu erfüllen ꝛc. Unseres Erachtens
sind das lauter Abgeschmacktheiten, die nur das klare Verständniß trüben.
Laband hätte consequent an der Ausdrucksweise festhalten sollen, die er
II. S. 201 ganz richtig gebraucht: „Staatsverwaltung kann man daher
definiren als die freie Thätigkeit der Staatsregierung. . . ."

Inhalt und Grenzen der Verwaltungslehre.
§ 7.

Ueber den stofflichen Inhalt und den Umfang der Verwal=
tungslehre herrscht unter den Staatslehrern die größte Uneinigkeit.
Man darf wohl behaupten, daß dieselbe davon herrührt, daß in
der frühesten Zeit, ehe man noch zum klaren Bewußtsein über eine
Verwaltungslehre und ihre Nothwendigkeit gekommen ist: einzelne
Zweige der Verwaltung, deren Wichtigkeit erkannt wurde, zu Gegen=
ständen besonderer Disciplinen gemacht wurden, ohne daß man da=
bei auf ihren Zusammenhang mit der gesammten übrigen Ver=
waltung Rücksicht genommen hätte. So war um nur ein Beispiel
anzuführen die Finanzverwaltung (sehr frühe bereits als Cameral=
verwaltung bekannt) längst schon zum Gegenstand selbständig wissen=
schaftlicher Behandlung und zu einem Lehrgegenstand an Hochschulen

[1]) Die österreichischen sind zusammengestellt in der Manz'schen Gesetz=
sammlung B. 19 „die Staatsgrundgesetze".

gemacht worden, ehe noch der Begriff einer Verwaltungslehre aufge=
dämmert war.

Als man später die Wichtigkeit auch der übrigen Zweige der
Verwaltung erkannte, die bisher noch nicht wissenschaftlich bearbeitet
waren, lag es nahe, diese neu wahrgenommenen Verwaltungszweige
(wie z. B. die Verwaltungsthätigkeit betreffs der Landwirtschaft, des
Handels, der öffentlichen Gesundheitspflege ꝛc.) in eine besondere Lehre
zusammenzufassen, die man Verwaltungslehre im engeren Sinne nannte.

Freilich war es schwer, nachdem einmal der Begriff der Ver=
waltungslehre aufdämmerte, die abgesonderte wissenschaftliche Behand=
lung einiger Verwaltungszweige mit Ausschluß anderer, keineswegs
minder wichtiger, zu rechtfertigen. Man half sich da auf die ver=
schiedenste Weise, indem man z. B. von einer Verwaltung im wei=
teren und engeren Sinne sprach, indem man eine äußere und innere
Verwaltung unterschied. — Auf diese Weise erhielt man einen Vor=
wand mit Ausschluß der von früher her zu besonderen Dis=
ciplinen gestalteten Verwaltungszweige sich in der Verwaltungslehre nur
auf die neu wahrgenommenen Gebiete der „inneren" oder der Ver=
waltung im „engeren Sinne" zu beschränken. In der That aber
war es nur die Scheu ganze selbständig gewordene und selbständig
behandelte Disciplinen als Partien in die neue Lehre aufzunehmen;
eine Scheu, die theilweise darin begründet war, daß jene älteren Dis=
ciplinen, also z. B. die Cameral= oder Finanzwissenschaft im Vergleich
zu den noch wenig bearbeiteten neueren Partien der Verwaltungslehre
gar zu umfangreich und wissenschaftlich entwickelt waren, so daß man
Gefahr lief, die neue Verwaltungslehre nur als ein mageres An=
hängsel jener älteren Disciplinen erscheinen zu lassen.

Andererseits war es aber auch eine praktische Rücksicht, die zu
dieser Selbstbeschränkung der Verwaltungslehre führte, nämlich die,
daß doch jene älteren Disciplinen, wie z. B. die Militärverwaltung,
die Finanzwissenschaft, ohnedieß in besonderen Werken genügende selb=
ständige Behandlung gefunden haben.

Endlich waren es auch ganz äußerliche Umstände, wie z. B.
eine von der Regierung erlassene Prüfungsvorschrift für politische
Beamte, die zu einer solchen principlosen Beschränkung der Verwal=
tungslehre auf einzelne aus dem Ganzen herausgerissene Partien
derselben veranlaßte.

Diese Beeinflussung des Umfangs der wissenschaftlichen Bear=
beitung der Verwaltungslehre durch eine Regierungsverordnung tritt
bei den französischen Verwaltungsrechtslehrern ganz deutlich hervor
und hat bei vielen späteren Schriftstellern auch in Deutschland viel=
leicht unbewußt mitgewirkt.

So begründet La ferrière den Umfang und Inhalt seines Ver=
waltungsrechts ganz offen mit der bezüglichen Prüfungsordnung.

Der Staatsrath, meint er, habe im Jahre 1849 bestimmt, daß
die Prüfungen zur Erlangung des Auditoriats zu umfassen haben:
1. Die Grundsätze des constitutionellen Staatsrechtes, 2. die Verwal=
tungs= und Justiz=Organisation Frankreichs, 3. das Verwaltungsrecht,
4. die Elemente der Nationalöconomie und der Statistik Frankreichs.
„Diese Verfügung des Staatsraths meint Laferrière hat das Ziel
anzugeben, welches sich der Vortrag des Staats= und Verwal=
tungsrechtes an unseren Schulen zu setzen hat [1]).

Ebenso setzt Batbie an die Spitze seines Verwaltungsrechts als
Rechtfertigung und Begründung des in dasselbe aufgenommenen
Lehrstoffes den mit Verordnung vom 31. December 1862 festgesetzten
Lehrplan des Verwaltungsrechts an den Rechtsfacultäten Frankreichs,
dem gemäß er dann in der That sein ganzes Buch einrichtet [2]).

Was Laferrière und Batbie ganz offen thun, die Modelung des
wissenschaftlichen Systems und Umfangs des Verwaltungsrechtes
nach einer Prüfungsordnung, das hat wohl, wenn auch nicht ein=
gestandenermaßen zur fragmentarischen Behandlung der Verwaltungs=
lehre bei uns viel beigetragen. Eine eingehendere Betrachtung
würde den Zusammenhang zwischen den üblichen Systemen und der
geltenden Studienordnung leicht nachweisen. Man behandelte in der
Verwaltungslehre eben nur das, was die Studienordnung für die
betreffende Prüfung forderte.

Dieser Ausschluß jedoch ganzer Verwaltungsgebiete aus der
Verwaltungslehre ist für die Behandlung der letzteren nicht ohne
großen Nachtheil. Denn nur aus der Betrachtung der gesammten
Verwaltungsthätigkeit des Staates kann sich das derselben zu Grunde lie=
gende Princip, kann sich die innerste Triebfeder und der leitende Gedanke

---

[1]) Laferrière Cours de droit public et administratif Paris 1850. In-
troduction.

[2]) Batbie : Précis du cours de droit public et administratif Paris 1869.

derselben in voller Klarheit ergeben, was bei einer unzusammenhän=
genden und fragmentarischen Behandlung einzelner Gebiete keineswegs
der Fall ist.

Gewiß, wenn es sich nur darum handeln würde, die Einrich=
tungen und Gesetzesbestimmungen auf den einzelnen Verwaltungsge=
bieten kennen zu lernen, resp. deren Kenntniß zu vermitteln: wäre
gegen eine solche auseinandergerissene Darstellung nichts einzuwenden.

Wo es sich aber gleichzeitig um eine wissenschaftliche Aufgabe
handelt, wo es sich gleichzeitig darum handelt, aus den positiven
Einrichtungen und Bestimmungen die Prinzipien und leitenden Ge=
danken herauszuschälen: da kann nur die Betrachtung und Darstel=
lung der gesammten Verwaltungsthätigkeit des Staates, indem man
sie als Einheit auffaßt und zu einem einheitlichen Bilde verschmilzt,
dem Zwecke entsprechen.

Zudem sind die einzelnen Gebiete der Verwaltungsthätigkeit des
Staates miteinander in genetischem Zusammenhange und kann eines
ohne das andere gar nicht in seiner wahren Bedeutung gewürdigt
werden.

Die Richtigkeit dieser Sätze wird noch weiter unten einen schla=
genden Beleg finden, wo wir die wichtigsten Systeme der Verwal=
tungslehre darstellen und der von uns hier befolgten Systematik ent=
gegenstellen werden (s. unten § 11 und 12). Zuerst müssen wir nur noch
einer anderen Einwendung begegnen, die gegen eine solche weiteste
Auffassung der Verwaltungslehre erhoben werden kann und zugleich
das Verhältniß der letzteren zu einigen einschlägigen Disciplinen und
ihre gegenseitige Abgrenzung beleuchten.

Verwaltungslehre und ihre Hilfswissenschaften.
§ 8.

„Wenn die Verwaltungslehre, so könnte jene Einwendung lauten,
alle, also auch solche Gebiete der Verwaltung in ihre Darstellung
miteinbezieht, die längst zu selbständigen Disciplinen sich heranbil=
deten und vielfach selbständig bearbeitet sind, so macht sie sich in den
betreffenden Partien nur zum Echo anderer Wissenschaften, sie ist in
den betreffenden Partien keine selbständige Lehre, sondern nur ent=
weder Recapitulation oder Auszug und Inhaltsangabe jener Dis=

ciplinen. Wenn sie z. B. die Finanzverwaltung in ihre Darstellung miteinbezieht, so ist ihre Mühe nutzlos, da sie in diesem Theile von der selbständigen Finanzwissenschaft mehr als genügend vertreten, ja überflüssig gemacht wird. Wozu also sich auf Gebiete drängen, die längst, bevor es noch eine Verwaltungslehre gab, wissenschaftlich be= arbeitet wurden und nicht erst der Nachhilfe dieser jüngern Disciplin bedürfen, um sich auf der Höhe der Wissenschaft und der praktischen Bedürfnisse zu erhalten." Dieser Einwand erweist sich bei näherer Betrachtung als nicht stichhältig.

Der Standpunkt der Staatsverwaltung ist ein so einheitlicher und beherrscht so ausschließlich das gesammte Gebiet ihrer Thätigkeit, daß nur die einheitliche und zusammenfassende Darstellung dieses ge= sammten Gebietes uns das volle Verständniß der auf jedem ein= zelnen zur Geltung kommenden Grundsätze vermitteln kann. Daher mußte es kommen, daß überall da, wo einzelne aus dem Zusammen= hange gerissene Gebiete staatlicher Thätigkeit abgesondert behandelt wurden, dieser oberste staatliche Standpunkt und die aus ihm sich ergebenden obersten Grundsätze in den Hintergrund gedrängt und verdunkelt wurden, und daß die aus Anlaß dieser speziellen Rich= tungen der staatlichen Thätigkeit sich entwickelnden Wissenschaften (zum Beispiel die Finanzwissenschaft) zur Ausbildung von obersten Grund= sätzen gelangten, die mit dem obersten Standpunkt der Staatsverwal= tung mit nichten in harmonischer Uebereinstimmung sich befinden. Es mag dieß kein Nachtheil für die betreffende spezielle Wissenschaft sein und ihre weitere Entwicklung vielleicht desto besser fördern und begünstigen: aber die Verwaltungslehre, die auf dem staatlichen Stand= punkt steht und stehen muß, darf diese auf anderem Wege gefundenen und durch eine ihr fremde wissenschaftliche Entwicklung erreichten Grundsätze keineswegs so leichthin zu den ihrigen machen; sie muß sich des prinzipiellen Unterschiedes zwischen ihrem Standpunkt und dem der speziellen Wissenschaft bewußt sein, und angesichts dieses Unterschiedes wird sie die Behandlung und Darstellung von Gebieten der Verwaltungsthätigkeit, mögen sie auch noch so häufig zum Gegen= stand spezieller Wissenschaft gemacht worden sein, keineswegs als über= flüssig aufgeben.

Was aber von größter Wichtigkeit ist, wenn die Verwaltungs= lehre kein Gebiet der Staatsverwaltung übergehen und daher überall mit speziellen Disciplinen in Berührung treten soll, das ist die genaue Festsetzung ihres Verhältnisses zu jenen Disciplinen und die bestimmte Abgrenzung ihrer gegenseitigen Gebiete. Theilweise geht die Art und Weise dieser Abgrenzung schon aus dem hervor, was wir oben von dem verschiedenen Standpunkt der Verwaltungslehre und jener speziellen Wissenschaften sagten; dennoch bedarf diese Frage einer eingehenderen Beleuchtung.

Alles menschliche Wissen ist miteinander so verwandt und alle menschlichen Erkenntnisse unterstützen einander so sehr, daß es genau genommen keine ganz isolirte Wissenschaft giebt. Jede steht mit einem ganzen Kreise anderer in innigem Zusammenhang, die in dieser Beziehung als ihre Hilfswissenschaften bezeichnet werden müssen. Man denke nur an das Verhältniß der Heilwissenschaft zu allen Naturwissenschaften; an das der Geschichte zu allen ihren Hilfswissenschaften u. dgl. Jede Wissenschaft ist schließlich darauf angewiesen, die Resultate einer ganzen Reihe von verwandten und Hilfswissenschaften zu verwerthen.

Ganz so verhält es sich mit der Verwaltungslehre. Fast auf jedem ihrer zahlreichen Gebiete trifft sie mit selbständigen Wissenschaften zusammen, auf deren Resultate sie angewiesen ist, Resultate, die sie jedoch immer nur unter Berücksichtigung und Aufrechthaltung ihres eigenen Standpunktes verwerthen kann. Lassen wir hier vorerst diese einzelnen Begegnungen Revue passiren!

Auf dem Gebiete der Militärverwaltung trifft die Verwaltungslehre mit der Kriegswissenschaft zusammen; auf dem der Finanzverwaltung mit der Finanzwissenschaft; auf dem Gebiete des Bevölkerungswesens mit der Statistik; auf dem der Justizverwaltung mit der Jurisprudenz; auf dem der Wohlfahrtspolizei mit der Nationalöconomie; auf dem der Sanitätsverwaltung mit der Heilwissenschaft und Hygiene u. s. w. u. s. w.

Folgt aber etwa aus diesen nothwendigen Begegnungen der Verwaltungslehre auf ihren verschiedenen Gebieten mit den verschiedensten Wissenschaften, daß sie selbst überflüssig sei? Ganz im Gegentheil. Je größer die Anzahl der speziellen Wissenschaften ist, die auf das Gebiet der Staatsverwaltung reflectiren, in dasselbe hineinspielen, desto dringender thut es noth, daß die Verwaltungslehre dem Staatsmanne die Resultate all dieser Wissenschaften, in wie ferne sie für

den Staat verwerthbar sind, vermittle; daß sie diese Resultate
von ihrem speciellen staatlichen Standpunkte prüfe und die für die
Verwaltung maßgebenden Grundsätze mit Berücksichtigung jener so
geprüften Resultate aufstelle. Eben darum, weil es dem Politiker
und Staatsdiener unmöglich ist all diese mannigfachen, auf die Ver=
waltung reflectirenden speziellen Wissenschaften zu studieren und in
jede derselben sich zu vertiefen: fällt der Verwaltungslehre von selbst
die Aufgabe zu, sich dieser Mühe zu unterziehen und die Resultate
all dieser Wissenschaften für die Verwaltung des Staates fruchtbrin=
gend zu machen.

Und nun aber haben wir noch die schwierigste formelle Frage
zu lösen, in welchem Maaße die Verwaltungslehre in ihre Darstel=
lung die Behandlung dieser verschiedenen selbstständigen Wissenschaften
einzubeziehen habe, um die ihr nach ihrer Aufgabe und ihren Zwecken,
nach ihren Mitteln und ihrer Grundidee zustehenden Grenzen nicht
zu überschreiten?

Diese Grenzbestimmung ist desto wichtiger, weil die Erfahrung
es lehrt, daß Staatslehrer gerade in diesem Punkte durch ein un=
überlegtes Sicheinlassen in die Einzelnheiten dieser Hilfswissenschaften
der Verwaltungslehre, ihren eigentlichen Zweck außer Augen verloren
und schließlich die auf diese Weise in's Unendliche wachsende Aus=
dehnung des Stoffes nicht mehr bewältigen konnten, und vor den
sich ihnen so entgegenthürmenden Schwierigkeiten unverrichteter Dinge
die Waffen streckten.

Im Allgemeinen nun ist für die Bestimmung jener Grenze, bis wo=
hin die Verwaltungslehre auf die Gebiete jener speziellen Wissenschaften
vorzubringen hat, der staatliche Gesichtspunkt maßgebend — derselbe
Gesichtspunkt, der auch bei der Prüfung der Resultate anderer
Wissenschaften in wie ferne sie für die Verwaltungslehre verwerth=
bar sind, entscheidend ist. Also der Verwaltungslehre handelt es sich
nicht um die Formulirung und Begründung von obersten Grund=
sätzen und Theorien der einzelnen Wissenschaften, die zu ihr im
Verhältniß von Hilfswissenschaften stehen; sondern nur um Ver=
werthung der Resultate derselben für den Staat, so weit das Interesse
des Staates es gestattet oder gebietet. Nicht das also wird die
Verwaltungslehre dem Staate empfehlen, was jene einzelnen Wissen=
schaften von einem abstrakt=theoretischen Standpunkte als erwünscht

bezeichnen; nur dasjenige, was sie für den Staat als vernünftiger=
weise vortheilhaft ansieht. Mit einem Worte läßt sich das Ver=
hältniß der Verwaltungslehre zu all diesen Hilfswissenschaften so
bezeichnen, daß die Verwaltungslehre wohl sich jener Wissenschaften zu
bedienen hat, ohne je in deren Dienste zu treten. Dieser Stand=
punkt der Verwaltungslehre weist ihr von selbst in jedem einzelnen
Falle die knapp abzumessenden Grenzen an, bis wohin sie auf die
Gebiete dieser Hilfswissenschaften sich zu begeben, und welche Par=
tien derselben sie in den Bereich ihrer Darstellung einzubeziehen habe.

Anm. a) Auch darf nicht übersehen werden, daß ebenso wie früher
gewisse praktische Gründe für die Beschränkung der Verwaltungslehre
auf nur einige Gebiete der Verwaltung rechtfertigen konnten: es heut=
zutage ebenso sehr praktische Gründe sind, die gegen eine solche Be=
schränkung und einer Ausdehnung desselben auf das gesammte Gebiet
der Verwaltung das Wort reden. Diese praktischen Gründe von ehe=
mals und heute sind folgende.

Die Verwaltungslehre von ehemals hatte vornehmlich das Gros
der politischen Beamten im Auge. Diese, für ihren Beruf heranzu=
bilden, war ihre Aufgabe. Nun giebt es gewisse Gebiete der Thätig=
keit der Staatsgewalt, mit denen das Gros der politischen Beamten
nie in Berührung kommen, z. B. die Justizverwaltung, die Gesetz=
gebungspolitik. Die Thätigkeit der Staatsgewalt auf diesem Gebiete
vollzog sich früher immer in jenen höchsten Sphären des Staates, die
der gangbaren Anschauung zu Folge gar nicht unter den Begriff der
politischen Verwaltung fielen, mit denen der „durchschnittliche" politische
Beamte gar nichts zu thun hatte.

Was braucht ein politischer Beamte von „Gesetzgebungspolitik" zu
wissen? Für Minister, und nur die konnten früher mit „Gesetzgebung"
in Berührung kommen, schrieb man keine Verwaltungslehre — denn
erstens gab es früher viel weniger solcher Auserwählten wie heute,
und diesen wenigen kam ja bekanntlich „mit dem Amt auch der Ver=
stand". Nun liegen diese Verhältnisse aber heute ganz anders. Nicht
nur jeder Jurist, jeder Beamte, auch jeder simple Staatsbürger kommt
heute oft in die Lage, als Mitglied irgend eines Vertretungskörpers
an Gesetzgebungsarbeiten Theil zu nehmen, auf allen Verwaltungs=
gebieten als Gesetzgeber sich zu versuchen. Schon diese praktische Rück=
sicht, von allen wissenschaftlichen abgesehen, spricht heute für die Be=
handlung der Verwaltungslehre in ihrer ganzen, aus ihrem Begriffe
sich ergebenden Ausdehnung. Was aber speciell die Aufnahme der
Wehrverwaltung in das System der Verwaltungslehre anbelangt, so
erscheint dieselbe heutzutage unter der Herrschaft der allgemeinen Wehr=
pflicht als boppelt geboten. Heute, wo jedermann Militärdienste leisten

muß, wäre es gewiß eine fühlbare Lücke in der Lehre von der Staatsverwaltung, die Verwaltung der Staatswehr mit Stillschweigen zu
übergehen.

Anm. b) Zu hoch steckt Gerstner das Ziel, zu weit dehnt er
die Grenze der Verwaltungslehre, wenn er in derselben alle die genannten Wissenschaften (Bevölkerungswissenschaft, Nationalöconomie, Finanzwissenschaft 2c. 2c.) „zu einem systematischen Ganzen" verbinden
will. Er hat die nothwendige Einschränkung, die sich die Verwaltungslehre auferlegen muß und ihr Verhältniß zu diesen Wissenschaften verkannt — und es ist auch kein Wunder, daß sein Unternehmen in der
Verwaltungslehre a l l e jene Wissenschaften zu einem systematischen
Ganzen zu vereinigen, scheitern mußte. Eine s o l c h e Aufgabe übersteigt
die Kraft eines Einzelnen.

Anm. c) Daß auch Autoritäten der Finanzwissenschaft gewisse
Partien derselben der Verwaltungslehre zuweisen, geht unter andern
aus folgenden Worten Adolph Wagner's hervor: „Auch die eigentlichen Prinzipienfragen des Gebührenwesens sind nur zu einem kleinen
Theil in der Finanzwissenschaft zu behandeln. Sie gehören vielmehr
in die Politik und in die Verwaltungslehre. Denn nach den
Grundsätzen, die in der Justiz und Verwaltung herrschen, ist zu unterscheiden, ob und welche Gebühren erhoben werden sollen." Wagner
Finanzwissenschaft 1878 II. 6.

Staatsverwaltung und Wissenschaft.

§ 9.

Viel wichtiger als das Verhältniß der Verwaltungslehre zu
ihren verschiedenen Hilfswissenschaften ist offenbar das Verhältniß
der Staatsverwaltung zu denselben. Handelt es sich dort nur um
eine formale Frage, um die gegenseitige Abgrenzung mit Hinblick
auf didaktische und sistematische Zwecke, so treten wir hier der meritorischen Frage entgegen, wie weit sich die Staatsverwaltung von
den jeweiligen Resultaten der verschiedenen Wissenschaften, bei
denen sie sich Raths erholen muß, in ihren Entschlüssen beeinflußen
lassen soll? Diese Frage ist allerdings mit der vorigen in innigem
Connex, und wenn man will, auch in ihr enthalten, denn die Verwaltungslehre ist ja für den Staat berechnet und das Verhalten der
Verwaltungslehre zu jenen Wissenschaften soll ja für das Verhalten
des Staates zu denselben maßgebend sein. Wegen der großen Wichtigkeit jedoch dieser Frage ziehen wir es vor, dieselbe in der etwas
veränderten, mehr meritorischen und concreten Form des Verhält-

nisses der Staatsverwaltung zu den Wissenschaften im Anschluß an den obigen Paragraph hier zu erörtern.

Ob es irgend eine fertige Wissenschaft giebt, ließe sich bezweifeln; Thatsache aber ist, daß gerade alle diejenigen Wissenschaften, bei denen sich die Staatsverwaltung stets Raths erholen muß, an die sie fortwährend in den Bedrängnissen des staatlichen Lebens appelliren muß — daß gerade diese Wissenschaften sich im Zustande großer Unfertigkeit befinden. Statistik, Nationalöconomie, Finanzwissenschaft, ja sogar solche Wissenschaften, wie die Heilwissenschaft, sind immer in der Entwicklung begriffen und jedes ihrer „festen" Resultate von heute wird durch eine Erkenntniß von morgen über den Haufen geworfen.

Es ist daher nichts gefährlicher für den Staat, als sich sanguinisch und leichtfertig an momentane Theorien der Wissenschaft hinzugeben, auf Grund derselben Experimente zu machen und thatsächliche Interessen noch unerprobten und unbewährten Lehrsätzen zu Liebe zu opfern. Solchen Theorien gegenüber kann die Staatsverwaltung nie genug vorsichtig sein. Ist es doch ohnedieß ihr trauriges Loos, oft genug ein Opfer solcher Theorien zu werden und kann sie doch dem menschlichen Schicksal durch Irrthum zur Erkenntniß vorzubringen, oft genug nicht entrinnen. Zum mindesten also ist ein großes Mißtrauen zu momentanen Theorien jeder Staatsverwaltung sehr zu empfehlen — sie wird trotzdem dem Schicksale nicht entgehen, unfreiwillig zu Gunsten der Staatswissenschaft so manches unheilvolle und kostbare Experiment machen zu müssen. Sie kann aber dennoch durch weise Vorsicht sich wenigstens manches Experiment ersparen. Zum mindesten aber sollte sie daran festhalten, daß thatsächliche Interessen des Staates und der Gesellschaft nicht hintangesetzt werden sollen, zu Gunsten ungewisser, in ihren Resultaten nicht zu berechnender Theorien. Wir wollen die obigen Sätze durch einige Beispiele erläutern. Die europäischen Staaten haben nacheinander den verschiedenen nationalöconomischen Systemen des Physiocratismus, des Merkantilismus, der Prohibition ꝛc. gehuldigt und diesen Theorien gemäß ihre Verwaltungsmaßregeln getroffen. Erfahrung und gereiftere Erkenntniß wies aber später die Irrthümer jener Theorien und die nachtheiligen Folgen jener Maßregeln für den Staat zur Evidenz nach.

In der neuesten Zeit bot Deutschland ein drastisches Beispiel, wie theuer es oft dem Staat zu stehen komme, wenn er zu leichtfertig eine momentane Theorie adoptirt. Eine solche Theorie war es in den ersten 1870er Jahren, die die Goldwährung als die einzige Währung der Zukunft proclamirte und ben Uebergang zu derselben allen Staaten so schnell als möglich anempfahl, indem sie ihnen von diesem Schritte die besten Folgen in Aussicht stellte. Deutschland that diesen Schritt im Jahre 1872 und hat erwiesenermaßen dabei einen großen materiellen Verlust erlitten. Hintenbrein erkannte man den Fehler und die Unzuverlässigkeit der volkswirthschaftlichen Theorien [1]).

Gerade diese letzteren sind es aber, die sich immer wieder mit ihren oft ganz utopistischen Forderungen an den Staat wenden und ihn zu allerhand Experimenten bewegen möchten. Glücklicherweise giebt es gewisse Grenzen, die kein Staat, auch nur experimentweise, überschreiten wird, und in Bezug auf welche man es nicht einmal nöthig hat, ihm viel von Standhaftigkeit zu predigen.

Dieß ist z. B. der Fall, mit all jenen sogenannten katheber-socialistischen Theorien, die das heutige „privatwirthschaftliche System" als irrationell und unsittlich abschaffen und an die Stelle desselben ein „gemeinwirthschaftliches System" setzen möchten. Das ist so eine schöne Seifenblase, wie sie die wissenschaftliche Entwicklung

---

[1]) Vergl. darüber Lexis: Kritische Erörterungen über die Währungsfrage im Schmollers Jahrb. f. Gesetzgebung 1881. 1. Heft. S. 108. „Der Uebergang Deutschlands zur Goldwährung war also ein Experiment, das unter den obwaltenden Umständen nicht vermieden werden konnte; ebenso war die Entwerthung des Silbers eine Erfahrung, welche die Welt machen mußte, bevor die bis dahin kaum anfechtbar scheinende Argumentation für die Goldwährung als praktisch und zulänglich erkannt werden konnte. Es zeigte sich wieder der experimentale Charakter der öconomischen Wissenschaft. Diese Wissenschaft kann niemals die konkreten Resultate eines wirthschaftlichen Massen-Prozesses mit einiger Sicherheit voraussagen, wenn sie nicht eine genügende zahlenmäßige Kenntniß der in Wirksamkeit befindlichen Faktoren besitzt: ja selbst, wenn ihr solche Daten vorliegen, kann sie in vielen Fällen das Zusammenwirken der verschiedenen Kräfte doch nur dann richtig beurtheilen, wenn sie bereits in ähnlichen Fällen Erfahrungen gesammelt hat. Der ernstliche Versuch, ein bis dahin in collossalen Summen geprägtes Goldmetall in Europa zu demonetisiren, war ein solches Novum, daß es verzeihlich ist, wenn man die Wirkung desselben in Voraus nicht richtig übersah. . . . ·

manchmal hervortreibt, die aber ganz unfaßbar ist — ein idealisti=
sches Programm, das nicht realisirbar ist. Es wird gewiß nicht
lange dauern und eine gereiftere Erkenntniß wird die Hohlheit dieser
kathedersocialistischen Theorien einsehen — vorderhand aber ist keine
Gefahr, daß der Staat den Versuch machen sollte, das privatwirth=
schaftliche System abzuschaffen; denn wie wir das an anderem Orte[1])
nachgewiesen haben, müßte er zu diesem Zwecke erst sich selbst auf=
heben, sich selbst verneinen. Das liegt nicht in seiner Natur. Ueber=
haupt ist zu bemerken, daß, wenn der Staat im Allgemeinen den Wissen=
schaften gegenüber immer eine gewisse Zurückhaltung und Reserve
sich auflegen muß, in der Erwägung, daß Irrthümer den Weg
der Wissenschaften bezeichnen: so hat er diese Haltung keiner andern
Wissenschaft gegenüber so sehr zu beobachten als speciell gegenüber
der Staatswissenschaft. Denn gerade die Irrthümer dieser Wissen=
schaft sind für den Staat die gefährlichsten. Auf Theorien der
Staatswissenschaft hin Experimente machen, kann dem Staate sehr
theuer zu stehen kommen.

Verwaltungslehre und Verwaltungsrecht.

§ 10.

Und nun gelangen wir zur Frage des begrifflichen Unterschiedes
und eventuellen Verhältnisses zwischen Verwaltungslehre und Verwal=
tungsrecht.

In der deutschen Fachliteratur hat sich über die Bedeutung und
den Unterschied dieser zwei Begriffe theilweise eine Uebereinkunft her=
ausgebildet. Man theilte das Staatsrecht (als einen Theil der
Lehre vom Staate) in Verfassungsrecht und Verwaltungsrecht und
setzte jedem dieser zwei Theile eine, gewisse auf dieselben bezügliche
allgemeine Lehren und Begriffsbestimmungen enthaltende Einleitung
als Verfassungslehre und Verwaltungslehre vor. Das ist freilich
klar und einfach. Aber diese formale Eintheilung geht nicht auf den
Kern der Sache ein und speziell ist es der Unterschied zwischen Ver=
waltungslehre und Verwaltungsrecht, der einer solchen mehr ein=
gehenden, das Wesen der Sache bloslegenden Unterscheidung dringend
bedarf. Eine solche zu geben wollen wir nun versuchen.

---

[1]) Vergl. unser „Rechtsstaat und Socialismus."

Wenn die Verwaltungslehre, wie wir das oben gesagt haben, die Lehre von der gesammten Thätigkeit der Staasgewalt und ihrer Organe ist: was kann dann das Verwaltungsrecht sein? Die Sache ergiebt sich bei näherer Betrachtung von selbst. Die Thätigkeit der Staatsverwaltung kann erst dann Gegenstand einer Lehre oder Wissenschaft sein, wenn sie mehr oder weniger regelmäßig bei gewissen Anlässen und in gewissen Fällen sich wiederholt. Nur von solchen Thätigkeiten, auf die man rechnen kann, die vorauszusehen sind, kann die Verwaltungslehre handeln.

In der Regel nun werden solche Thätigkeiten der Staatsgewalt, wenigstens in allen Culturstaaten, durch schriftliche Festsetzungen, welchen Namen dieselben auch haben mögen (Verordnungen, Gesetze, Erlässe, Dekrete u. dgl.) fixirt, um theils die nöthige räumlich=viel= fache Vornahme derselben nach gleichem Prinzip und Modus zu er= leichtern, theils bei Wiederholung derselben in der Zeit eine Gleich= mäßigkeit zu erlangen oder dabei die Wiederholung der Anordnungen zu ersparen. In der Regel also prägt sich alle Thätigkeit der Staats= gewalt in Verwaltungsnormen aus, die dann der späteren Thä= tigkeit als Richtschnur dienen.

Nun hat aber jedes Verwaltungsgesetz nothwendigerweise zwei Bestandtheile: einen technisch=administrativen und einen rechtserzeu= genden. Nehmen wir den ersten besten Verwaltungsact, die erste beste Verfügung einer Verwaltungsbehörde. Es wird z. B. der Bau einer Straße verfügt. Die Bestimmungen nun über die Oertlichkeit der= selben, über die Orte, die sie zu verbinden hat, über die Art und Weise ihrer Herstellung, ihre Breite, über die Maßregeln zum Zwecke ihres Schutzes vor Regen und Feuchtigkeit ꝛc. alles dieses bildet den tech= nisch=administrativen Theil dieser Verfügung. Zugleich aber läßt sich eine solche Verfügung gar nicht denken, ohne daß sie gewisse Ver= hältnisse von Berechtigungen und Verpflichtungen, also von Rechten und Pflichten in's Leben rufe. Es muß jemand berechtigt sein, diese Straße zu benützen, diese Berechtigung muß gewisse Schranken haben; es muß jemand verpflichtet sein, zur Erhaltung dieser Straße beizutragen und dieser Verpflichtung müssen gewisse Rechte entsprechen. Kurz, außer dem technisch = administrativen Theil enthält diese Verfügung auch einen rechtserzeugenden, einen rechtliche Verhältnisse in's Leben rufenden und begründenden Theil. Die Straße läuft durch irgend ein Gebiet, an irgend welchen Grundcomplexen vorbei; sie muß Anrainer haben und es müßen Eigenthümer der durch sie durchschnittenen Gebiete da sein. Diese treten zu ihr in ein gewisses Verhältniß — sie müssen der Natur der Sache nach gewisse Rechte und diesen entsprechende Pflichten haben. Man kann sich gar keine Verwaltungsverfügung denken, die nicht außer dem technisch-administrativen Theil auch einen rechtserzeugenden, juristischen Theil haben müßte.

Nehmen wir ein anderes Beispiel. Die Verwaltungsbehörde verfügt eine Zählung der Bevölkerung und des Viehstandes. Die Bestimmungen über Art und Weise der Vornahme, über Zeit und Ort, wo und wann das zu geschehen habe, über die Personen, welche dieselben vorzunehmen haben, über Zahl der Rubriken in den Zählungsbögen 2c., alles das bildet den technisch-administrativen Theil der Verfügung. Zugleich aber erzeugt diese Verfügung gewisse Rechtsverhältnisse. Denn jemand muß berechtigt sein, die betreffenden Angaben und Auskünfte zu verlangen, und jemand muß verpflichtet sein, solche zu ertheilen. Die Pflicht dieses letzteren — kann oder muß irgendwie umschrieben und begrenzt sein; er muß nämlich nur über gewisse Punkte Auskunft zu ertheilen verpflichtet sein über die hinaus er berechtigt ist, jede Auskunft zu verweigern 2c.

Und so mögen wir das ganze Gebiet staatlicher Thätigkeit durchgehen und mustern, wir finden in jedem Acte derselben immer die zwei Bestandtheile, den technisch-administrativen und den rechtserzeugenden. Die Ursache dieser Erscheinung liegt aber darin, daß sich keine Verfügung, keine Handlung, keine Thätigkeit der Staatsverwaltung blos an leblose Dinge wendet, sondern nothwendigerweise immer an Personen, an Personen-Vielheiten, an Volksbestandtheile oder an die Gesammtheit des Volkes.

Könnte eine Thätigkeit der Staatsgewalt gedacht werden, ohne Bezugnahme auf lebende Wesen, dann würde dieselbe auch kein rechtserzeugendes Element zu enthalten brauchen. Könnte die Staatsgewalt z. B. über die Witterung gebieten, über Wind und Wetter nach Belieben verfügen, so würden diese Verfügungen vielleicht, keine rechtserzeugenden Elemente enthalten — wir sagen vielleicht, denn auch da könnten die Folgen ihrer Verfügung dem Volke

Schaden oder Nutzen bringen, und das Rechtsverhältniß wäre auch da unausbleiblich.

So aber, wo all und jede Verfügung der Staatsgewalt mittelbar oder unmittelbar, Einzelne oder Vielheiten von Individuen tangirt: entsteht nothwendigerweise doch die Möglichkeit der größeren oder geringeren Tangirung derselben, durch die Mitleidenschaft in die dieselben kraft jeder solchen Verfügung und Handlung gezogen werden, ein Verhältniß zuerst der bloßen Einwirkung und des bloßen Leidens, sodann in Folge der durch Gewohnheit oder Uebereinkunft erfolgten Festsetzung eines gewissen Umfanges des ersteren und des letzteren ein Verhältniß gegenseitiger Rechte und Pflichten. Es kann gar keinen Verwaltungsact geben, der nicht ein solches Verhältniß und somit ein Recht erzeugen würde. Denn das Recht im objektiven Sinne ist ja nichts anderes, als eine Norm, die einen gegenseitigen Wirkungskreis, ein gegenseitiges Machtverhältniß festsetzt. Das thut aber erwiesenermaßen eine jede Verwaltungsverfügung und in so fern erzeugt alle Verwaltungsthätigkeit nothwendigerweise Verwaltungsrecht.

Die Gesammtheit nun all der durch die Verwaltung des Staates geschaffenen Rechtsverhältnisse, sei es zwischen dem Staate einerseits und den Einzelnen, Vielheiten oder der Gesammtheit des Volkes andererseits, als auch zwischen diesen Einzelnen oder Vielheiten untereinander bildet das Verwaltungsrecht. Vom Privatrecht unterscheidet sich dasselbe dadurch, daß es immer und überall eine Accidenz, eine Zubehör der Verwaltung ist; daß es immer nur als Consequenz und Folge der Verwaltung auftaucht und nur vom Standpunkt der Verwaltung aus beurtheilt werden kann.

Auch kann das Verwaltungsrecht nie und nimmer ein selbständiges von seiner technisch-administrativen Unterlage losgelöstes wissenschaftliches Ganze bilden, etwa so wie das Privatrecht; ja noch mehr, es ist sehr fraglich, ob sich das gesammte Verwaltungsrecht überhaupt unter gewisse oberste leitende Rechts-Grundsätze und Begriffe bringen läßt, aus dem es sich so etwa zu ergeben hätte, wie ein System des Privatrechts aus dessen obersten Grundsätzen und Begriffen. Denn jedes Thätigkeitsgebiet der Verwaltung erzeugt sein eigenes und eigenthümliches Recht, das mit dem Recht eines benachbarten Gebietes gar keine Berührungspunkte, nichts gemeinsames und Verwandtes bietet. Außer man müßte denn die gesammte Thätigkeit des Staates unter ein solches oder einige solche oberste Grundsätze bringen, und daraus die obersten Grundsätze für die einzelnen Gebiete des Ver= waltungsrechtes ableiten. Es wäre das aber eine sehr gezwungene Systematik und es ist nicht abzusehen, welchen Gewinn die Wissen= schaft davon hätte. Nicht einmal das Verwaltungsrecht würde dabei viel gewinnen.

Dasselbe setzt sich nämlich aus den mannigfachsten von einander ganz unabhängigen und ihrem Inhalte nach disparaten Gebieten zu= sammen, die ihre Einheit und obersten Gesichtspunkte nur in der Verwaltungslehre, die sich mit den technisch=administrativen Unter= lagen jedes dieser Gebiete beschäftigt, finden können. Man könnte sagen, die Verwaltungslehre sei das einzig mögliche S y st e m des Verwaltungsrechts; denn nur die Verwaltungslehre kann die gemein= samen obersten Grundsätze alles Verwaltungsrechtes zusammenfassen; doch kann sie es nur deßhalb, weil sie keine R e ch t s l e h r e , sondern eine Lehre von Thatsachen und thatsächlicher Entwicklung ist. Nur in der Verwaltungslehre also können die einzelnen Gebiete des Ver= waltungsrechtes ihre in den Bedürfnissen und Interessen des Staates wurzelnden obersten Prinzipien finden — freilich keine R e ch t s = p r i n z i p i e n — sondern staatliche, politische Grundsätze. Diese fort= während Abhängigkeit von Grundsätzen und Gesichtspunkten, die selbst kein Recht, sondern Thatsache und Macht sind, unterscheidet das Verwaltungsrecht vom Privatrecht, und verhindert eine wirklich juristische und systematische Behandlung des g e s a m m t e n Verwal= tungsrechtes.

Dieser letztere Umstand schließt aber keineswegs die Möglichkeit aus, daß je die einzelnen, an einzelne Verwaltungsgebiete sich an= schließenden Verwaltungsrechtsgebiete nach juristischer Methode be= handelt werden können — und für diese einzelnen Gebiete kann eine solche Behandlung auch praktisch und ersprießlich sein. Die Verwaltungsthätigkeit des Staates zum Zwecke der Schaffung und Erhaltung von Eisenbahnunternehmungen erzeugt ein ganz selbst= ständiges Gebiet von Rechtsverhältnissen, das Eisenbahnrecht. Es wäre unnütz, wenn es nicht wissenschaftlich unmöglich ist, dieses Eisenbahnrecht mit demjenigen Verwaltungsrechtsgebiet, welches in Folge des vom Staate organisirten Kriegsdienstes entsteht, dem sog.

Militärrecht oder Wehrrecht unter ein Dach bringen zu wollen — oder gar in einem System des Verwaltungsrechts unter dieselben obersten Grundsätze mit dem Eisenbahn- und Militärrecht, etwa das aus der Organisation der Schulen durch den Staat sich ergebende Unterrichtsrecht abhandeln zu wollen. Nichtsdestoweniger aber kann jedes dieser besondern Verwaltungsrechtsgebiete für sich selbständig unter oberste Rechtsbegriffe gebracht und juristisch behandelt werden. Eine solche Behandlung kann die Entscheidung sich ergebender streitiger Fälle anbahnen und in Fällen, die das Interesse des Staates nicht unmittelbar und übermächtig tangiren, auch als Grundlage der Entscheidung dienen. Freilich aber kann auch auf diesen abgesonderten Gebieten juristische Construction und Behandlung nie und nimmer die Natur dieses, vom Privatrecht principiell verschiedenen Rechtes ändern, und die juristische Methode wird auf den Gebieten des Verwaltungsrechts sich mit einer viel bescheideneren Rolle als auf dem des reinen Privatrechts begnügen müssen [1].

Anm. a) Laferrière weist der Verwaltungswissenschaft auch das Verwaltungsrecht zu und faßt dieses letztere als eine Partie der erstern auf, die sich lediglich mit der Rechtsmaterie beschäftigt: „On ne doit pas confondre la science administrative avec le droit administratif: la première comprend à la fois la partie reglementaire et technique de l'administration et le droit administratif lui même et de plus les grands principes d'administration et les connaissances accessoires qui forment le veritable administrateur et le preparent aux vues d'amelioration; le second, beaucop plus limité dans son objet comprend les droits respectifs et les obligations mutuelles de l'administration et des administrés. l. c. I. 379. In Deutschland behandelte man die Gegenstände der Verwaltungslehre in früherer Zeit in der Cameral- und Polizeiwissenschaft; später und zwar in neuerer Zeit, bis Stein und noch gegenwärtig im „Verwaltungsrecht", dem man als Einleitung eine kurze Verwaltungslehre vorausschickte, und welches nach der Natur der Sache nach in vielen Partien all und jeden Charakter einer Rechtsdisciplin vermissen läßt. Die Beobachtung nun, daß in all und jedem solchem „Verwaltungsrecht" das „Recht" eine sehr untergeordnete Rolle spielt: verleitete Rösler zu einer ganz eigenthümlichen Auffassung und Behandlung des Verwaltungsrechts. Nachdem er es nämlich constatirt, daß „das Recht . . ., bisher im Gebiete der Verwaltung nicht vor-

---

[1] Ueber diesen principiellen Unterschied s. Rechtsstaat und Socialismus, Buch I.

handen war, weder auf den Univerſitäten, noch in der Literatur,
noch in der Praxis der Behörden": unternimmt er es, in ſeinem ſehr
gelehrten „Lehrbuch des deutſchen Verwaltungsrechts", die Verwaltungs=
lehre als Rechtsdisciplin, ganz nach juriſtiſcher Art und Weiſe zu be=
handeln, und zwar ausgehend von der, auch von Stein zu wiederholten
Malen ausgeſprochenen Idee — daß „der Rechtsſtaat der Staat des
Verwaltungsrechts" ſei [1]).

Indem nun aber Rösler auf die ſeit den 50er Jahren in Deutſch=
land in Schwung gekommene Unterſcheidung zwiſchen Staat und Ge=
ſellſchaft eingeht, theilt er das Verwaltungsrecht in ein „ſociales,
politiſches und formales". Das erſte hat nach ihm zum Gegenſtand,
„die in der Geſellſchaft ſelbſt begründeten Verhältniſſe der Verwaltung,
das zweite, diejenigen Verhältniſſe, welche den Staat als ſolchen an=
gehen, das dritte, die Einrichtung und die Organe des Staates für
Verwaltungszwecke."

Nun behandelt Rösler in den zwei Bänden ſeines Werkes, lebig=
lich das „ſociale Verwaltungsrecht", welches nach ihm „auf dem Rechts=
begriff der Geſellſchaft ruht und von dem Grundſatz der Trennung
der Geſellſchaft vom Staate beherrſcht wird." Daß das alles ganz
unklare und nebelhafte Vorſtellungen ſind, braucht wohl nicht erſt ge=
ſagt zu werden. „Sociale Verwaltung, meint Rösler, heißt Verwal=
tung auf dem Boden der ſocialen Freiheit des Culturlebens, Verwal=
tung nach Rechtsgrundſätzen, Selbſtverwaltung. Es iſt, fährt er fort,.
das Rechtsleben der modernen, auf eigenen Füßen ſtehenden, von jeder
Art Unabhängigkeit befreiten (?) Geſellſchaft, die freie, nach dem in ihr
ſelbſt ruhenden Geſetzen erfolgende Befriedigung der manigfaltigſten
Culturintereſſen, was den bewegenden Inhalt des ſocialen Verwaltungs=
rechts bildet". Und weiter: „Das Verwaltungsrecht enthält die Rechts=
ordnung für die zuſammenwirkende Thätigkeit der Organe des Cultur=
lebens der Menſchen im Staate." Hinter ſolchen unklaren Wendungen
ruht die falſche Vorſtellung, einer vom Staate unabhängig exiſtirenden
„Geſellſchaft", die ſich ſelbſt „verwaltet" und zwar nach gewiſſen
„Rechtsgrundſätzen", welche letzteren der Gegenſtand des „ſocialen
Verwaltungsrechtes" bilden. Dieſem gegenüber, weiſt Rösler, ſolche
Gebiete, wie z. B. „Finanz= und Militärverwaltung" in das „politiſche
Verwaltungsrecht". Dagegen erachtet er „die gewöhnliche Auffaſſung,
daß das Verwaltungsrecht die bloße Thätigkeit des Staates und ſeiner
Organe", umfaſſe für „zu enge". Das ganze Rösler'ſche „ſociale Ver=
waltungsrecht" iſt eine Conſequenz, einerſeits der „Rechtsſtaatstheorie"
andererſeits der Theorien über die „Geſellſchaft", wie ſie namentlich
von Stein ausgebildet wurden [2]). Mit etwas demonſtrativ vornehm=

---

[1]) Lehrbuch des deutſchen Verwaltungsrechts von Hermann Rösler. Erlangen
1872. [2]) Unſere Einwendungen und Bedenken gegen dieſe Theorien haben wir
in „Rechtsſtaat und Socialismus" näher ausgeführt.

thuender Gleichgiltigkeit, den ganzen Staat mit seiner Verwaltung bei Seite lassend, behandelt Rösler sein sociales Verwaltungsrecht in einer an Pandektensisteme erinnernden Eintheilung in „Personenrecht, Sachenrecht, Berufsrecht und Erwerbsrecht." Unter diesen Rubriken wird nun die thatsächlich vom Staate gehandhabte Verwaltung dargestellt, doch immer unter Wahrung des Scheines, als ob alle die Einrichtungen und Institute, diese ganze Rechtsordnung rein „gesellschaftlich" wären, d. h. als ob sie einzig und allein aus gesellschaftlichen Bedürfnissen durch Initiative der „Gesellschaft" entstanden wären, und als ob sie auch nur durch die „Gesellschaft" aufrechterhalten wären. Eine solche Darstellung ist ganz unrichtig und tendentiös. Eine „Gesellschaft" ohne Staat ist undenkbar; und die ganze „gesellschaftliche Rechtsordnung" ist das Werk des Staates — der freilich immer den Bedürfnissen der Gesellschaft entgegenkommt und in den meisten Instituten und Einrichtungen der Initiative der „Gesellschaft" folgend, gesellschaftliche Ordnungen und Verhältnisse zu seinen Zwecken verwendet und verwerthet. Röslers Darstellung ist schon deswegen verfehlt, weil es ein „gesellschaftliches Recht" ebensowenig giebt, wie ein „Naturrecht" — alles Recht ist staatlich — ohne Staat gibt es kein Recht, wie es ohne ihn keine „Gesellschaft", in dem Sinne des Wortes in welchem Rösler es braucht, geben kann. Wir halten das Rösler'sche Werk, wie gelehrt und geistreich es auch ist, für vollkommen verfehlt. Das, worauf es bei einer Behandlung der Verwaltung zumeist ankommt, die S t e l l u n g und T h ä t i g k e i t der S t a a t s g e w a l t, kommt darin gar nicht zur Darstellung.

A n m. b) Die Frage nach dem Rechtsgehalte des „Verwaltungsrechts", sozusagen nach dem Feingehalte an Recht, welches den Verwaltungssatzungen und Normen innewohnt, hat namentlich in neuerer Zeit, aus Anlaß der Rechtsstaatstheorie und der Verwaltungsjustiz die Staatslehrer viel beschäftigt. Die meisten von ihnen geben sich viel Mühe, die gesammte Verwaltung als ein Rechtsgebiet, das nur aus einem Gewebe gegenseitiger Rechte und Pflichten besteht, darzustellen. Nur ein vollkommenes Verkennen der Natur des Staates liegt solchen Bemühungen zu Grunde. Richtig ist nur so viel, daß im modernen Culturstaat oder im sogenannten Rechtsstaate (dieser Ausdruck ist eben die Quelle von Mißverständnissen) dem Individuum eine gewisse Rechtssphäre auch der Staatsgewalt gegenüber eingeräumt ist, eine Rechtssphäre die auch von den Verwaltungsbehörden des modernen Staates respectirt werden muß. Dieser Umstand darf aber nicht zur Uebertreibung führen, daß zwischen den Einzelnen und dem Staate nichts anderes als n u r ein Rechtsverhältniß bestünde, und als ob die Staatsverwaltung nichts anderes als eine Ausführung von R e c h t s grundsätzen sei. Ganz unbefangen und wahrheitsgemäß würdigt diesen Sachverhalt F. F. M a y e r. (Grundzüge des Verwaltungsrechts und

Rechtsverfahrens Tübingen 1857.) Auch er giebt zu, daß „das weite
Gebiet der Verwaltung im Rechtsstaate d u r c h d r u n g e n ist vom Rechte".
Doch meint er weiter: „Damit das Einzelne bestehen und gedeihen
kann, muß das Allgemeine bestehen und wirksam sein, und es b e s t e h t
f ü r sich, als sittlich-organische Macht über die Einzelnen, u n a b h ä n g i g
v o n i h r e m W i l l e n; ferner was nicht von dem Aufgeben der menschlichen Entwicklung durch die Einzelnen oder deren freiwilliges Zusammentreten erreicht wird und werden kann, das muß die Gesammtheit
selbst bewirken. Diese Pflicht und Aufgabe des Staates, die damit zugleich sein Recht ist, erscheint nur erreichbar d u r c h d i e U n t e r o r b -
n u n g d e s E i n z e l n e n u n t e r d a s G a n z e f ü r d i e s e Z w e c k e.
Wo und so weit hienach die Gesammtheit kraft ihrer Aufgabe, den
Bestand des Ganzen und die Gesammtentwicklung zu erhalten und zu
fördern, bestimmend nach der Seite der individuellen Rechtskreise hin-
wirkt, da haben diese a l s s o l c h e kein Bestehen; ein e i g e n e s Gebiet
rechtlicher Beziehungen eröffnet sich hier, das jene abgrenzt und ausschließt. Wie anerkanntermaßen eine Bethätigung des individuellen
Willens in Absicht auf Eingehung von Verträgen ungiltig und nichtig
ist, keine rechtliche Wirkung äußert, wo diese Verträge gegen ein ver-
bindendes Gesetz verstoßen oder überhaupt contra bonos mores sind, so
ist auch in anderer Richtung, z. B. in Absicht auf Benützung des
Eigenthums, Freiheit persönlicher Bewegung, d e r i n d i v i d u e l l e
R e c h t s k r e i s nur in soweit gültig, r e c h t l i c h w i r k s a m, a l s
s e i n e A u s f l ü s s e nicht den anerkannten Zwecken und Rechten der Gesammtheit entgegenstehen·....
„Diese erfordern nicht blos Unterlassungen, sondern auch positive
Leistungen der Einzelnen ....
„Diese bestimmende Einwirkung des Ganzen auf das Einzelne,
darf aber kein Walten der Willkühr sein, sie selbst wird bestimmt durch
den Begriff der Gesammtheit und ihrer Aufgaben, wie sie das ö f f e n t -
l i c h e R e c h t im objectiven Sinne, hier insbesondere der Theil desselben, welchen die (innere) Verwaltung betrifft (Staatsrecht, namentlich
Polizei- und Finanzhoheit, Kirchen- und Gemeinderecht), darzulegen hat.
Hier treten die öffentlichen Interessen, die Rechte des Ganzen,
als wesentlich bestimmendes Princip auf; aber es steht dabei im Rechtsstaate die Garantie e i n e s g e w i s s e n unverletzbaren Kreises der individuellen Berechtigung und ihrer lebendigen Bethätigung; es handelt
sich eben darum, von wo an oder wie weit diese gültig sei, und nach
dieser Seite hin muß eine rechtliche Wahrung oder Vertheidigung gestattet, ja sie muß als Mittel zur Feststellung der richtigen Wirksamkeit des Ganzen geboten, die Verwaltung muß möglichst in die Lage
gesetzt sein, in sich selbst den rechtlichen Maßstab für die Art und Ausdehnung ihrer Acte zu finden. Indem also einerseits i n d i e s e m
G e b i e t e d a s E i n z e l r e c h t a l s s o l c h e s n i c h t b e s t e h t, anderer-

seits aber die Verwaltung nur bis zu gewissen Grenzen vorzugehen berechtigt, die von dem öffentlichen Recht gezeichneten Schranken gegenüber dem Einzelnen einzuhalten verpflichtet ist, können wir die Stellung der letzteren hiebei eben als die der Rechtlichbetheiligten bezeichnen, gegenüber von welchen auf entsprechende Veranlassung eine Erörterung, Prüfung und Entscheidung des einzelnen Falles nach Maßgabe der öffentlichen Rechtsnormen stattfindet" l. c. S. 2—8.

Mayer giebt sich alle Mühe, die Uebertreibungen der Rechtsstaatstheorie mit der Wirklichkeit und Wahrheit in Harmonie zu setzen und spricht zu diesem Zwecke von einem „öffentlichen Rechte", welches „nach der besonderen Natur der Verwaltungsacte sich gebildet hat und fortwährend ausbildet" und „seine eigenthümlichen Formen und Gestaltungen hat". Er will das Wort, die Form retten und erhalten, giebt denselben aber offenbar einen andern Inhalt — was schon daraus hervorgeht, daß er die Einzelnen, denen ein solches öffentliche Recht zusteht, einfach als Berechtigte zu bezeichnen sich nicht entschließen kann und dieselben nur als „Rechtlichbetheiligte" (!) gelten lassen will. Wir haben in „Rechtsstaat und Socialismus" diese Verhältnisse aus der Thatsache der Herrschaft und des Beherrschtseins zu erklären versucht und uns nicht gescheut, das sog. „öffentliche Recht" speziell das Staatsrecht als etwas vom Privatrecht ganz wesentlich verschiedenes hinzustellen. Mayer thut, wie wir sahen, dasselbe nur in etwas verschämter Weise, und so, daß er da, wo wir einfach von einer „Staatsgewalt" sprechen, nach orthodox rechtsstaatlichem Ritus von einer „Gesammtheit" spricht.

Laband, der im I. Bande seines deutschen Staatsrechtes sich so weitläufig über die juristische Methode, der er sich bedienen will, ausläßt, gelangt schon im II. Bande (S. 229) bei Gelegenheit der Erörterung über die Verwaltung zu folgenden Sätzen, die zu jener Betonung der Nothwendigkeit der juristischen Behandlung des Staatsrechts sehr schlecht passen.

„Der weitaus größte Theil der Staatsverwaltung steht dem Recht ganz fern und kann deshalb nicht in Rechtsregeln gebracht werden. Die Rechtsordnung liefert nur für einen verhältnißmäßig kleinen Theil der staatlichen Verwaltungsthätigkeit die Motive oder ihren bestimmten Inhalt; der bedeutendste Theil der Verwaltungshandlungen ist entweder ohne allen juristischen Charakter, oder er steht wenigstens nicht unter besondern Rechtssätzen, sondern unter den allgemeinen Regeln des Privatrechts, Strafrechts und Procesrechts." Die letzteren Worte zeigen, daß sich Laband über das Verhältniß der Verwaltung zum Recht und zur Rechtswissenschaft noch immer nicht ganz klar ist. Denn in einem Athem behaupten, daß „Verwaltungshandlungen ohne allen juristischen Charakter sind", und daß dieselben unter den Regeln „des Privatrechts, Strafrechts und Procesrechts" stehen, ist doch jedenfalls unklar gedacht und unklar gesprochen. — Dagegen ist folgender Aeußerung Labands in dem Sinne, wie wir es oben darlegten, genommen, gewiß richtig: „Die Verwaltungsthätigkeit des Staates ist sonach zugleich Handhabung und Erzeugung des öffentlichen Rechts und es findet eine fortwährende Wechselwirkung zwischen Verwaltung und Rechtsbildung statt," l. c. S. 212.

Systeme der Verwaltungslehre.

§ 11.

Jede wissenschaftliche Belehrung erfordert eine systematische Anordnung des Stoffes. Es ist das ein hodogetisches Postulat, eine Bedingung, nicht nur der leichten Bewältigung des ganzen Wissensgebietes, sondern auch der nutzbringenden und erfolgreichen weitern geistigen Arbeit auf dem betreffenden Gebiete.

Die frühere Verwaltungsgesetzkunde machte sich diese Systematik recht leicht. So wie das Staatswesen seinen äußern Formen nach dem Auge sich darstellte mit der Pracht des Thrones an der Spitze, sodann mit dem ganzen Apparate der Herrschaft und Regierung, endlich mit der breiten Basis des Volkes: so mehr weniger ordnete man den Stoff der Verwaltungsgesetze. Man begann mit den Regierungsrechten und Funktionen des Staatsoberhauptes, behandelte dann den Wirkungskreis der obersten Behörden des Staates, gelangte so bis hinunter zu den Functionen der niedersten Behörden und trachtete in den Rahmen dieser behördlichen Functionen alles Wissenswerthe aus dem Gebiete der Verwaltungsgesetzkunde vorzubringen. Ein solches Verfahren beobachtet noch Stubenrauch.

Als in der ersten Hälfte dieses Jahrhunderts im Gefolge der deutschen Philosophie die Aufstellung eines wissenschaftlichen „Systems" eine Bedingung jedes Anspruches auf Wissenschaftlichkeit zu werden begann: da trachtete man auch die damals sogenannte Polizeiwissenschaft in ein System zu bringen.

Bahnbrechend war hier Mohl's „Polizeiwissenschaft nach den Grundsätzen des Rechtsstaates" [1]).

Aus der „Lebensansicht" der modernen Völker, welche den Zweck des Lebens „in der möglichst allseitigen vernunftgemäßen Ausbildung sämmtlicher geistiger und körperlicher Kräfte, welche in den

---

[1]) 2. Aufl. Tübingen 1844.

Menschen gelegt sind, finden", deducirt er den Zweck des modernen, von ihm so genannten „Rechtsstaates". Denn das, so argumentirt Mohl, „was jeder im Volke will und erstrebt, muß auch der Wille der ganzen Gesellschaft sein und die Ordnung ihres Zusammen= lebens d. h. der Staat, muß diesen Zweck nicht nur nicht hindern, sondern im Gegentheile fördern". „Ein Rechtsstaat, fährt er fort, kann also keinen andern Zweck haben als den: das Zusammenleben des Volkes so zu ordnen, daß jedes Mitglied desselben in der mög= lichst freien und allseitigen Uebung und Benützung seiner sämmt= lichen Kräfte unterstützt und gefördert werde"[1]. Aus diesem Zweck des Rechtsstaates, die Entwicklung aller Kräfte der Staatsbürger zu unterstützen und zu fördern, folgt bei Mohl sein ganzes System der Polizeiwissenschaft: er theilt dieselbe nähmlich nach den verschiedenen Kräften des Menschen, für deren Ent= wicklung der Staat Sorge zu tragen hat, in ebenso viele Gebiete ein. Er behandelt daher in drei Büchern (I. und II. Theil) im ersten Buche: die Sorge des Staates für die physische Persön= lichkeit der Bürger, im zweiten Buche die Sorge des Staates für die geistige Persönlichkeit der Staatsbürger, im dritten Buche die Sorge des Staates für das Vermögen (auch eine „Kraft" des Menschen?) der Bürger. In diesen drei Büchern bringt er die gesammte „innere" Verwaltungsthätigkeit des Staates unter und zwar behandelt er im ersten Buche Bevölkerungswesen, die gesammte Sanitäts=, Theurungs= und Armenpolizei; im zweiten Buche die Verwaltung der Unterrichtsanstalten, Sittenpolizei und Kirchenver= waltung, und in dem dritten Buche die Landwirthschaftspflege, Ele= mentar=Schädenpolizei, Gewerbepolizei, Handels= und Communications= politik. Schließlich folgt im III. Theile des „System's" Präventiv= Justiz oder Rechtspolizei, in welchem ebenfalls der „Schutz" der manigfachsten Rechte der Staatsbürger seitens des Staats behan= delt wird.

Seit Mohl hat Niemand die Verwaltungslehre so umfassend und so tonangebend bearbeitet, wie Stein. Er that dieß in zwei Werken. Erstens in der: Verwaltungslehre, die 1865 in Stuttgart (Cotta) zu erscheinen anfing und bis zum 7. Bande (1868) gedieh,

---

[1] Mohl l. c. I. 8.

und zweitens in dem: Handbuch der Verwaltungslehre, welches theils als kurze Zusammenfassung des ersten Werkes im Jahre 1876 daselbst erschien. Das System Stein's ist so weitschichtig, daß der Verfasser offenbar mit demselben in sieben Bänden nicht fertig werden konnte. (Der 7. Band enthält erst den ersten Theil des dritten Hauptgebietes: die wirthschaftliche Verwaltung). Aehnlich wie Mohl, aus dem gesammten Gebiet der Staatsverwaltung die „Polizei" ausscheidet, dieselbe zum ausschließlichen Gegenstande der Polizeiwissenschaft macht, und ihr die oben dargestellten Gebiete der Verwaltung zutheilt; ebenso unterscheidet auch Stein „die wirkliche Verwaltung" von der „inneren Verwaltung". Nur diese letztere bildet bei ihm den Gegenstand der „eigentlichen Verwaltungslehre[1]".

Die „wirkliche Verwaltung" umfaßt nach Stein fünf große Gebiete und zwar: 1. die auswärtigen Angelegenheiten; 2. das Heerwesen; 3. die Staatswirthschaft; 4. die Rechtspflege; 5. die innere Verwaltung. Diese „innere Verwaltung", das einzige Gebiet, mit dem es Stein's „eigentliche" Verwaltungslehre zu thun hat, zerfällt bei ihm wieder in vier Gebiete, welchen entsprechend er seine Verwaltungslehre in vier Theile theilt, indem er dem physischen, geistigen, wirthschaftlichen und gesellschaftlichen Leben des Menschen je einen Theil derselben widmet. Diese Theile betitelt er: 1. Die Verwaltung und das persönliche Leben; hier werden: das Bevölkerungswesen, das öffentliche Gesundheitswesen, das Polizeiwesen und das Pflegschaftswesen behandelt; im 2. Theile: die Verwaltung und das geistige Leben behandelt Stein das Schul- und Bildungswesen; der 3. Theil: die Verwaltung und das wirthschaftliche Leben behandelt das Verhältniß der Regierung zu den Erwerbsgesellschaften (Actien-, Eisenbahn-Gesellschaften 2c.) ferner „die Verwaltung und die Elemente" (Feuer- und Wasserwesen) das Versicherungs- und das Verkehrswesen (Communicationen, Geldumlauf und Creditwesen), sodann „die Verwaltung und die erworbenen Rechte (Bergwesen, Forstwesen, Landwirthschaftspflege und Gewerbewesen, Handels- und Industriepolitik 2c.).

---

[1] Vergleich: Stein Handbuch der Verwaltungslehre Stuttgart 1876 S. 53 und 98.

Der IV. und letzte Theil der Verwaltungslehre, die „gesell=
schaftliche Verwaltung", ist den „gesellschaftlichen" Kreisen gewidmet.
Es wird hier die „Geschlechterordnung" (Adel, Familie und Gesinde=
wesen!) das „Berufsrecht", Arbeiterwesen, Theurungspolizei (!) Claf=
senbewegung ꝛc. behandelt.

Das Stein'sche „System" hat zwei Fehler. Erstens ist es
aus keinem einheitlichen rationellen Prinzip entwickelt. Es entspringt
einer mehr an dem Aeußerlichen haftenden Anschauung des Staates
und seiner Thätigkeit. Schon die „wirkliche" Verwaltung stellt sich
Stein in einer Anzahl von quasi concentrischen Kreisen vor, in denen
der Staat seine Thätigkeit entwickelt. Er beginnt von dem größten
derselben der außerhalb des Staates liegt, den Staat quasi umfängt
von den „auswärtigen Angelegenheiten" und steigt zu den immer
engern und kleineren Kreisen herab. Daher schließt sich an die
„auswärtigen Angelegenheiten" das Heerwesen, welches quasi schon
mit den Grenzen des Staates zusammenfällt, dann folgt die Staats=
wirthschaft, die sich schon i n n e r h a l b dieser Staatsgrenzen vollzieht,
daran schließt sich die Rechtspflege und die „innere Verwaltung".
Auch der Systematisirung dieser letzteren liegt eine ähnliche unklare
Anschauung von vier Gebieten, auf denen sich der Mensch bewegt
und bethätigt, zu Grunde. Hier ist die Reihenfolge dieser Kreise eine
umgekehrte, vom kleinsten zu den größeren.

Es folgen sich nähmlich die Kreise des phisischen, geistigen,
wirthschaftlichen und gesellschaftlichen Lebens und die Verwaltung
wird mittelst ihrer, auf diese verschiedenen Kreise sich beziehenden
Thätigkeit mit diesen vier Gebieten und den manigfachsten Er=
scheinungen auf denselben (Feuer, Wasser u. dgl.!) in eine lose Ver=
bindung gebracht.

Ist schon diese Art der Systematisirung eine fehlerhafte, so
liegt der zweite Fehler von Steins System darin, daß sich dasselbe
in so viele Haupt= und Nebengebiete, Ober= und Unterabtheilungen,
Abschnitte und Capitel unter römischen und arabischen Ziffern, unter
großen und kleinen Buchstaben verliert, daß der eigentliche Zweck
der Systematisirung die Uebersichtlichkeit und leichte Orientirung
g a n z v e r l o r e n g e h t.

Und bei all dem hat Stein die Finanz= und Militärverwaltung
aus den Rahmen seiner Verwaltungslehre ganz weggelassen — ob=

wohl er diese zwei Verwaltungsgebiete, was sehr charakteristisch ist, in seinem so eminent auf den Staat und die Staatswissenschaft an= gelegten Geiste nicht übergehen konnte und dieselben abgesondert in seiner Finanzwissenschaft und der Lehre vom Heerwesen behandelte [1]).

Wer Steins Verwaltungslehre richtig beurtheilen will, muß sich eigentlich diese seine zwei abgesondert herausgegebenen Werke als in dessen Verwaltungslehre hineingehörend denken.

Gerstner, der den Versuch machte, alle Hilfswissenschaften der Verwaltungslehre in ein „systematisches Ganze" zu verbinden, con= struirt folgendes System.

„Wir haben, meint er, drei und eigentlich nur drei große Wissensgebiete: die Güterlehre, die Moralphilosophie und die Rechts= wissenschaft. Auf Grundlage dieser Dreitheilung läßt sich nun fol= gendes System errichten. Die Staatsgewalt entwickelt nach jenen drei Richtungen ihre administrative Thätigkeit und sonach bilden auch die Wissenschaften von der Staatsverwaltung, die Verwaltungs= politik, drei besondere Kreise. Sie finden den Gegenstand ihrer Untersuchung entweder in einer phisisch=materiellen, oder in einem geistig=ethischen Prinzip des Daseins oder in der für diese Gesell= schaftsprinzipien nöthigen Sicherung und Förderung des Rechts= lebens". Auf Grund dieses nicht sehr stichhaltigen Raisonnements, macht Gerstner eine Eintheilung seiner leider unvollendet gebliebenen Verwaltungslehre, die aus folgendem Schema ersichtlich ist.

Die Staatsverwaltungslehren I. des physisch=materiellen Volkslebens (hieher gehören Bevölkerungswissenschaft, Gesund= heits= und Medicinalpolizei, Nationalöconomie, Finanzwissenschaft und Militärverwaltung) II. der geistig=ethischen Interessen (hieher gehören Pflege der ästhetischen, religiösen und ethischen Bil= dung) III. der Rechtssphäre (hieher gehören: die Justizverwaltung, und die Rechts= und Sicherheitspolizei).

Die Systeme der französischen Verwaltungslehrbücher können deßwegen nicht erschöpfend sein und die consequente Durchführung einer Idee zum Ausdruck bringen, weil eben die französischen Lehr= bücher des Verwaltungsrechts sich nur mit einigen fragmentarisch

---

[1]) Die „Lehre vom Heerwesen" bezeichnet übrigens Stein in dem ebenso betitelten Buche ausdrücklich als „Theil und Erfüllung der Verwaltungslehre".

und zusammenhangslos aneinandergereihten Partien der Verwal=
tung beschäftigen. Freilich trachten einige, wie z. B. Laferrière und
Batbie, diesen Uebelstand dadurch zu beheben, daß sie ihrem lücken=
haften und fragmentarischen Verwaltungsrecht eine breite verfas=
sungsrechtliche Basis geben.

Trotzdem muß anerkannt werden, daß Laferrière sein System
auf Grundlagen aufgebaut hat, denen eine gewisse Berechtigung nicht
abgesprochen werden kann.

Diese Grundlagen sind theils formal, theils meritorisch. Auf
formaler Grundlage baut Laferrière sein „Verwaltungsrecht" (er
spricht nähmlich nur von droit administratif), indem er 1. die all=
gemeine oder Staatsverwaltung (l' administration générale ou celle
de l'État); 2. die örtliche Verwaltung (l'administration locale ou
celle des départements, des arrondissements, des cantons et des
communes), endlich 3. die Verwaltungsjustiz — behandelt.

Sodann aber trachtet Laferrière auf folgende sinnreiche Weise
auch eine meritorische, mehr ins Wesen der Sache eindringende
Grundlage für sein System zu gewinnen. Er sagt nähmlich: „Die
Gesellschaft ist organisirt um zu leben und die ihr von der Vor=
sehung gesetzte Bestimmungen zu erfüllen (remplir ses destinées
providentielles): leben, das ist sich erhalten; leben, das ist
sich entwickeln, um das Ziel seiner natürlichen Bestimmung zu er=
reichen; Selbsterhaltung und Fortschritt ist daher das fun=
damentale Gesetz der bürgerlichen Gesellschaft (société civilisée).
Dringt man in das Wesen der Sache ein, so findet man, daß die
Verwaltung in den gesellschaftlichen Bedürfnissen der Selbster=
haltung und des Fortschritts das eigentliche Prinzip ihrer Thätig=
keit, ihrer allgemeinen Schutzpflicht findet, und daß alle ihre Ein=
richtungen diesem souveränen socialen Gesetz untergeordnet sind. Das
ist nun auch die Quelle, aus der man das zweite methodische Princip
der Verwaltungslehre abzuleiten hat: alle Gesetze, alle Verfügungen,
die das Verwaltungsrecht bilden, beziehen sich naturgemäß auf dieses
Grundgesetz, und es wird sich in diesem Buche zeigen, daß das Ver=
waltungsrecht, in so ferne es sich auf die Staatsverwaltung be=
zieht, auf diesen zwei Ideen beruht — der Selbsterhaltung und
des Fortschritts der Gesellschaft".

„Diese Eintheilung, fährt Laferrière fort, kam uns in den

Sinn erst nach langen Arbeiten, die immer an der Zahl und Manigfaltigkeit der gesetzlichen Verfügungen scheiterten. Aber einmal gefunden, hat sie in der Folge uns die Arbeit erleichtert und das System vereinfacht".

„Alle Gesetze, die das Verwaltungsrecht des Staates, der Departements, der Gemeinden bilden, sind ohne Zweifel diesen zwei Prinzipien der Selbsterhaltung und des Fortschritts untergeordnet, welche die wahren Prinzipien des gesellschaftlichen Lebens sind".

Doch fügt Laferrière hinzu, daß die „Ordnung und Methode der Darstellung des Gegenstandes es nicht erheischten", daß er die Unterabtheilung nach den beiden Prinzipien der Selbsterhaltung und des Fortschritts auch bei der Verwaltung der Departements und der Gemeinde in Anwendung bringe. Diese Unterabtheilung wendet er nur an „bei den so zahlreichen Materien der allgemeinen oder Staatsverwaltung". Er theilt daher den ganzen Stoff des Verwaltungsrechts in drei Theile:

I. Allgemeine Verwaltung des Staates.

II. Oertliche Verwaltung.

III. Verwaltungsjustiz.

Von diesen drei Theilen zerfällt der I. noch in zwei Unterabtheilungen:

1. mit Beziehung auf Selbsterhaltung der Gesellschaft;

2. mit Beziehung auf den Fortschritt und das Ziel der Gesellschaft. —

Wie gesagt, man kann diesem Laferrièr'schen System eine tiefere Berechtigung nicht absprechen und dasselbe besitzt in seinen zwei „socialen Grundgesetzen der Selbsterhaltung und des Fortschritts" einen gesunden Kern, den die späteren deutschen Systeme der Verwaltungslehre von Mohl bis auf Stein mit Unrecht unbeachtet ließen und weiter zu entwickeln unterlassen haben, was gewiß von Nutzen gewesen wäre. Daß uns Laferrièr's Werk trotz dieser nicht unrichtigen Ansätze im großen Ganzen nicht befriedigt, hat seinen Grund in den zu engen Grenzen, die er aus ganz unwissenschaftlichen Rücksichten (s. oben § 7) seinem Verwaltungsrechte zieht, was zur Folge hat, daß bei ihm diese zwei „socialen Gesetze" nicht in ihrer ganzen und vollen Entfaltung zur Darstellung gelangen können.

Bei **Batbie** ist von einem eigentlichen „System", das auf
irgend einem wissenschaftlichen Gedanken beruhen würde, gar nicht
die Rede. Nachdem er sich, wie schon erwähnt, den Inhalt seines Verwaltungsrechtes von einer Regierungsverordnung vorschreiben läßt,
reiht er die einzelnen Einrichtungen und untereinander unzusammen-
hängenden Gebiete der Verwaltung aneinander, ohne irgend einen
tieferen Zusammenhang zwischen denselben herstellen zu wollen. Nachdem er zuerst alle Verwaltungsbehörden aufzählt, versucht
er es, das „eigentliche Verwaltungsrecht" nach dem Schema der
römischrechtlichen Systeme in drei Theilen, als Personen, Sachenrecht,
und Erwerbungsrecht (Steuerperceptionen!) darzustellen und schließt
mit einer „Partie spóciale", in der er über Communicationswesen und Verantwortlichkeit der öffentlichen Functionäre handelt!

Viel tiefer und systematisch den Stoff besser gestaltend, ist
Ducrocq [1]. Schon seine Auffassung des „Verwaltungsrechts" ist
treffender als die seiner Vorgänger. „Das Gebiet des Verwaltungsrechts, meint er, ist ungeheuer („immense"), wie sehr es auch vom
Standpunkt der Lehre, durch officielle Programme eingeschränkt wurde. (Cours de droit administratif I. p. 3). Es begreift
nähmlich in sich: die ganze Verwaltungsorganisation Frankreichs, bestehend aus Beamten, Rathsversammlungen und
Verwaltungsgerichtshöfen; die Regelung (réglómentation)
der Grundsätze des öffentlichen Rechts, welche die Rechte und Pflichten
der Bürger und der Individuen in ihrer Beziehung zur Gesammtheit heiligen und zwar mittelst Verwaltungsgesetzen, welche diese
Grundsätze anwenden, dieselben erweitern und beschränken; die
Schaffung und Einführung moralischer Persönlichkeiten, deren Dasein für die obigen Zwecke von Interesse ist." Darnach theilt nun
Ducrocq den gesammten Stoff seines „Verwaltungsrechts" in drei
Titel. Der erste handelt von der Organisation und den Befugnissen (attributions) der Verwaltungsbeamten, der Verwaltungs-
collegien und der Verwaltungsgerichtshöfe (autorités, conseils und
tribunaux administratifs); der zweite Titel handelt von den Verwaltungsgesetzen, welche die Grundsätze des öffentlichen Rechts, der
politischen, religiösen, natürlichen und bürgerlichen Ordnung an-

---

[1] Cours de droit administratif 16. ed Paris 1881.

wenden, beschränken und regeln; der dritte handelt vom Staat, von den Departements und den Communen als juristischen Personen. Wenn nun auch Ducrocq mit großem Geschick in diese drei Rahmen das ganze Material des Verwaltungsrechts einfügt und sein Buch recht übersichtlich gestaltet, so ist damit doch nur das Ziel erreicht, dieses gesammte Material unterzubringen. Das, um was es sich uns handelt, durch das System zugleich das Verständniß des Staates und den tieferen Einblick in dessen innerstes Wesen zu vermitteln, das wird durch eine solche mehr formale Schematisirung nicht erreicht.

Begründung des Systems.

§ 12.

Die systematische Ordnung, in der wir hier den gesammten Stoff der Verwaltungslehre vorführen wollen, wird sich an die natürliche, historische Entwicklung der Staaten anlehnen. Wir werden kein aprioristisches Princip an die Spitze stellen, aus dem wir System und Lehre deduciren, wie es Mohl gethan; weder wird uns in Ermanglung eines solchen Prinzips die unklare äußere Anschauung der Einrichtungen und Functionen des Staates eine Art System octroyiren; unsere systematische Ordnung wird dem geschichtlichen Entwicklungsgange folgen. Aber ebenso wie diese geschichtliche Entwicklung bei weitem noch nicht zu Ende ist, und nie und nirgends auf keinem Gebiete je fertig werden kann; ebenso wird unsere Lehre nie das bis jetzt Gewordene als das Letzte und Vollkommene darstellen. Wir werden uns überall begnügen, auf den Werdeproceß der staatlichen Institutionen hinzuweisen und die gegenwärtige Phase der Entwicklung zu constatiren; diese letztere soll durch das neueste darauf bezügliche Gesetzesmaterial illustrirt und beleuchtet werden.

Sollen wir nun die Grundlage unserer systematischen Darstellung genauer darlegen, so müssen wir zuerst den Begriff „Entwicklung“, in wie fern er auf den Staat angewendet werden darf, untersuchen. Erst die Klarheit über diesen Begriff und über die Zulässigkeit seiner Anwendung auf das Leben der Staaten wird uns unsere Systematik begründen helfen.

Die Entwicklung des Staates ist ein Begriff, der zu vielen Mißverständnissen Veranlassung gegeben hat. Der Vergleich mit der Entwicklung des Individuums, der sehr nahe lag und jedem sich aufdrängte, verführte zu weitern falschen Paralellen. Man kam auf diesem Wege zur Vorstellung des Staates als eines lebendigen Organismus und zog aus dieser falschen Vorstellung die irrigsten und wunderlichsten Consequenzen. Nichtsdestoweniger ist die Entwicklung des Staates ein ganz realer Begriff: es liegt ihm ein wirklicher Vorgang zu Grunde. Die geschichtliche Betrachtung der einzelnen Staaten lehrt uns unwiderleglich, daß dieselben von primitiven und einfachen Anfängen, zu immer vollkommeneren und complicirteren Gestaltungen, von mangelhafteren Einrichtungen zu immer besseren und nützlicheren, von Unvermögen und Schwäche zu immer größerer Kraft und Machtentfaltung gelangen. Der thatsächliche Entwicklungsgang jedes Staates ist daher unläugbar.

Ein zweiter fortschrittlicher Entwicklungsgang macht sich ebenfalls unläugbar in der Gesammtgeschichte aller Staaten bemerkbar. Die Thatsache steht fest, daß z. B. die modernen europäischen Staaten den Höhepunkt der Entwicklung der antiken Staaten schon weit überholt haben. Unser Communicationssystem steht himmelhoch über dem in seiner Art und in seiner Zeit ausgezeichneten Communicationssysteme der Römer; unser Sanitätswesen, die Sorge des modernen Staates für die Gesundheit des Volkes hat die vereinzelten bezüglichen Maßregeln der Staaten des Alterthums weit überholt.

Man kann nun behaupten, daß auf diese Weise der Staat im allgemeinen eine doppelte Entwicklung durchmacht — eine Art von doppeltem Kreislauf, etwa dem doppelten Kreislauf der Planeten vergleichbar.

Denn ähnlich wie diese, um ihre eigene Axe und sodann um ihre Sonnen sich drehen: so durchläuft jeder Staat erstens seine eigene Entwicklung, sodann participirt er an der allgemeinen fortschrittlichen Entwicklung aller Staaten.

Auf der historischen Betrachtung dieser doppelten Entwicklung aller Staaten läßt sich nun eine natürliche Ordnung, wir wollen nicht sagen System, unserer Wissenschaft aufbauen. Wir wollen nähmlich das riesengroße Material der Verwaltungslehre darnach ordnen, je nachdem der sich entwickelnde Staat von den ursprünglichen engen Gebieten seiner Thätigkeit zu immer weiteren und

höheren übergeht; je nachdem er immer weitere und höhere Ge=
biete des materiellen und geistigen Lebens in seinen Wirkungskreis
einbezieht.

Die im wesentlichen immer gleichen Bedürfnisse jedes Staates,
oder deutlicher gesagt, jeder Staatsgewalt, bringen es mit sich, daß
jeder Staat in seiner natürlichen Entwicklung in dieser Einbeziehung
immer neuer Gebiete in den Kreis seiner Thätigkeit eine gleiche
Reihenfolge einhält. So sehen wir jeden Staat zuerst diejenige
Thätigkeit entwickeln, die für seine Selbsterhaltung geboten ist, also
die Kriegsthätigkeit und damit im engen Zusammenhange die Staats=
schatzpflege. Es ist schon in der Sorge um die Selbsterhaltung des
Staates ein großer Fortschritt, wenn man dieselbe durch friedliche
Mittel der Verhandlungen mit auswärtigen Staaten zu erreichen,
wenn man die Interessen des Staates durch diplomatische Unter=
handlungen zu wahren anfängt. So äußert sich denn die, die
S e l b s t e r h a l t u n g des Staates zum Zweck habende Thätigkeit
in drei Richtungen, die wir mit andern Namen als: H e e r w e s e n,
S t a a t s f i n a n z e n und a u s w ä r t i g e A n g e l e g e n h e i t e n
bezeichnen.

Die nächstweitere Sorge des Staates, aus dieser Selbster=
haltungssorge fließend, doch über dieselbe schon weit hinausgehend,
ist die um Erhaltung der Ordnung im Innern. Die erste Be=
dingung jeder Ordnung ist eine K e n n t n i ß u n d A b z ä h l u n g.
Da die innere Ordnung des Staates vor allem eine Ordnung der
Bevölkerung ist, so folgt daraus die Nothwendigkeit einer genauen
Kenntniß des Standes dieser Bevölkerung, die durch Volkszählungen
erlangt wird. (B e v ö l k e r u n g s w e s e n). Erst dann kommen die
V e r h ä l t n i s s e dieser Bevölkerung untereinander in Betracht, welche
die Staatsgewalt von jeher durch R e c h t s s p r e c h u n g und R e c h t s=
p f l e g e in geordnetem Gange zu erhalten sucht. Die Justiz
wird daher neben Heerbefehl, Staatswirthschaft und auswärtigen
Angelegenheiten von jeher als die wichtigste Thätigkeit der Staats=
gewalt betrachtet. Doch nicht nur Rechtspflege war bestimmt, die
innere Ordnung aufrecht zu erhalten; mit der fortschrittlichen Ent=
wicklung jedes Staates insbesondere und der Staaten überhaupt
dienten diesem Zwecke auch die T e r r i t o r i a l e i n t h e i l u n g und
das C o m m u n i c a t i o n s w e s e n. In dem Maße, immer größerer

Vervollkommnung staatlicher Einrichtungen sind auch Territorialwesen und Communicationswesen im modernen Staate zu einer früher kaum geahnten Entwicklung gelangt.

Hat der Staat für seine Selbsterhaltung und für die Ordnung im Innern gesorgt, so gelangt er auf der höchsten Stufe seiner Ent= wicklung zur Sorge um die Wohlfahrt des Volkes.

Mag sein, daß im tiefsten Grunde durch die Sorge des Staates für innere Ordnung und für die Wohlfahrt des Volkes wie ein rother Faden der unbewußte Trieb der Selbsterhaltung sich hin= durchzieht, es ist das auch gar nicht anders möglich, denn der erste Grund aller staatlichen Thätigkeit, der seinem innersten Lebensprinzip entspringt, der kann sich auch in den entferntesten Ausläufern seiner Thätigkeit nicht verleugnen. Nicht minder aber lassen sich diese drei Stabien in der Entwicklung jedes Staates insbesondere und aller Staaten überhaupt wahrnehmen: Selbsterhaltung, Wahrung der innern Ordnung und Sorge um die Wohlfahrt des Volkes. Aber auch im Bereich jedes dieser Stabien, zeigt die Thätig= keit des Staates wieder einen gewissen Entwicklungsgang.

Die Wohlfahrtspolitik des Staates beginnt meist mit der Wirth= schaftspolitik, sie übergeht dann zum geistigen Bildungswesen, um durch Bildung die Wohlfahrt zu heben und zu fördern, und gelangt schließlich zum Gesundheitswesen, um auch auf diesem Felde die Wohlfahrt des Volkes nicht nur seiner eigenen Sorge zu überlassen. So gliedert sich denn die Thätigkeit des Staates, die die Wohlfahrt des Volkes zum Zwecke hat, der naturgemäßen Entwicklung ent= sprechend, in drei Gebiete nähmlich: Wirthschaftspolitik, Bildungswesen und Sanitätswesen.

Nachstehendes Schema soll über das soeben entwickelte und hier zu befolgende System der Verwaltungslehre einen Ueberblick gewähren.

A Selbsterhaltung { I. Wehrverwaltung
II. Finanzverwaltung
III. Verwaltung des Aeußern.

B Innere Ordnung { I. Bevölkerungspolitik
II. Justizpolitik
III. Territorial= und Organisationswesen
VI. Communicationswesen.

C Wohlfahrtsbeförderung { I. Wirthschaftspolitik
II. Cultus= und Unterrichtspolitik
III. Sanitätswesen.

Der spezielle Inhalt jedes dieser Theile und Abschnitte ist auch aus der am Anfang des Buches gegebenen Inhaltsübersicht ersichtlich.

Methode der Behandlung.

§ 13.

Die Frage nach der Methode der Behandlung ist bei jeder Wissenschaft, bei jeder Lehre von Wichtigkeit. Bei der Verwaltungs= lehre treten aber dabei, wie wir das bald sehen werden, mehr Ge= sichtspunkte zu Tage als bei andern Wissenschaften.

Bei andern Wissenschaften handelt es sich nähmlich nur um die Frage, ob inductiv oder deductiv verfahren werden soll.

Die deductive Methode beruht darauf, daß man von einem oder von mehreren a priori hingestellten Sätzen die Grundbegriffe der Wissenschaft ableitet; daß man aus diesen Sätzen das System der einzelnen Wissenschaft, ihre Tendenz und Richtung deducirt. Ein drastisches Beispiel einer solchen Methode, mit Anwendung auf die Verwaltungslehre, hat uns oben (§ 11.) Mohl geliefert. Wir sahen, wie er aus seinem a priori hingestellten Satze, daß es der Zweck des Menschen ist, alle seine geistigen und körperlichen Kräfte zu entwickeln, sein ganzes System und die ganze Tendenz seiner Polizeiwissenschaft ableitete.

Der deductiven entgegengesetzt ist die inductive. Sie tritt ohne vorgefaßte Idee an ihren Gegenstand heran. Erst die objective Be= trachtung und Erforschung desselben soll ihr Aufklärung geben über die Prinzipien der betrachteten Erscheinungen, über ihre Bedeutung, ihre Richtungen oder Zwecke.

Nur die inductive Methode kann, wenn sie objectiv und rea= listisch vorgeht, wahrhaft wissenschaftliche Resultate liefern: bei der deductiven hängt alles von der Richtigkeit des a priori hingestellten Satzes ab. Alle Resultate, zu denen sie gelangt, können nur in= soferne auf Wahrheit Anspruch machen, in wie fern der apriori= stische Ausgangspunkt wahr ist. Speziell bei der Staatswissen= schaft bildet die deductive Methode den Staat nach den subjectiven

Aspirationen der Staatsrechtslehrer: die inductive Methode hält sich von allen solchen Aspirationen frei. Sie nimmt mit Resignation alles hin, was Thatsachen und Erscheinungen ihr bieten. Sie stellt keine Ideale auf: sie forscht nach Wahrheit.

Ist die Frage nach der deductiven oder inductiven Methode, der Verwaltungslehre mit allen andern Wissenschaften gemein: so ist die Frage nach juristischer oder politischer Methode eine aus=schließlich dem Staatsrechte und dessen einzelnen Zweigen, also auch der Verwaltungslehre zukommende und eigenthümliche. Wie es aber gekommen, daß diese Frage für die Verwaltungslehre und überhaupt für die Staatslehre von Wichtigkeit wurde, bedarf einer eingehenderen Auseinandersetzung.

Alles Staatsrecht, also Verfassungs= und Verwaltungsrecht nimmt seinen Anfang und hat seinen Ausgangspunct in jener Unter=scheidung des römischen Rechtes in jus privatum et publicum. Im römischen Rechte hat diese Unterscheidung den Sinn, den Umfang des Privatrechts strenge abzugrenzen von allem andern, was nicht dazu gehört. Die römischen Juristen wollen sich mit dieser Unter=scheidung einfach das, was nicht Privatrecht ist, vom Halse schaffen. Ob das, was sie als nicht zum jus privatum gehörend, von demselben ausschieden und dem sie dabei den Namen jus publicum mit auf den Weg gaben, wirklich ein „jus“ in der Bedeutung, wie es das jus privatum ist, wäre, darum kümmerten sie sich nicht weiter. Genug, es war kein jus privatum. Aus dieser römischen Unterscheidung entstand sodann in der deutschen Wissenschaft der Unterschied zwischen Privat= und öffentlichem oder Staatsrecht. Das erste faßte man als dasjenige Recht, welches die Verhältnisse der einzelnen Bürger zu einander, das letztere als dasjenige, welches die Rechte der einzelnen Bürger dem Staate gegenüber bestimmt und feststellt. Es lag nun nahe, dieses öffentliche oder Staatsrecht ganz nach derselben Methode wissenschaftlich zu bearbeiten wie das Pri=vatrecht.

Noch ein anderer Grund war dazu vorhanden. Die „Rechts=philosophen“ pflegten nähmlich das Recht im Allgemeinen aus der dem Menschen angeblich angeborenen Rechtsidee zu deduciren und dasselbe vom Standpunkt dieser Rechtsidee zu behandeln. Diese Idee und die aus ihr gefolgerten Rechtsgrundsätze müßten doch offenbar

für alle Abtheilungen des Rechts, also ebensowohl für Privat=
wie für öffentliches Recht maßgebend sein. Daher wendete man die
Methode der Behandlung des Privatrechts, die juristische Methode
auch auf das Staatsrecht an.

Wir wollen nun zuerst uns darüber Rechenschaft geben, was
juristische Methode sei, und sodann in Betrachtung ziehen, ob die gleich=
stellende Subsumirung des Privatrechts und Staatsrechts unter den
einen höheren Begriff des „Rechts" und die daraus folgende gleiche
juristische Behandlung beider statthaft sei.

Die juristische Methode hat die Aufgabe, die Grundsätze des
Privatrechts in ihrer logisch=consequenten Gliederung aus obersten
Rechtsprinzipien zu deduciren, ihren streng logischen Zusammenhang
nachzuweisen und auf diese Weise ein System des Rechts, ein fest
gefügtes Gerüste herzustellen, welches eine sichere Grundlage bilden
solle für alle noch ungelösten Fragen des Privatrechts. Die juristische
Methode strebt darnach, auf dem Gebiete des Privatrechts jede
Willkühr auszuschließen, jede Opportunitäts= und Zweckmäßigkeits=
rücksicht zu beseitigen, und nur das aus den obersten Grundsätzen
des Rechts sich ergebende, das Gerechte und die Gerechtigkeit zur
Geltung zu bringen. Keine Rücksicht, kein Einfluß von außen, keine
Macht und keine Gewalt darf die juristische Methode in ihren Ueber=
zeugungen erschüttern, von ihrer Bahn abdrängen: fiat justitia
pereat mundus ist ihre Devise.

Nun ist das Gebiet des Privatrechts für die Anwendung der
juristischen Methode ausnahmsweise geeignet und günstig.

Auf diesem Gebiete nähmlich handelt es sich um Verhältnisse
des Einzelnen zum Einzelnen, der dem Staate und seinen Gesetzen
gegenüber gleichberechtigten Individuen zueinander. An der Uebung
des Privatrechts, an der Geltung desselben hat der Staat als
solcher nur ein Interesse, nähmlich: mittelst desselben die innere
Ruhe und Ordnung aufrecht zu erhalten; es ist das nur
ein formales Interesse. Ein materielles dagegen d. h. ein
Interesse daran, ob durch die Ausübung eines gegebenen Rechts,
durch die Geltendmachung desselben X oder Y einen Vortheil er=
langen, daran hat der Staat kein Interesse. Er legte die Grund=
lagen des Rechts, er proclamirte die Grundsätze — möge die juri=
stische Wissenschaft ihre Systeme bauen, ihre Consequenzen ziehen,

mittelst ihrer juristischen Methode das Recht finden: der Staat hat daran kein weiteres m a t e r i e l l e s Interesse; er ist daher in keinem Falle auch veranlaßt, in den „Gang der Gerechtigkeit" einzugreifen. Ob X oder Y sachfällig wird, das bleibt sich ihm ganz gleich: auf d i e s e m Gebiete wiederholt auch er fiat justitia, pereat mundus! Anders verhält sich die Sache auf dem Gebiete des öffentlichen, des Staatsrechts. Hier handelt es sich nicht um X und Y), hier handelt es sich um das Verhältniß des X zum S t a a t; hier handelt es sich um öffentliche, staatliche Verhältnisse und Interessen; um die Grundlagen der Existenz des Staates; hier ist der Staat Partei; die Entscheidung eines Rechtsstreites auf diesem Gebiete tangirt den Staat unmittelbar; an dieser Entscheidung hat er ein m a t e r i e l l e s Interesse. Wo aber das Interesse des Staates in's Spiel kommt, da gilt ein anderer Grundsatz; da heißt es mit nichten fiat justitia pereat mundus — da heißt es s a l u s r e i p u b l i c a e suprema lex esto! — Das ist der gewaltige Unterschied zwischen Privat und öffentlichem Recht. Hat jenes den Zweck Ruhe und Ordnung in den Verhältnissen der Einzelnen zueinander aufrechtzuerhalten: so hat das öffentliche „Recht" nur die eine Aufgabe, das W o h l des Staates zu fördern. Daraus folgt, daß im Streitfall auf dem Gebiete des Privatrechts die Entscheidung rücksichtslos fallen kann, ohne Interesse für die eine oder andere Partei: auf dem Gebiete des öffentlichen Rechts d a r f die Entscheidung das Wohl der einen Partei, das Wohl des Staates nicht angreifen. Auf dem Gebiete des Privatrechts ist die Themis blind und macht keinen Unterschied zwischen den Parteien: die Themis des öffentlichen Rechts, ist ein= äugig und dieses einzige Auge, das sie da hat, muß sie auf den Staat richten, auf sein Wohl und sein Interesse.

Dieser grundverschiedene Charakter des Privat. und öffentlichen Rechtes kann nur zum Nachtheil der Wahrheit und Wissenschaft bei der Behandlung des öffentlichen Rechts übersehen werden. Wendet man die für das Privatrecht vollkommen entsprechende und uner= läßliche, streng juristische Methode auf das öffentliche Recht an, so läuft man Gefahr, zu Resultaten zu gelangen, die der Staat, als die mächtigere und p r i v i l e g i r t e Partei, auf dessen Interesse und Wohl es ankommt, auf jedem Schritt Lügen strafen wird; denen er kraft seiner Machtvollkommenheit ein veto entgegenrufen wird.

Dem Staatsrecht gegenüber darf man nicht vergessen, daß es mit der bloßen Herausinterpretirung dessen, was sein soll, oder der Art und Weise, wie es sein solle, nicht gethan ist: beim Staats= recht handelt es sich in erster Linie darum, was der Staat thut und wie er es thut; bei der juristischen Rechtsfindung aber auf dem Gebiete des öffentlichen Rechtes fragt es sich immer noch darum, ob dieses, wenn auch mit größtem Scharfsinn gefundene Recht, dem Staate recht ist? — Während daher die Privatrechtswissenschaft ganz richtig handelt, wenn sie darauf ausgeht, mittelst der juristischen Methode nachzuweisen, was Recht ist und was Rechtens sein soll: so muß jede Staatsrechtswissenschaft und Lehre, also auch die Ver= waltungslehre ihr Schwergewicht darin suchen, mittelst der historisch= politischen Methode nachzuweisen, wie der Staat sein öffentliches Recht übte und wie er es übt. Das und nichts anderes kann der Inhalt aller Staats= und Verwaltungslehre, alles Staats= und Verwaltungsrechtes sein.

Die juristische Methode kann im öffentlichen Rechte nur subsi= diarisch und so zusagen interimistisch zur Anwendung kommen, wenn es sich um vorläufige, momentane Interpretation einer öffent= lichen Bestimmung handelt. Sie ist nur in solange und in soweit maßgebend, so lange und so weit kein wesentliches Interesse des Staates, dieser privilegirten Partei, in's Spiel kommt. Tritt dieser Fall ein, dann wird auch die scharfsinnigste Interpretation des Ge= setzes, die gewandteste juristische Methode zu Schanden. Der Staat ruft ihr fein: stat pro ratione voluntas entgegen.

Quellen der Verwaltungslehre. — Gesetz und Verordnung.

§ 14.

Die oberste und wichtigste Quelle der Verwaltungslehre ist die Geschichte der Staatsverwaltungen, die einen bedeutenden Theil der politischen Staatengeschichte ausmacht. Bei nur einigermaßen ent= wickeltem Staatswesen sind die Normen über die Führung der Ver= waltung in Verwaltungsgesetzen niedergelegt, deren Inbegriff man auch als das Verwaltungsrecht der Staaten bezeichnet.

Man hat oft den Unterschied zwischen Verfassung und Verwal= tung darin sehen wollen, daß jene auf Gesetzen beruhe und durch

Gesetze normirt sei; letztere hingegen auf Regierungsverordnungen sich stütze und kraft solcher Verordnungen bestehe. Als äußeres unterscheidendes Merkmal zwischen Gesetz und Verordnung stellte man dabei das Kriterium auf, daß Gesetz sei, was die gesetzgebende Gewalt als solches beschließe und verkünde; Verordnung hingegen die in Ausübung der Gesetze durch die Executive (durch die Regierung) getroffene Bestimmung. Darnach sollte sich die Verordnung zum Gesetz verhalten wie die spezielle Anwendung zu dem allgemeinen Prinzip.

Diese doppelte Unterscheidung ist nicht stichhältig. Der Unterschied zwischen Gesetz und Verordnung ist ein ganz anderer. Die Verordnung entspringt dem momentanen Bedürfniß und richtet sich an einen speziellen Fall oder an einen Inbegriff von speciellen Verhältnissen. Aber die Verordnung ist so zu sagen die Avantgarde des Gesetzes. Jedes Verhältniß, das durch ein Gesetz allgemein geregelt ist, mußte einmal als erster spezieller Fall aus dem wirklichen Leben auftauchen und damals durch eine auf diesen Fall abzielende Anordnung der Staatsgewalt geregelt werden. Wiederholte sich dieser Fall oft und wurde er jedesmal im Sinne jener ersten Verordnung geregelt, so verwandelte sich die Verordnung in Gesetz. Oder wiederholten sich viele ähnliche spezielle Fälle, die jedesmal durch ähnliche Verordnungen der Staatsgewalt geregelt wurden, so condensirten sich mit der Zeit die allen diesen Verordnungen gemeinsamen prinzipiellen Bestimmungen zu einem Gesetz, dessen prinzipieller Inhalt auf nachfolgende ähnliche spezielle Fälle mutatis mutandis angewendet wurde. So erscheint nun das Gesetz als concentrirte oder auch potenzirte Verordnung; oder als prinzipieller Extract einer Anzahl ähnlicher Verordnungen.

Nun kann aber kein Staatswesen durch bloße Gesetze regiert werden, weil auch die umfangreichsten und unzähligsten Gesetze der unendlichen Mannigfaltigkeit und der unendlichen Fülle des Lebens nicht gewachsen sind. Wäre eine Staatsverwaltung nur nach Gesetzen vorzugehen berechtigt: sie käme angesichts der unzähligen, unmöglich im voraus zu errathenden Verhältnisse und Situationen des Lebens täglich in Verlegenheit und Rathlosigkeit.

Eine Verwaltung nur nach Gesetzen ist unmöglich. Die Staatsverwaltung muß immer handeln; darf ihre Thätigkeit nie einstellen; wenn sie auch — was immer und immer wieder geschieht — von

den bestehenden Gesetzen im Stiche gelassen wird. Sie handelt da=
her und ist thätig mittelst Verordnungen. Das will aber nicht sagen,
daß die Verwaltung nur durch Verordnungen und nach Verordnungen
geübt wird: denn nicht minder sind es ja auch die Gesetze, (Verwal=
tungsgesetze) nach denen sie handelt. Jedes Gesetz mußte einmal
Verordnung sein und jede Verordnung enthält gewiß in sich den
Keim eines künftigen Gesetzes. Die Unterscheidung zwischen Gesetz
und Verordnung, als ob das erstere von der gesetzgebenden Gewalt,
die letztere von der Regierung erlassen werde, ist eine rein äußerliche,
das Wesen der Sache nicht berührende und ganz werthlose.

Quelle der Verwaltungslehre sind also alle Gesetze und Verord=
nungen, speziell diejenigen die sich mit den Gegenständen der Ver=
waltung beschäftigen, die die Thätigkeit der Staatsverwaltung auf
allen ihren Gebieten normiren.

Solche Gesetze und Verordnungen werden theils von den Re=
gierungen, theils von Privaten gesammelt und herausgegeben na=
mentlich ist dieß in neueren Zeiten der Fall.

Wir können uns hier auf die Aufzählung auch nur der wich=
tigeren österreichischen, geschweige denn ausländischen politischen Gesetz=
sammlungen nicht einlassen. Man findet dieselben in dem bekannten
Werke Mohl's über Geschichte und Literatur der Staatswissenschaften
und in den zahlreichen deutschen Staatsrechtslehrbüchern verzeichnet.

Die österreichischen politischen Gesetzsammlungen sind verzeichnet
bei Stubenrauch und in großer Vollständigkeit neuestens bei Mayr=
hofer: Politischer Verwaltungsdienst. (1881) S. 34—39.

Literatur.

§ 15.

Wir haben die wichtigsten Erscheinungen auf dem Gebiete der
Verwaltungslehre im Obigen gelegentlich bereits erwähnt. Von einer
literarhistorischen Entwicklung kann ohnedieß bei einem Wissenszweig,
der sich noch in den Anfängen befindet, der es noch zu keiner eigent=
lichen Wissenschaft gebracht hat, keine Rede sein. Mit Justi und
Sonnenfels aus dem vorigen; mit Mohl und Stein aus unserem
Jahrhundert hat man die bedeutendsten Namen der Literatur der
Verwaltungslehre genannt. Doch ist Stein als Bahnbrecher und

Begründer der Verwaltungslehre als Wissenschaft entschieden epoche=
machend, und man kann auch mit gutem Rechte von einer Stein'schen
Schule sprechen. So ist z. B. die Verwaltungslehre von Jnama=
Sternegg nur ein Auszug aus Stein, ganz an sein System sich an=
schließend. Auch Rösler's Werk ist ganz unter dem Einfluß der
Stein'schen Jdeen entstanden; ebenso Ernst Meiers: Verwaltungs=
recht in Holzendorfs Encyclopädie. Andererseits haben alle möglichen
Verwaltungsrechtscompendien (wie z. B. Mayrhofer) das Stein'sche
System genau befolgt. Ueberhaupt ist in neuerer Zeit die ganze
Verwaltungsliteratur von Stein'scher Systematik und Stein'schen
Jdeen beherrscht.

Wir geben in Nachstehendem nur die wichtigsten Werke über
Staatsverwaltung in chronologischer Ordnung.

B. L. v. Seckendorff: „Teutscher Fürstenstaat" Frankfurt 1678.
De la Mare: Traité de la police Paris 1722.
Struben: Gründlicher Unterricht von Regierungs= und Justizsachen.
        Hildesheim 1733.
Sonnenfels: Grundsätze der Polizei= Handlungs= und Finanzwissen=
        schaft. Wien 1765. 7. Aufl. 1804.
Fischer: Lehrbegriff sämmtlicher Cameral= und Polizeirechte 1785.
Joh. K. Gottl. v. Justi: Grundsätze der Polizeiwissenschaft. Götting.
        1756.
  „   „   „   „   Grundfesten der Macht und Glückseligkeit
        der Staaten und ausführliche Darstellung
        der gesammten Polizeiwissenschaft. 1760.
Butte: Neues System der Polizeiwissenschaft. Landshut 1807.
Malchus: Politik der inneren Staatsverwaltung. 1823.
Weiler: Ueber Verwaltung und Justiz und die Grenzlinie zwischen
        beiden. Mannheim 1826.
Pfizer: Ueber die Grenzen der Verwaltungs= und Civiljustiz.
        Stuttgart 1828.
Mohl: Die Polizeiwissenschaft 1. Aufl. 1832. 2. Aufl. 1844.
E. Baumstark: Kameralistische Encyclopädie. Heidelberg 1835.
Wilhelm Josef Behr: Allgemeine Polizei=Wissenschafslehre. Bam=
        berg 1844.
Josef Behr: Allgemeine Polizei=Wissenschaftslehre und pragmatische
        Theorie der Polizeigesetzgebung und Verwaltung 1848.

Gustav Zimmermann: Deutsche Polizei im 19. Jahrhundert.
Hannover 1849.

„   „   Wesen, Geschichte, charakteristische Thä=
tigkeit und Organisation der modernen
Polizei. 1852.

F. F. Mayer: Grundsätze des Verwaltungsrechts. Tübingen 1862.

Gerstner: Grundlehren der Staatsverwaltung. Würzburg 1862.

Laferrière: Cours de droit public et administratif 5 ed. Paris 1860.

Batbie: Précis du cours de droit public et administratif 1869.

Pradier-Fodéré: Précis de droit administratif. 1872.

Ducrocq: Cours de droit administratif. Paris 1881. 6. ed.

Dr. H. Roesler: Lehrbuch des socialen Verwaltungsrechts. 1872
—1873.

„   „   „   Ueber Verwaltungsgerichtsbarkeit in Grünhuts
Zeitschrift. B. 1.

Dr. Peter Koller: Bedenken gegen die Anträge der Regierung
zur Errichtung eines Verwaltungsgerichtshofes und die
Einführung der Rechtssprechung in der österr. Verwal=
tung. Wien 1874 und die Gegenbemerkungen hiezu von
Dr. Carl Lemayer in Grünhuts Zeitschrift. Bd. I.
S. 738.

Stein: Die Verwaltungslehre Th. I—VII 1865—1868.

„   Handbuch der Verwaltungslehre und des Verwaltungs=
rechts 1870.

Gneist: Das englische Verwaltungsrecht mit Einschluß des Heeres
der Gerichte und der Kirche, 2 B. 1867.

„   Geschichte und heutige Gestalt der englischen Communal=
verfassung oder des Selfgovernement, 1863.

„   Selfgovernement, Communalverfassung und Verwaltungs=
gerichte in England, 1871 (3. Aufl.).

„   Verwaltung, Justiz, Rechtsweg; Staatsverwaltung und
Selbstverwaltung nach engl. und deutschen Verhältnissen 2c.
1869.

Rönne und Simon: Verfassung und Verwaltung des preuß·
Staates, 1840—1854 Th. IV. VI—IX.

Rönne: Das Staatsr. d. Preuß. Monarchie, 1864—1865. 3.Auf=
lage 1880.

Förstemann: Prinzipien des preuß. Polizeirechts, 1869.

Ackermann: Archiv f. deutsches Polizeiwesen, 1858—59, Schwerin.

Rau und Hansen: Zeitschrift f. polit. Oeconomie und Polizei-wissenschaft.

Blätter: f. abm. Praxis und Polizeirechtspflege in Bayern von Brater, 1850 . . . .

J. Pözl: Grundriß zu Vorlesungen über Polizei, München 1866.

Inama=Sternegg: Verwaltungslehre in Umrissen, 1870.

Ernst Meier: Das Verwaltungsrecht in Holzendorfs Encyclopädie.

Sarwey: Das öffentliche Recht und die Verwaltungsrechtspflege, 1880.

I.
Wehrverwaltung.

Der Krieg.

§ 16.

Staaten sind nie anders als durch Krieg und in Folge von Krieg entstanden [1]). Wenn es dafür noch eines Beweises bedürfte,

[1]) Vollkommen richtig ist folgende Ausführung Rüstows: „Dem Sklavenraubkrieg und dem Einwanderungs= oder Eroberungskrieg mit Knechtung der Besiegten begegnen wir nun fast überall in den Anfängen der Geschichte derjenigen Völker, welche, soweit wir sie überschauen, die Weltgeschichte gemacht haben. Diese Kriege sind die Gründer der Staaten; sie können sich aber Jahrhunderte wiederholen; ihre Formen mögen wechseln, ihr Wesen bleibt; die Entwicklung der Staaten wird neue Kriegsgründe schaffen, aber sie wird die alten nicht vernichten. In den tscherkessischen Bergen, im Innern Afrikas treibt noch heute der Sklavenraubkrieg sein Spiel; die Abighest so wenig als die Afrikaner suchen freilich Hände zur Bebauung ihrer Aecker, aber aufgestachelt von türkischen und amerikanischen Sklavenhändlern bekriegen sich ihre Stämme, berauben sich ihrer Männer und Frauen in wechselsweisen Angriffs= und Abwehrkrieg und verhandeln an den Küsten des Pontus und des Oceans um Schmuck und Waffen, um Pulver und Branntwein ihre Beute. Wenn hier eine Urschicht neben der neuen Welt nur fortvegetirte! Aber so ist es nicht, die fortgeschrittene, die civilisirte, mit einem Wort die heutige Welt, greift ja lebendig in dieses Treiben ein. Und wenn diese neue Welt, wie ihre Waaren, so ihre Menschen, ihre Arbeitskräfte zum Theil unter dem Schutze gütlicher und friedlicher Verträge und weiser Gesetze austauscht, lebt doch nicht minder der Ländereroberungskrieg mit Knechtung der Besiegten fort, wo immer es einem der civilisirten Völker einfällt, im Interesse der Civilisation oder seiner inneren Ruhe oder des Handels auf dem Boden armer Wilder neue Kolonien zu gründen". (Der Krieg und seine Mittel S. 20.) Nicht minder richtig sagt Meynert:

„Die älteste Geschichte ist eine Geschichte der Kriege; das Entstehen der Staaten, zumeist auf Eroberung gegründet, hängt innig damit zusammen. Der

so liegt der schlagendste wohl in dem Umstande, daß sie auch auf gar keine andere Weise sich erhalten und ihren Bestand sichern können, als durch fortwährende Möglichkeit einer Kriegsführung, d. h. durch offene oder latente Kriegsbereitschaft. Möge irgend ein Staat diese letztere aufgeben und er wird unausbleiblich die Beute des ersten besten Nachbarstaates — er wird aufhören Staat zu sein.

Die Frage der Kriegs= oder Wehrfähigkeit ist also die Lebens= frage jedes Staates.

Anm. a) Um die ganze Wichtigkeit der Wehrverwaltung für den Staat zu würdigen, muß man den Krieg als das ansehen, was er thatsächlich ist: als naturnothwendigen Prozeß zwischen den Staaten. Wer den Krieg nur als ein Verbrechen gegen die „Menschheit" und einen Ausfluß der Laune einzelner Machthaber und Herrscher betrachtet, der wird freilich statt seiner vollen Aufmerksamkeit auf die Wehrver= waltung lieber auf die Bestrebungen richten, „den Krieg abzuschaffen" und den „ewigen Frieden" zu begründen. Wir müssen es betonen, daß solche Bestrebungen einer mangelhaften Erkenntniß der Natur der menschlichen Gemeinschaften entspringen, und daß Bestrebungen, die in Irrthümern und Täuschungen wurzeln, nur Irrthümer und Täuschungen verbreiten und keinerlei Nutzen bringen.

Uns scheint der Feldmarschall Moltke nach der Antwort, die er an Bluntschli, der ihm ein „Handbuch der Gesetze für den Krieg zu Lande" einschickte, richtete, ein viel größerer Staatsrechtslehrer, jeden= falls ein viel tieferer Kenner der Natur der Staaten zu sein als dieser letztere. Der alte Feldmarschall hat schon ganz recht, wenn er dem gepriesenen Staatsrechtslehrer schreibt: „Der ewige Friede ist ein Traum . . . . Der Krieg ist ein Element, der von Gott eingesetzten Ordnung." Nu', man kann ein und dieselbe Sache auf verschiedene Weise ausdrücken. Moltke macht Gott selbst für den Krieg verant= wortlich: Thatsache ist, daß die Menschen nie und nirgends ohne Krieg lebten, und daß wir uns daher den Kampf als eine nothwendige Aeußerung der Natur der Menschen denken müssen. Darüber ist die wahre Wissenschaft heute im Klaren. Auch Ratzenhofen [1]) nimmt eine „innere Nothwendigkeit des Kampfes" an.

Nur über die nothwendigen Formen des Kampfes, über die natürlichen Ursachen desselben, über sein innerstes Wesen und seine

Krieg mußte anfangs den Pfad ebnen, auf welchem Volksthum und Nationalität später sich bleibend niederlassen sollten und über die Felder, denen seitdem Ge= sittung und Künste des Friedens entsprossen, ist zuerst der Sturm der Schlach= ten dahingebraust." (Geschichte der österr. Armee. Wien, 1852 I. 2).

[1]) Die Staatswehr. Stuttgart 1881.

wahre Bedeutung für die Entwicklung der Menschheit hat sich die Wissenschaft bis heute noch keine klare Rechnung gelegt.

Jedenfalls scheint uns das, was Ratzenhofen über die ge=schichtliche Entwicklung des Kampfes sagt: (S. 6) daß „der Mensch auf der niedrigsten Stufe einen gewaltthätigen Einzelkampf für sich selbst führte", und daß „durch die Vereinigung zur Familie der Kampf in Mehrzahl für sich und andern entstand" — das scheint uns eine ganz leere naturrechtlich=individualistische Construction. (homo homini lupus). Wir wollen hier nur kurz bemerken, daß, so weit be=glaubigte Geschichte zurückreicht, wir immer nur Kämpfe von Stamm gegen Stamm, Volk gegen Volk, Nation gegen Nation kennen, und daß der willkührliche Schluß auf eine Urzeit mit „Einzelkampf" des Menschen gegen den Menschen, wie er aus der Methode des Natur=rechts und des Individualismus sich ergiebt, uns von der Erkenntniß der Wahrheit weit wegführt. Wir werden auf diese Frage, deren weitere Verfolgung nicht hieher gehört, nächstens bei einer andern Ge=legenheit zurückkommen.

Entwicklung der Wehrverfassung.

§ 17.

In den ersten Anfängen der Staaten sowohl des Alterthums wie auch des Mittelalters, waren es nur die herrschenden oder an der Herrschaft theilnehmenden Stände, welche die Staatswehr bildeten [1]). Eine Entwicklung dieser ursprünglichen Form der Staats=

---

[1]) Diese Thatsache wird fast ausnahmslos von Staatslehrern und Histo=rikern verkannt. Statt dessen wird die bekannte und beliebte, aber grundfalsche naturrechtliche Construction vorgetragen, daß in den Anfängen der Staaten das ganze Volk die Staatswehr bildete. Bei Stein lautet diese Construction folgendermaßen: „Die ursprüngliche Ordnung ist allerdings die rücksichts=lose Durchführung des Rechtsprincips, daß das Heer aus der Gesammt=heit aller waffenfähigen Männer des Volkes bestehe; daß es daher keinen speciellen Beruf zum Kriegsdienst gebe, und daß mithin, wie es in den Namen der Germanen liegt, das Volk und das Heer identisch seien." Aber gleich darauf fügt Stein im Widerspruch mit obigen Worten („Gesammtheit" und „Volk"!) die richtige Thatsache hinzu, daß nur der Freie ein Waffenrecht hatte, „der Unfreie durfte die Waffen nicht tragen" — also war es doch nicht die „Gesammtheit" und nicht Identität von „Volk und Heer" dagegen aber freilich ein „spezieller Beruf zum Kriegsdienst" und zwar der Minorität der Freien. Ist es nicht merkwürdig, wie sich oft bei Stein naturrechtliche Tradition mit selbständiger richtiger Ansicht in Widerspruch setzt? — (Lehre vom Heerwesen S. 42.) Auch Ratzenhofen

mehr griff nun in zweifacher Weise Platz, erstens indem die früher
ausschließlich die Staatswehr bildenden Stände sich durch
Unterthanen und Hörige verstärkten; zweitens indem man vom
System des Aufgebots im Kriegsfalle zu demjenigen der stehen=
den Heere übergieng.

So hatten Inder und Aegypter besondere Kriegerkasten die mit den
Kasten der Priester die Herrschaft im Staate theilten. In Persien kam es
schon zu stehenden Heeren, zu denen das ganze unterthänige Volk
einberufen wurde. Auch Alexander der Große erfocht seine Siege
mittelst großer stehender Heere, die er aus dem unterthänigen Volke
bildete. Diesem persischen und macedonischen Systeme gegenüber,
konnte das freie Griechenland mit seinen für den Kriegsfall auf=
gebotenen, aus freien Bürgern gebildeten, wenn auch für die eigene
Freiheit begeisterten Heeren nicht Stand halten. Auch das römische
Heerwesen übergieng von dem ursprünglichen Bürgerheer (das
vom Volksheer wohl zu unterscheiden ist) zu den spätern stehenden
Soldheeren.

Das europäische Mittelalter zeigt keine Fortentwicklung, der im
Alterthum schon erreichten Vervollkommnung der Staatswehr. Nur
ein neuer Kreislauf der Entwicklung beginnt mit dem Mittelalter.
Die erobernden und herrschenden Stämme, die „Freien" bilden
die Staatswehr. Aus diesen Verhältnissen entspringt sodann die
Lehensverfassung, die bis zum 14. Jahrhundert die Grundlage der
Staatswehr bildet. Als gegen Ende des 14. Jahrhunderts der Adel
entmuthigt, durch die militärischen Erfolge, der ihm an vielen Orten

zollt bei der Darstellung seiner „zweiten Stufe der Entwicklung des Kampfes" der naturrechtlichen Tradition den herkömmlichen Tribut: „Gleich-
laufend mit der Vermehrung der Menschen, heißt es da, und folgend der
Gründung der Familie, wurde theils durch deren Erweiterung zum Volks-
stamme, theils durch freiwillige Einigung aus Nothwendigkeit,
theils aus Gesellschaftstrieb die Gemeinde gegründet, um gemeinsame Sache im Gewaltkampfe gegen Feinde zu machen." Diese Gemeinde,
auf der Basis der „freien Uebereinkunft ihrer Glieder" dieser
„Gesellschaftstrieb" der zu jener Uebereinkunft führt — bei einem
Schriftsteller, wie Ratzenhofen im vorletzten Decennium des 19. Jahrhunderts,
muß mit Staunen erfüllen über die zähe Lebenskraft jener naturrechtlichen
Conceptionen vom „contrat social" und dem „appetitus socialis". (Vergl.
unser Rechtsstaat und Socialismus Buch II).

entgegentretenden bürgerlichen und bäuerlichen Fußtruppen, abge=
schreckt durch die neuerfundenen Schießwaffen, gegen die keine per=
sönliche Tapferkeit half, immer lässiger sich zeigte und den Landes=
herren statt persönlicher Heeresfolge lieber Geldbeträge zu leisten sich
verstand: war die Veranlassung, Soldtruppen zu werben, den Landes=
herrn von selbst geboten.

Die erste großartige Initiative in dieser Richtung, ergriff Maxi=
milian I. durch Organisirung der frei geworbenen „Landsknechte" [1]).
Durch viele Jahrhunderte behauptete sich diese Form des Heeres in
Deutschland; sie ward da ein wahrhaft volksthümliches Institut —
oft freilich eine allgemeine Landplage. Andere europäische Staaten,
so z. B. Frankreich ahmten diese Heeresorganisation bald nach [2]),
übrigens verpflanzten dieselbe die Landsknechte selbst überall hin, in=
dem sie sich zeitweilig von einem Landesherrn entlassen, schnell
wieder von einem andern zum Soldbienst anwerben ließen. War
Deutschland die Heimat des Landsknechtenthums, so gebührt Frank=
reich die Urheberschaft der stehenden Heere. Die französische
Monarchie, die auf Centralisirung aller Macht in den Händen des
Königs und auf stramme Einheit des Reiches hinarbeitete, konnte
mit zeitweilig geworbenen Söldnern nicht bestehen. Sie mußte ihre
Stütze in einem stehenden Heere suchen. Schon unter Heinrich IV.
besitzt Frankreich ein solches in der Stärke von 14.000 Mann. Von
da an bleibt es in Frankreich eine feste Einrichtung. Richelieu
schafft durch ein stehendes Heer von 100.000 Mann Frankreich das
Uebergewicht im 30jährigen Kriege. Ludwig XIV. verdankt dem
stehenden Heere sein Uebergewicht in Europa und das Erstarken sei=
nes Absolutismus in Frankreich [3]).

Das Beispiel Frankreichs und dessen auf das stehende Heer
gestützten Erfolge blieben nicht ohne Wirkung.

Preußen begann seine militärische Organisation. Der große
Kurfürst theilte sein Land in Werbebezirke ein und begann mit Trup=
penaushebungen. Unter seinen Nachfolgern arteten diese Aushebungen

---

[1]) Vergl. Meynert Geschichte der österr. Armee B. II. S. 31.

[2]) Si Charles VII au milieu des milices féodales et communales, in-
stitua les troupes soldées et permanentes, ce fut François I. qui regularisa
l'organisation de l'armée et créa des legions. Laferrière l. c. II. 279.

[3]) Sous Louis XIV les legions devinrent des regiments. ib.

zu immer rücksichtsloseren und willkührlicheren Recrutirungen aus. Man betrieb förmliche Menschenjagden und preßte mit Gewalt, und ohne irgend welche rechtliche Form die Leute in die Reihen der Soldaten [1]. Ueberall kam jetzt das Conscriptionssystem als Grundlage der stehenden Heere in Uebung. In Oesterreich ward ein Conscriptions- und Werbbezirkssistem eingeführt (27. April 1781).

Wieder einmal war es Frankreich vorbehalten, auf dem Gebiete des Heerwesens eine Neuerung einzuführen. Die französische Revolution proclamirte ein Princip, das den Massen schmeichelte, aber von den Regierungen zur Durchführung der weitgehendsten Heeresreformen benützt wurde. Der revolutionäre Wohlfahrtsausschuß von 1793 proclamirte den, aus der Gleichheit der Bürger folgenden Grundsatz, daß jeder waffenfähige Franzose ohne Unterschied des Standes und Berufes verpflichtet sei, das Vaterland zu vertheidigen. Der Grundsatz der allgemeinen Wehrpflicht ward da zum erstenmale verkündet. Die großen Erfolge, welche die Generale der Revolution und schließlich Napoleon I. mit diesem ersten europäischen Volksheer erzielten, sollten für die Heeresverfassungen der europäischen Staaten des 19. Jahrhunderts entscheidend werden.

In Deutschland wurde jener Grundsatz der französischen Revolution zuerst benützt, um die Nation zum Befreiungskriege aufzurufen. Derselbe erwies sich auch da als recht praktisch. Preußen säumte nun nicht, diesen Grundsatz der allgemeinen Wehrpflicht ("alle Preußen sind wehrpflichtig" Preußische Verf. Urk.) zu adoptiren und zur Grundlage seines Wehrgesetzes vom 3. September 1814 zu machen. Oesterreich hingegen blieb dem Conscriptionssysteme treu. Dasselbe dauerte in Oesterreich so lange, bis das überlegene preußische Wehrsystem im Jahre 1866 über das österreichische Conscriptionssystem den Sieg davontrug. Da konnte Oesterreich nicht länger beim alten System bleiben und führte mit dem Gesetze vom 5. December 1868 auch bei sich ein auf dem Grundsatz der allgemeinen Wehrpflicht basirtes Wehrsystem nach preußischem Muster ein. Indessen übergieng aber Preußen von seinem "ältern Landwehrsystem" zu einer vollkommeneren Form desselben, welche die Kriegsmacht des

---

[1] Vergl. Hörmann Artikel „Heer" in deutschen Staatswörterbuch V 21.

Staates bedeutend erhöhte. Dieses neueste preußische System bewährte sich glänzend im Jahre 1870 gegen Frankreich, welches mittlerweile dem veralteten Conscriptionssystem anheimgefallen war. Die preußischen Siege von 1870 haben nun theilweise das neuere preußische Landwehrsystem in vielen Staaten Europa's zur Geltung gebracht [1]) und wo dieß noch nicht geschehen, wird es wahrscheinlich in nicht langer Zeit ebenfalls der Fall sein.

Die Wehrsysteme [2]).

§ 18.

Vier Systeme sind es nun hauptsächlich, welche als Resultat jahrhundertelanger Entwicklung auf dem Gebiete der Staatswehr sich geltend machten und die noch heutzutage in verschiedenen Staaten existiren, man nennt sie: 1. das Recrutirungssystem; 2. das Milizsystem; 3. das Wehrsystem und 4. das Werbesystem.

ad 1. Das Recrutirungssystem, auch Conscriptionssystem genannt, geht von dem Grundsatz aus, daß jeder Unterthan verpflichtet ist, Kriegsdienste zu leisten. Nachdem es aber nur eine bestimmte Anzahl Soldaten vom Volke in Anspruch nimmt, so läßt es die Ueberzahl, die nicht mehr nöthig ist, ganz ungeschoren. Daher statuirt das Recrutirungssystem weitreichende und ausgedehnte Befreiungen und zwar in verschiedenen Staaten nach den verschiedensten Grundsätzen und Gesichtspunkten. So waren in den meisten Staaten Europa's bis in die Mitte unseres Jahrhunderts die Adelsclassen von der zwangsweisen Conscription und Recrutirung befreit. Auch andere Klassen und Kategorien von Staatsbürgern, z. B. Künstler, Studierende, einzige Söhne u. dgl. wurden gänzlich befreit. Nach Abzug dieser gänzlich von der Conscription ausgeschlossenen d. h. im vorhinein befreiten, entschied meist das Loos, welche aus der Gesammtzahl der Conscribirten zum wirklichen Dienst herangezogen,

---

[1]) Frankreich kehrte nach seinen Niederlagen im Jahre 1872 zur allgemeinen Wehrpflicht zurück. „Ce principe fondamental de l'organisation militaire de la France depuis 1789, l'obligation nationale au service militaire, après avoir subi dans son application des vicissitudes diverses . . . reçoit aujourd'hui de la loi du 27. juillet 1872 sur le recrutement de l'armée, l'application la plus complète." Ducrocq I. 545.

[2]) Vergl. Stein: Die Lehre vom Heerwesen Stuttgart 1872. S. 46—55.

affentirt, werden follen. Die Nichtausgelooften waren wieder ganz frei; die Ausgelooften mußten dienen, tonnten aber auch meist für sich Stellvertreter stellen. Nachdem einmal der Staat auf die im vorhinein befreiten und ebenso auf die Nichtausgelooften gar nicht mehr reflektirte: betrachtete er die Ausgelooften umsomehr als dem Soldatenberufe ganz verfallen. Daher die Dienstzeit im Recru=tirungssystem meist sehr lang ist, was in Verbindung mit der Mög=lichkeit der Stellvertretung dazu führte, daß die Ausgedienten, so lange sie noch waffenfähig waren, als freiwillige Stellvertreter für andere im Dienst blieben.

So führt das Recrutirungssystem zu der ausgesprochensten Form des stehenden Heeres mit all seinen Schattenseiten, namentlich mit dem vom übrigen Volke immer mehr sich scheidenden Berufs=soldatenthum — mit der immer tieferen Kluft zwischen Heer und Volk, zwischen Militär und Civil.

ad 2. Der gerade Gegensatz vom Recrutirungs= ist das Miliz=system. Es ist die entschiedene Durchführung des Prinzips der allgemeinen Wehrpflicht. Es läßt gar keine Befreiungen zu; alle Waffenfähigen werden zum Waffendienst herangezogen — jedoch nur für den Fall des Krieges. Im Frieden bleibt jeder bei seinem Beruf, bei seiner friedlichen Beschäftigung. Es ist aber nicht ein=mal zur Waffenübung möglich, alle diese Wehrpflichtigen einzube=rufen: daher müssen die Waffenübungen auf einen minimalen Bruch=theil der Wehrpflichtigen beschränkt werden. Das hat zur Folge, daß das allgemeine Niveau der Diensttüchtigkeit ein ziemlich niedriges bleibt. Wohl steht im Kriege buchstäblich ein ganzes Volk in Waffen — doch ist dessen Kriegstüchtigkeit nicht groß.

Es ist in unserem Jahrhundert für Milizsystem in Europa viel geschwärmt worden. Kein Zweifel, daß dasselbe nicht kostspielig ist und von jeder Versuchung abenteuerlicher Kriegsunternehmungen fern hält. Man glaubte vielfach in dem Milizsystem das höchste Ziel auf das die europäischen Staaten hinarbeiten müssen, zu sehen, und im österreichischen Abgeordnetenhaus wurde im Jahre 1868 vom Berichterstatter über die Wehrgesetzvorlage, die auf der allgemeinen Wehrpflicht beruhende Wehrverfassung als „Uebergang zum Miliz=system" bezeichnet.

Heute ist es nicht schwer, die Irrthümer einer solchen Ansicht einzusehen. Für die Staaten des europäischen „Concertes" d. h. für diejenigen Staaten, die in den europäischen Angelegenheiten eine Rolle spielen, eine Stimme haben wollen, ist das reine Milizsystem eine Unmöglichkeit; denn diese Staaten müssen ein schlagfertiges Heer haben. Was anders ist's mit kleinen Staaten, die entweder durch ihre Armuth, oder durch besonders günstige natürliche Lage, oder endlich durch gegenseitige Eifersucht der mächtigeren Staaten geschützt sind — solche Staaten können sich eine Nationalmiliz erlauben. Aber Staaten, die auf thatsächliche Selbständigkeit und auf Welt- oder wenigstens europäische Macht nicht verzichten wollen, können vorderhand an Milizsysteme nicht denken und nehmen heutzutage ihre Zuflucht zum Wehrsystem.

ad 3. Das Wehrsystem ist bestimmt, die Vortheile der auf dem Recrutirungssystem beruhenden stehenden Heere mit denjenigen, die das Milizsystem in Friedenszeiten bietet, zu verbinden. Ein immer schlagfertiges Heer und doch kein ausschließliches Berufssoldatenthum, das ist die Aufgabe, die das Wehrsystem zu lösen versucht. Jeder waffenfähige Staatsbürger ist dienstpflichtig, das ist der erste Grundsatz des Wehrsystems. Aus der Dienstpflicht jedes Bürgers folgt, daß jeder den wirklichen Dienst auch erlernen muß, das ist der zweite wesentliche Grundsatz desselben. Das Wehrsystem begnügt sich also nicht mit der theoretischen Wehrpflicht der Bürger; es zieht aus dieser Pflicht die praktische Consequenz, daß jeder waffenfähige Bürger auch den wirklichen Dienst kennen lernen muß, um gegebenenfalls seine Wehrpflicht auch entsprechend ausüben zu können. Das Wehrsystem will nicht nur ein Volk in Waffen, sondern auch ein dienstgeübtes Volk in Waffen haben. Diesen Zweck nun erreicht das Wehrsystem auf zweierlei Art, entweder durch das (preußische) Landwehrsystem oder durch das (österreichische) Ziehungssystem.

a) Nach dem Landwehrsystem, wie es vor dem Jahre 1871 in Preußen galt, ist jeder waffenfähige Bürger von seinem 21. bis zu seinem 40. Lebensjahre wehrpflichtig. Das Landwehrsystem kennt keine jährlich festzusetzenden Contingente, keinerlei Recrutenbewilligungen. So viel Waffenfähige, ebensoviel Dienstpflichtige. Kann auch diese letztere Verpflichtung der großen Zahl der Verpflichteten wegen nicht im activen Dienste, in der Linie verwirklicht werden: so wird sie es doch in den Wehrübungen, zu denen alle Waffenfähigen thatsächlich herangezogen werden. Auf diese Weise wird jeder Waffenfähige auch diensttüchtig, und die „Landwehr" für den Krieg vollkommen eingeübt.

Um dieses Ziel zu erreichen, theilt das (ältere) preußische Landwehrsystem die ganze Zeit der Wehrpflicht, d. h. den Zeitraum vom 21. bis 40. Jahre in drei Epochen. Die erste reicht vom 21. bis 25. Jahre. Alle Waffenfähigen dieser Altersklasse sind zum wirklichen Dienst verpflichtet. Doch werden aus ihnen zwei Gruppen gebildet. Die vom 21.—23. Jahre verbleiben im „activen" Dienst; die vom 24.–25. Jahre erhalten Urlaub und bilden die „Reserve". „Active" Militärs und „Reservisten" zusammen bilden: die „Linie", das „stehende Heer."

Die zweite Epoche reicht vom 26. bis zum 32. Jahre und umfaßt die „Landwehr des ersten Aufgebotes"; dieselbe ist insgesammt zu Wehrübungen verpflichtet, bildet also im Falle des Krieges eine vollkommen diensttüchtige Reservearmee.

Die dritte Epoche reicht vom 32–40 Jahre und umfaßt die „Landwehr des zweiten Aufgebots", welche im Falle des Krieges die Rolle der eigentlichen Landwehr übernimmt, jedoch nach der im stehenden Heer und im ersten Aufgebot durchgemachten Schule noch immer als diensttüchtig angesehen werden muß.

Anm. Das ältere preußische Landwehrsystem beruht auf dem Grundgesetz vom 3. September 1814 und der Landwehrordnung vom 21. November 1815. Im Jahre 1860 erfolgte eine Reorganisation der preußischen Staatswehr und nach dem Kriege von 1866 wurde die norddeutsche Landeskriegsverfassung eingeführt, auf deren Grundlage die heutige deutsche Heeresorganisation aufgebaut ist. Den Grundsatz der allgemeinen Wehrpflicht spricht der Art. 57 der deutschen Reichsverfassung vom 16. April 1871 in den Worten aus: „Jeder Deutsche ist wehrpflichtig und kann sich in Ausübung dieser Pflicht nicht vertreten lassen". Die Grundzüge der heutigen Heeresorganisation skizzirt der Art. 59 der d. R.-V. wie folgt: „Jeder wehrfähige Deutsche gehört sieben Jahre lang in der Regel vom vollendeten 20. bis zum beginnenden 28. Lebensjahre dem stehenden Heere und zwar die ersten drei Jahre bei den Fahnen, die letzten vier Jahre in der Reserve — und die folgenden fünf Lebensjahre der Landwehr an". Was die Friedenspräsenzstärke anbelangt, so war diese in dem Norddeutschen Bunde mit 1% der Bevölkerung von 1867 normirt und zwar bis zum 31. Dezember

1871, — welche Bestimmung sodann auf drei Jahre also bis 1874 prolongirt wurde, — nur daß für diese drei Jahre die Quote, die diesem 1 %/₀ entsprach, genau ausgedrückt wurde (401.659). Das Reichs= militärgesetz vom 2. Mai 1874 setzt „die Friedenspräsenzstärke des Heeres an Unteroffizieren und Mannschaften" vom 1. Jän= ner 1875 bis zum 31. Dezember 1881 auf 401.659 Mann fest — wobei die präsenten Einjährig=Freiwilligen nicht gerechnet worden. Eine wirkliche Festsetzung der Anzahl der Dienstpflichtigen ist mit diesen Bestimmungen keineswegs gegeben. Vergl. Laband Staatsrecht des deutschen Reiches III. 1. Abth. „Die bewaffnete Macht des Reiches."

b) Das gegenwärtige österreichische Wehrsystem, von Stein mit Recht auch als Ziehungssystem bezeichnet [1]), spannt die Kräfte des Volkes weniger an, als das preußische. Auch da gilt der Grundsatz, daß alle waffenfähigen dienstpflichtig sind; die Ver= wirklichung dieses Grundsatzes wird jedoch durch ein jährliches Con= tingentsgesetz, welches die Zahl der für das stehende Heer ein= zuberufenden bestimmt, gemildert. Aus der gesammten Anzahl der Waffenfähigen wird nun durchs Los die jedesmalige Zahl der für das stehende Heer dienstpflichtigen gezogen. Die übrigen nichtausgeloosten bilden die Landwehr und sind nur zu den mehr= wöchentlichen jährlichen Herbstübungen verpflichtet.

Die für das stehende Heer ausgeloosten werden auf 7 bis 10 Jahre unter die Fahne gerufen; das bedeutet aber noch nicht activen Dienst für diese ganze Zeit. Vielmehr können vier Jahre davon im Urlaub zugebracht wer= den. Der Urlauber bleibt unter der Fahne, nur nicht im activen Dienst, zu dem er jedoch jeden Augenblick einberufen werden kann. Auf diese Weise besteht das stehende Heer aus zwei Gruppen: Linie (actives Militär) und Reserve (Urlauber). Die Zahl dieses stehenden Heeres ist der Gegenstand der perio= dischen Bewilligung seitens der Gesetzgebung. Diesem stehenden Heere, der Armee, gegenüber stehen die Waffenfähigen, die nicht ausgeloost worden sind und zwar erstens: die vollkommen waffenfähigen. Dieselben sind zu jährlichen Uebungen verpflichtet und zwar nicht erst kraft einer etwa jährlich zu erneuernden Be=

---

[1]) Eingeführt mittelst des Wehrgesetzes vom 5. December 1868, über welches s. unten.

willigung, sondern auf Grund des Wehrgesetzes. Diese nicht=
ausgeloosten, waffenfähigen und zu jährlichen Uebungen verpflichteten
Wehrmänner bilden in ihrer Gesammtheit die (österreichische) Land=
wehr. Dieselbe ist durch zehn Jahre zu jährlichen Uebungen ver=
pflichtet. Im Kriegsfalle tritt sie da ein, wo das stehende Heer
(Linie und Reserve) nicht ausreicht. Zweitens, besteht die Land=
wehr aus der in der Linie und Reserve ausgedienten Wehr=
männern, die noch 2—3 Jahre in der Landwehr zu bleiben haben.
So besteht denn die österreichische Landwehr aus zwei Elementen,
aus einem an Jahren jüngeren, durch das Loos begünstigten, der nie
im activen Dienste stand und seine Diensttüchtigkeit nur in den jähr=
lichen Uebungen erwerben konnte, und aus dem andern an Jahren
älteren, der in 7jährigem activem Dienst sich volle Diensttüchtigkeit
aneignete. Daß diese beiden Elemente, die jüngere Kraft und die
ältere Erfahrung sich gegenseitig vortheilhaft ergänzen, ist eine Licht=
seite der österreichischen Landwehr.

Eine Ergänzung jedes Wehrsystems für den Fall der äußersten
Noth bildet der Landsturm. Seine Bestimmung ist nach dem Wort=
laut des österreichischen Wehrgesetzes „die Unterstützung des stehenden
Heeres und der Landwehr in der Abwehr des Feindes, wenn er
in das Land einzudringen sucht, und in der Bekämpfung des=
selben wenn er bereits eingedrungen ist."

Während aber der österreichische Landsturm nur aus Frei=
willigen gebildet werden darf[1]), ist im deutschen Reiche die Land=
sturmpflicht „eine generelle und subsidiäre Dienstpflicht, die letzte
und allgemeinste Verwirklichung der Wehrpflicht[2])".

Anm. Was wir Linie (oder stehendes Heer,) Landwehr und Land=
sturm nennen, bezeichnen ältere Militärschriftsteller, so z. B., Xylander
als Heerbann, Wehrbann und Aufgebot des Volkes. Diese
Dreitheilung ist übrigens das charakteristische Merkmal der auf allge=
meiner Wehrpflicht aufgebauten Wehrverfassung, denn es ergiebt sich
von selbst, wenn die allgemeine Dienstpflicht sich mit der natür=
lichen Gliederung des Volkes nach Alter und Tauglichkeit so zu sagen
abfinden muß.

---

[1]) § 5 Wehrgesetz vom 5. December 1868.
[2]) Deutsches Landsturmgesetz § 1 Abtheilung 1. vergl Laband Staatsr. d.
d. R. III. 196.

Diesen verschiedenen Zwangssystemen gegenüber stehen die in Holland, England und Amerika sich erhaltenden Freiheitssysteme, die die Wehrkraft des Staates durch Werbung aufbringen. Vertheidigung des Landes sowohl, als kriegerische Unternehmungen werden dort durch Söldnerheere besorgt, die ähnlich den mittelalterlichen Landsknechten angeworben werden und nur auf Grund eines freiwilligen Vertrags ihren Dienst thun.

Die Erfahrung lehrt, daß solche Heere den auf Zwangssystemen beruhenden an Tüchtigkeit weit nachstehen. Nur eine ausnahmsweise günstige geographische Lage, wie die Englands, oder der gänzliche Mangel kriegstüchtiger Nachbarstaaten, wie das bei den Vereinigten Staaten Nordamerikas der Fall ist: macht es einem Staate möglich, ohne Anwendung eines Zwangssystems bei seiner Wehrverfassung sich als selbständiger Staat zu erhalten.

Bei continentalen europäischen Staaten wäre dieß heutzutage unmöglich. Holland pocht auf seine große Seemacht und seine überseeischen Besitzungen.

Anm. Vor der Katastrophe des Jahres 1866 gab es wohl auch in Oesterreich Staatsmänner, die sich für Abschaffung des Zwangssystems der Conscription und Einführung eines „freigewordenen" Heeres für „gewöhnliche Zeiten" aussprachen und für den Fall des Krieges ein Aufgebot der Volksmiliz befürworteten. So schreibt unter andern Hock: „Wir wissen wohl, eine Aufhebung der Conscription ist bei dem jetzigen Zustande (1863) der europäischen Continentalstaaten etwas Unmögliches. Es müßte eine allgemeine Entwaffnung vorausgehen und gegenseitig volles Vertrauen in deren wirklichen (nicht blos scheinbaren) Vollzug gesetzt werden, aber Entwaffnen, Vertrauen, wer darf bei den aufgeregten Leidenschaften der Menge, den Spaltungen unter den Regierungen und vor allem bei der Sphynx mit ihren tödtbringenden Räthseln, die an dem Ufer der Seine ruht, aus voller Ueberzeugung dazu rathen? Allein die Frage der Zeitgemäßheit ist eine ganz andere als jene des Nutzens und des Rechtes an sich. Was wir wollen, ist nichts Abstraktes, In-sich-Unhaltbares, Nie-Dagewesenes, es ist das System Englands und Nordamerikas, für die gewöhnlichen Zeiten ein freigewordenes Heer und für den Augenblick der Gefahr den Aufruf an eine mannhafte, vaterlandsliebende, in Gang, Lauf, Sprung, Hieb und Schuß, Stoß und Wurf geübte Miliz Das Zurückführen des Bestandes der stehenden Heere auf eine kleine der finanziellen Lage entsprechende Kriegerzahl, das Aufhören fast aller Eroberungskriege und der großen durch die neuen Zerstörungsmaschinen ins Ungeheure gesteigerten Menschenschlächtereien wären die sekundären, die primären an Wichtigkeit fast übertreffenden Wirkungen der allgemeinen Einführung jenes Systems. Man hat von den Gefahren für die Freiheit des Volkes gesprochen, die aus einem solchen geworbenen, nicht in stetem Wechsel aus dem Volke hervor- und in das Volk zurückgehenden Heere erwachsen könnten; aber die Verfassung Englands hat Mittel dagegen dargeboten, und es gibt gewiß noch andere dem Charakter eines monarchischen Staates angemessenere. Man hat endlich durch die Ausdehnung der Militärpflicht, auf sämmtliche waffenfähige Mannschaft die Ungleichheit und durch eine äußerst kurze 1—3jährige Dienstzeit die Größe der Belastung zu vermindern gesucht; allein beide Nachtheile dauern, wenn auch vermindert, fort, es wird ein größerer als eben nothwendiger Präsenzstand erhalten, und wenn es zu einem Kriege kömmt (nicht bloß in außerordentlichen Fällen der Gefahr) werden zum empfindlichsten Nachtheile der geistigen wie der materiellen Interessen des Landes Hunderttausende aus ihren Lebensstellungen abgerufen." (Oeffentliche Auflagen und Abgaben S. 68.) So dachten und schrieben österreichische Patrioten vor dem Jahre 1866; die Ereignisse dieses Jahres führten einen gründlichen Umschwung in den Ansichten über die in Oesterreich mögliche Wehrverfassung herbei.

In dem bunten Bilde der Wehrverfassungen der modernen Welt, sehen wir fast alle Elemente der geschichtlichen Entwicklung vertreten: stehende Heere und Aufgebot, Leitung und Theilnahme bevorzugter Stände, Heranziehung zum Kriegsdienst des ganzen Volkes und freiwillig geworbene Söldnerheere [1]).

Die Frage liegt nahe, welche dieser Wehrverfassungen die beste ist. Wir werden uns hüten, in die Fehler so vieler Schriftsteller zu verfallen, die immer diejenige Wehrverfassung, unter der sie leben, die Wehrverfassung ihres Staates und ihrer Zeit für die beste ansehen. Die Wissenschaft darf nicht so voreingenommen sein und sie muß sich immer bewußt bleiben, daß all und jede Wehrverfassung

---

[1]) Auf allen Gebieten staatlichen Lebens und staatlicher Entwicklung wiederholt sich die Erscheinung, daß sich das geschichtliche Nacheinander in dem Nebeneinander der Gegenwart spiegelt. Es ist das eine Consequenz der verschiedenen Entwicklungsstufen der verschiedenen Staaten. So bemerkt z. B. Hock über die verschiedenen Steuersysteme, deren geschichtliche Entwicklung er darstellte: „Was wir hier im Nacheinander der Zeiten sich entwickeln sehen, stellt sich uns auch im Nebeneinander des Raumes dar. Jede wissenschaftliche, religiöse, politische und volkswirthschaftliche Entwicklungsstufe fordert ihr eigenthümliches Steuersystem." Oeffentliche Abgaben und Schulden S. 117.

doch nur ein Moment in der geschichtlichen Entwicklung ist, das
gewiß keine eine viel längere Dauer beanspruchen kann, wie die
ihr vorhergegangenen; und daß jede, so wie sie der Ausdruck von
Zeit und Verhältnissen ist, gewiß seinerzeit einer andern Platz machen
wird, die einer späteren Zeit und spätern Verhältnissen einen passen=
deren Ausdruck verleihen wird [1]).

Anm. Oesterreichische Gesetzgebung. Der Bruch mit dem
früheren Conscriptionssysteme erfolgte in Oesterreich schon mittelst der
kaiserlichen Verordnung vom 28. Dezember 1866, welche einige das
Prinzip der allgemeinen Wehrpflicht anstrebende Aenderungen des Heeres=
ergänzungsgesetzes vom Jahre 1858 verfügte. Diese Verordnung wurde
mit Gesetz vom 10. November 1867 abgeändert theils aufgehoben.

Das gegenwärtig geltende Wehrgesetz vom 5. December 1868
enthält Bestimmungen über folgende wichtigsten Punkte: 1. Wehrpflicht;
2. Gesammtstärke; 3. Gesammtdienstpflicht; 4. Einreihung in die Land=
wehr; 5. Ersatzreserve; 6. Einjährig=Freiwilligendienst; 7. Landsturm
und 8. Militärtaxe. Und zwar sind es folgende Bestimmungen.

ad 1. Die Wehrpflicht ist eine allgemeine und muß von jedem
wehrfähigen Staatsbürger persönlich ausgeübt werden (§ 1).

ad 2. Die Gesammtstärke des stehenden Heeres und der Kriegs=
Marine beträgt 800.000 (§ 11), die Gesammtstärke der Landwehr bildet
sich durch die Zahl der Landwehrpflichtigen (§ 12).

ad 3. Die Gesammtdienstpflicht beträgt 12 Jahre und zwar
3 Jahre in der Linie, 7 Jahre in der Reserve und 2 Jahre in der
Landwehr oder 12 Jahre bloß in der letzteren (§ 4).

ad 4. Nach Aufbringung der Contingentsziffer für das stehende
Heer (800.000) werden die übrigen Kriegsdiensttüchtigen unmittelbar
in die Landwehr eingereiht (§ 32). Diese letztere ist im Kriege zur
Unterstützung des stehenden Heeres und zur inneren Vertheidigung be=
stimmt (§ 7). Dagegen hat

---

[1]) Das geistreiche und gedankenvolle Buch des Hauptmanns Gustav
Ratzenhofer ist in all und jedem Punkte eine warme und begeisterte
Apologie der gegenwärtigen österreichischen Wehrverfassung, die es als die voll=
kommenste darstellt. Und doch erheben sich schon heute gewichtige Stimmen,
die eine Reform und Entwicklung einzelner Institute dieser Wehrverfassung ver=
langen, und es kann als sicher angenommen werden, daß eine längere Erfahrung
so manche Schwächen und Mängel entdecken wird, die dann zum Ausgangs=
punkt weiterer Entwicklung und weiterer Reformen dienen werden. Es mag
hier an Stein's treffliche Worte erinnert werden: „Auch unsere Zeit, so hoch
wie sie stehen mag, bildet nichts weniger als den Schlußstein der Geschichte;
im Gegentheil ist jedesmal die folgende Zeit die beste Kritik dessen gewesen,
was die vorhergehende für das Beste hielt." (Lehre vom Heerwesen S. 33.)

ad 5. Die Ersatzreserve die Bestimmung die Abgänge des stehenden Heeres während eines Krieges zu decken.

ad 6. Durch Einführung des Institutes der einjährig Freiwilligen ist vom abstracten Grundsatz der Gleichheit vor dem Gesetze zu Gunsten der Bildung und Intelligenz eine Ausnahme statuirt. Darnach wird solchen Wehrpflichtigen, die eine gewisse Stufe der Bildung erreichten und darüber sich ausweisen können, wenn sie freiwillig in das Heer eintreten, die Begünstigung einer nur einjährigen Präsenzzeit zugestanden (§ 21).

ad 7. Ueber den Landsturm wurde im Wehrgesetz nur die Freiwilligkeit des Dienstes in demselben und dessen Bestimmung (f. oben) festgesetzt. Eine gesetzliche Activirung und Organisation erhielt vorderhand der Landsturm nur in Tirol und Vorarlberg und in den Ländern der ungarischen Krone. In den ersten beiden Ländern sind zum Landsturm alle diejenigen vom 18. bis zum 45 Lebensjahre verpflichtet die nicht schon anderweitig Kriegsdienste leisten. In Ungarn besteht der Landsturm aus Freiwilligen, die weder dem Heere, noch der Landwehr, noch der Marine angehören [1].

ad 8. Was die im Wehrgesetz in Aussicht gestellte Militärtaxe betrifft, so ist dieselbe mit Gesetz vom 13. Juni 1880 geregelt worden. Der aus dieser Militärtaxe gebildete Militärtaxfond dient zur Unterstützung der hilfsbedürftigen Familien der Mobilisirten.

Verwaltung der Staatswehr.

§ 19.

Bei der Verwaltung der Staatswehr ist zu unterscheiden die Verwaltung im Frieden und die Verwaltung im Kriege. Die grundverschiedene Natur dieser zwei Zustände des Staates übt auf die ganze Art und Weise, auf die Methode und die Formen der Wehrverwaltung einen mächtigen Einfluß aus.

Die Aufgabe der Wehrverwaltung im Frieden ist, die erfolgreichste Sicherung und Vertheidigung der Staatsgrenzen zu besorgen und alles zu veranlassen um für den Fall des Krieges die größtmögliche bewaffnete Macht in's Feld stellen zu können.

Die Aufgabe der Wehrverwaltung im Kriege (die von der Kriegsführung selbst wohl unterschieden werden muß,) ist, der kriegführenden

[1] Vergl. Militär-Handbibliothek für k. k. Officiere von Hoffmann und Friedl. Wien, 1881 B. I. 363.

Armee alle mögliche Unterstützung an Mannschaft, Proviant und Munition angedeihen zu lassen.

Die Erfüllung dieser Aufgaben in früheren Zeiten sehr schwer=fällig und unbeholfen, ist in unseren Tagen in Folge des allgemeinen Aufschwungs der Verkehrs= und Communicationsmittel (Eisenbahnen und Telegraphen) bedeutend erleichtert worden.

Die modernen Gesetzgebungen haben aber auch alle diese neueren Verbesserungen und Erleichterungen des Verkehrs zu verwerthen ver=standen, indem sie dieselben in ihren bezüglichen Vorkehrungen und Bestimmungen überall mit in Rechnung zogen.

Verwaltung im Frieden.
§ 20.

Um ihrer Aufgabe gerecht zu werden, muß die Wehrverwaltung im Frieden die für den Fall des Krieges erforderlichen Mittel auf=bringen und in gutem Stande erhalten.

Diese Mittel sind dreifache — lebende, leblose=immo=bile und leblose=mobile.

Zu den ersteren gehört vor allem die Mannschaft selbst.

Die Bildung und Zusammensetzung derselben geschieht nach den über die Wehrverfassung bestehenden Gesetzen, in Oesterreich=Ungarn nach dem Wehrgesetz vom 5. December 1868. In den Ländern der allgemeinen Wehrpflicht, die wir hier vorwiegend im Auge haben müssen, und zu denen gegenwärtig Oesterreich=Ungarn gehört, ist als erste Grundlage aller weitern Wehrverwaltung die genaue Evi=denz aller Wehrpflichtigen zu betrachten. Diese Evidenz wird nur dort eine zuverläßige sein, wo das Matrikenwesen einheitlich geordnet und unter unmittelbare politische Controle gestellt ist. (S. unten § 81.)

Dieß ist nun zwar in Oesterreich nicht ganz der Fall, da hier die Matrikenführung nach überlieferter Weise noch immer nach Con=fessionen geschieden und meist den Seelsorgern der einzelnen Confessionen, wenn auch unter Controle der politischen Behörde, anvertraut ist.

Die Matrikenführer nun verfassen nach Ortsgemeinden abge=sonderte Auszüge aus den Tauf= und Geburts=Registern über alle in das stellungspflichtige Alter tretenden Jünglinge [1].

---

[1] Instruction zur Ausführung des Wehrgesetzes vom 5. December 1868, II. Theil § 11. ſ Manz'sche Gesetzesausgabe B. X.

Diese Auszüge werden den Gemeindevorstehern übergeben, welche hierauf den Aufenthalt der in denselben aufgeführten Personen zu ermitteln haben (Instruction § 15). Ganz unabhängig von diesen Amtspflichten der Matrikenführer und Gemeindevorsteher liegt allen Stellungspflichtigen die gesetzliche Pflicht ob, sich beim Gemeinde= vorsteher ihres Zuständigkeitsortes behufs Eintragung in die Stellungs= liste zu melden (§ 13 Instruction).

Auf Grund nun der Matrikenauszüge, ihrer eigenen Ermit= telungen und der geschehenen Anmeldungen seitens der Stellungspflich= tigen verfassen die Gemeindevorsteher die Verzeichnisse der Stellungs= pflichtigen, welche von der Bezirksbehörde geprüft und eventuell richtig gestellt, und sodann zur Verfassung der Loosungsliste (mittelst vorgenommener Loosung) benützt werden. Diese Loosungsliste dient dann als Grundlage der Assentirung (§ 20 Instruction).

Letztere wird von den Stellungscommissionen vorgenom= men und besteht in dem ganzen Verfahren, mittelst welches die Stellungscommission über den ihr vorgeführten Stellungspflichtigen den auf dessen Einreihung in einen der gesetzlichen Wehrkörper, oder dessen definitiver oder zeitlicher Befreiung bezüglichen Beschluß faßt. Die einzelnen Acte nun dieses Verfahrens sind: das persönliche Er= scheinen des Stellungspflichtigen vor der Commission, die Prüfung und Entscheidung über dessen Eignung oder Nichteignung zur Ein= reihung, die Zuweisung des Eingereihten zu einem bestimmten Wehr= körper oder einer bestimmten Waffengattung, und die Bestimmung über die Höhe der von dem Nichteingereihten zu zahlende Militär= taxe (§ 53 Instruction).

Mit dem Abschluß dieses Verfahrens ist das Mannschafts= Assentirungsgeschäft beendigt — und der Stellungspflichtige verbleibt entweder in dem Civilstand oder übergeht in den Wehrstand.

Nächst der Mannschaft sind die Pferde das wichtigste Kriegs= material.

Der Bedarf an Pferden ist während des Friedens ein viel ge= ringerer als während des Krieges, und es wäre für den Staat finan= ziell unmöglich, oder doch höchst verderblich, wollte er den ihm für den Kriegsfall nöthigen Vorrath an Pferden während der Friedens= jahre bereit halten. Daher erstreckt sich die Sorge der Staatsver= waltung nur darauf, im allgemeinen die Pferdezucht im Lande zu fördern und zu heben, und mittelst gesetzlicher Bestimmung die Deckung des Bedarfes an Pferden für den Kriegsfall aus den Vorräthen der Staatsbürger sicherzustellen. Um aber dieses im nöthigen Falle so schnell als möglich und in größtmöglichem Umfange bewerkstelligen zu können, ist es nöthig, schon im Frieden eine genaue Kenntniß über die Größe des Pferdestandes und dessen Vertheilung unter den Staatsbürgern zu besitzen.

Zu diesem Behufe verfügt das österr. Gesetz vom 16. April 1873, daß die politischen Behörden unter Mitwirkung der Gemeindevor= stände von Jahr zu Jahr über die Anzahl und die Qualität der in ihren Bezirken befindlichen Pferde, mit besonderer Rücksichtnahme auf deren Kriegsdiensttauglichkeit als Reit= und Zugpferde Ausweise zu liefern haben [1]).

Auf Grund dieser Ausweise wird im Falle einer Mobilisirung der bewaffneten Macht oder eines Theiles derselben zur Aushebung des zur Ausrüstung erforderlichen Bedarfes an Pferden geschritten und alle Pferdebesitzer sind verpflichtet, über an sie ergehende Auf= forderung der politischen Behörde ihre kriegsdiensttauglichen Pferde gegen angemessene Entschädigung dem Staate zu überlassen [2]).

Dasselbe Gesetz vom 16. April 1873, enthält die näheren Details über die Art und Weise der Assentirung der Pferde — die durch besondere Commissionen erfolgt, welche am Anfange jedes Jahres bestellt werden.

Territoriale Eintheilungen und Gliederung der Staatswehr.

§ 21.

Schon die auf diese Weise zu bewerkstelligende Zusammensetzung und Schaffung der Staatswehr, noch mehr aber die Verwaltung derselben macht, wie überhaupt jedwede geordnete Verwaltung, ge= wisse Eintheilungen nöthig. Bei der Wehrverwaltung kommt eine territoriale und mannschaftliche Eintheilung in Betracht.

Die territoriale Eintheilung hat zum Zweck, die leichtere Ueber= sicht, Controle und Verwaltung der Wehrangelegenheiten mit Bezug auf Heeres=Ergänzung, Mannschafts=Ausbildung und Verpflegung.

---

[1]) § 4 des Gesetzes vom 16. April 1873 R.=G.=B. Nr. 77.
[2]) Daselbst § 1.

Die mannschaftliche Eintheilung der Wehrmacht hat zudem noch besonders die Verwendung des Heeres im Kriege im Auge und strebt theilweise eine zweckmäßige Arbeitstheilung, theilweise eine den Zwecken der kriegerischen Action entsprechende Ordnung und Gliederung der Staatswehr an.

Zum Zwecke der Verwaltung wird Oesterreich-Ungarn in 16 Territorien getheilt, in welchen General- oder Militär-Commanden die Leitung der Heeresangelegenheiten besorgen. Diese Territorien stehen unter dem „commandirenden General" beziehungsweise Militär-Commandant. Zum Zweck der Heeres-Ergänzung dagegen wird das Reich in 81 Bezirke eingetheilt (Heeres-Ergänzungsbezirke), von denen wieder jeder in eine Anzahl Stellungsbezirke unterabgetheilt wird. (§ 8 Instruction.) Dazu kommen noch 3 Marine-Ergänzungs-Bezirke. Zum Zwecke der Deckung des Pferdebedarfes wird die Monarchie in Aushebungsbezirke eingetheilt, die mit den Gerichtssprengeln zusammenfallen. (§ 5 des Gesetzes vom 16. April 1873.)

Anm. Das deutsche Reich wird für die Zwecke der Militärverwaltung in siebzehn Armeekorpsbezirke eingetheilt, welche wieder in Divisions- und Brigadebezirke und in Landwehr-Bataillons und Landwehr-Kompagniebezirke eingetheilt werden. Diese Eintheilung dient als Grundlage zur Organisation der Landwehr und zur Heeresergänzung (Vergl. Laband deutsches Staatsrecht III. 96.)

Die Verwaltung der Heeres-Ergänzungs-Angelegenheiten versehen in jedem solchen Bezirke „Ergänzungsbehörden erster Instanz." Dieselben sind zusammengesetzt aus der politischen Behörde und den Heeres-Ergänzungsbezirks-Commanden. (§ 8 Instruction.)

Als zweite Instanz functioniren die Landesstellen im Verein mit den General-Commanden, und endlich als dritte und höchste das Landesvertheidigungs-Ministerium im Verein mit dem Reichs-Kriegsministerium. (§ 9 Instruction.)

Doch sind bestimmte Angelegenheiten den einzelnen Bestandtheilen dieser „Instanzen" (also entweder der politischen oder der Militärbehörde) zugewiesen, andere der ganzen „Instanz" vorbehalten.

Was die mannschaftliche Eintheilung der Staatswehr anbelangt, so zerfällt die österreichisch-ungarische in das stehende Heer, die Kriegs-Marine, die Landwehr und die Ersatzreserve, letztere als Ersatz für die während eines Krieges im stehenden Heere (Kriegs-

Marine) auf die festgesetzte Kriegsstärke sich ergebenden Abgänge. (§ 2 Wehrgesetz.)

Diese Eintheilung ist einerseits im Hinblick auf die Möglichkeit und eventuelle Nothwendigkeit den Krieg zu Land und zur See führen zu müssen, geboten, andererseits im Hinblick auf die mögliche Unzulänglichkeit der im stehenden Heere (und Kriegs=Marine) dem Staate zur Verfügung stehenden Macht — eine Unzulänglichkeit, die während des Krieges durch Verluste sich bedeutend vergrößern kann.

Aber außer dieser durch die Art der Wehrverfassung und die geographische Lage des Staates gebotenen Eintheilung zerfällt jedes Heer in Abtheilungen und verschiedene Unterabtheilungen, welche a) durch die nothwendige verschiedene Bewaffnung und Ausrüstung der einzelnen Theile, b) durch die Bedürfnisse der Verpflegung und Verwaltung desselben, endlich c) durch taktische Rücksichten, d. h. durch Rücksichten auf die Verwendung und Bestimmung, die den einzelnen Theilen im Kriege zugewiesen werden muß, geboten sind.

ad a) Nach der Bewaffnung und Ausrüstung und den Mitteln, mit denen die einzelnen Gruppen im Kriege zu wirken berufen sind, theilt man das Landheer in Infanterie, Cavallerie, Artillerie, Genie und Pioniere; die ersten drei Waffengattungen repräsentiren die drei Hauptwaffen, die beiden letzteren Gruppen sind mehr als Hilfs= mannschaft theils zum Bau von Befestigungen, theils zur Beseitigung von Terrainschwierigkeiten bestimmt.

ad b) Die Bedürfnisse der Verpflegung und Verwaltung des Heeres führen zur Bildung von mannigfachen Verwaltungsbehörden, die je nach Bedarf mit einem größeren oder geringeren Personale versehen sind und mit diesen zusammen wohl auch als einzelne Verwaltungskörper (Verpflegs= und Verwaltungsanstalten) des Heeres bezeichnet werden. Es sind das: Die Intendantur, das Sanitätscorps, das Auditoriat, das Fuhrwesen und der Train endlich die Specialcorps der Feldgeistlichkeit, der Feldpost, des Feldtelegraphenwesen's, der Feldeisenbahn und der Feldgendarmerie.

Bestimmung und Aufgabe dieser einzelnen Verwaltungskörper (oder Corps) geht schon aus ihrer Benennung hervor. Der be= deutendste von allen ist die Intendantur — denn ihre Aufgabe ist die Verpflegung des Heeres, und es unterliegt keinem Zweifel,

daß von der guten Verpflegung des Heeres nicht nur die Leistungs=
fähigkeit desselben im Kriege, sondern auch die gute Erhaltung
desselben im Frieden abhängt.

Hat es die Intendantur mit der wichtigsten Vorbedingung eines
guten Gesundheitsstandes des Heeres zu thun: so ist es die Auf=
gabe des Sanitätscorps unmittelbar über diesen Gesundheitszu=
stand zu wachen, allen Gefahren, die demselben drohen, vorzubeugen
und ausgebrochene Uebel zu heilen.

Das Auditoriat ist die Gerichtsbehörde des Heeres. Es
besorgt die Leitung und Ordnung der Rechtsverhältnisse der im activen
Dienste stehenden Truppen.

Das Fuhrwesen oder der Train, findet seine eigentliche
Bestimmung, der kriegführenden oder in Marsch befindlichen Truppe
ihre mannigfachsten Bedürfnisse nachzuschaffen, erst im Kriege —
im Frieden wird von dieser Anstalt nur so viel unterhalten, um
dieselbe im Falle des Krieges nicht erst neu schaffen zu müssen —
also so zu sagen der entwicklungsfähige Keim des Trains wird im
Frieden für den Kriegsfall gehütet und gepflegt.

Dieses letztere gilt in noch höherem Grade von allen den Special=
corps, die im Frieden gar keine Verwendung finden können, als da
sind: Feldgeistlichkeit, Feldpost, Feldtelegraphen, Feldeisenbahnwesen,
Feldgendarmerie. Die Wehrverwaltung im Frieden hat in Beziehung
auf diese reinen Kriegsanstalten nur so viel vorzusorgen, daß
sie im geeigneten Momente die geeigneten Persönlichkeiten für jeden
dieser Felddienste bereit finde, und etwaige Apparate und Hilfsmittel
vorräthig habe — im übrigen fällt die Organisirung und Leitung
dieser Felddienst=Verwaltungsapparate ganz der Kriegsverwaltung
anheim.

Die österreichische Militär=Intendanz, die zur Leitung und Con=
trole des ökonomisch=administrativen Dienstes im Heere berufen ist,
wird bei dem Reichs=Kriegsministerium und den Militär=Behörden
durch ihre Beamten vertreten. Das Reich zerfällt übrigens in 16
Intendanz=Bezirke, die mit den 16 Militär=Territorien zusammen=
fallen. Abgesehen von diesen Intendanz=Bezirken zerfällt das Reich
in 31 Verpflegsbezirke, in welchen je ein Militär=Verpflegs=
Magazin steht, mit welchen letzteren zumeist Militär=Betten=Magazine
verbunden sind.

ad c) Unter **taktischen** Rücksichten endlich, verstehen wir die=
jenigen auf die Verwendung und Bewegung der Armee im Felde.
Da aber die Eintheilung der Armee mit Rücksicht auf taktische Be=
dürfnisse nicht erst im Kriegsfalle und im Felde vorgenommen werden
kann, da es vielmehr nothwendig ist, wenn dieselbe im Kriege und
Felde gut functioniren soll, sie schon im Frieden ganz sich ein=
leben zu lassen: so ist die Eintheilung des Heeres aus taktischen
Rücksichten ein wichtiges Moment auch der Wehrverwaltung im
Frieden. Denn schon diese hat es ja nicht mit der ganzen Kriegs=
macht, als einer gestaltlosen Masse, nicht mit der etwa noch bloßen
Territorien und Standorten gegliederten Staatswehr sondern be=
reits mit den nach taktischen Bedürfnissen gebildeten Abtheilungen
der Kriegsmacht, mit den einzelnen **Waffenkörpern** zu thun.
Muß doch schon im Frieden die Staatswehr in alle jene Ein=
theilungen und Gliederungen sich eingewöhnen und einleben, welche
für den Fall des Krieges taktisches Bedürfniß sind. Um so mehr
aber ist dieses der Fall bei den sog. Cadre=Systemen, wie sie gegen=
wärtig in Oesterreich und auch in Deutschland bestehen, bei denen
die für den Krieg nöthige Heeresmacht im Frieden nur theilweise
präsent gehalten wird — wobei namentlich auf die Präsenz der
Chargen jeder taktischen Abtheilung Gewicht gelegt wird, so daß
man die **Rahmen** für die im Kriege zu verwendenden Heerkörper
immer in Bereitschaft hat.

All und jede Staatsverwaltung muß sich daher auch gewöhnen,
die taktischen Einheiten der Kriegsmacht als selbständige Glieder des
Ganzen kennen zu lernen und als solche zu behandeln. Der Ver=
kehr der politischen Verwaltung mit dem Heere muß vielfältig eben=
falls an diese taktischen Einheiten anknüpfen, an diese **Waffen=
körper** sich wenden, an dieselben sich halten.

Im Ganzen ist die taktische Eintheilung eine doppelte und zwar
in einheitliche und gemischte Körper. Die einheitlichen Waffenkörper
enthalten nur eine Waffengattung — die gemischten sind aus mehreren
Waffengattungen zusammengesetzt, aus deren jeder sie ein oder mehrere
Theile oder Einheiten enthalten. So zerfällt die Infanterie in Re=
gimenter, Bataillone, Compagnien, Züge und Rotten; die Cavallerie
in Regimenter und Schwadronen; die Artillerie in Regimenter und
Batterien. Das sind die einheitlichen Waffenkörper.

Die aus solchen einheitlichen Waffengattungen zusammengesetzten gemischten Waffenkörper, wie z. B. Brigaden, Divisionen, Armeekorps haben vorwiegend schon eine kriegerische Bestimmung, werden nur im Kriege gebildet, um nach dessen Beendigung wieder aufgelöst zu werden; daher sind dieselben für die Staatsverwaltung im Frieden von geringerer Bedeutung.

Anm. (Stand der österreichischen Wehrmacht.) Nach ihrer Zahlenstärke sind Regiment, Bataillon 2c. keine festen Begriffe — denn die Zahlenstärke dieser Waffenkörper und in Folge dessen auch der aus ihnen zusammengesetzten Waffenkörper als Brigaden, Divisionen 2c. ist schwankend, theils nach dem Friedens- und Kriegsstand, theils nach größerer oder geringerer Anspannung der Kräfte je nach Bedürfniß. Als ungefähre Basis jedoch, die über die Zahlenstärke dieser Waffenkörper orientiren kann, diene, daß ein Bataillon im Kriegsstand rund 900 Mann begreift diese Grundzahl ist durch das Erforderniß dictirt, daß das Bataillon jene Heereinheit ist, welche, wie Xylander sich ausdrückt „von der kräftigen Stimme eines Mannes noch im Ganzen befehligt und deutlich von demselben übersehen werden kann"[1]). Doch giebt Xylander das Bataillon nur mit 600 800 Mann an — eine Zahl, die gegenwärtig in den europäischen Heeren im Kriegsstand überschritten ist. Denn die österreichischen Bataillone sind auf dem Kriegsstand bei der Infanterie 952 Mann stark, bei den Jägern 991.

Laband scheint aus staatsrechtlichen Gründen und vom Standpunkt des Budgetrechts damit nicht zufrieden zu sein, daß man die Zahlenstärke des Bataillons nicht als „festen Anhalt" betrachten kann. Er tadelt es, daß in Deutschland „derselbe Truppenkörper, der den Namen Bataillon führt, im Kriege 1003 Mann im Frieden 566 Mann hat". Doch ist diese Beweglichkeit der Zahl der „Grundeinheit für die Formation und Gliederung der Armee" (Laband) nichts Anderes, als ein Ausfluß des Cadre=Systems, auf welchem heute die Organisation sowohl des österreichischen wie des deutschen Heeres beruht. Denn nur diese Beweglichkeit und leichte Verschiebbarkeit der Zahl der Grundeinheit giebt die Möglichkeit, die Stärke der ganzen Armee den wechselnden Bedürfnissen des Friedens, der Kriegsgefahr und des Krieges anzupassen.

Es ist aber klar, daß mit der Beweglichkeit und Verschiebbarkeit dieser Grundeinheit auch alle andern aus einer Vielheit derselben sich zusammensetzenden (Regimenter, Brigaden, Divisionen 2c.), als auch in ihr enthaltenen Theile (Compagnien, Züge, Rotten) der Zahl der Mannschaften nach nie eine bestimmte Größe repräsentiren, sondern mit der Beweglichkeit und Verschiebbarkeit der Zahl dieser Grundeinheit wechseln,

---

[1]) Untersuchungen über das Heerwesen unserer Zeit. München 1831 S. 75.

indem sie sich den jemaligen Friedens- und Kriegsbedürfnissen an-
schmiegen. Vom Standpunkte des parlamentarischen Budget- und Con-
trollsrechts mag dieß eine Unbequemlichkeit sein - vom Standpunkt
der Wehrverwaltung und noch mehr von dem der Kriegsleitung ist dieß
Verhältniß jedoch eine Nothwendigkeit. Daher läßt sich die Stärke der
Wehrmacht und noch dazu einer auf Grundlage der allgemeinen Wehrpflicht und des Cadre-Systems beruhenden, überhaupt nie zahlenmäßig
genau angeben. Außer der in parlamentarisch regierten Staaten vom
Parlamente im Contingentsgesetze bewilligten jährlichen Contingentsziffer
kann noch die Anzahl der bestehenden einfachen Waffenkörper der
Bataillone oder Regimenter ein ungefähres Bild dieser Stärke der Wehrmacht geben, indem es die Rahmen vor Augen führt, deren Inhalt
in Friedenszeiten zusammenschrumpft, in Kriegszeiten anschwillt. Dagegen kann man den ungefähren Unterschied zwischen den gesetzlichen
Kriegsstand und dem Friedenspräsenzstande aus der Differenz zwischen
der gesetzlich bewilligten Contingentsziffer und der wirklichen Zahl,
der im Frieden in activen Dienst befindlicher Mannschaft, ermessen.

Was nun die österreichisch-ungarische Monarchie anbelangt, so wissen
wir schon, daß sich nach dem Wehrgesetz von 1868 und auch nach den
seitherigen Contingentsgesetzen der "complete Kriegsstand" auf 800.000
Mann beläuft.

Die Truppenformation im stehenden Heere ist folgende: 80 In-
fanterie-Regimenter, 1 Tiroler Jäger-Regiment und 33 Feldjäger-
Bataillone. Da jedes Regiment ungefähr 6 Bataillone enthält und ein
Bataillon des Kriegsstandes ungefähr 950 Mann stark ist, so ist ein
Regiment des Kriegsstandes ungefähr 5400 Mann stark. Nun ist aber
die Truppenformation den manigfaltigen Bedürfnissen der Kriegsauf-
stellung angepaßt, wodurch die manigfachsten Abweichungen von diesen
hier angegebenen runden Zahlen herbeigeführt werden.

Die Cavallerie besteht aus 41 Regimenter zu 1445 Mann
im Kriegsstand, die sich auf die, von den bei der Infanterie verschie-
benen Unterabtheilungen der Cavallerie-Regimenter als: 2 Divisionen
(von denen jede aus 3 Escabronen besteht) vertheilen.

Die Artillerie besteht aus 13 Feldartillerie-Regimentern zu
4600 Mann im Kriegsstand und 13 Festungsartillerie-Bataillonen zu
2000 Mann (runde Zahl) im Kriegsstand. Dazu kommen noch sechs
Regimenter der Genie-Pioniere und Train-Truppen und 26 Abtheilungen
der Sanitätstruppe.

Alle diese Waffenkörper zusammen geben eine Kriegsstärke von
ungefähr 850 000 Mann; dem gegenüber ergab jedoch die am 31. December 1880 vorgenommenen Zählung der activen Armee nur die
Zahl von 271,474. Die Differenz dieser zwei Zahlen giebt den besten
Beweis der Vortheile des Cadre-Systems.

Die Formation der österreichisch-ungarischen Landwehr ist folgende:

in der diesseitigen Reichshälfte, mit Ausschluß von Tirol und Vorarlberg 81 Infanterie-Landwehrbataillone; 25 Cavallerie-LandwehrEscabronen; in Tirol und Vorarlberg 10 Landesschützen-Bataillone und 2 Landes=schützen-Escabronen; in der jenseitigen Reichshälfte 124 Bataillone Infanterie zu je 4 Compagnien und 10 Regimenter Cavallerie zu je 2 Divisionen mit 5 Escabronen. Bei der Landwehr ist die Zahlen=differenz zwischen Friedens= und Kriegsstand selbstverständlich eine ohne Vergleich größere, da die Landwehr doch eigentlich nur im Kriege activirt wird. Was im Frieden von derselben activ erhalten wird, das ist nur das allernothwendigste Gerüste, an welches im Kriege sich die ganze Formation anzuschließen hat. In runder Summe zählt die öster=reichisch-ungarische Landwehr im Frieden 13,500 Mann dagegen im Kriegsstand 320.000 Mann. Zu obiger Stärke des Landheeres kommt noch hinzu die Kriegsmarine, welche aus einem Personale von rund 7500 Mann im Friedens= und 12 900 im Kriegsstande besteht, welches Personale vertheilt ist auf rund 70 Schiffe verschiedener Größe und Beschaffenheit, die mit 370 Geschützen armirt sind und 48.500 Pferde=kräfte repräsentiren.

Befestigungen.

§ 22.

Zu den leblosen-immobilen Kriegsmitteln gehören vor allem die Festungen. Sowohl der Aufbau derselben an den geeigneten Punkten des Landes, als auch die Armirung und Erhaltung im guten Stande, sind Gegenstände der Wehrverwaltung im Frieden. Während des Krieges wäre es zu spät, an den Aufbau von Festungen zu denken, und auch Armirung und Instandsetzung können nur zum kleinsten Theile der ausgebrochenen Kriegszeit überlassen werden.

Das moderne Festungswesen hat sich aus den Städtebefestigungen des Alterthums und Mittelalters und aus den mittelalterlichen Burgen und Schlössern der Ritter und Herren herausgebildet. Das Alter=thum kannte sowohl für Städte wie auch für ganze Länder die Sicherung vor feindlichen Einfällen nur mittelst Ringmauern und Wällen. Bekannt ist die seit dem grauesten Alterthum datirende chinesische Mauer, die den Staat vor Einfällen nomadischer Stämme schützte. Ebenso bekannt ist der römische Grenzwall zwischen Rhein und Donau, der das römische Reich vor dem Eindringen der nordischen Barbaren sichern sollte. Während solche Befestigungen sich, was ihre Anlage, Beschaffenheit und Ausdehnung anbelangt, an das zu ſchützende Territorium anlehnen und darnach richten mußten: ſuchten im Gegentheil die Ritter und Herren des Mittelalters geeignete und vortheilhaft gelegene Plätze um auf denſelben ihre Burgen und Schlöſſer zu erbauen.

Während alſo Ringmauern und Wälle ein gegebenes Territorium ſo gut es geht, zu ſchützen haben: wird die mittelalterliche Burg und das befeſtigte Schloß dort angelegt, wo ein günſtiges Territorium ihnen durch ſeine natürliche Lage Schutz bietet.

Aus dieſen zwei verſchiedenen Arten von Befeſtigungen entſtand wohl in neuerer Zeit das combinirte Syſtem, Länder durch eine Anzahl längs ihrer Grenze an geeigneten Punkten anzulegender Feſtungen zu ſchützen. So trug man ſich im vorigen Jahrhundert in Frankreich mit der Idee, die franzöſiſche Oſt- und Nordgrenze mit einer dreifachen Reihe nur einen Tagmarſch von einander entfernter Feſtungen zu umgeben und führte dieſe Idee auch theilweiſe an der Nordgrenze Frankreichs aus.

Auch dieſe Syſteme, das Land mit einem Gürtel von Grenzfeſtungen zu umgeben, gehören heute zu den veralteten. Die moderne Kriegskunſt hat ſie überflügelt, indem ſie ſie nutzlos machte. Heutzutage beſtimmt nicht die Grenze, die Peripherie des Landes, ſondern die feindliche Operationslinie die Lage der Feſtungen.

Im Allgemeinen iſt heutzutage im umgekehrten Verhältniß zu den immer zahlreicheren Armeen die Bedeutung der feſten Plätze geſunken. Denn die Corps, welche nöthig ſind, um eine Feſtung zu beobachten und deren Beſatzung im Zaume zu halten, ſind ja heutzutage im Vergleich mit den ſo zahlreichen Armeen ganz unbedeutend. Feſtungen haben daher heute nur eine untergeordnete Bedeutung. Doch kann eine größere Anzahl Feſtungen, die auf den feindlichen Operationslinien ſich befinden, das vordringende feindliche Heer, indem es mehrere Corps behufs Beobachtung und Blokirung abzieht, in gewiſſem Maße ſchwächen und zum entſcheidenden Angriff auf das Operationsobject unfähig machen. Daher wird es noch immer eine kluge Vorſicht ſein, wenn die Wehrverwaltung im Frieden an den Bau der Feſtungen auf den muthmaßlichen und möglichen Operationslinien des Feindes und andern wichtigen ſtrategiſchen Punkten ſchreitet.

Aber eben ſowohl die Punkte, wo die Anlage zu geſchehen hat, als auch die Art und Weise derselben, und die Art und Weise der Armirung sind schon Sache der Kriegswissenschaft.

Dagegen hat es die Verwaltungslehre mit denjenigen Verhält= nissen zu thun, die sich a) aus der Nothwendigkeit des Festungs= baues, b) aus der Thatsache des Bestandes einer Festung mit Be= zug auf dadurch in Anspruch genommene oder in ihrem Bestande und Werthe bedrohte wirthschaftliche Güter der Staatsunterthanen, ergeben.

ad a) Lassen es strategische Rücksichten als erforderlich erscheinen, eine Festung ganz oder theilweise auf einem Platze zu bauen, der sich ganz oder theilweise in Privateigenthum befindet, so tritt die Nothwendigkeit der Enteignung (§ 365 allg. bürgerl. Gesetzb)[1]) ein. Denn es kann keinem Zweifel unterliegen, daß was zur Vertheidigung und Sicherheit des Staates erfordert wird, vom „allgemeinen Besten erheischt" wird. Die Enteignung der Eigenthümer der für den Bau einer Festung nöthigen Grundflächen besteht in dem Verfahren vor der politischen Behörde, die die fraglichen Grundparzellen durch Sach= verständige abschätzen läßt, dem Eigenthümer die „angemessene Schad= loshaltung" zuspricht und anweist, und das so abgeschätzte und be= zahlte Grundeigenthum für das „Aerar" in Besitz nimmt.

ad b) Abgesehen von der Enteignung der zum Bau von Festungen nöthigen Grundflächen, schafft die Thatsache des Bestandes einer Festung für den umliegenden „Rayon" ein specielles öffentlich=recht= liches Verhältniß, vermöge dessen das freie Verfügungsrecht der in denselben befindlichen Eigenthümer über ihre im Rayon liegenden Immobilien in mancher Beziehung beschränkt wird.

Dieses Verhältniß ergiebt sich nothwendigerweise aus folgenden Gründen:

„Der Terrain vor einem befestigten Platze, Festungen, Forts, Citadellen, Küstenbatterien, muß bis an die Grenze des wirksamen Kanonenschußes von allen Baulichkeiten frei gehalten werden, welche die Wirkung der Festungsgeschütze beeinträchtigen können"[2]).

---

[1]) „Wenn es das allgemeine Beste erheischt, muß ein Mitglied des Staates gegen eine angemessene Schadloshaltung selbst das vollständige Eigenthum einer Sache abtreten."

[2]) S. Erlaß des Ministeriums des Innern und der Justiz und des Armee= obercommando vom 21. December 1859 R.=G.=B. Nr. 10.

Dieser Terrain nun muß nothwendigerweise mit dem Bau=
verbote belegt werden und bildet das Bauverbotsrayon. Es kann
aber verschiedene Abstufungen solcher Rayons geben, engere und
weitere, für welche letzteren mit Bezug auf Bautenherstellung ge=
wisse Erleichterungen gelten. Für Oesterreich enthält der in der
Note bezogene Erlaß (Mayrhofer II. 809) die näheren Details.
Mit Bezug nun auf Bodenbedeckung und Baulichkeiten, sei es
in engeren oder weiteren Festungsrayons, können sich zweierlei Fälle
ergeben: entweder dieselben sind bereits vorhanden als der Festungs=
bau unternommen wird, oder dieselben sollen erst in dem zufolge
des Festungsbaues entstandenen Rayon aufgeführt werden.

Das Vorgehen der Verwaltung ist in jedem dieser Fälle ver=
schieden. Im ersteren Falle ist die Bodenbedeckung oder Bau=
lichkeit entweder mit den Zwecken des Festungsbaues absolut und
allsogleich unvereinbar: dann tritt Enteignung und Demolirung ein;
oder das Vorhandensein der betreffenden Bodenbedeckung oder Bau=
lichkeit ist vorderhand den Zwecken des Festungsbaues nicht hinder=
lich und nicht gefährlich, und die Demolirung derselben braucht nur
für gewisse ganz speziell im Kriege möglicherweise sich ergebenden
Umstände in's Auge gefaßt zu werden. In diesem letzteren Falle
ist es im Interesse der Staatsverwaltung den Werth dieser Objecte
bei Zeiten aufnehmen, d. h. dieselben abschätzen zu lassen, um nach
einer im Nothfalle vorzunehmenden Demolirung die Höhe des zu
leistenden Schadenersatzes bei Zeiten sicherzustellen.

Was nun aber jene Bodenbedeckungen und Baulichkeiten an=
belangt, die nach verhängter Rayonbestimmung zur Ausführung ge=
langen (was überhaupt ihre zeitliche Ungefährlichkeit für die Zwecke
des Festungsbaues zur Voraussetzung hat) so braucht sich offenbar
die Staatsverwaltung nicht erst der Gefahr auszusetzen, für solche
Bauten im Falle einer nothwendig werdenden Demolirung Schaden=
ersatz leisten zu müssen.

Daher wird in der Regel die Bewilligung zur Aufführung von
Baulichkeiten im Festungsrayon nur gegen Ausstellung eines soge=
nannten Demolirungsreverses gestattet, in welchem sich der Eigen=
thümer oder Bauführer verpflichtet, das zu erbauende Object, im
Falle es von der Militärverwaltung verlangt würde, ohne dafür
einen Schadenersatz zu fordern, zu demoliren. Und zwar gilt diese

Regel nicht nur von Neubauten, sondern auch von Zu- und Um-
bauten [1]).

Heerbedarf.

§ 23.

Zu den leblosen mobilen Mitteln der Kriegsführung gehören
Waffen, Munition, Montursstücke und Nahrungsmittel. Alle diese
müssen je nach Maßgabe der Möglichkeit ihrer längern oder kürzern
Conservirung schon in Friedenszeiten an den geeigneten Orten in
Magazinen vorräthig gehalten werden, um im Falle des Krieges
wenigstens für den ersten und nothwendigen Bedarf vorhanden zu
sein. Es ist schwer zu sagen, welches dieser verschiedenen hier aufgezählten Bedürfnisse das wichtigste ist — denn Waffen ohne Nahrung
sind für den Soldaten ebenso unnütz, wie Nahrung ohne Waffen.
Doch wollen wir hier von diesen letzteren als dem eminentesten
Merkmal des Kriegers, als von seinem eigentlichen Werkzeug das
ihm zum Krieger stempelt, beginnen.

Die Bewaffnung der Staatswehr muß ausnahmslos im
Frieden beschafft werden. Die Kriegszeit ist absolut und in jeder
Hinsicht für solche Beschaffungen ungeeignet, außer wenn es sich um
Nachlieferungen bereits als zweckdienlich erprobter Waffen aus ver-
läßlichen oder gar aus Staatsfabriken handelt.

Die wichtigste Rücksicht bei Beschaffung der Waffen (zu denen
wir hier auch die ganze Artillerieausrüstung rechnen) ist wohl die
auf die größte Zweckdienlichkeit derselben. In dieser Beziehung befinden wir uns gegenwärtig in einem Zeitalter sich überstürzender
Erfindungen und Verbesserungen. Nicht während des Krieges, nur
im Frieden kann die nöthige Muße und Ruhe gefunden werden,
solche Erfindungen und Verbesserungen zu studieren, ihre größere
oder geringere Nützlichkeit und Zweckdienlichkeit zu erproben.

Daß der Staat, der sich unversehrt in seinem Bestand und
seiner Bedeutung erhalten will und namentlich der continentale
Staat heutzutage trachten muß, jederzeit die besten Waffen zu
haben, kann wohl nicht bezweifelt werden. Gegen eine technisch und
mechanisch überlegenere Waffe, gegen einen besseren Mechanismus

---

[1]) Nähere Bestimmungen s. bei Mayrhofer II. 809.

der Waffe hilft keine Tapferkeit. Eine schlechte Waffe (und schlecht wird jede, sobald ihr eine bessere entgegen tritt) ist gar keine Waffe und noch ärger als gar keine. Die Staatsverwaltung muß daher im Frieden ein scharfes Auge haben und alle Fortschritte der Mechanik und Technik eifrig überwachen, um sich wo möglich all und jede positive Errungenschaft auf dem Gebiete der Waffenmechanik und Industrie zu eigen zu machen. Denn in der stillen Werkstatt des Mechanikers kann oft ganz unbemerkt im voraus das Schicksal zukünftiger Schlachten entschieden werden.

Sind obige Sätze vom Standpunkt der Kriegswissenschaft fast selbstverständlich, so scheint es andererseits vom Standpunkt der Finanzwissenschaft nicht minder klar, daß sich jeder Staat durch allzuhäufige oder gar fortwährende, dem raschen Fortschritt der Mechanik und Industrie folgende Neubewaffnung finanziell schwer schädigen, ja ganz aufreiben kann.

Wenn man bedenkt, wie groß die Heere der heutigen Großstaaten sind, und wie kostbar ihre Bewaffnung, so wird man die finanziellen Bedenken gegen die fortwährende Aenderung der Waffen und Einführung neuer „Systeme" nicht unterschätzen.

Es werden eben immer angesichts einer neu gemachten Erfindung oder Verbesserung auf dem Gebiete der Waffentechnik die Argumente der Kriegs- und die der Finanzwissenschaft mit einander in Collision gerathen. Eine kluge Staatsverwaltung wird es verstehen, die un nöthigen Ausgaben zu vermeiden — vor einer nothwendigen Reform der Bewaffnung hingegen nie und nimmer finanzieller Bedenken wegen zurückzuschrecken, denn schließlich was nützen Finanzen, wenn der Staat zu Grunde geht!

Gegenüber der Bewaffnung stellt die Bekleidung ein viel mehr stabiles, so zu sagen conservatives Element dar, — welches auch, vorausgesetzt, daß nicht persönliche Liebhabereien der Herrschenden in diese Frage hineinspielen, dem Staate keinerlei unerwartete und außerordentliche Ausgaben auferlegt.

Da die Bekleidung des Heeres aus Stoffen besteht, welche rationell aufbewahrt, nicht zu verderben brauchen, so ist es vorsichtig, die für ein ausgerüstetes Heer nothwendigen Bekleidungsgegenstände während des Friedens immer in Magazinen vorräthig zu halten und das um so mehr, da dieselben nicht erst den Krieg zu erwarten brauchen, sondern bei fortdauerndem Frieden immer vom stehenden Heere im activen Dienst verbraucht und abgenützt werden können, um in den Magazinen durch immer neue Vorräthe ersetzt zu werden. Uebrigens können aus dem Mangel der nöthigen Bekleidungsvorräthe im Augenblick des Kriegsausbruches in einem industriellen Staate wie Oesterreich nie ernstliche Verlegenheiten erwachsen — da die Leistungs= fähigkeit der modernen Industrie in dieser Beziehung eine unglaublich große ist. Doch sprechen ökonomische Rücksichten dafür, die nöthigen Vorräthe in den Magazinen für jeden Fall bereit zu halten.

Bei Anschaffung derselben, welche durch die Intendantur ge= schieht, kommen zwei Momente in Betracht. Erstens die B e s c h a f = f e n h e i t der Bekleidung selbst und die Art ihrer A n s c h a f f u n g.

Die Regeln und Grundsätze über die Beschaffenheit der Be= kleidung giebt die Lehre vom Heerwesen an. Schon X y l a n d e r widmet in seinem Buche über „Heerbildung" besondere Abschnitte der Bekleidung der Infanterie und der der Cavallerie. — Die erste Rücksicht ist die auf die Zweckmäßigkeit für den Kriegsdienst. Die Bekleidung muß die Mannschaft vor den Unbilden des Wetters und den manigfachsten Mißständen des Terrains schützen; sie darf den Mann in der freien Beweglichkeit nicht behindern — sie muß der Art des Dienstes, der Waffengattung angepaßt sein, also eine andere für die Infanterie, eine andere für die Cavallerie. Praxis und Er= fahrung müssen in diesen Dingen den Ausschlag geben. Nie darf kleinlichen Rücksichten der Mode oder gar einer Pseudo=Aestetik die oberste Rücksicht auf die Zweckmäßigkeit geopfert werden.

Was die Art der A n s c h a f f u n g anbelangt, so hat manigfache Erfahrung bestätigt, daß dieselbe am besten mittelst Lieferungsver= trägen mit Großunternehmern besorgt wird, wobei durch Offertaus= schreibungen der freien Concurrenz das entsprechende Feld eingeräumt werden soll. — „Das Militärärar, sagt Ratzenhofer, muß im Frieden in feste Verbindungen mit großen Unternehmungen treten, weil nur diese im Stande sind, im Kriege trotz Verminderung der Arbeits= kräfte, den Nachschaffungen zu genügen" [1]).

In viel geringerem Grade als Waffen, Munition und Be= kleidung eignet sich Proviant zur Bereithaltung im Frieden für

---

[1]) Staatswehr S. 194.

den Fall des Krieges. Nur in gewissen Formen, als Zwieback oder
geistige Getränke können Nahrungsstoffe eine längere Einlagerung in
Magazinen und Kellereien ertragen; dem wichtigsten Nahrungsmittel,
dem Fleisch ist längere Aufbewahrung und Bereithaltung nicht zu=
träglich. Desto größer aber sind die Anforderungen, die man an
die Heeresverwaltung mit Bezug auf Proviant bei ausbrechendem
Kriege stellen muß. Nur ein reiches und wohlhabendes Land bietet
die Garantie hinreichender Proviantmengen für seine Heere: und ein
mit den nöthigen Communicationsmitteln (Eisenbahnen, Canäle, Zu=
fahrtsstraßen) versehenes Land, wird einer gutgeschulten und um=
sichtigen Heeresverwaltung es ermöglichen, die vorhandenen Proviant=
vorräthe dem Heere regelmäßig und in genügenden Mengen zuzu=
führen. Auf keinem andern Punkte so sehr, wie auf diesem, wird
sich immer der innige Zusammenhang einer wirksamen Staatswehr
mit dem wirthschaftlichen Wohlstand des Landes erweisen und der
Satz sich bewähren, daß jede Vernachlässigung des letzteren eine schwere
Gefahr für die erstere in sich birgt.

Endlich gehört zum Heerbedarf die Unterkunft des Heeres. Die=
selbe wird durch Einquartierungsgesetze geordnet.

In Oesterreich übertrug schon die k. Verordnung vom 15. Mai
1851 die Leitung des Einquartierungsgeschäftes den politischen Be=
hörden in der richtigen Erwägung, daß dieses Geschäft noch immer
ein rein friedliches sei und keine kriegerische Action.

Die Einquartierung kann eine dauernde oder vorüberge=
hende sein. (Durchzug). Die dauernde stellt offenbar an die Thätig=
keit der Verwaltungsbehörden mindere Anforderungen, da sie ihrer
Natur nach nicht plötzlich eintritt und eine entsprechende Vorberei=
tungsfrist gewährt. Dagegen erfordert der Durchzug den Aufwand
der ganzen Energie um die einzelnen Truppentheile immer rechtzeitig
an den betreffenden Stationen unterzubringen.

Das neue Gesetz, über „Beistellung der während des Friedens=
standes von dem stehenden Heer, der Kriegsmarine und der Land=
wehr benöthigten Unterkunft und Naturalerfordernisse" vom 11. Juni
1879, durch welches die frühere Einquartierungsvorschrift vom 15. Mai
1851 außer Kraft gesetzt wurde, definirt die bleibende Ein=
quartierung als diejenige, die auf Grund der stabilen Friedens=
dislocation gemäß der Anordnung des obersten Kriegsherrn vom

Jahre 1870 Platz greift (§ 1). Alle anderen Einquartierungen aus Anlaß von Durchzügen, Manövern ꝛc. sind vorübergehende.

Der verwaltungsrechtliche Unterschied zwischen der bleibenden und vorübergehenden Einquartierung besteht nach diesem Gesetz darin, daß die erstere, so ferne nicht ärarische Kasernen vorhanden sind, eine Last der Kronländer ist, während die vorübergehende Einquartierung den betreffenden Gemeinden zur Last fällt.

Um jedoch diesen letzteren unerwartete Verlegenheiten zu ersparen, bestimmt das Gesetz, daß bei Durchzügen die Durchzugsstraßen Mittag= und Nachtstationen im Voraus festzustellen (§ 23) und die Gemeinden vom Eintreffen der einzuquartierenden Truppen womöglich 24 Stunden früher zu benachrichtigen sind.

Die aus Anlaß von Einquartierungen den Einzelnen und Gemeinden einerseits und den Truppenkörpern und militärischen Behörden andererseits zustehenden Rechte und obliegenden Pflichten sind in der zu obigem Gesetze erflossenen Vollzugsverordnung vom 1. Juli 1879 enthalten.

Mobilisirung.

§ 24.

Den Uebergang vom Friedens= zum Kriegsstand bildet die Mobilisirung. Dieselbe besteht, was das lebende Kriegsmaterial anbelangt, einfach in möglichst schneller Ausfüllung der zur Friedens= zeit bereit gehaltenen Cadres durch Einberufung des ganzen Contingentes; sodann in der Ausrüstung desselben mit allen zur Friedenszeit bereitgehaltenen sachlichen Kriegsmitteln, als Waffen, Munition, Proviant und Bekleidung; endlich in der schnellsten Herbeischaffung und Zuweisung an die Armee aller übrigen nöthigen transportablen Kriegsmittel.

Die bloße Aufbringung dieser letzteren würde aber allein nichts nützen, wenn sie nicht auch rechtzeitig an jene Orte geschafft werden, wo sie zur Verwendung kommen sollen, was durch den entsprechend organisirten Nachschub geschieht.

Das erste und wichtigste nun der erwähnten Mobilisirungs= geschäfte ist die Einberufung.

Die Art und Weise derselben hängt von dem Verhältnisse ab, in dem sich die Truppenkörper zu der territorialen Eintheilung des

Wehrverwaltungsgebietes, also des ganzen Staates mit Hinsicht auf die Wehrverwaltung, verhält. Dieses Verhältniß kann nähmlich auf zweifachem Weise geordnet sein und zwar nach dem **nationalen** oder nach dem **regionalen** System [1]). Das **nationale** oder das System „der unbeschränkten Verwendung", beruht auf der Nicht-berücksichtigung der localen und territorialen Angehörigkeit des Wehr-pflichtigen, der nur als solcher in's Auge gefaßt und den über den ganzen Staat ohne Rücksicht auf Ergänzungsbezirke dislocirten Truppenkörpern nach anderweitigen Gesichtspunkten zugetheilt wird, und im Falle der Mobilisirung zu seinem Truppenkörper ohne Rück-sicht auf dessen Aufenthaltsort stoßen muß. Das nationale System kennt nur **einen** Ergänzungsbezirk — den ganzen Staat, aus dem sich alle seine Truppenkörper, die auch im Frieden gesetzlich an kei-nerlei feste Standorte gebunden sind, ergänzen.

Dagegen hat das regionale System (das auch das territoriale genannt wird) zur Voraussetzung eine solche Friedens-Dislocation der Truppenkörper im Staate, daß die einzelnen derselben in ihren betreffenden Ergänzungsbezirken stationirt sind.

Im Falle der Mobilisirung nun ergiebt das erstere System (das nationale oder das der unbeschränkten Verwendung) eine Menge unnützer Bewegungen der Einzelnen kreuz und quer von einem Ende des Staates zum andern, um ihre Truppenkörper zu erreichen; beim letzteren System hingegen ziehen die einzelnen in ihren Ergänzungs-bezirken befindlichen Truppenkörper ihre Mannschaften und Ergän-zungen in nächster Nähe leicht und schnell an sich.

Ein drittes System, das zwischen obigen beiden in der Mitte steht, ist die Anwendung des nationalen Systems auf das stehende Heer, dagegen des regionalen auf Landwehr und Reserven.

Dieses gemischte System ist gegenwärtig (seit 1870) in Frank-reich geltend [2]).

In Oesterreich wird diese ganze Frage der Dislocation und Mobilisirung noch durch die Verschiedenheit der Nationalitäten und

---

[1]) Wir ziehen diese, von den Franzosen gebrauchte Bezeichnung derjenigen vor, der sich Ratzenhofer bedient, der von einem territorialen System (d. i. das regionale) und von dem der unbeschränkten Verwendung (d. i. das nationale) spricht. Vergl. Ratzenhofer l. c. 226 ff.

[2]) S. Ducrocq I. 584.

S p r a ch e n der Wehrpflichtigen äußerst complicirt — da man die Mannschaften nicht beliebig den verschiedenen Truppenkörpern zuweisen kann, sondern auf ihre Volkssprache Rücksicht nehmen muß und sie nur solchen Truppenkörpern zutheilen kann, wo mindestens die Unteroffiziere dieser Volkssprache mächtig sind.

Um diesen Verhältnissen Rechnung zu tragen, schlug die österreichische Wehrverwaltung den Ausweg ein, daß sie die Friedens-Ordre de bataille mit der Kriegs-Ordre de bataille identisch gestaltete, wobei die Truppen so viel als möglich ihren Ergänzungsbezirken nahe bleiben. Oesterreich hält demnach so viel als möglich an dem territorialen (oder regionalen) System fest [1]).

Die in Oesterreich geltenden Vorschriften über Einberufung der Beurlaubten und Reservisten sind enthalten in dem Erlaß des Ministeriums für Landesvertheidigung vom 14. August 1871 (Vorschrift über das militärische Dienstverhältniß ıc. ıc.)

Was die übrigen Mobilisirungsgeschäfte anbelangt, nähmlich die Ausrüstung der Mannschaft, die Herbeischaffung der transportablen Kriegsmittel, in erster Linie also auch der Pferde und Bespannung, endlich die Besorgung der Nachschübe dieser Kriegsmittel auf den Kriegsschauplatz: so kommen auf dieselben weniger öffentlich-rechtliche und Staatsverwaltungs — als vielmehr richtige Wirthschafts-Grundsätze und Klugheitsregeln zur Anwendung — die aber freilich alle von einer einzigen Rücksicht beherrscht und geleitet, einem einzigen Gedanken untergeordnet werden — dem Staatswohl. Daher spricht sich auch ganz richtig Ra tz e n h o f e r gegen den Nutzen und die Möglichkeit einer gesetzlichen Regelung der Grundlagen der Mobilisirung aus, indem er einen Ausspruch thut, der zugleich als eine treffende Charakteristik des gesammten Wehrverwaltungs r e ch t s gelten kann:

„Gesetze haben," so schreibt der von der juristischen Doctrin nicht angekränkelte M i l i t ä r ist, „die Aufgabe, das Recht zwischen mehreren Interessenten zu scheiden. Im Kriegsfall giebt es aber nur e i n e n I n t e r e s s e n t e n — das Vaterland; dieses Wort umschließt alle Interessen im Staat."

---

[1]) S. Ratzenhofer l. c. 228.

Militärversorgung.

§ 25.

Die Staatsverwaltung begleitet die Staatswehr bis auf den Kriegsschauplatz durch Nachschübe von Mannschaften und Kriegs= mittel unterhält sie mit denselben noch Fühlung. Die Leitung aber des Krieges gehört ihr nicht mehr an und auch nicht in die Verwaltungslehre. Dagegen hat die Staatsverwaltung der Staats= wehr gegenüber noch eine Pflicht n a ch dem Kriege zu erfüllen d. i. die V e r s o r g u n g. Dieselbe bezieht sich:

a) auf die ausgedienten Militärpersonen;
b) auf dienstuntauglich gewordene;
c) auf die hilflos zurückgebliebenen Familien der Gefallenen.

Die Militärversorgung ist nicht nur eine Aeußerung humaner Gefühle, ein Wohlthätigkeitsact des Staates: sondern eine von der Klugheit und Politik gebotene Maßregel im Interesse der Kräftigung der Staatswehr.

Ganz anders zieht in den Krieg der Wehrpflichtige, mit ganz anderm Muthe läuft er persönliche Gefahren und opfert sein Leben, wenn er weiß, daß er auf Stütze und Hilfe des Staates für sich und seine Familie im Falle der persönlichen Arbeitsunfähigkeit oder des Todes rechnen kann.

Die gesetzlich sichergestellte Versorgung der ausgedienten und der dienstuntauglich gewordenen Militärpersonen und der zurückge= bliebenen Familien der Gefallenen ist ein Mittel mehr zur morali= schen Kräftigung der Staatswehr, zur Hebung ihres Geistes, zur Erhaltung ihres frischen Opfermuthes.

Diese gesetzliche Regelung bezieht sich nun:

a) auf die Pensionirung der Ausgedienten;
b) auf Unterbringung und Versorgung der Invaliden;
c) auf Pensionszuerkennung an die Hinterbliebenen, eventuell Erziehung der Waisen.

ad a) Das Recht auf Pensionirung wird entweder durch ein gewisses Alter (in Oesterreich 60 Jahre) oder eine gewisse Dienst= zeit (in Oesterreich bei Offizieren 40 Jahre, bei Unteroffizieren 18 Jahre ununterbrochener a c t i v e r Dienst) ohne Rücksicht auf Dienstesuntauglichkeit begründet.

ad b) Die Invalidenversorgung hat zur Voraussetzung sowohl eine gewisse Dienstzeit (in Oesterreich 10 Jahre), als auch die Constatirung der Dienstesuntauglichkeit. Vor vollendetem 10. Dienstjahre wird die Invalidenversorgung erlangt, wenn die Dienstes= untauglichkeit in Folge von Wunden, Kriegsstrapazen u. dgl. eintritt. Bei Personen letzterer Kategorie existiren auch noch sogenannte Ver= wundungszulagen, je nach dem Grade und der Beschaffenheit des er= littenen körperlichen Gebrechens.

Die Invalidenversorgung geschieht theilweise durch Pension, theil= weise durch Aufnahme in ein Invalidenhaus — für welche letztere in Oesterreich bei Unteroffizieren und Soldaten wenigstens 30 Jahre ununterbrochener activer Dienstzeit oder Dienstesuntauglichkeit in Folge der Verwundung vor dem Feinde erfordert wird. In Oester= reich bestehen vier Invalidenhäuser, in Wien, Prag, Tyrnau und Lemberg [1]).

ad c) Den Witwen und Waisen der vor dem Feinde Gefallenen oder sonst in Folge des Kriegsdienstes Gestorbenen, werden durch be= sondere Pensionsgesetze Pensionen zuerkannt — für die Waisen oft auch durch Aufnahme in eigene Erziehungshäuser vorgesorgt. (Für Oesterreich Pensionsgesetz vom 27. Juni 1871.)

---

[1]) Vergl. Hoffmann und Friedl Militärbibliothek I. 346.

II.

Finanzverwaltung.

Finanzverwaltung und Finanzwissenschaft.

§ 26.

Die Lehre von der Finanzverwaltung wird meist als besondere Disciplin, als Finanzwissenschaft behandelt. Doch ist nach den üblichen Definitionen der Finanzwissenschaft zwischen derselben und der Lehre von der Finanzverwaltung in unserem Sinne ein gewisser Unterschied. Das bekannteste Lehrbuch der Finanzwissenschaft das von Rau, definirt dieselbe als „die Wissenschaft von der besten Einrichtung der Regierungswirthschaft oder von der besten Befriedigungsweise der Staatsbedürfnisse durch sachliche Güter". Aus der Begriffsbestimmung der Verwaltungslehre im allgemeinen, wie wir sie oben (§§ 1 und 2) gaben, folgt aber, daß wir es in der Finanzverwaltung vor allem mit dem wirklichen Gang der Finanzverwaltung zu thun haben: wir wollen sie kennen lernen, so wie sie war und ist; die Rathschläge, wie sie am besten einzurichten, müssen wir allerdings theilweise der Finanzwissenschaft überlassen. Wir sagen theilweise, denn man darf nicht vergessen, daß sich die Finanzwissenschaft von dem Theile der Verwaltungslehre, der sich mit der Finanzverwaltung beschäftigt, hauptsächlich dadurch unterscheidet, daß sich die Finanzwissenschaft nicht durchgehends und nicht durchaus auf den Standpunkt des Staatsinteresses stellt, sondern meist einen „allgemeinen Wohlfahrtsstandpunkt" einnimmt, von dem aus sie die

Gumplowicz, Verwaltungslehre. 7

Maßregeln der Staatsgewalt kritisirt und die verschiedensten nicht staatlichen Gesichtspunkte geltend macht. Man könnte sagen, die Finanzwissenschaft, so wie sie sich bis jetzt herausgebildet hat, steht auf einem naturrechtlichen Grunde und möchte es allen zugleich recht machen, was bekanntlich ein Ding der Unmöglichkeit ist.

Von unserem Standpunkte verstehen wir jedoch unter Finanzwissenschaft ganz was anderes, und unterscheiden dieselbe ganz wesentlich von der Finanzverwaltungslehre.

Wenn wir unsern Begriff von Wissenschaft auf die Staatsfinanzen anwenden, so hat die Finanzwissenschaft diejenigen wirthschaftlichen und politischen Erscheinungen zu beobachten, die sich in Folge der Finanzwirthschaft des Staates unserer Beobachtung darbieten. Die Finanzwissenschaft hat die finanzielle Thätigkeit der Staatsgewalt und die Folgen derselben auf Volk und Staat zu untersuchen; sie hat den theils wirthschaftlichen, theils politischen Proceß zu beobachten, der sich zwischen Staatsgewalt und Volk in Folge der finanziellen Maßregeln der ersteren und gezwungenen oder freiwilligen Leistungen des letzteren abspielt; sie hat den übrigens unbestreitbaren Kampf der Sonderinteressen der Staatsgewalt und der Einzelnen sowohl wie der verschiedenen Stände und Interessengruppen des Staates zu schildern; die Entwicklung dieses Processes und dieses Interessenkampfes und die dieser Entwicklung zu Grunde liegenden Gesetze klar zu stellen; schließlich den Zusammenhang dieses Entwicklungsganges mit der Gesammtentwicklung des Staates und des Volkes und den Einfluß des ersteren auf diese letztere nachzuweisen.

Das ist von unserm Standpunkte der Gegenstand und die Aufgabe der Finanzwissenschaft.

Ganz was anderes ist die Finanzverwaltungslehre und ganz verschieden ihre Aufgabe. Dieselbe hat es ausschließlich mit der auf Selbsterhaltung und Erhaltung des Staates gerichteten finanziellen Thätigkeit der Staatsgewalt zu thun; sie hat die Ziele und Zwecke dieser Thätigkeit, die Mittel die zu denselben gebraucht; die Erfolge die durch dieselben herbeigeführt werden zu untersuchen und zu schildern. Der ausschließlich staatliche Standpunkt, den sie dabei, so wie die gesammte Verwaltungslehre (s. oben) einnimmt, wird sie jede Maßregel der Staatsgewalt, jedes von derselben gebrauchte Mittel in erster Linie in Hinsicht auf deren Zweckmäßigkeit für den Staat und deſſen Beſtand zu prüfen veranlaſſen; und ſie wird die Folgen dieſer Maßregel und Mittel auf das Volk nur in ſo fern berück- ſichtigen, in wie ferne dieſelben mittelbar die Staatsgewalt ſelbſt und das ganze Staatsweſen tangiren.

In dieſer letzteren Beziehung wird ſie immer die Finanz- wiſſenſchaft, in der Bedeutung, wie wir ſie ſoeben definirten, als ihre wichtigſte Hilfsdisciplin betrachten und die wahrhaft wiſ- ſenſchaftlichen Reſultate derſelben verwerthen.

Den finanzpolitiſchen Raiſonements gegenüber die ſich meiſt an die Behandlung der Finanzwiſſenſchaft knüpfen und die finan- ziellen Fragen von den verſchiedenartigſten Standpunkten erledigt zu ſehen wünſchen, wird ſie, wenn nicht ihren rein fiscaliſchen doch immer ihren rein ſtaatlichen Standpunkt entgegenſetzen.

Anm. (Literatur.) G. H. v. Juſti: Staatswirthſchaft 1752.
„   Syſtem des Finanzwe-
ſens 1766.
Graf J. v. Soden: Nationalöconomie B. VI. Staatsfinanzwiſſenſchaft. Halle 1821.
v. Malchus (würtemberg. Finanzminiſter) Handbuch der Finanzwiſſen- ſchaft und Finanzverwaltung. Stuttgart 1830.
Rau: Grundſätze der Finanzwiſſenſchaft VI. Aufl. v. Wagner be- arbeitet.
Stein: Lehrbuch der Finanzwiſſenſchaft. Leipzig 1875.
C. J. Bergius: Grundſätze der Finanzwiſſenſchaft mit beſonderer Beziehung auf den preußiſchen Staat. Berlin 1871.
Laband: Das Budgetrecht Berlin 1871.
„   Finanzrecht des deutſchen Reiches 1873.

Das wichtigſte geſchichtliche Material über Finanzverwaltung findet man in nachſtehenden Werken:

H. D. Hüllmann: Deutſche Finanzgeſchichte das Mittelalters. Ber- lin 1805.
K. H. Lang: Hiſtoriſche Entwicklung der deutſchen Steuerverfaſſung ſeit den Karolingern bis auf unſere Zeiten. Berl. 1793.
Ulmenſtein: Verſuch einer kurzen ſyſtem. und hiſtor. Einleitung in die Lehre des deutſchen Staatsrechts von Steuern und Abgaben reichsſtändiſcher Unterthanen und dem Steuer- rechte der Reichsſtände. Erlangen 1794.
Czörnig Carl Freiherr: Darſtellung der Einrichtungen über Budget, Staatsrechnung und Controle in Oeſterr. Preußen, Sachſen, Baiern rc. Wien 1866.

Mülinen: les finances de l'Autriche 1875. Wien Braumüller.
Beer: Die Finanzen Oesterreichs im 19. Jahrhundert. Leipzig 1877.
„ Der österreichische Staatshaushalt.

Geschichtliche Entwicklung.

§ 27.

Die herrschenden Classen in den Staaten des Alterthums,
für die im buchstäblichen Sinne des Wortes das öffentliche Interesse
ihr eigenes Interesse war, besorgten meist die öffentlichen Angelegen=
heiten, die sogenannte „Staatsarbeit" selbst.

Wie sie im Kriegsfall selbst in den Krieg zogen, so verwalteten
sie im Frieden den Staat — war es doch ihr eigenstes Interesse
das sie dabei vertraten. Das moderne Steuersystem war theils durch
die breite Unterlage der Sklaverei und Leibeigenschaft, theils durch
die persönlichen Staatsdienste der herrschenden Classen ersetzt; denn
die freien Bürger konnten, auf die unterthänige Masse des Volkes
gestützt, dem Staat auch unbesoldet dienen. Ihre bevorrechtete Stel=
lung, ihr Recht auf die Arbeit und das Gut der Unfreien war ihr
einziger Sold.

Der Herrscher war meist ein Führer, Leiter dieser Classe, die
ihm das Recht der Vertheilung der gemeinsamen Güter anvertraute.
Man ließ ihm gerne das Recht mit den „Staats"=Ländereien zu
schalten und zu walten; war es doch nur die herrschende Classe zu
deren Gunsten er dieses Recht übte. Daß sich aus solchen Verhält=
nissen oft Despotie und Absolutismus entwickelten, die dann gele=
gentlich auch Mitgliedern der herrschenden Classe arg mitspielten, lag
in der Natur der Sache.

Wenn der herrschenden Classe in solchen Fällen die Alleinherr=
schaft drückend wurde, dann entledigte sie sich auch gelegentlich dieser
Form ihrer Herrschaft, (wie z. B. durch Vertreibung der Könige in
Rom) und wählte eine andere (z. B. Republik und zwei Consuln).
Immer aber blieb die Verwaltung des Staates ihr eigenstes Interesse,
welches sie als Recht und Ehre in Anspruch nahm, und für welche
sie nicht direkt durch Sold, wohl aber indirekt durch einträgliche und
einflußreiche Herrschaftsposten belohnt wurde.

Bei solchen Einrichtungen konnte von einer Finanzverwaltung
im modernen Sinne nicht die Rede sein.

Im europäischen Mittelalter erfuhren diese Verhältnisse keine wesentliche Aenderung. Die Adelsclassen beherrschten den Staat. Der Staat war ihr eigenstes Interesse. Sie kämpften für dasselbe im Kriege, verwalteten es im Frieden. Formell waren die von ihnen gewählten Könige und Dynastien Eigenthümer der Staatsländereien — im Grunde aber nur die von der Adelsclasse eingesetzten Vertheiler dieser Güter an die Mitglieder der herrschenden Classe.

Man kann diese primitive Finanzverwaltung füglich, mit einer der Nationalöconomie entnommenen Bezeichnung, die Natural-Staats-Wirthschaft nennen, um so mehr, da dieselbe thatsächlich mit der Naturalwirthschaft in der öconomischen Bedeutung des Wortes im innigen, causalen Zusammenhange steht. Denn eben so, wie der öconomische Verkehr sich noch wenig des Geldes, des allgemeinen Werthmessers, sondern der Werthobjecte selbst bediente: ebenso bedurfte der primitive Staat nicht des Geldes, wohl aber der persönlichen Dienste — und anderer Naturalleistungen. Nun lieferten ihm diese im Bereiche der Kriegführung und Civilverwaltung die herrschenden Classen, die sich ihrerseits durch die ihnen von Leibeigenen und Hörigen geleisteten Dienste im Bereiche des Erwerbes und Lebensunterhaltes für die dem Staat geleisteten Dienste regressirten. Das Verhältniß läßt sich mit kurzen Worten so ausdrücken, daß die herrschenden Classen ohne Geldentlohnung in den Krieg zogen und im Frieden Verwaltungsdienste leisteten; dagegen arbeiteten ebenfalls ohne Geldentlohnung Sklaven und Leibeigene, um ihnen alle Bedürfnisse und Bequemlichkeiten des Lebens zu verschaffen. Geld war also nirgends nöthig: von einer Finanzverwaltung konnte keine Rede sein.

Aber die Entwicklung der einzelnen Staaten, auch schon die des Alterthums, führte erstens zur Bildung eines Gewerbe- und Handel treibenden Mittelstandes und dadurch auch zu Geldverkehr, Capitalsammlung und zu der eminenten Bedeutung des Geldes für alles öffentliche Leben. Auch dem Staate ward dasselbe mit der Zeit wichtiger als persönliche Dienste. Heute ist es das einzige Mittel durch welches er Krieg führen und im Frieden seine Verwaltungsbedürfnisse decken kann. Nicht nur für den Krieg braucht der Staat heute vor allem der drei Dinge: „Geld, Geld und Geld" — auch im Frieden ist dasselbe der Fall. Die große Bedeutung des Geldes aber erklärt zugleich die große Bedeutung der Finanzverwaltung für den modernen Staat.

Staatseinnahmen.

§ 28.

Daß alles staatliche Finanzwesen mit dem Krieg in innigem Zusammenhange steht, ist eine bekannte Thatsache und noch heutzutage sind die finanziellen Anstrengungen der Staaten, die erfinderischen Combinationen behufs Eröffnung immer neuer Geldquellen eine Folge der Bedürfnisse der Armeebudgets. Im mittelalterlichen Staat fallen die Anfänge des Steuerwesens mit den von den Ständen bewilligten Kriegssubsidien zusammen.

So spielen denn auch von jeher die Bedürfnisse des Krieges und der Erhaltung der Heere die Hauptrolle im staatlichen Finanzwesen.

Die Lehre von der Finanzverwaltung ist vorwiegend die Lehre von den Einnahmen des Staates; denn eigentlich hat die Finanzverwaltung sich nur um diese letzteren zu kümmern. Das Ausgeben besorgen dann schon die andern Organe der Staatsverwaltung. Könnte man ohne Einnahmen den Staat verwalten, dann wäre die Finanzverwaltung nicht nöthig. Sie ist aber unentbehrlich, weil sie alle anderen Zweige der Staatsverwaltung fortwährend mit dem nervus rerum versorgen muß, zu welchem Zwecke sie ihre ganze Thätigkeit der Aufgabe zuwenden muß dem Staatssäckel die nöthigen Einnahmen zuzuleiten*). Die Einnahmen des Staates nun können von Staatseigenthum (Domänen) herrühren oder aus dem Eigenthum der Unterthanen des Staates mittelst Abgaben entnommen werden.

Der antike und mittelalterliche Staat besaß viel mehr eigenes Eigenthum als der moderne, schon aus dem Grunde da in früheren Zeiten erobertes Land zu Staatseigenthum gemacht wurde. Aus diesem öffentlichen oder Staatseigenthum, im Mittelalter aus den sogenannten Krongütern wurden die Bedürfnisse des Staates bestritten. Wenn man bedenkt, daß der mittelalterliche Staat den Krieg mit dem aufgebotenen Heerbann führte und sich überdieß mit Lösung von culturellen Aufgaben wenig befaßte, so begreift es sich leicht, daß er mit den Einkünften aus diesem seinem Eigenthum das

Auslangen finden könnte. Die gesteigerten Bedürfnisse des modernen Staates, namentlich für stehende Heere und langjährige Kriege verschlangen mit der Zeit das meiste Krongut der europäischen Staaten, welches ohnedieß den Anforderungen des modernen Staates keineswegs genügen könnte [1]). Heutzutage spielt in der Finanzverwaltung die Verwaltung der Staatsdomänen eine sehr untergeordnete Rolle. In wie ferne jedoch der Staat Eigenthum besitzt, so kann es keinem Zweifel unterliegen, daß er dasselbe nach den Grundsätzen einer gesunden Privatwirthschaft bewirthschaften müsse.

Anm. a) Der Gedanke, daß die Finanzverwaltung es vorwiegend mit den Einnahmen des Staates zu thun hat, drückt auch Rau in folgender Stelle aus: „In dem Entwicklungsgange des Staates sieht sich die Staatsgewalt ziemlich frühzeitig genöthigt, sich um Vorräthe von Sachgütern als Hilfsmittel zur Erreichung ihrer Zwecke zu bemühen, und diese Beschäftigung nimmt an Umfang, Wichtigkeit und Schwierigkeit fortwährend zu. Es bildet sich daher ein besonderer Zweig der Regierungsthätigkeit, der auf Erlangung, Erhaltung und gute Benützung der für die Staatsgewalt erforderlichen Sachgüter gerichtet ist, und in der Führung einer eigenen Wirthschaft oder der Besorgung von Staatseinkünften und Staatsausgaben besteht. Diese Sorgfalt der Regierung für die Befriedigung der Staatsbedürfnisse vermittelst sachlicher Güter wird Finanzwesen, Finanzverwaltung oder Regierungswirthschaft, bisweilen auch Staatswirthschaft oder Staatshaushalt genannt."

Staatsdomänen.

§ 29.

Die moderne Finanzpolitik spricht sich entschieden gegen die Beibehaltung von Staatsdomänen aus. Sowohl allgemeine Gründe der Volkswirthschaftspolitik als auch Rücksichten rein finanzieller Natur sprechen für den Verkauf und somit für die Ueberantwortung derselben an den allgemeinen freien Verkehr. Nur bei einer Gattung von Domänen und zwar den Staatsforsten, sprechen rein volks-

---

[1]) „England hat außer einigen wenigen zur Dotation der Krone gehörigen gar keine Domänen mehr, in Frankreich sind außer den Gütern gleicher Bestimmung nur die in ihrem Umfange ebenfalls sehr verminderten Staatsforste übrig, dagegen besitzt das am spätesten in die europäische Staatenfamilie eingetretene Rußland den bedeutensten Grundbesitz". Hock die öffentlichen Abgaben und Schulden Stuttgart 1863 S. 2.

wirthschaftliche Rücksichten nicht nur für Beibehaltung im Eigenthum des Staates, sondern auch womöglich für neuen Erwerb und Ankauf derselben für den Staat. Nachdem aber sowohl Beibehaltung, wie Neuerwerb von Forsten, wie gesagt, nicht aus Finanz sondern aus allgemeinen volkswirthschaftlichen, also **Wohlfahrtsrücksichten** zu erfolgen hat, so werden wir über die Staatsforstverwaltung unten am geeigneten Platze sprechen.

Abgaben.

§ 30.

Der weitaus größte Theil der Einnahmen des modernen Staates wird dem Eigenthum der Unterthanen mittelst der verschiedensten Abgaben entnommen. Diese Abgaben nennt man entweder **Steuern** oder **Gebühren** [1].

Unter Steuern versteht man diejenigen allgemein im voraus festgesetzten Entrichtungen an den Staat zu denen die Bürger eines Staates nach Maßgabe ihrer phisischen oder wirthschaftlichen Persönlichkeit (directe Steuern) oder mit Bezug auf gewisse von ihnen erzeugte oder zu verbrauchende Gegenstände (indirecte Steuern) verpflichtet werden.

Unter Gebühren versteht man diejenigen Leistungen an den Staat, die dem Einzelnen aus Veranlassung gewisser durch ihn provocirter Handlungen der Organe der Staatsgewalt auferlegt werden.

Im heutigen Finanzsysteme spielen die Steuern, und zwar sowohl die directen als auch die indirecten Steuern die größte Rolle. Sie liefern den größten Theil des Staatseinkommens [2] und zwar, um

---

[1] Von speziellen Werken über Steuern erwähnen wir nur: Hoffmann Lehre von den Steuern 1840. Hock: die öffentlichen Abgaben und Schulden 1863. Held: die Einkommensteuer 1872. Von ältern französischen Schriftstellern ist noch immer werthvoll Parieu: traité des impôts. Uebrigens vergl. man den Literaturnachweis über diesen Gegenstand bei Stein Finanzwissenschaft 4. Aufl. I. S. 422 ff.

[2] „Die Lehre von den Steuern bildet so heute den Mittelpunkt der Lehre von den Staatseinnahmen; sie sind diejenigen Staatseinnahmen, welche gewonnen werden, indem der Staat seine Unterthanen kraft ihrer Eigenschaft als solcher zwingt, ihm einen Theil derjenigen ökonomischen Werthe, die bereits Gegenstand des Privat-Vermögensrechts der Unterthanen geworden sind, zur Bestreitung der Kosten der Staatsaufgaben im Ganzen zu übergeben." Adolph

es hier gleich vorauszuschicken, die indirecten den bei weiten größeren als die directen.

Von untergeordneter Bedeutung hingegen sind die mannigfachen Gebühren.

Rechtliche Begründung.

§ 31.

Die Finanzwissenschaft hat sich von jeher mit einigen Prinzipien= fragen betreffs der Steuern beschäftigt, die für die Finanzverwal= tungslehre von untergeordnetem Interesse sind.

Zuerst untersucht die Finanzwissenschaft den sog. Rechts= grund der Steuern. Man wollte das Recht des Staates Steuern zu fordern und die Pflicht des Bürgers denselben zu leisten klar= stellen und rechtlich begründen, um auf diese Weise auch den Um= fang dieser gegenseitigen Rechte und Pflichten festsetzen zu können. Für uns hat diese ganze Frage gar keine Bedeutung.

Der Staat fordert Steuern, weil er deren bedarf. Sein Selbst= erhaltungstrieb und sein Bedürfniß sind sein Recht. Seine Macht stellt dieses „Recht" über allen Zweifel.

Der Einzelne zahlt die Steuer nie, weil er sich dazu verpflichtet glaubt, sondern weil er sie zahlen muß. Wollte der Staat auf das Pflichtgefühl der Einzelnen rechnen und auf seine zwangs= weise Eintreibung der Steuern verzichten: es stünde schlecht mit ihm. Welchen Nutzen es nun hat, sich weitläufig über eine „recht= liche" Pflicht der Staatsunterthanen Steuern zu zahlen auseinander= zusetzen nachdem der Staat immer und ewig die Steuerforderung mit dem ganzen Aufgebot seiner Macht geltend macht, ist uns un= erfindlich.

Jeder vernünftige Staatsbürger zahlt die Steuer, weil er sie zahlen muß und weil sie im Weigerungsfalle genommen wird. Die Steuer ist nichts anderes als der Ausdruck der Herrschaft der Staats= gewalt über das Volk. Ohne Herrschaft kann kein Volk existiren — und ohne Steuern kann keine staatliche Herrschaft sich erhalten, daher kann kein Staat auf Steuern verzichten. Braucht man da

---

Helb. Die Einkommensteuer 1872 S. 11. Daselbst an einer anderen Stelle (S. 17) heißt es: „Steuern sind Theile des Privatvermögens, die der Staat den Unterthanen zu seinen Zwecken im Allgemeinen abnimmt."

noch viel über Rechtsgründe der Steuerforderung und Pflicht zur Steuerzahlung zu debattiren? Diese Pflicht wird durch das Steuergesetz erzeugt.

Entsprechend der verschiedenen „rechtlichen Begründung" der Steuern giebt die Finanzwissenschaft die mannigfachsten Begriffsbestimmungen und Definitionen derselben. Am häufigsten wird die Steuer als „Gegenleistung" an den Staat für die von letzterem dem Einzelnen geleisteten „Dienste" hingestellt.

Diese Anschauung ist eine logische Consequenz der Staatsvertrags- und der Rechtsstaatstheorie. Die Unhaltbarkeit dieser Theorien, haben wir an anderer Stelle nachgewiesen [1]). Es ist mit nichten ein gegenseitiges Vertragsverhältniß, daß zwischen Staat und Volk besteht; es sind mit nichten gegenseitig zu compensirende Dienste die zwischen dem Staat und den Einzelnen aneinander geleistet werden. Das wahre Sachverhältniß ist vielmehr dieses, daß das Volk von der Staatsgewalt beherrscht wird; und daß diese Herrschaft heutzutage in der Form geübt wird, daß der „Staat" die Einzelnen zur Erfüllung der mannigfachsten Leistungen zwangsweise verhält; unter diesen Leistungen befinden sich auch die Steuern.

Dieselben sind also thatsächlich nichts anderes als die Leistung von Gütern, die der Staat dem Einzelnen kraft seiner Herrschaft auferlegt und die der Einzelne zu leisten nöthigenfalls zwangsweise verhalten wird.

Aus der Rechtsbegründung und der begrifflichen Feststellung der „rechtlichen Natur" der Steuern sucht die Finanzwissenschaft den Umfang der gegenseitigen Rechte und Pflichten des Staates und der Einzelnen betreffs der Steuerforderung und Steuerleistung zu deduciren und insbesondere die Grenze zu bestimmen, wie weit der Staat in seinen Forderungen gehen darf, ohne ein „Unrecht" zu begehen und eine „Ungerechtigkeit" zu üben; sodann die Beschaffenheit der Steuer und die Art und Weise ihrer Auferlegung und Eintreibung, die sich mit dieser ihrer rechtlichen Natur verträgt, festzusetzen.

Nachdem wir jene Prämissen nicht anerkennen, fallen für uns diese Consequenzen weg.

Das Maß der Bedürfnisse des Staates ist für uns das Maß

---

[1]) Vergl.: „Rechtsstaat und Socialismus". Innsbruck Wagner 1880.

der Steuerforderung, und der Staat hat sich nach unserer Anschauung nur diejenigen Schranken selbst zu setzen und diejenige Reserve aufzuerlegen, die sich ihm aus dem wohlverstandenen Interesse seiner Selbsterhaltung ergeben. Zeigt es sich nun, daß zu weit getriebene Steuerforderungen über ihr Ziel hinausschießen und dem Staate verderblich werden können, so hat er mit denselben einzuhalten. Dasselbe gilt von der Beschaffenheit und der Art und Weise der Steuerforderung; auch hier ist das Interesse des Staates die oberste Rücksicht, und die Gründe des „Rechts und der Gerechtigkeit" kommen erst in zweiter Linie in Betracht; denn eine tiefere philosophische Betrachtung des Staates muß als oberste für ihn maßgebende und entscheidende Gerechtigkeit alles das anerkennen, was seiner Selbsterhaltung und Macht dient.

Als letzte Consequenz dieser theoretischen Prämissen, ist in neuerer Zeit in der Finanzwissenschaft die Tendenz aufgetaucht und vielfach vertreten worden, die Besteuerung so zu gestalten, daß dadurch die wirthschaftlichen Ungleichheiten unter den Staatsbürgern wo möglich ausgeglichen werden (progressive Besteuerung); man stellte an den Staat die Forderung, die ärmeren Volksklassen auf Unkosten der reicheren zu entlasten und die letzteren zu Gunsten der ersteren immer mehr und in steigender Progression zu belasten.

Diese Forderung, welch humanem Gefühle sie auch entspringen möge und wie berechtigt sie auch in gewissen sehr engen Grenzen sein mag, beruht doch im Grunde auf einer vollkommenen Verkennung der Natur des Staates und des Wesens der Steuer. Da der Staat eine Organisation der Herrschaft der Einen über die Andern ist, an der seine verschiedenen socialen Bestandtheile unter anderm auch in dem Maße ihrer wirthschaftlichen Macht theilnehmen: so ist eben die verhältnißmäßig größere Belastung der Einen und geringere der Andern ein wesentliches Moment dieser Organisation, ein nothwendiges Mittel dieser Herrschaft und die Forderung der progressiven Besteuerung folgerichtig zu ihren letzten Consequenzen geführt, einfach eine Negation dieser Herrschaft, ein Angriff auf diese ganze staatliche Organisation.

Nun darf man mit der Forderung nach consequenter Durchführung der Progression und der Besteuerung nicht jenes unschuldige Progressionsspiel identificiren, der zufolge eine bessere Cigarrensorte unverhältnißmäßig theurer ist, im Vergleich mit der ordinären oder wonach bis zu einer höchsten (übrigens sehr bescheiden firirten) Maximal= grenze die Einkommensfteuer in mäßiger Progreffion zunimmt. Diese Progreffion bringt dem Staate vielleicht einige Millionen mehr ein als er ohne dieselbe hätte und ist in so ferne praktisch; daß diese Progreffion eine consequente Durchführung des Prinzips der pro= greffiven Steuer wäre daran glaubt wohl Niemand. Dieses Prinzip selbst aber in seiner ganzen Schärfe consequent durch= geführt wäre die Auflösung all und jeder staatlichen, heutzutage auf wirthschaflicher Ungleichheit beruhenden Herrschaft.

Die Finanzverwaltung darf sich nie und nimmer von dergleichen „finanzwiffenschaftlichen" Theorien ankränkeln lassen. Ihre sicherste Grundlage ist das geschichtlich überkommene Steuersystem. Nur lang= sam vorwärtsschreitend, von ihren unmittelbaren Interessen geleitet, darf sie Altes und Ueberlebtes nur unter der Preffion übermächtiger und zwingender Verhältnisse über Bord werfen, und neue Wege nur nach sorgfältiger Prüfung und Gegenüberstellung der Forderungen der Theorie und der wirklichen Interessen der Staatsverwaltung be= treten. Der ärgste Fehler, den eine Finanzverwaltung begehen könnte, wäre, sich von doctrinären Vorschlägen und Plänen aus den sicheren Bahnen der geschichtlich überkommenen Steuersysteme hinausbrängen zu lassen. Die Finanzverwaltung darf nie vergessen, daß so wie im staatlichen Leben jede überwältigende und sich Geltung verschaf= fende Thatsache ein Recht begründet: daß es sich ebenso mit jeder Steuer verhält. Die Steuer, die sich Bahn gebrochen und sich er= halten hat, die hat das Recht für sich — sie ist ein Stück des öffentlichen Rechtes.

Statt also dem Beispiele der Finanzwiffenschaft zu folgen und Steuersysteme aus willkührlichen aprioristischen Grundsätzen zu de= buciren: werden wir die geschichtlich gewordenen Steuern, die sich in den europäischen Staaten eingebürgert haben, wo möglich in ihrer historischen Entwicklung und Reihenfolge darstellen. Darnach werden wir, was die oben erwähnten drei großen Steuergruppen anbelangt, dieselben in der Aufeinanderfolge behandeln, in der sie uns im Großen und Ganzen in der Geschichte entgegentreten und zwar: 1. directe Seutern, 2. Gebühren und 3. indirecte Steuern.

Direkte Steuern.

Der Zehent.

§. 32.

Als die älteste direkte Steuer muß wohl der Zehent be=
trachtet werden. Von den Uranfängen der Staaten datirend, in der
ursprünglichen Gemeinschaft des Staates mit dem Religions= und
Kirchenwesen wurzelnd und zugleich ein lebendiges Denkmal einstiger
Naturalwirthschaft auf dem Gebiet des Finanzwesens, ragte der
Zehent bis in unsere Tage in den modernen Staat hinein und ist
in primitiv gebliebenen Staatswesen (Balkanhalbinsel) bis heutzutage
noch in Geltung.

Der Zehent ist eine Naturalabgabe vom Ertrage der Land=
wirthschaft — (Bodenfrüchte und Viehzucht). Wir finden ihn in den
ältesten Zeiten in China und Indien, in Aegypten und Persien.
Bekannt ist aus der Bibel die Anwendung, die er bei den Juden
fand. Wo staatliche und kirchliche Oberherrschaft vereint war, pflegte
er durch religiöse Vorschriften geheiligt gewesen zu sein. Als Staat
und Kirche sich trennten, pflegten sie sich mit dieser Abgabe zu theilen
oft behielt ihn die Priesterschaft als eine speziell religiöse Opfergabe,
oft entstand über Theilung und Zuweisung desselben zwischen Staat
und Kirche Streit, wie im christlichen Mittelalter. Der delphische Apoll
in Griechenland bezog den Zehent. Bei den Römern nahm die den
besiegten Völkern auferlegte decima den Charakter eines völkerrechtlichen
Tributes an; bald pflegte sie aber auch bei Verpachtung von Staats=
ländereien den Charakter eines Pachtschillings zu tragen.

Im europäischen Mittelalter ist es die verbreitetste Abgabe an
Kirche und Staat. Die Kirche machte für ihn die Autorität der
Bibel geltend.

In neuerer Zeit ward der Zehent aus doppelten Gründen an=
gegriffen. Erstens als eine Reallast, die dem Grundsatz der Frei=
heit des Bodens widerspricht, zweitens als eine lästige Naturalabgabe
die in das allgemeine System der Geldwirthschaft nicht passe. In
Folge dessen wurde derselbe in der ersten Hälfte dieses Jahrhunderts
in den meisten constitutionellen Staaten Europa's, nicht ohne heftigen
Widerspruch seitens der Kirche, überall entweder abgelöst, d. h. gegen
Entschädigung der Berechtigten abgeschafft oder auch ganz aufgehoben.

Kopfsteuer.

§ 33.

Sehen wir von dem Zehent ab, so sind von den direkten Steuern die Personalsteuern (Kopfsteuern) geschichtlich die ältesten — aber auch die ungerechtesten. Als man die Ungerechtigkeit derselben, noch mehr aber ihre geringe Ausgiebigkeit in Folge des für die Gesammtheit berechneten meist niedrigen Maßstabes einsah, setzte man an ihre Stelle die Personal=Classensteuer. Vom finanziellen Standpunkt war das ein bedeutender Fortschritt. Indem man die Personalsteuer in mehrere Classen eintheilt, ist man in der Lage, einerseits die ver= mögenderen Volksschichten ausgiebiger zur Steuerleistung heranzu= ziehen, andererseits manche grelle Ungleichheit und Unverhältnißmäßig= keit der reinen Kopfsteuer zu beseitigen.

Vermögenssteuer.

§ 34.

Die Umgestaltung der Personalsteuer in die Classensteuer leitet von selbst zum Wesen der Vermögenssteuer hinüber. Denn die Steuerclasse kann doch nur auf der Ermittlung der Vermögens= umstände der Steuerzahler beruhen. Ist man aber einmal bei der Vermögenssteuer angelangt, so ergeben sich aus ihrem Prinzip die verschiedenen Arten derselben von selbst. Denn die Ermittlung des Vermögens muß die einzelnen Bestandtheile desselben in Betracht ziehen und gelangt schließlich zur Besteuerung dieser einzelnen Be= standtheile. Auf diese Weise bildeten sich die Hauptgattungen der Vermögenssteuer und zwar: die Grundsteuer und die Gebäudesteuer. Eine weitere entwickeltere Ansicht sieht sodann diese Bestandtheile des Vermögens nur als Quelle eines Ertrages und Einkommens an und stellt ihnen die Erwerbsthätigkeit gleich. Auf diese Weise gelangt man zu den drei Hauptgattungen der direkten Steuern und zwar: der Grund=, Gebäude= und Erwerbssteuer. Wenn diesen drei Steuern in einem weiteren Stadium der Entwicklung des Finanz= wesens noch eine allgemeine Einkommensteuer hinzugefügt wird, so ist dieselbe in den meisten Fällen nichts anderes, als eine durch dringende Finanzbedürfnisse gebotene Verdoppelung und Potenzirung der bestehenden Steuern unter einem neuem Namen.

Grundsteuer.

§ 35.

Streng genommen ist der Zehent nichts anderes als eine Grund=
steuer, die in Naturalien abgeliefert wird. Mit dem Uebergang von
der Natural= zur Geldwirthschaft verwandelt sich dieselbe meist in eine
in Geld geleistete **Grundsteuer** [1].

Geschichtlich entwickelt sich die Sache freilich nicht immer in
dieser streng logischen Aufeinanderfolge, wir finden oft Zehent und
Grundsteuer nebeneinander. So ist im christlichen Europa die Grund=
steuer lange schon die übliche Abgabe des Großgrundbesitzes, während
noch der Zehent als Abgabe des Bauernstandes, vornehmlich an die
Kirche, besteht [2].

Mit dem Zehenten hat die Grundsteuer gemein: die Propor=
tionalität nach der Größe des Grundbesitzes, sodann einerseits die
Leichtigkeit der Veranlagung auf Grundlage der offenkundigen Ver=
schiedenheit des Besitzes — andererseits die Schwierigkeit, das steuer=
pflichtige Object und dessen Steuerfähigkeit zu verheimlichen.

Voraus hat die Grundsteuer vor dem Zehent die größere Ein=
fachheit der Perception, die leichtere Festsetzung der einzelnen Steuer=
leistungen und die Möglichkeit einer genauen Vorausbestimmung der
zu erwartenden Einkünfte.

Schon der älteste römische Census beruhte mit auf der Schätzung
des Grundeigenthums jedes Bürgers, zu welchem Zwecke jeder in
der eidlichen Vermögensangabe auch seinen Grundbesitz bekennen
mußte [3]. Später wurde in den Provinzen neben einer Personen=
auch eine Grundsteuer (capitatio) erhoben. Diese bestand entweder
in Geld oder in Früchten [4]. Unter den Kaisern ward diese Grund=
steuer nach und nach im ganzen Reiche eingeführt sogar in Italien [5].
„Die Grundlage bildete eine in den Provinzen schon längst eingeführte
äußerst genaue Verzeichnung und Schätzung der Grundstücke sammt

---

[1] Hock l. c. S. 179 ff. Held l. c. 191 ff. weiters Rau, Stein, Umpfen=
bach an den betreffenden Stellen ihrer Lehrbücher.

[2] Vergl. Gneist engl. Communalverfassung I. 188. „Während die
Reichsverwaltung der normannischen Könige schon in eine sehr geregelte Geld=
wirthschaft übergegangen ist, bleibt die Grafschaftsverwaltung noch lange Zeit
wesentlich auf persönliche und Naturalleistungen angewiesen."

[3] Walter Römische Rechtsgeschichte I. 153. [4] l. c. 225. [5] l. c. 407.

deren Zubehör, welche, wie es scheint, alle fünfzehn Jahre erneuert wurde" (Walter L c.). Diese von den Possessores in jedem Steuerjahre (indictio) eingehobene Grundsteuer (capitatio) verblieb dann in den auf den Trümmern des römischen Reiches gegründeten germanischen Königreichen, wo sie zuerst nur die römischen Unter= thanen zahlten, später aber auch die deutschen Stammesangehörigen [1]). Die Mitglieder der herrschenden Classen im europäischen Mittelalter behaupteten lange Zeit die Steuerfreiheit ihres Grundeigenthums. Später aber bewilligten sie auf Reichstagen und Versammlungen von Fall zu Fall den Landesherrn, meist zu speziellen Zwecken, (als Kriegsbeitrag 2c.) gewisse Umlagen, die nach der Größe des Grund= eigenthums (von jeder Hube als Einheit gerechnet) erhoben wurden. Auch diese periodisch von den mittelalterlichen Ständen bewilligten Umlagen sind mit der Zeit in eine regelmäßige Grundsteuer ver= wandelt worden. In England wurden sehr frühe schon allgemeine Landgüterschätzungen zum Zwecke der Bemessung der Grundsteuer vorgenommen [2]). Diese Steuer wird ursprünglich als „Hülfsgeld" nach Hufen bemessen [3]).

In den österreichischen Ländern kommt ebenfalls eine Grund= steuer nach Huben bemessen schon im 13. Jahrhundert vor. König Wenzel I. erhob in ganz Böhmen von einer jeden Hube eine Steuer; unter König Johann (1327) betrug dieselbe 16 böhmische Groschen von einer Hube [4]). Man unterschied jedoch die Grundsteuer der Unter= thanen und die Hülfsgelder der Abeligen. Im Anfange des 18. Jahr= hunderts nannte man die ersteren militare ordinarium, die letzteren militare extraordinarium [5]).

Seit der Mitte des 18. Jahrhunderts, namentlich seit der Kaiserin Maria Theresia gieng das Bestreben der österreichischen Regierung dahin, jeden Unterschied zwischen der Steuerpflicht der Unterthanen und der Grundobrigkeit aufzuheben.

Diesem Bestreben entsprang die Theresianische Grund=Steuer= Rectification. In derselben Richtung war Kaiser Joseph II. thätig;

---

[1]) Schulte deutsche Reichs= und Rechtsgeschichte 3. Aufl. S. 111.

[2]) Vergl. Adam Smith Wealth of Nations III. 5. Buch 2. Cap.

[3]) Gneist Communalverf. I. 192.

[4]) Chlupp Direkte Steuern in Oesterreich. 6. Aufl. S. 17.

[5]) Chlupp l. c.

doch seine Grundsteuer-Regulirung, die eine vollkommene Gleichmäßigkeit der Besteuerung bezweckte, wurde nach seinem Tode beseitigt. Erst unter Kaiser Franz I., im Jahre 1817 wurde die Anlegung eines stabilen Katasters als Grundlage für eine gleichmäßige Besteuerung des Grund und Bodens angeordnet. — Mittlerweile aber im Jahre 1819 wurde die bestehende Grundsteuer im Sinne größerer Gleichmäßigkeit revidirt und verbessert (Grundsteuer-Provisorien). Das im Jahre 1817 angeordnete stabile Kataster wurde in den dreißiger Jahren theilweise beendigt und darnach in einigen Ländern schon 1834, in andern 1840 die Repartition der Grundsteuer vorgenommen [1]).

Aber schon in den sechziger Jahren traten die großen Differenzen zwischen diesem stabilen Kataster und dem wirklichen Zustand der Culturen so grell hervor; die Ungleichmäßigkeit und Ungerechtigkeit der auf Grund jenes stabilen Katasters bemessenen Grundsteuer war überall so augenfällig, daß man an eine neuerliche **Regelung der Grundsteuer** gehen mußte. Eine solche wurde denn mit dem Gesetze vom 24. Mai 1869 angeordnet, im Jahre 1880 geendigt und mit dem Gesetze vom 7. Juni 1881 als rechtsgiltig kundgemacht. (Gesetz betreffs der Feststellung der Grundsteuer-Hauptsumme).

Verwaltung der Grundsteuer.

§. 36.

Es ist selbstverständlich, daß sich die Art und Weise der Ermittlung, der Repartition und der Evidenthaltung der Grundsteuer-

---

[1]) Vergleich **Helb** Die Einkommensteuer S. 191: „Die älteste von allen Ertragssteuern ist die Grundsteuer, da in den Zeiten, wo der Grund und Boden die wichtigste Kapitalart und zugleich die Grundlage politischer Rechte war, selbstverständlich alle ökonomischen Lasten zu Gunsten öffentlicher Zwecke mit Vorliebe auf seine Besitzer gewälzt werden mußte. Seit dem vorigen Jahrhundert haben nun die verschiedenen dem Grund und Boden auferlegten Lasten innerhalb des Gebietes desselben Staates eine gleichmäßige Regulirung erfahren, so daß aller Grundbesitz quantitativ und qualitativ gleichbelastet wurde. Sehr spät ist diese Grundsteuerregulirung bekanntlich in Preußen vollzogen worden, nähmlich 1861—1865, weil Preußen nach dem Kriege aus Landestheilen von sehr verschiedener Vergangenheit bestand und es sich daher in diesem Jahrhundert hier nicht um Reform einer bereits durchgesetzten einheitlichen Grundsteuer, sondern um neue Herstellung der Gleichheit handelte, was durchaus keine leichte Sache war. Der preußischen Grundsteuerregulirung von 1861 sind noch jüngere Regulirungen und Revisionen gefolgt.“

ſchuldigkeit ſeit den erſten Anfängen dieſer Steuerauflage bedeutend vervollkommnet hat. Schon in der Verwaltung der römiſchen Provinzen lag dieſer Steuer eine alle 15 Jahre ſich wiederholende Schätzung zu Grunde, die man (nach dem Namen dieſer Steuer capitatio) capitastrum nannte. Daher ſtammt unſere Benennung Kataſter.

Dieſe Kataſter nun wurden als Grundlage der Bemeſſung der Grundſteuer ſchon im Mittelalter häufig angelegt: doch waren ſie da meiſt nur ein Verzeichniß der Grundbeſitzcomplexe mit einer ungefähren Abſchätzung ihrer Ausdehnung und ihres Werthes. Bei den geringen Bedürfniſſen des mittelalterlichen Staates und bei der verhältnißmäßig geringen Anforderung an die Steuerkraft der Grund= eigenthümer, die dieſe Umlage leicht trugen, war eine genaue Er= mittlung des wirklichen Ertrages, angeſichts der Schwierigkeiten die ſich einer ſolchen immer entgegenſtellen, ganz überflüſſig.

Erſt die ſteigenden Bedürfniſſe des modernen Staates und in Folge deſſen die immer größer werdenden Anforderungen an die Steuerkraft der Beſitzenden drängten zu einer immer genaueren Auf= nahme und Evidenzhaltung des wirklichen Beſitz= und Vermögens= ſtandes der Steuerträger.

Als Grundlage einer ſolchen konnten nun bloße Verzeichniſſe und ungefähre Abſchätzungen nicht mehr genügen. Man mußte an eine Vermeſſung des Grund und Bodens und an eine durch Fachmänner und Sachverſtändige vorzunehmende genaue Abſchätzung des möglichen Ertrages jedes einzelnen Beſitzſtandes ſchreiten.

Oeſterreichiſche Grundſteuer.
§ 37.

In Oeſterreich kamen dieſe Geſichtspunkte zuerſt in dem von Kaiſer Karl VI. in der Lombardie durchgeführten ſogenannten cen-simento milanese zur Anwendung, welches für das ſpätere ſtabile Kataſter des Kaiſer Franz zum Muſter diente. Dagegen be= gnügte ſich die Joſephiniſche Grundſteuer=Regulirung mit einer nur theilweiſe fachmänniſchen Vermeſſung, indem nur ausgedehnte Waldungen und Gebirge geometriſch vermeſſen, das ganze Flachland jedoch vom Landvolk und den Beſitzern ſelbſt unter Aufſicht der Obrigkeiten aufgenommen wurde. Erſt das von Kaiſer Franz im Jahre 1817, wie ſchon erwähnt, angeordnete ſtabile Kataſter ſollte ein festes, lange dauerndes Verzeichniß aller steuerpflichtigen Grundstücke unter Angabe ihrer Größe, ihres Ertrages und der davon entfallenden Steuer bilden — und verordnete zu diesem Behufe die geeigneten fachmännischen Aufnahmen.

Die Vermessung sollte durch wissenschaftlich gebildete und praktisch geübte Feldmesser vorgenommen werden; dieselben sollten den Flächeninhalt jedes einzelnen Grundstückes in österreichischen Jochen und Quadratklaftern in dem Verzeichnisse angeben. Der Reinertrag dieser so verzeichneten Grundstücke sollte nicht mehr durch Eigenbekenntnisse oder Angaben der Gemeindevertreter, wie früher, sondern durch eigens dazu aufgestellte der Landwirthschaft kundige Schätzungscommissäre ziffermäßig erhoben werden [1]).

Die Art und Weise, in der zuerst die Vermessung und dann die Grunbertragsschätzung durchgeführt werden sollte, wurde mittelst der Katastral-Vermessungs-Instruction vom 28. März 1818 normirt. Auf Grundlage dieser Instruction begann nun die Arbeit, die Jahrzehnte hindurch geführt wurde. Was die Behörden und Organe anbelangt, denen diese Arbeit oblag, so ist nach manchen Aenderungen in der Organisation derselben mit dem 1. April 1850 die General-Direktion des Grundsteuer-Katasters mit der obersten Leitung derselben betraut worden. Diese General-Direktion zerfiel in ein Vermessungs-, in ein ökonomisches und ein Verwaltungs-Department. In den einzelnen Kronländern leiteten die Katastral-Geschäfte die Finanz-Landes- und Steuer-Direktionen und das Katastral-Vermessungs- und Schätzungs-Personale.

Jedes einzelne Katastrirungs-Geschäft hatte folgende Stadien zu durchlaufen. Zuerst ward jedes einzelne Kronland durch das Vermessungs-Personale trigonometrisch vermessen; sodann wurden die einzelnen Gemeinden nach ihren Grenzen beschrieben und parzellenweise mitsammt dem Eigenthumsstand aufgenommen. Schließlich folgte das Schätzungsgeschäft, welches in die Vorarbeiten in die Erhebung des Bruttoertrages, der Kulturkosten und des Reinertrages zerfiel.

Gegen das Ergebniß dieser Aufnahmen wurden sowohl den

---

[1]) Chlupp Systematisches Handbuch der direkten Steuern in den vom Reichsrathe vertr. Königreichen und Ländern der österr.-ung. Monarchie. Leipzig 1877. 29.41—43.

Gemeinden wie den Einzelnen Reclamationen gestattet — und erst das durch ein geregeltes Reclamationsverfahren erprobte oder rectificirte Ergebniß bildete den Inhalt des stabilen Katasters, welches als Grundlage der Steuerbemessung zu dienen hatte. Dieses stabile Kataster bestand aus einem Hauptbuch, in welchem jedem Grundbesitzer ein oder mehrere Blätter eingeräumt wurden (nach alphabetischer Ordnung), auf welchem Name, Stand desselben, sodann jede Parzelle mit ihrer Nummer, Größe, Kulturart und Klasse angegeben war. Von diesen einzelnen Besitzstandsausweisen konnte jeder Grundbesitzer den ihn betreffenden „individuellen Grundertragsbogen" ausgefertigt erhalten.

In dieser Weise dauerten die Katastral=Arbeiten in Oesterreich bis zum Jahre 1869, bis zu welcher Zeit überall die Vermessung zu Ende geführt wurde. Mittlerweile aber stellten sich so große Ungleichheiten in der Steuerbemessung hervor und in vielen Gegenden war die Discrepanz zwischen dem angelegten Kataster und dem seither wieder bedeutend veränderten Besitz= und Ertragsstande so groß, daß man sich im Interesse einerseits einer größeren Gleichmäßigkeit und gerechteren Repartition der Grundsteuer, andererseits im Interesse des Staatseinkommens zu einer neuerlichen Grundsteuer=Regulirung veranlaßt sah, wie wir das schon erwähnten.

Das Grundsteuer=Regulirungsgesetz vom Jahre 1869, enthält nun Bestimmungen a) über die steuerpflichtigen steuerfreien Grundstücke, b) die Bestimmung, daß nur der Reinertrag Objekt der Grundsteuer sein kann, endlich c) daß nach Durchführung dieser Schätzungs=Arbeiten der Reichsrath die Hauptsumme festsetzen wird, welche als Grundsteuer von allen Ländern in die Staatskasse einzufließen hat. Diese Hauptsumme wird sodann nach gleichem Verhältniß des ermittelten Reinerträgnisses auf die einzelnen Länder repartirt.

Die ganze Einschätzungsarbeit übertrug das Gesetz vom Jahre 1869 in jedem Kronlande eigens hiefür gebildeten Landescommissionen, für welche einerseits das unmittelbare an Ort und Stelle vorzunehmende Schätzungsgeschäft in den einzelnen Schätzungsbezirken eigene Bezirks=Schätzungscommissionen durchzuführen hatten, und welcher andererseits die in Wien unter dem Vorsitz des Finanzministers tagende Centralcommission für das Reclamationsverfahren vorgesetzt war [1]). Die Arbeiten der Landescommissionen dauerten volle zehn Jahre. Im Sommer 1880 trat die Centralcommission zur letzten Revision der Operate der Landescommissionen zusammen, und unterm 7. Juni 1881 ward das Gesetz über die Grundsteuer-Hauptsumme kundgemacht. Diese Hauptsumme betrug 37½ Millionen und basirt auf einem ermittelten Gesammteinkommen aus dem Betriebe der Landwirthschaft von 169 Millionen.

Gebäudesteuer.

§ 38.

In der historischen Entwicklung folgte der Grundsteuer die Gebäudesteuer [2]). Ihr Zweck ist einfach eine Erhöhung des Steuereinkommens und sie hat mit der Grundsteuer gemein, daß ihr Objekt ein unmöglich zu verheimlichendes und der mögliche Ertrag ein leicht zu eruirender ist.

Nachdem das Vorhandensein oder das Nichtvorhandensein von Gebäuden und besonders von benutzbaren Gebäuden auf dem Grund und Boden meistentheils als Beweis größeren Wohlstandes und Einkommens der Eigenthümer und Besitzer angesehen werden kann: so ist es erklärlich, daß die Staatsverwaltungen zur Deckung weiterer finanziellen Bedürfnisse die Träger der Grundsteuer in dem Maße, als sie durch den Besitz von Gebäuden eine größere Leistungsfähigkeit verriethen, zu einer erhöhten Leistung heranzogen, für die vorhandene und benutzbare Gebäude den besten Maßstab lieferten.

Dazu gesellte sich noch ein wichtiger Umstand aus der modernen volkswirthschaftlichen Entwicklung: die wirthschaftliche Macht der Städte. Als Brennpunkte des Verkehrs und Handels, der Gewerbe und Industrie, mußten die Städte das Augenmerk der Finanzverwaltung auf sich lenken. Daß hier viel zu nehmen war für den Staat, war klar: es handelte sich nur, auf welcher Grundlage, nach welchem Maßstab. Denn da Verwaltung nie Anarchie ist, ja das gerade Gegentheil davon, so muß all' ihre Thätigkeit sich auf geregelten Bahnen bewegen, und nach festen Normen vorgehen.

---

[1]) Chlupp S. 63 ff. Mayerhofer III. 939 ff. Blonski: Die Finanzgesetzkunde des österr. Kaiserstaates. Wien, Manz 1880. I. 42. [2]) Hod 199.

In den Städten nun aber ist mit der Grundlage der Grundsteuer und ihrem Maßstab, der Größe des Grund und Bodens und
der Ertragsfähigkeit desselben nichts anzufangen. Hier fällt die
Größe des (städtischen) Grundbesitzes gar nicht in die Wagschale.
Ein Besitzer eines Joches Ackergrundes im Umkreis einer Stadt
kann ein armer Teufel sein, während sein Nachbar auf ½ Joch
ein sehr einträgliches Zinshaus besitzen kann. Ja, die Entwicklung
der Städte der Neuzeit brachte es mit sich, daß auf verhältnißmäßig
sehr kleinem Raume, der nunmehr nach Quadratklaftern oder ähnlichen
kleinen Einheiten gemessen wird, Gebäude existiren können, die ein
größeres Einkommen liefern und ein größeres Vermögen repräsen=
tiren, als mancher Großgrundbesitz, der nach Hunderten von Jochen
gemessen wird.

Solche Verhältnisse drängten von selbst zu der Einführung von
Gebäude= speziell Haussteuern, die in erster Linie den Zweck hatten,
den städtischen Besitz zu gleichmäßiger Steuerleistung mit dem
ländlichen Grundbesitz heranzuziehen — und zweitens für den städtischen Besitz selbst eine wenigstens nach einer Richtung hin verläß=
liche Grundlage der Steuerbemessung abzugeben.

Nun können Gebäude im allgemeinen als Objekte der Besteuerung
in doppelter Hinsicht in Betracht kommen. Erstens in Hinsicht auf
die Art ihrer Benützung, zweitens in Hinsicht des materiellen Nutzens,
den sie liefern, resp. des Ertrages, den sie abwerfen.

In erster Beziehung sind Wohnhäuser von Gebäuden, die
vorwiegend industriellen Zwecken dienen, zu unterscheiden.

Sodann aber kann der Eigenthümer eines Gebäudes dasselbe
selbst benützen oder daraus durch Vermiethung ein Ein=
kommen beziehen.

Für die Staatsverwaltung sind diese Unterschiede in der Be=
stimmung und Benützung der Gebäude in so ferne wichtig, in wie ferne
dieselben ihr eine größere oder geringere Leichtigkeit gewähren, den
Ertrag dieser Gebäude zu erkennen und eine größere oder geringere
Möglichkeit denselben zu besteuern.

Was nun die Bestimmung eines Gebäudes anbelangt, so kann
dieselbe eine selbständige, von dem Grund und Boden, auf dem es
steht, so zu sagen unabhängige sein, oder es kann das Gebäude in
einer strengen Beziehung und Unterordnung zu dem Grund und

Boden stehen, auf dem es erbaut ist. Nur die ersteren Gebäude
können vernünftigerweise selbständige Objekte der Besteuerung sein;
denn die letzteren, wie z. B. landwirthschaftliche Gebäude, Scheunen,
Stallungen u. dgl. können gar keinen selbständigen Ertrag liefern
und sind lediglich Zubehör des landwirthschaftlichen Grundeigen=
thums. Es wäre eine unnütze Secatur, wollte man solche Objekte
noch besonders besteuern, da man sie doch bei der Grundsteuer
sehr wohl in Anschlag bringen kann — indem ihre Größe und
Anzahl mit einen Anhaltspunkt zur Schätzung des Grundeigen=
thums bildet.

Aber ein Gebäude kann nicht nur einem landwirthschaftlichen
Unternehmen so untergeordnet sein, daß es angesichts der auf das
bewirthschaftete Grundeigenthum auferlegten Steuer als Steuerobjekt
nicht mehr in Betracht zu kommen braucht: es kann auch einem
industriellen Unternehmen so einverleibt, demselben so untergeordnet
sein, daß es angesichts der Besteuerung dieses Unternehmens
gar nicht mehr in's Gewicht fällt.

Welche Bedeutung kann das Gebäude einer Spinnerei gegenüber
dem in demselben betriebenen industriellen Unternehmen haben? oder
das Gebäude einer Dampfmühle angesichts des darin betriebenen
Mühlengeschäftes? - Solche Gebäude, die an und für sich nur einen
sehr untergeordneten Werth haben und nur ein Abnex des betref=
fenden industriellem Unternehmens sind, als selbständige Steuer=
objekte in's Auge fassen zu wollen, wäre eine unnütze Spielerei.
Ihre Beschaffenheit, Größe und Ausdehnung, ihre Solidität und
Kostspieligkeit kommen ohnedieß bei Heranziehung des Unternehmens,
dem sie dienen als Anhaltspunkt für die Steuerbemessung, in Betracht.

Daß Gebäude, welche wohl eine selbständige Bestimmung jedoch
keine Erwerbs=Bestimmung haben, wie z. B. öffentliche Gebäude,
Kirchen, Schulen u. dgl. keine Steuerobjekte sind, ist selbstver=
ständlich.

Bleiben also schließlich Wohnhäuser als die eigentlichen und
geeignetsten Gebäude, die als Steuerobjekte einen Werth haben —
und zwar wollen wir zuerst die städtischen Wohnhäuser in Be=
tracht ziehen als diejenigen, die im Großen und Ganzen der Gebäude=
steuer, aus den oben schon erwähnten Gründen, ihre innere Berech=
tigung verleihen.

Der Unterschied, ob ein städtisches Wohnhaus vom Eigenthümer selbst benützt oder ihm durch Vermiethung Einkünfte bringt, kann auf die Qualität des Gebäudes als Steuerobjekt keinen Einfluß haben. Nur ist die Art der Ermittlung des Ertrages in jedem dieser Fälle eine verschiedene. Das Zinshaus oder die vermietheten Theile eines Hauses liefern der Verwaltung im Betrag der Miethzinse eine feste Grundlage zur Steuerbemessung; bei dem selbstbenutzten Hause oder der selbstbenutzten Wohnung muß eine Schätzung des Miethwerthes derselben als Grundlage der Steuerbemessung eintreten.

Die Verschiedenheit der localen Verhältnisse macht übrigens auch zwischen Wohnhäusern mit Bezug auf ihre Steuerfähigkeit einen großen Unterschied. Ein Haus von ein und derselben Größe und Beschaffenheit giebt einen verschiedenen Ertrag, je nachdem es im Centrum einer Großstadt, an deren Peripherie oder in einem Vororte derselben, in einer kleinen Provinzstadt oder gar am Lande gelegen ist.

Es ist also klar, daß die Staatsverwaltung, will sie rationell vorgehen, ein und dieselbe Steuerart nur auf Objekte ähnlicher Kategorie, nicht aber ohne solche nähere Unterscheidung der Kategorie oder Classe auferlegen kann. Die Gesetzgebungen haben bis heutzutage zwei Häuserkategorien unterschieden — in Städten und am Land, da der Unterschied zwischen diesen beiden Kategorien in der That prinzipiell sehr wichtig ist.

Am Lande wird leicht und billig gebaut — man braucht keinen Boden zu sparen; das Material ist billig und auch die Arbeit billiger. Man baut daher geräumigere Wohnhäuser meist zu eigener Benützung und ohne auf einen Ertrag aus denselben zu rechnen — von einer regelmäßigen Vermiethung kann keine Rede sein.

Solche ländliche Wohnhäuser mit Stadthäusern auf eine Linie zu stellen, würde mit Recht als Ungleichmäßigkeit in der Besteuerung, als Ungerechtigkeit empfunden werden.

Die Unterscheidung also zweier Kategorien von Wohnhäusern und zwar am Lande und in Städten ist in der Natur der Sache begründet.

Die Betrachtung der großen „Miethscasernen" in den modernen Großstädten könnte freilich noch eine weitere Unterscheidung rechtfertigen: denn das mittlere Wohnhaus theilweise vom Eigenthümer benützt und theilweise vermiethet, oder auch das Miethhaus der kleinen oder mittelgroßen Stadt sind doch im Grund ganz etwas Anderes als die Miethscaserne des Capitalisten, der in derselben Hunderttausende bis in die Million von Gulden placirt und verhältnißmäßig mit weniger Mühe und Gefahr wie der Großgrundbesitzer ein ihm gleiches oder noch höheres Einkommen daraus bezieht.

Ja, auch die unverhältnißmäßige Steigerung des Werthes der in den Mittelpunkten großen städtischen Verkehrs liegenden Häuser könnte ebenfalls Grund zu einer weiteren Classen- oder Kategorien-Unterscheidung bilden: doch begnügen sich die Staatsverwaltungen damit, ohne aus diesen Gründen besondere Steuerclassen zu bilden, diese verschiedene Ertragsfähigkeit der Wohnhäuser einfach in der proportional wachsenden Hauszinssteuer sich ausdrücken zu lassen. Wird dadurch der Entwicklung der Großstädte und der Ueberhandnahme der großen Zinshäuser in denselben auch bedeutend Vorschub geleistet: so gereicht doch diese Entwicklung keineswegs dem Staate zum Nachtheil, denn die Staatseinnahmen aus Städten wachsen gewiß in geometrischer Proportion mit der arithmetischen Proportionalität des Wachsens der Städte selbst.

Oesterreichische Gebäudesteuer.

§ 39.

Nach einem vorübergehenden Versuche die Gebäudesteuer von der Grundsteuer zu trennen und als selbständige Steuer hinzustellen, der mit dem Josephinischen Gebäudesteuer-Patent vom 1. September 1788 gemacht wurde, ward die Gebäudesteuer endgiltig erst wieder mit dem Gebäudesteuer-Patent vom 23. Jänner 1820 in Oesterreich (mit Ausnahme von Tirol) eingeführt.

Und zwar wurden durch dieses Patent alle Wohnhäuser einer Steuer unterworfen, nur wurde ein Unterschied anerkannt zwischen Häusern in größern (22 besonders namhaft gemachten) Städten und Häusern in allen andern kleineren Städten und am Lande. Auf jede dieser zwei gesetzlich anerkannten Häuser-Kategorien wurde eine verschiedene Haussteuer gelegt. Die ersteren Wohnhäuser, in den namhaft aufgezählten größeren Städten, zahlten die Steuer nach dem wirklichen oder möglichen Miethzinsertrage die sogenannte Hauszinssteuer. Alle anderen Wohnhäuser wurden nicht nach dem Zinsertrage, weder nach dem wirklichen, noch nach dem möglichen besteuert, sondern einfach in 12 Classen eingetheilt, je nach Merkmalen der Größe und Benutzbarkeit (ohne oder mit Stockwerk und Zahl der Wohnräume) und für jede Classe eine feste Steuer bestimmt.

Offenbar war die Eintheilung in Classen nur ein Auskunfts= mittel in der Noth, da man vor der Unmöglichkeit oder wenigstens vor der unüberwindlich scheinenden Schwierigkeit stand, den wenn auch nur möglichen Ertrag der Wohnhäuser kleinerer Städte oder des Landes, die meist nicht vermiethet, sondern von den Eigen= thümern selbst benützt werden, abzuschätzen. Aber dieß vorläufige Auskunftsmittel ließ nach zwei Richtungen hin einer weiteren Ent= wicklung der Gebäudesteuer Raum.

Denn entweder konnte nach und nach eine größere Anzahl von Städten aus der Classen=Kategorie ausgeschieden und der Hauszins= steuer unterworfen werden, oder es konnte die Eintheilung der andern Kategorien in Classen auf Grund fernerer Beobachtungen und Er= fahrungen nach einem besseren Kriterium erfolgen.

Es erfolgte in der That eine Fortentwicklung die beide obigen Alternativen miteinander vereinigte. Zu der ursprünglichen Zahl von der Hauszinssteuer unterworfenen Städten wurden seit dem 1. November 1849 alle jene Städte hinzugefügt, in denen sämmt= liche Gebäude oder doch wenigstens die Hälfte einen Zins= ertrag durch Vermiethung wirklich abwerfen.

Diese Bestimmung läßt keinen Unterschied zwischen Hauszins der größeren oder kleineren Städte gelten und auch in der kleinsten Ortschaft, wo nur die Hälfte der Gebäude durch Vermiethung einen Ertrag liefert, werden die Häuser nicht mehr nach Classen, sondern schon nach dem wirklichen Ertrage oder nach dem fingirten möglichen Ertrage der Steuer unterworfen. Nur jene Wohngebäude, die auch nach dieser Bestimmung der Hauszinssteuer nicht unterworfen werden können, bleiben der Haus=Classensteuer unterworfen.

Die Ermittlung dieser letzteren Steuer ist eine verhältnißmäßig viel leichtere, als die der Hauszinssteuer; denn die Verwaltungs= organe haben nur die Classification der Häuser nach den gesetzlichen Merkmalen zu vollziehen, und die Steuer wird in dem für jede Classe gesetzlich fixirten Betrage eingefordert. Schwieriger gestaltet sich die Sache bei der Hauszinssteuer. Hier handelt es sich vor allem um Ermittlung des Zinsertrages.

Zu diesem Zwecke haben die Eigenthümer ihre Zinsbekennt: nisse (Fassionen) einzureichen; für die Wahrheit der in denselben enthaltenen Angaben sind sowohl die Eigenthümer selbst als die, die einzelnen Angaben mitunterfertigenden Wohnparteien verantwortlich.

Die Fassionen werden Jedermann zur Einsicht offen gehalten, um auf diese Weise leichter die Richtigkeit der darin enthaltenen An= gaben zu controlliren; über bemerkte Unrichtigkeiten steht Jedermann frei, Anzeigen zu erstatten.

Ueberdieß sind die Behörden berechtigt und verpflichtet, in Ver= dachtsfällen Revisionen oder Lokaluntersuchungen vorzunehmen, Mieth= parteien zu vernehmen und auf diesem Wege eine Richtigstellung der Fassionen vorzunehmen.

Verheimlichung des wirklichen Zinsertrages wird mit verhält= nißmäßig bedeutenden Geldstrafen geahndet.

Bleiben Wohnbestandtheile durch einige Zeit leer, so kann gegen rechtzeitige Anzeige eine entsprechende Steuerabschreibung erfolgen [1]).

Erwerbsteuer.

§ 40.

•Ist die direkte Besteuerung mit den materiellen unbeweglichen, also am leichtesten greifbaren und controllirbaren Steuerobjekten, wie Grund und Gebäude, zu Ende und bedarf der Staat noch weiterer Einkünfte, dann müssen eben noch andere Steuerquellen, wenn auch mehr verborgen und schwerer auffindbar, wenn auch nicht stabile sondern leicht veränderliche, wenn auch schwerer oder wenig con= trollirbare hervorgezogen werden; denn die Bedürfnisse des Staates müssen gedeckt werden — das ist der oberste Grundsatz aller Fi= nanzverwaltung.

In dieser weiteren Suche nach Steuerquellen, wenn auch nach minder offen daliegenden und minder leicht erreichbaren leiten und rechtfertigen den Staat noch andere Erwägungen. Würde er nähmlich, angesichts eines vorgeschrittenen Verkehrslebens, in welchem es auch andere Ertrags= und Einkommensquellen als die unbeweg=

---

[1]) Chlupp 96—135. Mayrhofer III 956 ff.

lichen giebt, nur bei der direkten Besteuerung des unbeweglichen Vermögens, der unbeweglichen Einkommensquellen verbleiben, so würde
er einerseits die eine Kategorie der wohlhabenden Staatsbürger im
Vergleich mit einer andern ungleichmäßig bedrücken, und diejenigen,
die aus andern Ertrags- und Einkommensquellen als Grund und
Gebäude oft reichlicheres Einkommen beziehen ohne genügende Ursache begünstigen. Noch mehr; durch eine solche Begünstigung nach
einer und Bedrückung nach anderer Richtung könnte leicht ein das
Wirthschaftsleben des Volkes aus dem normalen Gleichgewicht brin-
gendes Meiden des unbeweglichen Besitzes erfolgen, da gerade dieser
der ausschließlich steuerbelastete wäre.

Es sind also außer der obersten Rücksicht des Bedürfnisses des
Staates auch noch Rücksichten auf Gleichmäßigkeit und Gerechtigkeit
in der Vertheilung der Lasten und solche für Aufrechterhaltung des
wirthschaftlichen Gleichgewichts, die den Staat dazu drängen, jene
anderen minder greifbaren und minder stabilen Steuerobjekte aufzusuchen.

Solche Steuerobjekte sind nun diejenigen Beschäftigungen,
die dem Einzelnen einen regelmäßigen, mehr oder minder stabilen
Ertrag liefern — im allgemeinen also Gewerbe und Handel [1]).
Daß diese letzteren oft eine viel ergiebigere Quelle von Einkünften,
ja von Reichthum sein können, als unbeweglicher Besitz, lehrt ein
Blick auf das wirthschaftliche Leben jedes Culturvolkes. Warum
sollten nun der Ertrag aus diesen Beschäftigungen vor dem
Ertrage aus unbeweglichem Besitze einen Vorzug genießen?

Die Schwierigkeit liegt nur in der Ermittlung theils der er-
tragbringenden Beschäftigung selbst, theils der Höhe dieses
Ertrages.

Was nun die Beschäftigungen selbst anbelangt, sind vor allem
jene leicht zu ermitteln, welche in einem eigenen Locale (Werkstätte,
offenes Gewölbe, Fabrik) sei es durch den Erwerbtreibenden selbst
oder mit Gehilfen betrieben werden.

Solche Locale können sich in der Regel der Controle der Behörde schwer entziehen; durch dieselben also und nöthigenfalls ihre
Inaugenscheinnahme kann das Vorhandensein lucrativer Beschäftigungen

[1]) Hock l. c. 206: „Die Gewerbesteuer ist die Steuer vom Ertrage
der Gewerbe im weitesten Sinne des Wortes, wo auch kaufmännische Unternehmungen und freie (liberale) Beschäftigungen darunter verstanden werden.“

eines Gewerbes, eines Handels oder Industriebetriebes leicht con=
statirt werden.

Schwieriger ist diese Constatirung bei erwerbsmäßigen Be=
schäftigungen, zu deren Ausübung weder ein besonderes Locale noch
auch Hilfspersonen nöthig sind, wie z. B. Unterrichtsertheilung,
Handels= und Geschäftsvermittlung u. dgl. Hier muß ein ganzes
System von gewerbs= und erwerbspolizeilichen Bestimmungen und
Ordnungen (wie behördliche Concessionen und Bewilligungen zu der=
gleichen erwerbsmäßigen Beschäftigungen) vorhergehen, um es den
Finanzbehörden wenigstens zum größten Theile möglich zu machen,
das Vorhandensein solcher erwerbsmäßigen Beschäftigungen zum Zwecke
der Besteuernug constatiren und evident halten zu können.

Daran, daß diese Constatirung und Evidenzhaltung bei der
Erwerbsteuer so vollkommen gelinge, wie das bei der Grund= und
Gebäudesteuer möglich ist, kann überhaupt nicht gedacht werden und
das ist der unausbleibliche Nachtheil, der dieser direkten Steuer im
Vergleich mit den zwei vorhergehenden anhaftet.

Sind einmal aber so gut es geht die erwerbsmäßigen Beschäfti=
gungen constatirt und in Evidenz gebracht, so tritt an die Verwal=
tung die hier unvergleichlich schwierigere Frage nach der Schätzung
des Ertrages derselben.

Während bei der Grund= und Gebäudesteuer äußere wahrnehm=
bare Momente (Größe und Beschaffenheit des Grund und Bodens,
Lage, Zahl und Beschaffenheit der Wohnungsräume rc.) Grundlage
und Anhaltspunkte zur Beurtheilung des Ertrages bilden, bei der
Gebäudesteuer obendrein die verantwortlichen Aussagen mehrerer
Parteien den Bekenntnissen (Fassionen) eine gewisse Verläßlichkeit
verleihen; ist die Finanzverwaltung bei der Erwerbsteuer von all'
diesen mehr weniger verläßlichen Behelfen im Stich gelassen. Sie sieht
sich hier dem Steuerträger allein gegenübergestellt, der die wahre Größe
des Ertrages seiner Beschäftigung als sein Geheimniß wahrt und
gewiß gegen sein Interesse niemandem einen Einblick in dasselbe ge=
währen mag.

Nun giebt es allerdings mehrere dieser Beschäftigungen, bei
denen aus gewissen Umständen, wie Größe des Werkslocals oder
der Fabrik, Zahl des Hilfspersonals u. dgl. eine ungefähre Schätzung
des Geschäftsertrages vorgenommen werden könnte; doch ist ein

Sicheinlassen auf solche Schätzungen bei der Erwerbsteuer für die Finanzverwaltung ganz unmöglich — und zwar aus folgenden Gründen.

Auch bei der Grund- und Gebäudesteuer kommen von Zeit zu Zeit weitläufige und mühevolle Schätzungsvornahmen vor. Diese jedoch beziehen sich auf das unbewegliche Steuerobjekt, dessen Ertrag einmal ermittelt für längere Zeit, oft für Jahrzehnte derselbe bleibt. Bei diesen Steuern verlohnt es also der Mühe, von Zeit zu Zeit Schätzungen vorzunehmen.

Was wäre aber mit einer weitläufigen, auf lauter unbestimmten und schwankenden Merkmalen und Umständen beruhenden Schätzung des Ertrages eines Gewerbes erreicht — wenn diese Schätzung von heut auf morgen im fortwährend wechselnden Strom persönlicher Verhältnisse und geschäftlicher Conjucturen illusorisch werden kann?

Die Schätzung des Ertrags eines Grundstückes bleibt Grundlage der Steuer, ob der heutige Eigenthümer morgen lebt oder mit Tode abgeht — ob er die Wirthschaft betreibt oder in Concurs verfällt. Anders beim Gewerbe. Da genügt oft eine Erkrankung des Meisters, um das Geschäft ertragslos zu machen; eine plötzlich auftauchende Concurrenz, eine unglückliche Combination bringt den Gewerbsmann heute um den Gewinn, auf den er gestern mit Wahrscheinlichkeit zählen konnte.

Bei solcher Bewandtniß, was nützten der Finanzverwaltung weitläufige und schwierige Schätzungen, die der nächste Augenblick gegenstandslos oder doch nicht mehr zutreffend macht.

Den Erwerbsthätigkeiten gegenüber bleibt also nichts anderes übrig, als auf jede ziffermäßige Genauigkeit der Ertragsannahme, ähnlich der bei Grund= und Gebäudesteuer zu verzichten und dieselben nur mit fixen Steuerbeträgen, die daher schon den Charakter von Gebühren an sich tragen, zu belegen.

Da aber dennoch schon auf den ersten Blick zwischen den einzelnen Gewerbs=Unternehmungen große Abstufungen und Unterschiede an Umfang und Ausdehnung derselben sich aufdrängen und es ungerecht wäre, solche Abstufungen und Unterschiede zu ignoriren, da dabei entweder die kleinen Gewerbsleute zu hart mitgenommen oder den Großen im Verhältniß zu den Kleinen eine ungerechtfertigte Begünstigung zu Theil würde: so haben die Staatsverwaltungen

bei der Erwerbssteuer ähnlich wie bei den nicht durch Miethe benütz-
baren Häusern zu Classificationen Zuflucht genommen, als zu dem
einzigen Mittel den offenbaren Abstufungen und Unterschieden in der
Ausdehnung und dem Umfang der Gewerbe in der Steuerbemessung
einen mehr oder weniger entsprechenden Ausdruck zu verleihen. Es
muß daher bei der Erwerbssteuer eine doppelte Eintheilung Platz
greifen, erstens nach der Verschiedenheit der Erwerbsthätigkeit, und
zweitens nach den augenscheinlichsten und greifbarsten Abstufungen
des Umfanges und der Ausdehnung des Geschäftsbetriebes.

Was nun die Eintheilung der Erwerbsthätigkeiten nach ihrer
Verschiedenartigkeit anbelangt, so kann dieselbe theoretisch eine gar
mannigfaltige sein, je nach dem man die verschiedensten Merkmale
zum Eintheilungsgrunde nimmt. Für die Verwaltung haben jedoch
diese rein theoretischen Eintheilungen, mögen sie noch so zutreffend
sein und von richtigen Gesichtspunkten ausgehen, keinen Werth. Die
Finanzverwaltung wird nur eine solche Eintheilung der Gewerbe
nach ihrer Verschiedenartigkeit acceptiren, die mit der verschiedenen
Art der Besteuerung derselben in enger Verbindung steht. Die Verwaltung kümmert sich nie um solche Merkmale, wie z. B. ähnliche
Stoffe der Bearbeitung, ob nähmlich die betreffenden Gewerbe Ur-
stoffe bearbeiten oder künstliche Producte, ob sie Nahrungs= oder
Bekleidungsstoffe liefern u. dgl. Für die Verwaltung hat nur eine
solche Eintheilung der Gewerbe einen Werth, die sich auf eine
größere oder geringere Möglichkeit der Constatirung und Evidenzhaltung
des betreffenden Gewerbes, auf eine Verschiedenheit in der Ermittlung
des Ertrags und in der Bemessung der Steuer beziehen. Für die
Verwaltung wird es daher gleichgültig sein, mit was für Arti-
keln ein Handelsmann Handel treibt: für sie wird es einzig von
Bedeutung sein, ob er diese Artikel an einem bestimmten Orte oder
mit denselben herumreisend in den Handel bringt, weil sie im ersten
Falle die Erwerbsthätigkeit leichter constatiren und evident zu halten
vermag, wie im letzterem. Ebenso ist für die Verwaltung der Unterschied wichtig, ob das Gewerbe in einer Fabrik oder in einer Werkstatt oder Wohnung betrieben wird. — Mit einem Wort die Verwaltung faßt die verschiedenen Erwerbsthätigkeiten nicht nach ihrem
meritorischen und materiellen, sondern nur nach ihrem formalen
Unterschied auf.

Innerhalb dieser nach reinen Verwaltungsrücksichten getroffenen Eintheilung der Erwerbsthätigkeiten muß nur noch der Unterschied des Groß- und Kleinbetriebes oder der einen oder andern Mittelstufe berücksichtigt werden; dieses geschieht am besten durch die Classirung. Die einzelnen Gewerbe derselben Kategorie werden in mehrere Classen getheilt und jede Classe mit einem fixen Steuerbetrag belegt.

Es ist das der einzig mögliche Vorgang bei der Erwerbssteuer, und die österreichische Gesetzgebung hat denselben im Großen und Ganzen, wie wir das gleich sehen werden, befolgt.

Anm. Ueber Gewerbesteuer vergl. Held l. c. S. 128. Hier Einiges daraus über die zwei Systeme der Gewerbesteuer: „Es giebt zwei Grundformen der Gewerbesteuer, die französische und die deutsche. Die französische Grundform der Gewerbesteuer oder die Patentsteuer seit 1798 in Frankreich herrschend, besteht darin, daß der Steuerpflichtige für das Recht, das Gewerbe zu betreiben, eine fixe Gebühr entrichten muß ....

„Das französische System wurde in Preußen 1810, durch die Einrichtung der Gewerbescheine noch überboten; dieses Gesetz aber, mit dem man zugleich die unbedingteste Gewerbefreiheit einführte, wurde im Jahre 1820 nach Consolidation der Verhältnisse durch ein neues Gesetz abgeschafft, womit man zu der deutschen Grundform der Gewerbesteuer übergieng. Diese geht darauf aus, die factisch betriebenen Gewerbe, soweit sie überhaupt steuerpflichtig sind, nach Maßgabe des wirklichen Ertrages, den jedes einzelne abwirft, zu treffen ....“

Oesterreichische Erwerbsteuer.

§ 41.

In Oesterreich wurde die Erwerbsteuer ursprünglich mit dem Patente vom 31. December 1812 eingeführt. Dasselbe theilte alle Personen, welche wegen Betreibung einer gewinnbringenden Beschäftigung die Erwerbsteuer zu entrichten verbunden sind, in vier Kategorien. (Vom Gesetzgeber Classen genannt.) Zu dieser Eintheilung kam es auf folgende Weise.

Dem Gesetzgeber schwebte eine Dreitheilung der Erwerbsthätigkeiten vor in Handel, Gewerbe und persönliche Dienstleistungen. Nun schied er aber aus dem Handel als I. Kategorie die landesbefugten Fabrikanten und Großhändler aus als eine mit größerem Capitale arbeitende Minderzahl; darauf folgen erst als II. Kategorie alle

übrigen Handelsleute und Handelsunternehmer; in der III. sodann
alle eigentlichen Gewerbsleute, kleine Fabrikanten, Handwerker und
Meister; nur daß der Gesetzgeber in diese Kategorie auch die unterste
Stufe des Handels, die Krämer, Standhändler und Hausirer unter=
brachte; endlich folgen in der IV. Kategorie diejenigen Personen, die
durch persönliche Dienstleistungen sich ihren Unterhalt erwerben, wie
Lehrer, Vermittler, und allerhand Transportunternehmer (Fuhrleute
u. dgl.). Innerhalb dieser vier Kategorien hat der Gesetzgeber nun
den im wirklichen Leben unvermeidlich vorkommenden Abstufungen
in der Größe und dem Umfang des Geschäftsbetriebes jeder Kate=
gorie durch Festsetzung von Classen Rechnung getragen, von denen
jede mit einem festen Steuersatze belegt wurde.

So theilt sich die Kategorie der Landesfabriken in 8 Classen,
von denen die erste 42 fl., die achte 1575 fl. zu entrichten hat;
die in dieselbe Kategorie gehörenden Großhandlungen theilt das
Gesetz in 5 Classen mit von 315 bis 1575 fl. steigenden Steuersätzen.

Die Classirung in den folgenden Kategorieen sind mit Rücksicht
auf den Standort der Gewerbsunternehmungen in den Städten mit
geringerer oder größerer Bevölkerung durchgeführt, (seit 1823) und
zwar sind die verschiedenen Städte je nach ihrer Bevölkerung in Kategorien
gebracht, und in jeder solchen Städtekategorie zerfällt wieder die betreffende
Gewerbe=Kategorie in mehrere Classen. So sind für die in die zweite
Kategorie der Erwerbsunternehmungen gehörenden Handelsunterneh=
mungen vier Städtekategorien aufgestellt worden: 1. Die Landes=
hauptstädte; 2. alle Städte von über 4000 Einwohner; 3. von
1000—4000 Einwohner und 4. alle Orte mit unter 1000 Ein=
wohner. Für die erste Städtekategorie sind die in die II. Kategorie
der Erwerbsunternehmungen gehörenden Handelsgeschäfte in 4 Classen
getheilt worden mit Steuersätzen die von 52 fl. bis 315 fl. auf=
steigen. In der II. Städtekategorie zerfallen dieselben Handelsunter=
nehmungen in 3 Classen mit Steuersätzen, von 42 fl. bis 105 fl.
In der III. Städtekategorie zerfallen sie ebenfalls in 3 Classen mit
Steuersätzen von 31 fl. 50 kr. bis 84 fl. In den Städten und
Orten der IV. Kategorie zerfallen sie wieder in 4 Classen mit Steuer=
sätzen von 2 fl. 10 kr. bis 16 fl. 80 kr. aufsteigend.

Ebenso werden für die mit dem Patent von 1812 in die dritte
Kategorie versetzten Erwerbsunternehmungen seit dem Jahre 1823

Gumplowicz, Verwaltungslehre. 9

vier Städte= und Orte=Kategorien geschaffen und in der ersten der=
selben 8, in der zweiten 6, in der dritten 5, in der vierten vier
Classen dieser Erwerbsunternehmungen statuirt.

Für die in die vierte Kategorie der Erwerbszweige gehörenden
dreierlei verschiedenen Beschäftigungen (Unterricht, Geschäftsvermitt=
lung und Transportunternehmung) verblieb es bei den mit dem
Patent vom Jahre 1812 geschaffenen vier Städtekategorien; die
Classirung in denselben unterscheidet sich aber darin von den Clas=
sirungen in den vorhergehenden Kategorien, daß sie sich auf jede der
in dieser IV. Erwerbs=Kategorie enthaltenen Arten von Beschäfti=
gungen bezieht.

So wird in dieser IV. Erwerbs=Kategorie, in der 1. Städte=
Kategorie der Unterrichts=Erwerbzweig in 3 Classen, die Geschäfts=
vermittlungen in 4 Classen, Transportunternehmungen ebenfalls in
4 Classen getheilt, und für jede Classe der verschiedenen Beschäftigungs=
arten dieser Erwerbs= und Städte=Kategorie ein besonderer Steuer=
satz festgesetzt.

Es folgen nun die weiteren Städte= und Orte=Kategorien, und
innerhalb jeder werden für jede dieser drei Beschäftigungsarten (Un=
terricht, Vermittlung, Transport) zwei oder mehrere Classen mit
fixen Steuersätzen bestimmt.

Nur ist in der untersten Orte=Kategorie (unter 1000 Einwohner
der Unterricht ganz steuerfrei [1]).

Auf diese complicirte Weise nun hat die österreichische Gesetz=
gebung das Problem der Besteuerung der erwerbsmäßigen Beschäf=
tigungen zu lösen gesucht und es unterliegt keinem Zweifel, daß
dieser Versuch gut ausgefallen ist, denn in so weit überhaupt bei
einer Erwerbssteuer von gleichmäßiger und gerechter Repartition die
Rede sein kann, ist eine solche durch obiges Erwerbsteuergesetz gewiß in
hohem Maße erreicht worden.

Einkommensteuer.

§ 42.

Wir haben gesehen, wie die direkte Besteuerung, gedrängt durch
die stets wachsenden Bedürfnisse des Staates, von der festen Basis

---

[1] Chlupp l. c. 136—177. Mayrhofer III. 967—979. Stein, Finanzwissenschaft II. 82—150.

des Grund und Bodens und seines Ertrages auf der Suche nach neuen Steuerquellen sich in immer schwankendere und nebelhaftere Regionen versteigen mußte. Immer schwieriger ward da die Constatirung des zu besteuernden Ertrages, immer complicirter die Schätzung desselben. Nichtsdestoweniger muß die Staatsverwaltung diesen schwierigen Weg usque ad finem verfolgen; — so gebieten es die stets wachsenden Bedürfnisse des Staates, denen die steigende Entwicklung des Verkehrslebens und des Wohlstandes der besitzenden Classen entgegentritt, die Ueberzeugung weckend und nährend, daß mit der bisherigen Besteuerung noch immer nicht alle steuerfähigen Einkünfte der Einzelnen getroffen sind; daß in diesem ewigen Verfolgen und Fliehen, Suchen und Verstecken, welches sich zwischen Staatsverwaltung und Steuerträgern abspielt, noch immer viele leistungsfähige Steuerquellen nicht nach dem Maße ihrer Steuerkraft für den Staat ausgebeutet worden sind.

Grund und Boden, Gebäude und Erwerbsthätigkeit sind bereits besteuert — welche weitere Quelle stünde der Steuerverwaltung noch zu Gebote? Die Volkswirthschaftslehre zeigt hier der Finanzverwaltung den Weg, der zu dieser weitern Quelle führt. Sie lehrt: Natur, Arbeit und Capital seien Quellen der Production. Wohlan denn! — Natur als Productionsquelle ist im Grund und Boden besteuert, Natur und Arbeit in den Gebäuden, die Arbeit allein im Erwerb — und wenn auch keine dieser Productiosquellen heutzutage der Hilfe des Capitals entbehren kann und nicht entbehrt, so ist doch jedenfalls für die Finanzverwaltung die Versuchung groß auch das Capital selbst aufzusuchen und den Ertrag desselben in so ferne er in das Einkommen der Einzelnen einfließt, mit zur Steuerleistung gleich den andern Ertragsquellen herbeizuziehen.

„Das Capital selbst aufsuchen" — ist aber leichter gesagt als gethan. Zweierlei Hindernisse stellen sich diesem Vorhaben in den Weg. Erstens sind die Schlupfwinkel des Capitals nahezu unerforschlich und unergründlich. Führen doch seine unterirdischen Maulwurfsgänge hinüber und herüber von einem Staate zum andern und durch diese geheimen Gänge rollt es immer dahin, wo es am sichersten und ungestörtesten sich verbergen kann. Wird es in einem Staate beunruhigt, sieht es das Auge der Finanzverwaltung seine Pfade verfolgen, dann verschwindet es schnell, flüchtet über die Grenzen

9*

um weit von der Heimat irgend eine sichere Bank, ein sicheres aus=
ländisches Papier zu finden und sich da zu verstecken. Das ist das
eine Hinderniß. Und dann aber das zweite nicht minder wichtige.
Das sich unsicher fühlende Capital flüchtet unter die Flagge der
Finanzverwaltung selbst; durch das Bedürfniß des Staates Schulden
zu machen, findet es ein sicheres Asyl — in der Staatsschuldobligation
die ihm die S t e u e r f r e i h e i t zusichert. In diesem sichern Port
angelangt, ruft das Capital der Finanzverwaltung ein höhnisches:
Halt! zu, und mit verständnißinnigem Blicke streckt die Finanzver=
waltung h i e r ihre Waffen — denn auch sie muß eingedenk sein
der Worte des Dichters: Mensch, du mußt noch manchmal borgen,
wie du es so oft gethan!

Wenn aber auch dem Capital diese zwei Wege offen stehen, der
Steuerpflicht sich zu entziehen und wenn auch die Finanzverwaltung
auf diesen beiden Wegen, auf dem einen factisch, auf dem andern legal
demselben unmöglich an den Leib rücken kann: so bleibt ihr doch damit
noch nicht all und jedes Mittel benommen, den Ertrag des Capitals
im Augenblicke, wo es sich auf einem andern erreichbaren und neutra=
len Gebiete an's Tageslicht wagt, mit der Steuerzange zu erfassen.

Und daß dieses möglich wird, dafür sorgt ein ganz natürliches
Gesetz des privatwirthschaftlichen Lebens. Dasselbe besteht darin,
daß der Ertrag eines Capitals, möge letzteres noch so ferne und
noch so sicher verwahrt sein, ganz unvermeidlich in der Wirthschaft
und dem Aufwand des betreffenden Capitalisten t r a n s p i r i r t und
zum Vorschein kommt. Möge nun das Capital in einer ausländi=
schen Bank vergraben oder in Staatsschuldenobligationen angelegt
sein: der Ertrag desselben drängt sich unwillkührlich 'an die Ober=
fläche des Lebens, sei es durch die Art und Weise der Geschäfts=
führung des Gewerbetreibenden, sei es durch Aufwand des Privatiers.
Wenn auch keine sichtbare Einkommensquelle da ist, kein Grund und
Boden, kein Gebäude, keine Erwerbsthätigkeit, so ist doch das E i n=
k o m m e n schwer zu verbergen: in der ganzen L e b e n s w e i s e ver=
räth es sich und aus dieser letzteren kann auf jenes geschlossen
werden. Und jenes E i n k o m m e n nun, das, sei es ganz oder theil=
weise aus keiner sichtbaren und greifbaren Quelle fließt, ist eben das
Object, welches die Finanzverwaltung ergreift, um gedrängt durch
die Bedürfnisse des Staates zur Grund=, Gebäude= und Erwerbs=

steuer noch eine weitere direkte Steuer, die **Einkommensteuer** hinzuzufügen [1]).

Daß bei solchem Bewandtniß, beim Mangel einer sichtbaren und greifbaren Quelle auch nur eine halbwegs richtige Schätzung sehr schwierig ist, versteht sich von selbst. Die Finanzverwaltung ist bei der Einkommensteuer fast ganz auf das Selbstbekenntniß, also auf die Wahrheitstreue der Steuerträger angewiesen, was bei den aus der Natur der Sache fließenden und daher immer und überall herrschenden Verhältnissen zwischen Steuerobrigkeit und den Einzelnen ein für die erstere sehr mißliches Ding ist.

Zum Glück für die Finanzverwaltung ist die Einkommensteuer einerseits nur eine ergänzende Steuer, die die möglichen und wahr= scheinlichen Lücken und Ungenauigkeiten bei Veranlagung der ersten drei direkten Steuern ausfüllen und berichtigen soll; andererseits stehen der Finanzverwaltung noch eine Menge anderer Gebühren und indirekten Steuern zu Gebote, die wieder ihrerseits für die Lücken und Mängel der Einkommensteuer eine Correctur bilden.

Angesichts einer solchen Sachlage kann sich die Finanzverwal= tung bescheiden in der Einkommensteuer eines von vielen Mitteln zu besitzen, um den durch die anderen direkten Steuern nicht erreich= baren **Capitalsertrag** wenigstens theilweise hie und da so viel als möglich zu treffen, eine weitere Heranziehung desselben zur Steuerleistung andern Gebühren und indirekten Steuern überlassend. Daß man aber mit der Einkommensteuer nichts mehr ausrichten kann, darüber muß sich nach den hauptsächlich in England und auch am Continent mit der Einkommensteuer gemachten Erfahrungen jede Finanzverwaltung klar sein.

Dieses vorausgesetzt, fragt es sich nun, nach welchem sichtbaren Merkmale die Einkommensteuer bemessen werden kann? Daß das Capital selbst als Ertragsquelle von der Finanzverwaltung direkt nicht erfaßt werden kann, erwähnten wir schon. Daß sich nichts= destoweniger der Ertrag dieser unsichtbaren Quelle in der ganzen Lebensweise, in dem Niveau des Haushaltes, in der socialen Stellung ausdrückt und verräth, auch das ist sicher. Aber Lebensweise, Haus=

---

[1]) Stein behandelt diese Steuer als „Capitalrentensteuer". Finanzwissen= schaft II. 82 ff. Hock als Capitalsteuer l. c. 217 ff. vergl. ferner Held: die Einkommensteuer. Bonn 1872.

halt, sociale Stellung sind an und für sich so ungreifbare Dinge, lassen sich ziffermäßig so schwer erfassen, daß man von dieser unfaßbaren Größe gar keinen arithmetischen Schluß ziehen, gar keine feste Berechnung auf die Größe des Capitals anstellen kann, aus dem all dieses bestritten wird — zumal doch all dieses nicht ausschließlich der Ausdruck jenes Capitalertrages zu sein braucht, sondern theilweise auch der Ausfluß von Einkommensquellen ist, die bereits der Steuer unterworfen wurden, wie z. B. des Grundbesitzes, eines Gewerbes u. dgl.

Will sich nun die Finanzverwaltung — wie sie es übrigens oft und namentlich in England — gethan, nicht ganz und gar auf Selbstbekenntniß oder Einschätzung etwa durch gewählte und beeidete Vertrauensmänner verlassen (zumal nicht auf jeder Culturstufe d i e s e r Weg ein gleich erfolgreicher ist): so bleibt ihr nichts anderes übrig, als das Einkommen aus dem ihr unbekannten Capital durch die Verstärkung irgend einer andern direkten Steuer — oder durch einen percentualen Zuschlag zu den gesammten, von dem einzelnen Steuerträger aus andern Titeln gezahlten Steuern, zu treffen. Dann wird sich die Einkommensteuer einfach als eine Verstärkung der Gesammtleistung der andern Steuern oder als Zuschlag zu irgend einer andern Steuer darstellen. Die Einkommensteuer wird sich dann in einer andern F o r m präsentiren: aber sie wird diese F o r m nur annehmen, weil der Gesetzgeber eben keine andere Form für geeignet hielt. Im Grunde wird es doch eine Einkommensteuer sein, d. h. eine Steuer, die den Ertrag des auf andere Weise unmöglich zu erreichenden Capitals, trifft [1].

Wir werden bald sehen, daß namentlich die österreichische Einkommensteuer diesen Vorgang adoptirte.

Oesterreichische Einkommensteuer.

§ 43.

In Oesterreich wurde die Einkommensteuer mit dem Patente vom 29. October 1849 eingeführt. Daß der unmittelbare Beweg-

---

[1] Held giebt die Nothwendigkeit, die Einkommensteuer in einer andern F o r m zu erheben, nur bei den niedern Einkommensclassen zu: „. . . da man bei den niederen Einkommensclassen auf specielle Einkommensschätzung verzichten

grund zu dieser Steuer zu greifen, in den Bedürfnissen des Staates lag, darauf deutet schon die Jahreszahl der Einführung derselben. Beides, Revolution und Reorganisation — steigerte damals plötzlich die Ausgaben der Staatsverwaltung und die Zuflucht zu dieser vierten und für jede Finanzverwaltung peinlichsten direkten Steuer war durch die Nothwendigkeit geboten.

Daß den Gesetzgeber dabei der Gedanke leitete, jedes durch die bisherigen direkten Steuern noch nicht getroffene Einkommen zu treffen, daß er dabei also hauptsächlich an das uncontrollirbare Einkommen von beweglichem Capital dachte, geht aus dem Wortlaut des Gesetzes klar hervor [1]). Die Unmöglichkeit aber das aus dieser unsichtbaren Quelle im verborgenen fließende Einkommen direkt zu treffen, zwingt auch den österreichischen Gesetzgeber zu dem Umweg, dasselbe überall da zu vermuthen, wo überhaupt irgend ein Einkommen aus einer sichtbaren Quelle vorhanden ist. Der Gedanke nähmlich liegt nahe und hat eine gewisse Berechtigung, daß in einem einigermaßen vorgeschrittenen Wirthschaftsleben Jedermann irgend welche Ersparungen macht und darauf bedacht ist, sein Vermögen theilweise auch in beweglichem Capital anzulegen. Es ist immer eine gewisse Wahrscheinlichkeit vorhanden, daß ein Hausbesitzer auch ein kleines bewegliches Capital besitzt, daß der Kaufmann und Industrielle schon, um sich auf alle Wechselfälle vorzubereiten, einen kleinen Theil seines Vermögens in Papieren angelegt hat, daß der Gewerbetreibende von seinen Ersparnissen etwas bei Seite legt, sei's nun in einer Sparkasse oder in Werthpapieren. Freilich giebt es auch viele verschuldete Grund= und Hausbesitzer sowie Gewerbsleute, die von der Hand in den Mund leben; bei ihnen trifft die obige Voraussetzung nicht ein, und eine auf obige Wahrscheinlichkeit ge-

---

und also der Form nach eine andere Steuer einführen muß", gesteht aber selbst, daß „das Grundprincip der englischen Einschätzung" „die Anlehnung an die Form der Erwerbssteuer" (d. i. Grund=, Gebäude= und Erwerbssteuer) ist. l. c. 220. 221.

[1]) Der Gesetzgeber will mit dieser Steuer, wie er sagt, „jedes reine Einkommen, welches die Bewohner der österreichischen Länder von ihrem persönlichen Erwerbe oder von ihrem in diesen Ländern verwendeten Vermögen beziehen treffen." Er denkt also da offenbar auch an Vermögen, welches obwohl nicht in diesen Ländern placirt und angelegt, doch hier verwendet wird.

gründete Einkommensteuer trifft dieselben sehr hart und ist ihnen
gegenüber ein Unrecht. Doch ist ein solches Unrecht bei all und
jeder Thätigkeit des Staates unvermeidlich, und würde der Staat
solches Unrecht meiden wollen, er müßte auf jede Thätigkeit verzichten, er müßte sich selbst aufgeben. Wenn die der Einkommens-
steuer zu Grunde liegende Annahme von einer Mitwirkung des be-
weglichen Capitals zur Schaffung des Einkommens auch nur größtentheils richtig ist — und daran ist kein Zweifel — so kann der Staat
sich von seiner auf diese Annahme begründeten Maßregel nicht ab-
schrecken lassen durch die Erwägung, daß diese Annahme in vielen
Fällen irrthümlich ist und den einen oder den andern Steuerträger hart
bedrängt. Denn eine solche theilweise Bedrängniß und theilweises Unrecht begeht der Staat sowohl seiner Natur als der Natur der Menschen zufolge auf jedem Gebiete seiner Thätigkeit. Wie viel solcher
Bedrängnisse und „Unrechte" birgt jede Assentirung in sich? wie
viel Ungerechtigkeit gegen Einzelne begeht jede noch so gerecht ver-
anlagte allgemeine Steuerforderung? Ja! ist es möglich, daß der
Staat auch nur eine Straße baue, eine Eisenbahnroute festsetze, oder
irgendwelche Maßregel für das allgemeine Wohl durchführe, ohne
individuelles Unrecht zu begehen? Ist daher diese der Einkommensteuer zu Grunde liegende Annahme im allgemeinen richtig, dann
sind die von Einzelfällen gegen dieselbe erhobenen Bedenken nicht
maßgebend.

Betrachtet man von diesem Standpunkte aus das österreichische
Einkommensteuergesetz, so wird man es erklärlich finden, daß nicht
nur jedes Einkommen a) von greifbarem beweglichem bisher noch un-
besteuertem Capital, sondern auch b) noch all und jedes Gewerbe,
sei es ein solches, das der Erwerbssteuer schon unterliegt, sei es ein
solches das derselben bisher nicht unterzogen ward; endlich c) all
und jede Grund- und Gebäudesteuer der Einkommensteuer unterworfen wurde;

ad a) gehören alle auf unbeweglichen Besitzthume haftenden
Capitalien und Renten. Die Einkommensteuer von denselben zahlt
der Schuldner, d. h. der Besitzer der belasteten Realität, dem dafür
das Gesetz das Recht des Abzuges von den dem Hypothek-Gläubiger
zu zahlenden Zinsen gestattet. Ferner gehören hieher alle andern
Zinsen von Darlehen oder andern stehenden Schuldforderungen, die

Leibrenten oder andere den Zinsgenuß von einem Capital vertreten-
den Renten (§ 4);

ad b) gehören zuerst alle der Erwerbsteuer bereits unterworfenen Erwerbsgattungen (§ 112, 114—116), sodann der reine Ertrag jener Gewerbe oder anderer industrieller Unternehmungen, deren
Betrieb mit einem Grund= und Hausbesitze verbunden ist, wenn dieser
Ertrag keinen Gegenstand der Grund= und Gebäudesteuer ausmacht.
(§ 3 des Einkommensteuergesetzes vom Jahre 1849), endlich die von
der Erwerbsteuer bisher ganz verschonten Beschäftigungen und Bezüge
als Schriftstellerei, ärztliche Praxis, Unterrichtsertheilung, Gehalte,
Personalzulagen, Pensionen, Ruhegenüsse, Gnadengaben, Unterhalts=
beiträge, alle Professoreneinkünfte ꝛc.;

ad c) endlich gehört, wie schon erwähnt, all und jeder bereits
besteuerte Realbesitz, der nun auch mittelst eines Drittelzuschlages zu der
Grund= und Gebäudesteuer der Einkommensteuer unterworfen wird [1]).

Daß man gegen diese Einkommensteuer die Einwendung erheben
kann, daß sie mit Ausnahme der ad a) gehörenden Steuerobjecte
nichts anderes ist, als eine Steigerung der früheren directen Steuern
und daher eine Doppelbesteuerung ein und derselben Steuerobjecte
unter verschiedenen Namen, ist klar. Dagegen dient zur Rechtfer=
tigung der Finanz=Gesetzgebung und Verwaltung erstens die gebie=
terische Nothwendigkeit für die Bedürfnisse des Staates vorzusorgen
und zweitens der Umstand, daß dem Staate kein anderweitiges Mittel
zu Gebote steht, die unzweifelhaft vorhandenen und auf das Gros
der Steuerträger sich vertheilenden Einkünfte von beweglichem Capital
auf eine unmittelbare Weise zur Steuerleistung heranzuziehen.
Wenn nun bei dieser Methode der Einkommensbesteuerung theil=
weise Ungerechtigkeiten mitunterlaufen, so fällt doch die Schuld nicht
ganz auf den Staat, sondern auf die allgemeine Tendenz der Steuer=
träger, leicht zu verbergende Einkommensquellen der Besteuerung zu
entziehen.

Gebühren und Zölle.

§ 44.

Mit den directen Steuern haben die Gebühren das Gemeinsame
und sind ihnen darin ähnlich, daß sie von dem Verpflichteten, der zu

---

[1]) Chlupp 178 ff. Mayrhofer III. 980 ff.

ihrer Leistung herangezogen werden soll, direkt gezahlt werden, sei es durch direkten Gelderlag an das betreffende Amt, sei es durch Verwendung eines Stempels an Geldesstatt.

Dagegen unterscheiden sich die Gebühren von den direkten Steuern dadurch, daß sie nicht auf eine gesammte Classe von Staatsbürgern nach irgend einem Besitzes- oder Erwerbs-Merkmal gelegt werden: sondern, daß durch dieselben alle solche Einzelnen getroffen werden, die aus gewissen gesetzlich bestimmten speziellen Anlässen mit der Staatsverwaltung in Berührung treten, respectiv deren Amtshandlung provociren [1]).

Die großen Bedürfnisse des modernen Staates gestatten ihm nicht, sich mit den allgemeinen Steuern zu begnügen, und im Hinblick auf diese allgemeinen Leistungen der Bürger, dem Einzelnen in Einzelfällen unentgeltlich zu Dienste zu stehen. Vielmehr ist der Staat genöthigt, diese seine Amtshandlungen, die oft den Schein von „Diensten" an sich tragen, dazu zu benützen, um bei diesen Anlässen die Einzelnen zu besteuern.

Die Gebühren sind eben nichts anderes als Steuern, die von Einzelnen bei solchen speciellen Anlässen eingehoben werden.

Der Staat wird durch seine Bedürfnisse aber auch noch dazu gedrängt, den wirthschaftlichen Verkehr, bei dem er ganz unbetheiligt ist, zu benützen, um jedesmal von dem oft nur scheinbaren Vortheil des Einzelnen, seinen Theil an Abgaben in Anspruch zu nehmen. Nicht nur also, daß die Amtshandlungen der politischen Behörden und Gerichte, mit Ausnahme notorischer Armuthsfälle, von den Parteien speziell bezahlt werden müssen, der Staat läßt sich auch alle seine Verleihungen von Rechten, Ehren, Würden u. dgl. bezahlen, benützt das öffentliche Communicationswesen, um in Form von Zöllen daraus Einkünfte zu ziehen, und bezieht endlich bei Vermögens-

---

[1]) „Gebühren sind Abgaben, die Jemand zahlt kraft seiner besonderen persönlichen Berührung mit bestimmten Staatsanstalten und nach Maßgabe dieser Berührung; sie werden sonst auch besondere Steuern genannt und erscheinen gleichsam als Entschädigung für besondere Dienste der einzelnen Staatsorgane. Steuern dagegen sind Abgaben, die der Einzelne ohne jede Rücksicht auf seine Beziehungen zu einzelnen Staatsorganen nur kraft seiner Eigenschaft als Staatsunterthan und für die Bedürfnisse des Staates ohne Unterschied im Allgemeinen zahlt." Adolph Held: Die Einkommensteuer. Bonn 1872 S. 5.

übertragungen, allerhand Geschäftsabschlüssen endlich bei Erbschaften der Einzelnen seine gesetzlich geregelten Gebühren.

Anm. So wie man die Steuern im allgemeinen als Gegenleistung an den Staat für gewisse allgemeine Dienste desselben darzustellen suchte (s. oben) so glaubte man die Gebühren als Entgelt für spezielle Dienste des Staates rechtfertigen zu müssen.

Hock nennt die Gebühren „Steuern für besondere Dienste" und vergleicht die „Personal- und Einkommensteuer" mit der „Jahresbestallung, welche man dem Arzt oder Anwalt reicht, um sich seine Hilfe vorkommenden Falls zu sichern und die das Minimum des Bedarfs nicht überschreitenden Leistungen zu belohnen," die Gebühren aber „dem Honorar das man jenen Männern für ihre Bemühungen jenseits dieses Minimalmaßes gewährt" [1]. Was wir nun oben im allgemeinen gegen diese Anschauung vorgebracht, müssen wir hier speziell bei Gelegenheit der „besonderen Dienste" wiederholen. Nicht als Dienst im gebräuchlichen Sinne dieses Wortes kann man die Amtshandlungen auffassen, denen sich der Einzelne kraft des Herrschaftsverhältnisses zum Staate und kraft des staatlichen Gebotes unterwerfen muß. Der Einzelne muß diesen „Dienst" in Anspruch nehmen, er ist dazu durch staatliche Gesetze gezwungen; und er muß dabei die festgesetzte Gebühr bezahlen, weil der Staat derselben zur Deckung seiner Bedürfnisse bedarf. Die Anschauung aber von dem „Entgelt für besondere Dienste" ist deßwegen bedenklich, weil sie erstens von einer ganz falschen Voraussetzung einer freiwilligen Dienstes-in-Anspruchnahme auszugehen scheint, und zweitens in weiterer Consequenz durch Anlegung des Maßstabes des Dienst- und Entgelt-Verhältnisses zu einer ganz falschen und unzulässigen Kritik der bestehenden und vom staatlichen Standpunkt vollkommen gerechtfertigten Gebühren gelangt [2].

---

[1] Hock: öffentliche Schulden und Abgaben S. 17.

[2] Rau drückt diesen angeblichen Dienstentgelt-Charakter der Gebühren sehr behutsam und reservirt aus. Er meint, die Gebühren „können als partielle Vergütung für den Aufwand angesehen werden, welchen die einzelne Aeußerung der Staatsgewalt verursacht und haben insoferne mit der Bezahlung für geleistete Privatdienste Aehnlichkeit" (Finanzwissenschaft I. 312). Indem die späteren Bearbeiter der Finanzwissenschaft diesen Dienstes-Entgelt-Charakter entschiedener betonten und auf denselben Nachdruck legten, thaten sie wohl einen Schritt vorwärts über Rau hinaus — doch möchten wir diesen Schritt als keinen Fortschritt bezeichnen. Rau war sich des wahren Sachverhaltes bewußt und daher die Reserve in seiner Erklärung der Gebühren.

Verschiedene Arten der Gebühren.

§ 45.

Die immer nur wachsenden und mit dem Fortschritt der Cultur nur zunehmenden finanziellen Bedürfnisse der Staaten erzeugen, indem sie mit immer neu sich eröffnenden Gebieten staatlicher Thätigkeit und wirthschaftlichen Lebens zusammentreffen immer neue Gebühren; denn die Finanzverwaltungen, denen die alten Steuern nie genügen, sind bestrebt, jede neue Gelegenheit, sich Einkünfte zu verschaffen, zu benützen und dazu bleibt ihnen, da der Kreis der direkten Steuern schwer zu erweitern ist, neben neuen indirekten Steuern nur noch die Schaffung immer neuer Gebühren übrig. Es ist nun klar, daß es seine großen Schwierigkeiten hat, die Gesammtheit der Gebühren in eine systematische Ordnung zu bringen. Das Einfachste ist wohl, sich an die Unterscheidungen des täglichen Lebens und der Praxis zu halten, die mehrere Arten der Gebühren mit verschiedenen Namen bezeichnet (Taxen, Stempel, Zölle, Gebühren ꝛc.). Nach dieser Methode zählt Rau alle Arten von Gebühren auf [1]). Hock unterscheidet Erwerbgebühren, unter denen er jene versteht, „welche für den Erwerb eines Rechtes bezahlt werden" von „Entgelten für besondere Dienste", die er wieder in solche theilt, die „für einzelne Gerichts- und Verwaltungshandlungen des Staates und in jene für die Benützung einzelner im Interesse des Verkehrs errichteten Anstalten desselben" gezahlt werden, zu denen er dann die Zölle rechnet [2]).

Recht praktisch greift Stein die Sache an, indem er einfach das System der Gebühren an das System der Verwaltung anlehnt, da es heutzutage kein Gebiet der Verwaltung ohne Gebühren giebt und daher von Gebühren bei der Verwaltung des Aeußern, des Heerwesens, der Finanzen u. s. w. handelt. Diese Stein'sche Eintheilung geht aber auf den Charakter und die Art der Gebühr selbst gar nicht ein, was offenbar wieder ein Mangel ist.

Halten wir uns mehr weniger an die historische Aufeinanderfolge, so sind die Gebühren aus Anlaß von Amtshandlungen des Staates, Sporteln, die älteste Form solcher Auflagen; eine spätere Erscheinung schon sind die verschiedenen Taxen, die für

---

[1]) Rau l. c. I. 314. [2]) Hock l. c. 245.

Erwerbung verschiedener Rechte und Aemter gezahlt wurden; an die Taxen aus Anlaß von Erwerbung gewisser Rechte knüpfen sich dann die Gebühren aus Anlaß von Erbschaften; aus Anlaß der Benützung öffentlicher Communicationsmittel zahlte man schon sehr frühe verschiedene Zölle; von neuestem Datum sind jedenfalls jene Gebühren, die sich der Staat aus Anlaß wirthschaftlicher Transactionen, wie Vermögensübertragungen u. dgl. zahlen läßt.

Auf jedem dieser Hauptgebiete nun des Gebührenwesens, auf dem der Sporteln, Taxen, Zölle und Gebühren im e. S. vollzieht sich eine mit den immer wachsenden Bedürfnissen des Staates immer complicirtere, ja man möchte sagen, immer raffinirtere Entwicklung, indem die Finanzverwaltung, gedrängt von den Bedürfnissen des Staates, jeden Fortschritt der Cultur und Gesetzgebung auf jedem Gebiete verfolgend und ausnützend, immer mit neuen Sporteln, Taxen, Zöllen und Gebühren gleich zur Hand sind.

Sporteln.
§ 46.

Damit bezeichnete man sehr frühe schon in Deutschland die Zahlungen der Parteien für die Mühewaltung der Gerichte [1]). Ursprünglich vertraten die Sporteln wohl die Stelle fester Besoldungen. Später änderte sich das und die Sporteln nahmen mehr den Charakter eines Nebeneinkommens der Richter an, ungefähr wie heutzutage neben den Professorenbesoldungen die Collegiengelder [2]). Mit den Anschauungen des modernen Staates, mit dem Grundsatz, von der möglichst unabhängigen äußeren Stellung des Richters ist auch dieser Charakter der Sporteln unvereinbar. Indem der moderne Staat diesen Anschauungen Rechnung trug, verwandelte er die Sporteln in Rechtsgebühren, mit deren Einhebung der Richter in gar keiner Berührung steht und von denen er unmittelbar gar keinen Gewinn zieht. Diese Rechtsgebühren, die aus Anlaß der mannigfaltigsten Eingaben der Parteien an die Gerichte, der Amtshand-

---

[1]) Schulte: deutsche Reichs- und Rechtsgeschichte 236, 379.

[2]) „Sporteln werden erhoben nicht als einzige Quelle des Unterhalts der Gerichte, sondern als ein mäßiger Beitrag dazu.“ Klüber: Oeffentliches Recht des deutschen Bundes § 368 a.

lungen und Entscheidungen dieser letzteren zu entrichten sind, werden
heutzutage meist mittelst Stempelmarken erlegt; in der Folge ist die
Pflicht zu dieser Art Leistungen auch an die verschiedensten Amts=
handlungen der politischen Behörden geknüpft worden. Hatte man
sich einmal daran gewöhnt, richterliche und administrative Amts=
handlungen zum Anlaß von Gebührenforderungen zu machen, so lag
es nahe, alle solche außergerichtliche und nichtamtliche Akte
und Verträge der Parteien, von denen man unter Umständen vor
Gericht und Amt Gebrauch machen sollte oder müßte, ebenfalls mit
einer Gebühr zu belegen.

Um aber über diese Privatakte und Verträge zu diesem Zwecke
eine Controle zu haben, und den Privaten die Außerachtlassung der
Gebührenvorschrift in solchen Fällen unmöglich zu machen, forderte
man entweder, wie in Frankreich, zur Giltigkeit solcher Acte die amt=
liche „Authenticirung“ des Datums desselben und Eintragung ihres
Inhaltes in ein amtliches Register (enregistrement), wobei die Ge=
bühr gezahlt werden mußte; oder es wird, wie gegenwärtig in Oester=
reich, die Verwendung eines mit einer Stempelmarke versehenen
Papieres für derlei Vertragsaufzeichnungen oder sonstige Beurkun=
dungen verlangt [1]).

Oesterreichisches Gebührenwesen.
§ 47.

Für die aus dem ehemaligen Sportelwesen datirenden Abgaben
ist heute in Oesterreich die Bezeichnung „Gebühren“ allgemein ge=
bräuchlich. Die Fälle, in denen diese Gebühren zu leisten sind und
die jedesmalige Höhe derselben wurden zuerst in den „Gebühren=
und Taxgesetz“ vom 9. Februar 1850 systematisch zusammengestellt
und normirt [2]). Theilweise Aenderungen an diesem Gesetze wurden
durch die Gesetze vom 13. December 1862, 29. Februar 1864 und
24. Mai 1873 vorgenommen. Zu diesen Gesetzen ist auch noch das
Wechsel=Stempelgesetz vom 8. März 1876 zu zählen.

Auf den hier aufgezählten Gesetzen beruht das gegenwärtige
Sportel= oder wie die heutige Bezeichnung lautet: Gebührenwesen
in Oesterreich.

[1]) Hock S. 248. Rau I. 315. Stein II. 327.
[2]) Die älteren Gesetze darüber f. bei Blonski II. 154 ff.

Darnach unterliegen der Gebührenpflicht:

a) alle Rechtsgeschäfte, durch welche Rechte begründet, über=
tragen, befestigt, umgeändert oder aufgehoben werden;

b) alle Zeugnisse, die dazu bestimmt sind, als Beweismittel für
thatsächliche Umstände, Eigenschaften ꝛc. zu dienen; also auch Handels=
und Gewerbebücher ꝛc.;

c) Eingaben an Behörden, Eintragungen in öffentliche Bücher,
und amtliche Ausfertigungen.

In den meisten Fällen wird diese Gebühr mittelst des Stem=
pels entrichtet, dessen Höhe sich nach der Höhe des Werthes des
betreffenden Gegenstandes oder Geschäftes, um das es sich handelt,
richtet. Das Gesetz stellt zu diesem Zwecke S c a l e n auf, welche
die Stufenleiter der Stempel im Verhältniß zu dem steigenden Werthe
der Gegenstände und Geschäfte angeben.

In gewissen von dem Gesetze angegebenen Fällen und nament=
lich von einer gewissen Höhe des Werthes der Gegenstände und Ge=
schäfte, um die es sich handelt, angefangen, tritt die unmittelbare Ent=
richtung der Gebühr durch Baarzahlung bei der Steuerbehörde ein [1]).

Taxen.
§ 48.

Die heute noch existirenden T a x e n [2]), aus Anlaß der Ver=
leihung von Ehrenrechten, Würden, Adelsdiplomen, Wappen, Stan=
deserhöhungen u. dgl. sind ein Ueberrest der in frühen Jahrhun=
derten schon vorkommenden und bis in die neuere Zeit in Europa
sehr verbreiteten Käuflichkeit von Aemtern und Stellen.

Als der moderne Staat das Prinzip der Käuflichkeit verdammte
und diese letztere aufhob, behielt er aus finanziellem Interesse bei
Verleihungen von Ehrenrechten die T a x e n. In Frankreich, wo bis
zur Revolution die Käuflichkeit von Aemtern und Stellen sehr im
Schwunge war, werden aus Anlaß von Ernennungen der Notare
und Advocaten noch heute bedeutende Gebühren eingehoben.

Der an und für sich richtige Gedanke, den Erwerb irgend eines
reellen oder imaginären Vortheils zur Einhebung einer Gebühr für

---

[1]) Daselbst S. 157 ff.
[2]) Hock S. 230 nennt dieselben „E r w e r b s g e b ü h r e n.“

die Staatskasse zu benützen, führte sodann zur Belastung mit einer solchen aller möglichen Gewerbspatente oder Gewerbsscheine. So gelangte man von den Taxen für Ehrenrechte, zu den Patentge= bühren u. dgl.

In diese Kategorie gehören die Gebühren für Privilegien und Concessionen.

Oesterreichisches Taxwesen.

§ 49.

Das heute geltende österreichische Taxwesen beruht noch auf der „Allerhöchsten Entschließung vom 27. Jänner 1840" (zweiter Theil). Der Taxpflicht unterliegen darnach: 1) landesfürstliche Gnadenver= leihungen; 2. Dienstverleihungen; 3. Privilegienverleihungen; 4. ver= schiedene Berechtigungen; 5. Verwahrung gerichtlich hinterlegter Gelder (Depositenzählgeld).

Zu den Taxen aus Anlaß von Gnadenverleihungen ge= hören Adelstaxen, Ordenstaxen, Taxen aus Anlaß von Ertheilung von Würden, Ehrenämter, Titeln, des Incolats oder Indigenats [1]).

Die Dienstverleihungstaxe wird eingehoben bei Er= nennungen und Beförderungen von Staatsbeamten, wobei die Höhe der Taxe sich nach der Höhe des mit dem Amte verbundenen Gehaltes richtet.

Zu den Privilegienverleihungstaxen gehören solche für ausschließende Privilegien auf neue Entdeckungen, Erfindungen und Verbesserungen im Gebiete der Industrie, für Jahr und Wochen= marktprivilegien, für ausschließende Privilegien zur Errichtung einer den Betrieb eines Erwerbsgeschäftes bezweckenden Actiengesellschaft.

Zu den Taxen für verschiedene Berechtigungen gehören solche für Zulassung zur Advocatur, zum Notariat, zu öffentlicher Agentie, zum Sensalat (Mäklerei), zu Errichtungen, Verwandlungen, und Erweiterungen von Fideicommissen.

Zölle.

§. 50.

Wir sahen, wie sich die Obrigkeit oder Staatsgewalt zuerst ihre eigene Thätigkeit, wenn auch dieselbe im Grunde genommen,

---

[1]) Nähere Bestimmungen bei Blonski II. 270 ff.

nur die Ausübung ihrer Herrschaft war, besonders vergüten ließ. (Sporteln). Sodann wurden obrigkeitliche und staatliche Ver= leihungen, respective der Erwerb solcher öffentlichen und staat= lichen Rechte seitens der Unterthanen an den Erlag von Taxen geknüpft; mittelst der Zölle ergriff der Staat sehr frühe schon den wirthschaftlichen Verkehr, in wie ferne er sich öffentlich, auf gemein= schaftlichen Communicationsmitteln manifestiren muß und belegte die Waarentransporte mit Abgaben; mit den Gebühren i. e. S. endlich greift der Staat in's Privatleben hinein; bemächtigt er sich des von ihm sonst unabhängigen, selbständig und auch nicht immer öffentlich sich vollziehenden Verkehrsprozesses und belegt jeden Verkehrsact, jede private Transaction, jeden Besitzwechsel, bei der er sonst gar nicht betheiligt zu sein braucht, mit einer Gebühr. Weiter kann der Staat in dieser Richtung nicht gehen — oder doch! ein Schritt bleibt ihm noch zu thun übrig. Das private Verkehrsleben, den privaten wirth= schaftlichen Verkehr, den Communicationsverkehr hat er in den Kreis seiner Finanzeinkünfte einbezogen: nur noch das private Einzel= leben, die Einzelwirthschaft, das was jeder Einzelne für sich braucht, die Bedürfnisse jedes Einzelnen zu besteuern, bleibt ihm noch übrig — und diesen allerletzten Schritt thut der Staat mittelst der indirekten Steuern.

Diesem Entwicklungsgange folgend sind wir bei den Zöllen angelangt.

Eben so, wie man sich alle die genannten Gebühren aus An= laß staatlicher Thätigkeiten oder „Dienste" zahlen ließ: so forderte der Staat sehr frühe schon die sogenannten Zölle aus Anlaß der „Benützung" öffentlicher Communicationsmittel, die unter seinem Schutze und seiner Aufsicht standen.

Näch dem Zehent ist vielleicht der Zoll eine der ältesten Ab= gaben. Während jener schon in reinen Ackerbaustaaten ohne jeglichen Handel eingeführt werden konnte, hat der Zoll einen lebhafteren Verkehr, einen beginnenden Handel zur nothwendigen Voraussetzung. Der Zoll ist die Abgabe aus Anlaß der Benützung öffentlicher Communi= cationsmittel und wird oft nach der Menge und Qualität der über= führten Handelsartikel bemessen. Das Recht seiner Einhebung werden sich zuerst die Herrscher über jene Territorien angemaßt haben, in die der betreffende Artikel eingeführt oder durch dieselben durchgeführt

werden sollte. Geschlossene Orte, Städte, werden früh schon als die
geeignetsten Plätze angesehen worden sein, wo denjenigen, die mit
ihren Waaren die städtischen Marktplätze aufsuchten, ein Zoll abge=
fordert werden konnte. Die Stadtstaaten des Alterthums hoben denn
auch den Zoll als Abgabe für den Staat ein. In Athen und Rom
finden wir frühzeitig die Zolleinnahmen an Zollpächter verpachtet,
eine Art und Weise der Einbringung dieser Abgabe, die sich noch
heutzutage in minder civilisirten Ländern, aber auch in den civili=
sirtesten bei den Wegmauten erhalten hat.

Nachdem sich einmal der, durch die Uebung in antiken Staaten
begründete öffentlichrechtliche Satz herausgebildet hatte, daß der Ober=
eigenthümer eines Territoriums die in daßselbe importirten oder
daßselbe passirenden Güter mit Zöllen belegen dürfe: so mehrten sich
im Mittelalter dieselben ins Unendliche.

Die Zersplitterung des deutschen Reiches in eine Unzahl von
Territorien mit eigenen Landesherrn begünstigte diese Vermehrung.
Es war keine Land= und keine Wasserstraße von Zöllen und Mauten
frei. Daß man für dieselben mit der Zeit die mannigfaltigsten
„Rechtsgründe" geltend machte, versteht sich von selbst. Bald war
es besonderer Schutz, den man den Kaufleuten angedeihen ließ, bald
war es ein besonderes Hoheitsrecht oder Regal, bald waren es die
verschiedensten Reichs= und Landes=Privilegien, die die Erhebung der
Zölle rechtfertigten.

In der Wahrheit war bei diesen Zollerpressungen weder Grund=
satz noch System: das Geldbedürfniß der mächtigern Herrn war
meist ihr einziges Recht dabei.

Der im 18. Jahrhundert über die Territorial = Staaten trium=
phirende Absolutismus begann in diese Mißwirthschaft Ordnung zu
bringen, und der moderne Culturstaat des 19. Jahrhundert setzte
an Stelle der system= und grundsatzlosen Erpressungen überall öffent=
lichrechtliche Zollsysteme.

Die Tendenz des modernen Staates gieng vor allem dahin,
alle Binnen=Zölle, die den Handel und Verkehr im Innern des Landes
belästigten, aufzuheben und die Zoll=Stätten nur an der Grenze des
Staates aufzurichten. Eine Ausnahme sollten nur größere Städte
bilden, an deren Thoren die für sie bestimmten Verbrauchsgegenstände
einer Accise unterzogen werden.

Die um die Grenzen der Staaten gezogene Zolllinie giebt nun mit Bezug auf die Richtung und Bestimmung der sie passirenden Waaren die Grundlage zur üblichen Eintheilung der Zölle in Einfuhr-, Ausfuhr- und Durchgangszölle. Diese letzteren werden von Waaren erhoben, die wohl ins Land importirt werden, doch mit der Bestimmung, dasselbe an einem andern Punkt der Zolllinie wieder zu verlassen.

Seit ihrem Ursprung bis auf unsere Zeiten verfolgen die Zölle vorwiegend ein fiscalisches Interesse — sie sind sogenannte Finanzzölle. Ihre Bestimmung ist die Geldmittel des Staates zu erhöhen. Seit dem Aufschwung jedoch der Volkswirthschaftslehre im vorigen Jahrhundert, nahmen die Zölle oft den mannigfachen volkswirthschaftlichen Theorien sich anschmiegend, die verschiedensten Nebenbestimmungen an. Das Mercantilsystem bediente sich der Zölle, um seine Theorie, womöglich viel Geld ins Land herein zu schaffen und so wenig als möglich davon hinauszuführen, zu verwirklichen. Man begünstigte daher die Ausfuhr von inländischen Waaren, indem man nicht nur alle Ausfuhrzölle aufhob, sondern noch Ausfuhrprämien festsetzte und belegte die Waaren des Auslandes mit enormen Einfuhrzöllen, wenn man ihre Einfuhr nicht ganz verbot. Auf diese Weise ward die Zollpolitik von den volkswirthschaftlichen Theorien in Dienst genommen.

An dieser Stelle jedoch haben wir es mit den Zöllen nur in so ferne zu thun, in wie ferne dieselben eine zu fiscalischen Zwecken vorgenommene Belastung des öffentlichen Verkehres sind.

Diese Belastung kann auf einer doppelten Grundlage vorgenommen werden: entweder wird die Thatsache des Benützens des Weges oder der Straße an und für sich zur Grundlage der Belastung genommen, oder die auf dem Wege oder der Straße transportirte Waare. Im ersteren Falle haben wir die verschiedenen Arten von Weggelder, Mauthen, Brückenzöllen u. dgl.; im zweiten alle Arten von Waarenzöllen als Ein- und Ausfuhrzoll, Transitzoll u. dgl. [1]).

---

[1]) Rau I. 328. Stein I. 342.

Oesterreichisches Zollwesen.

§ 51.

Aus ungeregelten, mittelalterlichen Anfängen gelangte das öster=
reichische Zollwesen erst in der Zollordnung vom 2. Jänner 1788
zu einem gesetzlich geordneten System. Dasselbe erfuhr eine weitere
sachgemäße Entwicklung durch die in den Jahren 1810—1812 er=
lassenen Specialtarife. Weitere Verfügungen erfolgten in den Jahren
1817—1822, worauf im Jahre 1829 ein alphabetisch geordnetes
Waarenverzeichniß und der Zollsätze, denen die einzelnen Waaren
unterliegen, veröffentlicht wurde.

Im Jahre 1835 wurde dann eine neue „Zoll= und Staats=
monopolsordnung" erlassen, die durch den Zolltarif vom 27. De=
cember 1838 ergänzt wurde. Dieser letztere hob alle älteren Be=
stimmungen über Ein= und Ausfuhrgebühren auf. Die Zoll= und
Staatsmonopolsordnung von 1835 enthält allgemeine Vorschriften
über den Verkehr, über die Zolllinie und den inländischen Verkehr
die noch heute giltig sind. Dagegen trat an Stelle der alten Zoll=
tarife mit dem 1. Jänner 1879 der allgemeine österreichisch=
ungarische Zolltarif vom 27. Juni 1878 [1]).

Wie überall, so sind auch die Zölle in Oesterreich, nachdem sie
ursprünglich nur aus dem Geld=Bedürfnisse der Staatsverwaltung
entsprangen, mit der Zeit mannigfaltig zu Mitteln geworden, den
wirthschaftlichen Verkehr nach den verschiedensten jeweiligen herr=
schenden Gesichtspuncten zu regeln. Wo solche Tendenzen in das
Zollwesen Eingang fanden, unterscheidet man Prohibitivzölle, Schutz=
zölle von reinen Fiscalzöllen.

An dieser Stelle interessirt uns das Zollwesen nur als Quelle
von Staatseinnahmen; in wie ferne volkswirthschaftliche Tendenzen
die Regelung des Zollwesens beherrschen, werden wir davon noch
an anderer Stelle sprechen.

Gebühren im e. S.

§ 52.

Mittelst der Gebühren im e. S. bemächtig sich nun der Staat,
wie erwähnt, all und jedes wirthschaftlichen Privatverkehrs, und wie

---

[1]) Vergl. Blonski I 312 ss.

die Arten und Zweige dieses letzteren manigfaltig, ja in ihrer Viel=
fältigkeit und Vervielfältigung unendlich sind: so können sich auch
diese Gebühren ins Unendliche vervielfältigen.

Der wichtigste Act des privaten Wirthschaftsverkehrs ist der
Besitzwechsel; er wird durch die Uebertragungsgebühr getroffen. Der
Handelsverkehr kennt die verschiedensten Formen und erfindet deren
immer neue; die Finanzverwaltung folgt ihm mit ihren Abgaben=
forderungen auf dem Fuße nach. Bedient sich der Handelsverkehr
der Anweisungen und Wechsel: so werden diese einer Gebühr unter=
worfen. Bedarf der Handelsverkehr gegenseitiger Abrechnungen,
Quittungen u. dgl., so müssen diese Documente eine Gebühr tragen.
Entwickelt sich der Handelsverkehr bis zur Höhe des Effectenhandels
an der Börse: so wird dieser und die verschiedenen Phasen und Formen
desselben gewissen Gebühren unterworfen.

Die Bedürfnisse des Staates wecken den erfinderischen Geist der
Finanzverwaltung, und der wachsende und sich ausbreitende Verkehr
öffnet ihr immer neue Gebiete für ihre fiscalische Thätigkeit.

Anm. Die österreichische Gesetzgebung hat zwischen Sporteln und
diesen Gebühren im e. S. nicht unterschieden und das österreichische
Gebührengesetz, so wie das Stempel= und Taxgesetz umfaßt auch die
Gebühren im e. S.

Hieher gehören die Uebertragungsgebühren aus Anlaß von Eigen=
thumsübertragungen, Besitzwechsel oder Schenkungen, Erbschaftssteuern u. s. w.

Indirekte Steuern.

§ 53.

Die Gebühren und Zölle bilden den Uebergang von den direkten
zu den **indirekten** Steuern.

Hervorgerufen werden diese letzteren ebenso wie alle früheren
durch die Bedürfnisse des Staates. Das ihnen zu Grunde liegende
Prinzip, oder besser gesagt, der leitende Gedanke bei ihrer Einführung
ist der, die **Befriedigungsmittel** der **Bedürfnisse** der **Men=**
schen zu besteuern, um auf diese Weise dem Staate größere Ein=
künfte zu sichern. Dabei kommen folgende Gesichtspunkte in Betracht.
Je **allgemeiner** diese Bedürfnisse sind, deren Befriedigungsmittel
man mit einer Steuer belegt — desto **größer** die Einkünfte. Je
dringender und unabweisbarer diese Bedürfnisse, daher je **noth=**

wendiger und unentbehrlicher ihre Befriedigungsmittel, desto sicherer und unfehlbarer das staatliche Einkommen.

Auf diesen zwei Sätzen beruht nun die ganze Politik der indirekten Steuern; nach diesen zwei Gesichtspunkten richten sich von jeher alle Regierungen und Staatsverwaltungen bei der Einführung und Veranlagung der indirekten Steuern. Die größte Kunst der modernen Finanzminister ist solche Gegenstände ausfindig zu machen, die der allergrößten Zahl der Menschen am unentbehrlichsten sind. Das sind dann die besten und geeignetsten Objekte der indirekten Besteuerung. Wir wollen sie nun der Reihe nach betrachten.

Das allgemeinste und dringendste Lebensbedürfniß der Menschen ist offenbar das Athmen; könnte ein Finanzkünstler das diesem Bedürfniß entsprechende Befriedigungsmittel, die jedem Menschen täglich nöthige Luftportion besteuern, er würde die allerbeste indirekte Steuer gefunden haben. Das geht nun nicht, und vom Standpunkt der Finanzverwaltung muß man sagen leider geht es nicht.

Eben so unthunlich ist die Besteuerung des zweiten allgemeinsten und unentbehrlichsten Befriedigungsmittels eines menschlichen Bedürfnisses — das Wasser.

Aber außer Luft und Wasser giebt es wohl kein menschliches Nahrungsmittel, das zu den Zwecken der Finanzverwaltung nicht herangezogen werden könnte.

Nur muß immer auch da demjenigen Nahrungsmittel, welches das allgemeinste und unentbehrlichste ist und dessen Aneignung und Herbeischaffung leicht controlirt und überwacht werden kann (was z. B. bei Luft und Wasser nicht der Fall ist) der Vorrang gegeben werden.

Alle diese Eigenschaften treffen nun beim Salz zusammen. Es ist eines der allgemeinsten und unentbehrlichsten Nahrungsmittel; arm und reich, jung und alt beiderlei Geschlechtes, müssen es, um zu leben, täglich zu sich nehmen. Dabei läßt sich die Gewinnung desselben leicht vom Staate monopolisiren, d. h. es läßt sich leicht die Gesammtheit des Volkes von der Gewinnung desselben ausschließen und in die Zwangslage bringen, dieses Nahrungsmittel ausschließlich von den Regierungsbehörden oder von eigens dazu von der Regierung befugten Verkaufsstellen zu beziehen — wobei dann die indirekte Steuer im erhöhten Preise desselben eingezogen wird. Kein anderes Nahrungsmittel, möge sein Gebrauch noch so allgemein und unentbehrlich sein, weder Getreide, noch Fleisch gestatten eine so bedingungslose Monopolisirung, eine so umfassende und ausgiebige Besteuerung wie das Salz.

Der wichtigste Punkt nun in der ganzen Salz-Steuer-Einhebung (Salzmonopol, Salzgefälle oder auch Salzregal genannt) ist die wirksame Monopolisirung der Gewinnung des Salzes.

Bekanntlich kann und wird das Salz auf dreierlei Weise gewonnen — demgemäß man von Meersalz, Sudsalz und Steinsalz spricht. Die größten Massen liefert jedoch das letztere, welches ein Produkt des Bergbaues ist; auch kann kein anderes in der Billigkeit der Produktion mit dem Steinsalz die Concurrenz ertragen, abgesehen davon, daß die beiden ersteren Arten von Salz die Nähe des Meeres oder das Vorhandensein von Salzquellen voraussetzen. Daß es einer Staatsregierung leicht ist, den Salzbergbau zu monopolisiren, ist klar, da ein Bergwerk nicht verborgenerweise und geheim von Privaten geführt werden kann. Aber auch die Production von Meer- und Sudsalz kann schwerlich in irgend wie ansehnlicheren Quantitäten sich der Oeffentlichkeit entziehen. Es ist also auch hier der Regierung leicht die Ausschließlichkeit der Salzgewinnung, das Monopol der Erzeugung zu behaupten.

Oesterreichisches Salzmonopol.
§ 54.

Das österreichische Salzmonopol ist seit dem Jahre 1829 dergestalt gesetzlich geregelt, daß sich die Staatsverwaltung das ausschließliche Benützungsrecht aller bestehenden oder noch zu eröffnenden Salzbergwerke, sowie Salzquellen und des Seesalzes vorbehält und die Einfuhr von Salz absolut verboten ist. Dagegen ist der Handel mit dem von der Staatsverwaltung erzeugten Salz freigegeben [1]).

Die Staatsmonopolsordnung vom Jahre 1835 erklärt im § 402 alles auf oder unter der Oberfläche des Staatsgebietes von der Natur erzeugte, in reinem Zustande oder in Gemenge mit andern Stoffen vorhandene Kochsalz als ausschließliches Eigenthum des Staates. Wie schon erwähnt, wird dieses Kochsalz auf dreierlei Art gewonnen, als Steinsalz, Sudsalz und Meersalz.

---

[1]) Blonsk I. 216 ff.

Die Hauptfundorte des Steinsalzes sind in Oesterreich, in Wieliczka und Bochnia in Galizien; Subsalz wird erzeugt in Oesterreich (Hallstadt, Ischl, Ebensee), im Salzburgischen (Hallein), in der Steiermark (Aussee), in Tirol (Hall) und auch in einigen Orten in Galizien (Drohobycz, Dolina, Bolechow, Kalusz ꝛc.).

Meersalz wird erzeugt in Dalmatien (Stagno), im Küstenlande (Capo d'Istria, Pirano) und auf den dalmatinischen Inseln Pago und Arbe.

Der Reinertrag des Salzregales in Oesterreich betrug vor dem Jahre 1866 also mitsammt Ungarn 32,000.000 fl. ö. W. Jetzt beträgt die Einnahme in Cisleithanien ungefähr 20,000.000 fl. [1]).

Tabakmonopol.

§ 55.

Einen zweiten Artikel, der sich so gut wie das Salz in jeder Hinsicht zur indirekten Besteuerung qualifiziren würde, dürfte es kaum noch geben.

Am nächsten kommt demselben der Tabak[2]). Ist derselbe auch nicht ein so allgemeines Bedürfnis wie das Salz, da ihn Kinder und Frauen und auch viele Männer entbehren können: so ist er doch fast für die gesammte männliche Bevölkerung [von einem sehr frühen Alter angefangen ein fast unentbehrliches Reizmittel, welches sowohl auf den Verdauungsproceß, als auch auf das Nervensystem einen stimulativen Einfluß übt. Andererseits kann dessen Gewinnung im Inlande leicht monopolisirt und der Verkauf von fremdländischen im großen Ganzen leicht überwacht werden. In der That ist der Tabak neben dem Salz in vielen Staaten, so auch in Oesterreich die ergiebigste Quelle der indirekten Steuern.

Ebenso nun wie beim Salzmonopol ist auch beim Tabakmonopol die wichtigste Sorge der Finanzverwaltung, auf welche Weise die Production des Tabaks und die Herstellung der Tabaksfabricate (Cigarren, Schnupftabak ꝛc.) wirksam zu monopolisiren. Die wirksamste Art und Weise aber, dem Staate dieses Monopol unversehrt und ohne Beeinträchtigung durch geheime private Production und

---

[1]) Schäffle: Grundsätze der Steuerpolitik S. 403 spricht von der „Verwerflichkeit" der Salzsteuer und fordert deren Beseitigung. Leicht gesagt!

[2]) Rau II 206 § 440.

Einführung von Tabak zu erhalten ist: vollkommenes Verbot des Tabakbaues und des Handels mit ausländischem Tabak und Tabak=fabricaten. Dieses System ist in den cisleithanischen Kronländern Oesterreichs geltend.

Wo jedoch der Tabakbau aus was immer für Rücksichten nicht untersagt werden kann (wie z. B. in Ungarn), da muß sich die Finanzverwaltung auf das Verbot der Fabrication und des Handels mit Tabak und Tabakfabricaten beschränken und nur den Gebrauch von im Wege des Aerars in den Handel und Verkehr gebrachten Tabak und Tabakfabricaten gestatten [1]).

Oesterreichisches Tabakmonopol.

§ 56.

Das Tabakmonopol in Oesterreich datirt aus dem letzten Viertel des 17. Jahrhunderts — und zwar wurde damals das ausschließ=liche Tabakseinfuhr= und Erzeugungsrecht des Staates für den Fiscus durch Verpachtung dieses Rechtes verwerthet, was bis zum Jahre 1784 dauerte und zuletzt 1,925.000 fl. abwarf [2]).

Die Grundlage seiner jetzigen Einrichtung erhielt das Tabak=monopol in Oesterreich durch das Patent vom 8. Mai 1784 und die Zoll= und Monopolsordnung vom 11. Juli 1835 [3]).

Das Wesen dieser Einrichtung besteht darin, daß die Staats=verwaltung sich den Bezug der Tabakblätter und die Verarbeitung derselben zu Cigarren und Schnupftabak ausschließlich vorbehält — den Tabakbau jedoch in beschränktem Maße unter strenger Controlle der Finanzorgane in dazu geeigneten Gegenden gestattet.

Seit dem 1. März 1851 wurde das früher nur in den öster=reichischen Ländern bestandene Tabakmonopol auch auf die Länder der ungarischen Krone ausgedehnt, und dieses Verhältniß wurde durch die Gesetze vom 21. December 1867 R.=G.=B. Nr. 146 nur befestigt.

Die Einnahmen aus dem Tabaksmonopol sind fortwährend im Steigen begriffen. Im Jahre 1875 betrugen dieselben in dem im Reichsrathe vertretenen Ländern netto circa 37,000.000 fl.

---

[1]) Schäffle l. c. S. 432 ff. [2]) Blonski I. 239.
[3]) Adolf Beer Staatshaushalt Oesterreichs S. 120.

Trankſteuern.

§ 57.

Nebſt Salz und Tabak bilden geiſtige Getränke das allgemeinſte Genuß- und Reizmittel der Menſchen.

Die Trankſteuern in ihren verſchiedenſten Formen auf alle die verſchiedenen Arten geiſtiger Getränke gelegt, bildeten ſeit lange ſchon eine ergiebige Einnahmsquelle der Staatsverwaltungen[1]). Von dem Salz- und Tabakgefälle unterſcheidet ſich die Trankſteuer durch die viel ſchwierigere Art und Weiſe ihrer Bemeſſung und Controle.

Dieſelbe iſt bei den verſchiedenen Arten der geiſtigen Getränke verſchieden. Vor allem ſind hier Weinländer von reinen Ackerbau-ländern zu unterſcheiden. In erſteren bildet Wein das allgemeine Getränk und die Beſteuerung desſelben iſt deßhalb ſehr ſchwer, weil jeder Weinbauer ſeinen eigenen Wein trinkt.

In reinen Ackerbauländern, wo kein Wein gebaut wird, iſt auf niedriger Culturſtufe Branntwein das allgemeine Getränk; auf höherer Culturſtufe Bier.

Das Branntweinbrennen war in vielen Ländern noch bis in die neueſte Zeit ein Privilegium des Adels (ſog. Propination). Da-durch wurde das Volk zu Gunſten einer bevorrechteten Claſſe be-ſteuert. In neueſter Zeit iſt mit andern Privilegien auch die Propi-nation meiſt abgeſchafft worden und die Beſteuerung des Branntweins geſchieht nun zu Gunſten der Staatsverwaltung.

Zwiſchen der Beſteuerung des Branntweins und des Bieres beſteht, da beide Kunſtproducte ſind, eine Aehnlichkeit in der Art und Weiſe der Bemeſſung und Controle. Beide werden nähmlich meiſt bei den Brennern und Brauern, die dieſe Induſtrie im Großen betreiben, in einem geeigneten Momente des Herſtellungsprozeſſes der über die Qualität und Quantität des zu erzeugenden Getränkes ein Ur-theil verſtattet, beſteuert.

Der Wein in Weinländern muß hingegen bei den einzelnen Weinbauern beſteuert werden, was ſehr ſchwierig iſt; in andern Län-dern wird er durch einen Weinzoll getroffen.

Außer Branntwein, Bier und Wein können und werden auch alle andern Arten von geiſtigen Getränken, als Meth, Liquere ꝛc. beſteuert[2]).

---

[1]) Rau II. S 186 § 433. [2]) Schäffle l. c. 415 ff.

Mahl- und Fleischsteuern.

§ 58.

Nach dem Salz, Tabak und geistigen Getränken können nur noch das Brod und Fleisch als allgemeine Nahrungsmittel der Finanzverwaltung eine lohnende Steuerausbeute versprechen.

Dagegen steigern sich aber bei diesen allgemein gebrauchten und ebenso allgemein probuzirten Lebensmitteln die Schwierigkeiten der Steuerbemessung und der Controle. Getreide wird von der ganzen Landbevölkerung produzirt, von derselben Bevölkerung, die bereits die Grundsteuer zahlt. Als Produzent des Getreides ist also der Landwirth bereits besteuert. Es könnte sich nur noch darum handeln, den Consumenten des Getreides zu besteuern; am ehesten erreicht man dieses Ziel noch durch eine Mahlsteuer, welche jenes Getreide trifft, welches in größern und selbständigen Mühlen vermahlt wird [1].

Die Klage ist wohl gerecht, daß die Mahlsteuer das Brod der Armen vertheuert und kein Staat wird ohne zwingende Gründe zu dieser Steuer greifen, die obendrein schwer eine gerechte und allseitige Repartition zuläßt. Denn wer sich sein Getreide auf kleinen Hausmühlen mahlt, entgeht derselben ganz.

Nicht weniger schwierig ist die Veranlagung der Fleischsteuer [2].

Vieh wird überall produzirt — Landmann und Städter können Vieh aufziehen und auffüttern. Wie schwierig gestaltet sich da die gerechte Bemessung und Veranlagung.

Diese Schwierigkeiten führten zu dem Aushilfsmittel von solchen Nahrungsmitteln, deren Genuß am Lande sich zum Zwecke der Besteuerung nicht controliren lasse, die Steuer nur bei deren Einfuhr in „geschlossene" Städte zu fordern. Die Städte wurden zu diesem Zwecke mit „Verzehrungssteuerschranken" umgeben bei denen mit der Zeit nicht nur Fleisch und Brod, sondern die verschiedensten Nahrungsartikel, als Butter, Milch, Eier, Geflügel u. dgl. einer Steuer (Accise) unterworfen ward.

---

[1] Rau II. 185 § 431. Schäffle l. c. 402.
[2] Rau l. c. § 432. Schäffle l. c. 405.

Oesterreichische Verzehrungssteuer.

§ 59.

Eine allgemeine Verzehrungssteuer wurde in Oester=
reich durch die a. h. Entschließung vom 25. Mai 1829 eingeführt.
Dieser Steuer unterliegen eine größere Anzahl von Consum=
tionsartikeln in sogenannten geschlossenen Städten, eine kleinere
auf dem offenen Lande. Und zwar auf letzterem nur: Bier,
Wein, Wein= und Obstmost, gebrannte geistige Flüssigkeiten, Schlacht= und
Stechvieh; in ersteren obendrein noch andere Consumtionsartikel, als
Reis, Mehl, Brodfrüchte, Hülsenfrüchte, Gemüse, Obst, Fette u. dgl. [1]).
Was die Art und Weise der Steuerbemessung anbelangt, so ist die=
selbe für jeden der betreffenden Consumtionsartikel der Beschaffen=
heit desselben entsprechend. So ist der Bemessungsvorgang bei
der Biersteuer durch den Finanzministerialerlaß vom 13. December
1852, die kaiserliche Entschließung vom 26. August 1854 und das
Gesetz vom 25. April 1869 geregelt. Hiernach wird bei der Er=
zeugung des Bieres die Verzehrungssteuer nicht bloß nach der Menge,
sondern auch mit Rücksicht auf die Gradhaltigkeit des erzeugten Ge=
tränkes eingehoben.

Der Bemessungsvorgang bei gebrannten geistigen Flüssigkeiten ist
in dem Branntweinsteuergesetz vom 27. Juni 1878 so wie in dem
zu diesem Gesetze erflossenen Vollzugsvorschriften und Belehrungen
geregelt [2]).

Die beiden ebengenannten Tranksteuern haben das Gemeinsame,
daß sie von den Brauern und Brennern nach einer während des
Erzeugungsprozesses vorgenommene Bemessung entrichtet werden. Eine
solche Art der Einhebung ist aber nur bei Bier und gebrannten
Flüssigkeiten möglich, bei Wein, Wein= und Obstmost, endlich beim
Fleisch muß ein anderer Vorgang beobachtet werden, da die Pro=
duktionsstätten unverhältnißmäßig zahlreich und die Controlle jeder
einzelnen derselben unmöglich wäre.

In geschlossenen Städten ist nun die Sache sehr einfach. Es
bestehen Tarife [3]), nach denen von diesen Consumtionsartikeln die

---

[1]) Blonski II. 8 ff.
[2]) Daselbst S. 42 ff.
[3]) Bei Blonski II. S. 108 abgedruckt.

Verzehrungssteuer bei der Einfuhr in die Stadt, an der Verzehrungs-steuerlinie entrichtet werden muß.

Schwieriger gestaltet sich die Sache am offenen Lande. Hier findet die Einhebung der Verzehrungssteuer von Wein, Weinmost, Obstmost und Fleisch im Wege der Solidarabfin-dung in der Art statt, daß ein freiwilliges Uebereinkommen mit der Gesammtheit der steuerpflichtigen Gewerbsunternehmer eines Ortes oder eines mehrere Orte umfassenden Bezirkes oder mit der an Kopfzahl und Gewerbeumfang überwiegenden Mehrheit dieser Gewerbsunternehmer abgeschlossen wird [1]). Statt einer solchen Ab-findung mit der steuerpflichtigen Gesammtheit wird aber auch oft der ganze Verzehrungssteuerbezug in Pacht gegeben und zwar mit-telst öffentlicher Versteigerung. Die alte in früheren Jahrhunderten allgemein übliche Methode der Verpachtung der Steuern, von denen man auf andern Gebieten des Steuerwesens meist schon abgekommen ist, erhält sich nur noch auf diesem engen Gebiete aus zwingenden Opportunitätsgründen [2]).

Genußmittelbesteuerung.

§ 60.

Von der Besteuerung der allgemeinsten und nothwendigsten Genußmittel schreitet der Staat langsam zu der Besteuerung von minder nothwendigen und minder allgemeinen Genußmitteln vor und nach den physischen Genuß und Reizmitteln kommen die moralischen (die aber oft unmoralisch sind) an die Reihe. Doch ist festzuhalten, daß mit der Abnahme der Allgemeinheit und Nothwendigkeit die Höhe der Steuereinnahme abnimmt — die Einnahme aus der Zuckersteuer steht in gar keinem Verhältnisse zur Einnahme aus dem Salzgefälle u. s. w. [3]). Zu den moralischen Genußmitteln gehören allerhand, Spiele und Unterhaltungen; auf diesem Gebiete bilden die Spielkarten ein recht praktisches Steuerobject. Der Staat greift aber auch zur Besteuerung instructiver geistiger Genüsse, wie z. B. des Zeitungslesens durch den Zeitungsstempel, was durch-aus nicht zu billigen ist, da die Zeitungen ein wichtiges Förderungs-

---

[1]) Ausführlicher darüber Blonski II. 109. [2]) Ueber den Vorgang bei diesen Pachtungen Blonski II. 114 ff. [3]) Ueber Zuckersteuer Schäffle l. c. 408.

mittel der Aufklärung sind, an deren Verbreitung der Staat ein wichtiges Interesse hat. Hieher gehört auch der Kalenderstempel, der einer möglichen größeren Entwicklung einer populären Kalender= literatur ebenfalls hinderlich ist, namentlich bei Volksstämmen, die noch auf primitiver Culturstufe stehen und bei denen der Kalender oft die einzige Quelle der Belehrung ist.

Oesterreichische Zuckersteuer, Spielkarten=, Kalender= und Zeitungs= stempelsteuer.

§ 61.

Die Zuckersteuer ist in Oesterreich erst mit a. h. Entschließung vom 12. November 1849 eingeführt. (Dazu der Finanzministerial= erlaß vom 28. November 1849.) Dieselbe bezieht sich nur auf Zucker, der aus inländischen Stoffen erzeugt wird; der ausländische Zucker wird durch den Einfuhrzoll getroffen.

Seit dem 1. August 1878 wird diese Steuer, ähnlich der Bier= und Branntweinsteuer während des Erzeugungsprozesses und zwar nach der Leistungsfähigkeit der Saftgewinnungsapparate bemessen und eingehoben.

Diese Steuer brachte in der Betriebsperiode 1878/79 ein Rein= erträgniß von 6,000.000 fl. und ist ebenfalls im Steigen begriffen [1]).

Die Spielkartengebühr wurde in Oesterreich durch das Gesetz vom 6. September 1850 eingeführt. Durch dasselbe Gesetz wurden Kalender und Zeitungen einer Stempelgebühr unterworfen [2]).

Staatsschuldenwesen.

§ 62.

Wenn die Bedürfnisse des Staates durch die Einnahmen aus den Steuern und Abgaben nicht bedeckt werden können, so bleibt nichts anderes übrig, als zu Anlehen zu greifen [3]).

Die Staaten des Alterthums, insbesondere des Orients, mit ihrem unbeschränkten und despotischen Verfügungsrecht über all und jeden Besitz der Einzelnen, brauchten zu diesem Mittel nicht zu greifen. Was nur im Eigenthum der Unterthanen stand, der Gesammtbesitz des Volkes war ohnehin zu jeder Zeit und in jedem Bedarfsfalle

---

[1]) Blonski II. 88 ff. [2]) Daselbst 265 ff.
[3]) Hock l. c. 265. Rau II. § 471.

zu ihrer Verfügung. Uebrigens machte erst eine entwickelte Geld=
wirthschaft die Ausbildung des Staatsschuldenwesens möglich.

So oft die Finanzwissenschaft von Staatsschulden handelt, stellt
sie sich immer auf den rein privatwirthschaftlichen Standpunkt und
predigt die bekannte Lehre · keine Schulden machen! Es wird
dem Staate die spießbürgerliche Politik zugemuthet, nicht mehr aus=
zugeben als er einnimmt, und nicht mehr Schulden zu machen, als er
bezahlen kann. Diese „Lehren" beruhen auf einer vollkommenen
Verkennung des prinzipiellen Unterschiedes zwischen Staat= und Pri=
vatwirthschaft. Der Staat aber hat mit den Aufgaben der Privat=
wirthschaft gar nichts zu thun. Der Private muß trachten, seinen
Unterhalt zu erwerben und sich eine gesicherte Existenz zu verschaffen,
die er nur in einem Fond von Geldmitteln findet. Dem Privaten
wird nur so viel geborgt, wie viel er selbst während seines Lebens
und in kurzen Fristen zurückzahlen kann. Die Mittel des Privaten
sind beschränkt; sie reichen nur so weit, wie seine gegenwärtige wirth=
schaftliche Macht, oder höchstens wie die wirthschaftliche Macht, zu
der er in seinem Leben noch gelangen kann.

Ganz anders verhält es sich mit dem Staate. Das Leben des
Staates reicht über Generationen, über Jahrhunderte hinaus. Er
kann sehr wohl seine Mittel aus der Zukunft schöpfen, aus der=
jenigen wirthschaftlichen Macht, die das Volk in der fernsten Zu=
kunft zu erreichen fähig ist. Diese Zukunft ist nur bedingt durch
die Existenz des Staates, und für Erhaltung derselben ist kein Opfer
zu groß, möge es auch die fernsten zukünftigen Generationen belasten.
Der Erhaltung des Staates müssen alle möglichen Opfer gebracht
werden. Was der Staat gegenwärtig an materiellen Mittel braucht,
das muß er sich verschaffen. Einst verschaffte er sich diese Mittel
nöthigenfalls mit Gewalt; heutzutage kann er sich dieselben, so weit
die Steuern dazu nicht hinreichen, mittelst Schulden verschaf=
fen, die nichts anderes sind, als die Vorausnahme der Steuern zu=
künftiger Generationen. Da die Leistungsfähigkeit dieser Genera=
tionen der Zukunft unermeßlich ist, so richtet sich die Größe der
durch den Staat zu machenden Schulden nur nach der Möglich=
keit der Aufbringung derselben. Der Staat darf so viel Schulden
machen, als er braucht und als er kann. Nur nach seinen wirk=
lichen Bedürfnissen und nach der Möglichkeit der Contrahirung von

Anlehen richtet er sich. Keineswegs aber kann die privatwirthschaft=
liche Regel vom Sparen und Nicht=Schuldenmachen für ihn irgend=
wie maßgebend sein.

Man pflegt oft einen Unterschied zu machen zwischen produc=
tiven und unproductiven Anlehen des Staates und ist geneigt, den
ersteren wohl einen größeren Spielraum zu gestatten, den letzteren
aber alle Berechtigung abzustreiten. An und für sich wäre gegen
eine solche Unterscheidung nichts einzuwenden, wenn es nur für die
Grenze zwischen productiven und unproductiven Ausgaben des Staates
eine feste Norm gäbe.

Am häufigsten pflegt man auch hier falsche privatwirthschaft=
liche Analogie zu treiben, und jedes mehr oder weniger sichtbar zin=
senbringende Unternehmen, auf welches der Staat Geld ausgiebt,
für productiv anzusehen; höchstens, daß man in neuester Zeit alle
Ausgaben für Schulen und Unterricht zu den productiven zählt —
unerbittlich aber werden Ausgaben für pure Machtzwecke des Staates
für Krieg und Herrschaft zu den unproductiven gezählt. Das ist
entschieden ein Irrthum. Zu den unproductiven könnte man höch=
stens in einem absoluten Staate unnützen, zu den Mitteln des Staates,
in keinem Verhältnisse stehenden Aufwand des Hofes rechnen, der
jedoch in seltenen Fällen nur irgendwie in die Wagschale fällt. Im
übrigen aber muß jede Ausgabe, die die Erhaltung des Staates, die
Befestigung und Ausbreitung seiner Herrschaft bezweckt, als pro=
ductiv angesehen werden. Der Staat kann gar keine productivere
Ausgabe machen, als für seine Machtzwecke. Denn Macht ist die
Seele des Staates — was seiner Macht dient, das dient seiner Er=
haltung, seiner Zukunft. Für diese Machtzwecke kann er getrost
immer die Kräfte künftiger Generationen mittelst des Credites in
sein gegenwärtiges Joch spannen — sie werden es leicht tragen, denn
sie werden ja einst die Erbschaft dieser Macht antreten. Die Vor=
stellung, daß der Staat, wenn er mehr borgt als er zahlen kann,
mit der Zeit bankrottiren müsse, ist eine sehr naive. Die heutige
Organisation des Credites und der Staatsanlehen, die Fülle der
immer wachsenden Capitalien, läßt einen Staatsbankrott nur als
Folge höchster Ungeschicklichkeit der leitenden Staatsmänner oder der
ohnehin den Staat übermanenden Altersschwäche erscheinen. Kein
lebensfrischer Staat geht an Schulden zu Grunde: der Untergang

eines Staates kann nur aus andern Ursachen, die mit seinen Schulden
nichts zu thun haben, entspringen. Schulden machen keinen Staat
hinfällig: im Gegentheil sie erhöhen nur das allgemeine Interesse an
seiner Erhaltung.

Anm. Schon Rau meint, „Anlehen entziehen die Capitale einer
hervorbringenden Anlegung und zehren sie auf (!) ausge-
nommen, wenn die geborgten Summen für Eisenbahnen, Canäle,
Straßen u. dgl. verwendet werden." (l. c. II. § 474). Auch Hock
nennt eine productive Ausgabe eine solche, „welche die Vermehrung
der Einkünfte des Staates oder des Volkes in Aussicht stellt, z. B.
der Bau einer Straße, eines Canals, einer Eisenbahn" und
empfiehlt für diesen Fall die Aufnahme eines Anlehens. Nur warnt
er davor „der Zukunft eine Last aufzubürden, die sie nicht zu tragen
vermag." (S. 278). Wer kann sich aber über die Leistungsfähigkeit der
Zukunft ein Urtheil anmaßen? Die privatwirthschaftliche Analogie ist
hier immer zu übergroßer Aengstlichkeit geneigt und schädigt oft in
überspannter Sorge für die Zukunft die Interessen der Gegenwart.
Man darf nicht vergessen, daß der moderne Staat meist bei seinen
eigenen Capitalisten borgt, und daß die Interessen, die er zahlt, die
Rente dieser Capitalisten bildet.

Wenn also Hock ängstlich ausruft: „welche Last für den Staat
sind große Staatsschulden, sie fordern zur Abzahlung der Interessen
und Capitalsraten hohe Steuern," so verkennt er die wahre Sachlage,
daß eine Staatsschuld eine Art Compagniegeschäft zwischen den Capitalisten und dem Staate ist, von denen die ersteren dem letzteren die
Mittel zu seiner Erhaltung liefern, um sodann die Früchte dieses Com-
pagniegeschäftes gemeinsam zu genießen. Staat und Capital helfen sich
gegenseitig aus in der Erhaltung einer geordneten staatlichen Herrschaft
und genießen sodann gemeinschaftlich den Nutzen derselben. Hock meint,
das sei „eine schimpfliche Abhängigkeit des Staates von den Geldmän-
nern". Wenn das Borgen nicht schimpflich ist, so sollte es auch das
Zinsenzahlen nicht sein. Diese „Geldmänner" sind eben die besitzenden
und herrschenden Classen. Von diesen ist der Staat immer abhängig,
denn ihre Herrschaft über den Nichtbesitz ist eben der Staat. Früher
waren es ausschließlich grundbesitzende Classen, die diese Herrschaft
übten — heute sind es auch „Geldmänner". Existirte je ein Staat,
der nicht auf der Abhängigkeit des Nichtbesitzes vom Besitz basirte?
Wie dieser Besitz beschaffen ist, ist nur eine Frage der Zeit und der
Entwicklungsstufe des Volkes. Vergl. darüber Behr, Lehre von der
Wirthschaft des Staates, Leipzig 1822, der den Ausspruch thut: „Wir
und unsere Nachkommen sind zur Arbeit in den Minen der Staatsgläubiger verurtheilte Taglöhner." Das ist theilweise richtig: nur das
jeder von uns sehr leicht auch an dieser Staatsgläubigerschaft Antheil

nehmen kann — und daß der größte Theil dieser Staatsgläubiger also der Minenbesitzer zugleich auch die Taglöhner sind.

Staatsschuldenaufnahme.

§ 63.

Ueber die Art und Weise der Contrahirung von Anlehen, über die verschiedenen Arten der Staatsschulden und der Methode ihrer Verzinsung und Rückzahlung handelt weitläufig die Finanzwissen=schaft. Sie untersucht den Einfluß der Staatsverschuldung auf den wirthschaftlichen Zustand des Volkes und auf die Macht des Staates; sie giebt aus Gründen der „allgemeinen Wohlfahrt" der einen Art von Schulden einen Vorrang vor andern; empfiehlt die eine Art der Verzinsung mehr als die andere. Diese Lehren der Finanz=wissenschaft sind für die Finanzverwaltung allerdings instructiv: doch hängt die Art und Weise der Anlehens=Contrahirung viel weniger von Grundsätzen und Lehren der Finanzwissenschaft, als von den thatsächlichen Verhältnissen des Geldmarktes ab [1]. Der Staat kann nur ein solches Anlehen aufnehmen, wie es ihm gegeben wird. Ge=wiß kann mehr weniger auch eine Wahl zwischen verschiedenen An=lehen vorkommen; doch in einem gegebenen Momente wird der Unter=schied der angebotenen Anlehen nie bedeutend sein, weil jeder gege=bene Zeitpunkt von denselben Verhältnissen des Geldmarktes beherrscht wird und die dem Staate in einem gegebenen Zeitpunkt gestellten Bedingungen nur innerhalb einer sehr engen Grenze zu seinem grö=ßeren oder geringeren Vor= oder Nachtheil differiren.

Wichtiger ist freilich für die Finanzverwaltung die Wahl des Zeitpunktes in dem sie an den Geldmarkt herantritt; leider ist aber auch diese Wahl meist eine sehr beschränkte, da die Nothwendigkeit der Bedeckung des Deficits auch ihr wieder eine feste Grenze zieht. Der Staat muß zu der Zeit borgen, wo er das Geld braucht; eine größere Vorsicht wird die Nothwendigkeit etwas früher einsehen und sich bei Zeiten vorsehen — wer aber kann bei den ewigen Fluktua=tionen des Geldmarktes und der denselben beherrschenden Strömungen

---

[1] „Allgemeine Regeln lassen sich für die Wahl dieser Formen (der Anlehen) nicht geben und diese sind nicht von absoluter Giltigkeit, denn selten hat der Staat die Macht über den Geltmarkt die Bedingungen des Anlehens so zu stellen, wie sie ihm am vortheilhaftesten wären." Hock 284.

des Weltverkehrs den günstigen Zeitpunkt für die Contrahirung eines Anlehens voraussehen? Die Staatsverwaltung kann nicht ein Anlehen contrahiren des günstigen Momentes wegen, wenn sie kein Anlehen braucht. Eher schon kann sie mit einem benöthigten Anlehen, wenn es nicht dringend ist und der Moment ungünstig ist, einige Zeit warten — doch nicht ohne Risico im dringenden Momente eine noch ungünstigere Constellation vorzufinden.

Mit einem Worte, die Staatsverwaltung sieht sich auf diesem Gebiete den Fluktuationen der Börse preisgegeben — diese aber ist immer und überall eine Art Hazardspiel, für welches es keine Regel giebt.

Auch für die Beschaffenheit des Anlehens, für die Art und Weise der Festsetzung der Rückzahlungsmodalitäten, für die Methode und den Plan der Interessenzahlung und Amortisation kann die Staatsverwaltung keine bestimmten von ihrem Vortheil allein abhängigen Normen beobachten: denn sie muß hier auf die Disposition des die Schuldtitel kaufenden Publikums bedacht sein. Nichts ist hier gefährlicher wie Pedanterie. Die Staatsverwaltung muß hier die Geschmacks- und Moderichtung dieses Publikums berücksichtigen und demselben solche Schuldtitel bieten, weil sie demselben momentan gerade behagen.

Die Erfahrung lehrt, daß auch hier wie überall vom geldbesitzenden Publikum der Satz gilt: varietas delectat. Besitzt dieses Publikum schon recht viel nichtamortisirbarer Renten, dann wird es für ein Lottoanlehen empfänglicher sein. Sind schon viel Schuldtitel mit Silberverzinsung im Umlauf, dann wird eine Goldrente den Appetit desselben besonders reizen u. s. w. Hier giebt es also keine allgemeine Regeln, nur eine einzige — kluge Ausnützung des Momentes zum Wohle des Staatsschatzes.

Arten der Staatsschulden.
§ 64.

Je nach den verschiedensten Bedürfnissen die den Staat zu einem Anlehen drängen, den verschiedensten Zwecken, die er dabei verfolgt, der verschiedenen Art und Weise, wie er das Anlehen contrahirt und der verschiedenen öffentlich-rechtlichen Stellung, die er dabei einzunehmen sich entschließt: werden verschiedene Arten von

11*

Anlehen unterschieden, von denen wir die wichtigsten hier erwäh=
nen wollen.

Man unterscheidet zuerst freiwillige oder vertragsmäßige
von Zwangsanleihen, je nachdem der Staat das Anlehen er=
zwingt oder sich mit der Stellung eines Privatcontrahenten be=
gnügt[1]). Man kann wohl im Allgemeinen den Satz aufstellen, daß
jeder Staat so lange es vorziehen wird freiwillige Anlehen zu con=
trahiren, so lange ihm solche zur Verfügung stehen. Ist letzteres
nicht der Fall dann hat der Staat keinen anderen Ausweg als den
des Zwanges — dieser ultima ratio, zu der er in Fragen seiner
Selbsterhaltung immer und überall seine Zuflucht nehmen muß.

Je nachdem der Staat das Anlehen „zu einer bloß augenblick=
lichen Aushilfe" (Rau) oder auf lange Zeit contrahirt und dabei
im ersten Falle eine baldige Rückzahlung ins Auge faßt, im zweiten
Falle eine „Fundirung" der Schuld vornimmt, d. h. einen festen
Fond schafft, eine stetig fließende Quelle eröffnet behufs Tilgung
der Schuld in längerer Zeit: spricht man von schwebenden („lau=
fenden" bei Hock) und fundirten Schulden („stehende" bei Hock).

Die freiwilligen und fundirten Anlehen, werden nach den ver=
schiedenen, ihre Rückzahlung und Interessenzahlung betreffenden Ver=
tragsbestimmungen unterschieden. Darnach kann es geben einfache
verzinsliche Anlehen mit einer bestimmten Frist zur Rückzahlung,
Anlehen auf Kündigung, sei es von Seiten des Gläubigers oder des
Schuldners, endlich die gewöhnlichste Art von Staatsschulden, die
Renten, d. h. Anlehen, bei denen nur die perpetuirliche Zinsenzahlung
ohne Rückzahlung des Capitals stipuliert wird, wobei sowohl dem
Gläubiger der Verkauf als auch dem Staate die Einziehung der
Schuldtitel auf der Börse möglich ist.

Ferner kann die Interessenzahlung entweder ganz vertreten werden
durch ausgelooste Gewinnste oder dieselbe kann zu Gunsten solcher Ge=
winnste etwas ermäßigt werden (verschiedene Arten von Lottoanlehen).

Wo die Valutaverhältnisse schwankend geworden und zwischen
Papiergeld und Silbergeld ein Disagio besteht, oder wo doppelte
Währung besteht, oder eine ausländische Goldwährung gegen die
einheimische Silberwährung mißtrauisch macht: können die Staats=
schuldentitel und ihre Interessen auf Papier, Silber oder Gold lauten,

---

[1]) Rau l. c. II. 266 § 485. Hock S. 288.

und man unterscheidet darnach Papier-, Silber- und Goldrenten oder Schulden im allgemeinen.

So wie diese verschiedenen Arten von Schulden nicht etwa aus einem apriorischen Satze abgeleitet, sondern aus der unendlichen Manigfaltigkeit der wirklichen Verhältnisse entsprungen sind: so ist auch ihr Kreis nie geschlossen. Die lebendige Entwicklung der Staaten und des wirthschaftlichen Verkehrs wird immer neue Arten und Formen von Staatsanlehen erzeugen, denn die Staaten werden nie aufhören als Organisationen, die auf Generationen und Jahrhunderte berechnet sind, diese künftigen Generationen und Jahrhunderte durch das Mittel des Credits zum Dienst der Gegenwart heranzuziehen. —

Oesterreichische Staatsschulden.

§ 65.

So lange die einzelnen Regenten auf ihre eigene Verantwortlichkeit und eigenen Namen, wenn auch zur Bedeckung von Bedürfnissen des Staates (z. B. Krieg) Schulden contrahirten: kann von einer eigentlichen Staatsschuld keine Rede sein. Zudem waren solche in früheren Jahrhunderten häufig contrahirte Schulden meist schwebende, d. h. die Rückzahlung derselben wurde in mehr oder weniger kurzer Zeit versprochen und meist geleistet.

Das eigentliche Staatsschuldenwesen, zugleich also die Contrahirung von fundirten Anlehen, beginnt in Oesterreich mit dem Jahre 1703. Vermittelst der damals gegründeten Wiener Stadtbank (Wiener Stadtbanco) emitirte die österreichische Regierung Banco-Obligationen, welche die ersten öffentlichen Staatsanlehen in Oesterreich bildeten. Zu Ende des 18. und Anfang des 19. Jahrhunderts wurden mehrere Anlehen mittelst Emission von Lotto-Obligationen contrahirt.

Eine übliche Aushilfe in den Finanznöthen des Staates war damals eine Berufung an die Stände, die dem Staate Geldmittel zur Verfügung stellten, oder für ihn Anlehen contrahirten. Solche „ständische Aerarialschulden" häuften sich namentlich zur Zeit der Napoleonischen Kriege in Oesterreich.

Im Jahre 1811 wurde die Zinszahlung all dieser Staatsschulden auf die Hälfte reduzirt, auf welche Maßregel man den Namen eines Staatsbankrotts nicht ganz mit Recht anwendet.

Seit dem Jahre 1815 wurden in Oesterreich Anlehen meist mittelst Emission von 5% Obligationen, die man später Metal= liques nannte, aufgenommen. Diese Anlehen unterlagen keiner genauen Controle und ihre Höhe läßt sich nicht genau ermitteln. Im Jahre 1830 versuchte man die bis dahin ausgegebene 5% Metalliques=Schuld in eine 4% zu convertiren; diese Operation ge= lang jedoch nicht. Seit dem Jahre 1831 bis 1867 gab es nur wenige Jahre, in denen die österreichische Regierung nicht neue An= lehen aufnahm, und zwar that sie dieses meist durch Vermittlung großer Bankhäuser, und wenn auch im Durchschnitt zu 5% doch in der manigfachsten Form, als: Silberanlehen, Lottoanlehen, Steuer= anlehen, Nationalanlehen (allgemeine Subscriptionen), Domänenanlehen (mit Verpfändung der Domänen ꝛc.[1]).

So war denn die österreichische Staatsschuld nach und nach bedeutend angewachsen und betrug Anfangs 1868 nicht weniger als rund 2.712,000.000[2]).

Durch das Gesetz vom 20. Juni 1868 ist der größte Theil dieser Schuld unificirt d. h. in eine einheitliche Rentenschuld umgewandelt wor= den. Dieselbe belief sich Ende December 1879 auf rund 2.309,200.000 und ihre Verzinsung allein auf rund 96,980.000 fl. ö. W.[3]). Sowohl diese Rentenschuld wie alle andern älteren österreichischen Staats= schulden sind gemeinschaftliche österreichisch=ungarische Staatsschulden und belasten die gesammte Monarchie. Seit dem Jahre 1868 jedoch beginnt in Oesterreich eine neue Art Anlehen — und zwar Sonder= anlehen der einzelnen Reichshälften. So wurde mit Gesetz vom 18. März 1876 eine besondere 4% Rentenschuld der im Reichs= rathe vertretenen Königreiche und Länder geschaffen — und in neuester Zeit ist auf diesem Wege fortgeschritten worden, so daß jetzt jede Reichshälfte außer der gemeinsamen Staatsschuld noch ihre besondere Schulden zu tragen hat.

---

[1] In ein Tableau zusammengestellt bei Blonski II. 386.

[2] Beer l. c. 259.

[3] Ausführlicher bei Beer l. c.

Staatsrechnungs- und Controlswesen.

§ 66.

Mit dem Wachsthum jedes Staates, mit der Ausbreitung seines Gebietes und Ausbildung des Behördensystems entsteht das Staatsrechnungs- und Controlswesen.

Ueber die Einnahmen, die sie für den Staat besorgen, und über die Ausgaben der Staatsgelder fordert der Staat von seinen Organen genaue Rechnung.

Dieß führt mit der Zeit zur Einführung eines Rechnungs- und Controlswesens über dessen wirksamste Organisation besondere, der kaufmännischen Buchhaltung nachgebildete Regeln und Grundsätze, bestehen. (Staatsrechnungskunst.) Dazu kommt es schon in dem absoluten Staate, wo die Organe der Regierung dem Staatsoberhaupte für all ihr Gebahren verantwortlich sind.

Aber schon in der ständischen Monarchie des Mittelalters, insbesondere in der Geschichte des englischen Parlamentarismus finden wir die Anfänge eines andern Staatsrechnungs- und Controlswesens nähmlich dasjenige, mittelst welches das Staatsoberhaupt und dessen Regierung den Vertretern der Stände, über die Verwendung der ihnen bewilligten Gelder und Steuern Rechenschaft ablegen [1]).

Aus solchen Anfängen ergab sich nach mehrhundertjähriger Entwicklung das moderne „Budgetrecht" der Parlamente, wornach die Regierung der Volksvertretung gegenüber verpflichtet ist, über die Verwendung der Einnahmen Rechenschaft zu legen und die künftige Verwendung der zu bewilligenden Einnahmen in einem Staatsvoranschlage (Präliminar) im voraus darzulegen und für dieselbe die Bewilligung des Parlaments zu erlangen.

Die Erörterung über Umfang, Tragweite und Bedeutung des Budget r e c h t s gehört in das Verfassungsrecht [2]).

---

[1]) Im Jahre 1378 bewilligt das englische Parlament dem Könige Subsidien, wogegen der Kanzler R e c h n u n g s l e g u n g verspricht. Vergl. Guizot: Histoire des origines du gouvernement représentatif.

[2]) Vergl. Gneist's Schriften: „Gesetz und Budget" und „Budget und Gesetz." Unser: „Rechtsstaat und Socialismus" II. § 31. Gesetzliche Bestimmungen über das Budgetrecht s. Art. 69 und 72 der deutschen Reichsverfassung; für Oesterreich Gesetz vom 21. December 1867 Nr. 141 R.-G.-B., wodurch das Grundgesetz vom 26. Februar 1861 abgeändert wird § 11 lit. c. (Manz'sche Gesetzesausgabe Bd. 19 S. 35).

Hier interessirt uns nur die Art und Weise, wie die Staats=
verwaltung das jährliche Zustandekommen des sog. Finanzgesetzes
bewerkstelligt, und wollen wir hierfür speziell die heutige österreichische
Praxis ins Auge fassen.

Zu diesem Zwecke wird im Finanzministerium der sog. Vor=
anschlag für das nächste Verwaltungsjahr ausgearbeitet [1]. Dieses
geschieht auf Grundlage der von den einzelnen Ministerien und Cen=
tralstellen über ihre „Erfordernisse" und die demselben entgegen=
stehenden „Einkünfte" erstatteten Zusammenstellungen (Theilvoran=
schläge). Der ganze, alle Zweige der Verwaltung umfassende Staats=
voranschlag (Budget) enthält zwei Hauptrubriken: Erfordernisse
und Bedeckung. Die erste Rubrik enthält die nöthigen Aus=
gaben, die zweite die voraussichtlichen Einnahmen. Ausgaben
und Einnahmen werden in ordentliche und außerordentliche unter=
schieden, je nachdem sie durch den regelmäßigen alljährlich sich gleich=
bleibenden Gang der Verwaltung bedingt sind oder nicht.

Dieses Budget gelangt an die Volksvertretung als Antrag
der Regierung; passirt daselbst alle Stadien parlamentarischer Be=
handlung und Beschlußfassung und wird sodann von der Krone sanc=
tionirt und als „Finanzgesetz" kundgemacht.

Das Finanzgesetz dient der Regierung als oberste Directive,
nach der sie sich in der Verausgabung der vom Parlament bewilligten
Staatseinnahmen zu richten hat. Ueber diese Verausgabung haben
die betreffenden Behörden jährlich Rechnung zu legen; die von den
Cassen und ausübenden Aemtern vollzogenen Gebahrungen werden als
nach Capiteln, Titeln und Paragraphen des Voranschlages gegliederte
Gebahrungsausweise und Rechnungsabschlüsse an den obersten
Rechnungshof eingesendet, von welchem dieselben geprüft und als
Grundlage zu einem Centralrechnungsabschluß benützt wer=
den. Letzterer gelangt sodann an den Reichsrath, der denselben prüft
und wenn er alles in Ordnung findet, der Regierung das Abso=
lutorium ertheilt.

Neben dieser höchsten Controle über die ganze Finanzgebahrung
der Staatsverwaltung existirt noch eine specielle Controle des Staats=
schuldenwesens, und zwar wird diese von der „Staatsschuldcontrols=

---

[1] Vergl. Blonski II. 362.

Commission des Reichsrathes" geübt, die aus 6 Mitgliedern und 3 Ersatzmitgliedern besteht, welche aus beiden Häusern des Reichsraths für die Dauer des Mandates des Abgeordnetenhauses gewählt werden. Diese Commission prüft alle auf die Staatsschuld bezüglichen Handlungen der Regierung, nimmt Einsicht in die betreffende Buchführung und veröffentlicht halbjährige Ausweise über den Stand der Staatsschuld und erstattet alljährlich einen Bericht an den Reichsrath.

A. III.
Verwaltung der auswärtigen Angelegenheiten.

Gesandtschaftswesen.

§ 67.

Wenn die Finanzverwaltung in ihrem ersten Stadium die Auf= gabe hat, dem Kriege aus dem Innern des Staates die möglich= sten Hilfsmittel zu liefern; so hat die Verwaltung der auswärtigen Angelegenheiten den Zweck, theils durch friedliche Vermittlung den Krieg zu ersparen, oder den begonnenen räumlich und zeitlich zu beschränken, theils die Resultate des Krieges für den Staat mög= lichst auszunützen. Auf ihrer heutigen Stufe aber umfaßt die Ver= waltung der äußeren Angelegenheiten, wie Laband es ausdrückt, „die gesammte Thätigkeit" des Staates „um die Rechte und Interessen desselben andern Staaten gegenüber, oder die Rechte und Interessen der Staatsangehörigen im Auslande zu wahren."

„Diese Thätigkeit wird theils von dem auswärtigen Amte ... also im Inlande, theils von Gesandtschaften und Konsulaten im Aus= lande selbst geleistet" [1].

Die Entwicklung des Gesandtschaftswesens geht von nur gele= gentheilichen Gesandtschaften an einzelne auswärtige Staaten zur stabilen Errichtung derselben in allen civilisirten Staaten der Welt: von einzelnen Gesandten zu einem ganzen, hyerarchisch geordneten Gesandtschaftspersonale, und zu einer durch Gewohnheit und Gesetz bestimmten Rangordnung der durch die manigfachsten Namen sich unterscheidenden Personen im diplomatischen Dienste [2].

---

[1] Vergl. Laband Deutsches Staatsrecht B. II. S. 239.

[2] Die einschlägigen Materien behandeln: Hugo Grotius: de jure belli ac pacis 1625. Sodann folgen Lehrbücher des Völkerrechts von Pufen=

Stabile Gesandtschaften bei auswärtigen Staaten kannten die Staaten des Alterthums nicht. Es war schon ein großer Fortschritt in den internationalen Beziehungen, als man die Personen der gelegentlich an fremde Staaten delegirten Gesandten für unverletzlich erklärte [1]. Das Institut der Gesandten in großem Maßstab in Europa eingeführt zu haben, ist ohne Zweifel ein Verdienst der Päpste. Die manigfachen, weitverzweigten und immerwährenden Interessen, die das Papstthum in allen Ländern für sich zu wahren hatte gab reichliche Veranlassung zu außerordentlichen Gesandtschaften die sich dann in bleibende verwandelten [2].

Andererseits hatten auch die europäischen Staaten nicht minder wichtige Interessen in Rom zu wahren, wozu sie wieder ihre ständigen Gesandten bei den Päpsten unterhielten. Die Sitte, ständige Gesandtschaften bei den wichtigern weltlichen Höfen Europas zu politischen Zwecken zu unterhalten, ward zuerst von Richelieu eingeführt. So gab französischer Absolutismus nicht nur das Beispiel stehender Heere, sondern auch stehender Gesandtschaften.

Endlich hat es oft, wie Ad. Smith richtig bemerkt, das „Handelsinteresse nothwendig gemacht, Abgesandte an Höfe zu schicken, die wegen der politischen Verbindungen keine solche Aufmerksamkeit erfordert hätten" [3]. So unterhielt England frühzeitig schon einen ständigen Gesandten in Constantinopel, lediglich der englischen Handelsinteressen wegen. Ebenso hatten die ersten englischen Gesandtschaften nach Rußland bloß Handelsangelegenheiten zum Gegenstand. „Wahrscheinlich sagt Ad. Smith, kommt überhaupt die Gewohnheit der europäischen Regenten, bei allen benachbarten Staaten immer-

---

dorf (1672), Christian Wolf (1749), Vattel (1758), Martens (1785), Klüber (1819), Wheaton (1836), Heffter: das europäische Völkerrecht. 7. Ausgabe von Geffken 1881; endlich Calvo Le droit international Paris 1870, Bluntschli, das moderne Völkerrecht der civilisirten Staaten als Rechtsbuch dargestellt 1872. Holtzendorf: Das europäische Völkerrecht in seiner Encyclopädie der Rechtswissenschaft. Leopold Neumann: Grundriß des heutigen europäischen Völkerrechts. Wien 1877.

[1] Die Geschichte des internationalen Verkehrs im Alterthum ist am weitläufigsten und gründlichsten dargestellt in Laurent: Histoire du droit des gens et des relations internationales Tom I. (1850).

[2] Heffter l. c. S. 416.

[3] Adam Smith Wealth of nations L. III. B. V. Cap. 1.

währende Gesandtschaften zu unterhalten, davon her, daß der Han=
del das Interesse der Einwohner so manigfaltig verwickelt hat.
Wenigstens fängt diese Gewohnheit, die den alten Staaten unbe=
kannt war, in dem neuern Europa nicht vor dem Ende des 15.
Jahrhunderts, d. h. von der Zeit an, da der europäische Handel
sich auszubreiten anfieng und die europäischen Nationen auf das
Handelsinteresse aufmerksam wurden."

In der That war es nächst dem Kirchenstaate zumeist
der Handelsstaat — Venedig, dem die Diplomatie ihren Auf=
schwung verdankt. Handelsinteressen waren es in erster Linie,
die die Republik Venedig dazu veranlaßten, ihre Gesandten an alle
europäischen Staaten, an alle Höfe Europa's zu schicken. Die Art
und Weise, wie die venetianischen Gesandten ihre Aufgabe auffaßten,
die Art und Weise, wie die Republik ihre Gesandtschaften ausnützte,
sind bis heute für dieses Institut maßgebend und mustergiltig. Die
Gesandten Venedigs mußten ihrer Regierung über alles politisch
und ökonomisch Wichtige, das sie in den fremden Staaten zu be=
obachten Gelegenheit fanden, detaillirte Berichte schicken, und diese
Relazioni der venetianischen Gesandten sind heutzutage eine wichtige
Quelle der Geschichte jener Zeiten geworden. Man kann aus ihnen
heute noch ersehen, daß hohe Geistesbildung und ein für politische
und volkswirthschaftliche Zustände geschärfter Blick die Eigenschaften
waren, die für das Amt eines Gesandten vorausgesetzt wurden.

Dreierlei Interessen waren es also, die den internationalen Ver=
kehr der Staaten anbahnten; kirchliche, politische und Handelsin=
teressen. Diese dreifache Quelle des internationalen Verkehrs ist
noch heutzutage in dem verschiedenen Charakter der internationalen
Repräsentanten erkennbar.

An den meisten europäischen Höfen finden wir päpstliche Le=
gaten und Nuntien, überall finden wir die verschiedensten diplo=
matischen Vertreter — und wo immer es Handelsinteressen
zu vertreten giebt, begegnen wir Consuln der verschiedensten Grade
und des verschiedensten amtlichen Charakters.

Da uns die Legaten und Nuntien als Vertreter der Päpste
hier nicht weiter interessiren, so haben wir es nur mit der poli=
tischen Vertretung der Staaten einerseits (diplomatische Vertreter)

und mit der vorwiegend mercantilen Vertretung andererseits (Consuln) zu thun.

Functionen, Rechte und Pflichten der Gesandten.

§ 68.

Fragen wir uns nun, welche Ziele verfolgen die Regierungen mittelst der diplomatischen Vertretung bei auswärtigen Staaten?

Würden die Staaten immer Krieg führen oder immer in voller Kriegsbereitschaft verharren können, dann wäre jede diplomatische Vertretung für sie überflüssig. Die Unmöglichkeit, sowohl des Er= steren wie auch des Letzteren zwingt sie mit den andern Staaten friedliche Beziehungen zu unterhalten und diesem Zwecke dienen die diplomatischen Vertretungen.

Diese friedlichen Beziehungen haben aber für jeden Staat nur dann einen Werth, wenn er dabei, wenn nicht an Macht und Größe zunimmt, doch wenigstens an keiner von beiden das Mindeste ein= büßt. Die Selbsterhaltung nun und die Erhaltung seines vollen Machtbesitzes ist die Bedingung der Pflege der friedlichen Beziehungen. Wird die Existenz oder Macht eines Staates von einem andern Staate in Frage gestellt oder bedroht, und will dieser aggressive Staat von seiner drohenden Haltung nicht abstehen, übergeht er zu feindseligen Handlungen, oder beabsichtigt ein Staat selbst gegen einen andern aggressiv vorzugehen: dann tritt der Krieg in sein Recht dann ist jede diplomatische Vertretung überflüssig, dann wird der diplomatische Verkehr abgebrochen.

Die Aufrechthaltung oder Wiederherstellung freundlicher Be= ziehungen läßt sich, vorausgesetzt, daß keine widerstrebenden Interessen dem entgegenstehen, nur durch moralische Beeinflussung der im staat= lichen Leben maßgebenden Factoren erreichen. Diese maßgebenden Faktoren sind einfach die Herrscher und deren Rathgeber.

Die Personen nun, die gewählt werden, um auf diese ent= scheidenden Factoren Einfluß zu üben, müssen die zu einer solchen Beeinflußung erforderlichen Eigenschaften besitzen.

Jede persönliche Beeinflußung kann sich nur durch das Medium des geselligen Umganges ausüben lassen. Daher sind bei der Wahl von Gesandten und diplomatischen Vertretern von jeher vorzüglich solche Eigenschaften entscheidend gewesen, die dieselben für den ge=

selligen Umgang mit den maßgebenden Factoren des fremden Staates geeignet machten.

Da die größere oder geringere Neigung zu einem geselligem Umgange mit Jemandem Sache des Gefühls und der Sympathie ist, so handelt es sich hier um solche Eigenschaften und solche persönliche Qualificationen, die nicht nur auf den Verstand und den Geist der fremden Machthaber, sondern auch auf ihre menschlichen Schwächen von bestrickender Einwirkung sein können.

Solche persönliche Qualificationen aber sind: vornehme Geburt, vortheilhafte äußere Erscheinung, gewinnendes Benehmen, endlich Klugheit und geistige Bildung.

Da die Wahl der auswärtigen Vertreter immer Sache der Herrscher und Machthaber ist, so hängt die gute Wahl von der Klugheit dieser letzteren ab. Doch haben sich im Laufe von Jahrhunderten in dieser Beziehung gewisse Grundsätze Bahn gebrochen, die aus dem Interesse der Herrscher und Staaten entsprungen, durch Sitte und Gewohnheit geheiligt, die Kraft öffentlicher Satzungen angenommen haben.

Einen solchen Grundsatz bildet in dem Verkehr der europäischen Staaten, insbesondere der Monarchien, daß die im Range obersten Gesandten und Botschafter fast ausschließlich aus den Reihen der hohen Aristocratie gewählt werden. Dieser Grundsatz ist mit Bezug auf das oben Gesagte vollkommen gerechtfertigt. Die gesellschaftlichen Verhältnisse sind immer und überall eine Macht, gegen die der Einzelne vergebens ankämpft.

Ein Gesandter aus einem hocharistokratischen Geschlechte kann im vorhinein am fremden Hofe eines zuvorkommenden und freundlichen Empfanges sicher sein, was doch die erste Bedingung einer Anknüpfung gesellschaftlicher Beziehungen und in weiter Folge einer Ausnützung derselben ist. Nur ausnahmsweise könnte vielleicht eine hervorragende persönliche Begabung verbunden mit äußerlichen persönlichen Vorzügen den Mangel einer vornehmen Geburt im Verkehr an einem fremden Hofe ersetzen. Doch ist ein solches Experiment immer bedenklich und die alte Praxis viel sicherer.

Nicht nur persönliche Eigenschaften, zu denen wir hier auch die vornehme Geburt zählen wollen, auch Reichthum und Aufwand machen auf die Menschen, insbesondere aber auf die Masse einen großen Eindruck. Es war aber immer sehr vernünftig, nicht nur auf die Herrscher und Machthaber im fremden Staate unmittelbar einen bestechenden Einfluß üben zu wollen, sondern bei auswärtigen Vertretungen auch darauf zu sehen, daß das fremde Volk, daß die Menge, die jene fremden Herrscher und Machthaber umfluthet, ebenfalls von der Erscheinung des auswärtigen Vertreters günstig beeinflußt werde. Denn die Stimmung der Menge übt unwillkührlich einen mächtigen Einfluß auf die Gesinnung und Stimmung der Machthaber. Die Meinung der Menge, wie immer sie auch erzeugt wird, bildet doch unstreitig einen Bestandtheil der öffentlichen Meinung. Die Menge aber ist für äußere Schauspiele, für Entwicklung von Pracht und Glanz, für Aufwand von Reichthum und Luxus immer sehr empfindlich.

Von jeher trachteten daher die Regierungen ihre auswärtigen Vertreter aus den Reihen der reichsten „Herren" des Landes zu nehmen oder wenn dieses nicht möglich war, dieselben durch reichliche Mittel in den Stand zu setzen, im fremden Staate, am fremden Hofe, durch den Glanz und die Pracht ihres Auftretens und ihrer ganzen Lebensweise zu imponiren und damit auf die Stimmung der Menge, ja auch auf die der Machthaber zu wirken.

Nur ein Staat wie Nordamerika, der durch urwüchsige Kraft mächtig und unabhängig dasteht und bisher von den Staaten Europas nichts zu fürchten hat, oder ein bescheidener Kleinstaat wie die Schweiz, kann sich über alle obigen Rücksichten, über alle in diesen Verhältnissen herrschende Traditionen hinwegsetzen.

Immer und überall ist es ein Mittel der Gewinnung, der Zuneigung von Menschen, wenn man denselben irgend eine Auszeichnung vor andern zu erkennen giebt. Diese einfache und natürliche Methode führte im zwischenstaatlichen Verkehre dazu, den an die einzelnen Höfe abgeschickten Vertretern einen höheren Rang zuzuerkennen, um damit den betreffenden Hof auszuzeichnen. Die Ausbildung einer Rangstufenordnung der Vertreter hatte aber auch eine natürliche Grundlage in der Ungleichheit der Staaten an Größe und Macht, der man durch eine Unterscheidung des Ranges der Vertreter gerecht zu werden suchte.

Auf diese Weise entstand die Rangordnung der auswärtigen Vertreter, und zwar haben den höchsten Rang die Botschafter und

Gesandten, sodann kommen die Agenten, Commissarien, endlich die Consuln [1]). Soll diese Rangordnung irgend einen äußern Ausdruck erhalten, so müssen die Rechte und Befugnisse der Vertreter dieser verschiedenen Kategorien entsprechend normirt und abgestuft werden. Für das europäische Staatensystem hat eine mehrhundertjährige Praxis in dieser Beziehung feste Satzungen geschaffen die auf den Congressen zu Wien im Jahre 1815 und dem Aachener 1818 völkerrechtlich codificirt, einen Theil des heute geltenden europäischen Völkerrechts bilden [2]).

Was nun die Aufgabe der diplomatischen Vertreter an fremden Höfen anbelangt, so kann man dieselbe ganz kurz in dem Satze zusammenfassen: daß sie die Interessen ihres Vaterlandes mit Aufgebot all ihrer Kräfte zu wahren haben. Da aber dieser Satz in seiner Allgemeinheit dem einzelnen Vertreter weder Anhaltspunkte noch Richtschnur für sein Vorgehen bietet, so waren die Staaten von jeher darauf bedacht, ihre Vertreter sowohl im allgemeinen an gewisse Regeln und Normen für ihr Verfahren zu binden als auch für die jedesmaligen Missionen an einzelne Höfe ihnen bestimmte Instruktionen mitzugeben. Angesichts der Existenz solcher allgemeinen Regeln und Normen und der speciellen Instruktionen ist es Pflicht der auswärtigen Vertreter, sich vor allem an diese strenge zu halten und sind sie für die Uebertretung und Nichteinhaltung dieser Vorschriften verantwortlich.

Da aber die große Manigfaltigkeit der im internationalen Verkehr sich ergebenden Fragen und Angelegenheiten unmöglich von diesen Vorschriften und Instruktionen vorausgesehen werden können; und die Verhältnisse oft eine schwierige Erledigung und sofortiges Eingreifen des Vertreters erforderlich machen: so war trotz der Vorschriften und Instruktionen der selbständige Wirkungskreis der diplomatischen Vertreter in früheren Zeiten bei dem unvollkommenen Zustand der Communicationen noch immer sehr groß und damit auch die Verantwortlichkeit eine große.

Diese Verhältnisse änderten sich gewaltig mit der Einführung

---

[1]) Vergl. Heffter l. c. S. 420. Martens: Guide diplomatique 1832 I. 89.

[2]) Vergl. außer den Werken von Heffter und Martens noch Beach Lawrence: Commentaire sur les éléments du droit international de Wheaton. Leipzig 1868.

des telegraphischen Dienstes. Heutzutage kann es in dem größten Theil der Welt keinen Vertreter geben, der nicht in der Lage wäre, in wichtigen unvorhergesehenen Fällen sich augenblicklich auf telegraphischem Wege von seiner Regierung die nöthigen Weisungen und speziellsten Instructionen zu holen. Man kann daher die Behauptung aufstellen, daß der Telegraph die Bedeutung der auswärtigen Vertreter sehr verminderte, da dieselben heutzutage in den wichtigsten Fällen nur Sprachröhre sind, die das ihnen mittelst des Telegraphen Eingeflüsterte treu wiederzugeben haben. Ist nun aber auch die politische Bedeutung der auswärtigen Vertreter dadurch herabgemindert, so ist ihre Stellung am fremden Hofe noch immer von hoher Wichtigkeit — und zwar ebensowohl wegen der persönlichen Beziehungen, die sie zu unterhalten haben und wegen der Berichterstattung an ihre Regierung. Von der Bedeutung der ersteren haben wir schon oben gesprochen; daher wir hier nur noch über die letztere einiges hervorzuheben haben.

Auch die Berichterstattung der auswärtigen Vertreter ist heutzutage in Folge der großen Entwicklung der Literatur und Presse in allen civilisirten Ländern nur noch auf einem sehr beschränkten Gebiete von Wichtigkeit.

Einst hatten die Gesandten über alle öffentlichen Verhältnisse der fremden Länder, sowohl politische als wirthschaftliche und sociale ihren Regierungen Bericht zu erstatten und treue Darstellungen zu liefern. Heutzutage ist der größte Theil dieser Verhältnisse Gegenstand vollkommen glaubwürdiger zum Theil auch amtlicher Publicationen.

Den Gesandten und andern Vertretern bleibt also nur noch das Gebiet der geheimen Hof- und Coulissengeschichten übrig, in so ferne dieselben zum Verständniß der Ereignisse und Verhältnisse in in dem fremden Staate beitragen.

Je kleiner jedoch heutzutage der selbständige politische Wirkungskreis der stabilen Gesandten ist, desto größer und wichtiger ward der amtliche Wirkungskreis der Gesandtschaften.

Derselbe umfaßt nähmlich den Schutz ihrer Staatsangehörigen im fremden Staate. In dieser Beziehung hat das Gesandtschaftswesen heutzutage sich mächtig entwickelt und die Gesandtschaften sich zu förmlichen Schutzbehörden für die „Nationalen" herausgebildet.

Anm. Sollen die diplomatischen Vertreter, die ihnen oblie=
genden Geschäfte ganz und voll besorgen und unbehindert ihre Auf=
gabe und Pflichten erfüllen können, so muß ihre Stellung mit allen
Garantien der Unabhängigkeit und persönlichen Sicherheit umgeben wer=
den. Die völkerrechtliche Praxis hat diese Nothwendigkeit von jeher
eingesehen und obendrein hat man in den den diplomatischen Vertretern
zuerkannten persönlichen Vorrechten der Anerkennung der Souveränität
ihrer Staaten Ausdruck geben wollen.

Nach dem Völkerrechte ist nicht nur die Person der Gesandten
aller Grade und jedes Ranges unverletzlich), sondern jeder Staat ist
auch berechtigt, für seinen Gesandten am fremden Hofe alle jene Vor=
rechte zu verlangen, die man in dem einen Worte Exterritoriali=
tät zusammenfaßt und die auf der Fiction beruhen, als ob Haus und
Hof des Gesandten also sein persönlicher Aufenthaltsort mitsammt
seiner Person ein Theil und eine Pertinenz seines Heimathlandes wären
über die der auswärtige Staat keinerlei Jurisdiction und Regierungs=
gewalt besitzt [1]).

Kongresse und Conferenzen.

§ 69.

Ist in neuester Zeit der selbständige Wirkungskreis der stabilen
Gesandten in politischen Dingen in Folge des Gebrauchs des
Telegraphen bedeutend eingeschränkt worden: so hat sich andererseits
ein anderes Gebiet internationaler diplomatischer Thätigkeit sehr er=
weitert und ausgebildet, auf dem der Wirkungskreis der auswärtigen
Vertreter und „bevollmächtigten Minister" ein um so größerer ist;
wir meinen die gegenwärtig in Europa immer häufigeren internatio=
nalen Conferenzen und Congresse [2]).

Während dieselben in früheren Jahrhunderten immer nur als
Schlußact eines Krieges sich abspielten (Friedenscongresse) an wel=

---

[1]) Heffter l. c. 424 und 433 ff. Martens l. c. S. 57 zählt die Rechte
der Gesandten folgendermaßen auf: „Unverletzlichkeit, Exterritorialität, Unab=
hängigkeit, Immunität von der Civil= und Straf=Gerichtsbarkeit, sowohl ihrer
Personen wie ihres Eigenthums, Ausübung der Civil= und Strafgerichtsbarkeit
über sein Gefolge, Freiheit und Unverletzlichkeit des Gesandtschaftshôtels, freie
Religionsübung."

[2]) Heffter l. c. 464: „Als beliebteste Form zur Verhandlung aus=
wärtiger Staatsangelegenheiten von höherem Interesse hat sich in neuester Zeit
die Verhandlung auf sog. Congressen ergeben, an welchen die betheiligten Sou=
veräne entweder in Person oder aber durch besondere Abgeordnete Theil nehmen."
Bluntschli Rechtsbuch 105—114.

chem blos die im Kriege betheiligt gewesenen Staaten theilnahmen und der nur den Zweck hatte, den Friedensvertrag zu Stande zu bringen: haben heutzutage Conferenzen und Congresse eine viel häufigere Anwendung und eine viel umfassendere Bedeutung.

Internationale Conferenzen und Congresse haben sich in neuester Zeit zu periodischen Berathungen der europäischen Staaten herausgebildet, die nicht nur die Resultate des Krieges zu sanctioniren und zu ratificiren, oft auch streitige Fragen des internationalen Verkehrs als eine Art von Schiedsgerichtshöfen zu schlichten und beizulegen, sondern auch allgemeine völkerrechtliche Satzungen für die Zukunft aufzustellen haben.

Die Natur aber solcher Conferenzen und Congresse, auf denen die Debatte aller Theilnehmer eine wichtige Rolle spielt, bringt es mit sich, daß trotz aller Instructionen und telegraphischen Communicationen mit ihren Regierungen, den bevollmächtigten Ministern noch immer ein sehr großer selbständiger Wirkungskreis übrig bleibt, auf dem sie ihre individuelle Begabung und Tüchtigkeit geltend machen können.

Wenn auch der Unterschied zwischen Conferenzen und Congressen durchaus kein feststehender oder festgestellter ist, so kann man doch mit einigen Rechte behaupten, daß Conferenzen solche Berathungen von diplomatischen Vertretern sind, auf denen entweder eine spezielle Frage des internationalen Verkehrs zu regeln, oder eine momentan sich ergebende völkerrechtliche Differenz zu schlichten ist, während auf Congressen die Souveräne selbst oder ihre Minister der auswärtigen Angelegenheiten, die durch einen Krieg zerrütteten internationalen Verhältnisse anf's Neue zu ordnen unternehmen [1]). So hat um nur ein Beispiel aus der neuesten Zeit anzuführen, der Berliner Congreß, die durch den russisch-türkischen Krieg theilweise wenigstens faktisch gelöste orientalische Frage auch völkerrechtlich geordnet, und die durch Waffengewalt vollzogene Theilung der Türkei sanctionirt und ratificirt; dagegen beschäftigte sich die Pariser Münz-Conferenz mit einer speziellen, alle euro-

---

[1]) Heffter l. c. 465: „Eine Conferenz betrifft in der Regel eine einzelne zu ordnende Frage, ein Congreß eine Mehrheit solcher, die in ihrer Gesammtheit einen Abschluß erhalten, welcher einen geschichtlichen Abschluß bezeichnet . . .“

päiſchen Mächte gleichmäßig intereſſirenden Frage des wirthſchaft=
lichen Lebens. Auf dem Berliner Congreß ließen ſich die Sou=
veräne durch ihre Miniſter der auswärtigen Angelegenheiten, meiſt
in Begleitung von bevollmächtigten Miniſtern und ſachkundigen
Spezialiſten aus dem diplomatiſchen Fache vertreten: während man
auf die Pariſer Münzconferenz neben diplomatiſchen Commiſſarien
und Agenten ebenfalls bewährte Fachmänner der Währungsfrage
entſandte. —

Die hohe Bedeutung nun und Wichtigkeit dieſer europäiſchen
Konferenzen und Kongreſſe liegt darin, daß dieſelben immer mehr
ein völkerrechtserzeugendes Organ der europäiſchen Staatenfamilie
werden. Denn wenn auch jene Utopie der Völkerrechtslehrer von einem
allgemein giltigen und geltenden Völkerrecht, dem ein höchſter Areo=
pag nöthigenfalls zur Realiſirung verhilft, indem er jederzeit gegen
den einen, das Völkerrecht verletzenden Staat alle andern aufbiete,
wenn auch, ſagen wir, dieſe Utopie ſich nie verwirklichen wird: ſo
liegt doch in den auf den europäiſchen Konferenzen und Kongreſſen
geſchaffenen und vereinbarten Satzungen eine mächtige Gewähr gegen
leichtfertigen Bruch des europäiſchen Völkerrechts und des europäiſchen
Friedens. Wir legen Nachdruck auf das „europäiſch“ — denn die
Macht und das Anſehen einer völkerrechtlichen Norm hat zur Vor=
ausſetzung eine durch gemeinſchaftliche Cultur und mäch=
tiges Rechtsgefühl geeinte Völkerfamilie, wie ſie ſich in Europa
herauszubilden im Begriffe iſt.

Man muß ſich nämlich mit Bezug auf das Völkerrecht vor
einer doppelten Täuſchung hüten. Erſtens vor der Täuſchung, als
ob es je zwiſchen heterogenen ethniſchen Gemeinſchaften, die auf
ganz verſchiedenen culturellen Grundlagen ſich entwickelt haben, die
in Glauben, Sitte, Rechtsgefühl, Weltanſchauung auf verſchiedenen
Standpunkten ſtehen, je zu einem gemeinſchaftlichen Völkerrechte
kommen könne. Zweitens als ob das Völkerrecht auch im Bereiche
der europäiſchen Völkerfamilie in den großen Macht= und Herr=
ſchaftsfragen zwiſchen den verſchiedenen europäiſchen Nationen
ſo bald wenigſtens eine entſcheidende, allerſeits anerkannte Giltigkeit
erlangen könne.

Keines von beiden iſt möglich. Nichtsdeſtoweniger gibt es ſchon
heute eine Unzahl internationaler Fragen in Europa, die erfolgreich

durch völkerrechtliche auf Konferenzen und Kongressen vereinbarte Satzungen gelöst werden können, und zweitens wird mit einer immer fortschreitenden Consolidirung der europäischen Staatenfamilie und einer immer größeren Gemeinschaftlichkeit ihrer Culturinteressen der Kreis derjenigen Fragen, die ohne Krieg lediglich durch internationale Verhandlung und Uebereinkunft erledigt werden, immer größer sein.

Durch die Theilnahme daher an diesen internationalen Verhandlungen arbeitet jeder europäische moderne Culturstaat mit an dem Werke der allmähligen Constituirung der europäischen Staatenfamilie zu einer einzigen großen Friedensgemeinschaft.

Anm. In der bisherigen völkerrechtlichen Literatur und Praxis war mit Bezug auf rechtskräftige Perfection von Staatsverträgen nur die Frage ein Gegenstand der Erörterung, ob ein Staatsvertrag gleich nach seiner Annahme und Unterfertigung durch die bevollmächtigten Gesandten und Minister, oder aber erst nach dessen Ratificirung durch die betreffenden Regierungen und Souveräne in Rechtskraft erwachse [1]. Zu dieser Frage kommt gegenwärtig noch die weitere hinzu, ob Verträge, wenn die Verfassung des betreffenden Staates den rechtskräftigen Abschluß eines Staatsvertrages von der Zustimmung der Volksvertretung abhängig macht, ohne diese Zustimmung als rechtskräftig geschlossen und giltig aufzufassen seien. Diese Frage, die übrigens in das Verfassungsrecht gehört, hat in Oesterreich aus Anlaß des Abschlusses des Berliner Vertrages (1879) viel Staub aufgewirbelt. Die österreichische Verfassung nämlich bestimmt zwar, daß „der Kaiser die Staatsverträge abschließt", fügt jedoch hinzu, daß „zur Giltigkeit der Handelsverträge und jener Staatsverträge, die das Reich oder Theile desselben belasten oder einzelne Bürger verpflichten, die Zustimmung des Reichsraths erforderlich" sei [2]. Auf Grundlage dieser Verfassungsbestimmung ward die Rechtsgiltigkeit des Berliner Vertrags in der österreichischen Volksvertretung angefochten. Wir wollen diese verfassungsrechtliche Frage hier nicht weiter untersuchen: bemerken nur, daß vom Standpunkte der Verwaltung jede solche, die vertragschließende Thätigkeit der Staatsgewalt einengende und behindernde Verfassungsbestimmung, zu verwerfen ist. Eine Staatsverwaltung, die nicht frei und unbehindert Verträge schließen kann, sondern dabei immer erst die wechselnden Stimmungen und Strömungen eines Parlaments berücksichtigen muß, ist nur ein Zerrbild einer Staatsverwaltung. Glücklicherweise ist auch hier die Natur der Ver-

---

[1] Heffter l. c. S. 189, Neumann Völkerrecht S. 61. 62.
[2] Staatsgrundgesetz 21. Dezember 1867, Art. 6. Manz'sche Gesetzsammlung IXX. S. 57.

ältnisse mächtiger, als die Constructionen der Theorie. Uebrigens ist ein wahrhaft p a r l a m e n t a r i f ch e s Regime mit dem Rechte und der Frei- heit der Staatsgewalt, Staatsverträge ohne Zustimmung des Parlaments zu schließen vollkommen vereinbar. — Die Begründung dieser Behaup- tung gehört jedoch in das allgemeine Staatsrecht.

Consulatswesen.
§ 70.

Zu den auswärtigen Angelegenheiten gehört allerdings außer der politischen und diplomatischen Vertretung des Staates im Aus- lande auch die Consulatsvertretung, das Consularwesen. Doch dient dieses letztere, wie schon erwähnt, mehr den Handels- und Justiz- interessen des Volkes, als den unmittelbaren politischen Interessen des Staates. Streng genommen sollte also nach unserem Systeme von dem Consularwesen erst weiter unten bei der Justizpolitik und Wohlfahrtspolitik die Rede sein: des Zusammenhanges wegen jedoch mit den auswärtigen Angelegenheiten wollen wir darüber an dieser Stelle handeln.

So wie das Consulatswesen mit einer späteren Entwicklungs- phase des Staates zusammenhängt, auf der der Staat sich um die rechtlichen und öconomischen Interessen seiner Angehörigen mehr kümmert: so ist auch das Consulatswesen erst spät zum Schutze dieser Interessen als eine der letzten Institutionen auf dem Gebiete der auswärtigen Vertretung entstanden [1].

Seinem Ursprunge und Charakter nach ist das Consulat vor- nehmlich eine Vertretung von Handelsinteressen. Daher entstand es auch und besteht noch heutzutage vornehmlich an Handelsplätzen, in See- und Hafenstädten.

„Die Consuln sind, sagt N e u m a n n, ihrer eigentlichen Be- stimmung nach und zunächst öffentliche Beamte, welche von den handeltreibenden Staaten in den für sie wichtigsten Handelsplätzen und Seehäfen bestellt werden, um daselbst das Handelsinteresse zu wahren, und den Kaufleuten und Schiffern ihrer Nation Beistand zu leisten" [2].

---

[1] Keime und Anklänge an diese Institution lassen sich freilich schon bei Griechen und Römern nachweisen, vergl. Leopold Neumann, Handbuch des Con- sulatswesens mit besonderer Berücksichtigung des österreichischen, Wien, 1854 S. 7 und 8. [2] Vergl. Bluntschli Rechtsbuch §§ 244—275. Heffter l. c. 471.

Ursprünglich waren die Consuln keineswegs von den Regierungen ihrer Staaten ernannte Beamte, sondern von den in fremden Län- dern handeltreibenden Kaufmannschaften gewählte Vertrauens- männer; ihre Aufgabe war damals einerseits Schutz und Vertretung ihrer Nationalen im fremden Lande gegenüber den fremden Behörden, andererseits die Uebung eines schiedsrichterlichen Amtes zwischen ihren Nationalen am fremden Platze. Nach und nach erweiterte sich der Geschäftskreis der Consuln. Aus gewählten und im besten Falle von den heimischen Regierungen bestätigten Vertrauensmännern wer- den sie öffentliche Beamte, welche von ihren Staaten ernannt und auch besoldet werden, um am fremden Handelsplatze die Interessen des heimischen Handels und der heimischen Schifffahrt zu wahren; über die Nationalen, bis zu einem gewissen Punkte Gerichtsbarkeit zu üben; die heimische Regierung über alles Wichtige, das im frem- den Lande vorgeht und sich zuträgt, Bericht zu erstatten — mit einem Worte um eine Art Filiale oder Expositur der heimischen Regierung im fremden Lande zu bilden.

Bei dieser hohen Bedeutung, die auf solche Weise die Consuln für die modernen Staaten erlangten, ist die Wahl der zu diesen Vertrauensposten zu berufenden Männer keineswegs eine gleich- gültige und untergeordnete Angelegenheit. Ueber die Qualificationen nun der Consuln, auf die man bei der Wahl Rücksicht zu nehmen hat, schwebten früher so manche streitige Fragen in der Literatur und Praxis, die aber heutzutage meistens gelöst sind. Eine solche Frage ist, ob der Consul ein Unterthan des Staates sein solle, für den er sein Amt übt oder nicht; ob er auch ein Unterthan des frem- den Staates sein könne, in welchem er seinen Amtssitz hat?

Ferner ob der Consul ein fachmännisch gebildeter Beamte oder ob er auch, wie es früher üblich war, ein Kaufmann sein kann? Ob ein Consul nur im Dienste eines Staates oder ob er zugleich auch Consulatsgeschäfte für mehrere Staaten besorgen kann u. s. w.? Alle diese und ähnliche Fragen mußten und müssen mit der stetig wachsenden Bedeutung des Consularwesens immer im Sinne der strengeren Auffassung gelöst werden.

Je wichtiger heutzutage das Amt und die Functionen des Con- suls sind, desto höher müssen die Anforderungen an seine Qualifi- cation gestellt werden. Theorie und Praxis einigen sich heute dahin, daß der Consul ein fachmännisch (juristisch und politisch) gebildeter Beamte, daß er nur Beamte und kein Geschäftsmann, daß er kein fremder Unterthan, sondern Unterthan desjenigen Staates sein muß, in dessen Diensten als Consul er steht, daß er nur im Dienste dieses einen Staates, dessen Unterthan und Beamte er ist, stehen, und abgesehen von speziellen Ausnahmsfällen der Vertretung eines andern Consuls, keinerlei Dienste für einen andern Staat besorgen darf u. s. w.

Eine weitere Folge der immer wachsenden Wichtigkeit und Bedeutung des Consulatswesens ist, daß sich die modernen Gesetzgebungen mit demselben immer mehr beschäftigen. Während früher sowohl der Geschäftskreis der Consuln, als auch die Art und Weise wie sie dabei vorgiengen, theilweise auf Gewohnheit und Ueberlieferung, theilweise auf den Theorien der Völkerrechts-Literatur beruhte; geht heute das Streben aller europäischen Staaten dahin, die Befugnisse und Functionen, die Geschäftsführung und den Competenzkreis der Consuln bis in das kleinste Detail gesetzlich festzustellen.

Dieses übrigens vollkommen berechtigte Bestreben der europäischen Regierungen hat ein bereits schwer zu bewältigendes Material von Gesetzen, Verordnungen und Normalien zu Tage gefördert, die sich auf das Consulatswesen beziehen, so daß sich in den letzten Jahrzehnten das Bedürfniß fühlbar machte, dieses Gesetzesmaterialmittelst „Lehrbücher" der dem Consulatsdienst sich widmenden Jugend und den Consulatsbeamten selbst zu vermitteln.

Diesen Zweck verfolgt mit großem Verdienst das von uns bereits citirte Neumann'sche Handbuch, das unlängst in zweiter Auflage erschien; ferner „das Handbuch des österreichisch-ungarischen Consularwesens" von Malfatti di Monte Tretto [1]). In diesem letzteren findet man außer dem gesammten Gesetzes- und Verordnungsmaterial auch genaue Verzeichnisse über alle österreichischen Consulate, ihre Rangverhältnisse, Wappen, Flaggen, Uniform u. s. w.

Anm. a) Auf welche Weise die Consulate aus bloßen Handelsschutzbehörden und Handels-Schiedsgerichten in gewissen Ländern (mohamedanischen und asiatischen) zu förmlichen Gerichtshöfen für ihre Nationalen wurden, das bedarf einer näheren Erklärung. Diese Entwicklung der Consulate hängt nämlich damit zusammen, daß in früheren Zeiten der Grundsatz der Personalität des Rechts über den der Territoria-

---

[1]) Wien 1879.

lität überwog. Auch im Bereiche der einzelnen Staaten wurden die Staatsangehörigen nicht nach gleichem Rechte beurtheilt, sondern je nach ihrer Zugehörigkeit zu verschiedenen Ständen und Classen unterlagen sie verschiedenem Rechte. Auf ein und demselben Territorium galten für Personen verschiedener Classen und Stände verschiedene Normen. Das nennt man die Personalität des Rechts. Nach und nach machte sich in den Culturstaaten Europa's der entgegengesetzte Grundsatz geltend, der Grundsatz der Territorialität, d. h. daß auf dem einen Territorium des einen Staates alle Personen ein und demselben Rechte unterstehen. Nach diesem Grundsatze unterliegen in den europäischen Culturstaaten auch Fremde und Ausländer, aus civilisirten oder barbarischen Staaten ein und denselben Gesetzen. Alle Fremde daher, die sich in einem Culturstaate aufhalten, werden von den Gerichten und Behörden des Landes nach den Gesetzen und Rechten desselben behandelt und beurtheilt. In solchen Ländern nun, in Ländern des territorialen Rechtes kann und braucht der Fremde keine vaterländische Gerichtsbarkeit zu suchen und darf eine solche nicht beanspruchen. Anders verhält sich die Sache in Ländern, wo das Prinzip der Personalität noch nicht überwunden ist, wie z. B. in der Türkei, oder wo es überhaupt kein geordnetes staatliches und rechtliches Leben giebt, wie in manchen afrikanischen und andern barbarischen Ländern. In solche Länder bringt der Europäer sein nationales Recht mit sich und beansprucht, nach demselben behandelt und beurtheilt zu werden; in solchen Ländern ist nun der nationale Consul das Organ, das den europäischen Staatsunterthanen mit dem Schutz des ihm von Haus aus gebührenden Rechtes umgiebt; er ist so zu sagen der in die ferne Fremde ausgestreckte Arm der vaterländischen Staatsgewalt, und mit Recht sind die europäischen Staaten stolz darauf, daß sie vermittelst der Consulate ihren Unterthanen in den fernsten und barbarischesten Ländern den heimischen Rechtsschutz angedeihen lassen [1]). Um aber diesen Rechtsschutz wirksamer zu machen und denselben für alle Fälle sicherzustellen, haben die europäischen Staaten mit der Türkei und anderen Ländern asiatischer Cultur Staatsverträge abgeschlossen, in denen die Competenz, die Attribute und die Gerichtsbarkeit ihrer Consuln völkerrechtlich festgestellt und sanktionirt wurde [2]). Mit Staaten europäischer

---

[1]) Was Laferrière in dieser Beziehung von Frankreich sagt, das gilt heute auch von den andern europäischen Culturstaaten: Ainsi la France est partout, pour couvrir de sa protection ses intérêts politiques et commerciaux pour exercer ou reclamer la justice envers ceux de ses enfants établis sur la rive étrangère ou placés sous le pavillon national, pour garantir, à la voix du magistrat qui la représente et défende, mêmes par ses armes, les personnes et les propriétés des Français qui invoquent de loir le nom et l'intervention de la patrie. l. c. I, 876.

[2]) Das erste Beispiel eines solchen Vertrages bietet Frankreich in dem im Jahre 1535 mit der Türkei abgeschlossenen Traktate, kraft welches den fran-

Cultur, in denen der Grundsatz der Territorialität gilt, sind solche Verträge und Schutzmaßregeln für die Staatsangehörigen überflüssig. Dagegen haben sich in der Behandlung der gegenseitigen Staatsangehörigen in den Ländern europäischer Cultur gewisse Grundsätze geltend gemacht, auf denen heute das sogenannte internationale Privatrecht beruht. Es ist dasjelbe der Inbegriff jener Rechtsnormen, die von den Staaten europäischer Cultur bei Behandlung und Beurtheilung von Rechtsbeziehungen und Verhältnissen der gegenseitigen Staatsangehörigen beobachtet werden. Auf der immer größeren Ausbildung und Entwicklung des internationalen Privatrechts beruht die Möglichkeit eines immer lebhafteren Verkehrs der europäischen Nationen untereinander — und diese Ausbildung und Entwicklung ist wieder auf die Thätigkeit der internationalen Konferenzen und Kongresse der Staaten europäischer Cultur angewiesen.

Während also in den Ländern asiatischer Cultur die Europäer unter der Gerichtsbarkeit der Consuln stehen, die durch Staatsverträge gewährleistet ist: stehen die gegenseitigen Staatsangehörigen in den Staaten europäischer Cultur theils unter dem gemeinen in jedem Staate territoriale Giltigkeit besitzenden Rechte, theils endlich unter dem durch internationale Verträge zwischen den Staaten europäischer Cultur vereinbarten und in fortwährender Entwicklung begriffenen internationalen Privatrechte [1].

Anm. b. Das österreichische Consulatswesen datirt erst aus dem 18. Jahrhundert. Die ersten österreichischen Consulate bestanden in türkischen Hafenplätzen; die Consuln waren toscanische Handelsleute. Die ersten österreichischen Consulate in christlichen Staaten wurden 1752 errichtet und zwar in Cadix, Lissabon, Genua und auf Sicilien. In der Levante wurden damals mit der Ausübung der österreichischen Consularfunctionen Consuln befreundeter Mächte betraut.

Im Jahre 1763 bestanden bereits 27 österreichische Consulatsposten in der Levante, 10 im Ponente [2]. Damals wurden auch die ersten Tarife für die Consularprovisionen festgestellt.

Die erste Reform des österreichischen Consularwesens erfolgte im Jahre 1825. Dieselbe bestand in der Aufstellung des Princips, daß

---

zöfischen Konsuln in der Türkei die Civil- und Strafgerichtsbarkeit über die in der Türkei weilenden Franzosen zugesichert wurde. Nach dem Muster dieses Traktates sind dann alle späteren ähnlichen Verträge von andern europäischen Staaten abgeschlossen worden und zwar außer mit der Türkei noch mit Persien, China, Japan, Egypten und mit afrikanischen Staaten. Vergl. Martens Das Consularwesen und die Consularjurisdiction im Orient, Berlin 1874.

[1] Vergl. Vesque von Püttlingen, Handbuch des in Oesterreich-Ungarn geltenden internationalen Privatrechts, Wien 2. Aufl. 1878.

[2] Malfatti Einleitung.

in der Folge Consulate nur mit qualificirten österreichischen Staatsbeamten zu besetzen seien; daß dieselben botirt dagegen die Consulatsgebühren genau verrechnet und als Staatseinnahmen betrachtet, respective in die Staats-Cassa abgeführt werden sollen.

Im Jahre 1846 wurde eine Consular-Bezirkseintheilung in der Levante vorgenommen, ein wichtiger Schritt auf dem Wege der Organisirung dieses Instituts.

Im Jahre 1847 wurde das Institut der Consular-Eleven geschaffen — um einen tüchtigen Nachwuchs an Consuln immer in Bereitschaft zu haben.

Im Jahre 1850 wurden die Besoldungsverhältnisse der Consuln geregelt; das ganze Consularwesen wurde im Jahre 1859 dem Ministerium des Aeußern untergeordnet. Was die Rangverhältnisse anbelangt, so gibt es gegenwärtig General-Consuln I. und II. Classe, Consuln, Vice-Consuln und Consular-Eleven. Im Jahre 1872 wurde der Kanzleidienst der Consularämter einheitlich organisirt. —

Bevölkerungspolitik.

Kenntniß der Bevölkerung.

§ 71.

Krieg und Finanzen stützen sich auf die Bevölkerung. Heer und Steuern werden aus derselben entnommen. Kein Wunder, daß Kriegs= und Finanzwesen zu genauer Beobachtung der Bevölkerung, ihrer Größe und Bewegung, schließlich ihrer fortwährenden Controle und Evidenzhaltung seitens des Staates führen mußten[1].

Während die bloße Zählung der Bevölkerung nur die Zahl der Personen, die Menschenkräfte des Staates für den Krieg zu er= forschen trachtet: würdigt die mit der Vermögens=Schätzung ver= bundene Zählung und Ordnung der Bevölkerung auch die wirth= schaftlichen Kräfte des Staates. Die Verbindung der Operation des Zählens und Schätzens nennt man Census. Mit der einmaligen Zählung und Schätzung wäre der damit verbundene Zweck nur un= vollkommen erreicht, wenn die Staatsverwaltung nicht von den später eintretenden Aenderungen und Wandlungen im Stande der Bevölke= rung immer genügend unterrichtet wäre. Das Institut, welches die Evidenz des Standes und der Bewegung der Bevölkerung zu erhalten die Aufgabe hat, nennt man mit seinem neuesten Namen: Civil= standsregister. Ferner beziehen sich auf die Ordnung der Verhält=

---

[1] „Die Staatsverwaltung hat unleugbar das größte und lebhafteste In= teresse an einer genauen Kenntniß der Bevölkerungsverhältnisse, welche für sie theils als Ausdruck der gesammten bisherigen Entwicklung, theils als Grund= lage aller künftigen Entwicklungen des ersten und letzten Substrats aller ihrer Wirksamkeit, der Bevölkerung, von entscheidender Wichtigkeit sind." Adolph Ficker über Volkszählungen in den Mittheilungen aus dem Gebiete der Statistik 17. Jahrgang. II. Heft.

niſſe der Bevölkerung die Regelung der Perſonenbezeichnungen (Per-
ſonennamen) die Vorſchriften über Zuſtändigkeits- und Heimatsver-
hältniſſe, endlich die Beſtimmungen über Ein- und Auswanderungsan-
gelegenheiten [1]). —

Volkszählungen.

§ 72.

Volkszählungen ſind ſo alt wie geordnetes Kriegsweſen. Schon
Confucius berichtet über eine amtliche ſtatiſtiſche Aufnahme in
China unter Kaiſer Jao im Jahre 2238 v. Chr. Bei den Juden
des Alterthums finden wir die erſten Volkszählungsgeſetze. (Vrgl.
Buch 4. Moſis Cap, 1. und 2 Samuelis Cap. 24.) In den alt-
griechiſchen Schriftſtellern finden ſich viele auf ſtatiſtiſche Aufnahmen
der Bevölkerung bezügliche Stellen. Berühmt iſt die ſervianiſche
Volkszählung, die mit einer Vermögensſchätzung und Claſſificirung
verbunden war. Dieſer römiſche Cenſus wurde dann alle 5 Jahre
von Neuem vorgenommen.

Der mittelalterliche europäiſche Staat hatte kein Bedürfniß und
keine Veranlaſſung, Zählungen ſeiner geſammten Bevölkerung vorzunehmen. Seine Kriegführung beruhte auf der Lehensverfaſſung oder
einfach auf der Adelsverfaſſung. Es genügte ihm daher, ſeine Kron-
vaſallen, ſeine Lehensträger, ſeinen grundbeſitzenden und daher zum
Kriegsdienſt verpflichteten Adel zu zählen. So entſtand unter Wilhelm dem Eroberer das berühmte Domesdaybook in England, ſo
die vielen ſpäteren Adelsbücher in Europa.

Im vorigem Jahrhundert ſind zum Zwecke der Recrutirung
Schätzungen und Zählungen der Bevölkerung hie und da verordnet worden.
Dieſelben bezogen ſich aber meiſt auf die männliche zum Waffen-
dienſt taugliche Bevölkerung.

Ueber die geſammte Bevölkerung eines Staates pflegte man
in früheren Jahrhunderten nur ungefähre Schätzungen oder
ſehr complicirte Berechnungen, nicht aber eigentliche Zählungen anzuſtellen. So z. B. hat ein engliſcher Geſandte Lord Ma-

---

[1]) Ueber Bevölkerungsweſen vom Standpunkte der Verwaltung, vergl.
Mohl Polizeiwiſſenſchaft I 72 ff.; Gerſtner l. c. II. Band. I. Abtheilung,
Stein Handbuch 122 ff. Roesler l. c. I. 79, Inama-Sternegg S.
30 ff. Rau Nationalöconomie I. 473 ff.

cartney die Einwohner China's nach einem Salzvorrath berechnet, welcher ihm von den Mandarinen als ein Vorrath für ein Jahr bezeichnet wurde. Er nahm nähmlich einen Durchschnittsverbrauch für eine Person auf ein Jahr als Grundlage der Berechnung, und indem er die aufgestappelte Masse Salzes durch die angenommene Durchschnittszahl dividirte, erhielt er die ungefähre Bewohnerzahl des Landes. Das Resultat soll sogar der Wahrheit ziemlich nahe gekommen sein.

Im vorigen Jahrhundert beschäftigte sich die sogenannte poli‑ tische Arithmetik damit, nachdem sie einmal den Percentsatz der Absterbenden aus einer gegebenen Menschenmenge constatirte, aus der Anzahl der Gestorbenen in einem gewissen Zeitraum und Orte die Bevölkerungsgröße dieses Ortes in diesem Zeitraume zu berechnen. Ebenso ließen sich die Zahl der Geburten zur Grund‑ lage einer solchen Berechnung nehmen — und auch andere ähnliche Zahlen, an denen wir eine Gesetzmäßigkeit und regelmäßige Wieder‑ kehr wahrnehmen und constatiren können. Die Statistiker und politi‑ schen Arithmetiker des vorigen Jahrhunderts beschäftigten sich viel mit den verschiedenen Methoden solcher Berechnungen [1]).

Zu eigentlichen Volkszählungen im strengsten Sinne des Wortes, wobei Person für Person in die Listen eingetragen und gezählt wird, gelangte man erst in unserem Jahrhundert.

Aber auch bei den ersten Zählungen in diesem Jahrhundert verfolgte man vorerst irgend welche speziellen Zwecke (Heeresaushe‑ bung, Steuerzahlung u. dgl.) [2]).

---

[1]) Vergl. z. B. Sonnenfels Grundsätze der Politik, Handlung und Finanz. Achte Aufl. Wien 1819 B. I. S. 32. „Mittel, die Bevölkerung zu berechnen". Daselbst heißt es: „die politische Berechnung zieht aus Verhält‑ nissen, welche durch Erfahrungen bestimmt werden, einen Schluß auf die An‑ zahl der Menschen" — sobann folgen die verschiedenen Mittel solcher Be‑ rechnungen.

[2]) In Preußen wurden seit 1816 alle drei Jahre Volkszählungen vorge‑ nommen — doch nur in der Weise, daß den Localbehörden aufgetragen wurde, über die Zahl der Bevölkerung zu berichten. Auf welche Weise sie zur Kennt‑ niß dieser Zahl gelangten, wurde ihnen überlassen. Einen bedeutenden Auf‑ schwung erfuhr das Zählungswesen in Deutschland mit der Gründung des deutschen Zollvereines (1834). Zum Zwecke nähmlich der Vertheilung der gemeinsamen Zoll= und Steuereinnahmen unter die Vereins‑ Staaten mußten Volkszählungen vorgenommen werden und zwar setzte man

Erst seit der Mitte dieses Jahrhunderts begann man unter dem Einfluß der wissenschaftlichen Statistik und der statistischen Congresse die Volkszählungen den Anforderungen der Wissenschaft gemäß einzurichten und denselben Rechnung zu tragen.

Anm. Volkszählungen in Oesterreich. In Oesterreich beginnen die Volkszählungen vorerst ebenfalls nur zum Behufe der Conscription der Militärpflichtigen, in der Mitte des vorigen Jahrhunderts. Die ersten diesbezüglichen Rescripte erließ die Kaiserin Maria Theresia in den Jahren 1753 und 1754 [1]. Dieselben ordneten eine zweifache „Seelen-Consignation" an; die eine sollten die Pfarrer, die andere die weltlichen Obrigkeiten anfertigen. Gegenstand der Aufnahme sollte die „effective" Bevölkerung sein (nicht die rechtliche); die Aufnahme sollte sich auf Geschlecht, Alter und Civilstand erstrecken.

Darnach wurde die erste Volkszählung im Jahre 1754 vorgenommen, doch nur in Oesterreich ob und unter der Enns, Steiermark, Kärnten, Krain, Görz und Grabisca, Tirol und Vorarlberg, Vorder-Oesterreich, Böhmen, Mähren und Schlesien (die später sogenannten „altconscribirten" Länder). Die nächste Volkszählung erfolgte dann in Oesterreich im Jahre 1761.

Mit dem Patente vom 10. März 1770 wurde ebenfalls zu militärischen Zwecken eine allgemeine „Seelenbeschreibung" durch kreisamtliche Commissäre und Officiere angeordnet; dabei sollte auch eine Beschreibung des sämmtlichen Zugviehes angefertigt werden. Dießmal sollte aber nicht mehr blos die effective, sondern die „einheimische" Bevölkerung, also die „ortszuständige" gezählt werden. Das war schon ein Fortschritt. Mit dem Patent vom 15. December 1777 wurde wieder eine Conscribirung beider Geschlechter und des Zugviehes angeordnet und zwar durch Obrigkeiten und Magistrate. Die Conscriptions-Operate sollten durch militärische Behörden revidirt werden; diese Conscription umfaßte außer den obigen Provinzen auch Galizien — und diente ebenfalls vorzüglich militärischen Interessen. Kaiser Joseph II. verfügte mit Hfd. vom 21. April 1781, daß alljährlich, während der Monate März, April und Mai die Revision der Zählungsoperate vorgenommen und hiernach das bei den Behörden erliegende Populationsbuch richtig gestellt werden solle. Im Jahre 1784 ordnete Kaiser Joseph eine Zählung aller Bewohner Ungarns an.

Der Tod Kaiser Josephs brachte in den regelmäßigen Fortgang der Conscriptionen eine längere Unterbrechung. Erst mit dem Patent

---

dreijährige Zählungsperioden fest. Vergl. Maurice Block: Handbuch der Statistik, Leipzig 1879 S. 212. [1] Adolph Ficker Volkszählungen in Oesterreich in den statistischen Mittheilungen Jahrgang 17. Heft II.

vom 25. October 1804 wurde in den altconscribirten Ländern das Conscriptionswesen neu geordnet; dasselbe wurde mit der kaiserlichen Entschließung von 1817 bestätigt. Auch für die andern Ländercomplexe wurden in der ersten Hälfte dieses Jahrhunderts gesetzliche Normen bezüglich des Volkszählungswesens erlassen [1]), in welchen überall der militärische Gesichtspunkt vorwaltet.

Seit dem Jahre 1849 datirt in Oesterreich eine größere Einheitlichkeit in der Gesetzgebung überhaupt und in der betreffs des Volkszählungswesens insbesondere.

Im Jahre 1850 wurde sowohl in den altconscribirten, wie auch in den ungarischen Ländern und Dalmatien eine Zählung verfügt. In der bezüglichen Verordnung spielt noch immer der militärische Gesichtspunkt eine wichtige Rolle, doch treten daneben auch schon andere Gesichtspunkte hervor. In der Verordnung für Ungarn (24. April 1850) heißt es wörtlich, daß die amtliche Zählung stattfinden solle, „um die verläßliche Grundlage zur zeitweisen Ergänzung des Heeres“, sodann aber auch „für die Zwecke der Gemeinde der innern Staatsverwaltung und der allgemeinen Landeskunde zu liefern.“ Das Zählungsgeschäft wurde 1851 beendigt, doch waren die Resultate in mancher Beziehung nicht befriedigende.

Mit Zugrundelegung der Erfahrungen der Volkszählung von 1851 gieng man nun an die Ausarbeitung eines neuen Volkszählungsgesetzes, zu welchem Zwecke seit Ende 1855 im Ministerium des Innern eine eigene Commission Berathungen pflegte. Aus denselben gieng das mit allerhöchster Entschließung vom 23. März 1857 erlassene Volkszählungsgesetz hervor, welches einen entscheidenden Wendepunkt in dem Volkszählungswesen bildet — indem es statt des speziellen militärischen Standpunktes zum ersten Mal den Standpunkt der allgemeinen Staatsverwaltung und ihrer gesammten an das Zählungswesen sich knüpfenden Interessen einnimmt.

Einfluß der Statistik.
§ 73.

Rein wissenschaftliche Bestrebungen waren es, die in neuerer Zeit dazu beigetragen haben, den Staat zu eifrigen und genauen Erhebungen über Zahl und Stand der Bevölkerung zu veranlassen. Diese Bestrebungen sind vorerst aus der Literatur der Statistik ersichtlich [a]). Männer der Wissenschaft begannen schon im 17. Jahrhundert bei der Beschreibung der Staaten Zahlenmaterial zu Hilfe zu nehmen. Waren einmal über einzelne Erscheinungen des Volkslebens größere Zahlenreihen und Zahlenmassen aufgestellt, so konnte

---

[1]) Adolph Ficker l. c. S. 16.

es dem forschenden Blicke nicht lange entgehen, wie jede Erscheinung, die an und für sich den Anschein des zufälligen oder gar individuell=willführlichen an sich trug, bei ihrer Betrachtung in großer Masse als in ihrem Zutagetreten einer gewissen Regelmäßigkeit und Gesetz=mäßigkeit unterworfen sich zeigte.

Auf diese Weise begann man die Regelmäßigkeit und Gesetz=mäßigkeit der Geburten, der Trauungen, der Sterbefälle u. dgl. zu beobachten. Diese Beobachtungen führten zur Entdeckung des soge=nannten Gesetzes der großen Zahl, das eben darin besteht, daß all und jede Erscheinung, die sich im Leben wiederholt, wenn sie in großer Zahl beobachtet wird, ganz unzweifelhaft über ihre regel=mäßige Wiederkehr uns gewisse Anhaltspunkte bieten muß. Die an=scheinend indifferentesten, zufälligsten und willführlichsten Handlungen, wie z. B. Aufgaben unadressirter Briefe, verschiedene Arten der Selbst=morde (mit Bezug auf die dazu gebrauchten Werkzeuge), Heiraten in hohem Alter u. dgl. haben auf diese Weise, in der „großen Zahl" ihre Regelmäßigkeit und Gesetzmäßigkeit documentirt.

Die Wichtigkeit und Bedeutung des Gesetzes der großen Zahl liegt darin, daß wir durch Constatirung einer gewissen Regel= und Gesetzmäßigkeit einer Erscheinung uns schon den Weg zur Er=forschung ihrer Ursachen gebahnt haben. Speziell wird es leicht sein, die etwaigen Abweichungen von der bemerkten Regelmäßigkeit der Wiederkehr einer Erscheinung auf Abweichungen von Begleiterscheinungen zurückzuführen und so durch fortwährende gegenseitige Controle die Abhängigkeit der einen Erscheinungen von den andern, den zwischen ihnen waltenden Causalnexus bloszulegen. Wenn sich z. B. in einem Lande die Perzente der Trauungen durch längere Zeit gleich bleiben und dann plötzlich eine Abweichung, respective eine Verminderung der Trauungen eintritt, so wird es uns mittelst einer genauen Umschau nach gewissen Begleiterscheinungen nicht schwer werden, den Zusam=menhang dieser Abweichung nach minus mit einer allfälligen Miß=ernte oder sonstigen allgemeinen Calamität aufzudecken — und wie=derholte Beobachtungen eines solchen Zusammenhanges werden den nothwendigen Causalnexus zwischen diesen Erscheinungen bloslegen. Zur sicheren Erkenntniß aber dieser Verkettung der Thatsachen würden wir ohne vorgängige statistische Beobachtung der Regelmäßigkeit der Trauungen nie gelangt sein.

Anm. a) Die Literatur der Statistik beginnt mit dem Werke von Francesco Sansovino Del governo ed administratione di diversi regni e republiche (Venedig 1583).

Fast gleichzeitig veröffentlicht Guiciardini seine Descrizione di Tutti i Paesi Bassi und der Franzose Nicolas Froumenteau statistische Budget-Studien unter dem Titel: „Secret des Finances de France (1581).

Mitte des 17. Jahrhunderts beginnt die deutsche statistische Literatur. Conring's 1660 an der Universität Helmstedt gehaltene Vorlesungen über Statistik erschienen freilich erst nach seinem Tode im Jahre 1730 unter dem Titel: Exercitatio historico-politica de notitia singularis alicujus rei publicae; doch wirkte sein Beispiel und seine Methode fand Anklang. In Jena lasen Strube und Schmeitzel zu Anfang des 18. Jahrhunderts über Statistik. Mitte des 18. Jahrhunderts wirkte an der Göttinger Universität Achenwall, der gewöhnlich als der Begründer der Statistik angesehen wird. Sein Werk: „Staatsverfassung der heutigen vornehmsten europäischen Reiche" erschien in vielen Auflagen. Anfangs unseres Jahrhunderts beginnen die Schriften über „Theorie der Statistik". Die erste von Schlözer (Göttingen, 1804). Diese Schriften drehen sich um die Frage nach dem Begriff der Statistik. Die literar-geschichtliche Charakterisirung derselben gibt Mohl in seiner Geschichte und Literatur der Staatswissenschaften III 639. Ein zutreffendes Urtheil über diese ganze Polemik über den „Begriff der Statistik" fällt M. Block in den Worten: „Für die Praxis der Statistik sind jedenfalls alle jene begrifflichen Untersuchungen werthlos" [1]. Alle oben genannten Schriftsteller faßten die Statistik als Staatswissenschaft auf; ob sie den Staat beschrieben, ob sie in ihm das „Zuständliche" oder das „Thatsächliche" oder das „Merkwürdige" behandelten, bleibt sich gleich; kurz sie faßten die Statistik als eine Staatswissenschaft auf.

Eine andere Richtung der Statistik begann mit Johann Peter Süßmilch, dessen Buch „Göttliche Ordnung in den Veränderungen des menschlichen Geschlechts aus der Geburt, dem Tode und der Fortpflanzung desselben erwiesen" 1740 erschien. Süßmilch's Forschungen und Untersuchungen wiesen zuerst die Regelmäßigkeit und Gesetzmäßigkeit in der Bewegung der Bevölkerung nach.

Diese Richtung verfolgt und wissenschaftlich selbständig weiter entwickelt zu haben ist das Verdienst Quetelet's. Sein epochemachendes Buch: „Sur l'homme et le developpement de ses facultés ou essai de physique morale" (Paris 1835) stellte zuerst das „Gesetz der großen Zahl" auf. Sowohl in diesem wie in dem folgenden Werke: „Du système social et des lois qui le regissent" ist er bestrebt, in allen

---

[1] Maurice Block: Handbuch der Statistik Leipzig 1879.

menſchlichen Handlungen, auch den anſcheinend willkürlichen, eine natürliche Nothwendigkeit nachzuweiſen; es iſt das einer der fruchtbarſten Gedanken der neuern Wiſſenſchaft, dem die Statiſtik ihren großen Auf-
ſchwung ſeit der Mitte unſeres Jahrhunderts verdankt [1]).

Wappäus führt ſich in ſeiner „Allgemeinen Bevölkerungsſtatiſtik
(Leipzig 1859) ſelbſt als Anhänger der Süßmilch-Quetelet'ſchen Richtung ein. Er ſtellt ſich die Aufgabe „durch die Darſtellung und Aus-
einanderlegung einfacher numeriſcher (auf die Bevölkerung und ihre Bewegung bezüglicher) Daten" über „die factiſchen Verhältniſſe einer Bevölkerung und zugleich über die materielle und ſittliche Entwicklung der
Geſellſchaft Aufſchlüſſe" zu erlangen; er iſt beſtrebt, durch die Auffaſſung
und Behandlung der ermittelten Daten ſich eine „richtigere und tiefere
Erkenntniß der ſocialen Zuſtände und der in ihnen waltenden Ordnungen"
zu verſchaffen [2]).

Dieſe neuere Richtung der Statiſtik führt immer weiter ab von
der Staatenbeſchreibung und zieht immer mehr allgemeine naturwiſſen-
ſchaftliche Probleme, deren Mittelpunkt der Menſch iſt, in ihren Bereich. Man kann ſagen, daß dieſe neuere Statiſtik die Natur des Menſchen erkennen will und zu dieſem Zwecke die ganze Menſchheit ſtatiſtiſch in allen möglichen Beziehungen von allen möglichen Geſichtspunkten unterſucht.

Eine nachhaltige Förderung erfuhr dieſe neuere Statiſtik durch die
ſeit den 50er Jahren ins Leben gerufenen internationalen ſtatiſtiſchen Congreſſe. Dieſelben wurden zuerſt angeregt von Quetelet
und der erſte Congreß wurde abgehalten in Brüſſel 1853. Es folgten
ſodann Congreſſe in Paris (1855), Wien (1857), London (1860),
Berlin (1863), Florenz (1867), Haag (1869), Petersburg (1872),
Peſt (1876).

Die Arbeiten dieſer Congreſſe galten dem Problem, auf welche
Weiſe eine allgemeine „Menſchheitsſtatiſtik" zu erlangen ſei. „Man
will eben nicht das Volk eines Staates, ſagt Wagner aus Anlaß dieſer
Congreſſe, ſondern man will die civiliſirte Menſchheit, womöglich die
ganze Menſchheit der fortlaufenden Beobachtung unterziehen". „In Ermangelung eines Weltſtaates ließ ſich eine Menſchheitsſtatiſtik
nur durch die Beobachtungen über die in einzelnen Staaten lebenden
Theile der Menſchheit bilden" [3]). Dieſe „ganze Menſchheit" ſollte aber
in den mannigfachſten Beziehungen, in allen möglichen Durch- und Quer-
ſchnitten unterſucht werden [4]). Als wiſſenſchaftliche Beſtrebungen kann man

---

[1]) Mohl: Schriften über den Begriff der Statiſtik in „Geſchichte und
Literatur der Staatswiſſenſchaften" B. III. S. 662.

[2]) Wappäus l. c. I. 13.

[3]) Wagner Art. Statiſtik in Staatswörterb. X S. 451.

[4]) Vergl. darüber M. Block l. c. S. 36 ff.

das alles gelten laſſen; bedenklich aber wird die Sache, wenn dieſe internationalen Congreſſe den Anſpruch erheben, den einzelnen Staaten und Regierungen die Art und Weiſe vorſchreiben zu wollen, wie ſie bei ſich den ſtatiſtiſchen Dienſt einzurichten und auf welche Gegenſtände und Thatſachen ſie ihre Nachforſchungen und Nachfragen zu richten haben. Da die Bevölkerungsſtatiſtik den Hauptgegenſtand der Congreß-Arbeiten bildete und die im Jahre 1881 vorzunehmende allgemeine europäiſche Volkszählung theilweiſe der Initiatione der Congreſſe entſprungen iſt, ſo galt dieſer Volkszählung und der Modalität ihre Vornahme ein großer Theil der Congreßarbeiten. Durch Congreßbeſchlüſſe wurden die in der Volkszählung zu erforſchenden Umſtände, Thatſachen und Verhältniſſe feſtgeſetzt, die bei der Zählung auszufüllenden Rubriken vereinbart: der Erfolg zeigte, daß es nicht immer gerathen iſt, Verwaltungsmaß= regeln nach Weiſungen und Rathſchlägen von Theoretikern und Doctri= nären einzurichten, denen ihre Probleme wichtiger ſind, als die concreten Intereſſen der Staaten (ſ. darüber unten §. 74 Anm. u. §. 84).

Verwaltungs-Statiſtik.

§ 74.

So lange die Statiſtik es nur mit der Erforſchung der Ge= ſetzmäßigkeit der Erſcheinungen und ihrer Urſachen zu thun hat, ohne dieſelben vom Standpunkt des Staates zu betrachten und für den= ſelben verwerthen zu wollen, haben wir es mit der bloß theoretiſchen oder wiſſenſchaftlichen Statiſtik zu thun.

Indem aber der Staat ſich der ſtatiſtiſchen Forſchung als Mit= tels zu bedienen anfängt, um dieſelbe für ſeine ſtaatlichen Zwecke zu verwerthen; indem er die für ihn wichtigen Thatſachen und Er= ſcheinungen auf dem geſellſchaftlichen und ſtaatlichen Gebiete regiſtrirt und ſtatiſtiſch aufnimmt, um durch das Geſetz der großen Zahl zur Erkenntniß der Urſachen dieſer Thatſachen und Erſcheinungen vor= zubringen, und ſich auf dieſe Weiſe die Möglichkeit zu verſchaffen, durch Einflußnahme auf dieſe Urſachen, die durch dieſelben hervor= gebrachten Thatſachen und Erſcheinungen ſelbſt im Sinne ſeiner Zwecke und Bedürfniſſe, wenn auch nur theilweiſe zu regeln, zu modifiziren und zu beherrſchen; indem er dieß thut, treibt der Staat — Verwaltungs-Statiſtik. Während alſo das Gebiet der reinen wiſſenſchaftlichen Statiſtik ein viel weiteres, ja ein faſt unbegrenztes iſt, ſo iſt das Gebiet der Verwaltungs-Statiſtik durch die Zwecke, Intereſſen und Bedürfniſſe des Staates ganz ſtrenge begrenzt.

Anm. Bereits unter dem Einfluß der neueren wissenschaftlichen Bestrebungen auf dem Gebiete der Statistik entstand das österreichische Volkszählungsgesetz vom 27. März 1857, von dem wir schon oben Erwähnung thaten. Der § 1 desselben erklärt als Aufgabe der Volkszählung „die für die Staatsverwaltung wichtigsten Verhältnisse des Bevölkerungsstandes zu ermitteln, auszuweisen und übersichtlich darzulegen. Der § 4 bestimmt die periodische Wiederholung der Volkszählung und zwar alle 6 Jahre. Die Zählung sollen die Gemeinde-Vorstände, oder wo dieselben hierzu nicht für geeignet erkannt werden, die politischen Bezirksbehörden vornehmen (§ 16). Gegenstand der Zählung ist die anwesende und abwesende, jedoch nur die ortszuständige Bevölkerung.

Die Vorzüge dieses Gesetzes, im Vergleich mit den früheren österreichischen Volkszählungsgesetzen, resumirt Ficker folgendermaßen: „für die gesammte Monarchie in Kraft zu bestehen, das Zählungsgeschäft als ein Object politisch-administrativer Thätigkeit, wegen seiner Wichtigkeit für die gesammte Staatsverwaltung nicht wegen irgend eines speziellen Zweckes in das Auge zu fassen, alle Thatsachen auf einen bestimmten, für die ganze Monarchie einzuhaltenden Termin zu beziehen, und durch Beschränkung des strengen legislativen Theils auf wenige Puncte späteren Vervollkommnungen der Formularien und Instructionen einen hinreichenden Spielraum zu eröffnen" [1].

Neben diesen Vorzügen erkannte man aber auch in dem 1857er Gesetze eine Reihe von Mängeln, welche das Zählungswerk von 1857 ungünstig beeinflußten. Diese Erfahrungen und die in der Literatur und auf den Congressen mittlerweile zur Geltung gelangten Ideen über Volkszählungen waren die Veranlassung zur Ausarbeitung eines neuen Volkszählungsgesetzes, welches diesmal schon die parlamentarische Behandlung passirte und am 29. März 1869 die kaiserliche Sanction erhielt. Dieses Gesetz setzte den 31. December 1869 als nächsten den 31. December 1880 als den darauffolgenden Zählungstermin nach den neuen Bestimmungen fest; sodann soll von zehn zu zehn Jahren je eine Volkszählung vorgenommen werden. Das knapp gefaßte Gesetz spricht sich über die Aufgabe der künftigen Volkszählungen nicht weiter aus, was in der That nicht mehr nöthig war, da Wissenschaft und Praxis darüber bereits allgemein übereinstimmten. Dem Gesetze sind eine „Vorschrift über die Vornahme der Volkszählung" und die nöthigen Formulare beigeschlossen. Für die mittlerweile von den cisleithanischen Ländern staatsrechtlich getrennten Länder der ungarischen Krone wurde ein besonderes Volkszählungsgesetz (III Artikel 1869) erlassen, welches mit dem diesseitigen in den Hauptgrundsätzen und Anordnungen übereinstimmt [2].

[1] Ficker l. c. 25.
[2] Die wichtigsten Abweichungen des ungarischen 1869er Zählungsgesetzes

Was nun den Gegenstand der Zählung anbelangt, so fordert das Geseß von 1869 in erster Linie die Ermittlung der factischen Bevölkerung, läßt aber auch die Möglichkeit zur Feststellung der rechtlichen Bevölkerung. Die Anfnahme geschieht entweder mittelst „Anzeigezettels" oder „Aufnahmsbogens".

Ersterer dient zur Ausfüllung der Rubriken seitens der Wohnparteien selbst, wo dieß thunlich ist; leßterer dient zur Ausfüllung der Rubriken durch den Zählungs-Commissär, wo die erstere Aufnahmsweise nicht möglich ist.

Der Anzeigezettel umfaßt die Angehörigen einer Wohnpartei; der Aufnahmsbogen alle Bewohner eines Hauses; der Anzeigezettel ist eine Haushaltungsliste, der Aufnahmsbogen eine Hausliste.

Uebrigens sind die Rubriken in diesen beiden Formularien dieselben; sie beziehen sich auf die Wohnung, fortlaufende Zahl der Personen, deren Familiennamen, Vornamen, Adelsprädicate und Adelsrang, Geschlecht, Geburtsjahr, Religion, Familienstand (ledig, verheiratet, verwitwet) Beruf oder Beschäftigung, Geburtsort, Zuständigkeit, Anwesenheit oder Abwesenheit (dauernde oder zeitweilige), endlich eine Rubrik für „Anmerkungen"[1]). Auf einer besonderen Seite der Formularien befinden sich die Rubriken zur Zählung der Nußthiere (Pferde, Rindvieh, Schafe, Ziegen, Borstenvieh, Maulthiere, Esel und Bienenstöcke).

Das in den Anzeigezetteln und Aufnahmsbögen enthaltene Material haben die Behörden in eigens hiefür bestimmte Uebersichtstabellen zusammenzufassen; und zwar giebt es zu diesem Zwecke Orts-Uebersichts-Tabellen, wo die Bevölkerung des Ortes nach Geschlecht, Religion, Stand, Aufenthalt und Alter übersichtlich verzeichnet wird; Orts-Uebersichts-Tabellen für die anwesende Bevölkerung nach dem Berufe oder der Beschäftigung, ferner Gemeinde-Uebersichts-Tabellen, Bezirks- und endlich Landes-Uebersichts-Tabellen.

Sowohl einige bei der Volkszählung von 1870 gemachten Erfahrungen, noch mehr aber die mittlerweile auf dem internationalen

<hr />

vom österreichischen waren folgende: Die Erhebung der Wohnungsverhältnisse war in Ungarn für das ganze Land vorgeschrieben, in Oesterreich nur für die Städte: Wien, Graz, Triest, Prag, Brünn, Lemberg; weiters war für Ungarn die individuelle Befragung nach der Kenntniß des Lesens und Schreibens, dann nach dem Vorkommen von Geisteskranken vorgeschrieben, was in Oesterreich nicht der Fall war.

[1]) Die Aufnahme einer Rubrik „Nationalität" oder einer ein ähnliches Merkmal anzeigenden wurde mit dem Geseß von 1869 nicht verordnet, wie Ficker hinzufügt, „nach sehr reifer Ueberzeugung". Von dieser „reifen Ueberzeugung" ist man im Jahre 1880 keineswegs zum Vortheil der Sache abgegangen.

statiſtiſchen Congreſſe von 1872 gefaßten Beſchlüſſe, welche für alle am Congreß vertretenen Staaten (alſo auch für Oeſterreich-Ungarn) verpflichtende Kraft haben ſollten: veranlaßten die öſterreichiſche Regierung im Verordnungswege für die am 31. December 1880 vorzunehmende Volkszählung einige Aenderungen und Modificationen in den Zählungsblanketten und in der Art und Weiſe der Zählungsvornahme zu verfügen. (Verordnung des Miniſteriums des Innern vom 6. Auguſt 1880)[1]). Von dieſen Aenderungen, iſt die wichtigſte daß den Beſchlüſſen des internationalen ſtatiſtiſchen Congreſſes in Petersburg gemäß unter die Gegenſtände der Aufnahme auch die „Umgangsſprache", die Kenntniß des Leſens und Schreibens und etwaige körperliche und geiſtige Gebrechen eingereiht wurden. Was die Erfolge dieſer Aenderungen anbelangt, ſo iſt man über eines ſo ziemlich im Reinen, daß die Aufnahme der „Umgangsſprache" in jeder Hinſicht ein Mißgriff war; das Reſultat der dießbezüglichen Nachfrage iſt in jeder Hinſicht unzuverläſſig und daher werthlos (ſ. darüber unten § 84).

Dichtigkeit der Bevölkerung.

§ 75.

Wenn wir nun unſer Augenmerk auf das urſprünglichſte und jedenfalls wichtigſte Material der Statiſtik auf die Bevölkerung richten und die auf dieſelbe gerichtete ſtatiſtiſche Thätigkeit der Verwaltung betrachten; wenn wir ſehen, wie die Verwaltung beſtrebt iſt, den Stand der Bevölkerung in fortwährender Evidenz zu erhalten, die Bewegung der Bevölkerung, d. h. denjenigen ſtetig ſich vollziehenden Wechſel im Stande der Bevölkerung der durch Geburten, Trauungen und Sterbefälle hervorgebracht wird, zu regiſtriren und zu controliren: ſo entſteht die Frage, welches ſtaatliche Intereſſe knüpft ſich an dieſe Thätigkeit der Verwaltung?

Denn daran darf wohl nicht gedacht werden, daß der Staat dieſe vielverzweigte und mühſelige Thätigkeit nur etwa im Dienſte der Wiſſenſchaft unternimmt, daß er hier nur der Wiſſenſchaft Handlangerdienſte leiſtet ohne höheres eigenes Intereſſe.

Es unterliegt nun keinem Zweifel, daß die Kenntniß der Zahl und des Standes der Bevölkerung dem Staate vor allem behufs

---

[1]) Vergl Schimmer: Gedanken über die Durchführung der nächſten Volkszählung in Oeſterreich in der ſtatiſt. Monatsſchr. IV. 153.

Derſelbe: Die Volkszählung nach dem Stande vom 31. December 1880 daſelbſt VI 389.

genauen und gerechten Ausmaßes der von den Unterthanen zu leistenden Militär- und Steuerpflichten nöthig und nützlich ist. Doch erstreckt sich offenbar die statistische Aufnahme der Bevölkerung viel weiter, als es die Zwecke der Kriegs- und Finanzverwaltung erheischen würden. In der That steckt sich die Staatsverwaltung heutzutage bei ihren populationistischen Aufnahmen ein viel höheres Ziel.

Die Aufgaben, die sich der moderne Staat stellt, speziell aber die Zwecke, die er auf dem Gebiete der Wohlfahrtsbeförderung verfolgt, machen ihm eine genaue Kenntniß des Standes, der Bewegung, der phisischen und wirthschaftlichen Lage der Bevölkerung zur Nothwendigkeit. Die statistischen Aufnahmen nun der Bevölkerung sollen ihm diese Kenntniß vermitteln, das nöthige Material für dieselbe liefern. Wir wollen hier einige dieser Punkte, auf die die Staatsverwaltung bei solchen Aufnahmen ihr Hauptaugenmerk richtet und richten muß, näher betrachten.

Vor allem erfährt die Staatsverwaltung aus der Volkszählung die absolute Zahl der Bevölkerung. Damit allein wäre ihr aber wenig gedient. Der Staatsverwaltung handelt es sich nicht nur über die absolute, sondern auch über die relative Bevölkerung des ganzen Staates und seiner einzelnen Theile Kenntniß zu erlangen, also darüber, wie groß im Durchschnitt die auf eine angenommene Flächenraumeinheit (z. B. eine Meile) entfallende Bevölkerungszahl ist.

Die Wichtigkeit dieser letzteren Kenntniß (der relativen Bevölkerung) liegt darin, weil erst durch dieselbe der Grad der Dichtigkeit der Bevölkerung in einem gewissen Gebiete constatirt werden kann. Erst die genaue Kenntniß der relativen Bevölkerung eines Landes, einer Provinz, eines Kreises, setzt uns in die Lage, durch Vergleichung derselben mit der relativen Bevölkerung anderer Länder, Provinzen, Kreise den Umstand zu constatiren, ob das betreffende Gebiet normal bevölkert, ob es über- oder untervölkert ist, mit welchen Ausdrücken man den Stand der Bevölkerung, je nach dem sie die dem Gebietsumfang entsprechende, eine höhere oder niedrigere Einwohnerzahl repräsentirt.

Zur Constatirung dieses Umstandes nähmlich, kann uns nur der Vergleich mit andern Ländern führen. Denn ein bestimmtes

Maß für einen normalen Stand der Bevölkerung kann es nicht geben. Die Begriffe normalbevölkert, unter- oder übervölkert sind ganz relativ. Im Grunde genommen wird mit diesem Zahlenbegriff eine Thatsache bezeichnet, welche gar nicht auf dem Gebiete des Zählens, sondern auf dem des Wohlbefindens liegt. Denn auch die relativ höchste Bevölkerung werden wir so lange nicht als Uebervölkerung bezeichnen, so lange sie sich im Wohlstand befinden wird — dagegen werden wir geneigt sein, ein relativ dünn bevölkertes Gebiet als übervölkert zu bezeichnen, wenn dasselbe für den Unterhalt dieser dünnen Bevölkerung nicht die nöthigen Mittel hervorbringt.

Anm. Das am dichtesten bevölkerte Land Europas ist Belgien — es hat 184 Einwohner auf einen Quadrat-Kilometer; am nächsten stehn die Niederlande mit 117, und nur noch in England und Irland überschreitet die Einwohnerzahl eines Quadrat-Kilometer die Zahl 100 (um 7.) In allen andern europäischen Staaten beträgt die Einwohnerzahl per Quadrat-Kilometer weniger als 100. Und zwar steht da am höchsten Italien mit 94, dann kommt Deutschland mit 82, Frankreich mit 70, die Schweiz mit 67, Oesterreich-Ungarn mit 59, Dänemark mit 50, Portugal mit 45, Rumänien mit 44 Einwohner per QuadratKilometer. Von den übrigen Staaten Europas haben Spanien, Serbien, Montenegro, Griechenland zwischen 29 und 36 Einwohner per QuadratKilometer; dagegen Schweden nur 10 und Norwegen die kleinste Zahl — nur 6.

Nun ist aber bei diesen statistischen Dichtigkeitszahlen nicht zu übersehen, daß dieselben im Grunde gar keine wirkliche Thatsache, gar keine Wahrheit ausdrücken — daß sie so, wie sie uns hier vorliegen, nichts anderes sind als nur Quotienten, die man aus der Division der Einwohnerzahl eines gegebenen Landes durch die den Flächenraum desselben ausdrückende Zahl erhält. Diese Dichtigkeitszahlen entsprechen nirgends oder höchstens irgendwo zufälligerweise der Wirklichkeit.

In dem Sinne aber, als ob der gegebene Staat also zum Beispiel in der That 59 Einwohner auf einen Quadrat-Kilometer zählte, sind diese Zahlen pure Täuschungen. Will man von diesen unwahren Zahlen zu halbwegs wahren, der Wirklichkeit entsprechenden Zahlen gelangen, so muß man zu immer kleineren und einheitlicher bewohnten, einheitlichere Bevölkerungscomplexe enthaltenden Territorien hinabsteigen. Wenn man auf diese Weise z. B die österreichisch-ungarische Monarchie in ihre zwei staatsrechtlichen Bestandtheile zerlegt und die Volksdichtigkeit für jede dieser Bestandtheile berechnet, so erhält man ein Resultat, welches die für ganz Oesterreich-Ungarn berechneten Dichtigkeitszahl von 59 direkt Lügen straft — denn nach dieser Theilberechnung zählt

Oesterreich 72 Einwohner auf den Quadrat=Kilometer, Ungarn hin=
gegen nur 48. Also jene erstgefundene Zahl von 59 stellt sich als
illusorisch dar, denn sie paßt auf keinen der beiden Theile der Monarchie.

In dem Maße, wie wir diese Operation fortsetzen, überzeugen wir
uns immer von der Unwahrheit der vorhergehenden Dichtigkeitszahl
und nähern uns der Wahrheit, d. h. einer Zahl, die das wirkliche Ver=
hältniß auf einem beschränkteren Raume treu wiedergiebt. Wenn wir
nähmlich die einzelnen Kronländer des cisleithanischen oder eigentlichen
Oesterreichs durchmustern, so finden wir, daß keines dieser Länder eine
relative Bevölkerung von 72 aufweist (und auch nicht 59!), sondern
daß hier in den einzelnen Kronländern die relative Bevölkerungszahl
überall eine ganz andere ist, wiewohl dieselbe zwischen dem Maximum
von 99 und dem Minimum von 21 varirt. Es haben nähmlich relative
Bevölkerung (auf einen Quadrat=Kilometer);

Schlesien	99	Steiermark	50
Nieder=Oesterreich	99	Bukowina	49
Böhmen	98	Krain	46
Mähren	90	Vorarlberg	39
Görz=Grabisca	69	Dalmatien	35
Galizien	69	Kärnthen	32
Ober=Oesterreich	61	Tirol	29
Istrien	52	Salzburg	21

Aber auch diese Zahlen werden sich als illusorisch erweisen, wenn
wir in diesen Kronländern das flache Land von den Städten scheiden
und für jeden dieser Complexe die relative Bevölkerung berechnen wollten.

So stellt sich z. B. nach obiger Berechnung die relative Be=
völkerung Schlesiens mit 99 der von Nieder=Oesterreich ganz gleich.
Diese Gleichheit existirt aber in der Wirklichkeit keineswegs. Wenn wir
nähmlich von der Gesammtbevölkerung Nieder=Oesterreichs mit rund
2,000.000, die Bevölkerung Wiens mit rund 670.000 abziehen und
für die auf das flache Land Nieder=Oesterreichs verbleibenden 1,350,000
die relative Bevölkerung herausrechnen, so wird es sich zeigen, daß diese
relative Bevölkerung kleiner ist als die Schlesiens. Dagegen würden wir
eine der Wirklichkeit sehr nahe kommende Dichtigkeitszahl erlangen, wenn
wir für ein einheitlich bevölkertes Territorium, wie z. B. die Stadt
Wien selbst oder einen beliebigen Landbezirk ohne Städte die relative
Bevölkerung berechnen würden.

Diese Bemerkungen sollen einerseits zum besseren Verständniß und
zur gebührenden Würdigung der von den Statistikern berechneten Durch=
schnittszahlen dienen, andererseits zum Nachweis, daß diese großen Durch=
schnittszahlen an und für sich für die Staatsverwaltung von fast gar
keinem Werthe sind. Mit Zahlen, die nur eine arithmetische Wahrheit
enthalten, auf die Wirklichkeit aber nicht passen und nicht anwendbar
sind, kann die Verwaltung nichts anfangen; sie kann dieselben keines=

wegs zum Ausgangspunkte irgend einer Maßregel nehmen. Die Staatsverwaltung muß immer und überall nur solche Zahlen fordern die eine
concrete Thatsache ausdrücken; nur mit solchen Zahlen kann ihr
gedient sein. Und was wir hier von den großen Durchschnittszahlen
der relativen Bevölkerung sagen, das bezieht sich auf alle anderen
großen Durchschnittszahlen, mögen dieselben was immer für Thatsachen
betreffen, sei es auf dem Gebiete des Bevölkerungswesens, der Civil-
oder Strafrechtspflege, des Handels- und der Gewerbe, der Moralität
oder des Cultus und Unterrichts. Verwendbar für die Staatsverwaltung sind immer nur die in's Detail eindringenden Zahlen, die sich der
Wirklichkeit so sehr als möglich nähern, die nicht nur den Ausdruck einer
arithmetischen Operation sind, sondern eine concrete Thatsache wiedergeben.

Zu- und Abnahme der Bevölkerung.

§ 76.

Neben der Feststellung der relativen Bevölkerungszahl ist es
die der Zu- oder Abnahme der Bevölkerung, die für die Staatsverwaltung von größerem Interesse ist. Zur Erkenntniß derselben
gelangt man durch Vergleichung der Volkszahl einer Reihe von
Jahren miteinander, und durch Betrachtung des Verhältnisses der
Geburten zu den Todesfällen.

Die Kenntniß dieser Thatsache, die genaue zahlenmäßige Constatirung der Zu- oder Abnahme der Bevölkerung, respective des
Percentes des Steigens oder Niederganges derselben, ist für jeden
Staat noch viel wichtiger, wie die der absoluten und relativen Bevölkerung. Denn aus der Zu- oder Abnahme, oder aus dem Grade
und der Intensität der ersteren oder letzteren entnimmt der Staat entweder Hoffnung auf Bestand und Entwicklung, oder Gewißheit des
Unterganges. Der Vergleich aber dieses Verhältnisses mit dem entsprechenden anderer Staaten eröffnet ihm die Aussichten auf Bestehen oder Untergang in desto klarerem Lichte, weil es ihm zugleich
auch die Gestaltung seines Machtverhältnisses zu andern Staaten
klar legt.

Ein Staat mit stark wachsender Bevölkerung kann über die
wichtigste Bedingung seines gesicherten Bestandes in der Zukunft
ruhig sein.

Eine Stagnation oder gar Abnahme der Bevölkerung muß
jeden Staat mit Recht beunruhigen und zur Untersuchung der Ur-

ſachen dieſer Erſcheinung veranlaſſen. Solcher Urſachen kann es viele geben.

Es kann eine größere Sterblichkeit walten, die im Verhältniß zu den Geburten zu große Lücken reißt. Dann muß der Staat über die Urſachen dieſer Sterblichkeit zu Rathe gehen — und die Mittel erwägen, wie dieſem Uebel zu ſteuern.

An der Stagnation oder dem Rückgange der Bevölkerung können aber auch herrſchende Eheloſigkeit oder Unfruchtbarkeit der Ehen Schuld tragen. Solche Verhältniſſe ſind ſehr ſchwer zu ſaniren, weil ſie in wirthſchaftlichen und ſocialen Mißſtänden wurzeln. Wo Wohl= ſtand herrſcht und Leichtigkeit Familien zu ernähren vorhanden iſt, kommen dergleichen Uebelſtände nicht zum Vorſchein. Wo ſie auf= tauchen, helfen keine direkten Maßregeln, nur mittelbar kann auf deren Beſeitigung durch Hebung des Wohlſtandes eingewirkt werden.

Dagegen brauchen heutzutage Staaten vor einer durch allzu= großes Wachſen der Bevölkerung drohenden Uebervölkerung keine Furcht zu haben.

Die Sache iſt nicht ſo gefährlich, wie man es früher oft dar= zuſtellen pflegte.

Im Allgemeinen kann die Grenze gar nicht bezeichnet werden, über welche hinaus die Bevölkerung eines Gebietes ſich nicht ver= mehren darf, ohne ihren Wohlſtand zu riſkiren: denn das Wachs= thum des Wohlſtandes iſt eine heutzutage unberechenbare Größe und kann ſehr wohl dem Wachsthum der Bevölkerung gleichen Schritt halten.

Das bekannte Malthus'ſche Geſetz, wonach angeblich die Be= völkerung die Tendenz habe, in geometriſcher Progreſſion zu wachſen, während die Unterhaltsmittel nur in arithmetiſcher Progreſſion zu= nehmen können, in Folge deſſen von Zeit zu Zeit Krieg, Peſtilenzen und Hungersnoth erſcheinen, um das geſtörte Gleichgewicht zwiſchen Bevölkerung und Unterhaltsmittel herzuſtellen: dieſes Malthus'ſche Geſetz hat offenbar eine ackerbautreibende Bevölkerung im Sinne, die auf einem gewiſſen beſchränkten Gebiete ausſchließlich auf den Er= trag des Grund und Bodens angewieſen iſt. Dieſes Geſetz iſt ein vager Ausdruck der von ſelbſt in die Augen ſpringenden Wahrheit, daß die Productivkraft des Grund und Bodens nicht ins Unendliche ſteigerungsfähig iſt, während die Vermehrung des Menſchengeſchlechts a n ſ c h e i n e n d ins Unendliche fortgehen kann. Nun iſt es gewiß

richtig, daß zwischen den vorhandenen und möglichen Unterhalts-
mitteln und der Vermehrung der Bevölkerung irgend ein Nexus und
eine Abhängigkeit bestehen muß und gewiß ein Verdienst Malthus
auf dieses Verhältniß hingewiesen zu haben; nichtsdestoweniger darf
vor einem angesichts der Knappheit der Unterhaltsmittel bedrohlichen
Wachsthum der Bevölkerung, heutzutage wo wir uns ohne große
Kosten unser tägliches Brod und Fleisch aus fernen Welttheilen be=
ziehen, so lange nicht gesprochen werden, so lange noch große Con=
tinente wie Amerika und Afrika unerschöpfliche und unerschlossene
Quellen menschlicher Nahrungsmittel besitzen.

Betrachtet man aber speziell ein beliebiges Land und stellt sich
die Frage nach der möglichen Maximalgrenze seiner Bevölkerung, so
ist obendrein in Rechnung zu bringen, daß Gewerbefleiß, Handel
und Industrie auch auf dem unfruchtbarsten Gebiete die dichteste
Bevölkerung in größtem Wohlstand erhalten können, daß daher jene
Malthus'schen Befürchtungen im wirklichen Leben auf bestimmte Ge=
biete und Länder ganz unanwendbar sind. Denn nicht der Boden
allein ernährt heutzutage, in civilisirten Staaten die Menschen —
sondern Arbeit, Capital und — Geist. Diese Factoren aber mensch=
licher Production sind ebenso ins unendliche potenzirbar, wie nur je
die Volkszahl selbst — und zwar muß angenommen werden, daß
sie zum mindesten in gleichem Verhältniß potenzirbar sind, wie diese
letztere. Es scheint in der That, daß diese hier vertretene Ansicht
die einfachere und natürlichere, und daher auch bei Regierungen die
ursprüngliche zu sein pflegte. Nicht Furcht vor Uebervölkerung son=
dern im Gegentheil Sorge um Vermehrung der Bevölkerung treffen
wir bei primitiven Staatswesen, in den Anfängen der Staats=
entwicklung.

Diese Sorge um Vermehrung der Bevölkerung veranlaßt jugend=
liche Kriegerstaaten zu Raubzügen nach Menschen, insbesondere nach
Mädchen und Frauen. Diese Sorge ist ein Motiv der Vielweiberei.
Die spartanische Gesetzgebung ist darum bekümmert, daß die Ehen
nicht kinderlos bleiben [1]). Hagestolze sind da der bürgerlichen Ehre
nicht theilhaftig. Denselben Zweck verfolgt bei den Juden das In=
stitut der Leviratsehe — und überhaupt viele andere gesetzliche Be=

---

[1]) **Xenoph. de rep. Laced.** 1. **Plutarch.** Lykurg 15.

stimmungen. Die Gesetze des Manu, Sezostris und Mahomed zeigen dieselbe Tendenz. Bei den Persern wurde Kinderreichthum belohnt [1]). Auch das europäische Mittelalter huldigte ursprünglich der An= sicht von dem Nutzen der Volksvermehrung. Man setzte auf Kinder= reichthum Belohnungen, sei es mittelst Geschenke, sei es mittelst Steuerbefreiungen. Das Heiraten bis zu einem gewissen Alter ward gesetzlich anbefohlen u. dgl. [2]).

Derselben Ansicht von dem Nutzen der Volksvermehrung ent= springen die häufigen Auswanderungsverbote und die Bestrebungen der Regierungen fremde Ansiedler ins Land zu ziehen. Mit An= wendung großartiger Mittel und vielen Kosten haben in Europa Rußland und Preußen Einwanderungspolitik getrieben — um ihre Bevölkerung zu vermehren. Man wies einwandernden Colonisten oft unentgeltlich Land an, befreite sie von Steuern, verlieh ihnen verschiedene Vorrechte und Freiheiten.

Andererseits haben Zeiten wirthschaftlichen Niederganges und Pauperismus ähnliche Befürchtungen erzeugt, wie die von Malthus ausgesprochenen, und solche Lehren, wie die seinige, haben dann die Regierungen veranlaßt, ängstliche Maßregeln gegen die Volksver= mehrung zu ergreifen.

Zu solchen Maßregeln gehören in erster Linie Heiratserschwerungen mittelst behördlich zu ertheilender und an gewisse Bedingungen (Ver= mögen, Erwerb 2c.) geknüpfter Heiratsconsensen.

Heutzutage hat man diese Heiratserschwerungen und behördliche Behinderungen der freien Bevölkerungsbewegung als unvernünftig erkannt. Behördliche Bewilligungen können nie Unrecht vermeiden; behördliche Beurtheilung der bezüglichen Verhältnisse sind meist falsch, und führen zu Bedrückung und Ausbeutung. Auch auf diesem Ge= biete hat sich der Grundsatz der Freiheit Bahn gebrochen und er wird, wie das auch keine behördliche Bevölkerungspolitik ändern kann, seine guten und schlechten Seiten haben, hier Segen stiften dort Unheil säen. Doch auch auf diesem Gebiete können die Schatten= seiten des freiheitlichen Gewährenlassens nur durch Bildung und Aufklärung beseitigt werden; auch hier kann die Staatsverwaltung nur in einer Gestalt als Vorsehung auftreten, in Gestalt des Volks=

---

[1]) Herodot I. 136.   [2]) Vergl. Roscher Nationalöconomie I. 527 ff.

erziehers. Gesunde Lehren über Volksvermehrung zu verbreiten, ist das einzige Mittel, das hier halbwegs zum Ziele führt. Uebrigens ist heutzutage, wo der europäischen Uebervölkerung (wenn sie wirklich irgendwo vorhanden ist) andere Welttheile so gastfreundlich offen stehen, eine Furcht vor Uebervölkerung und daher Maßregeln gegen dieselbe nicht am Platze.

Anm. In Deutschland betrug die Zunahme der Bevölkerung seit sechs Jahrzehnten ungefähr 1 % jährlich [1]). Aus der Berechnung des italienischen Statistikers Bobio der Volkszunahme in den wichtigsten Staaten Europas wollen wir hier einige Daten reprobuziren:

Preußen	von	1830—61	jährliche Zunahme	%	1,16
„	„	1861—77	„	„	0,90
Sachsen	„	1820—61	„	„	1,41
„	„	61—77	„	„	1,56
Oesterreich (diesseits)	„	1830—60	„	„	0,64
„	„	60—77	„	„	0,85
Europäisches Rußland	„	1850—60	„	„	1,45
„	„	60—70	„	„	0,66
Frankreich	„	1800—60	„	„	0,48
„	„	60—76	„	„	0,07
England	„	1801—61	„	„	0,97
„	„	61—77	„	„	0,62 u. s. w.

Nach offiziellen österreichischen Berechnungen betrug die durchschnittliche jährliche Zunahme der Bevölkerung im cisleithanischen Oesterreich zwischen 1830 und 1870 — 0.76 %; im Zeitraum zwischen 1850 und 1870 betrug nach derselben Berechnung die jährliche Zunahme 0.81; seit 1857 gar 0.91 %. Selbstverständlich weisen auch hier die verschiedenen Kronländer die allergrößte Verschiedenheit auf. Nach der jüngsten Zählung jedoch (1880) zeigt sich im Ganzen in Oesterreich eine gegen die frühere Zählungsperioden geringere jährliche Zunahme [2]).

Altersverhältnisse.

§ 77.

Außer der Dichtigkeit und der Zu- oder Abnahme der Bevölkerung kann aus der Betrachtung und Vergleichung der Altersverhältnisse derselben ein für den Staat interessantes Moment nachgewiesen werden, und zwar, welche Altersclassen in der Bevölkerung

---

[1]) Blod l. c. 332.
[2]) Vergl.: Vorläufige Ergebnisse der Volkszählung von 1880 von Schimmer in der statistischen Monatsschrift VII. Jahrgang 6. Heft (Juni).

eines Landes überwiegen, die productiven oder unproductiven. Es kann nähmlich eine an Zahl gleiche Bevölkerung des einen Landes im Vergleich mit der gleich großen Bevölkerung des andern Landes einen größeren Bruchtheil von Kindern und Greisen enthalten — während in dem andern Lande gerade die productiven Theile der Bevölkerung, also die Männer und Frauen im „besten Alter" das Uebergewicht haben. Wenn dieses Verhältniß kein vorübergehendes ist, wenn es sich im Laufe der Generationen nicht ändert oder in sein Gegentheil umkehrt, sondern zwischen zwei Ländern oder Staaten stabil ist: so kann damit für das eine Land ein wirthschaftlicher Vortheil über das andere nachgewiesen werden, vorausgesetzt, daß dieses Uebergewicht an Männern im besten Alter sich wirklich auch productiv bethätigt. Trifft diese Voraussetzung nicht ein, so ist der auf dieses Uebergewicht der productiven Classen gebaute Schluß ein trügerischer.

Die Kenntniß des bezüglichen thatsächlichen Verhältniß ist jedenfalls für die Staatsverwaltung von Interesse; dieses Verhältniß zu ändern, ist nicht immer in ihrer Macht, es sei denn, z. B. daß das Minus der productiven Classen überhaupt in der größeren Sterblichkeit der Kinder bis in ihr Reifealter wurzelt, wo dann allerdings der Staat helfend eingreifen kann.

Geschlechter = Verhältniß.

§ 78.

Ein Moment, auf den Statistiker immer einiges Gewicht zu legen scheinen, ist das Verhältniß der Geschlechter zu einander. Daß die Rubrik „Geschlecht" bei allen statistischen Aufnahmen vorkommt ist begreiflich und gerechtfertigt. Nun hat sich bei Vergleichung der Unterrubrik „männlich" und „weiblich" bei den meisten Staaten ein Uebergewicht des weiblichen Geschlechts herausgestellt. So kommen z. B. auf 1000 männliche Personen in Ungarn 1002, in Oester= reich 1041, in Deutschland 1036, in Frankreich 1008, in England 1054, in Schottland 1096 u. s. w. Frauenspersonen. Ein Ueber= gewicht des männlichen Geschlechts zeigt sich in Europa nur in Italien und Belgien (auf 1000 Männer in Italien 989, in Belgien 995 Frauen) [1]).

---

[1]) Block l. c. 235.

Eine nähere Betrachtung dieses Geschlechterverhältnisses zeigt, daß dasselbe nicht bei allen Altersclassen dasselbe ist, nicht durch alle Altersclassen stabil bleibt: im Gegentheil ist dieses Verhältniß in den verschiedenen Altersclassen ungleich und diese Ungleichheit zeigt wieder bei genauer Betrachtung eine Gesetzmäßigkeit. Es zeigt sich nähmlich, daß meistens bei den Neugebornen das Uebergewicht auf Seite des männlichen Geschlechtes ist, oder daß das weibliche Geschlecht nur ganz unmerklich überwiegt. Nur durch die größere Sterblichkeit der männlichen Kinder, sodann der Männer in den wehrpflichtigen Jahren wird das Uebergewicht der Frauen hergestellt.

Diese, durch die statistische Forschung constatirte Erscheinung hat jedenfalls für die Wissenschaft ein größeres Interesse als für die Staatsverwaltung. Diese letztere kann weder daran denken, eine solche Erscheinung zum Ausgangspunkte irgend welcher zu ergreifender Maßregeln zu nehmen, noch kann sie überhaupt beurtheilen, ob diese Erscheinung für sie vortheilhaft oder nachtheilig ist. Solchen Er= scheinungen und Gesetzen gegenüber steht die Staatsverwaltung ganz ebenso rathlos und machtlos ja über deren Bedeutung unwissend da, wie dem Naturgesetze, daß jeder Mensch einmal sterben muß. Die Klarstellung solcher Gesetze mag daher ein willkommener Gewinn für die Theorie sein, da sie der Physiologie der Anthropologie und ähnlichen Wissenschaften neue Probleme vorlegt: für die Praxis der Staatsverwaltung hat dieselbe fast gar keine Bedeutung.

Ebenso giebt es eine ganze Menge von statistischen Beobachtungen an der Bevölkerung, die für den Theoretiker von Interesse sein, die ihm als Material zur Lösung, sei es physiologischer, psycholo= gischer oder allgemein anthropologischer Probleme nützlich sein können: die aber für die Staatsverwaltung absolut von gar keinem In= teresse sind.

Wenn der Statistiker die Häufigkeit der Eheschließungen oder Geburten in den einzelnen Monaten berechnet und daraus seine Schlüsse zieht; wenn er die Mehrgeburten der verschiedenen Länder und Provinzen vergleicht; wenn er die Todtgeburten, die offenbar einem allgewaltigen Naturgesetze gemäß immer und überall vorkom= men, registrirt; wenn er das Alter der Eheschließenden vergleicht und aus der Zahl derselben die ältesten und jüngsten und ihre Vertheilung nach Ländern und Provinzen nachweist: so sind das lauter Forschungen

die im allgemeinen einen sehr problematischen Werth haben, für die
Staatsverwaltung aber absolut von keinem Werthe und keinem Interesse sind.

Von Seite der Statistiker wird es nie an Bestrebungen und
Zumuthungen an den Staat fehlen bei der Bevölkerungsaufnahme
auch alle auf solche statistische „Merkwürdigkeiten" bezügliche Daten
zu sammeln und ihnen Aufnahme in die amtlichen Tabellen zu gestatten. Indem aber die Staatsverwaltung solchen Zumuthungen
willfahrt, verursacht sie nur sich selbst unnöthige Kosten und Scheren
und leistet der Wissenschaft, wie gesagt, nur einen problematischen
Dienst. (Vergl. darüber noch unter § 84).

Controle und Evidenzhaltung.

§ 79.

Wenn die Volkszählung die Kenntniß des momentanen Standes
der Bevölkerung vermittelt, so dient eine Reihe von staatlichen Einrichtungen dazu diese Kenntniß in Permanenz zu erhalten d. h. dieselbe den fortwährenden natürlichen Aenderungen im Stand der Bevölkerung entsprechend zu ändern und adäquat zu erhalten.

Es sind das die Einrichtungen zur stetigen Controle und Evidenzhaltung des Standes der Bevölkerung.

Zu diesem Zwecke wird vor allem jedes Individuum durch
einen P e r s o n e n - N a m e n so bezeichnet, daß über dessen Identität
im öffentlichen Leben kein Zweifel entstehen kann; sodann wird jedes
zur Bewegung der Bevölkerung beitragende Moment im Leben jedes
Individuums amtlich und authentisch constatirt, also dessen G e b u r t,
eventuelle T r a u u n g und dessen T o d; ferner wird nicht nur die
Angehörigkeit jedes Individuums an den Staat, sondern dessen Zugehörigkeit an einen bestimmten Ort im Staate, dessen Zusammengehörigkeit mit einer Gemeinde gesetzlich festgestellt. (H e i m a t g e -
s e t z g e b u n g.)

So behält denn die moderne Staatsverwaltung jedes einzelne
Individuum, welches von ihm in seiner abgesonderten Persönlichkeit
und Individualität gekannt und bezeichnet ist, genau im Auge durch
alle die Momente des Lebens hindurch, durch die es mit der ganzen
Bewegung der Bevölkerung zusammenhängt und fixirt gesetzlich die
Zusammengehörigkeit desselben mit allen anerkannten socialen Grup-

pen, b. i. mit der Familie, mit der Gemeinde, und somit auch mit Provinz und Staat. Die Art und Weise dieser Controle und Evidenzhaltung, wollen wir nun im Einzelnen betrachten.

Perſonen-Namen.

§ 80.

Grundlage aller Controle und Evidenzhaltung des Standes und der Bewegung der Bevölkerung iſt die beſtimmte Bezeichnung jeder einzelnen Perſon; dieſe geſchieht mittelſt des Familien-Namens den das eheliche Kind vom Vater, das uneheliche von der Mutter durch die bloße Geburt erlangt, ferner durch den oder durch die Tauf- oder Vornamen. Mit dieſen beiden Namen wird jedes Kind in die Geburtsregiſter eingetragen und muß dieſelben in der Regel das ganze Leben hindurch führen. Eine Aenderung einer dieſer Namen oder beider kann nur unter behörblicher Intervention reſpective Be- willigung erfolgen.

Letztere kann aber nur den Sinn haben, daß durch willkührliche Namensänderungen die behörblichen Maßregeln zum Zweck der Con- trole und Evidenzhaltung der Bevölkerung nicht illuſoriſch gemacht werden: keinesfalls aber braucht die perſönliche Freiheit der Namens- änderung, wenn derſelben irgend welche vernünftige, perſönliche Motive und Intereſſen zu Grunde liegen, geſchmälert zu werden [1].

Die Namensänderung kann ſich auf den Familien- oder auf den Taufnamen (reſpective Vornamen) beziehen.

Die Aenderung des Familien-Namens tritt oft aus geſetzlichen Urſachen ein, ſo z. B. nimmt die Frau den Familien-Namen des Mannes an. Doch ſind es oft perſönliche Motive (nationale oder äſthetiſche Rückſichten) die den Wechſel des Geſchlechtsnamens dem Einzelnen wünſchenswerth machen. Auch die Aenderung des Vor- namens tritt oft aus confeſſionellen Gründen (Religionswechſel, Uebertritt zum Chriſtenthum) ein: kann aber ebenfalls aus perſön- lichen Motiven dem Einzelnen wünſchenswerth erſcheinen.

---

[1] So verfügt das franzöſiſche Geſetz vom 11. Germinal XI., daß Jeder- mann der irgend eine Urſache zur Namensänderung hat, ſich mit der motivirten Bitte an die Behörde zu wenden habe — die Behörde entſcheidet darüber. Vergl. „Über die Perſonen-Namen und deren Aenderung nach öſter- reichiſchen Geſetzen von Dr. Joſ. Kaſerer, Wien, Manz 1879.

Eine zu große Aengstlichkeit der Behörden in der Bewilligung solcher Aenderungen, läßt sich durch nichts rechtfertigen.

Anm. a) In Oesterreich, wo das Namenswesen seit Kaiser Joseph II. geregelt wurde, stand früher die Bewilligung zur Aenderung des Familien-Namens nur dem Kaiser zu. Gegenwärtig sind die Landesstellen dazu competent. Ein Ministerialerlaß vom Jahre 1873 (an die Statt= halterei in Prag Z. 7875) erklärt jede Aenderung des Vornamens für unzulässig. Die Ausführungen Kaserer's gegen diesen Erlaß in der oben angeführten Schrift, sind vollkommen richtig. Vergl. auch Mayrhofer II 305.

Anm. b) In Ungarn sind Magyarisirungen nicht magyarischer Namen in den letzten Decennien massenweise vorgenommen worden. Gegen ein solches Vorgehen läßt sich nichts einwenden. Dem Einzelnen kann es vernünftigerweise nicht verwehrt werden, sich durch Aenderung seines Namens in Ländern und Zeiten nationaler Umtriebe, Unan= nehmlichkeiten zu ersparen. Sache der Behörde ist es dafür zu sorgen, daß die nöthige Controle der Identität der Personen darunter nicht leide. Staatsinteressen können keineswegs dadurch gefährdet werden.

Matrikenführung.

§ 81.

Die Matrikenführung wurde zuerst von der katholischen Kirche ein= geführt (Trienter Concil) also auch nur auf die katholische Bevölkerung beschränkt. Nach und nach erst gelangten die europäischen Staats= regierungen zur Erkenntniß der Wichtigkeit der Führung von Ge= burts-, Trauungs- und Sterberegistern für die politische Verwaltung. Man war nun bestrebt die kirchlichen Verzeichnisse für die politische Verwaltung nutzbar zu machen und unterzog daher dieselben einer Oberaufsicht der politischen Behörde. Doch konnte damit bei der Vielheit der Confessionen eine einheitliche Matrikenführung, wie sie der Staat braucht, nicht erzielt werden. Den entscheidenden Schritt, um eine solche Einheitlichkeit herbeizuführen, that Frankreich, welches die Führung der Standesregister als Verwaltungsangelegen= heit erklärte (1791.) Eine weitere Ausbildung erfuhr in Frankreich dieses Institut der „Civilstandes=Register" durch den Code Napoleon. Darnach liegt die Führung dieser Verzeichnisse einem Civilstandes= Amte ob [1].

---

[1] Code civil livre I titre II des actes de l'etat civil.

In Oesterreich hat Kaiser Joseph II. für die von den kirchlichen Behörden geführten Geburts=, Trauungs= und Sterberegister eine gleichförmige Einrichtung vorgeschrieben und dabei die Bedürfnisse der Verwaltung berücksichtigt [1]). Auf diese Weise trachtete Kaiser Joseph den Anforderungen des modernen Staates in dieser Richtung gerecht zu werden [2]).

Nach dem Josephinischen Patente hat jeder Seelsorger der einer Seelsorgestation selbständig vorsteht, über seinen Sprengel drei abgesonderte Bücher zu führen und zwar eines zur Aufnahme der Gebornen, eines zur Aufnahme der Trauungen und ein Todtenbuch).

In das Geburtsregister muß das genaue Datum und der Ort der Geburt, genaue Bezeichnung der Eltern und der Taufname des Kindes sodann dessen Geschlecht, Religion verzeichnet werden. Mit derselben Genauigkeit sind das Trauungs= und das Todtenbuch zu führen.

Das Josephinische Patent hat auch das Verdienst, daß es das Institut der Matrikenführung den Seelsorgern aller Confessionen zur Pflicht machte, dieses Institut also verallgemeinerte.

Nachdem die neuere österreichische Gesetzgebung (Staatsgrundgesetze vom 21. Dezember 1867 und Gesetz in Ehesachen vom 25. Mai 1868) jeden Zwang irgend einer gesetzlich anerkannten Confession anzugehören aufhob und auch Civilehen einführte, so mußte für die Matrikenführung bezüglich solcher, zu keiner gesetzlich anerkannten Confession angehörenden Personen sowie der vorkommenden Civilehen vorgesorgt werden.

Das Gesetz vom 9. April 1870 wies nun die Matrikenführung bezüglich dieser „Confessionslosen" den politischen Behörden, in Städten mit eigenen Statuten den Gemeindebehörden zu. Auf diese Weise ist die Matrikenführung in Oesterreich unter die Seelsorger der verschiedenen Confessionen und die politischen Behörden zersplittert. Die Folgen davon sind unnöthige Schwierigkeiten und Weitläufigkeiten in der Sammlung des nöthigen Materials wenn es sich um den Wehrdienst oder andere staatliche Zwecke handelt. Auch der statistische Dienst ist durch diesen Mangel einer ein-

---

[1]) A. h. Entschließung vom 20. Februar 1784.
[2]) Maurhofer II. 276. Stein Handbuch 139. Inama 39.

heitlichen Civilstands-Register-Führung wesentlich behindert und erschwert. Es scheint keinem Zweifel zu unterliegen, daß die europäischen Staaten mit der Zeit alle dem Beispiel Frankreichs folgen und die gesammte Matrikenführung als ausschließliche Verwaltungssache in eigene Verwaltung übernehmen werden, wodurch dieselbe sich durchaus einheitlich gestalten wird.

Anm. Außer ihrer bevölkerungs-statistischen Wichtigkeit kommt den Matriken noch eine große Bedeutung zu als Grundlage und Beweisrepertorium der manuigfachsten rechtlichen Beziehungen, insbesondere in allen Fragen des Familien- und Erbrechts. Sollen aber die Aufzeichnungen dieser Matrikenbücher in streitigen oder nichtstreitigen Angelegenheiten des Rechtslebens, speziell in Fragen des Familien- und Erbrechts benützt und verwerthet werden können, so ist es durchaus geboten, einen beglaubigten, amtlichen Ausfertigungsdienst über diese Aufzeichnungen zu organisiren. Zu diesem Zwecke sind alle diejenigen Personen welche mit der Führung der Matriken betraut sind, auch befugt über den Inhalt derselben, d. h. über die einzelnen Aufzeichnungen derselben öffentlich-beglaubigte Atteste, Certificate, Zeugnisse, Auszüge u. dgl. auszufertigen. Man nennt die Auszüge aus den Geburtsbüchern der christlichen Confessionen Taufscheine, der jüdischen und confessionslosen Geburtsscheine; die Auszüge aus den Trauungsbüchern werden auch Copulationen genannt; die aus den Sterberegistern einfach Todtenscheine. Für die Ausfertigung solcher Auszüge beziehen die Matrikenführer gesetzlich normirte Gebühren.

Heimatsrecht.
§ 82.

Wird durch den Namen die Identität des Einzelnen fixirt, stellen die Einzeichnungen in die Matriken diejenigen Momente des Einzellebens fest, mittelst deren das Individuum einerseits mit der ganzen Bewegung der Bevölkerung, andererseits mit der Familie und Religionsgenossenschaft zusammenhängt: so ist es die Aufgabe der Heimatsgesetzgebung die Zugehörigkeit des Einzelnen an irgend eine politisch-sociale Gruppe im Staate, an irgend einen territorialen Punkt sicherzustellen. Denn wenn auch der Staat in der Bewegung des Einzelnen die vollste Freiheit walten läßt (Freizügigkeit), so darf er doch nicht nur im Interesse der Controle und Evidenzhaltung der Bevölkerung sondern auch aus andern Gründen (Armenpflege, Unterstützungswohnsitz, rechtliche Beziehungen) nicht gestatten, daß der Einzelne, wie ein Tropfen im Meere, haltlos ohne Stützpunkt im Volke herumschwebe. Der Einzelne muß irgendwo **heimatberechtigt** sein; er muß als irgendwo zugehörig und angehörig betrachtet werden. Im Mittelalter und in den ersten Jahrhunderten der Neuzeit brauchte die Staatsverwaltung sich um diese Zu= und Angehörigkeit des Ein= zelnen nicht zu kümmern; denn theils waren es Leibeigenschafts= und Frohnverhältnisse, die den Einzelnen an die Scholle knüpften, wobei ein mächtiges Privatinteresse der Herren für die Untrennbar= keit dieses Bandes Gewähr leistete; theils waren es zünftige Ver= bindungen der Mittelclasse, der Bürgerschaften, die eifersüchtig dar= über wachten, daß ja kein Fremder in ihre Kreise eindringe; theils endlich Familienordnungen der Ritter und des Adels, die nicht minder sorgsam über ihre Zugehörigen und Angehörigen Controle führten.

Der Staat konnte damals mit größtem Gleichmuthe die Auf= rechthaltung dieser Zugehörigkeitsverhältnisse diesen naturwüchsigen Zünften, Corporationen, Geschlechtsverbindungen, Landgemeinden u. s. w. überlassen; es war auch weit weniger Bewegung in den socialen Verhältnissen; überall eine größere Gebundenheit und Starrheit — der sociale Bau des Staates war viel fester gefügt.

Die moderne Freiheit, die Aufhebung aller Leibeigenschaft und aller Unterthansverhältnisse, die Freiheit des Erwerbes, die Auf= hebung der Zünfte, die Freizügigkeit: das alles brachte Bewegung, Fluctuation in die moderne Gesellschaft. Dabei trugen die Gleichstellung und Gleichberechtigung aller vor dem Gesetze, die Freitheilbarkeit des Grund und Bodens, das Ihrige zur Atomisirung der Gesell= schaft bei. Die festen Ordnungen und Kreise schwanden und an ihre Stelle trat ein wirres Durcheinander aller gleichen und gleich= berechtigten Individuen. Da mußte nun der Staat eingreifen um an Stelle der geschwundenen alten socialen Ordnungen neue zu setzen; er mußte durch feste Normen und Satzungen den Mangel natur= wüchsiger Verbindungen ersetzen. Die modernen Heimatsgesetzgebungen trachten jedes Individuum im Staate an seinen natürlichen Heimats= ort durch öffentlich=rechtliche Satzungen zu knüpfen und schlimmsten= falls den Mangel eines natürlichen Heimatsortes durch einen künst= lichen zu ersetzen.

Anm. (Oesterreichisches Heimatsrecht.) Schon in den „grundsätz= lichen Bestimmungen zur Regelung des Gemeinwesens" vom 5. März

1862 (Manz'sche Ausgabe B. 9.) ist die Bestimmung aufgenommen, daß „jeder Staatsbürger in einer Gemeinde heimatsberechtigt sein solle" (Art. II.).

In Ausführung dieses Grundsatzes regelte sodann das Gesetz vom 3. December 1863, die Heimatsverhältnisse solchergestalt, daß es die Entstehungsarten des Heimatsrechts, Inhalt und Umfang desselben festsetzte. Darnach können nur österreichische Staatsbürger das Heimatsrecht in einer Gemeinde erwerben — doch soll jeder österreichische Staatsbürger in irgend einer, aber nur in e i n e r Gemeinde heimatberechtigt sein. Das Heimatrecht befugt, zum ungestörten Aufenthalt und zur Armenversorgung. Erworben wird das Heimatsrecht durch Geburt, durch Aufnahme in den Heimatverband, durch Erlangung eines öffentlichen Amtes. Heimatlosen, d. i. solchen Personen, deren Heimatrecht nicht nachweisbar ist, wird nach den durch das Gesetz aufgestellten Weisungen eine Gemeinde angewiesen, wo sie das Heimatrecht kraft des Gesetzes erlangen. Beurkundet wird das Heimatrecht durch den amtlichen H e i m a t s c h e i n. Ueber streitige Heimatsverhältnisse entscheidet die p o l i t i s c h e Behörde.

Staatsbürgerrecht.

§ 83.

Die Idee eines allgemeinen Staatsbürgerrechts gehört dem modernen Staate an. Im Alterthum und Mittelalter gab es nur eine privilegirte Classe von Staatsbürgern, es waren dieß die Freien und Vollberechtigten. Für die Masse des unfreien Volkes hatte die Thatsache der Angehörigkeit zu einen Staate gar kein Recht, keine Berechtigung zur Folge. Die Gleichstellung Aller vor dem Gesetze im modernen Staate bewirkte es, daß die bloße Thatsache der Staatsangehörigkeit zu einem, unter Umständen sehr werthvollen Rechte sich gestaltet. Sie stellt nähmlich den Einzelnen innerhalb und außerhalb des Staates unter den Schutz der heimatlichen Gesetze, seine Person und sein Eigenthum unter den Schutz der heimischen Staatsgewalt. Freilich unterwirft sie ihn auch den heimatlichen Gesetzen und legt ihm die aus denselben für ihn sich ergebenden Pflichten ob. Hier jedoch interessirt uns nur der Umstand, wie die Staatsverwaltung den Einzelnen den sie einerseits durch das Heimatsrecht an einen bestimmten Ort des Staates hinstellt und bindet, andererseits durch das Staatsbürgerrecht mit der Gesammtheit des Volkes und des Staates in unlösbarem Zusammenhang bringt. Heimatrecht und Staatsbürgerrecht sind die zwei mächtigen Bande, die im modernen Staat jeden Einzelnen an sein Vaterland knüpfen und die in ihm das Bewußtsein der Zusammengehörigkeit mit Volk und Staat, auch wenn alle andern Bande sich lösen sollten, immer wach erhalten. Durch Heimatrecht einerseits und Staatsbürgerrecht an= dererseits, flößt der moderne Staat auch den großen Volksmassen jenes Gefühl ein, das der Römer in den Worten civis romanus sum ausdrückte; zugleich aber liefern diese beiden Rechte eine feste Grundlage zur Beurtheilung der ganzen öffentlich=rechtlichen Stellung des Einzelnen im Staate. Jede Ordnung der Bevölkerung wäre unvollständig und mangelhaft, wenn nicht jeder Einzelne auf dem festen Grunde seines Heimatsrechtes stünde und wenn sich über ihn nicht das schützende Dach des Staatsbürgerrechts ausbreitete.

Anm. a) Den Grundsatz eines „allgemeinen österreichischen Staats= bürgerrechts" für „alle Angehörigen der im Reichsrathe vertretenen Königreiche und Länder" spricht der Art. 1 des St.=Gr.=Ge. vom 21. De= cember 1867 Nr. 142 aus. Daselbst heißt es ferner, daß „das Ge= setz bestimmt, unter welchen Bedingungen das österreichische Staatsbür= gerrecht erworben, ausgeübt und verloren wird". Bisher ist zwar ein besonderes Staatsbürgergesetz nicht vorhanden, die bezüglichen Bestim= mungen jedoch sind in dem allg. bürgl. G.=B. (§§ 28—32) und einigen Nachtragsverordnungen enthalten [1].

Anm. b) Im absolutistischen Staate pflegt zu Zwecken der öffent= lichen Sicherheit, als ein beliebtes Mittel der Controle der örtlichen Be= wegung des Einzelnen das Paßwesen zu gelten. Darnach muß jeder Rei= sende außerhalb seines Domiciles sich mit einem Reisepaß versehen, den er auf Verlangen der Behörde vorweisen muß. Der Reisepaß enthält und ist theil= weise noch einerseits eine behördliche Bewilligung zur Reise, andererseits eine genaue Personsbeschreibung, damit er nur der einen bestimmten Person die= nen kann. Das früher in Oesterreich bestandene strengere Paßsystem hat dem gegenwärtigen milderen Paßkarten= oder Legitimationskartensystem Platz gemacht. Die dermalen noch bestehenden paßpolizeilichen Vor= schriften wurden mit Ministerial=Erlaß vom 10. Mai 1867 „zur leich= teren Uebersicht" zusammengefaßt und kundgemacht [2]. Darnach be= dürfen Inländer zum Reisen im Inlande in der Regel keines Paßes. Doch haben sie sich mit Legitimationskarten zu versehen. Zu Reisen ins Ausland hingegen ist für Inländer ein Paß in der Regel nöthig; nach dem deutschen Paßkartenverein genügt eine Paßkarte. Je= der in Oesterreich reisende Ausländer muß einen Paß oder ein anderes

---

[1] S. Mayrhofer II. 214.　[2] Mayrhofer II. 558.

die Stelle eines solchen vertretende Document besitzen, womit er sich über seinen Namen, Beschäftigung und Zuständigkeitsort ausweisen kann.

Wissenschaftliche Statistik und Staatsverwaltung.

§ 84.

Mehr als die bisher besprochenen persönlichen Merkmale: Name, Geburt, Stand (ledig, verheiratet oder verwittwet) Zuständigkeit und Staatsbürgerthum, ist der Verwaltung nicht nöthig um jeden Einzelnen als Person, in seiner Identität, in seiner Stellung und in seinen Beziehungen zur Familie, Gemeinde und Staat zu kennen und zu fixiren. Hat die Verwaltung diese Merkmale sichergestellt, hat sie diese Daten erhoben dann hat sie den Einzelnen für alle Verwaltungszwecke genügsam gekennzeichnet, dann hat sie sich über ihn zum Zwecke der Controle und Evidenzhaltung der Bevölkerung vollkommen genügend unterrichtet.

Nun können aber noch die verschiedensten Gesichtspunkte für Erhebungen und Aufnahmen der Bevölkerung hinzutreten. Es kann von finanziellem Gesichtspunkte erwünscht sein, nicht nur die phisische Person nach dem obigen Momenten zu kennzeichnen sondern auch die wirthschaftliche, die erwerbende Persönlichkeit nach ihrer wirthschaftlichen Macht, nach ihrem Vermögen und Einkommen zu erforschen. Die Verwaltung wird daher zu den verschiedensten Zwecken, z. B. zu finanziellen, die verschiedensten Register anlegen müssen, wie Verzeichnisse der Steuerzahlenden, der Erwerbstreibenden, Grundbesitzerverzeichnisse; sie wird auch bei allgemeinen Volkszählungen auf diese wirthschaftlichen und andern für sie erhebliche Momente Rücksicht nehmen.

So lange die Staatsverwaltung in solchen Erhebungen und Aufnahmen wirkliche staatliche Interessen und Zwecke im Auge hat, kann gegen dieselben keinerlei Einwendung erhoben werden. Was der Staat über Einzelne und die Gesammtheit zu wissen nöthig hat, das muß er und mag er auf die ihm am praktischesten scheinende Weise erheben und aufnehmen.

Nun trifft aber der Staat auf diesem Gebiete der Erhebung, Constatirung und Aufnahme von populationistischen Thatsachen und Verhältnissen, wie wir das gesehen haben, mit der Statistik zusammen und es wiederholt sich eine Erscheinung, die wir jedesmal beobachten, so oft der Staatsverwaltung in ihrem praktischen Wirken eine Wissenschaft in den Weg kommt, nähmlich: daß die Wissenschaft den Staat zu i h r e n a u s s c h l i e ß l i c h e n Z w e c k e n benützen möchte und dadurch den Staat auf Wege drängt — die zu betreten er kein Interesse hat und deren Verfolgung sogar gegen sein Interesse ist.

Die Statistik nähmlich, verfolgt bei den populationistischen Aufnahmen noch ganz andere Zwecke als die staatlichen, sie verfolgt die verschiedenartigsten w i s s e n s c h a f t l i c h e n Zwecke und möchte die administrativen Aufnahmen in dieser Richtung ausbeuten.

Indem sie dieß thut, drängt sie den Staat in doppelter Weise auf unrichtige Wege. Erstens indem sie ihn verleitet, nach Thatsachen und Zuständen zu forschen an deren Erforschung der Staat gar kein Interesse hat, zweitens indem sie ihn verleitet nach Thatsachen und Zuständen, für deren Erkenntniß ihm andere Wege und Mittel zu Gebote stehen, den Weg direkter individueller Befragung und Erforschung zu betreten, was unter Umständen weder für die Wissenschaft noch weniger für den Staat ersprießlich ist.

Betrachten wir beispielsweise einige concrete Fälle.

Die Statistik als Wissenschaft ist, wie jede Wissenschaft meist auf das Herumtasten und Experimentiren angewiesen. Sie mag auf der Suche nach irgend einem physiologischen oder anthropologischen Gesetz heute nach der einen morgen nach der andern Thatsache forschen: je nach dem Stande dieser Forschungen wird sie bei statistischen Aufnahmen die administrative Thätigkeit in ihr Schlepptau und deren Dienst in Anspruch nehmen wollen.

So hat man z. B. auf den statistischen Congressen vorgeschlagen die allerverschiedensten körperlichen Gebrechen (darunter z. B. Kröpfigkeit u. dgl.), zum Gegenstande individueller Erfragung bei den Volkszählungen zu machen. Mit gleicher Berechtigung könnte z. B. nach Farbenblindheit, nach den verschiedensten ähnlichen Verhältnissen ꝛc. gefragt werden. Nun hat die Staatsverwaltung als solche kein direktes staatliches Interesse derlei Nachforschungen anzustellen und da obendrein dieselben nicht ohne empfindliche Belästigung der Einzelnen vorgenommen werden können, die Staatsverwaltung jedoch ohne Noth, ohne zwingendes Interesse nie die Unterthanen belästigen sollte: so wäre eine solche allzu eifrige

Dienstfertigkeit gegenüber wissenschaftlichen Theorien und Experimenten einfach unklug. Uebrigens würde sich da der Staat auf eine abschüssige Bahn begeben. Es ist gar nicht abzusehen wo die Staatsverwaltung solchen Zumuthungen der Wissenschaft gegenüber Halt machen sollte, wenn sie dieselben nicht prinzipiell zurückweist.

Heute beschäftigt sich die statistische Forschung mit der Haarfarbe und der Farbenblindheit; morgen scheint ihr ein Herzfehler ein wichtiger Fingerzeug für antropologische Untersuchungen; übermorgen wird ihr die Zahl und Beschaffenheit der Zähne als eines der wichtigsten ethnographischen Merkmale erscheinen. Wollte die Staatsverwaltung auf diesem Gebiete der theoretischen Statistik Heeresfolge leisten, dann wäre bald Niemand davor sicher, daß |ihm Zählungscommissäre den Mund aufreißen um sich über Beschaffenheit oder gar Echtheit seiner Kauwerkzeuge zu überzeugen.

Kurz, es ist klar, die Staatsverwaltung muß den Zumuthungen der Wissenschaft gegenüber eine feste Grenze ziehen; sie muß bei Volkszählungen und populationistischen Aufnahmen nach einem festen Prinzip vorgehen, und ein solches kann sie nur in dem direkten Staatsinteresse finden.

Die Staatsverwaltung braucht nur nach den Thatsachen und Zuständen zu forschen die für sie ein unmittelbares Interesse haben.

Insoferne der Wissenschaft die Erforschung d i e s e r Thatsachen und Zustände nützlich ist: mag sie die Resultate staatlicher Thätigkeit und amtlicher Aufnahmen b e n ü t z e n; doch braucht die Staatsverwaltung nie und nimmer ohne eigenes Interesse, ja gegen dasselbe, der theoretischen Wissenschaft Handlangerdienste zu leisten.

Zweitens giebt es aber auch Thatsachen und Verhältnisse, deren Kenntniß für die Staatverwaltung wohl von Interesse ist, zu welcher sie aber durchaus nicht erst mittelst individueller Erfragung zu gelangen braucht, ja bezüglich welcher die individuelle Erfragung in jeder Hinsicht unpraktisch und sogar mit dem öffentlichen Rechte des modernen Staates unverträglich ist.

Zu diesen Thatsachen und socialen Verhältnissen, rechnen wir beispielsweise Confession, Nationalität, Umgangssprache u. dgl.

Gewiß ist es für die Staatsverwaltung von hohem Interesse, die confessionellen Verhältnisse der Staatsangehörigen, die Anzahl der Anhänger der einen oder der andern Confession zu kennen.

Doch kann es sich ihr hiebei nicht um eine durch eine detaillirte individuelle Aufnahme zu erlangende zahlenmäßige Genauigkeit handeln; eine solche ist für die Staatsverwaltung ganz überflüssig. Der Staatsverwaltung genügt die Kenntniß der großen Verhältnißzahlen und es wäre traurig, wenn sie dazu erst durch eine individuelle Erfragung und Aufnahme gelangen sollte. Diese großen Zahlen und Percentualverhältnisse lernt ja die Staatsverwaltung kennen, bei der durch sie geübten Controle und Aufsicht über die einzelnen Kirchen und religiösen Genossenschaften. Kann sich eine Staatsverwaltung über solche ganz offen daliegende Verhältnisse täuschen? Braucht es dazu erst der Bestätigung durch individuelle Aufnahme? Man kann dreist behaupten, daß hier die umfassendste statistische individuelle Aufnahme die Kenntniß der Staatsverwaltung durchaus nicht vergrößert: auf was es ihr hauptsächlich ankommt, die großen Verhältnißzahlen, sind ihr ohnedieß auf anderem, die Staatsangehörigen nicht belästigendem Wege, bekannt.

Ebenso verhält es sich mit der Nationalität und Umgangssprache. Die letzte Volkszählung in Oesterreich hat leider bewiesen, daß die Warnungen derjenigen, die von einer individuellen Erfragung und Aufnahme dieser Verhältnisse abmahnten nur zu begründet waren [1]. Nachdem die angekündigte Maßregel die ganze Bevölkerung in unnöthige Aufregung versetzte, politische und sociale Agitationen wachrief, gelangte man zu einem Resultate das von allen Parteien und von Jedermann als vollkommen unzuverlässig und werthlos bezeichnet wurde, und das mit Recht; denn die Auskünfte auf die bezüglichen Fragen erfolgten mit nichten der Wahrheit gemäß, sondern je nach den verschiedensten Interessen, Rücksichten, Stimmungen und momentanen Launen.

Dabei käme noch die Frage in Betracht, ob nach dem bestehenden öffentlichen Rechte der modernen europäischen Staaten der Staat das Recht hat, den Einzelnen nach allen diesen seinen persönlichen Verhältnissen zu fragen? Dieses Recht erscheint sehr zweifelhaft. Es muß im modernen Culturstaat eine Grenze geben, wo das Nachfragerecht der Staatsverwaltung ein Ende hat.

Diese Grenze bestimmt sich einerseits sowohl durch die dem

---

[1] Vergl. des Verfassers: „Das Recht der Nationalitäten und Sprachen in Oesterreich-Ungarn. Innsbruck, Wagner, 1879. S. 261.

Einzelnen gewährleistete Freiheit des Gewissens, der Ueberzeugung und der Denkungsweise, wie durch die gewährleistete Freiheit und Unverletzlichkeit des Hauses und der intimsten innern Familienver= hältnisse (häusliche Umgangssprache!) und andererseits durch das Interesse des Staates. Wo der Staat nur ein akademisches In= teresse an der Nachfrage nach persönlichen Verhältnissen hat, da hört wohl sein Zwangsrecht dem Einzelnen gegenüber auf und da ist der Einzelne nach dem bestehenden öffentlichen Rechte mit nichten ver= pflichtet den Behörden Rede und Antwort zu stehen und die Staats= verwaltung würde ihre Aufgabe schlecht auffassen, wenn sie sich da theoretischer Probleme und Experimente wegen echauffiren sollte.

Anm. Die Statistiker bezeichnen zwar auch „das Was? der Frage= stellung" als einen „heikeln Punkt, dessen vollständige Beantwortung nicht möglich sein dürfte" [1] sie stellen aber darüber Regeln auf, ganz ohne Rücksicht auf die Staatsverwaltung und ihre öffentlich=rechtliche Stellung. Sie geberden sich dabei so als ob die Staatsverwaltungen nur dazu da wären, für die statistischen Probleme nach den Weisungen der Herren Statistiker Daten zu sammeln. Dem gegenüber sollte man die trefflichen Worte Mohl's über diese Frage beherzigen.

„Die Nachforschung muß sich in den Grenzen des Erlaubten halten. Der Bürger ist allerdings in gewissen Fällen, namentlich zu Zwecken der Rechtsordnung und etwa der Besteuerung dem Staate Wahrheit schuldig, auch wo ihm die Mittheilung nicht angenehm oder nützlich ist; allein er hat keineswegs die allgemeine Verbindlichkeit, seine häusliche oder gewerblichen Verhältnissen zu dem Zwecke einer Zusammenstellung und Veröffentlichung gegen seinen Willen mitzutheilen. Und zwar gilt dieß nicht blos in Beziehung auf zudringliche Fragen von Privaten, sondern auch auf amtliche Ansinnen. Jeden Falles hat - sich also der Staat bei der Anordnung statistischer Nachforschungen solcher Fragestellung zu enthalten, welche entweder das sittliche Gefühl oder die erlaubte Geheimhaltung der wirthschaftlichen Zustände der Befragten verletzen würde, selbst wenn eine Kenntniß der bezüglichen Thatsachen nützlich sein sollte. Davon gar nicht zu reden, daß bei solchen uner= laubten Nachforschungen auf wahre Antworten nicht entfernt gezählt werden kann, also das gewonnene Ergebniß nutzlos wo nicht positiv schädlich ist" [2]" Auch Ficker ermahnt die Staatsverwaltung den Census „nur auf das Gebiet jener Verhältnisse zu beschränken, deren Kenntniß die Voraussetzung einer geordneten Wirksam= keit der Staatsverwaltung ist." „Wenn der Staat versucht, sagt dieser erfahrene Statistiker, in solche häusliche und öconomische

[1] Maurice Block: Handbuch der Statistik. Leipzig 1879. S. 188.
[2] Mohl Encyclopädie 2. Aufl. S. 747.

(fügen wir hinzu auch p e r s ö n l i ch e) Verhältnisse der Bürger einbringen zu wollen, in welche der Einzelne nicht gerne und vielleicht nicht ohne ernstliche Gefährdung wichtiger Interessen den Einblick gestattet, so muß man sich darauf gefaßt machen, daß der durch solches Einbringen Mißstimmte sich der lästigen Neugierde durch mangelhafte oder selbst falsche Angaben zu entziehen sucht und dieses System dann auch auf andere Fragepunkte ausdehnt" [1]).

Wanderungen.
§ 85.

Wir haben uns bisher mit der normalen Bewegung der Bevölkerung beschäftigt und die Maßregeln betrachtet die der Staat ergreift um inmitten d i e s e r Bewegung die rechtliche und administrative Ordnung aufrechtzuerhalten, um jeden Einzelnen inmitten d i e s e r Bewegung von der Wiege bis zum Grabe, trotz allen Wechsels des Aufenthaltsortes und Wohnsitzes, so lange er im Staate bleibt oder sich nur zeitweise aus demselben entfernt, unter seinem Schutze sowohl, wie unter seiner Herrschaft zu behalten.

Diese normale im Bereiche des Staates sich abspielende, oder dessen Grenzen nur zeitweilig überschreitende Bewegung, wird jedoch fortwährend von Strömmungen unterbrochen die ebenso charakteristisch zum menschlichen und menschheitlichen Leben gehören wie — Geborenwerden und Sterben. Es sind das Wanderungen, die sich mit Bezug auf einen bestimmten Staat immer als Ein= oder Auswanderung darstellen müssen.

Wanderungen sind jedenfalls älter als beglaubigte Geschichte — vielleicht sind sie die ersten Aeußerungen geschichtlichen Lebensdranges der Menschheit. Die meisten Staaten, ja vielleicht alle verdanken ihr Entstehen mehr oder weniger kriegerischen W a n d e r u n g e n und viele derselben (Völkerwanderungen) wurden nur zu dem Zwecke unternommen um Staaten zu gründen.

Trotzdem eine oberflächliche Betrachtung uns die Menschheit in festen Wohnsitzen ansässig erscheinen läßt, die nur von Zeit zu Zeit in Folge außergewöhnlicher Ereignisse gewechselt wurden: so verhält es sich in der Wirklichkeit ganz anders. Thatsächlich sind die Völker und Stämme in fortwährender Bewegung begriffen; ein ewiges Hin= und Herströmen vollzieht sich unter den Nationen, unmerklich in

---

[1]) Adolph Ficker l. c. 4.

gewöhnlichen Zeitläuften und in kurzen Zeiträumen — doch nichts=
destoweniger großartig und bedeutsam, wenn wir längere Zeiträume
prüfend überblicken.

Einzel= Ein= und Auswanderung.

§ 86.

Der beste Beweis für das hohe Alter von Massenwanderungen
sind die ältesten Ueberlieferungen fast aller Völker die von solchen
Wanderungen erzählen; den Beweis für fortwährende Einzelwan=
derungen liefern alle uns bekannten Gesetzgebungen der Culturvölker
von den ältesten angefangen, in denen wir überall Bestimmungen
über Fremde und Eingewanderte finden. (Fremdenrecht.) Wenn wir
nun die Stellung und die Maßregeln der Staatsverwaltung solchen
Wanderungen gegenüber betrachten wollen, müssen wir den Unter=
schied zwischen Massen= und Einzelwanderungen sowohl bei der Ein=
wie bei der Auswanderung im Auge behalten.

Rohe Zeiten und barbarische Völker kennen kein Fremdenrecht;
der Fremde ist da rechtlos. Und dennoch haben Fremde von jeher
Keime der Cultur und Civilisation in culturlose Länder getragen —
freilich pflegten diese Keime immer und überall nur auf blutgedüng=
tem Boden zu gedeihen. Die ersten Ankömmlinge pflegten immer
als Fremde betrachtet zu werden und waren immer die „verlornen
Posten" der Civilisation.

Spät erst und in Culturstaaten erblühte ein Fremdenrecht —
das dem Fremden Schutz und Sicherheit angedeihen ließ. Heutzu=
tage steht in den europäischen Staaten der Fremde, der sein Vater=
land nicht in der Absicht auszuwandern verließ unter dem Schutz
des internationalen Privatrechts und sowohl in europäischen wie
nichteuropäischen Staaten unter der schützenden Autorität seiner hei=
mischen Consuln. Kam er jedoch in der Absicht in das fremde Land
um daselbst sich bleibend niederzulassen, so steht ihm heutzutage mit
wenigen Ausnahmen das Recht zu, unter Einhaltung gewisser ge=
setzlicher Bedingungen das Staatsbürgerrecht in seiner neuen Heimat
zu erlangen. Jeder moderne Culturstaat erblickt in dem Fremden,
der entweder aus eigenem Vermögen lebend oder einen ehrsamen
Erwerb betreibend sich in seinen Grenzen niederläßt einen stets will=
kommenen Bevölkerungszuwachs.

Ist man zur Aufnahme von Fremden bereit und willig, dann fordert die Consequenz, daß man auch die Einzelnen, die den Staat verlassen wollen wenn kein besonderer Grund zu ihrer Zurückbehaltung obwaltet, frei ziehen lasse. Der Grundsatz der Freizügigkeit und freien Auswanderung ist heutzutage in allen Culturstaaten gesetzlich anerkannt.

Anm. Von Fremden kann die österreichische Staatsbürgerschaft auf doppelte Art erworben werden. Entweder mittelst eines Ansuchens im Sinne des § 30 des a. b. G.-B. oder in Folge von Thatsachen und Umständen, an welche das Gesetz die Erlangung der Staatsbürgerschaft knüpft, z. B. Verehelichung einer Ausländerin mit einem Oesterreicher. Die Bestimmungen des § 29 a. b. G.-B. wonach 1) die Eintretung in einen öffentlichen Dienst in Oesterreich oder 2) die Antretung eines Gewerbes dessen Betreibung die ordentliche Ansässigkeit im Lande nothwendig macht oder 3) endlich ein zehnjähriger Aufenthalt die (stillschweigende) Erwerbung der österreichischen Staatsbürgerschaft zur Folge haben, sind durch spätere gesetzliche Bestimmungen außer Kraft gesetzt worden und zwar ad 1) durch Art. 3 des Staatsgrundgesetzes vom 21. December 1867 R.-G.-B. Nr. 142 wonach einen öffentlichen Dienst nur ein österreichischer Staatsbürger erlangen kann. ad 2) durch kaiserliche Verordnung vom 27. April 1860 ad 3) durch Hfdec. 1. März 1833 Z. 3141 (f. Mayrhofer II. 215).

Ueber Auswanderung galt in Oesterreich bis zu den Staatsgrundgesetzen vom Jahre 1867 das Auswanderungspatent vom 24. März 1832, nach welchem zur Auswanderung die Bewilligung der politischen „Landesstelle" eingeholt werden mußte. Dieses Patent wurde durch den 3. Absatz des Art. 4 der Staatsgrundgesetze vom 21. December 1867 R.-G.-B. Nr. 142 aufgehoben, wornach die Auswanderung frei gegeben wurde und an keine Bewilligung der Behörde geknüpft ist. Nur darf der Auswandernde nicht den Zweck haben sich der Erfüllung der Wehrpflicht zu entziehen; daher müssen die Wehrpflichtigen ihrer Wehrpflicht nachkommen. (Erlaß des Landes-Vertheidigungs-Ministeriums vom 22. Juli 1871 Z. 8088/2340 bei Mayrhofer II. 239.)

Massen-Ein- und Auswanderung.

§ 87.

Der Anblick und die geschichtliche Erfahrung, wie freiwillige Einwanderungen oft den Wohlstand ganzer Länder die früher arm waren, heben; andererseits die oft sich wiederholende Erscheinung, daß eine Massenauswanderung dem verlassenen Lande tiefe Wunden schlägt die oft nie mehr vernarben, oder daß eine mäßige Aus-

wanderung etwa in eine Colonie, dem übervölkerten Staate Erleich=
terung und Nutzen bringt; solche und ähnliche Erfahrungen mußten
von jeher die Staatsverwaltungen auf den Gedanken bringen, sei es
bei einem Mangel an Bevölkerung und geringem Wohlstand auf
künstlichem Wege einen Einwanderungsstrom als Heil und Rettung
in ein menschenleeres und armes Land zu lenken, oder andererseits
einer drohenden Massenauswanderung mit gesetzlichen Mitteln ent=
gegenzutreten oder endlich eine Massenauswanderung zum Zwecke der
Colonisation eines fernen Landes zum Wohle des eigenen übervölker=
ten Staates durch Begünstigung und Förderung in Fluß zu bringen.

Sowohl für die natürlichen und freiwilligen, wie für die künst=
lichen und durch entsprechende Maßregeln begünstigten und geför=
derten Massen=Ein= und Auswanderungen giebt es zahlreiche geschicht=
liche Beispiele.

Als Resultat der diesbezüglichen Erfahrungen dürfte folgendes
gelten.

Künstliche Mittel, um eine Einwanderung in dünnbevölkerte und
arme Gemeinden zu veranlassen sind erfolglos, wenn die betreffende
Gegend nicht die natürlichen Bedingungen der Erhaltung einer dichten
Bevölkerung bietet — in welchem Falle dieselbe aber gewiß längst
schon 'gutbevölkert und wohlbebaut gewesen wäre, es sei denn, daß
frühere politische, sociale oder confessionelle Verhältnisse einer Zu=
nahme der Bevölkerung und des Wohlstandes im Wege standen.

Besitzt nun ein Staat dünnbevölkerte und schlechtbebaute Ge=
genden, die jedoch eine dichtere Bevölkerung ernähren könnten, so
genügt statt aller künstlichen Anlockungsmittel meist die Wegräumung
von politischen, socialen oder confessionellen Hindernissen durch ge=
eignete Gesetze um den Strom der Einwanderung in solche Gegenden
zu leiten.

Zeitweilig können auch Steuerbefreiungen, Anweisungen von
Staatsländereien zu billigen Preisen unter günstigen Zahlungsbe=
dingnissen eine wünschenswerthe Einwanderung befördern.

Doch kann es als Regel gelten, daß Einwanderungsbegünsti=
gungen sich lediglich auf ackerbauende und Landwirthschaft betreibende
Bevölkerung bezieht und zu beziehen habe. Denn nur an Boden
bearbeitenden Kräften kann oft ein Mangel obwalten, der künstlich
ersetzt werden muß, da nur diese Classen meist schwerfällig und un=

beweglich sind und oft durch künstliche Reizmittel in Bewegung gesetzt werden müssen.

Die mittleren Classen, die Gewerbe und Handel treibenden, die suchen und finden selbst ihre Wege; die kann man, wo sie keine natürlichen, günstigen Bedingungen finden, durch keinerlei Maßregeln hinlocken und andererseits braucht es für sie, wo ihrer Erwerb und Gewinn wartet, heutzutage höchstens einer entsprechenden Belehrung und Information.

Was die freiwillige Massen-Auswanderung anbelangt, so sind sie für ein übervölkertes Land das an Pauperismus leidet, nur eine Wohlthat; ist der Staat, aus dem der Auswanderungsstrom sich ergießt in der Lage, denselben in eine eigene Colonie zu lenken um mit den Ausgewanderten noch ferner nutzbringende und gedeihliche Beziehungen zu pflegen, so kann er die überströmende Volkskraft auch noch in der Zukunft für sich verwerthen. Doch befinden sich in einer solchen glücklichen Lage meist nur Küstenländer mit entwickelter Schifffahrt und überseeischen Besitzungen; Binnenländer hingegen kommen schwerlich dazu Colonialpolitik treiben zu können.

Das Schlimmste aber, was einem Staate begegnen kann, ist, wenn ihm eine arbeitsame Bevölkerung, den heimischen fruchtbaren Boden verlassend, den Rücken kehrt, um in fernen und fremden Ländern sich eine neue Heimat zu gründen. Kurzsichtig und kleinlich ist es, solche ernste Erscheinungen künstlichen Umtrieben und Agitationen in die Schuhe zu schieben, und sich der Hoffnung hinzugeben, daß mit der Ausweisung oder Bestrafung einiger fremden A g e n t e n einer solchen Bewegung, wenn sie einmal ausgebrochen, Halt geboten werden kann. Eine solche Bewegung soll vielmehr für die Staatsverwaltung ein Fingerzeig sein, daß die materielle Lage der zum Wanderstab greifenden eine unerträgliche geworden ist; und wenn dieselben einen f r u c h t b a r e n Boden zu verlassen im Begriffe sind, so ist es der beste Beweis, daß die Ursache der Unerträglichkeit ihrer Lage in politischen Umtrieben und Wirren, in der Unsicherheit des Rechtslebens, in drückenden Steuern, in Beschränkungen der Gewissensfreiheit oder ähnlichen staatlichen Verhältnissen zu suchen ist. Da heißt es muthig an die Wurzel des Uebels die heilende Art legen und nicht durch unnütze Repressivmaßregeln das Uebel momentan unterdrücken wollen. Denn mit Gewalt und künstlich läßt

sich eine Bevölkerung, deren Lage unerträglich geworden, nicht zu=
rückhalten, abgesehen davon, daß heutzutage in den europäischen Cul=
turstaaten das öffentliche Recht prinzipiell die Auswanderung ge=
stattet. Sollte es aber auch gelingen, eine solche Bevölkerung durch
Repressivmaßregeln zurückzuhalten, so wird sie doch, wenn man
die Ursache ihrer schlechten Lage und ihres Elends (denn nur ein
solches treibt zur Auswanderung) nicht beseitigt, verkümmern und
auf heimischem Boden zu Grunde gehen [1]).

A n m. In Oesterreich wurden die größten staatlich veranstalteten
Colonisationsversuche mit fremden, zu diesem Zwecke nach Oesterreich
berufenen Einwanderern unter Kaiser Joseph II. in Galizien unter=
nommen. Kaiser Joseph II. bezweckte damit namentlich „den traurigen
Zustand der galizischen Agrarverfassung und Landwirthschaft" zu heben
und verpflanzte dahin deutsche Colonisten aus der Pfalz und andern
rheinischen Gebieten. Der Erfolg dieser Colonisationen war kein un=
günstiger. Auch im westlichen Oberungarn und in der Bukowina wurden
deutsche Colonisten, meist auf Staatsländereien angesiedelt. Joseph II.
zog auch fremdländische Handwerker massenweise in's Land um durch
dieselben „neue fruchtbringende Fabricationen in's Leben zu rufen [2])."

In neuester Zeit sind dagegen viele Gegenden Oesterreich=Ungarns
von dem im übrigen Europa besonders in Deutschland stark grassirenden
Auswanderungsfieber ergriffen worden. Die Auswanderer gehen zu=
meist nach Amerika.

Der Ministerial=Erlaß vom 27. November 1873 richtet sich gegen
diese Auswanderungen doch nur in der einzig gesetzlichen Form, daß
er den Behörden aufträgt, die unerfahrene Bevölkerung vor dem Trei=
ben der Auswanderungsagenturen zu w a r n e n und gegen die A g e n t e n
nach den bestehenden Gesetzen vorzugehen.

Organisation der amtlichen Statistik.

§ 88.

Alles was der Staat zum Behufe der Controle und Evidenz
der Bevölkerung, ihres Standes, ihrer Bewegung und ihrer mannig=
fachen Verhältnisse (der rechtlichen, öconomischen rc. rc.) unternimmt,
alles das wird nicht zum erwünschten Ziele, d. h. zur vollkommenen
Kenntniß der Lage dieser Bevölkerung in allen wichtigsten Beziehungen
des Lebens führen, wenn die erhobenen Thatsachen und Umstände

---

[1]) Ueber Bevölkerungspolitik vergl. R o s c h e r System der Volkswirthschaft
I. §§ 235—262. [2]) K r o n e s Handbuch und Geschichte Oesterreichs IV. 490.

nicht sach- und sachgemäß geordnet, übersichtlich zusammengestellt, gruppirt und in ihren Resultaten wissenschaftlich zusammengefaßt würden. Diese Aufgabe können nur statistische Bureaux, statistische Commissionen oder Behörden erfüllen.

Die Nothwendigkeit solcher Bureaux und Aemter stellte sich daher überall heraus, wo immer zum Zwecke der Kenntniß der Bevölkerung und ihrer Verhältnisse von den politischen Behörden größere Sammlungen von Aufzeichnungen und Daten veranstaltet wurden.

Das gesammelte Material wuchs mit jedem Jahre und der Gedanke dasselbe fachmännischen Händen zur Ordnung, Uebersichtlich=machung und Bearbeitung anzuvertrauen, mußte sich von selbst aufdrängen.

Auf diese Weise entstanden bei den einzelnen politischen Behörden und Ministerien erst statistische Referate, sodann besondere statistische Bureaux, die sich nur mit den speciellen, einschlägigen Verwaltungsgebieten und Gegenständen beschäftigten.

So giebt es noch heutzutage in Oesterreich ein besonderes statistisches Bureau beim Handelsministerium zum Zwecke der Zusammenstellung und Bearbeitung der daselbst einlaufenden Nachrichten über Handel und Gewerbe und ein ähnliches Bureau beim Ackerbauministerium für die Sammlung und Bearbeitung aller auf die Landwirthschaft bezüglichen statistischen Daten.

Da jedoch mit der Zeit fast jedes Ministerium, jeder Verwaltungszweig in die Lage kam, sich um statistische Nachrichten und Daten über Gegenstände seines Ressorts umzusehen und es nicht leicht möglich war, bei jedem Verwaltungszweige einen besondern statistischen Dienst zu organisiren, so kam man auf den Gedanken, ein centrales statistisches Bureau zu schaffen, an welches sich jeder Verwaltungszweig jederzeit um die nöthigen Auskünfte wenden könnte.

In Deutschland wurde das erste solche statistische Bureau in Berlin im Jahre 1805 gegründet[1]). Nach vielen Wandlungen wurde dasselbe im Jahre 1861 in eine statistische Centralcommission umgewandelt (unter der Direction des berühmten Statistikers Engel).

Nach der Schöpfung des neuen deutschen Reiches trat an die Stelle dieser statistischen Centralcommission eine Centralstelle für

---

[1]) Bloch l. c. 22.

ganz Deutschland unter dem Namen eines kaiserlichen statistischen Amtes in Berlin.

In Oesterreich wurde im Jahre 1828 ein statistisches Bureau gegründet zur Aushilfe für die verschiedenen Verwaltungszweige; es unterstand dem obersten Rechnungshofe. Im Jahre 1840 wurde dieses Bureau ermächtigt, selbständig die ihm nützlich scheinenden Daten von den verschiedensten Behörden einzufordern und seit 1844 durfte es dieselben veröffentlichen. Der erste Director dieses Bureau's war der verdiente Statistiker Baron Czörnig.

Seit dem 1. Jänner 1849 ward die „Direction der administrativen Statistik" dem Handelsministerium unterstellt. Im Jahre 1863 wurde dieses statistische Amt in eine „statistische Centralcommission" umgewandelt und für dieselbe ein besonderes Statut erlassen, welches die Unterstellung dieser Commission unter den Präsidenten der obersten Rechnungs-Control-Behörde aussprach[1]). Der Nachfolger Czörnig's war Adolph Ficker, ein nicht minder ausgezeichneter Statistiker. Gegenwärtig untersteht die statistische Centralcommission dem Ministerium für Cultus und Unterricht; zum Nachfolger Ficker's wurde der ausgezeichnete und ebensowohl als Nationalöconom, Historiker wie Statistiker hochverdiente InamaSternegg berufen. Die Vielseitigkeit dieses Gelehrten bürgt dafür, daß die österreichische administrative Statistik unter seiner Leitung einer glänzenden Entwicklung entgegen geht.

Centralisation und Decentralisation der amtlichen Statistik.

§ 89.

Die wichtigste Frage, welche heutzutage mit Bezug auf die Organisation der amtlichen Statistik ventilirt wird, ist die nach der

---

[1]) Nach diesem mit kaiserlicher Entschließung vom 31. Jänner 1863 genehmigten Statute hat die statistische Centralcommission die Bestimmung den Central-Verwaltungs-Behörden die von ihnen benöthigten statistischen Nachweisungen über die Verhältnisse des In - und Auslandes zu liefern. Als ausführendes Organ ist ihr die Direction der administrativen Statistik in geschäftlicher Beziehung untergeordnet. Der Centralcommission wurde die Pflicht auferlegt, den Plan zu einer vollständigen administrativen Statistik des Reiches zu entwerfen und die bezüglichen Formularien einverständlich mit den Centralstellen festzustellen. Vergl. Mayrhofer I. 546.

Centralisation oder Decentralisation derselben. Ist es zweckmäßiger, daß jeder Verwaltungszweig, jedes Ministerium sich seinen eigenen statistischen Dienst organisirt und denselben selbständig überwacht und leitet oder aber daß eine Centralanstalt für Statistik den statistischen Dienst für alle Verwaltungszweige besorgt? Die Frage ist um so wichtiger, weil jede dieser Arten der Organisation der Statistik einen entscheidenden Einfluß übt auf die ganze Richtung und Qualität der statistischen Arbeiten.

Bei der Decentralisation und der selbständigen Besorgung der statistischen Ausweise bei den einzelnen Verwaltungszweigen werden mehr praktische, unmittelbaren Nutzen gewährende Gesichtspunkte vorwalten: bei einer Centralisation der Statistik werden sich mit der Zeit mehr rein wissenschaftliche Gesichtspunkte und Tendenzen Bahn brechen. Der Kampf zwischen Centralisation und Decentralisation der Statistik ist demnach ein sehr natürlicher und wird nicht leicht beigelegt werden.

Jeder specielle Verwaltungszweig, insbesondere solche Ressorts, wie das des Handels und des Ackerbau's werden es immer vorziehen sich ihre Statistik selbständig und unabhängig zu betreiben, um nicht erst von einem Centralbureau abhängig zu sein. Andererseits werden wissenschaftliche Rücksichten für eine Centralleitung aller statistischen Arbeiten auf allen Verwaltungsgebieten sprechen.

Es ist leicht möglich, daß diese Frage nur auf diese Weise gelöst werden wird, daß neben einem vollständigen Centralamte für Statistik bei einzelnen wichtigeren Ressorts noch specielle Bureaux bestehen bleiben werden, die dann dem Centralamte, wenn sie demselben untergeordnet sein, doch durch freie Mittheilung wichtiger Daten unterstützend zur Seite stehen werden.

B. II.
Justizpolitik.

Justizverwaltung.
§ 90.

Ohne innere Ordnung und Ruhe kann kein Staat bestehen [1]).
Nun sind aber die ewig und überall sich kreuzenden Interessen der
Einzelnen, die ursprünglich in der Geltendmachung ihrer persönlichen
Macht wurzeln, sodann aus persönlichen und dinglichen Rechten,
aus Eigenthums= und Besitzverhältnissen u. dgl. entspringen, ein
nimmerversiegender Quell von Streit, Hader und Kampf.

Das Interesse des Staates an der Aufrechterhaltung der Ruhe
kommt theilweise dem Bedürfnisse der Einzelnen speziell der Schwä=
cheren die nach Ruhe sich sehnen, oder der Mächtigeren die des
Kampfes müde sind, entgegen.

Die natürlichste Entwicklung der Dinge macht den Herrscher
zum Richter, zwingt die Regierung des Staates zwischen ihren Unter=
thanen Recht zu sprechen, Streitsachen zu schlichten und ihren Rich=
tersprüchen durch ihre Macht, Ansehen und Wirkung zu verschaffen [2]).

---

[1]) Nach der Rechtsstaatstheorie, die den Staat als Rechtsanstalt ansieht,
ist die Justizübung die „erste Sorge" des Staates. So schreibt z. B. Rot=
te d: „Da der Staat selbst nach seiner ersten und Hauptbestimmung nichts
Anderes ist oder sein soll als eine große und allgemeine Rechtsanstalt; so muß
auch (in einheimischen Dingen) seine erste Sorge dahin gerichtet sein, das
Recht zu handhaben d. h. die entstehenden Rechtsstreitigkeiten zwischen
seinen Angehörigen mit Autorität zu entscheiden oder entscheiden zu lassen und
solcher Entscheidung sodann nöthigenfalls zwangsweise die Geltung zu sichern."
Staats=Lexikon VIII. 722.

[2]) Daß neben der Kriegsleitung das Richteramt die wichtigste Function
aller Herrscher und Könige des Alterthums und Mittelalters war, ist allbekannt.
Nachdem die Entwicklung des Richteramtes von diesem primitiven Zustande wo
der König Richter ist, bis zur Ausbildung der manigfachen, im Namen des

Diejenige Thätigkeit nun der Staatsverwaltung die sich auf die Schaffung und Bildung, auf die Pflege und Fortentwicklung, auf die Aufrechthaltung und den Schutz des gesammten Privat= und öffentlichen Rechts mit Ausschluß des Staatsrechts bezieht, nennen wir Justizverwaltung[1]). Das Staatsrecht fällt nicht unter die Justiz= verwaltung wohl aber Civilrecht und Civilprozeß sowie das gesammte Strafrecht und der Strafprozeß.

Von Justizverwaltung im modernen Sinne, d. h. von einer Thätigkeit der Staatsverwaltung mit Bezug auf die Rechtspflege, die jedoch keine Rechtssprechung ist, kann erst die Rede sein, wo die Trennung der Justiz= von den politischen Behörden schon wenigstens einigermaßen eingetreten ist, denn erst wenn dieses der Fall ist entledigt sich die Verwaltung im e. S. des Geschäftes der Rechtssprechung und beschränkt sich nur auf dasjenige der Ge= setzeserlassung sodann auf den Schutz und die Unterstützung der von ihr eingesetzten richterlichen Behörden. Es bezieht sich also die justiz= verwaltende oder um uns eines verbreiteteren Ausdruckes zu bedienen die justizpolitische Thätigkeit des Staates:

a) auf die Erlassung der Gesetze

Herrschers Recht sprechenden Gerichte ihren Kreislauf mit dem Untergange des römischen Reichs vollendet hatte; begann derselbe in Europa von Neuem mit dem Richteramt der fränkischen Könige. „Nach der fränkischen Gerichtsverfassung welche nach allmähliger Unterwerfung der übrigen deutschen Stämme durch die fränkischen Könige allenthalben eingeführt wurde, ist der oberste Gerichtsherr der König.“ Canstein Lehrbuch der Geschichte und Theorie des österreichischen Civilprocesses. Berlin 1880 B. I. S. 69. Von den normännischen Fürsten sagt Brunner: „Die oberste Gerichts=, Heer= und Finanzgewalt ist in den Händen des Landesherrn vereinigt.“ „Oberster Richter ist der Fürst des Landes selbst.“ Entstehung der Schwurgerichte. S. 147.

[1]) Ueber die „Gesetzgebungskunst“ handeln folgende Werke: Filangieri: la scienza della legislazione 1780. Schlosser: Briefe über die Gesetzge= bung überhaupt und den Entwurf des preußischen Gesetzbuches insbesondere 1789. Bergl: Theorie der Gesetzgebung. Meissen 1802. Zachariae: Wissen= schaft der Gesetzgebung. Leipzig 1806. Scheurlen: Ueber die Abfassung von Gesetzbüchern. Tübing. 1834. Gerstäcker: Systematische Darstellung der Gesetzgebungskunst 2c. Frankfurt 1837. Purgold: Die Gesetzgebungswissen= schaft. Darmstadt 1840. Rousset: de la Redaction et de la Codification rationelle des lois. Par. 1858. Ueber Justizverwaltung („Justizpflege“) vergl. H. Schulze: Preuß. Staatsrecht Bd. II. Aufl. 2. S. 275 ff. Ferner Zachariae (H. A.) Deutsch=. Staats= und Bundesrecht II. T. (1867) S. 202 ff.

b) auf die Einrichtungen zur Ausführung und Handhabung derselben.

ad a) Die Erlassung der Gesetze durchläuft drei Stadien: der **Vorbereitung**, der **Beschlußfassung** und **Sanctionirung** endlich der **Kundmachung.**

ad b) Die Einrichtungen zum Behufe der Ausführung und Handhabung der Gesetze bestehen in Organisirung von Gerichten und deren Hilfsinstituten, welche sie in der Erfüllung ihrer Aufgaben zu unterstützen haben, wie z. B. der Advocatur, des Notariats, des Grundbuchs, des Depositenamts ꝛc.

Staatsgewalt und Rechtsgebiet.

§ 91.

Machen wir uns zuerst die Stellung der Staatsverwaltung den oben (§ 90) erwähnten Rechtsgebieten gegenüber klar.

Was vor allem das Privatrecht anbelangt, so sind seine wichtigsten Institute viel älter als die heute bestehenden Staaten — sie sind eine der Grundlagen unserer ganzen Culturentwicklung. Als solche zeichnen sie sich durch eine ehrwürdige Stabilität aus und besitzen als Elemente unserer Civilisation eine die manigfachsten Staatenveränderungen und Umwälzungen überdauernde Festigkeit. So viele Staaten auch seit den Zeiten der römischen Republik untergegangen und neu erstanden sind, so viele noch heute im Bereiche der modernen Civilisation untergehen und neu erstehen mögen: sie alle wurden überdauert und werden wahrscheinlich überdauert werden von denjenigen Instituten des Privatrechts, welche Grundlagen und Bestandtheile unseres sittlichen Bewußtseins geworden sind wie: das auf der Monogamie beruhende Familienverhältniß, die patria potestas, das Erbrecht, das Eigenthumsrecht, das Vertragsrecht u. s. w.

Mit Bezug auf diese Institute beschränkt sich der Thätigkeitskreis der Verwaltung auf den Schutz und die Unterstützung der zu ihrer Wahrung und Aufrechthaltung eingesetzten richterlichen Behörden, die das dießbezügliche Privatrecht handhaben. Die obersten Prinzipien aber dieser Institute stehen hoch und erhaben über allem Belieben und jedweder Willkür der Staatsverwaltung; sie kann sie nicht ändern, nicht antasten.

Keinem Staate europäischer Cultur wird es heute einfallen, keiner wird es wagen an den obersten Prinzipien des bestehenden

Familienrechts, z. B. an der Monogamie oder an der väterlichen Gewalt zu rütteln. Das Institut des Eigenthums hat vom modernen Staate eben so wenig eine Anfechtung zu befürchten, wie im alten Rom. Ueber die Verbindlichkeit der Vertragspflicht wird kein Staat heute es sich einfallen lassen neue Prinzipien aufzustellen.

Auf diesen Gebieten des Privatrechts ist der Staat den überlieferten und in's Fleisch und Blut des Volkes übergegangenen Prinzipien gegenüber einerseits machtlos, andererseits hat er auch gar keine vernünftige Veranlassung an diesen Prinzipien zu rühren. Im Gegentheil, dieses ganze bereits festgewordene, so zu sagen petrificirte Privatrecht ist eines der festesten Grundlagen der ganzen staatlichen Ordnung und der Staat hat nur ein Interesse dasselbe aufrechtzuerhalten und zu schützen [a]).

Aber wie alles staatliche und sociale Leben ist auch das Gebiet des Privatrechts kein geschlossenes Ganze, sondern ein mit den sich entwickelnden wirthschaftlichen und sozialen Verhältnissen stets wachsender Complex von Satzungen. Zu den alten, durch Jahrhunderte gefestigten Gebieten des Privatrechts kommen immer neue hinzu die dem modernen Leben entwachsen, die von den sich immer fortschrittlich entwickelnden wirthschaftlichen Verhältnissen erzeugt werden. Diese neuen Gebiete des Privatrechts hat der Staat durch Gesetze zu ordnen — hier harren seiner schöpferische legislatorische Aufgaben.

Anm. a) Nur zum Schutze und zur Aufrechterhaltung dieser Prinzipien, keineswegs um etwa neue Rechtssätze zu schaffen, wurde in Europa seit der Mitte des vorigen Jahrhunderts an den großen Codificationen des ganzen Privatrechts gearbeitet [1]). Diese Arbeiten und also auch die Vorbereitung des österreichischen bürgerlichen Gesetzbuches wurden nicht etwa durch den Mangel gesetzlicher Bestimmungen und geltender Rechtssätze auf dem Gebiete des Privatrechts veranlaßt: sondern nur neben der Ungleichförmigkeit der verschiedenen Landesrechte und der Ungewißheit des geltenden Rechts insbesondere dadurch, daß es an einer „vollständigen, einheimischen"

---

[1]) Der erste solche Codificationsversuch in Deutschland ist der 1756 kundgemachte Codex Maximilianeus Bavaricus civilis; der zweite, das von König Friedrich Wilhelm II. im Jahre 1791 erlassene „allgemeine Gesetzbuch für die preußischen Staaten" (später „allgemeines Landrecht" genannt;) sodann folgt in Frankreich im Jahre XII. der Republik der „Code civil" endlich 1811 in Oesterreich das „allgemeine bürgerliche Gesetzbuch."

Codification in gemeinverständlicher Sprache mangelte ¹). Daher war es auch nur eine „Compilationscommission", welche im Jahre 1753 von Maria Theresia eingesetzt wurde zu dem Zwecke um „ein sicheres gleiches Recht und eine gleichförmige rechtliche Verfahrungsart" für alle österreichischen Länder auszuarbeiten. Es sollte aber nichts Neues geschaffen, nur die Ungleichheiten des längst recipirten Rechtes sollten geebnet und die Ungewißheiten in dessen Interpretirung sollten durch eine legale Interpretation aufgehoben werden. Und in der That waren es in den 60 Jahren, die die Ausarbeitung des bürgerlichen Gesetzbuches in Oesterreich in Anspruch nahm, meist Männer der Wissenschaft, in der Schule des römischen Rechts und der unter dem Namen des Naturrechts getriebenen Rechtsphilosophie gebildete Juristen, die in den verschiedenen, zu diesem Zwecke ernannten Commissionen wirkten — deren Arbeiten freilich wieder von „Staatsraths"-Collegien und administrativen und Justiz-Behörden vielfach geprüft und revidirt worden sind ²). Als Resultat aber all dieser Arbeiten bot das österreichische bürgerliche Gesetzbuch keineswegs irgend welche nahmhaften neuen Grundsätze und Institutionen, sondern gab nur denjenigen klaren und deutlichen Ausdruck die theils aus dem römischen Rechte übernommen theils durch die herrschende „Naturrechts"-lehre des 18. Jahrhunderts ausgebildet wurden.

Gesetzesvorbereitung.

§ 92.

Die wichtigste Frage bei Vorbereitung eines Gesetzes ist die nach den leitenden Grundsätzen. Dieselben ergeben sich für die Staatsverwaltung aus der Erwägung ihrer Interessen. Denn immer und überall waren es die Interessen der Staatsgewalt, die die zu erlassenden Gesetze bestimmten. Und es kann in der That kein Gebiet des Privatrechts, es kann keine legislatorische Frage auf dem Gebiet des Civil= wie des Strafrechts geben die nicht mit dem Interesse des Staates in irgend einem Zusammenhang wäre. An diesem Interesse nun mißt der Staat die Wichtigkeit der betreffenden Gesetzgebungsangelegenheit und entscheidet sich über die leitenden Grundsätze nach Maßgabe dieses Interesses.

In primitiven Zuständen nun oder wohl auch in despotischen Monarchien mag eine Laune des Herrschers, sein momentanes In-

---

¹) Vergl. Schiffner Lehrb. des österr. Civilrechts S. 5.
²) Ueber die Einzelnheiten vergl. Schiffner am a. O. und die dort angegebene Literatur.

tereffe oder Belieben die Erlaffung eines Gefetzes und deffen Kund=
machung veranlaßt haben. In fortgefchritteneren Zuftänden mögen
Rathgeber der Herrfcher, ihre oberften Beamten, ein zu erlaffendes
Gefetz zuerft mehr oder weniger erwogen und ausgearbeitet haben.
Heutzutage wird die Ausarbeitung des Gefetzentwurfes meift von
ftändigen oder ad hoo berufenen minifteriellen Gefetzgebungscommif=
fionen beforgt. Der ausgearbeitete Entwurf gelangt als Regierungs=
vorlage vor das Parlament, welches denfelben wieder einem ftabilen
oder ad hoc gewählten parlamentarifchen Ausfchuß zur Prüfung und
Berichterftattung überweift, worauf dann die Berathung und Be=
fchlußfaffung im Plenum des Vertretungskörpers erfolgt. Geht der
Entwurf aus diefer ganzen parlamentarifchen Behandlung in feinen
leitenden Grundfätzen conform mit der Regierungsvorlage hervor,
oder geht die Regierung auf die vorgenommenen Aenderungen ein,
dann wird der Entwurf der Sanctionirung feitens der Krone (in
monarchifchen Staaten) unterbreitet und das fo zu Stande gekommene
Gefetz fchließlich k u n d g e m a c h t.

Anm. In den Staaten des europäifchen Mittelalters haben meift
b i e S t ä n d e an der Ausübung der gefetzgebenden Gewalt mitge=
gewirkt [1]). Seit dem 17. Jahrhundert ift in Deutfchland durch das
Erftarken der landesherrlichen Gewalt die Wirkfamkeit der Stände im
Allgemeinen und fpeciell ihre Mitwirkung bei der Gefetzgebung gebro=
chen worden. In andern europäifchen Staaten, befonders in Frankreich,
machte der Abfolutismus diefer Mitwirkung der Ständeverfammlungen
ein Ende. Der alte römifche Satz: „quod principi placuit legis
habet auctoritatem" kam wieder zu Ehren. Mit der franzöfifchen
Revolution trat der Rückfchlag ein und heutzutage wird das ganze
civilifirte Europa (und wohl auch neuerdings ein Theil des nichtcivili=
firten) conftitutionell regiert und die Gefetzgebung nur unter Mitwirkung
der Volksvertretung geübt.

In Oefterreich ift diefe Mitwirkung mit dem Diplom vom
20. October 1860 zu einem Verfaffungsgrundfatz erhoben worden.
Die Initiative zu Gefetzen fteht fowohl der Regierung wie den Volks=
vertretungen (Reichsrath und Landtage) zu. Die Art und Weife der
Behandlung von Gefetzentwürfen in diefen Volksvertretungen wird durch
die betreffenden Gefchäftsordnungen beftimmt. Für den öfterreichifchen
Reichsrath gilt gegenwärtig die Gefchäftsordnung vom 12. Mai 1873

---

[1]) Vergl. B l u n t f c h l i Lehre vom modernen Staate II. S. 30 ff. M o h l
Staatsrecht, Völkerrecht, Politik B. III. 375 ff. Z a c h a r i a e, deutfches Staats=
und Bundesrecht. Göttingen 1867 II. Theil S. 148.

Nr. 94 R.-G.-B. Da jedoch die Behandlung von umfangreiche=
ren Gesetzentwürfen in zahlreichen Versammlungen unpraktisch und
zeitraubend ist, so ist zu diesem Zwecke mit dem Gesetze vom 30. Juli
1867 Nr. 104 R.-G.-B. ein besonderes abgekürztes Verfahren fest=
gestellt worden [1]).

Die Kundmachung der sanctionirten Reichsgesetze erfolgt im
Namen des Kaisers unter Gegenzeichnung des verantwortlichen Mini=
steriums (Staatsgrundgesetz vom 21. December 1867 Nr. 145 R.-G.-B.
Art. 10) im Reichsgesetz= und Regierungsblatt [2]). Die Normen über
diese Kundmachung enthält das Gesetz vom 10. Juni 1869 Nr. 113
R.-G.-B., welches den Titel des früheren Reichsgesetz= und Regierungs=
blattes als: „Reichsgesetzblatt für die im Reichsrath vertretenen König=
reiche und Länder" festsetzt. Das Reichsgesetzblatt erscheint seit 1870
in deutscher, böhmischer, italienischer, illyrisch=croatischer, polnischer, ruthe=
nischer, slovenischer und rumänischer Sprache; doch ist der deutsche
Text der authentische. Die Landesgesetze werden in den Landes=
Gesetz= und Verordnungsblättern kundgemacht (kaiserliches Patent vom
1. Jänner 1860 R.-G.-B. Nr. 3).

Neue Rechtsgebiete.

Geistiges Eigenthum.

§. 93.

Betrachten wir nun etwas näher diese neuen Gebiete des Pri=
vatrechts, welche die justizpolitische Thätigkeit der Staatsgewalt her=
ausfordern. Dieselben knüpfen sich meist an die alten Institute des
Privatrechts, an Eigenthum, Familienrecht, Vertragsrecht an und können
sehr wohl als Fortentwicklungen derselben durch Zuwachs von Außen
betrachtet werden. Ein concretes Beispiel an dem Institute und Ge=
biete des Eigenthumsrechts wird uns die Sache besser veranschaulichen.

Das Eigenthum d. i. das staatlich festgesetzte und normirte Ver=
hältniß vermöge dessen eine Person eine bestimmte bewegliche oder
unbewegliche Sache als ihr ausschließlich gehörig, rechtlich in An=
spruch nehmen und andere von dem Gebrauche derselben ausschließen
kann, das Eigenthum ist eines der ersten, vielleicht das allererste
vom Staate geschaffene Rechtsinstitut [3]).

Dieses Rechtsinstitut brauchte der moderne Staat nicht erst zu

---

[1]) Manz'sche Gesetzesausgabe B. 19 S. 118.
[2]) Gründung desselben erfolgte mittelst Patent vom 4. März 1848.
[3]) Vergl. Rechtsstaat und Socialismus S. 81.

schaffen. Er eterbte es so zu sagen von der ganzen historischen Ent=
wicklung, als Erbstück das von den ältesten Zeiten, von den ihm vorher=
gegangenen Staaten datirt. Auch giebt es keinen Staat und kann
auch keinen geben, der die hohe Wichtigkeit, ja die Unentbehrlichkeit
dieses Institutes für die staatliche Herrschaft nicht erkennen würde [1]).

Mögen noch so viele Parteien im Staate, mögen noch so
viele Theoretiker die Abschaffung auch nur eines Theiles dieses
Rechtsinstituts, sei es des Eigenthums an Grund und Boden, sei es
desjenigen am Kapital verlangen: der Staat wird dem Gebote
seiner innersten Natur folgend, gegen diese Forderungen immer taub
bleiben und gewiß nie in die Versuchung kommen, die obersten Prin=
cipien dieses Rechtsinstituts zum Zwecke der Aenderung oder Auf=
hebung desselben zu prüfen.

Dagegen förderte der wirthschaftliche und geistige Aufschwung
der neuen Zeit eine Erscheinung zu Tage die ein Analogon zum
Institut des Eigenthums darbot, welches jedoch in früheren Zeiten
einer gesetzlichen und rechtlichen Regelung ganz entbehrte. Wir meinen
das geistige Eigenthum. Die Erfindung der Buchdruckerkunst
und die weite Verbreitung des Schriftstellerthums ermöglichte ein
dem Eigenthum verwandtes Verhältniß, vermöge dessen ein Schrift=
steller von seinem geistigen Erzeugnisse materiellen Gewinn bezog,
ja die Erzeugung geistiger Werke zu materiellem Erwerbe verwerthen
konnte. Es trat nun an die Staatsverwaltungen die Frage heran,
ob sie dieses „geistige Eigenthum" als „Eigenthum" anerkennen
oder ob sie diese Analogie nicht gelten lassen sollten. Man konnte
gegen die Einführung dieses neuen Instituts des geistigen Eigen=
thums die Rücksicht auf das gemeine Wohl geltend machen, welches
aus der Herrenlosigkeit jedes geistigen Werkes leichter Nutzen und
Gewinn ziehen könnte.

Andererseits sprach die Rücksicht auf die Autoren als Wohl=
thäter des gemeinen Wesens zu ihren Gunsten und ließ die Ge=
währung eines materiellen Vortheils für sie nur billig erscheinen.

Die Staatsverwaltungen der neuen Zeit entschieden sich für die
letztere Ansicht und heutzutage ist in den meisten Culturstaaten das
„geistige Eigenthum" als ein Rechtsinstitut anerkannt das analog

---

[1]) A. a. O. S. 340 ff.

dem Eigenthum gebildet wurde, aus demselben entstand nnd in fortwährend fortschrittlicher Entwicklung durch Ausdehnung auf alle
Gebiete geistigen Schaffens begriffen ist [1]).

Anm. In Oesterreich ward das „literarische und artistische Eigenthum" mit dem Patent vom 19. October 1846 unter gesetzlichen
Schutz gestellt. „Die literarischen Erzeugnisse und die Werke der Kunst
bilden ein Eigenthum ihres Urhebers (Autors) b. i. desjenigen, welcher
sie ursprünglich verfaßt oder verfertigt hat", heißt es daselbst (§ 1.)
    In Deutschland ist das Institut des „geistigen Eigenthums" oder
des „Urheberrechts" neuerdings durch das Reichsgesetz vom 11. Juni
1870 geregelt worden.

Civilehe.

§ 94.

Ein ähnlicher Fall, wo in Folge der allgemeinen sozialen Entwicklung und culturellen Fortschrittes die moderne Staatsverwaltung
in die Lage kommt, auf dem Gebiete eines uralten Rechtsinstitutes
einer neuen Erscheinung gegenüber schlüssig zu werden, ein neues
Verhältniß gesetzlich zu regeln, ist die auf dem Gebiete des Familienrechts sich Bahn brechende Civilehe.

Die Ehe war ursprünglich nur in syngenetischen Gruppen zulässig. Ein Merkmal der Trennung und des Unterschiedes der
Stände, Kasten und Gesellschaftsschichten war immer und überall
erst der thatsächliche, sodann der rechtliche Mangel des Connubiums.
Nun hat aber die sociale Entwicklung der Menschheit von jeher die Tendenz, diese Unterschiede und somit auch diesen Mangel
des Connubiums aufzuheben und die verschiedenen Stände, Kasten,
Klassen, Gesellschaftsschichten mittelst der Möglichkeit des Connubiums
einander zu nähern, miteinander zu verschmelzen. Die römische
Staatsentwicklung brachte es in dieser Beziehung zur Aufhebung des
Unterschiedes zwischen Patriciern und Plebejern; das Christenthum

---

[1]) Für unsere Betrachtung ist es von untergeordneter Bedeutung, daß die
Theorie des „geistigen Eigenthums" heutzutage der Theorie vom „Urheberrecht"
Platz machen mußte. Vergl. darüber die sehr gründliche Arbeit von Anders
(Joseph Freiherr von): „Beiträge zur Lehre vom literarischen und artistischen
Urheberrecht" Innsbruck, Wagner 1881, — wo die Entwicklung der Gesetzgebung
auf diesem Gebiete ausführlich geschildert und die einschlägige Literatur er-
schöpfend angegeben ist.

beseitigte, in dieser Beziehung indem es um alle Gläubigen ein einigendes Religionsband schlang, wenigstens im Princip, den Unterschied zwischen Freien und Sklaven. Die Neuzeit strebt darnach das Connubium zwischen den Angehörigen der verschiedenen Religionen rechtlich zu ermöglichen. Das neuerdings hiefür vorge= schlagene Mittel ist die Civilehe.

Die Civilehe ist ein Rechtsinstitut, welches in den öffentlich= rechtlichen Theil des Familienrechts eine tiefe Bresche legt; welches dem Familienrechte das letzte ihm noch übriggebliebene öffentlich= rechtliche Element raubt um es ganz und gar zu privatisiren.

Die moderne Staatsverwaltung hat sich nun über Einführung der Civilehe zu entscheiden; sie hat sich darüber zu entscheiden ob sie dieses Rechtsinstitut ganz oder theilweise, ohne oder mit gewissen Einschränkungen anzunehmen oder zu verwerfen hat. Diese Ent= scheidung über den obersten Grundsatz der Civilehe fällt in die justiz= politische Thätigkeit des Staates. Erst nachdem über den obersten Grundsatz und die Modalitäten seiner Durchführung für die Verwaltung kein Zweifel mehr besteht, beauftragt sie die entsprechende Gesetzge= bungscommission den bezüglichen Gesetzentwurf auszuarbeiten, der dann der parlamentarischen Behandlung entgegengeführt wird.

Anm. Das Institut der bürgerlichen oder sogenannten Civilehe im Gegensatz zur kirchlichen, gelangte in Europa zuerst in Frankreich im Code civil zur Geltung [1]. Seit jener Zeit ringt dieses Institut um Anerkennung in allen Staaten Europa's mit größerem oder ge= ringerem Erfolge. In Oesterreich ist dem Grundsatz, daß die Ehe eine rein bürgerliche Institution sei durch die Einführung der sogenannten **Nothcivilehe** eine Concession gemacht worden. (Gesetz vom 25. Mai 1868 Nr. 47 R.=G.=B. und dazu Vollzugsverordnung vom 1. Juli 1868. Nr. 80 R.=G.=B.) In Ungarn ist gegenwärtig ein Gesetz über **obligatorische Civilehe** in Vorbereitung.

Die Verwaltungslehre darf die Frage nicht umgehen, welche Er= wägungen auf die Entscheidung der Staatsgewalt über die obersten Prinzipien eines vorzubereitenden Gesetzes maßgebend sein sollen. Im allgemeinen sagten wir, daß es das Interesse des Staates sei, welches in dieser Erwägung ausschlaggebend ist. Dieser allgemeine Satz bedarf aber einer eingehenderen Erläuterung. Versuchen wir dieselbe nun an der Hand des eben erörterten speziellen Falles, der Civilehe zu geben.

---

[1] Vergl. **Rittner**: Oesterreichisches Eherecht, Leipzig 1876. S. 214 ff., 238 ff. Ferner: Die Eheschließung; von **Grünwald**. Wien, Manz 1881.

Anscheinend giebt es zwischen der Civilehe und dem Staatsinteresse kein irgendwie gewichtiges Band, keinen bedeutenderen Zusammenhang der über die einzuhaltende Richtung der Gesetzgebung Aufschluß geben könnte. Aber in den Erwägungen dieser obersten Prinzipien der Ge= setzgebung werden philosophische und historische Betrachtungen den ober= sten Gesetzgeber auf die richtige Bahn leiten.

Eine wissenschaftliche Betrachtung der Geschichte wird ihn lehren, daß der Fortschritt und das Gedeihen der Staaten von der größeren oder geringeren Amalgamirung seines socialen Inhalts abhängig war; daß Spaltungen und Zerklüftungen innerhalb der staatlichen Gesellschaft den Staaten den Untergang bereiteten und daß sociale Einheit den Staa= ten Kraft und Ausdauer gab. Diese Betrachtungen werden den Gesetz= geber bewegen, diejenigen Maßregeln zu ergreifen, welche den Proceß der socialen Amalgamirung beschleunigen und all jene Hindernisse aus dem Wege zu räumen, die sich diesem Amalgamirungsproceß in den Weg stellen.

Das Gedeihen des Staates kann, das lehrt die Geschichte, nur auf der Bahn des socialen Fortschritts liegen — das Interesse des Staates also gebietet diesen Fortschritt immer und überall zu fördern.

Solche Betrachtungen werden daher auch bei einem Institut der Gesetzgebung, welches in einem weniger augenscheinlichen Zusammenhang mit dem momentanen Interesse des Staates steht, auf die Entscheidung der Staatsgewalt immer von Einfluß sein müssen.

Handels und Geldverkehrs=Gesetze.

§ 95.

In viel höherem Grade als auf anderen Gebieten des Privat= rechts ist der moderne Staat auf dem Gebiete des Vertragsrechts zu fortwährender justizpolitischer Thätigkeit gezwungen. Denn kein Gebiet des menschlichen Lebens macht so riesige Fortschritte als der wirthschaftliche Verkehr — dessen rechtliche Grundlage eben das Vertragsrecht ist. Dieser mit Riesenschritten vorwärts eilenden Ent= wicklung die immer neue Verhältnisse erzeugt, n e u e s R e c h t f o r= d e r t, muß der Staat mit den nöthigen Gesetzgebungsarbeiten folgen. Denn sein eigenes materielles Wohl hängt an dieser wirthschaftlichen Entwicklung und er muß nun in eigenem Interesse darauf bedacht sein die fortwährenden R e c h t s b e d ü r f n i s s e des Verkehrs zu befriedigen.

Es ist nicht möglich, hier all der legislatorischen Arbeiten zu gedenken, die die europäischen Staaten auf diesem Gebiete auch nur in unserem Jahrhundert vollführten — noch jene Aufgaben aufzu=

zählen, die derselben hier noch harren. Wir müssen uns auf einige allgemeine Hinweisungen und einige einzelne Beispiele beschränken.

So mag erstens darauf hingewiesen werden, daß in den meisten europäischen Staaten in den letzten Decennien die ganze Handels=gesetzgebung, dem großen Aufschwung des Handels der Neuzeit ent=sprechend, einer totalen legislatorischen Neugestaltung unterzogen wurde, bei der dem alten von den Römern überkommenen Obliga=tionenrecht gar manche neue Gebiete angefügt, und gar manche neue vertragsrechtliche Grundsätze adoptirt wurden a).

Zweitens aber hat der moderne Handelsverkehr neben dem Gelde so manches Circulationsmittel erfunden, welches sich unter keine von den Römern gekannte Zahlungsmittelart subsumiren ließ und den=noch eine gesetzliche Regelung mit Bezug auf dessen Wirkungsweise erforderte. In solchen Fällen muß sich der Staat immer erst über die obersten Principien des zu schaffenden neuen Privatrechtsgebiets, wel=ches die Bestimmungen über Bedeutung, rechtliche Natur und Wir=kungsweise des neuen Circulationsmittels enthalten soll, entscheiden und nach den so gefaßten Entscheidungen seine gesetzgebenden Organe zur Ausarbeitung der betreffenden gesetzlichen Bestimmungen in der von ihm angedeuteten Richtung veranlassen b).

Anm. a) Frankreich erhielt sein erstes Handelsgesetzbuch im Jahre 1807 in seinem Code de commerce.

In Deutschland und Oesterreich kam es erst ein halbes Jahr=hundert später zu einem solchen.

Die Anregung gieng von Württemberg aus, dessen Gesandter auf der 10. Zollvereins=Commission in Berlin 1853 den Antrag auf Ein=leitung der zur Verfassung eines allgemeinen deutschen Handelsgesetz=buchs nöthigen Vorarbeiten stellte. In Folge dieses Antrages ließ die preußische Regierung einen Entwurf eines solchen Handelsgesetzbuches ausarbeiten — desgleichen that die österreichische Regierung. Beide Entwürfe dienten zur Grundlage von Berathungen der zu diesem Zwecke nach Nürnberg im Jahre 1857 einberufenen Conferenz. Das auf diese Weise zu Stande gebrachte Handelsgesetzbuch wurde in Deutschland und mit Gesetz vom 17. December 1862 in Oesterreich eingeführt.

Anm. b. Als Beispiel eines in neuester Zeit aufgekommenen Zahlungs=Mittels kann der Chek dienen. Seine Heimat ist England, wo er als bei Sicht zahlbare Zahlungsanweisung von Bankkunden auf die Bank gebraucht wird. Da ein großer und reger Geldver=kehr ohne dieses Aushilfsmittel schwer zu bewältigen ist, so nahm man auch in den großen Brennpunkten des europäischen Handels zu dem=

selben Zuflucht und die Staaten des Continents mußten ihr Augen=
merk auf die gesetzliche Regelung des Gebrauchs der Chefs richten. Zu
diesem Zwecke ergriff in Oesterreich das Handelsministerium die Ini=
tiative indem es eine Enquete bestehend aus Bankdirektoren, Handels=
kammermitgliedern 2c. einberief und denselben ein Quästionair über Art
und Weise der gesetzlichen Regelung des Chekverkehrs vorlegte.

Dieses Quästionair rief zunächst mehrere Gutachten und Publika=
tionen über den Chekverkehr hervor, auf deren Grundlage ein Gesetz=
entwurf von dem Handelsministerium ausgearbeitet und dem Reichsrath
zur parlamentarischen Behandlung vorgelegt werden wird [1]).

Wuchergesetze.
§ 96.

Eine Partie des Vertragsrechts die trotzdem sie auch den antiken
Gesetzgebungen nicht fremd war, dennoch dem modernen Staate
viel zu schaffen macht und nicht zur Ruhe gebracht werden kann, ist
die Wuchergesetzgebung. Mehr wie alle andern Verkehrsverhältnisse
zog immer der Wucher die Aufmerksamkeit nicht nur des Staates,
sondern auch der Kirche auf sich. Denn hier galt es immer niedrigen
Leidenschaften der Menschen durch gesetzliche Beschränkungen Zügel
anzulegen. Und in der That erhielten sich auch die gesetzlichen Be=
schränkungen des Wuchers am längsten in den europäischen Gesetz=
gebungen, auch dort und zu der Zeit noch wo alle andern Gebiete
des wirthschaftlichen Verkehrs völlig frei gegeben wurden. Und als
man schließlich auch die Uebel und Mißstände, die der Wucher trotz
aller gesetzlichen Beschränkungen fortwährend erzeugte ebenfalls durch
vollkommene Freigebung desselben heilen wollte: war man nach nicht
langen Erfahrungen wieder gezwungen, gesetzgeberische Maßregeln zu
ergreifen um den im Gefolge des Wuchers überhandnehmenden gesell=
schaftlichen Mißständen zu steuern.

So geschah es im Großen und Ganzen unter anderem auch in
Oesterreich.

Hier erließ schon die Kaiserin Maria Theresia im Geiste des
kanonischen Rechts das sogenannte Wucherpatent vom 26. April 1751
„zur Ausrottung des höchst verbottenen Wuchers" worin die minu=
tiösesten Bestimmungen über Darlehensverträge enthalten waren, um

---

[1]) Vergl. Juristische Blätter 1881 Nr. 19 und 20: Ein öster=
reichisches Chekgesetz.

jeden verstecken Wucher unmöglich zu machen [1]). Als diese Bestimmungen den Verkehr manigfach behinderten ohne den Wucher
aufzuheben, erhob sich gegen das Wucherpatent die Opposition der
Rechtsgelehrten, die es nach wiederholten Bestrebungen endlich im
Jahre 1787 zur Aufhebung des Theresianischen Wucherpatentes
brachte. Diese Aufhebung geschah mit der Motivirung: „um dem
durch gesetzmäßige Bestimmung der Zinsen gehemmten Privatcredit
Erleichterung zu verschaffen und durch Befreiung vom Fiscalzwange
den Zusammenfluß der Darlehen zu vermehren" [2]).

Wie einst die Theresianischen Verbote des Wucherzinses, so
hatte diese Aufhebung derselben den ausgesprochenen Zweck den Wucher auszurotten. Als dieser Zweck nicht erreicht wurde, versuchte
man es wieder mit den Verboten — und publicirte das Wucherpatent vom 2. December 1803, welches bis zum Jahre 1866 in
Kraft blieb. Das Gesetz vom 14. December 1866 hob das Wucherpatent von 1863 auf und setzte an dessen Stelle viel mildere Bestimmungen (Geldbußen statt Freiheitsstrafen 2c.) Endlich wurden
mit dem Gesetz vom 14. Juni 1868 alle Wuchergesetze aufgehoben
und der Wucher ganz freigegeben. Die schlimmen Folgen blieben
nicht aus; die ärgsten Mißbräuche auf diesem Gebiete erfreuten sich
des Schutzes der Gerichte. Eine Reaction konnte nicht ausbleiben;
dem galizischen Abgeordneten Rybzowski gebührt das Verdienst
die Initiative zur Erlassung von Wuchergesetzen wieder ergriffen zu
haben; dieser Initiative folgte zuerst der galizische Landtag, der ein
„Gesetz betreffend Abhilfe wieder unredliche Vorgänge bei Creditgeschäften" beschloß, welches unterm 19. Juli 1877 Nr. 66 R.=G.=B. [3])
mit der Wirksamkeit für Galizien kundgemacht wurde. Dem Beispiele
des galizischen Landtages folgte schließlich nach langen Kämpfen der
Reichsrath unter dessen Mitwirkung ein ähnliches Gesetz für das
ganze Reich erlassen wurde [4]).

Diese neueste Wuchergesetzgebung scheint die richtige Mittelstraße
getroffen zu haben indem sie ohne gerade den Geldverkehr zu hemmen und zu behindern nur die „unredlichen Vorgänge" dabei, zum
Gegenstande strafrechtlicher Behandlung macht.

---

[1]) Vergl. die treffliche Schrift von Chorinski: Der Wucher in Oesterreich
1877 S. 8. [2]) Chorinsky l. c. S. 16. [3]) Manz'sche Gesetzesausgabe B. II.
S. 461. [4]) Ges. v. 28. Mai 1881 Nr. 47 R.=G.=B. Manz B. IV. ad S. 412.

Oeffentliches Recht.
§ 97.

In viel engerem Zusammenhange mit der Verwaltung als das
Privatrecht und die obersten Grundsätze der Staatsverfassung und
Politik viel lebhafter reflectirend sind die Gebiete des sogenannten
öffentlichen Rechts, das zwischen Privat= und Staatsrecht in der
Mitte liegt, nähmlich des Civilverfahrens, des Strafrechts und
Strafverfahrens [1]). In unvergleichlich höherem Grade als auf dem
Gebiete des Privatrechts machen sich auf diesem öffentlich=rechtlichen
Gebieten alle Wandlungen der staatlichen Grundlagen, die ganze
fortschrittliche Entwicklung des Staates geltend. Daher sind auch
Civilverfahren, Strafrecht und Strafproceß in viel schnellerer Ent=
wicklung begriffen als das Privatrecht, und der Staat kommt viel
häufiger in die Lage, sich über die auf diesen öffentlich=rechtlichen
Gebieten einzuführenden Reformen zu entscheiden — und das um
so mehr, da wie gesagt, diese Gebiete streng genommen, ein Theil
des Verwaltungsrechts selbst sind, da sie theils die Bestimmungen
über Art und Weise der Thätigkeit und Function der Justizbehörden
in Uebung der Rechtsprechung (Civil= und Strafproceß) theils aber
die zum Schutze der öffentlichen Ordnung bestimmten Gesetze
in sich begreifen (Strafrecht).

Mit dem Privatrecht haben diese öffentlich=rechtlichen Gebiete
von unserem Standpunkte hier nur dieses gemein, daß auch auf
ihnen nach geschehener Codification und nach der Kundmachung der
betreffenden Gesetze die Staatsgewalt die weitere Ausübung und
Handhabung derselben den richterlichen Behörden überläßt und sich
nur auf die allgemeine, im modernen Staate durch die Justiz=
ministerien geführte Controle des gesetzmäßigen Vorgehens beschränkt.
Nur an der Uebung des Strafrechts (und Verfahrens), als welches
zum Schutze der öffentlichen Rechtsordnung gesetzt ist, nimmt die
Staatsgewalt durch Vermittlung der Staatsanwaltschaft stetigen An=
theil und in so ferne sie dieses thut, kann von einem rücksichtslosen

---

[1]) Der Civilproceß als Theil des öffentlichen Rechts steht in Wechselbe=
ziehung zu dem politischen Leben des Volkes. Ein absoluter Beamtenstaat wird
ein anderes Proceßverfahren bilden, als dasjenige ist, welches allgemeiner Theil=
nahme des Volkes an politischen Rechten und Befreiung des Einzelnen von
staatlicher Vormundschaft entspricht.“ Bar bei Holtzendorf S. 561.

Sichfügen unter die einmal bestehenden Gesetze nicht immer die Rede sein. Denn wo einmal ein Organ des Staates die Aufgabe hat, staatliche Interessen zu vertreten und zu schützen, da ist es unvermeidlich, daß dieses Interesse mit den bestehenden Gesetzen in Collision geräth, in welchem Falle offenbar die Staatsorgane sich vorzugsweise als Diener des Staatsinteresses auch gegen die bestehenden Gesetze erweisen müssen. Daher kommt es, daß neben dem Gebiete des eigentlichen Staatsrechts (Verfassungs= und Verwaltungsrecht) kein anderes Gebiet uns so häufig das Schauspiel des widergesetzlichen Vorgehens der Staatsfunctionäre bietet, als gerade dasjenige des Strafrechts= und Verfahrens, und daß der Staat auf keinem andern Gebiete so häufig wie auf diesem, um das Ansehen der Gesetze nicht zu untergraben, zu zeitweiser Suspendirung der bestehenden Gesetze schreiten muß, um dieselben durch „Ausnahmszustände" zu ersetzen [1]).

Dieser engere Zusammenhang der Gebiete des Civilverfahrens, des Strafrechts= und Verfahrens mit den Verfassungszuständen des Staates brachte es mit sich, daß in unserem Jahrhundert, in welchem die Verfassungen fast aller Culturstaaten von Grund aus umgeändert wurden, auch die leitenden Principien und Grundlagen jener drei öffentlich=rechtlichen Gebiete eine Umgestaltung erfuhren.

Es drängte zu einer solchen der sogenannte Geist der neuen Zeit der sich in einer freiheitlichen Entwicklung der Verfassungszustände der Staaten offenbarte. Mit dieser freiheitlichen Entwicklung deren Kern darin bestand, daß der Staat jedem Individuum als solchem einen gewißen Kreis von Individualrechten zugestand und garantirte, welcher vordem nur Mitgliedern der bevorrechteten Klassen zustand, mit dieser freiheitlichen Entwicklung der Verfassungszustände standen die überkommenen Einrichtungen, Principien, Bestimmungen und Formen jener drei öffentlich=rechtlichen Gebiete in grellem Widerspruch. Die Ausstattung jedes Individuums als solches, mit einem größeren Kreis

---

[1]) Freilich sind auch die Gebiete des Civilrechts und Civilverfahrens von solchen Erscheinungen, wo das Staatsinteresse sich über die Schranken der Gesetze hinwegsetzt und Ausnahmszustände proclamirt, nicht frei. Die im Interesse des Staates vorgenommene Enteignung ist ein solches Beispiel aus dem Gebiete des Civilrechts — die Moratorien gebieten sowohl dem Civilrecht als dem Civilverfahren momentanen Stillstand, hemmen im Interesse des Staates ihre gewöhnliche Wirkungsweise und heben ihre Folgen auf.

von Individualrechten im Staatsrecht forderte als Consequenz eine größere Berechtigung und Sicherstellung desselben auf dem Gebiete des Civilverfahrens, des Strafrechts- und Strafverfahrens. Daraus ergiebt sich für jedes dieser drei genannten Gebiete eine Reihe von Principien die um so mehr vom Standpunkte der Verwaltungslehre insbesondere beleuchtet werden müssen, da dieselben theilweise in die Gesetzgebung noch gar nicht eingeführt wurden, daher sich noch im Stadium der durch die Staatsgewalt erst durchzuführenden Maßregeln befinden, theilweise freilich schon durch Gesetze verkündet und in's Leben eingeführt sind, hier aber noch immer sich noch nicht in dem Grad einlebten und ins Rechtsbewußtsein des Volkes übergiengen, daß nicht die Art ihrer Wirksamkeit, ihre Zweckmäßigkeit und Tauglichkeit für die Verwaltung noch immer ein Gegenstand fortwährender Aufmerksamkeit sein müßte.

Wir können daher nicht umhin diese drei Rechtsgebiete mit Bezug auf die principiellen Umwälzungen, die sie theils in der neuesten Zeit erfuhren oder die ihnen in nächster Zeit bevorstehen einer summarischen Ueberficht zu unterziehen.

Civilproceßgesetzgebung.

§ 98.

Der Zweck jedes Civilprocesses ist, das geltende Recht in den Privatverhältnissen der Einzelnen auf Verlangen desjenigen der sich darin durch jemanden gekränkt erachtet zu verwirklichen [1]). Wären die Menschen fähig, allerseits das geltende Recht zu respectiren, wäre ein Zustand ohne Rechtsstreit denkbar: dann wäre ein Civilproceß überflüssig. Da dieß nicht der Fall ist und sowohl in Folge der verschiedenen Deutungsfähigkeit jedes Gesetzes, als auch der Natur der Menschen die im steten gegenseitigen Interessenkampf begriffen sind, nicht der Fall sein kann: so muß das Civilrecht durch ein Civilprocessgesetz ergänzt werden. Daraus folgt, daß der Civilproceß in seiner Tendenz und Wirksamkeit nicht weiter gehen darf, als das Civilrecht, d. h. auch der Civilproceß ist nur der Einzelnen wegen da, der Staat hat an ihm kein besonderes Interesse wie er kein

---

[1]) Vergl. die ausgezeichnete Schrift von Canstein: Die rationellen Grundlagen des Civilprocesses 2c. Wien 1877.

Interesse hat an dem einzelnen Privatrecht. Daher ist es wohl der älteste und allgemeingiltigste Grundsatz des Civilproceßes, daß der Richter nie von Amtswegen und nur auf Anrufung einer Partei vorzugehen hat.

Es ist nur die Consequenz dieses Grundsatzes oder eigentlich nur die Ausdehnung und Anwendung desselben auf den ganzen Verlauf und alle einzelnen Phasen des Civilprocesses, welche in den heute geltenden Principien des Civilprocesses Ausdruck gefunden hat. Ein solches Princip ist das des beiderseitigen Gehörs.

Denn der Richter als Functionär des Staates muß sich hüten aus seiner, dem Privatrechte gegenüber indifferenten Rolle herauszufallen, was aber leicht geschehen könnte, wenn er nur die eine Partei hören würde, wenn er den Gründen der einen Partei freie Einwirkung auf seine Ueberzeugung gestatten würde, ohne daß er den Gegengründen der andern Partei Gelegenheit gäbe, ihre Gegenwirkung zu üben. Der Sinn dieses Grundsatzes ist eben der, den Richter als Functionär des Staates im Civilproceße nur eine passive Rolle spielen, ihn nur die Resultirende der beiderseitigen Kampfanstrengungen ziehen zu lassen oder vielmehr diese von den Parteien erreichte Resultirende nur zu constatiren [1].

Eine weitere Consequenz desselben Princips ist die freie „Verzichtbarkeit" der Parteienrechte aus der sich der „freie Proceßbetrieb" der Parteien, ihr Dispositionsrecht und die Verhandlungsmaxime ergeben.

Die hier angeführten Consequenzen des obersten Principes der Passivität des Staates dem Civilproceß gegenüber, sind in der Civilproceßgesetzgebung Oesterreichs seit lange schon anerkannt.

Dagegen hat die neueste wissenschaftliche Entwicklung des Civil-

---

[1] Die Processualisten betrachten das Princip des beiderseitigen Gehörs meist nur als eine Gewähr einer richtigen Entscheidung. (Vergl. Canstein l. c. S. 5.) Das soll nicht bestritten werden. Aber diese Bedeutung des Princips des beiderseitigen Gehörs möchten wir beinahe für die untergeordnete, nebensächliche erachten, im Vergleich mit der so zu sagen öffentlich-rechtlichen Bedeutung desselben, die wir oben darlegen. Wenigstens scheint das Princip der Zweiseitigkeit sich nicht weniger aus dem obersten Princip der Passivität des Staates gegenüber dem Civilverfahren als aus der Tendenz eine „richtige Entscheidung" zu treffen, zu ergeben.

proceßrechts und die justizpolitische Bewegung auf diesem Felde die Tendenz aus jenem obersten Princip noch weitere Consequenzen zu ziehen und dieser Tendenz trägt der neueste Entwurf einer Civilproceß= ordnung für Oesterreich vollkommen Rechnung.

Diese weiteren Consequenzen nähmlich ergeben sich aus folgen= der Betrachtung.

Die Erfahrung lehrte, daß alle oben aufgezählten Principien und Maximen des Civilproceßrechts keine genügende Gewähr da= gegen liefern, daß nicht dennoch der Richter ein Mehreres thun als bloß das Resultat des freien Parteienkampfes nach Maßgabe des Gesetzes zu constatiren. Denn um diese Gewähr zu erlangen, ist es nöthig, diesen freien Parteikampf dem Richter ganz und gar vor Augen zu führen, ihn den unmittelbaren Eindruck desselben fühlen zu lassen. Dieses aber wird im heutigen Processe bedeutend verhindert durch die Schriftlichkeit und Heimlichkeit des Processes.

Daher ist es ein großer Fortschritt, den die österreichische Ge= setzgebung nach dem Vorgange ausländischer zu thun im Begriffe ist, indem sie die Mündlichkeit und Unmittelbarkeit und schließ= lich noch als oberste Hüterin aller Unparteilichkeit im Staate, die Oeffentlichkeit in den Civilproceß einzuführen gedenkt.

Mit diesen einzuführenden Reformen wird die dem Civilproceß= recht zu Grunde liegende Idee allerdings eine bedeutende Höhe der Entwicklung erreicht haben.

Die Frage nach den noch weiteren Zielpunkten dieser Entwick= lung ist aber angesichts dieser Sachlage von keinem praktischen In= teresse wiewohl es klar ist, daß man in staatlichen Dingen nie und nimmer von einem Endpunkte der Entwicklung reden darf. Nur eines wollen wir bemerken, daß aller Wahrscheinlichkeit die weiteren Zielpunkte der Civilproceßgesetzgebung auf dem Gebiete der Gerichts= organisation auftauchen dürften und in der Forderung nach Orga= nisation von Friedensrichtern schon in Sicht kommen [1].

---

[1] Auf die mit der modernen Entwicklung des constitutionellen Staats= wesens im Zusammenhange stehende neueste Entwicklung des Strafverfahrens durch Einführung der Schwurgerichte kommen wir unten (§ 103) zurück.

Strafgesetzgebung.
§ 99.

Daß die Staatsverwaltung auf dem Gebiete des Strafrechts viel häufiger noch als auf dem des Civilrechts in die Lage kommt, gesetzgeberisch und codificatorisch aufzutreten, lehrt ein Blick auf die strafgesetzlichen Codificationen der europäischen Staaten und zwar ebensowohl auf die Codification des Strafrechts wie auf die des Strafprocesses.

Dieselben fangen hier viel früher an, wie die civilrechtlichen und lösen einander viel häufiger ab, als die ersteren. Die Ursache dieser Erscheinung liegt darin, daß die Anschauungen und Meinungen über strafwürdige Handlungen, über Erforschung und Bestrafung derselben viel mehr fortwährenden Schwankungen und ewigem Wechsel unterworfen sind, als die Anschauungen und Meinungen über civilrechtliche Verhältnisse. Dazu kommt noch der Umstand, daß die europäischen Staaten auf strafrechtlichem und strafprocessualem Gebiete einer so festen und soliden Grundlage wie sie auf civilrechtlichem im römischen Rechte besaßen, entbehren, daß sie also hier fast ganz sich selbst überlassen waren.

So kam in Deutschland auf rein nationalen Grundlagen im Jahre 1532 die peinliche Hals-Gerichtsordnung Kaiser Karls V. zu Stande; dieselbe galt in Oesterreich bis zu der im Jahre 1768 erlassenen Constitutio Criminalis Theresiana. Letztere konnte vor dem Geiste der Aufklärung des Josephinischen Zeitalters nicht bestehen. Kaiser Joseph erließ im Jahre 1787 ein allgemeines Gesetz über Verbrechen und Strafen. (Abschaffung der Todesstrafe). Im Jahre 1803 wurde wieder ein neues „Strafgesetzbuch" über Verbrechen und schwere Polizeiübertretungen" kundgemacht, welches bis 1852 in Wirksamkeit blieb. Das in diesem Jahre (1852) erlassene Strafgesetz aber, das gegenwärtig in Geltung ist, wird allerseits als veraltet und in vielen Stücken unzeitgemäß und einer Reform bedürftig erachtet [1].

Dagegen ist das Strafverfahren in Oesterreich schon mit der Strafproceßordnung vom 17. Jänner 1850 auf einen dem

---

[1] Vergl. Geyer: Das Strafrecht in Holtzendorfs Encyclopädie der Rechtswissenschaft (1873) S. 663 und die am Schluße daselbst angegebene Literatur.

Geiste der neueren Zeit entsprechenden Standpunkt gehoben worden. Oeffentlichkeit, Mündlichkeit und Anklageverfahren (im Gegensatz zum früheren Inquisitionsverfahren) waren die leitenden Principien dieses Gesetzes. Nach 23jähriger Wirksamkeit hat dasselbe der Strafproceß=ordnung vom 23. Mai 1873 Platz gemacht, welche den obigen als wichtig erkannten Principien eine noch viel entschiedenere Geltung verschaffte und zugleich für eine Reihe von Delicten die Schwur=gerichte einführte [1]).

Dieses häufiger wiederkehrende Bedürfniß der strafrechtlichen Codification stammt auch daher, daß die Strafrechtswissenschaft noch immer keinen festen Boden gewonnen hat und wie ein schwaches Rohr von den wechselnden Strömungen der Phliosophie und der manigfachsten Weltanschauungen hin und her bewegt wird. Ueber die wichtigsten Fragen des Strafrechts wie z. B. über Zurechnung, über Strafe u. dgl. ist sich die Wissenschaft noch nicht klar — fühlt sie keinen festen Boden unter den Füßen.

Nirgends wird so im Finstern herumgetappt, wie im Straf=recht; auf keinem Gebiete entbehrt die Staatsverwaltung so sehr der sichern Stütze der Wissenschaft wie hier. Wohl sind in dem letzten Jahrhundert viele Mißbräuche abgeschafft worden — aber wie viele noch bestehen, darüber können wir uns keine klare Rechenschaft geben.

Deßwegen ist es gerade auf dem Gebiete des Strafrechts mehr wie auf dem des Civilrechts geboten, das Richteramt mit Instituten zu umgeben die dessen Thätigkeit controliren, regeln und hemmen und den Beschuldigten Schutz und Hilfe bringen können.

Solche Institute sind das Schwurgericht und die Vertheidigung — vor allem aber die Oeffentlichkeit des Strafverfahrens, verbunden mit der Freiheit der Presse. Nur durch das Zusammenwirken all dieser Factoren kann ein allmähliges Fortschreiten auf dem Gebiete des Strafrechts gesichert werden.

Anm. Die große Unvollkommenheit der Strafrechtswissenschaft tritt uns auf jedem Punkte entgegen, wo wir an die Prüfung der

---

[1]) Vergl Ullmann Lehrbuch des österreichischen Strafproceßrechts. Inns=bruck, Wagner. Ueber Strafrechtscodificationen in Europa seit dem Ende des vorigen Jahrhunderts vergl. die treffliche Darstellung bei Mittermaier: Die Strafgesetzgebung in ihrer Fortbildung. Heidelberg 1841.

principiellen Grundlagen des Strafrechts schreiten. Ueberall nur Zweifel und Widerspruch — nirgends Einigkeit, nirgends feste Resultate. Betrachten wir z. B. die sogenannten Strafrechtstheorien. Auf diesem Gebiete constatirt noch Mittermaier (1841) den „fort= wirkenden Kampf von zwei Schulen" und zwar der Nutzenstheorie und der der Gerechtigkeit. Die erste dieser Theorien faßt die Strafe als ein im Interesse der öffentlichen Sicherheit und Wohlfahrt gehand= habtes Mittel auf den Verbrechen zu steuern. Als Consequenz dieser Auffassung und mit derselben in engem Zusammenhang wird die Strafe geübt um andere von der Begehung ähnlicher Verbrechen abzu= schrecken.

Eine Folge davon ist die große Strenge der Strafen, wobei der Schuldige mehr leiden muß, damit andere ähnliche Gesetzesübertretungen nicht begehen. Die Ungerechtigkeit dieser Theorie springt in die Augen. Mittermaier constatirt an derselben Stelle, daß „das Prin= cip der Gerechtigkeit immer mehr siegt." Das ist leichter gesagt als bewiesen   •

Denn was auf diesem Gebiete gerecht ist, darüber ist die Wis= senschaft noch immer nicht im Reinen. Thatsache ist nur, daß dieser neueren Richtung (Gerechtigkeitstheorie) eine allseitige Milderung der Strafen und Strafarten zu verdanken ist. Mittermaier begründet diese Gerechtigkeitstheorie folgendermaßen: „Denn die Wirksamkeit der Strafe ist nur bedingt durch die Ueberzeugung der Bürger, daß die Strafe im gerechten Verhältniß stehe mit der Verschuldung." Nun giebt es aber schwerlich einen Fall, wo diese Ueberzeugung der Bür= ger übereinstimmend wäre. Jeder einzelne Fall findet bei „den Bür= gern" die widersprechendste Beurtheilung. Welche „Ueberzeugung" soll also ausschlaggebend sein? Etwa die der Mehrheit? Daß die nicht immer die vernünftigere ist, lehrt die tägliche Erfahrung. Eine Theorie die sich auf „die Bürger," auf die „öffentliche Stimme" auf „das Volk" beruft, ist keine fest begründete.

Heutzutage unterscheidet die Wissenschaft die absoluten Straf= rechtstheorien von den relativen. Die absolute entspricht der Mit= termaier'schen Gerechtigkeitstheorie — sie sieht die Strafe als Ver= geltung des Uebels an   punitur quia peccatum est. Die relativen Theorien fassen die Strafe immer als Mittel zu einem bestimmten Zweck auf; sie sind also entweder Nutzens=Sicherungs= oder Besserungs=Theorien. Mit Recht, sagt Geyer [1]), daß die Nutzens=Theorie (Hobbes, Ben= tham ꝛc.) auf jede Rechtfertigung der Strafe an und für sich verzichtet. Die Strafe ist hier nur eine Prävention um größerem Uebel vorzu= beugen. Daß dieser Zweck auf diesem Wege nicht erreicht wird, lehrt die geschichtliche Erfahrung. Dieser Mißerfolg streitet auch gegen die Sicherungs= und Besserungs=Theorie.

---

[1]) l. c. S. 656.

Keine der modernen Gesetzgebungen hat sich ganz und ausschließlich an eine der genannten Theorien gehalten; die meisten combiniren die Grundsätze der absoluten Theorie (Gerechtigkeitstheorie) mit den relativen der Sicherung — und Besserung. Vorderhand ist nur der Fortschritt zu constatiren, daß mit der **Abschreckungs-Theorie** allgemein gebrochen wurde.

Die Keime aller künftigen Fortschritte der Strafgesetzgebung liegen auf dem Gebiete der Wissenschaft. Ein solcher fruchtbarer Keim ist unter anderem das Princip der „**Individualisirung**", welches in **Wahlberg** einen geistvollen und scharfsinnigen Bearbeiter gefunden hat [2]). Psychologie und Philosophie indem sie die Fragen der Zurechnung und des freien Willens erörtern und untersuchen, arbeiten langsam mit an dem Werke der Strafgesetzgebungen der Zukunft.

Organisation der Gerichte.

§ 100.

Das **zweite große Gebiet** der justizpolitischen Thätigkeit des Staates bezieht sich auf die Einrichtung der Justizbehörden oder genauer gesagt, der richterlichen Behörden. Die Ausscheidung derselben aus den allgemeinen Regierungs- oder Verwaltungsbehörden ist ein Fortschritt der neueren Zeit. Die sogenannte „Trennung der Justiz von der Verwaltung" erfolgte theilweise aus der Nothwendigkeit der Arbeitstheilung, theilweise als Mittel um den Gang der Verwaltung sowohl wie der Justiz zu vereinfachen und namentlich die letztere von störenden Einflüssen der Verwaltung frei zu halten.

Eine weitere Trennung die in der Uebung der Justiz einen heilsamen Fortschritt bedeutete, war die der **Civil-** von den **Straf-**Gerichtshöfen, eine Trennung die **ganz und entschieden** vorderhand nur in den unteren Instanzen durchgeführt ist — in den oberen jedoch sich blos in der Constituirung besonderer Civil- und Strafrechts-Senate Bahn brach.

Diese Justizbehörden sind, um ihnen die Erfüllung ihrer Aufgaben zu erleichtern, einerseits mit gewissen Hilfsinstituten umgeben worden, andererseits aber sind speciell die Civil-Gerichtsbehörden häufig mit Aufgaben betraut die eigentlich mehr in das Gebiet der Verwaltung als des Richteramtes fallen. (Curatel, Pflegschaftswesen 2c.)

---

[1]) Das Princip der Individualisirung in der Strafrechtspflege von Prof. Wahlberg. Wien 1869.

Betrachten wir nun jede dieser Justizbehörden und die sie um=
gebenden Hilfsinstitute insbesondere.

Die Aufgabe des Civilrichters ist streitige Angelegenheiten zwi=
schen den Parteien zu schlichten.

Bei dem Gang des Processes hat er sich an das Gesetz über
das Civilverfahren, bei der Fällung des Urtheils an das Civil=
rechtsgesetz zu halten. In der Uebung seines Amtes hat er nur der
getreue Vollstrecker des Gesetzes zu sein und dasselbe nach bestem
Wissen und Gewissen anzuwenden.

In den meisten modernen sogenannten constitutionellen Staaten
ist den Richtern mit Bezug auf ihre richterliche Thätigkeit voll=
kommene Unabhängigkeit gewährleistet, d. h., daß sie wegen einer
in Uebung ihres richterlichen Amtes vorgenommenen Handlung oder
erlassenen Entscheidung, so ferne dieselbe im Einklang mit dem Ge=
setze oder in gewissenhafter, überzeugungstreuer Auslegung des Ge=
setzes erfolgte von Niemandem und speciell von der Staatsgewalt
nicht zur Verantwortlichkeit gezogen werden dürfen [1]). Dieser Grund=
satz ist ¡mit eine Consequenz des Grundsatzes der Trennung der
Verwaltung von der Justiz [2]).

Eine weitere Consequenz dieses Grundsatzes ist, daß sich der
Richter nur an das gehörig kundgemachte Gesetz zu halten habe,
hingegen aber Verordnungen der Verwaltungsbehörden für ihn keine
bindende Kraft haben. Ob es auch dem Richter zusteht die Gültig=
keit eines gehörig kundgemachten Gesetzes in Zweifel zu ziehen, diese
Frage dürfte entschieden verneint werden.

Was die Organisation der Gerichte anbelangt, so ist in erster
Linie die Frage von Wichtigkeit: Einzelrichter oder Richtercollegien.
Welche Gründe immer auch für den übrigens unbestreitbaren Vorzug
der Richtercollegien vorgebracht werden, so ist es doch rein unmög=
lich und für den Staat eine nicht zu bewältigende Aufgabe in allen
Streitsachen überall nur Richtercollegien entscheiden zu lassen. Die
realen Verhältnisse zwingen den Staat für geringfügigere Sachen in
den ersten Instanzen Einzelrichter anzustellen und er kann nur für

---

[1]) Oesterreichisches Staatsgrundgesetz vom 21. December 1867 Nr. 144
R.=G.=B. „über die richterliche Gewalt" Manz'sch Gesetzesausgabe, Wien 1879
Band 19. S. 53.

[2]) Vergl. Canstein Lehrbuch des österreichischen Civilprocesses I. 25.

wichtigere Angelegenheiten und in den höheren Instanzen Richtercollegien schaffen [1]).

Die zweite wichtige Frage, die bei der Organisation der Gerichte in Betracht kommt, ist die nach **einer** oder mehreren **Instanzen** [2]). Diese Frage ist von der geschichtlichen Entwicklung
aller Culturnationen im Sinne der Mehrheit der Instanzen so entschieden gelöst worden und es sprechen für diese Lösung so überwältigende und ausschlaggebende Gründe, daß die Mehrheit der Instanzen ein heutzutage allgemein anerkannter und acceptirter Grundsatz all und jeder Gerichtsorganisation geworden ist. Nicht also über
diesen Grundsatz sondern nur noch über das „wie viele Instanzen“
ist eine Erörterung zulässig. Allgemein hat sich nun die Dreizahl
der Instanzen Bahn gebrochen die darin begründet ist, daß im Falle
der Discrepanz der zwei erstrichterlichen Urtheile die dritte Instanz
als die dirimirende endgiltig entscheidet. Eine größere Anzahl von
Instanzen würde die Rechtspflege vertheuern und den Gang der Justiz
verlangsamen; nur **zwei** Instanzen würden wohl zur Vereinfachung
der Rechtspflege und Beschleunigung der Rechtsprechung beitragen,
jedoch keine ausgiebige Gewähr für Gesetzmäßigkeit und Unparteilichkeit derselben bieten. Nichtsdestoweniger sind heutzutage in vielen
Fällen, wo entweder die verhandelte Angelegenheit eine geringfügige

---

[1]) Nicht mit Unrecht weist **Canstein** darauf hin, daß „für gewisse
(Civil-) Streitsachen Einzelgerichte nicht bloß erwünscht, sondern sogar nothwendig“ seien. „Vorerst verlangen, sagt dieser gründliche Kenner des Civilprocesses, **geringfügigere** Streitsachen nicht so sehr eine gründliche als
vielmehr eine schnelle Entscheidung, nicht so sehr die Anwendung des strengen
Rechtes als die vernünftige Billigkeit, nicht so sehr einen formellen Proceß als
eine Beilegung des Streites durch Vergleich. Dem Allem entspricht der practische Geschäftstact, die Local- und Personenkenntniß, sowie das Ansehen und
die Schlagfertigkeit des Einzelrichters viel besser, als ein schwerfälliges Richter-
collegium. Neben den geringfügigeren Streitsachen sind es insbesondere auch
jene Rechtsstreitigkeiten die eines möglichst nahen Gerichtes und einer schnellen, ja sofortigen Entscheidung bedürfen, welche den näheren und leicht be-
weglichen Einzelrichter nöthig machen; so Besitz- und Bestandstreitigkeiten,
Streitigkeiten zwischen Arbeitgebern und Arbeitnehmern, sowie zwischen Wir-
then, Schiffern, Fuhrleuten einerseits und zwischen Gästen, Reisenden und Auf-
gebern andererseits, Alimentationsstreitigkeiten u. s. w.“ **Canstein**, Lehrbuch ꝛc.
B. I. 332.

[2]) Vergl. **Canstein**, Rationelle Grundlagen 142 ff.

ift, ober ber erften Inſtanz an und für ſich ein außerordentliches
Gewicht beigelegt wird (Geſchwornengericht) nur zwei Inſtanzen
feſtgeſetzt, welche Beſchränkung des Inſtanzenzuges jedoch häufig die
Folge hat, daß ein gerechtes Urtheil der I. Inſtanz von der II. in
ein ungerechtes verwandelt wird wogegen es dann kein Rechtsmittel
mehr giebt [1]).

Anm. In Deutſchland hat ſich die Dreizahl der gerichtlichen Inſtanzen unter Anderen auch aus der dreifachen Abſtufung der ſtaats-
rechtlichen Machthierarchie als: Grundbeſitz, Landeshoheit und Reichs-
hoheit entwickelt, da mit jeder dieſer Machtſtufen auch eine gewiſſe Ge-
richtsgewalt verbunden war. Auf dieſe Weiſe entſtand die Patrimonial-
gerichtsbarkeit, Territorialgerichtsbarkeit und Reichsgerichtsbarkeit.

Auch in Oeſterreich waren ähnliche ſtaatsrechtliche Machtverhält-
niſſe auf die Ausbildung der Dreizahl der Inſtanzen nicht ohne Einfluß.
Man bedenke nur, daß den Dominien über ihre Unterthanen eine
gewiſſe Gerichtsbarkeit zuſtand, daß aber über den Dominien die Lan-
des- oder Kreisgerichte ſtanden, und daß ſchließlich die oberſte Inſtanz
in allen gerichtlichen und politiſchen Dingen naturgemäß in Wien am
Sitze der Centralgewalt ſich befand [2]).

Es haben alſo auch hier hiſtoriſche Verhältniſſe, ſo zu ſagen, unbewußt einen Zuſtand geſchaffen der alle möglichen Gründe der Logik
und des geſunden Menſchenverſtandes für ſich hat.

---

[1]) Die Dreizahl der gerichtlichen Inſtanzen hat eben auch einen tieferen
philoſophiſchen in der Natur der Sache wurzelnden Grund. Denn jede Sache
kann von zwei Seiten, von zwei entgegengeſetzten Geſichtspunkten betrachtet
werden. Wenn nun auch ſchon in jedem Proceſſe, gleichviel ob Civil- oder
Strafſache, der Richter gegenüber den dieſe entgegengeſetzten Standpunkte ein-
nehmenden Parteien (in Strafſachen, Ankläger und Vertheidiger) jenen dritten,
höheren, objectiven, die Parteigeſichtspunkte beherrſchenden Standpunkt einnehmen
ſoll: ſo iſt es doch nicht nur möglich, ſondern auch wahrſcheinlich, daß der
Richter ſich auf eine dieſer Seiten neigt und ſich leicht mit einem dieſer Partei-
ſtandpunkte identificirt. Folgt der obere Richter ganz der Anſchauung des erſten
dann iſt die Wahrſcheinlichkeit des Rechtes allerdings auf dieſer von zwei Inſtanzen gewählten Seite Es iſt aber möglich, daß der obere Richter den entgegengeſetzten Standpunkt einnimmt und dann iſt es ein Gebot der Vernünftigkeit dieſen zwei entgegengeſetzten Standpunkten gegenüber, der dritten Inſtanz die Möglichkeit zu geben, jenen höheren, objectiven, die Gegenſätze beherrſchenden Standpunkt einzunehmen oder wenigſtens durch ihren Hinzutritt zu
einem der früheren Standpunkte denſelben als den wahrſcheinlich richtigeren
zu bezeichnen.

[2]) Vergl. Canſtein L. c. B. L. S. 153 ff.

Anm. b) Organisation der Gerichte in Oesterreich.
In erster Instanz functioniren Bezirksgerichte (Einzelgerichte) und Lan-
des- und Kreisgerichte (Gerichtshöfe). Die Wirksamkeit dieser Gerichte
ist theils durch die Strafproceßordnung theils durch die (Civil) Juris-
bictionsnorm festgesetzt und geordnet. In zweiter Instanz functioniren
die Oberlandesgerichte; als britte und letzte Instanz endlich der oberste
Gerichts- und Cassationshof in Wien.

Die heutige Organisation der **Bezirks** (Einzeln) **Gerichte** erfolgte mit Gesetz vom 11. Juni 1868 Nr. 59 R.-G.-B.; die der
Gerichtshöfe I. und II. Instanz mit kaiserlicher Entschließung
vom 14. September 1852 kundgemacht mit Ministerialverordnung vom
19. Jänner 1853 Nr. 10 R.-G.-B.; die Organisation endlich des
obersten Gerichshofes beruht auf dem Patente vom 7. August
1850 Nr. 335 R.-G.-B. „Zur Entscheidung bei Competenzconflicten
und in streitigen Angelegenheiten öffentlichen Rechts" wurde mit dem
Staatsgrundgesetz vom 21. December 1867 Nr. 143 das **Reichs-
gericht** in's Leben gerufen, dessen Organisation auf dem Gesetz vom
18. April 1869 Nr. 44 R-G.-B. beruht; zur Uebung der Verwaltungsjustiz besteht auf Grund des Art. 15 des Staatsgrundgesetzes vom
21. December 1868 Nr. 144 R.-G.-B. und kraft des Gesetzes vom
22. October 1875 Nr. 36 R.-G.-B. 1876 der Verwaltungsgerichtshof [1]).

Straf-Gerichte.

§ 101.

Ist die Aufgabe des Civilrichters ausgebrochene **private** Par-
teienstreitigkeiten zu schlichten, so hat der Strafrichter über Gesetzesübertretungen und Verbrechen, durch welche die **öffentliche** Rechtsordnung verletzt wurde, die gesetzliche Strafe zu verhängen. Die
Lösung dieser Aufgabe ist eine sehr schwierige, da es sich um Ermittlung der materiellen Wahrheit des criminellen Thatbestandes und
die gerechte Würdigung aller zu Gunsten und zu Ungunsten des
Beschuldigten sprechenden Umstände handelt.

Die fortschrittliche Entwicklung nun des Strafverfahrens liegt
in dem Streben darnach, daß der Unschuldige vor ungerechter Verfolgung geschützt werde und der für schuldig erkannte **nur** die gesetzlich ihm zukommende Strafe erleide, zu welchem Zwecke Einrichtungen geschaffen wurden, durch welche den Gefahren die aus der
leicht zu Irrthum und Parteilichkeit neigenden Natur der Menschen
für die Gerechtigkeitsübung entspringen wo möglich vorgebeugt werde.

---

[1]) Vergl. **Manz'sche** Gesetzesausgabe B. VI. 1879.

Die allerwichtigste von diesen Einrichtungen ist die des Anklageprocesses, der darauf beruht, daß das Strafrichteramt in drei besondere Factoren getheilt wird: in das Anklage-, das Vertheidiger- und das Richteramt im engen Sinne des Wortes d. h. in das Urtheilsprecheramt, welches letztere in weiterer Entwicklung der Strafjustiz noch in das Urtheilsprecheramt über die Schuld (durch Geschworne) und in das Urtheilsprecheramt über die zu verhängende Strafe durch gelehrte Richter getrennt wurde.

Unabhängigkeit des Richteramtes.

§ 102.

Was nun das **Richteramt** selbst anbelangt, gleichviel ob in der Civil- oder Strafrechtssprechung, so entwickelte sich dasselbe aus der Herrschaft und war seinem Ursprung nach eine Delegation und Ernennung zur Uebung eines Amtes.

Eine Theilung der Herrschaft, eine Zersplitterung derselben hatte zur Folge, daß zahlreiche Mitglieder einer herrschenden Classe das Richteramt als ein ihnen zugehöriges Recht, als ein Attribut ihrer Herrschaft über ihre Untergebenen in Anspruch nahmen und thatsächlich übten.

In solchen Verhältnissen (und sie kommen im Mittelalter häufig vor) pflegten aber die Richter über die Mitglieder der herrschenden Classe meist aus Wahl hervorzugehen.

Frühzeitig schon war das Richteramt sowohl das auf der Delegirung und Ernennung seitens des Herrschers, wie auch das auf der Wahl der Standesgenossen beruhende nicht allein ein Ehrenamt sondern auch Quelle des Einkommens — und zwar bezog der Richter dieses letztere in Gestalt von Sporteln und Gebühren theils von beiden Parteien, theils und vorzüglich von den sachfälligen.

Je mehr jedoch mit der Zeit das Gesetzesmaterial anschwoll, je umfangreicher die Jurisprudenz, je schwieriger es wurde sich das juristische Fachwissen anzueignen: desto mehr sah sich der Staat bei Ernennung der Richter auf gelehrte Juristen angewiesen. Im Interesse der Objektivität und Gerechtigkeit einerseits und aus den Gesichtspunkten der absoluten Monarchie die den Richter ganz und gar von der obersten Staatsgewalt abhängig sehen wollte, erfolgte sodann die regelmäßige staatliche Besoldung des gesammten Richterperſonals. Auf dieſe Weiſe verſchwand aus den Richterkreiſen erſtens das Laienelement, zweitens die Unabhängigkeit. Die abſolute Monarchie war es, die den bureaukratiſchen Richterſtand erzeugte. Die Mißſtände, die ſich aus einer ſolchen Geſtaltung des Rich= terſtandes ergaben, verurſachten wieder eine Gegenſtrömung die ſich in zwei Forderungen äußerte und zwar erſtens in der Forderung der geſetzlichen Unabhängigkeitserklärung der Richter [1]), zweitens in der Forderung nach Theilnahme eines Laienelements an der Rechtsſprechung. Beides wurde in dem modernen Culturſtaat erreicht. Das Richteramt wurde für unabhängig erklärt (ſiehe oben § 100) und dem Laienelemente wurde auf mancherlei Art ſowohl in der civilen wie in der criminellen Rechtsſprechung ein Antheil verliehen.

Die Unabhängigkeit des Civilrichters in ſeiner Rechtsſprechung von Einflüſſen der Staatsregierung iſt ein Prinzip das ſich aus der Thatſache der Lostrennung und Selbſtändigkeit des Civilrechts vom Staatsrecht ergiebt, das ſich aber auf ungeſetzliches und willkührliches Vorgehen der Richter nicht zu erſtrecken braucht.

Soll das Civilrecht ganz und voll Civilrecht ſein, ein ſelb= ſtändiges Gebiet, das ſich aus dem Staatsrecht herausbildete und lostrennte, ſo muß der Richter der über Civilſtreitigkeiten Recht ſpricht, in dieſer Rechtſprechung von der Staatsgewalt unbeeinflußt und unbeirrt bleiben. Nur unter dieſer Bedingung kann das Civil= recht ſeine eigentliche Natur bewahren. Der Staat der| in ſeiner fortſchrittlichen Entwicklung das A des Civilrechts ſagte, muß auch das B der Unabhängigkeit des Richters hinzufügen — er muß ſich dieſer Conſequenz ſeiner Entwicklung fügen.

Nun iſt ihm dieß auf keinem Rechtsgebiete ſo leicht, wie auf dem des Civilrechts. Denn auf dieſem hat er in der That ſchon lange keine unmittelbaren Staatsintereſſen zu wahren; auf dieſem wird das einzige Staatsintereſſe nur mehr durch eine objective, den Geſetzen gemäß geübte, von allen Einflüſſen des Staats= rechts und der Staatsgewalt unabhängige Rechtsſprechung am beſten gewahrt.

Schwieriger geſtaltet ſich die Frage nach der Unabhängigkeit des Richters auf dem Gebiete des Strafrechts.

---

[1]) Ueber Unabhängigkeit des Richters in Civilſachen ſiehe Canſtein: Lehrbuch I. 345.

Nicht um ein privates Parteiinteresse an dem der Staat nur ein formelles kein meritorisches Interesse hat, handelt es sich bei der Rechtsprechung in Strafsachen, denn das Strafrecht hat die Aufgabe die ö f f e n t l i c h e Rechtsordnung zu schützen, an deren Aufrechthaltung der Staat schon ein viel unmittelbareres Interesse hat und bei deren Schutz er sich nicht mehr mit der gleichgültigen Zuschauerrolle begnügt. Insbesondere aber enthält ja das Strafrecht gewisse Partieen die es mit der bestehenden politischen Ordnung, mit der bestehenden staatlichen Organisation unmittelbar zu thun haben und das Urtheil des Strafrichters entscheidet in diesen Fällen nicht mehr zwischen privaten Parteien, sondern zwischen dem Gesetzesübertreter einer= und dem Staat, der bestehenden öffentlichen Rechtsordnung andererseits. Speciell in diesen letzteren Fällen kann es dem Staat nicht mehr genügen, sich bei dem Processe durch seinen öffentlichem Ankläger vertreten zu lassen: er trachtet sich auch die Garantie zu schaffen, daß der Richter nie und nimmer seine Entscheidung g e g e n die bestehende öffentlich-rechtliche Ordnung treffen wird — mit andern Worten, beim Strafproceß und insbesondere beim politischen Proceß ist dem Staate mit der Objectivität des Richters nicht gedient, hier muß er der Natur der Sache nach trachten, daß der Richter die gegebene Gesetzesübertretung von keinem andern Standpunkte auffasse als von dem der Staatsgewalt — denn in diesen Fällen kann das Urtheil sehr wohl davon abhängig sein, von welchem Standpunkte man die gegebene Gesetzesübertretung auffaßt.

Diese Thatsache nun, daß auf dem Gebiete der Strafrechtsprechung und speciell bei politischen Vergehen und Verbrechen auf eine Unabhängigkeit der staatlichen Richter nicht zu rechnen ist, haben die gebildeten Classen in unseren Zeiten wohl erkannt — und deßwegen richtete sich auch das Hauptbestreben derselben dahin, von der Rechtsprechung über s o l c h e Fälle die vom Staate bestellten und bezahlten Richter wo möglich auszuschließen und an deren Stelle ein vom Staate unbeeinflußtes L a i e n e l e m e n t zu setzen. Diesen Bestrebungen verdanken die modernen Schwurgerichte ihre Existenz.

A n m. Die Forderung nach Unabhängigkeit der Richter kann nur durch Schwurgerichte erfüllt werden: denn U n a b h ä n g i g k e i t und s t a a t l i c h e r R i c h t e r a m t s d i e n s t ist ein Widerspruch. Es gehören starke Fictionen dazu um sich das Unabhängigkeitsverhältniß mit dem staatlichen Dienstverhältniß in Harmonie zu construiren.

Uebrigens darf man nicht glauben, daß Abhängigkeit von der Staatsgewalt das größte Uebel war; es giebt viel schlimmere Abhängigkeit von momentanen socialen und politischen Strömungen, Parteien und Coterieen. In nichtpolitischen Strafsachen ist die „Unabhängigkeit" der staatlichen Richter von der Staatsgewalt keineswegs über alle Kritik erhaben. Denn für politische und andere bedeutendere Verbrechen giebt es ja Schwurgerichte bei denen die Unabhängigkeit von der Staatsgewalt vollkommen gewahrt ist. Für nicht politische und unbedeutendere Vergehen aber würde ein der Staatsgewalt gesetzlich verantwortliches Richteramt oft bessere Dienste leisten als ein nach dem Gesetze unabhängiges. Denn der Richterstand ist ebensowenig wie jeder andere Stand vor Beschränktheit und Schlechtigkeit sichergestellt die unter dem Schutze der Unabhängigkeit oft der Vernunft und der Gerechtigkeit arg mitspielen. Wer nicht auf Doctrinen schwört und in der Wissenschaft keine Dogmen kennt, wer die Praxis nüchtern betrachtet der muß zur Einsicht kommen, daß es oft besser wäre, wenn die staatlichen Richter für ihre Wirksamkeit und Amtsübung einer obersten staatlichen Behörde in all und jedem verantwortlich wären.

Die Erfahrung nähmlich lehrt, daß wo es sich um wirkliche Interessen der Staatsgewalt handelt die formale Unabhängigkeit keine Wirkung übt: dagegen ermuthigt dieselbe den Richter oft in Angelegenheiten die der Staatsgewalt gleichgültig sind diese seine „Unabhängigkeit" auf „unverantwortliche" Weise zu manifestiren, was dem Ansehen des Staates schadet.

Schwurgerichte.

§ 103.

Die Forderung nach Geschwornengerichten, die in unseren Tagen in allen europäischen Staaten sich geltend machte und meist von den Gesetzgebungen erfüllt wurde, diese Forderung steht im Zusammenhange mit der Idee der Unabhängigkeit der Richter. Denn allerdings muß diese Unabhängigkeit gegenüber der Staatsgewalt ganz vorzüglich gesichert erscheinen, wenn Männer aus dem Volke über Schuld oder Nichtschuld des Angeklagten nach bestem Wissen und Gewissen ihr Urtheil fällen. Auch ist es erklärlich, daß sich diese Forderung in erster Reihe auf das Gebiet des Strafrechts bezog, wo es sich um die kostbarsten Güter des Staatsbürgers handelt um Ehre, Freiheit und Leben. Hier wollte man vor allem den Staats-

bürger vor ungerechter Verfolgung seitens der vom Staate abhängigen Richter sicherstellen.

Auch die österreichische Gesetzgebung trug dieser Forderung der
öffentlichen Meinung die sowol in der Wissenschaft wie im Parlamente ihre mächtige Vertretung fand Rechnung und die Strafproceßordnung vom 23. Mai 1873 führte die Schwurgerichte für eine
Reihe von Verbrechen ein. (Art. VI. des Einführungsgesetzes zur
St.-P.-O.)

Welches sind nun die Licht- und welches die Schattenseiten der
Schwurgerichte im Vergleich mit den staatlichen Gerichten?

Man stellt die Sache oft so hin, als ob die Laien auf der
Geschwornenbank mehr befähigt wären ein gerechtes Urtheil zu
fällen als die gelehrten Richter; speciell will man ihnen eine größere
Unbefangenheit in der Beurtheilung der Thatumstände, der „That-
frage“ zumuthen. In diesem Punkte nun ist die Ueberlegenheit der
Geschwornen über die gelehrten Richter keineswegs erwiesen.

Wäre es wirklich wahr, daß Nichtgelehrte und Nichtfachmänner
bessere, d. h. gerechtere und vernünftigere Urtheile fällen als Gelehrte
und Fachleute dann müßte man folgerichtig über alle Rechtswissenschaft, da sie die Vernunft und das Gerechtigkeitsgefühl trübt den
Stab brechen. So verhält sich jedoch die Sache nicht. Nimmt man
die Vernünftigkeit und Gerechtigkeit der bestehenden Gesetze an und
trifft einmal das Strafprocеßgesetz die nöthigen Vorsichtsmaßregeln
gegen ungerechte Verurtheilungen so ist gar nicht abzusehen, welchen
Vorzug ein Laie vor dem gelehrten Fachmann in der Beurtheilung
eines gegebenen Straffalles hätte. Unfehlbar ist weder der Eine
noch der Andere — aber Tausend Gründe des gesunden Menschen-
verstandes, und aller Erfahrung sprechen dafür, daß die Möglichkeit
des Irrthums in solchem Falle beim Laiengericht eine unvergleichlich größere ist.

Dagegen liegt die Berechtigung des Geschworenengerichtes ganz
wo anders. Zuvörderst in dem Punkte der Unabhängigkeit des
Richters vom Staate. In allen jenen Fällen wo das Urtheil
davon abhängt ob man den Straffall vom Standpunkte der bestehenden Staatsgewalt oder von einem entgegengesetzten betrachtet
also in erster Reihe in allen politischen Gesetzesübertretungen liegt
im Geschwornengerichte eine Garantie gegen die einseitige staatliche

Beurtheilung eines gegebenen Falles. Bei allen politischen Vergehen und Verbrechen ist die Jury ein Schutz des Volkes und der
einzelnen Staatsbürger gegen die Staatsgewalt und darin vor allem
liegt ihre Bedeutung und hohe Wichtigkeit.

Die weitere Bedeutung der Schwurgerichte liegt in dem Umstand, daß dieselben mehr an ihr Gewissen als an den Buchstaben
des Gesetzes gebunden sind. Daher spricht sich in ihren Urtheilen
das öffentliche Gewissen, das Volksbewußtsein, die öffentliche Moral
aus. Die Staatsverwaltung kommt in Folge dessen oft in die Lage,
ein Gesetz von der Stimme dieses öffentlichen Gewissens verurtheilt
zu sehen. Auf diese Weise erhält die Staatsverwaltung die wichtigsten Fingerzeige, in welcher Richtung die bestehenden Strafgesetze
einer Correctur oder Reform bedürftig sind. Diese Bedeutung der
Schwurgerichte ist um so höher anzuschlagen da, wie wir schon erwähnten, die Staatsverwaltung auf keinem Gebiete so sehr wie auf
dem der Strafgesetzgebung von der Wissenschaft im Stiche gelassen ist.

Endlich hat der Geschworne vor dem gelehrten Fachrichter den
Vorzug, daß er für die Rechtsprechung nicht abgestumpft ist. Der
gelehrte Fachrichter kommt leicht in die Lage, sein Rechtsprechen als
eine ihm ganz gleichgültige, professionelle Beschäftigung zu betrachten
und an den Ernst der Sache, an die Folgen seines Vorgehens bei
den einzelnen Amtshandlungen und Aussprüchen nicht zu denken.
Der Geschworne dagegen fühlt sich unwillkührlich bei Uebung seines
Amtes in eine feierliche Stimmung versetzt, in der er sich der ganzen
Bedeutung des Richteramtes im vollem Maße bewußt wird [1]).

Anm. Aus dem Obigen erhellt, daß das Schwurgericht seiner
Idee und seinem Wesen nach ein politisches und kein „Rechtsinstitut" ist. Der Schöpfer des heutigen österreichischen Strafprocesses
und also auch der heutigen österreichischen Jury Glaser vertritt in
allen seinen bießbezüglichen Schriften (und auch in seinen Parlamentsreden) die entgegengesetzte Ansicht. Nach ihm soll das Schwurgericht
nichts weniger sein als ein politisches Institut. „Die Jury ist keine
politische sie ist eine richterliche Institution" — das ist der Grundgedanke von Glaser's bießbezüglichen Schriften, das ist der Gedanke

[1]) Ueber Schwurgerichte vergl. Hye-Gluuek, Ueber das Schwurgericht
Wien 1864. Schwarze Das deutsche Schwurgericht und dessen Reform 1865.
Glaser, Schwurgerichtliche Erörterungen Wien 1875. Mittermaier Er-
fahrungen über die Wirsamkeit der Schwurgerichte 1865.

ben er in der Schöpfung der österreichischen Strafproceßordnung und des österreichischen Schwurgerichts verkörpern wollte. Ob ihm dieses gelungen, ist eine andere Frage. Unseres Erachtens ist der große Rechtslehrer und Staatsmann in diesem Punkte in einem gewaltigen Irrthum befangen; sein Streben auf diesem Gebiete galt nicht nur einem unrealisirbaren, sondern was noch schlimmer, einem unechten Ideal. Die Jury war immer und ist und wird eine politische Institution und kann nie etwas anderes sein. Man blättere nur in der kaum ein Jahrzehnt alten Geschichte der neuesten österreichischen Jury: auf jedem Blatte derselben tritt uns der eminent politische Charakter dieser Institution entgegen; auf jedem dieser Blätter verläugnet die österreichische Jury den richterlichen Charakter den man ihr aufdisputiren will, für den man sie bestimmte. Das Werk verläugnet seinen Meister, und das wird immer und überall dort geschehen, wo man einer naturwüchsigen historischen Institution einen, ihrer Natur und ihrer Idee entgegengesetzten Charakter wird aufprägen wollen. Der naturwüchsige Geist der in einer solchen Institution lebt, wird alle Fesseln sprengen, die man ihm anlegen will, wird jede ihm fremde Form abstreifen und sein eigenes Leben, das er in historischer Genesis empfangen hat, fortsetzen.

So ist es auch mit der Jury. Ihr Grundgedanke, der merkwürdigerweise trotz der massenhaften historischen und juristischen Literatur über dieselbe vollkommen verkannt wurde, ist der, daß der Freie von seinen ihm nahestehenden Genossen, von seiner patria, von seinem vicinetum, überhaupt von den Mitgliedern derselben socialen Gruppe gerichtet werde. Dieser Gedanke ist ein sehr tiefer und fügen wir hinzu, ein berechtigter; er hängt mit den Verschiedenheiten der sittlichen Anschauungen der einzelnen socialen Bestandtheile des Staates zusammen (vergl. unser Philosophisches Staatsrecht Buch II.). Trotzdem man nun diesen Grundgedanken der Jury weder in der historischen noch juristischen Wissenschaft und in Folge dessen auch in der Gesetzgebung nicht beachtete: bricht er sich doch auch in der neuesten Geschichte der Jury in Europa und auch in Oesterreich überall siegreich durch und tritt unverkennbar überall, wo Geschworene Recht sprechen, an's Tageslicht. Wie das Urtheil der Geschwornen ausfallen wird, das kann man heutzutage meistens in voraus wissen, wenn man das sociale Verhältniß des Beschuldigten zur Jury in's Auge faßt. Die Bildung der Geschwornenliste entscheidet oft über das Schicksal des Beschuldigten und nicht umsonst gestaltet sich das Auslosungsverfahren oft zu einer Entscheidungsschlacht zwischen Ankläger und Vertheidiger. Eine Delegation aber eines fremden Schwurgerichts ist oft für den Beschuldigten ein Verdammungsurtheil a priori. Wer unbefangen die Annalen der österreichischen Jury in ihrem 10jährigen Bestande prüft, der wird uns Recht geben, daß diese Institution keine juriſtiſche ſondern eine politiſche wenn man will ſocialpolitiſche iſt, und daß auch hier ein Gedanke uns unverkennbar entgegentritt der ſowohl dem geiſtigen Urheber derſelben (Glaſer) als auch dem Geſetzgeber vollkommen fremd war, ein Gedanke, den wir hier nur andeuten konnten, deſſen weitere Ausführung wir uns für eine ſpätere Schrift vorbehalten müſſen.

Hilfsinſtitute.

§ 104.

Dieſelben Verhältniſſe, die den Staat zwingen, mit der Verwendung richterlicher Kraft haushälteriſch umzugehen (ſiehe oben § 100) vranlaſſen ihn auch die Thätigkeit des Richters durch Hilfsinſtitute zu unterſtützen und zu erleichtern. Solche Hilfsinſtitute ſind in erſter Linie die Advocatur und das Notariat.

Die Advocatur hat den Zweck den Gang der Rechtsſtreitigkeiten zu vereinfachen und zu beſchleunigen indem ſie den geſetzesunkundigen Parteien geſetzeskundige Vertreter leiht die deren Angelegenheiten vor dem Richter führen.

Das Notariat hat die Aufgabe Rechtsſtreitigkeiten vorzubeugen, daher die Anzahl derſelben zu vermindern indem ſie die Grundlagen der Parteienverhältniſſe, die Verträge, Abmachungen, Teſtamente u. dgl. Rechtsacte von öffentlich beglaubigten und geſetzeskundigen Functionären verfaſſen läßt.

Als Hilfsinſtitute der Civilgerichte müſſen ſchließlich alle Arten von Landtafeln, Hypotheken und Grundbücher betrachtet werden, welche den unbeweglichen Beſitz und Eigenthumsſtand der Einzelnen in beglaubigter Art conſtatiren und ſo eine der vielen Quellen von Streitigkeiten, Unklarheit des Beſitz- und Eigenthumsſtandes an Immobilien, verſtopfen.

Haben dieſe Hilfsinſtitute eine Entlaſtung der richterlichen Behörden zum Zwecke, ſo ſind andererſeits dieſe Behörden aus Utilitätsgründen mit Geſchäften belaſtet, die ſtreng genommen, nicht in die Sphäre des Richteramtes gehören; es ſind das alle obervormundſchaftlichen und Verlaſſenſchafts-Abhandlungsgeſchäfte. Wir wollen nun dieſe Hilfsinſtitute jedes einzeln betrachten.

Advocatur.

§ 105.

Die Bedürfnisse des rechtlichen Verkehrs erzeugten schon in den griechischen Städten des Alterthums einen besonderen Stand von Leuten deren Beschäftigung es war, daß sie die streitenden Parteien über Gesetz und Proceßverfahren im einzelnen Falle informirten, ihnen Proceßschriften ausarbeiteten die diese dann vor Gericht ablasen. Zu einer öffentlich-rechtlichen Anerkennung aber brachte es dieser Stand in Griechenland nicht und daher war die Vertretung der Parteien vor Gericht durch solche Gesetzeskundige nicht gestattet. In Griechenland haben wir es also eigentlich erst mit einer „Winkelschreiberei" im wahren Sinne des Wortes zu thun.

Eine bedeutende Entwicklung erfuhr dieses Institut in Rom. Hier erschienen zuerst die Parteien vor Gericht mit ihren Rechtsbeiständen, die aus diesem Grunde advocati genannt wurden, deren Rath und Belehrung sie öffentlich einholten und vor Gericht befolgten. Später entwickelte sich aus solchen Rechtsbeiständen advocati der Stand der patroni die für die Parteien vor Gericht förmlich plaibirten und Anträge stellten. Zur Kaiserzeit unterschied man wieder procuratori, die eine öffentliche Vertrauensstellung einnahmen und die Pflicht hatten, die Parteien vor Gericht zu vertreten und die advocati, causidici, jurisprudentes, welche sich mit Ertheilung von Rath und Gutachten befaßten, ohne vor Gericht zu erscheinen. In Deutschland kam im 15. Jahrhundert zugleich mit der Verbreitung des römischen Rechts der Stand der „Rechtsfreunde" auf, der sich aus studierten Juristen zusammensetzte.

Die vollkommenste öffentlich-rechtliche Organisation jedoch des Advocatenstandes finden wir und zwar schon im 17. Jahrhundert in Frankreich. Doch benützte der Advocatenstand daselbst das große Ansehen daß er genoß und die Macht die er erlangte, um sich viele Privilegien zu verschaffen, die schwer auf dem rechtsuchenden Publikum lasteten. Eine Folge davon war, daß die französische Revolution mit Gesetz vom 20. März 1791 den Stand der Advocaten und Procuratoren einfach aufhob, eine Maßregel die freilich nur transitorisch sein konnte. In der That begann man schon im Jahre 1805 den Advocatenstand von Neuem zu organisiren. Die

neue Organisation beruhte auf der Trennung des Standes in Advocaten und Parteienvertreter (avoués). Die letzteren haben die Aufgabe, den Parteienverkehr zu vermitteln, den ganzen Proceß durchzuführen überhaupt alles zum mündlichen Plaidoyer, welches Sache
des a v o c a t ist vorzubereiten. Die so gestaltete A d v o c a t u r
ward in so fern f r e i gegeben, als zur Erlangung derselben nur ein
gewisses Rechtsstudium und der Grad eines Licentiaten gefordert
wurde, die Zahl aber der Advocaten eine u n b e s c h r ä n k t e sein
sollte. Uebrigens bilden die Advocaten in Frankreich eine besondere
Genossenschaft mit eigener Organisation; sie stehen unter einem selbst-
gewählten Vorstand und einem Aufsichtsrath (conseil d'ordre).

Auch in England besteht die Trennung in Advocaten (counsels)
und Parteienvertreter (attorney). Die ersteren sind mehr Rath er-
theilende Rechtsgelehrte die letzteren die eigentlichen Leiter der Partei-
Proceßhandlung. Alle zusammen bilden vier Genossenschaften, zu
benen auch die Studirenden gehören — und zu denen der Zutritt
jedem der die nöthigen Vorstudien nachweist, frei steht. Im Ganzen
also beruht auch in England die Organisation der Advocatur auf
dem Princip der Freiheit, die Zahl derselben ist unbeschränkt und
zur Erlangung der Advocatur ist lediglich der Nachweis einer bestimmten Lehrzeit (ohne Prüfungen) erforderlich.

In Deutschland, Preußen und Oesterreich, wo seit dem Ende
des vorigen Jahrhunderts die Advocatur meist ohne Trennung von
avocats und avoués organisirt wurde konnte man sich zum Princip
der Freiheit der Advocatur erst sehr spät (in unsern Tagen) entschließen. Statt der Freiheit setzte man da überall die „Ernennung
durch den Minister“, wodurch sich die Regierungen einen Stand
„gutgesinnter“ Anhänger schaffen wollten. Auch war bei diesem
Umstande die Zahl der Advocaten in diesen Ländern vor der Freigebung eine äußerst beschränkte.

A n m. Die österr. Advocatenordnung vom 6. Juli 1868 huldigt in so
ferne dem Grundsatz der F r e i h e i t der Advocatur, daß zur Ausübung
der letzteren keine behördliche Ernennung, sondern lediglich die Nach-
weisung der Erfüllung der gesetzlichen Erfordernisse und Bedingungen
nöthig ist. Es sind das aber folgende: a) die Zurücklegung der poli-
tisch-juridischen Studien und die an einer inländischen Universität erlangte Doctorwürde; b) die practische Verwendung in der gesetzlichen

Art und Dauer c) die mit Erfolg zurückgelegte Advocaturprüfung. Der Advocat ist an keinen bestimmten Wohnsitz gebunden; er kann sich denselben nach Belieben wählen. Die Standesinteressen der Advocaten werden durch Advocatenkammern vertreten denen auch über die Advocaten ihres Sprengels eine Disciplinargewalt zusteht. Ueber Advocatur und Advocaten vergl. Canstein Lehrbuch I. 474 ff.

Notariat.

§ 106.

Die Aufgabe des Notariates ist, eine streitvorbeugende Institution zu sein und es hat diese Aufgabe vorwiegend mittelst authentischer Constatirung von rechtswirksamen Thatsachen also in erster Linie von Verträgen zu lösen.

Der historische Ausgangspunkt des Notariates liegt demgemäß in einem einfachen Schreiberamt, welches in Zeiten allgemeiner Schreibunkenntniß geschäftliche Vorgänge und rechtswirksame Thatsachen mittelst geschriebener Urkunden fixirt. Zu diesem Sinne sind die römischen „tabelliones" [1]) Vorgänger der heutigen Notare. Die Ausbildung dieses römischen Instituts der Tabelliones zum eigentlichen Notariat erfolgte in Italien seit dem 11. Jahrhundert und kam von dorther zugleich mit kanonischem und römischem Rechte nach Frankreich und Deutschland. Hier wurde die öffentliche Vertrauensstellung den Notaren durch kaiserliche oder päpstliche Ernennung verliehen. In Deutschland ernannten später wohl auch Pfalzgrafen und Landesherren Notare, was den Uebergang bildete zur Käuflichkeit dieser Aemter.

Die erste gesetzliche Regelung des Notariats in Deutschland erfolgte mit der Reichsnotariats-Ordnung vom 8. October 1512 des Kaisers Maximilian I. Darnach sollten Notare über Thatsachen und Umstände in nicht streitigen Rechtssachen beglaubigte Constatirungen aufnehmen.

Eine ganz eigenthümliche und vielfach zweckentsprechende Entwicklung erfuhr das Notariat in Frankreich. Nur daß dort das Uebel der Verkäuflichkeit an diesem öffentlichen Amte haftet. Es war daher ein entschiedener Fortschritt, daß man in Deutschland und

---

[1]) L. 9. § 4. D. de poen. (48. 9) Nov. 44.

Oesterreich als man in neuester Zeit das französische Notariat recipirte die Verkäuflichkeit des Amtes vollkommen beseitigte [1]).

Anm. (Oesterreichisches Notariat.) Die österreichische Notariats-Ordnung vom 25. Juli 1871 bestimmt den Wirkungskreis der Notare dahin, daß diese vom Staate bestellt und öffentlich beglaubigt werden, damit sie nach Maßgabe dieses Gesetzes über Rechtserklärungen und Rechtsgeschäfte, sowie über Thatsachen, aus welchen Rechte abgeleitet werden wollen öffentliche Urkunden aufnehmen und ausfertigen, dann die von den Parteien ihnen anvertrauten Urkunden verwahren und Gelder und Werthpapiere zur Ausfolgung an Dritte oder zum Erlage bei Behörden übernehmen.

Eigenthümlich ist dem österreichischen Notariate das sogenannte „Gerichtscommissariat", welches darin besteht, daß Notare von den Gerichten zur Vornahme derjenigen Acte in Geschäften außer Streitsachen ermächtigt und belegirt werden, welche nicht durch eine vorausgehende richterliche Entscheidung bedingt sind. Als solche Gerichtscommissäre functioniren die Notare bei Verlassenschaftsabhandlungen, executiven Feilbiethungen 2c. 2c.

Oeffentliche Bücher.

§ 107.

Der Keim des Institutes der öffentlichen Bücher ist in der schon bei Griechen und Römern für den Immobilienverkehr als nothwendig erachteten **Publicität** zu suchen — was damit zusammenhing, weil eben das Grundeigenthum bei diesen Völkern und auch noch im europäischen Mittelalter ein Stück öffentlichen Rechts, ein Theil des jus publicum war. So sind denn auch die verschiedenen öffentlichen Bücher in die seit dem 13. Jahrhundert die Uebertragungen von Grundeigenthum und die dasselbe betreffenden Transactionen eingetragen wurden im Grunde nichts Neues, da diese Eintragungen nur an die Stelle jener öffentlichen und feierlichen Rechtshandlungen traten die früher für solche Geschäfte verlangt wurden. Es war nur eine neue Form für einen uralten Gedanken.

Solche öffentliche Bücher finden wir unter den verschiedensten Namen (Landtafeln, Gerichtsbücher, Stadtbücher, Grundbücher) seit dem 13. Jahrhundert in den verschiedensten Ländern Europas und

---

[1]) Vergl. Osterlay das deutsche Notariat nach den Bestimmungen des gem. Rechts 2c. 1844—46. Euter: Handbuch des Notariats in Preußen Düsseldorf 1858. Canstein Lehrbuch I. 482 ff. Chorinsky: Das Notariat 1877.

auch in den Ländern die später in die österreichische Monarchie auf-
giengen [1]). Nachdem das Institut im Verkehrsleben längst Wurzel
gefaßt hatte, erfolgten die gesetzlichen Regelungen desselben. In
Oesterreich war es zuerst die Majestas Carolina (für Böhmen) vom
Jahre 1346 und der Majestätsbrief von 1359 für Mähren die sich
mit dieser Regelung befaßten.

Eine weitere Ausbildung desselben erfolgte durch die „verneuerte"
Landesordnung Ferdinands II. für Böhmen von 1627 und für
Mähren von 1628, sodann durch die Novellen und Declaratorien
Ferdinands III. von 1640 und durch die Instruction für die vereinigte mährische Landtafel von 1642. Auf diesen gesetzlichen Grundlagen beruhte das Institut der öffentlichen Bücher in Böhmen und
Mähren bis zum Ende des 18. Jahrhundert, wodann das Land-
tafelpatent vom 22. April 1794 Nr. 181 J.-G.-S. die Einrichtung
der Landtafel für Böhmen und Mähren vielfach umänderte und
reformirte. Was die übrigen Länder und die Städte der österreichischen Monarchie anbelangt, so ist für dieselbe seit dem 15. und 16.
Jahrhundert eine große Anzahl gesetzlicher Bestimmungen über öffentliche Bücher erflossen. An diese Manigfaltigkeit der Einrichtungen
legte das allgemeine bürgerliche Gesetzbuch nicht Hand an, es ließ
dieselbe unangetastet.

Erst seit den fünfziger Jahren unseres Jahrhunderts begann
die österreichische Regierung auf eine Unificirung und Gleichmäßigkeit des Tabularwesens und seiner Behandlung in ganz Oesterreich
hinzuwirken. Der erste Schritt in dieser Richtung ward mit der
für ganz Ungarn und dessen Nebenländer erlassenen provisorischen
Grundbuchsordnung vom 15. December 1855 gethan. Hierauf ward
in Wien der Entwurf einer allgemeinen Grundbuchsordnung verfaßt
(1858 und 1863) auf dessen Grundlage sodann das jetzt geltende
„allgemeine Grundbuchsgesetz" vom 25. Juli 1871 Nr. 95 R.-G.-B.
erlassen wurde.

Uebrigens hat sich der Gedanke der Publicität der Eigenthums-
verhältnisse in neuer und neuester Zeit von dem Gebiete des Grundbesitzes auf den Besitz von allerhand Realrechten und Servituten
übertragen, so daß auch für diese letzteren allerhand öffentliche Bücher

---

[1]) Näheres darüber bei Schiffner l. c. § 91.

nach Art der Landtafeln und Grundbücher errichtet werden so z. B.
Bergbücher, Eisenbahnbücher, Wasserbücher u. f. w.

Anm. Nicht nur die Einrichtung der öffentlichen Bücher ist eine
pure Verwaltungsangelegenheit auch die Führung derselben ist „ausschließlich eine administrative Thätigkeit". (Schiffner l. c. § 29.)
Jn Oesterreich ist die Art und Weise wie bei Anlegung, Ergänzung, Wiederherstellung oder Aenderung von Grundbüchern vorzugehen
ist durch das Gesetz vom 25. Juli 1871 Nr. 96 R.-G.-B. festgesetzt.
Die Vorschriften über die Führung der öffentlichen Grundbücher
sind in dem Gesetze vom 25. Juli 1871 Nr. 95 R.-G.B. und der
dazu gleichzeitig erflossenen Jnstruction enthalten [1]).

Pflegschafts-, Verlassenschafts- und Depositenwesen.

§ 108.

Die Staatsverwaltung bedient sich der Gerichte endlich zur Besorgung der nicht streitigen Angelegenheiten der Vormundschaft und
der Verlassenschaft.

Bei ersteren handelt es sich um den Schutz der Rechte minder-
jähriger oder anderer Personen die wegen geistiger Schwäche oder aus
anderen Ursachen ihre Angelegenheiten allein zu verwalten nicht im
Stande sind. Die Vorschriften über das Verfahren der Gerichte in
Vormundschafts- und Curatelssachen sind theils im allgemeinen bürgerlichen Gesetzbuch (4. Hauptstück des I. Theiles §§ 187—284)
theils in dem dritten Hauptstück des Patentes vom 9. August 1851
(§§ 181—219) enthalten.

Bei Verlassenschaftsabhandlungen handelt es sich um die Ueber-
antwortung des Vermögens des Erblassers an die gesetzlichen Erben.
Für die Besorgung der letzteren Angelegenheiten durch staatliche
Organe spricht außer der Rücksicht auf öffentliche Rechtssicherheit
auch die auf das finanzielle Interesse des Staates, da bei dieser
Gelegenheit auch die Erbschaftssteuern leichter bemessen werden können.

Die Vorschriften über das Verfahren in Verlassenschaftsange-
legenheiten enthält das soeben erwähnte Patent vom 9. August 1851
(I. und II. Hauptstück) [2]).

Jm Zusammenhange mit dem Pflegschafts- und Verlassen-
schaftswesen steht das Depositenwesen. Jn Oesterreich ist mit der

---

[1]) Manz'sche Gesetzesausgabe B. III.
[2]) Manz'sche Gesetzesausgabe B. III.

Verordnung vom 16. November 1850 Nr. 448 R.-G.-B. den Steuer-
ämtern zur Pflicht gemacht worden, die ihnen von den Gerichten zugewiesenen Depositen-, Waisen- und Verlassenschaftsgelder und Effecten in Aufbewahrung und cassenmäßige Verrechnung zu übernehmen.
In der Eigenschaft als gerichtliches Depositenamt sind die Steuer-
ämter den Gerichten untergeordnet und haben ihre Weisungen zu
befolgen. Die näheren Bestimmungen über Einrichtung und Gebahrung dieser Depositenämter enthält die obige Verordnung ¹).

Ankläger und Vertheidiger.
§ 109.

Wir erwähnten der Hilfsinstitute des Civilgerichts und zugleich
jener administrativen Thätigkeiten die allgemein den Civilgerichten
überantwortet worden sind. Wir übergehen nun zu den Hilfsinstituten der Strafgerichte. Wie schon bemerkt, haben sich dieselben
aus der Theilung und Verselbständigung der einzelnen Momente der
Strafjustiz ergeben, in welcher Theilung eben das Wesen des modernen Anklageprocesses besteht (siehe oben § 100).

Man bringt allgemein diese neueste Phase des Strafprocesses
mit der „freiheitlichen" Entwicklung des modernen Staates in Zusammenhang und leitet die in demselben Platz gegriffene „Gleichberechtigung" des öffentlichen Anklägers mit der Vertheidigung, aus
der Tendenz des „Rechtsstaates" ab dem „Individuum als Selbstzweck" gerecht zu werden und aus der Erkenntniß, daß „dem Wohle
des Individuums ebenso gesetzlicher Schutz zustehe als dem Wohle
der Gesammtheit" ²).

Diese Ansicht beruht auf der bekannten Behauptung der herrschenden Staatslehre, daß das Individuum im modernen Staate, im
„Rechtsstaate" als „Selbstzweck" eine principiell verschiedene Stellung als im antiken einnehme, eine Behauptung der man nicht
unbedingt beipflichten darf.

Unserer Ansicht nach hängt die besagte Entwicklung des Strafprocesses und seine Ausbildung vom Inquisitions — zum Anklage-
processe vorwiegend mit der Erkenntniß des modernen Staates zu-

---

¹) Manz'sche Gesetzesausgabe B. III.
²) So auch bei Bargha, in dessen ebenso gelehrtem wie gedanken-
reichem Werke: Vertheidigung in Strafsachen S. 270.

sammen, daß er sowohl auf dem Gebiete der Civil- als auch der Strafjustiz nur seine wirklichen Interessen zu wahren, daß er nichts, auch nicht den kleinsten Schritt zu thun habe der nicht von seinen wirklichen vitalen Interessen dictirt ist. Nun ergiebt sich aber aus einer genauen und gründlichen Erwägung der Interessen des Staates, daß eine ungerechte Verurtheilung ihm mehr Schaden bringt als hundert „ungerechte" Freisprechungen. Eine Consequenz dieser Erkenntniß ist es, daß der moderne Staat den zu bestrafenden Gesetzesübertreter sich ganz genau besieht, ob er wirklich ein Interesse an dessen Bestrafung habe, und daß er in seinem eigenen wohlverstandenen Interesse dem Beschuldigten alle möglichen Mittel der Vertheidigung selbst an die Hand giebt da er mehr daran interessirt ist, daß sich dessen Unschuld als dessen Schuld erweise.

Dieser vernünftige Standpunkt des modernen Staates führte zum Anklageproceß, d. h. zu derjenigen Form des Strafverfahrens, die die größte Gewähr dafür bietet, daß ja nie ein Unschuldiger verurtheilt werde, und daß eine mangelnde Ueberzeugung von der Schuld oder das Fehlen von Beweisen einer solchen, eher zu Gunsten des Beschuldigten ausschlage.

Dieses Ziel soll im Anklageproceß durch die dem Strafrichter in gleichberechtigter Stellung entgegentretenden Institute der Anklage (durch die Staatsanwaltschaft) und der Vertheidigung erreicht werden, ist aber nur vor dem Schwurgerichte oder vor intelligenten und gewissenhaften Staatsrichtern von Wirkung.

Die Staatsanwaltschaft hat sich ursprünglich aus den Vertretern des Fiscus bei den Gerichten herausgebildet. Diese Vertreter hatten nähmlich nicht nur die Aufgabe, in civilrechtlichen Streitigkeiten die finanziellen Interessen des Fiskus zu wahren: sondern intervenirten auch in Strafsachen um bei den eventuel zu Gunsten des Staatsschatzes zu verhängenden Vermögensstrafen oder Konfiscationen die Interessen des Staatsschatzes wahrzunehmen.

Aus dieser ursprünglichen „Finanzprocuratur" entwickelte sich in Frankreich das Institut der Staatsanwaltschaft, welche mit der Zeit nicht nur die fiscalischen Interessen sondern auch die Regierungs- und Staatsinteressen auf dem Gebiete der gesammten Justiz zu überwachen und zu controliren hatte.

Diese Stellung der französischen Staatsanwaltschaft ward vorübergehend von der großen Revolution erschüttert sodann aber von Napoleon wieder aufgerichtet. Dem Napoleonischen Regime behagte es vorzüglich in ganz Frankreich bei all und jedem Gerichte mittelst der Staatsanwaltschaft die Hand unmittelbar im Spiele zu haben um nöthigenfalls auf die „unabhängigen" Richter durch dieses Mittel einen Druck ausüben zu können.

Die Staatsanwaltschaft in Deutschland und Oesterreich ist eine Copie des französischen Instituts — und zwar nahm die Staatsanwaltschaft während der Herrschaft des Inquisitionsprocesses auch in Oesterreich eine entschieden dominirende Stellung ein, so daß die wichtigsten Schritte und Handlungen der Gerichte von den Staatsanwälten veranlaßt und geleitet wurden oder doch wenigstens gebilligt werden mußten.

Erst die neueste Strafprozeßordnung schränkte diesen Einfluß der Staatsanwaltschaft ein und wies derselben nur die Rolle des Anklägers zu, dem gegenüber der Vertheidigung in vielen Stücken gleiche Berechtigung eingeräumt wurde.

Diese Gleichstellung der Vertheidigung mit der Anklage ist eine der größten Vorzüge des gegenwärtigen österreichischen Strafprocesses.

Denn nur eine solche Gleichstellung räumt der Vertheidigung denjenigen freien Spielraum ein den sie im Interesse der Wahrheit und Gerechtigkeit beanspruchen darf.

Wäre das bestehende Strafrecht selbst, wären die geltenden Strafgesetze der letzte, der Vervollkommnung nicht weiter bedürftige Ausdruck der Entwicklung der menschlichen Erkentnisse auf diesem Gebiete: dann würde es sich nur noch um Subsumirung der einzelnen Straffälle unter diese unfehlbaren und vollkommenen Gesetze handeln.

Dafür aber könnte ein gut besetzter Gerichtshof, allenfalls auch ein Vertheidiger mit eng gezogenen Schranken für sein Plaidoyer genügen.

Diese Voraussetzung trifft aber leider nicht ein.

Die Staatsverwaltung darf in ihre eigene Strafgesetzgebung kein blindes Vertrauen haben; sie muß von ihrem h ö h e r e n S t a n d p u n k t e die Geltung derselben nur in so weit aufrechterhalten als nicht gereiftere Erkenntnisse und sittlicher Fortschritt die Grundlagen derselben erschütterten und unterwühlten. An dieser Arbeit der Entwidlung der Erkenntnisse und des sittlichen Fortschritts nehmen gleicherweise Theil Wissenschaft und Praxis; letztere aber ist auf strafrechtlichem Gebiete vorzugsweise vertreten durch Schwurgerichte und Vertheidiger. Denn während die Staatsanwälte und gelehrten Richter das bestehende Recht vertreten und es immer und überall zur Geltung zu bringen haben — sind Schwurgerichte und Vertheidiger immer die Pioniere des Fortschritts auf dem Gebiete des Strafrechts. Das ist nun freilich nicht so zu verstehen als ob der einzelne Vertheidiger, das einzelne Schwurgericht, mit der Opposition und dem Ankämpfen gegen ein bestehendes Gesetz sich gleich ein Verdienst um dem Fortschritt erwürben. Durchaus nicht. Auch hier wirken nur die Massen, die gesammte Richtung ist entscheidend — der Einzelne mag zusehen wie er den Gebrauch den er von seiner freien Stellung macht vor seinem Gewissen, vor der öffentlichen Meinung, vor Mit- und Nachwelt rechtfertigt. Darüber schließlich, daß er in dieser Beziehung nicht zu weit gehe, daß er den ihm ge- gönnten freien Spielraum nicht auf Aergerniß erregende Weise miß- brauche, darüber wacht die dem Gerichtsvorsteher und Leiter dienende Disciplinargewalt während der Verhandlung, welcher Staatsanwalt und Vertheidiger gleichmäßig unterworfen sind [1]).

Gefängnißwesen.

§ 110.

Das letzte Hilfsinstitut der Strafrechtspflege ist das Gefängniß. Das Alterthum und auch das Mittelalter kannten dasselbe nur aus- nahmsweise, da man statt der Freiheitsstrafen meistens nur Ver- bannungen und Landesverweisungen verhängte. Erst aus den Zucht- häusern des 16. und 17. Jahrhunderts entwickelten sich allmählig die modernen Strafanstalten.

Seit dem letzten Drittel des 18. Jahrhunderts begann man die Frage nach der zweckmäßigen Einrichtung der Gefängnisse zu ver-

---

[1]) Ueber Staatsanwaltschaft vergl. Holtzendorff: Die Reform der St. in Deutschland 1866; Keller, Die St. in Deutschland ihre Geschichte, Gegenwart und Zukunft 1866. Ueber Vertheidigung außer dem oben ange- führten Buch von Bargha noch: M. Frydmann: systematisches Handbuch der Vertheidigung in Strafsachen, Wien 1878.

tiliren, eine Frage die mit derjenigen nach dem Zwecke der Strafe eng zusammenhängt.

Die humanistischen Bestrebungen unseres Jahrhunderts gehen dahin, aus den Gefängnissen Besserungsanstalten zu machen. Zu diesem Zwecke werden die Sträflinge zu den manigfachsten Arbeiten und Beschäftigungen angehalten.

Eine Frage mit der sich die Strafrechts- und Gefängnißwissenschaft viel beschäftigt ist die ob Einzelnhaft oder gemeinschaftliche Haft? Als endgiltig erledigt kann man diese Frage nicht ansehen. Sie befindet sich noch immer im Stadium des Experiments.

Ob Einsamkeit den Sträfling bessert ist weniger sicher, als daß die Gemeinschaft von Sträflingen eine unmoralische Atmosphäre erzeugt in der auch die besseren Elemente verderben. Verhinderung also einer in solcher Art wirkenden Gemeinschaft ist gewiß gut: ob daraus mit Nothwendigkeit die Einführung absoluter Einzelhaft in Zellengefängnissen zu folgern ist muß reichlichere Erfahrung noch lehren [2]).

Anm. Gefängnißwesen in Oesterreich. Hier machte das Gesetz vom 1. April 1872 den Versuch die Freiheitsstrafen in Einzlenhaft abbüßen zu lassen. Dasselbe verfügt, daß in Strafanstalten und Gefängnissen, deren Einrichtungen den Vollzug der Freiheitsstrafen in Einzelhaft gestatten, zeitige Kerkerstrafen und Arreststrafen, sowie die Räumlichkeiten ausreichen, in der Weise in Einzelhaft vollzogen werden sollen, daß der Sträfling unausgesetzt von andern Gefangenen gesondert gehalten werde.

Damit aber die Einzelhaft nicht zugleich eine vollkommene Vereinsamung des Sträflings nach sich ziehe, enthält das Gesetz Bestimmungen über tägliche Besuche, die dem Sträfling seitens des Aufsichts- und Hilfspersonals der Strafanstalt oder anderer geeigneter Personen zu Theil werden müssen.

---

[1]) Vergl. Füeßlin Die Grundbedingungen jeder Gefängnißreform im Sinne der Einzelhaft Leipzig 1865 S. 29 und 30.

B. III.
Territorial= und Organifations=
politik.

Staaten-Wachsthum.

§ 111.

Es liegt im Wesen jeder Herrschaft, daß sie unabläffig ihr Ge=
biet zu erweitern trachtet. Daher kommt es, daß der Staat als
Herrschaftsorganifation so lange er in kräftiger Entwicklung begriffen
ist, an territorialer Ausdehnung zunimmt, und daß Hand in Hand
mit cultureller Macht der Staaten ihre Territorien wachsen und es
sehr den Anschein hat als ob jene von diesem Wachsthume bedingt
wäre. Die Erscheinung des allmähligen territorialen Wachsens der
Staaten, speciell all derjenigen die in der Culturgeschichte der Mensch=
heit eine hervorragende Rolle spielten oder spielen ist aus der Ge=
schichte nur allzubekannt.

Mit dem territorialen Wachsthum aber tritt an die Staats=
regierungen die Aufgabe heran das Staatsterritorium so einzutheilen,
daß die Ausdehnung desselben der Regierungsthätigkeit keine Hinder=
niffe bereite.

Von jeher also finden wir die Staaten zum Zwecke der leich=
teren Verwaltung territorial eingetheilt[1]). Wie aber die Staaten
naturwüchfig aus ethnischen Elementen sich aufbauten, so finden wir
in den älteften Staaten diese territorialen Eintheilungen mit den
Stammsitzen und Ansieblungen dieser Volkselemente zusammenfallend
und auf diese vielfach sich stützend. Erst mit der Zeit und mit fort=

---

[1]) Vergl. Inama = Sternegg: Die Gliederung des Staatsgebietes
in der Tübinger Zeitschrift f. d. g. Staatswissenschaften Bd. 28. S. 620.

schreitender Amalgamirung der Volkselemente und vielfacher Ver-
wischuug der ethnischen Unterscheidungen übergeht die ursprüngliche
auf diese Unterscheidungen basirende territoriale Eintheilung in eine
solche an der man ihren einstigen ethnographischen Charakter nicht
mehr wahrnimmt.

Eines aber ist auch im entwickeltsten und im modernen Staat
offenbar und unzweifelhaft, nähmlich, daß er zu seinen territorialen
Eintheilungen, so zu sagen, nur vorhandenes historisches Material benützt, daß ihm die Grenzlinien dieser territorialen Eintheilung von
Geschichte und Ueberlieferung theils als willkommene Stützpunkte an
die Hand gegeben theils als unantastbare Schrancken gebieterisch vorgeschrieben werden.

Wir sprechen mit Absicht von Material und Grenzlinien, denn
in der That muß man bei der Betrachtung der territorialen Eintheilung eines Staates zweierlei unterscheiden.

Erstens die verschiedenen socialen Gemeinschaften und
größeren über Stadt und Land hin sich erstreckenden Verbände
die untereinander bald enger bald loser zusammenhängen und von
andern Gemeinschaften und ähnlichen Verbänden ganz deutlich sich
abheben und

zweitens die in Folge der Verschiedenheit und Vielheit solcher
Gemeinschaften und Verbände, ihres innigeren Sichzusammenschließens
und ihrer gegenseitigen Ausschließlichkeit entstehenden verschiedenen
Ausdehnungen derselben und Grenzlinien.

Was nun jene Gemeinschaften und Verbände anbelangt, so
hat sie der Staat nicht erst zu seinen Zwecken geschaffen. Es
sind das meist naturwüchsige sociale Gestaltungen, die er vorfand,
und die er nur so, wie er sie vorfand in seine Herrschaftsorganisa-
tion einfügte. In erster Linie kommen hier in Betracht die Landgemeinden.

Auch den Gegensatz zwischen Stadt und Land, zwischen Land-
und Stadtgemeinde hat der Staat nicht erzeugt: uur der wirthschaftliche Verkehr unter Hinzutritt günstiger politischer und socialer wohl
auch örtlicher Bedingungen, trug zur Entstehung der Städte bei.

Ebenso sind die größeren Complexe der Provinzen und
Länder meist naturwüchsig aus historischen Entwicklungen und
ethnischen Verhältnissen hervorgegangen. Der Staat aber hat all

diese Gemeinschaften und Verbände, diese Complexe und Territorien aus denen er theilweise herausgewachsen und mit denen er sich entfaltet und entwickelt hat, so wie er sie vorfand zum Unterbau seiner politischen Eintheilung genommen.

Selten nur und zu ganz speciellen Zwecken, tritt an den Staat die Nothwendigkeit heran, eine neue Eintheilung des Staatsgebietes zu treffen: dann hängt es aber immer von den Zwecken dieser Eintheilung und ihren Folgen für das gesellschaftliche Leben ab ob sich dieselbe so zu sagen einbürgere, ob sie mit der Zeit neben den traditionellen Eintheilungen ebenbürtig erscheine oder gar jene ganz verdränge.

Anm. Das Alterthum bietet uns mehrfache Beispiele, wie einzelne Städte durch allmählige Eroberungen und Annexionen benachbarter Städte und ihrer Gebiete zu großen Reichen heranwuchsen. Das glänzendste Beispiel eines solchen Wachsthums von einer einzelnen Stadt zu einem Weltreich bietet Rom. Die in dem Mittelalter beginnende Entwicklung der heutigen europäischen Staaten nahm dagegen einen verschiedenen Gang. Die germanischen Erobererstämme unterwarfen sich meist größere Territorien auf denen eine größere Anzahl von Gemeinden bereits ansäßig war. Diese Territorien wurden von einer zu diesem Zwecke gegründeten Burg aus beherrscht und im Zaume gehalten. Die heutigen europäischen Staaten entwickelten sich daher nicht aus einzelnen Städten sondern aus ganzen Landschaften zu denen dann im Zuge zur Großstaatenbildung andere Landschaften und Territorien hinzukamen, und die Spur dieser Entwicklung ist heute noch oft in den Grenzen der bestehenden Provinzen wahrnehmbar [1]).

Landgemeinden.

§ 112.

Die untersten Gemeinschaften auf die sich die Regierung und Verwaltung der Staaten erstreckte, waren von jeher die Landgemeinden.

Die Art ihrer Entstehung verliert sich theils in das Dunkel vorgeschichtlicher Zeiten oder reicht bis in die ersten Besiedlungen des Staatsgebietes zurück. Doch finden wir im Anfang der historischen

---

[1]) Von der Ostmark beginnt die Entwicklung Oesterreichs und das allmählige Wachsthum Oesterreichs besteht in der Zusammenfassung eines ganzen „Systems von Staaten" zu denen dann ganze Länder und Königreiche hinzukommen. Vergl. Krones Handbuch der Geschichte Oesterreichs 1876. B. I. 274.

Zeiten und überall mit dem Staate ein solches Herrschaftsver-
hältniß ausgebildet wo die Landgemeinden in ihren Gesammtheiten
von einzelnen Grundbesitzern, Mitgliedern der herrschenden Classen
unmittelbar abhängig oder ihnen ganz unterworfen sind. Diesen
Großgrundbesitzern, diesen „Herren" war meist vom Staate, in
welchem sie eben zur herrschenden Classe zählten, die unmittelbare Herrschaft über diese einzelnen Gemeinden der Landbevölkerung überlassen.

Diese ursprüngliche Herrschaft verwandelte sich mit der Zeit in
eine mehr geregelte im Namen der Staatsregierung über die „Unterthanen" geführte Verwaltung. Erst die Neuzeit indem sie alle
Unterthanen und Frohnverhältnisse löste entzog dem Adel jede Herrschaft über die Landgemeinden und stellte dieselben unter den unmittelbaren Schutz und die unmittelbare Verwaltung des Staates und
rein staatlicher Organe.

Erst mit der Uebernahme dieser unmittelbaren Verwaltung über
die Landgemeinden begann die Gesetzgebung der europäischen
Staaten sich mit denselben zu befassen; seit der Zeit erst begegnen
wir in Europa den manigfachsten Gemeindegesetzen und „Gemeindeordnungen".

Anm. In Preußen geschah diese Uebernahme der unmittelbaren
Verwaltung der Landgemeinden durch den Staat in der Stein'schen
Reformperiode. Das Rundschreiben an die Oberbehörden vom 24. No-
vember 1808 motivirt diese Uebernahme folgendermaßen:

„Die Regierung kann nur von der höchsten Gewalt ausgehen; sobald das Recht die Handlungen eines Mitunterthans zu bestimmen,
mit einem Grundstücke ererbt oder verkauft werden kann verliert die
höchste Gewalt ihre Würde und im gekränkten Unterthan wird die An-
hänglichkeit an den Staat geschwächt; nur der König ist Herr in so
ferne diese Benennung die Polizeigewalt bezeichnet und sein Recht übt
der aus, dem er es jedesmal überträgt".

Und ganz im Sinne dieser Motive verfügte die Kabinetsordre vom
25. November desselben Jahres: „Ich bin Willens die Polizeigewalt
nicht ferner von dem Besitze eines Grundstückes abhängen zu lassen;
die Polizei soll, wie es in modernen Staaten geschieht nicht von
den Grundbesitzern sondern von Orts- und Kreispolizeibehörden verwaltet werden" [1]).

---

[1]) Vergl. G. Meier bei Holtzendorf S. 856. Ferner Weiße Sammlung der neuen deutschen Gemeindegesetze 1848. Stüwe, Wesen und Verfassung der Landgemeinden 1851. Beister, Betrachtung über Gemeindever-

Anm. b) In den meisten österreichischen Ländern gieng der Uebernahme der unmittelbaren Verwaltung der Gemeinden durch den Staat
die Einrichtung vor wonach die Kreisbehörden, (Kreisämter)
den „Unterthanen" Schutz gegen die die Landgemeinden unmittelbar
beherrschenden Grundherrschaften gewährten. Mit der Trennung der
Hörigkeitsverhältnisse zwischen Landgemeinden und Grundherrschaften
hörte die „Grundherrlichkeit" auf, und der Staat kam zu seinem unmittelbaren Herrschaftsrechte. Seitdem war die Verfassung und Verwaltung der Landgemeinden Gegenstand mehrfacher gesetzgeberischer Acte.

Das provisorische Gemeindegesetz vom 17, März 1849 räumte
den Gemeinden die selbständige freie Verwaltung ihres Vermögens ein.
(Selbstverwaltung). Doch wurden zugleich die Gemeindevorstände und
Gemeindeämter zur Ausübung manigfacher staatlicher Functionen herangezogen. (Uebertragener Wirkungskreis.) Mit dem Gesetz vom 5. März
1862 wurden neuerdings „grundsätzliche Bestimmungen zur Regelung
des Gemeindewesens" erlassen. Der Wirkungskreis der Gemeinden ist
darnach ein doppelter: ein selbständiger und übertragener. Der erstere
umfaßt Alles was das Interesse der Gemeinde zunächst berührt und
innerhalb ihrer Grenzen durch ihre eigenen Kräfte besorgt und durchgeführt werden kann, also namentlich: die freie Verwaltung des Ge-
meindevermögens, öffentliche Sicherheitspflege, Erhaltung der Gemeindestraßen, Lebensmittelpolizei, Gesundheitspolizei, Gesinde-, Arbeiter- und
Sittlichkeitspolizei, Armenwesen, Bau- und Feuerpolizei u. dgl.

Im übertragenen Wirkungskreise haben die Gemeinden für die
Zwecke der Staatsverwaltung mitzuwirken. Diese Mitwirkung bezieht
sich auf executive Steuereintreibung, Hilfeleistung bei Assentirungs- und
Einquartirungsgeschäften rc.

Die Gemeinden wählen periodisch ihre Vertretungen, welche über
die Gemeindeangelegenheiten berathen und beschließen. Als ausübendes
Organ dieser Körperschaften functioniren die Gemeindeausschüsse und ein
Gemeindevorstand (Artikel VIII).

Die Bestimmungen über Gemeinde-Wahlordnungen und andere
specielle Verhältnisse, die in diesen „grundsätzlichen Bestimmungen" nicht
enthalten sind, bleiben den einzelnen Landesgesetzgebungen vorbehalten.
Ebenso ist es Sache der Landesgesetzgebung, die vom Landtag geübt
wird, einzelnen Landeshauptstädten oder andern bedeutenden Städten oder
Curorten eigene Gemeindestatute zu geben.

In Ausführung nun der obigen grundsätzlichen Bestimmungen des
Gesetzes vom 5. März 1862 wurden in den Jahren 1863—1866

---

fassung 1831. Pagenstecher: Die deutsche Gemeindeverfassung und Verwaltung 1818. Auch Preußisches Landrecht Abschnitt 2. Tittel VII. Theil II.
„von den Dorfgemeinden".

von den 16 Landtagen der einzelnen Provinzen und Länder für diese letzteren, Gemeindeordnungen erlassen [1]).

Diese Gemeindeordnungen begnügten sich aber nicht die wirkliche einzelne „Ortsgemeinde" zur Grundlage der autonomen Verwaltung zu nehmen sondern bildeten aus mehreren „Ortsgemeinden" die sogenannte Hauptgemeinde, wohl auch kurzweg „Gemeinde" im Gegensatz zu den sie bildenden „Ortschaften" genannt [2]). Doch hat die Gemeindeordnung für Böhmen Vorsorge getroffen, daß solchen Ortschaften die ihr eigenes Vermögen besitzen die selbständige Verwaltung desselben gewahrt bleibe.

Gutsgebiete.

§ 113.

So lange der moderne Staat nach Aufhebung der Abhängigkeit der Landgemeinden von den Gutsherrschaften sowohl die ersteren als die letzteren unter seiner eigenen Verwaltung behielt, brauchte keine politische Unterscheidung und Trennung der Landgemeinde Platz zu greifen.

Das Herrenhofgebiet und das Gebiet der früheren Unterthanen bildeten als Landgemeinden das unterste einheitliche Verwaltungsterritorium.

Als aber gegen die Tendenzen der absoluten Monarchie das Princip der Selbstverwaltung siegreich sich Geltung verschaffte und der moderne Staat daran gieng den Gemeinden die Selbstverwaltung ihrer eigenen Angelegenheiten zu überlassen: da tauchten in einigen Ländern in Folge des früheren Gegensatzes zwischen Unterthanen und Herren gewichtige Bedenken gegen die Verschmelzung der Gebiete der ersteren und letzteren in eine einheitliche Landgemeinde auf. Denn es war ja leicht vorauszusehen, daß in einer Gemeindevertretung, in der der Großgrundbesitzer eine vereinzelte und vereinsamte Stellung einnehmen müsse, für die Rechte und Interessen desselben kein Sinn und kein Verständniß vorhanden wären.

---

[1]) Diese 16 Gemeindeordnungen sind abgedruckt in der Manz'schen Gesetzesausgabe B. IX.

[2]) Für Oesterreich u. b. E. ist mit Gesetz vom 16. April 1874 die Bildung von Verwaltungsgemeinden aus mehreren Einzelgemeinden angebahnt worden; den Einzelgemeinden bleibt aber ein gesetzlich bestimmter selbständiger Wirkungskreis.

Ewige Collissionen zwischen dem Großgrundbesitzer und der übrigen Gesammtheit der Gemeindevertretung müßten die Folgen einer solchen Verschmelzung sein und die Großgrundbesitzer würden den Gemeinde-vertretungen auf Gnad' und Ungnade preisgegeben werden.

Diese nicht ungegründeten Bedenken führten gleichzeitig mit dem Siege des Principes der Selbstverwaltung der Landgemeinden zu der Ausscheidung der früheren Herrenhofgebiete (Gutsgebiete) aus dem Verbande der Landgemeinden und zur Constituirung derselben als selbständiger einheitlicher Verwaltungsterritorien neben den Land-gemeinden.

Das österreichische Gesetz vom 5. März 1862 Nr. 18 R.-G.-B. überläßt es der Bestimmung der Landesgesetze, „ob und unter welchen Bedingungen der Großgrundbesitz von dem Verbande einer Ortsgemeinde geschieden behandelt werden könne." (Art I. al. 3.)

Die eigentliche Heimat solcher aus dem Verbande der Land-gemeinden ausgeschiedenen Gutsgebiete sind in Oesterreich die Kron-länder: Galizien und Bukowina.

Das galizische Landesgesetz über die Gutsgebiete vom 12. August 1866 bestimmt, daß „ein vormals herrschaftlicher, gegenwärtig nicht zum Gemeindeverbande gehöriger Grundbesitz auch fernerhin von dem Gemeindeverbande gesondert zu belassen" sei. „Jeder solche von dem Gemeindeverbande geschiedene Grundbesitz bildet das Gutsgebiet" (§ 1)[1]).

Städte.

§ 114.

Ebenso wie die Landgemeinden sind die Städte nicht etwa be-wußt geschaffene Werke des Staates sondern naturwüchsige Producte des wirthschaftlichen Verkehrs. Handel und Gewerbe, indem sie für sich vortheilhafte und geschützte Wohnsitze und Ansiedlungen suchten legten immer und überall die Grundlagen der Städte.

In der geschichtlichen Entwicklung unterscheiden sich die Städte immer dadurch von den Landgemeinden, daß sie auf die Behauptung

---

[1]) Galizisches Landes-Gesetz-Blatt 1866 Nr. 20. Das Gutsgebietsgesetz für die Bukowina ist vom 14. November 1863. Siehe Manz'sche Gesetzesaus-gabe B. IX. S. 131 und S. 145. Für Mähren enthält ähnliche Bestim-mungen das IV. Hauptstück der mährischen Gemeindeordnung vom 15. März 1864.

ihrer Freiheit einen Werth legen und dieselbe gestützt auf größere materielle und culturelle Macht immer zu bewahren wissen. Die Städte verstehen es immer und überall mit den herrschenden Classen zu pactiren und Compromisse zu schließen und auch in den rohesten Zeiten des Faustrechts und der Barbarei dem Schicksal der Knechtung und der Sklaverei das die Landgemeinden über sich ergehen lassen müssen, zu entgehen.

Die Städte sind auch in den finstersten Zeiten des Mittelalters die Wohnsitze, wenn auch nicht der Herrschenden doch der Freien und in dieser ihrer Freiheit ist immer die Selbstverwaltung ihrer eigenen Angelegenheiten mit inbegriffen.

Die ganz eigenartigen und eigenthümlichen Beschäftigungen der Städte: Gewerbe, Künste und Handel unterhielten ihre Macht, erzeugten die manigfaltigsten socialen Organisationen und Verbände, Genossenschaften und Zünfte die jedem Angriff der staatlichen Macht auf ihre Freiheit und Selbständigkeit, einen mächtigen Schutzwall entgegenstellten. Sogar der Absolutismus des 17. und 18. Jahrhunderts der die Ritter und Herren bändigte und ihrer Willkühr-Herrschaft ein Ende machte, konnte der kräftig organisirten Selbständigkeit der Städte nur wenig anthun, und in unserm Jahrhundert haben sie die nur kurze Zeit beschränkte Selbständigkeit in vollem Maße wieder zurückerobert.

Die Verwaltung der modernen Staaten muß mit dem großen principiellen Unterschied zwischen Landgemeinden und Stadtgemeinden rechnen. Dieser Unterschied ist kein bloß quantitativer etwa der Größe und der Bevölkerung — die Bedeutung dieses Unterschiedes liegt, wie von jeher, in der durch die verschiedene Beschäftigung und Lebensart bedingten geistigen Beschaffenheit der Bewohner.

Die Städte sind auch heutzutage was sie immer waren, die Sitze höherer Cultur und Intelligenz und legen heute so wie von jeher ein großes Gewicht auf Selbständigkeit und Selbstverwaltung. Diese letztere aber kann ihnen vom Staate eben ihrer höheren Cultur und Intelligenz wegen viel leichter bewilligt werden wie den Landgemeinden die der Vormundschaft der Staatsverwaltung viel eher bedürfen.

Das ist der wichtigste Unterschied zwischen den Landgemeinden und Stadtgemeinden vom Standpunkt der Verwaltung und die

modernen Gesetzgebungen haben demselben im öffentlichen Rechte vollkommen Rechnung getragen [1]).

Anm. Einen Wendepunkt in der Entwicklung des modernen
Städtewesens bildet die preußische Städteordnung vom 19. November
1808. Das Charakteristische an derselben ist das Hervorkehren des
Gleichheitsgedankens und das Bestreben diese theoretische Gleichheit
auf die politische St.llung aller Einwohner der Städte anzuwenden.
Unverkennbar ist darin der Einfluß und die Nachwirkung der Lehren
der französischen Revolution. Während die alte Selbstverwaltung der
Städte auf einer festgegliederten Organisation der Zünfte beruhte ruft
diese Städteordnung von 1808 die „Stadtgemeinde in ihrer Gesammtheit" zur Theilnahme an dieser Selbstverwaltung auf, indem sie derselben das active Wahlrecht der „Stadtverordneten" ertheilt. Die Städteordnung spricht es deutlich aus, daß sie an die Stelle „des nach
Classen und Zünften sich theilenden Interesses, eine wirksame Theilnahme der Bürgerschaft an der Verwaltung des Gemeinwesens" zu
setzen beabsichtigt und zu diesem Zwecke die alte „Wahl der Stadtverordneten nach Ordnungen, Zünften und Corporationen gänzlich aufhebt".
Dieser Grundsatz wurde in der preußischen Gemeindeordnung vom
11. März 1850 noch mehr ausgebildet.

Eine besondere Städteordnung giebt es in Oesterreich nicht; nur
hatte das Gemeindegesetz vom 17. März 1849 angeordnet, daß einzelne bedeutendere Städte eigene Statute erhalten können und auch der
Art. XXII des Gesetzes vom 5. März 1862 bestimmt, daß „Landeshauptstädte und über ihr Einschreiten auch andere bedeutende Städte
sowie bedeutende Curorte, durch Landesgesetze eigene Statute erhalten,
sofern sie solche noch nicht besitzen."

Auf Grund dieser Bestimmungen haben alle Landeshauptstädte in
Oesterreich und eine Anzahl anderer bedeutenderer Städte ihre eigenen
Statute erhalten. Und zwar folgende Städte: Wien, Triest, Prag,
Graz, Klagenfurt, Linz, Salzburg, Laibach, Innsbruck, Brünn, Bozen,
Olmütz, Troppau, Steyr, Görz, Reichenberg, Trient, Troppau, Olmütz,
Czernowitz, Krakau, Wiener-Neustadt, Cilli, Znaim, Ung. Hradisch,
Waidhofen a. d. Yps, Bielitz, Friedeck, Roveredo, Rovigno, Kremsier,
Lemberg, Marburg, und Iglau.

Die wichtigsten Bestimmungen die in allen diesen Statuten wiederkehren sind: die Bestimmungen des Gemeindegebietes und eventuelle
Eintheilung der Gemeindeglieder im Gemeindeangehörige und Gemeinde-

---

[1]) Ueber älteres deutsches Städtewesen vergl. Gaupp deutsche Städte-
gründung 1824. Hüllmann, Städtewesen 1826—1830. Barthold: Geschichte des Städtewesens. Lancizolle: Grundzüge des deutschen Städtewesens.

bürger; Wahlordnungsbestimmungen für die Gemeindevertretung auf Grundlage von Wahlkörperordnungen wobei die Zugehörigkeit zu einem oder dem andern Wahlkörper von der Steuerleistung oder von der durch Doctordiplom oder auf ähnliche Weise beurkundeten Intelligenz abhängt. Die gewählte Gemeindevertretung (Gemeinderath, Stadtverordnetencollegium ꝛc.) wird überall als berathende, beschließende und überwachende Körperschaft an die Spitze der städtischen Selbstverwaltung gestellt. Sie wählt einen Präsidenten (Bürgermeister) auf me'rere Jahre (meist drei Jahre) der vom Kaiser bestätigt werden muß und nicht nur an der Spitze der gewählten Gemeindevertretung steht sondern zugleich auch Vorsteher und Leiter der die Beschlüsse der Gemeindevertretung ausübenden Behörde (Magistrat, Stadtrath, Bürgermeisteramt) ist. Diese letztere Behörde besteht aus Beamten die von der gewählten Gemeindevertretung ernannt werden und deren Ausübung der städtischen Verwaltung obliegt [1]).

Bezirke und Kreise.

§ 115.

Einen weniger naturwüchsigen Charakter als die Landgemeinden, einen mehr willkührlichen Anstrich hat die Eintheilung des Staatsgebietes in Bezirke und Kreise. Wenn man Gemeindeansieblungen gewiß nur als Resultat rein wirthschaftlicher und socialer Bedürfnisse ansehen darf: so sind dagegen die Eintheilungen des Staatsgebietes in Bezirke und Kreise offenbar nur politischen Bedürfnissen d. h. der auf die Herrschaft und ihre Erhaltung abzielenden organisatorischen Thätigkeit einer herrschenden Classe entsprungen.

Die Menschengruppe der Landgemeinde gehört immer der beherrschten Classe an; das gesellschaftliche Band das sie am innigsten verbindet ist gewiß außer dem gleichen syngenetischen Gefühl das gleiche Loos des Beherrschtwerdens. Dieses gesellschaftliche Band mag wohl eine Vielheit solcher Gemeinden umschlingen, doch fehlt es den Landgemeinden meist an jedem über dieses sociale Band hinausgehenden politischen, aus ihrer Mitte spontan hervorgebrachten Zusammenhang. Einen solchen empfiengen sie meist erst von oben her von der herrschenden Classe, die über Bezirke und Kreise ihre politische Organisation vollzieht.

Die Gemeinde ist eine natürliche, die Bezirks- und Kreiseintheilung eine eminent-politische Thatsache. Wenigstens berechtigt

---

[1]) Näheres in der Manz'schen Gesetzesausgabe Band IX. S. 278 ff.

zu einer solchen Bezeichnung der Umstand, daß während der Staat die Gemeinden fast immer und überall so wie er sie vorfand unangetastet läßt und erhält, die Eintheilung in Bezirke und Kreise meist auf bekannten historischen Regierungsacten beruht und häufigem Wechsel in Folge solcher durch manigfaltigste Interessen provocirter Acte unterworfen ist.

Eben in Folge dieses verschiedenen Charakters der Gemeinde einerseits und der Bezirks- und Kreiseintheilung andererseits beschäftigt sich die Verwaltungslehre fast nie mit der Frage, wie eine Gemeinde zu gründen, oder in welcher Größe und welchem Umfang solche abzugrenzen sind (abgesehen von Zusammenlegungen und Vereinigungen mehrerer Gemeinden in eine Verwaltungseinheit): wohingegen mit Bezug auf Bezirke und Kreise diese Frage allerdings den Staatsmann oft beschäftigt und von der Wissenschaft häufig geprüft wird. Bei Beantwortung derselben werden sich nun meist zwei Ansichten gegenüberstehen von denen die eine an den historisch-überlieferten, an den traditionellen Theilungsgrenzen wird festhalten die andere hingegen das für die Verwaltung des Staates Praktische und Zweckmäßige wird durchführen wollen. Diese letztere Tendenz befolgte die französische Revolution als sie die alte Provinzialeintheilung Frankreichs aufhob und ganz Frankreich in Departements theilte [1].

Solche Neueintheilungen wurden von der liberal-constitutionellen Doctrin (Aretin, Rottek ꝛc.) lebhaft befürwortet — weil sie ähnlich den Wortführern der französischen Revolution in solchen Neueintheilungen nach purem politisch-praktischen Gesichtspunkte das wirksamste Mittel sieht gegen traditionelle sociale Machtverhältnisse in den einzelnen Territorien [2]. Eines ist sicher und durch Erfahrung und Geschichte bestätigt, daß beim Wechsel der Regierungssysteme,

---

[1] Zur Begründung einer solchen Neueintheilung sagte damals Siòyes: „Das Wesentliche ist, die Gemüther mit folgender Wahrheit zu durchdringen: daß nähmlich eine Frankreich zu gebende Staatsverfassung eine ganz neue Begebenheit sei. Warum sollte man gemüssigt sein ihre örtliche Grundlage auf Eintheilungen zu legen deren Ursprung so verschieden ist, auf Eintheilungen, welche so äußerst unverhältnißmäßig sind?" (vergl. Inama-Sternegg l. o. S. 549.)

[2] Vergl. Aretin: constitutionelles Staatsrecht I. S. 142.

beim Uebergang vom absolutistischen zum constitutionellen Regime, Neueintheilungen der Staaten aus vielfachen Zweckmäßigkeitsgründen vorgenommen werden [1]).

Anm. Auch in Oesterreich wurde die Ortsgemeinde als eine unantastbare naturwüchsige Bildung betrachtet und der Gesetzgeber spricht sich in den Motiven zu den Organisationsgesetzen von 1849 (R.-G.-B. 1849 Nr. 352 B. 1.) folgendermaßen darüber aus: „Die Ortsgemeinde darf weder als zufälliges Aggregat von Individuen, noch als locale, zum Behufe der Administration und des erleichterten Staatslebens gebildete Vereinigung einer Summe von Menschen, noch als bloßes Stück der Staatsmaschine betrachtet werden, das beliebig verschoben, zertheilt oder zusammengeklebt werden könnte." Er bezeichnet ferner die Ortsgemeinde als „eigentlichen Bau- und Grundstein des ganzen Staatsorganismus und als untersten nicht wieder in einzelne Theilkörper sich zersplitternden Knotenpunkt des politischen Lebens." Dagegen wurde seit dem Jahre 1848 zum Zwecke der Reorganisation der Verwaltung mehrfach die Eintheilung der einzelnen Länder in Bezirke und Kreise geändert und umgestaltet. Während vor dem Jahre 1848 die gegenwärtig im Reichsrathe vertretenen Kronländer in zehn Regierungsbezirke eingetheilt waren [2]) die wieder in Viertel oder Kreise und diese wieder in Bezirke oder Dominien und Gemeinden zerfielen: wurden im Jahre 1849 vor allem Salzburg, Kärnthen, Schlesien und die Bukowina zu selbständigen Kronländern und daher Regierungsbezirken erklärt [3]) und nun in allen größeren Regierungsbezirken eine neue Kreiseintheilung geschaffen, die Kreise aber in Bezirke eingetheilt. Ein Rundschreiben des Ministers des Innern vom 15. August 1849 erläuterte diese neue Eintheilung damit, daß dieselbe keineswegs Hauptzweck der Reorganisation sei, sondern daß der „Umschwung der Verhältnisse eine Modification in der Richtung des Dienstes und in den anzuwendenden Mitteln zum Bedürfnisse mache." Eine weitere durchgreifende Umgestaltung wurde sodann durch die mit dem kaiserlichen Cabinetsschreiben vom 31. December 1851 kundgemachten Grundsätze „für die organischen Einrichtungen in den

---

[1]) In Spanien versuchten die Cortez im Jahre 1821 dem Lande eine neue Eintheilung zu geben, die damals als sehr zweckmäßig galt, kurz darauf aber schon der alten, historisch entstandenen Eintheilung des Landes Platz machen mußte.

[2]) Und zwar: 1. Niederösterreich, 2. Oberösterreich und Salzburg, 3. Steiermark, 4. Tirol und Vorarlberg, 5. Kärnthen und Krain, 6. Küstenland, 7. Böhmen, 8. Mähren und Schlesien, 9. Galizien (Ost und West) und Bukowina, 10. Dalmatien.

[3]) Verfassungsurkunde vom 4. März 1849.

Gumplowicz, Verwaltungslehre. 19

Kronländern des österreichischen Kaiserstaates" angebahnt. Aber auch da tritt überall die Tendenz zu Tage bei Neueintheilung des Territoriums die durch die neuen Bedürfnisse und Interessen der Verwaltung geboten erscheinen, dennoch so viel als möglich die historische Tradition zu respectiren und die hergebrachten Grenzen der kleineren Territorialeinheiten nicht zu durchschneiden. Im Wesentlichen ward die Eintheilung in Kreise und Bezirke aufrecht erhalten.

„In jedem Kronlande, heißt es in diesen „Grundsätzen" sind landesfürstliche Bezirksämter in angemessenen Bereichen aufzustellen. . . . Ueber die Bezirksämter werden unter den üblichen Landesbenennungen in administrativer Hinsicht Kreisbehörden aufgestellt. Der räumliche Umfang derselben wird mit Rücksicht auf die in früherer Zeit bestandenen Eintheilungen und mit Beachtung der gegenwärtigen Bedürfnisse zu bestimmen sein."

Im Sinne obiger Grundsätze wurde sodann in den Jahren 1853, 1854 die Neueintheilung der österreichischen Kronländer in Kreise und Bezirke durchgeführt. Doch schon im Jahre 1859 wurde wieder die Aufhebung der Eintheilung in Kreise beschlossen, so daß zwischen Bezirken und Ländern keine Zwischentheilung mehr stattfinden solle, welcher Beschluß in den folgenden Jahren in den einzelnen Kronländern zur Durchführung gelangte. Diese letztere Territorialeintheilung besteht bis heute in Kraft.

Behörden-Organisation.

§ 116.

Da die Territorialeintheilung des Staatsgebietes nur den Zweck verfolgt, die bessere Verwaltung des weiten Gebietes zu ermöglichen und zu erleichtern, die Hindernisse zu bewältigen die sich der Regierung durch die Größe des zu verwaltenden Territoriums entgegenstellen: so ist es klar, daß all und jede Maßregel über Territorialeintheilung Hand in Hand gehen muß mit der Einsetzung der Behörden, die über diese Theile des Staatsgebietes im Namen der Staatsgewalt und in ihrer Vertretung die Regierung zu führen haben.

Die Behörden-Organisation ist die Ergänzung der Territorialeintheilung; die letztere ist nur ein Mittel um die nothwendig gewordene Durchführung der ersteren zu erleichtern. Wo immer wir also eine Territorialeintheilung des Staatsgebietes antreffen: dort finden wir zugleich eine, dieser Eintheilung entsprechende

Behördenorganisation. Und wo immer wir einer Neueintheilung be=
gegnen, da treffen wir auch zugleich mit derselben eine Reorgani=
sation der Behörden [1]. Und so gingen denn mit den oben geschil=
derten Wandlungen der Territorialeintheilung Oesterreichs in der
Neuzeit immer die entsprechenden Behörden=Organisationen Hand in
Hand. So standen an der Spitze der vor dem Jahre 1848 be=
standenen 10 Regierungsbezirke Gubernien (politische Landesstellen)
unter der Leitung von Gouverneuren, an der Spitze der damals be=
standenen Kreise Kreisämter unter der Leitung von Kreishauptleuten.
An die Spitze der nach dem Jahre 1848 als politische Verwaltungs=
bezirke constituirten Kronländer wurden Statthaltereien unter Leitung
von Statthaltern gesetzt unter denen die Kreispräsidenten die Kreise,
und die Bezirkshauptmänner die Bezirke verwalteten. Als dann im
Jahre 1859 die Kreise wieder aufgehoben wurden, entfielen auch
die Kreisbehörden mitsammt den Kreispräsidenten und die Ver=
waltung der Kronländer wurde wieder in unterster Instanz den
Bezirkshauptmannschaften und in oberer Instanz den Statthaltereien
übertragen.

An die Eintheilung der Länder in politische Bezirke knüpften
einige Landesgesetzgebungen in Oesterreich die Bildung autonomer
Bezirksbehörden, nähmlich der Bezirksvertretungen; und zwar
wurden solche in's Leben gerufen in Böhmen, Bukowina, Galizien,
Schlesien, Steiermark und Tirol [2].

Die Bezirksvertretung, die aus den gewählten Vertretern
der Interessengruppen des großen Grundbesitzes, der Höchstbesteuerten
der Industrie und des Handels, der übrigen Angehörigen der Städte
und Märkte und der Landgemeinden besteht, hat über die gemein=
samen Angelegenheiten des Bezirkes zu berathen und zu beschließen;
die Ausübung ihrer Beschlüsse besorgt der Bezirksausschuß der unter
der Leitung des Bezirksobmannes steht.

---

[1] Als eines der ältesten Beispiele mag dafür der Bericht Herodot's
über Darius dienen: „Zu gleicher Zeit theilte er sein Gebiet in zwanzig Re=
gierungsbezirke oder nach persischem Ausdruck Satrapieen, wovon jede ihren
eigenen Archonten (Satrapen) bekam." Herodot III. 99.

[2] Siehe Manz'sche Gesetzesausgabe B. IX. 1981. In dem Gesetze für Böh=
men vom 25. Juli 1864 heißt es: „die dermaligen politischen Bezirke sind auch
die Gebiete für die Vertretungsbezirke." (§ 2). Ebenso in den andern Ländern,
wo Bezirksvertretungen gebildet wurden.

Inſtanzenordnung.

§ 117.

Will man aus der Betrachtung der Territorialeintheilung der
modernen europäiſchen Staaten im Zuſammenhang mit der damit
verbundenen Behörden-Organiſation die allgemeinen Grundſätze die
dabei zur Anwendung kommen, abſtrahiren: ſo muß conſtatirt werden, daß ſich ſowohl in der Abſtufung der Territorialeintheilung,
wie auch der mit ihr verbundenen Behörden-Organiſation faſt überall
die D r e i z a h l geltend macht. Zwiſchen die unterſte Verwaltungsbehörde, der die unterſte Territorialeinheit (Bezirk oder größere Stadtgemeinde) überantwortet iſt, und der oberſten Centralſtelle der Regierung ſchiebt ſich meiſt als Mittelbehörde eine Provinzialbehörde
(Landesregierung, Statthalterei u. dgl.) ein. Dieſe dreifache Abſtufung hat ſich bis jetzt immer als die praktiſcheſte erwieſen, ebenſo
bei der politiſchen Verwaltung wie ſeit jeher in dem Inſtanzenzug
der Gerichte. Wenn eine vielfachere Abſtufung (z. B. vier oder
noch mehr Inſtanzen) eine zu große Verſchleppung und Verwirrung
der Geſchäfte zur Folge hätte: ſo würde eine geringere Anzahl von
übereinander geſtuften Verwaltungsſtellen alſo etwa nur zwei, theils
eine zu große Ueberbürdung der Centralregierung herbei führen,
theils eine geringere Gewähr für pünktliche und allſeitige Erfüllung
der Aufgaben der Verwaltung bieten.

Dieſer dreiſtufige Aufbau der Behörden-Organiſation wird auch
da wo er zur Regel wurde eine zweifache Geſtalt annehmen, je
nach dem ſeine unterſte Stufe eine Land- oder Stadtgemeinde bildet.
Da dieſer natürliche und naturwüchſige, in wirthſchaftlichen und
hiſtoriſchen Unterſchieden wurzelnde Gegenſatz von Stadt- und Landgemeinden in keinem Staate aufgehoben werden kann und auch den
radikalſten Gleichmachungstendenzen einen nicht zu bewältigenden
Widerſtand entgegenſtellen würde: ſo bleibt dem Staate meiſt nichts
anderes übrig als in der unterſten Stufe der Behörden-Organiſation
eine, dieſen natürlichen Geſtaltungen entſprechende Verſchiedenheit der
Verwaltungsart gelten zu laſſen und erſt in der zweiten Stufe
(Inſtanz) den Rückſichten der im Staate allerdings in gewiſſem
Maße gebotenen Gleichmäßigkeit Rechnung zu tragen. In Folge
deſſen pflegen meiſt ſowohl Land- als Stadtgemeinden desſelben

Kreises oder derselben Provinz in Hinsicht auf die Verwaltung, derselben zweiten Verwaltungsinstanz untergeordnet zu sein.

Die dritte Instanz pflegt dann meistens eine, am Sitze der Centralregierung im unmittelbaren Contact mit den maßgebenden Kreisen der Staatsgewalt befindliche „Centralstelle" zu sein; im modernen constitutionellen Staate ein Ministerium.

Autonome und Regierungs-Behörden.

§ 118.

In jenen Zeiten als der Staat noch die unmittelbare Herrschaft über ganze Volksclassen (Sklaven, Landvolk) einer bevorrechteten herrschenden Classe überließ; war es natürlich, daß seine Verwaltung in der untersten und mittleren Stufe der Behörden-Organisation keine von ihm direkt ausgehende, in seinen Händen unmittelbar ruhende war, sondern sich in den Händen eben dieser bevorrechteten Stände befand. So herrschte über die Landgemeinde die Gutsherrschaft und verwalteten als Mittelstufen die Angelegenheiten ganzer Provinzen ständische Vertretungen und dieser Antheil an der Herrschaft seitens der herrschenden Klassen erstreckte sich bis hinauf in die oberste Regierungsstelle der zur Seite das Parlament, der Reichstag bei wichtigeren Anlässen und Gesetzgebungsarten wirkte.

Es ist bekannt, daß der im 18. Jahrhundert in Europa überall sich geltend machende monarchische Absolutismus gegen diese Macht der bevorrechteten, herrschenden Klassen reagirte und nach ihrer Beseitigung und Unterdrückung Herrschaft und Verwaltung bis in die unterste Stufe in eigene Hand nahm.

Wie immer und überall ist auch hier aus dem Gegeneinanderprallen zweier entgegengesetzter Richtungen eine vermittelnde zur Geltung gekommen. Heutzutage ist in Europa überall ein harmonisches Zusammenwirken der Organe der Regierungsverwaltung mit den Organen der Selbstverwaltung, welche letztere alle früheren ständischen Elemente in sich aufgenommen hat, vorherrschend geworden. Autonome und Regierungs-Behörden begegnen uns heutzutage in allen constitutionellen Staaten auf allen Stufen der Verwaltungsorganisation.

Die autonomen Behörden gehen mittelbar oder unmittelbar aus Wahlen hervor: die Regierungsbehörden werden von der Re-

gierung ernannt. Wenn wir von autonomen Behörden sprechen, so wollen wir darunter die von den autonomen Vertre-
tungskörpern (in Oesterreich: Gemeindevertretungen, Bezirksvertretungen, Landtage) als Executivorgane bestellten Ausschüsse und
Aemter verstehen. Denn die autonomen Verwaltungskörper
selbst sind weniger Verwaltungs= als vielmehr Gesetzgebungsorgane.
Sie berathen und beschließen: ihre Ausschüsse und Beamte führen
ihre Beschlüsse aus und üben die Verwaltung.

So ist in den Gemeinden „der Gemeindeausschuß das beschließende und überwachende und der Gemeindevorstand das
verwaltende und vollziehende Organ" (Art. XII. des Gesetzes vom
5. März 1862) [1]).

Dasselbe Verhältniß waltet zwischen den Bezirksvertretungen
als beschließenden und überwachenden Körperschaften und den Bezirksausschüssen an deren Spitze der Bezirksvorsteher (Bezirksmar-
schall in Galizien) steht und die das ausübende und vollziehende
Organ der Bezirksvertretungen sind; endlich wiederholt sich dasselbe
Verhältniß zwischen den Landtagen und den Landesausschüssen an
deren Spitze wieder die Landmarschälle oder Landeshauptleute stehen.

Neben und theilweise auch über diesen autonomen Behörden
functioniren die Regierungsbehörden und zwar neben und über den
Gemeindevorständen und Bezirksausschüssen die Bezirkshaupt-
leute, neben und über den Landesausschüssen mit den Landmar-
schällen oder Landeshauptleuten an der Spitze, die Statthaltereien mit den Statthaltern oder Landespräsidenten.
Endlich stehen sich auch in den obersten Regionen der Staatsverwaltung die gewählte Centralvertretung, (der Reichsrath) als gesetzgebende Körperschaft und das vom Kaiser ernannte Ministerium als
Regierung gegenüber [2]). Während aber hier in der obersten Region der Staatsverwaltung dieser Dualismus von Gesetzgebung und
Execution eine Grundbedingung des Constitutionalismus ist: so wird
über den Dualismus der Verwaltung in den untersten Instanzen
vielfach berechtigte Klage geführt und die Gesetzgebung ventilirt gegenwärtig die Frage nach der Reform der Verwaltung in der Richtung

---

[1]) Aehnlich in den Städten mit eigenen Statuten. S. oben S. 285.
[2]) Der gemeinsamen Delegation beider Reichshälften steht wieder das gemeinsame Ministerium zur Seite.

um die aus solchem Dualismus sich ergebenden Reibungen und Un-
zukömmlichkeiten zu beseitigen.

Anm. Die heute bestehende Organisation der politischen Behörden
in Oesterreich ist durch das Gesetz vom 19. Mai 1868 R.-G.-B.
Nr. 44 verfügt worden. Dasselbe bestimmt in erster Linie, daß die
politische Verwaltung in allen Instanzen von der Rechtspflege getrennt
zu führen ist. An der Spitze der politischen Verwaltung in den einzelnen Königreichen und Ländern stehen die Landeschefs („Statthalter"
in den größeren, in den kleineren Ländern „Landespräsidenten" genannt).
In den Wirkungskreis der politischen Landesverwaltung gehören alle
Agenden, welche in oberster Instanz in den Wirkungskreis des Ministeriums des Innern, des Cultus und Unterrichtes, der Landesvertheidigung und öffentlichen Sicherheit dann des Ackerbaues gehören. Unmittelbar unter der Leitung der Landeschefs stehen die Statthaltereien
beziehungsweise Landesregierungen. (Statthaltereien in Prag, Zara,
Lemberg, Wien, Linz, Graz, Brünn, Innsbruck, Trient; Landesregierungen in Salzburg, Laibach, Klagenfurt, Czernowitz, Troppau). Sodann sind die einzelnen Länder in Amtsbezirke, an deren Spitze die
„Bezirkshauptmannschaften" unter Leitung von „Bezirkshauptmännern"
stehen. In unterster Stufe besorgen eine Reihe von politischer Geschäfte die theilweise unter der Controlle der Bezirkshauptmannschaften
stehenden Communalämter der mit eigenen Statuten versehenen Städte.

Die Anzahl der Bezirkshauptmannschaften und die Sitze derselben
für die einzelnen Länder wurden festgesetzt mit Verordnung des Ministeriums des Innern vom 10. Juli 1868 R.-G.-B. Nr. 101 [1]).

Centralisation und Decentralisation.

§ 119.

In einem aus mehreren Provinzen oder Ländern bestehenden
Staate, wie das die meisten europäischen Großstaaten der Gegenwart sind, kann das Verhältniß dieser Centralregierung zu der Verwaltung der einzelnen Länder und Provinzen auf vielfache Weise
geordnet sein.

Die Centralregierung kann entweder in ihrer eigenen Hand alle
Zweige der Verwaltung aus allen Provinzen zusammenfassen; sie
kann sich die letzte und oberste Entscheidung auf allen Gebieten des
öffentlichen Lebens vorbehalten und dabei eine volle Gleichmäßigkeit
in der Behandlung aller Provinzen des Staates walten lassen —

---

[1]) Abgedruckt bei Mayrhofer I. S. 53 ff.

ohne die möglichen provinziellen Besonderheiten zu berücksichtigen. Ein solches unter dem Namen der Centralisation bekannte System pflegt meistens dem Absolutismus eigenthümlich zu sein und es hat für die innere Stärkung des Staates insbesondere des national-homogenen Staates einen hohen Werth.

Sind aber die einzelnen Provinzen und Länder derart von einander verschieden, insbesondere in nationaler und historisch-politischer Beziehung, daß eine gleichmäßige Behandlung und Verwaltung derselben auf heftigen Widerstand stößt: so muß die Staatsverwaltung sich zum System der Decentralisation entschließen und den einzelnen Provinzen und Ländern einen angemessenen Kreis von Autonomie bewilligen.

In solchem Falle wird den einzelnen Ländern und Provinzen ein entsprechender Einfluß auf die Verwaltung ihrer Angelegenheiten mittelst autonomer Behörden eingeräumt und werden nur diejenigen Angelegenheiten einer gleichmäßigen Centralverwaltung vorbehalten, welche ohne Gefahr für den ganzen Staat an keine provinziellen Besonderheiten gebunden werden und keine provinzielle Zersplitterung ertragen können.

Das System der Centralisation ist meist auch ein sogenanntes Realsystem und harmonirt auch mit demselben am besten. Man versteht darunter eine solche Art und Weise der Verwaltung wonach die Centralregierung in Departements, nicht nach Provinzen und Ländern sondern nach Verwaltungsgebieten zerfällt und jedes solches Department denselben Verwaltungszweig in allen Provinzen und Ländern besorgt. Dagegen ist das System der Decentralisation seiner Natur nach ein Provinzialsystem das ist ein solches, wonach die einzelnen Departements der Centralregierung, nicht einzelnen Verwaltungsgebieten in allen Provinzen sondern der gesammten Verwaltung je einzelner Provinzen und Länder vorstehen.

Welches von diesen entgegengesetzten Systemen für einen Staat vortheilhafter oder nachtheiliger ist, darüber läßt sich keine allgemeine Regel aufstellen.

Die realen Machtverhältnisse, wie sie aus der historischen Entwicklung hervorgehen, erzeugen bald das eine bald das andere System. Nur eines ist sicher, daß plötzliche, revolutionäre Eingriffe in ein bestehendes Verwaltungssystem, um es in sein Gegentheil umzukehren jedenfalls für den Staat gefährlich werden können.

Zudem können auf solche Weise gewaltsam aufgebrängte Systeme wenn sie in den thatsächlichen historisch geworbenen Verhältnissen der Länder keine geeignete und passende Grundlage finden, keineswegs von langer Dauer sein [1]).

---

[1]) Vergl. Malchus Politik der innern Staatsverwaltung Bd. I. S. 5. Mohl Encyclopädie S. 644 ff. Gerstner Grundlehren I. 157 ff. Inama-Sternegg Verwaltungslehre 19 ff. Bluntschli III. 481. Stein: Die Verwaltungslehre I. Theil 1865. S. 223 ff.

B. IV.
Communicationsverwaltung.

Bedeutung der Communicationen.

§ 120.

Sollen die einzelnen Theile des Staatsgebietes mit dem Herr-
schaftscentrum, mit dem obersten Sitz der Staatsgewalt in stetem
und sicherem Zusammenhange bleiben: so ist vor allem die materielle Grundlage einer leichten Verbindung und Communication zwischen diesen Staatsgebietstheilen und dem Centrum des Staates nothwendig. Es müssen zu diesem Zwecke die materiellen, aus der Beschaffenheit des Bodens entspringenden Hindernisse einer solchen Verbindung überwunden werden. Die Centralregierung fühlt sich nur
dann in sicherem Besitze der Gewalt auch in den fernsten Theilen des
Staatsgebietes, wenn sie sich ein schnelles und wirksames, durch
natürliche Hindernisse so wenig als möglich gehemmtes Eingreifen
in die Verwaltung jener Gebietstheile sichert und sich dadurch auch
eine leichte und wirksame Controle der zwischen ihr und dem Volke
vermittelnden Behörde möglich macht. Doch nicht nur diese Aufgabe erfüllen die Straßen, Wege und Communicationsmittel die vom
Centrum des Staates in seine fernsten Gebietstheile führen. Sie
haben außerdem noch eine strategische Bedeutung, indem sie den
Staat in den Stand setzen seine Vertheidigungsmittel auch in den
ferneren Theilen seines Gebietes und an dessen Grenzen zu verwenden, endlich eine große volkswirthschaftliche Bedeutung als Han-
dels- und Verkehrswege.

Anm. Auch auf dem Gebiete des Communicationswesens tritt uns
diejenige Entwicklung vom Eigeninteresse der Staatsgewalt zum Ge-
sammtinteresse des Volkes entgegen, die all und jede Seite des staatlichen Lebens charakterisirt. Die Communicationsanlagen seitens des

Staates beginnen als pures Herrschaftsmittel um schließlich eines der wirksamsten Mittel der Volkswohlfahrt zu werden. Heutzutage tritt uns bei Straßen, Eisenbahnen, Canälen u. dgl. nur ihre volkswirthschaftliche Bedeutung entgegen; ihre politische Bedeutung aber in den Hintergrund. Es scheint heutzutage richtiger, wenn man von Communicationsmitteln nur als von volkswirthschaftlichen nicht als politischen Momenten und Erscheinungen spricht. Daß wir bei Behandlung derselben den politischen Ausgangspunkt wählen, hängt mit unserem System zusammen, hindert uns aber nicht in der Betrachtung der Entwicklung jedes Communicationsmittels seine gegenwärtige volkswirthschaftliche Bedeutung zu betonen [1]).

Anm. b) Das Communicationswesen gestaltet sich in seiner geschichtlichen und culturellen Entwicklung zum Transportwesen. Dieses letztere ist der weitere Begriff der das erstere in sich begreift. Daher behandeln die nationalökonomischen Werke das Communicationswesen meist im Capitel von Transportwesen, so neuestens Roscher in dem in der Note angeführten Buche. Nichtsdestoweniger würdigt Roscher vollkommen die „staatlichen Wirkungen der besseren Communicationsmittel". Er schreibt: „Die Leichtigkeit nicht nur des Reisens sondern auch des Heimathswechsels pflegt die Menschen gleichsam durcheinander zu schütteln: wodurch alsbald jedes Volk einförmiger, seine Orts- und Provinzialgefühle und Eigenthümlichkeiten (Dialekte, Trachten 2c.) zu Einem Nationalbewußtsein verschmolzen werden. Ohne unsere Eisenbahnen wäre die jetzige Einheit von Deutschland schwerlich zu Stande gekommen" (l. c. 373). Die Vortheile eines guten Communications- (und Transport-)wesens für die Staatsregierung schildert Roscher folgendermaßen: „Die von den besseren Transportmitteln herrührende Verstärkung der Centralgewalt beruhet namentlich darauf, daß nun jede Nachricht schneller ankommt, jeder Befehl schneller ausgeführt wird, die Controle selbst der fernsten Beamten viel persönlicher wirksamer geschehen kann. Durch Eisenbahnen, Telegraphen 2c. wird die Staatsregierung sozusagen allgegenwärtig." (l. c. 374).

[1]) Ueber Communicationswesen im allgemeinen s. Mohl, Staatsrecht, Völkerrecht und Politik III. S. 605. Adolf Wagner: Finanzwissenschaft (1877) I. Theil S. 527 ff. Rösler; Sociales Verwaltungsrecht II. 396. Stein: Handbuch 359 ff Rau: Lehrbuch der Polit. Oeconomie 5. Ausgabe 1862 Bd. II. Abth. 2. S. 217 u. f. Hermann Bischof: Nationalöconomie S. 350 und 422. Vorzüglich aber Roscher: Volkswirthschaft Bd. III. S. 347. u. f. wo im 10. Kapitel „Theorie und Geschichte der Transportmittel im Allgemeinen" dieses Thema mit einem Aufwand von Gelehrsamkeit behandelt wird, die in der Literatur gewiß einzig dasteht. Mit diesem neuesten Bande hat Roscher wieder eine reiche Fundgrube eröffnet in der noch Generationen von Schriftstellern schöpfen werden.

Entwicklung des Straßenwesens.

§ 121.

Bekannt ist die Bedeutung, welches das Strassenwesen im alten römischen Reiche hatte und heute noch wecken die großartigen römischen Kunststraßen, die von der ewigen Stadt nach dem Norden führten Erstaunen und Bewunderung. Die kleinen Staaten des Mittelalters hatten nicht die Mittel und auch nicht die großen Gesichtspunkte des Römerreiches um ähnliche öffentliche Straßenbauten zu unternehmen. Und wenn uns auch im römischen Reich deutscher Nation eine Großstaatenbildung entgegentritt, so fehlt demselben doch die Kraft und Energie, die dem alten römischen Reich eigen war; der deutsche Kaiser ist meist ein Schattenbild der Macht und die Landesherren, die die Macht des Kaisers und des Reiches schmälern und untergraben, sind selbst nur kleine Herrscher die nichts Großes zu Stande bringen können.

Erst die Großstaaten-Neubildungen der neuen und neuesten Zeit speziell in Frankreich, Preußen und Oesterreich haben die Ausführung großer öffentlicher Straßen und Communicationen ermöglicht und in unsern Tagen kommen Capital und Association allerwärts dem Staate zu Hilfe um auf diesem Gebiete das Großartigste das die Welt nur je sah, zu leisten.

Anm. Neu und interessant ist die Unterscheidung eines extensiven und intensiven Communicationswesens, analog der Eintheilung des Wirthschaftsbetriebes. „Wirklich können, sagt Roscher (l. c. 349) die wichtigsten Regeln über den Unterschied der extensiven und intensiven Landwirthschaft auch auf die Transportmittel, namentlich den Straßenbau übertragen werden." Die Landstraßen, meint R., hätten mit großer Extensität begonnen. Richtig ist jedenfalls, daß „die Eisenbahnen eine viel höhere Intensitätsstufe vertreten als die Chausseen," und auch das ist klar, daß man den Eisenbahnbetrieb mehr und minder intensiv gestalten kann — nur paßt auf den minder intensiven Eisenbahnbetrieb nicht ganz die Bezeichnung „extensiv".

Landstraßen und Wege.

§ 122.

Der Natur der Sache nach können Communicationen hergestellt werden zu Lande und zu Wasser. Man spricht also von Landwegen

(Landstraßen) [1]) und Wasserstraßen. Die Landwege können in doppelter Weise in Betracht kommen: als Producte menschlicher Arbeit, also in technischer Beziehung und als Objecte öffentlich-rechtlicher Verhältnisse, also in politischer Beziehung.

In technischer Beziehung unterscheidet man chaussirte Straßen von nicht chaussirten. Die ersteren werden auch Kunst- oder Damm-straßen, Chausseen, genannt. Es kommt aber nicht nur auf die Chaussirung allein an; soll die Kunststraße ihrem Zwecke entsprechen und ein bequemes, dauerhaftes, dem Verderben schwer unterliegendes und leicht in gutem Zustande zu erhaltendes Communicationsmittel sein, so muß auch ihre Befestigung, und die Vorkehrungen zu ihrem Schutze vor Einflüssen der Witterung, als Gräben, Durchlässe, Brüstungen, Bepflanzungen, sodann muß ihre Breite, Krümmung, Wölbung u. dgl. mit Sachkenntniß ausgeführt werden.

In öffentlich-rechtlicher Beziehung kann ein Weg ein öffentlicher oder privater sein. Die Verwaltungslehre hat es nur mit öffentlichen Wegen zu thun. Dieselben können aber entweder vom Staate oder von autonomen Körperschaften als Gemeinden, Bezirken, Ländern oder auch von Privaten hergestellt und dem öffentlichen Gebrauch überlassen werden.

Neben der Herstellung kommt aber noch die Pflicht der Erhaltung in Betracht.

Je nachdem also die Pflicht der Herstellung und Erhaltung dem Staate oder einzelnen Provinzen (Ländern) oder Bezirken (Kreisen 2c.) oder endlich Gemeinden obliegt, werden die Landwege in Staats- (oder Reichs-)straßen, Landesstraßen und Gemeindestraßen eingetheilt.

Anm. Nur das Reichsstraßenwesen wird in Oesterreich durch Reichsgesetze geregelt; die öffentlich-rechtlichen Verhältnisse aller übrigen Landstraßen und Wege gehören in die Competenz der Landesgesetzgebung. Die Reichsstraßen nun werden vom Staate gebaut und erhalten, nur zu den Mehrkosten der Herstellung und Erhaltung die daraus entstehen, weil eine Reichsstraße eine Ortschaft durchschneidet, müssen die betreffenden Ortschaften und Gemeinden den auf sie entfallenden Theil beitragen [2]). Auch die Schneeabräumung auf den Reichsstraßen fällt

---

[1]) Rau l. c. Bd. II. Abth. 2 § 255 u. f. Rösler l. c. Bd. II. § 40. Stein Handb. S. 361 u. f.

[2]) Die betreffenden Vorschriften bei Mayrhofer III. 173.

„denjenigen Gemeinden und ausgeschiedenen Gutsgebieten, wo solche bestehen, deren Gebiet entweder von der Straße durchzogen wird oder die nicht mehr als acht Kilometer von der Arbeitsstrecke entfernt sind", zur Last. Doch erhalten sie für diese Abräumung eine Vergütung mit Ausnahme der Abräumung jener Strecken, die die Ortschaften durchschneiden also zugleich Gassen der geschlossenen Orte sind [1]).

Die Verwaltung aller übrigen Straßen, die nicht Reichsstraßen sind, liegt in der Competenz der autonomen Behörden also des Landesausschusses, der Bezirksvertretungen, der Gemeinden und Städte. Den politischen Behörden liegt nur die Ueberwachung der gesetzmäßigen Pflichterfüllung seitens der autonomen Behörden ob.

Die verschiedenen Landesgesetze über Straßenwesen enthalten Bestimmungen über die Kategorien der Straßen, über die Bestreitung der Kosten für den Bau und Erhaltung derselben, über die Competenz in Straßenangelegenheiten und über die regelmäßige Straßenverwaltung. Als Muster möge das Landesgesetz für Niederösterreich dienen [2]). Dasselbe theilt die öffentlichen Straßen und Wege die nicht Reichsstraßen sind, in Landstraßen, Bezirksstraßen, Gemeindestraßen und Wege. **Landesstraßen** sind jene Straßen, welche wegen ihrer besonderen Wichtigkeit für den Verkehr des Landes als solche erklärt wurden. **Bezirksstraßen** sind jene Straßen, welche ohne Landesstraßen zu sein wegen ihrer Wichtigkeit für die Verbindung mehrerer Ortschaften oder Straßenzüge als solche erklärt wurden. **Gemeindestraßen** und **Gemeindefahrwege** sind solche öffentliche Straßen und Wege, welche die Verbindung und zwar die erstern mit benachbarten Gemeinden und die letztern im Innern einer Gemeinde herstellen. Es folgen sodann Bestimmungen über den Bau und Beschaffenheit dieser Straßen, so z. B. daß Landes- und Bezirksstraßen in der Regel chausseemäßig hergestellt werden, Gemeindestraßen — und Wege gut fahrbar sein müssen u. dgl.

Was die Kosten für den Bau und Erhaltung der Straßen anbelangt, so werden die Landesstraßen aus dem Landesfonde gebaut und erhalten.

Die Kosten für die Bezirksstraßen werden in Niederösterreich und in den meisten Ländern durch eine Umlage in eigens zu diesem Zwecke gebildeten Concurrenzbezirken aufgebracht. In Straßenangelegenheiten sind theils die autonomen theils die Regierungsbehörden competent. So z. B. gehört die Expropriation zu Straßenzwecken durchgehends zur Competenz der politischen Behörden.

.

---

[1]) Gesetz vom 2. Jänner 1877 R.-G.-Bl. Nr. 17.
[2]) Gesetz vom 29. December 1874 für Niederösterreich für die Erhaltung und Herstellung der öffentlichen nicht ärarischen Straßen und Wege L.-G.-B. 1875 Nr. 7.

Flußschifffahrt.

§ 123.

Die Eintheilung der Wasserstraßen beruht vorwiegend auf dem natürlichen Unterschied derselben — man kann nähmlich entweder Flüsse, oder Canäle oder das Meer als Communicationsmittel benützen. Fast keines dieser Communicationsmittel kann der menschlichen Arbeit und Kunst entbehren, wenn es den Verkehrszwecken in höherem Maße dienstbar gemacht werden soll. Canäle müssen gegraben und gebaut, Flüsse müssen reguliert werden und die Meeresküste muß mit Häfen und Hafenbauten versehen werden. Während das Gebirge überall Menschen und Länder trennte, war das Wasser immer ein bindendes und einigendes Element.

Ein von Gebirgen durchzogenes Land ist schwer zu regieren und stellt der Staatsverwaltung unüberwindbare Hindernisse entgegen; wo es aber Communicationsmittel zu Wasser, wo es Flüsse und Seen giebt, wo das Land vom Meer umspült ist, oder gar das Meer tief in das Land eindringt, da ist es der Staatsverwaltung viel leichter vermittelst der Wasserstraßen die Einheit der verschiedenen Theile des Staates herzustellen, die zerstreuten und ausgedehnten Gebiete zu einem lebendigen Ganzen zu verbinden. Nur muß eben dafür gesorgt werden, daß der Verkehr auf diesen Wasserstraßen wo möglich frei und keinen öffentlich-rechtlichen Hindernissen ausgesetzt sei.

Was nun die Flußschifffahrt anbelangt, so kommt zuerst der Umstand in Betracht, ob der betreffende Fluß sich in seinem ganzen Lauf im Gebiete des Staates befindet oder ob er auch das Gebiet oder die Gebiete benachbarter Staaten durchströmmt.

Im ersteren Falle ist die Staatsverwaltung in der Lage den Verkehr und die Schifffahrtsordnung auf demselben selbst zu ordnen und zu regeln; im letzteren Falle bedarf es dazu internationaler Abmachungen mit den betreffenden Nachbarstaaten. So sind fast alle größeren Flüsse des europäischen Continent's namentlich Deutschlands Gegenstand internationaler Schifffahrtsacte (Rheinschifffahrtsacte vom Jahre 1868, Elbeschifffahrtsacte vom Jahre 1821, Donauschifffahrtsacte von 1857 u. f. w.).

In der Regel steht die Flußschifffahrt Jedermann frei, der die gesetzlichen Bedingungen erfüllt, und die vorgeschriebenen Garantien

für die öffentliche Sicherheit der transportirten Menschen und Güter
bietet. Diese Garantien bestehen a) in den vorgeschriebenen Eigenschaften der Fahrzeuge, deren Vorhandensein durch behördliche Untersuchung und Zeugniß constatirt wird (Schiffsatteste, Patente) b) in
der nachzuweisenden Qualification des Schiffers. Die staatliche Ueberwachung erstreckt sich aber ferner auf die Art der Ausübung der
Schifferei; die Schiffe dürfen nur an behördlich genehmigten Stellen
anlegen; sie müssen während der Fahrt aus Rücksichten der öffentlichen Sicherheit die vorgeschriebenen Regeln bezüglich des Begegnens,
des Ausweichens, der Signale ꝛc. beobachten. Andererseits ist die
Freihaltung der Strombette von jeglichem Hindernisse, eventuell das
Reguliren derselben Aufgabe der Staatsverwaltung der sie sich im
allgemeinen Interesse nach Kräften unterzieht [1]).

Anm. Die wichtigsten Flüsse Oesterreichs mit Bezug auf Flußschifffahrt sind: die Donau, die Elbe, die Moldau und die Weichsel, in
neuester Zeit auch der Dniester. Die Donau umfaßt mit ihrem Strom-
gebiet fast zwei Drittheile der österreichisch-ungarischen Monarchie und
da sie fast von dem Eintrittspunkte nach Oesterreich auch für Dampf-
schiffe schiffbar ist, und in ihren Unterlaufe nach Austritt aus der
Monarchie und ehe sie sich ins Meer ergießt, noch einige Staaten
durchfließt: so hat sie für Oesterreich eine in jeder Hinsicht hervorragende Bedeutung. In erster Reihe kommt aber hier in Betracht,
daß der Verkehr auf diesem Strom die beiden Reichshälften zu einem
lebendigen Ganzen verbindet, da sich die manigfachsten Interessen gemeinsam an die Donauschifffahrt knüpfen.

Die zwei Hauptstädte der Monarchie Wien und Pest haben ein
gemeinsames Interesse an allen Fragen der Freiheit der Schifffahrt,
auf dem Unterlauf der Donau. Dieses Interesse beherrscht nicht nur
alle Fragen der Regulirung des Strombettes aber auch so manche politische Frage und gestaltet sich zu einem dauernberen Band zwischen
beiden Reichshälften als alle Verfassungs- und Staatsgrundgesetze. Von
solchen Erwägungen geleitet hat die österreichische Regierung in den
neuesten Zeiten der Schifffahrt, insbesondere der Dampfschifffahrt auf
der Donau die größte Aufmerksamkeit geschenkt und zu diesem Zwecke
das Inslebentreten einer Donau-Dampfschifffahrts-Actien-Unternehmung
gefördert. Es war das die im Jahre 1830 gegründete erste priv. k. k.
Donau-Dampfschifffahrts-Gesellschaft die später in die bis heutzutage
bestehende Gesellschaft des „österreichischen Lloyd" in Triest aufgieng.

---

[1]) Vergl. Rößler Das sociale Verwaltungsrecht II. ;S. 409. Stein
Handbuch S. 878. Rau l. c. II. 2. § 265 u. f. Roscher III 446 u. f.

Die Dampffchifffahrt auf der Donau zog nach und nach die größeren Zuflüffe der Donau wie die Drau, Save, Theiß und Pruth in ihren fchiffbaren Streden in den Bereich ihres Verkehres ein.

Uebrigens geht die Donau-Dampffchifffahrt erst jetzt allem Anfcheine nach einer befferen Zukunft entgegen. „Die politifchen und materiellen Urfachen, fagt Max Wirth, welche der Entwidlung der Donaufchifffahrt Jahrhunderte lang im Wege ftanden, namentlich die Hinderniffe, welche dem freien Verkehr fo lange Zeit von der Sulinamündung bereitet wurden, find gefchwunden und auch die völlige Regulirung des eifernen Thores ftehet bevor. Ueberhaupt bietet der Strom, welcher von Donauwörth bis zur Sulinamündung nach der völligen Sprengung des eifernen Thores eine ununterbrochene Schifffahrtslinie von 337 Meilen darbietet, mit feinen theilweife fchiffbaren Zuflüffen, der Raab, der Drau, der Theiß, der Maros, der Save fowie des Wien-Neuftädter Canals, des Franzens- und des Bega-Canales ein ganz refpectables Netz von Wafferftraßen, welches durch Regulirung und Ausbaggerung erweitert und in rationelle Verbindung mit den Eifenbahnen gebracht, als eine wefentliche Ergänzung des allgemeinen Syftems der Communicationsmittel betrachtet werden kann" [1].

Die Elbe ift aus dem Grunde für das wirthfchaftliche Leben der Monarchie zunächft aber Böhmens von Bedeutung, weil fie diefes Kronland mit einem der größten Knotenpunkte des Welthandels, mit Hamburg verbindet. Ueberfeeifche Artikel werden daher von Hamburg auf diefem Wege nach Oefterreich, befonders nach Böhmen gebracht, wogegen diefes Kronland feine vielen Rohftoffe und Halbfabricate auf demfelben Wege ftromabwärts nach Norddeutfchland und Hamburg verfendet. Die Elbe hätte aber für Böhmen eine viel geringere Bedeutung wenn fie nicht durch die Moldau mit Prag, dem Centrum des böhmifchen Handels und der böhmifchen Induftrie verbunden wäre.

Die Schifffahrt auf der Elbe und Moldau betreiben vorwiegend zwei Actien-Schifffahrts-Gefellfchaften: die Prager Moldau-Dampffchifffahrts-Gefellfchaft und die Prager Dampf- und Segelfchifffahrts-Gefellfchaft.

Die Weichfel hat vorwiegend nur für den öfterreichifchen Export einiger Rohmaterialien (Salz, Kohle, Holz) einige Bedeutung. Eine größere Bedeutung könnte diefer Fluß für Oefterreich erlangen, wenn die Regulirung feines Bettes und feiner Ufer, worüber zwifchen Rußland und Oefterreich lange fchon verhandelt wird, zu Stande käme.

Eine viel größere Bedeutung für den öfterreichifchen Handel als die Weichfel könnte der Dniefter erlangen, der Oftgalizien mit dem Schwarzen Meere verbindet, und auf welchem in neuefter Zeit Verfuche mit Dampffchifffahrt gemacht werden [2].

---

[1] Oefterreichs Wiedergeburt. Wien 1875 S. 280.

[2] Ueber Flußfchifffahrtsalte f. Heffter: Europ. Völkerr. (1867) S. 459.

Canäle.

§ 124.

Wenn es sich bei der Flußschifffahrt, ihrer gesetzlichen Regelung und administrativen Ueberwachung und Ordnung nur um die Benützung eines dem Staate günstigen natürlichen Momentes handelt: so schreitet der Staat durch Anlage von Canälen zur künstlichen Schaffung eines dem Gemeinwesen förderlichen und nützlichen Communicationsmittels [1]). Die Schwierigkeiten, die sich einem Canalbau, insonderheit einem größeren entgegenstellen, sind so ungewöhnlich sowohl in öffentlich-rechtlicher als auch in technischer und finanzieller Beziehung, daß dieselben durch Private fast gar nicht bewältigt werden könnten. Nur der Staat kann die Mittel haben, diese Schwierigkeiten zu überwinden; nur der Staat kann die nöthigen Expropriationen der Privatgründe gesetzlich ermöglichen und sodann durchführen, nur der Staat kann die in Folge der Canalanlage sich ergebenden rechtlichen Verhältnisse der angrenzenden Eigenthümer gesetzlich regeln, nur der Staat kann die nöthigen Capitalien entweder selbst aufbringen oder deren Aufbringung durch private Gesellschaften befördern und das Unternehmen gesetzlich gegen Capitalsverluste sicherstellen indem er dasselbe nach Umständen mit gewissen, auf lange Jahre hinaus verliehenen Rechten und Privilegien ausstattet. Es könnte den Anschein haben, daß heutzutage die Eisenbahnen, die Canäle überflüssig machen, da doch die Anlagekosten der ersteren viel geringer sind als die der letzteren und auch die Beförderung von Gütern und Menschen auf Eisenbahnen eine viel leichtere und schnellere, dabei von den Einflüssen der schlechten Jahreszeiten weniger behinderte ist. Das alles ist mit nichten der Fall. Die Canäle haben eine ganz selbständige Bedeutung, indem sie Flüsse miteinander verbinden und daher die größere und nachhaltige Ausbeutung der natürlichen Communicationsmittel ermöglichen. Ein gut angelegtes Canalsystem ist eine Ergänzung des Flußsystems eines Landes, und das Beispiel Englands lehrt, daß ein solches Canalsystem sogar mit den Eisenbahnen eine erfolgreiche Concurrenz aufnehmen kann [2]).

---

[1]) Ueber Canalschifffahrt Rösler l. c. § 413 u. f. Rau l. c. § 287.
[2]) Vergl. G. Cohn Englische Eisenbahnpolitik. 1875, ferner Ewald Bellingrath: Studien über Bau und Betriebsweise eines deutschen Canalnetzes 1881.

Für das Volksleben des Staates aber, für die Belebung des innern Verkehrs, für Einigung und Festigung aller Bande politischer Zusammengehörigkeit hat ein Canal eine viel größere Bedeutung und viel größeren Nutzen als eine etwa dieselben Gebiete durchschneidende Eisenbahn. Man könnte sagen, daß das Wesen der Eisenbahnen in der Verbindung entfernter Länder bestehe, während ein Canal benachbarte Gebiete die sich fremd waren, einander näher bringt.

Dieser Unterschied rührt von der verschiedenen Natur der Veranlagung der Eisenbahnen und Canäle her und den verschiedenen Folgen die diese beiden Communicationsmittel auf die von ihnen berührten Gebietsstrecken ausüben.

Denn während die Eisenbahn nur auf die Verbindung entfernter Culturcentren bedacht, auch unwegsame Gebiete durchschneidet und überhaupt mit den an ihre Bahn angrenzenden Gebieten in keine nähere Berührung tritt; ja, indem sie im Interesse der öffentlichen Sicherheit ihren Weg am liebsten durch unbewohnte Gebiete nimmt und ihrer Natur und Beschaffenheit nach höchstens nur aufihren Stationen eine Annäherung der Außenwelt duldet; indem sie mit Vorliebe in finsteren Tunnellen und auf hohen Dämmen jeder Berührung mit dem pulsirenden Leben sich entzieht: ist der Canal schon seiner Natur nach auf wegsamere Gebiete, Thalniederungen und Flachland angewiesen und belebt auch die unwegsamsten Gegenden indem er jeden Punkt seiner Uferseiten mit den benachbarten Gebieten und aller Welt in Verbindung bringt.

Die Eisenbahn giebt sozusagen nur auf ihren Stationen der Außenwelt Audienz: der Canal lockt alle Welt an seine Ufer und bietet auf jedem Schritt desselben an alle Welt offene Anknüpfungspunkte. Die Eisenbahn fördert mehr die großen Weltindustrieinteressen und hat nur ausnahmsweise Sinn für die kleinen gebietsnachbarlichen Interessen: der Canal pflegt und fördert auch diese letzteren.

Speziell daher für einen Staat, der aus heterogenen Ländergebieten zusammengesetzt ist, kann ein Canalsystem, das diese Länder verbindet und die Wasserscheiden seiner verschiedenen Stromgebiete aufhebt, eine segensreiche Wirkung üben, indem es die Bevölkerungen dieser verschiedenen Ländergebiete mit der Zeit zu einem einheitlichen Volksganzen verschmilzt. Und diese völkerverschmelzende und ländereinigende Macht ist dem Canal in viel höherem Grade eigen als der Eisenbahn.

Anm. Das Canalwesen gehört in Oesterreich erst der Zukuft an. Gegenwärtig besitzt nur die ungarische Hälfte der Monarchie bedeuten= dere Canäle und zwar den Bega=Canal zwischen Temesvar und Becskereck, den Franzenscanal, der Theiß und Donau verbindet, den Sarviz=Canal zur Regeluug des Donaustrombettes. In Cisleithanien ist nur der Wiener Neustädter und der Schwarzenberg=Canal zwischen der Moldau und der Mühl erwähnenswerth.

Dagegen ist als von hoher Bedeutung der Plan einer Canalver= bindung zwischen der Oder und der Donau hervorzuheben. Dieser Canal würde alle materiellen und moralischen Vortheile, die nur ein Canal für einen Staat wie Oesterreich bieten kann, in sich vereinigen und es ist daher sein Zustandekommen im Interesse des Staates sehr zu wünschen [1]).

Die gesetzliche Regelung der Schifffahrt auf Canälen beruht auf denselben Grundsätzen, wie die Flußschifffahrt [2]).

Eisenbahnen.

§ 125.

Die Communicationsmittel entwickeln sich in einer aufsteigenden Stufenleiter auf deren niedrigster Sproße die natürliche Unterlage der Communication den wichtigsten Bestandtheil (die Landstraße) und den einzigen Gegenstand staatlicher Obsorge bildet, während die hin= zutretenden Transportmittel (Wagen und Pferde) der Sorge der Ein=

---

[1]) „Stellen wir uns einmal, sagt Wirth, den Donau=Oder=Canal als glücklich ausgeführt vor und erwägen wir ferner, daß Rußland nicht ewig bei seinem Absperrungssystem wird beharren können, so gehört keine große Phan= tasie dazu, um sich an dem nördlichen Ende bei Oderberg eine abzweigende Verlängerung des Donau=Oder=Canales bis in die Weichsel in der Richtung von Krakau zu denken. Erwägt man nun, daß die Freischifffahrt auf der Oder bereits bis Breslau hergestellt ist, und daß die Weichsel oberhalb Krakau leicht durch Ausbaggerung und Correction so vertieft werden kann um für die Canalboote schiffbar zu werden, so kann die Waarenbewegung aus den Ostseehäfen Stettin und Danzig auf den zwei großen Wasserstraßen der Oder und Weichsel durch den Donau=Oder=Canal in die Donau einmünden und durch diese mit dem schwarzen Meere in Verbindung gebracht werden." (Oester= reichs Wiedergeburt S. 289). Diese Gedanken Wirth's sind keineswegs un= realisirbar und sollten jedem österreichischen Staatsmann vorschweben.

[2]) Vergl. Rösler l. c. II. 418 ff. Stein Handbuch S. 375.

zelnen überlassen werden, auf deren höheren Sproßen dagegen das
Transportmittel eine immer höhere Bedeutung erlangt, gegenüber
welcher die natürliche Unterlage der Communication fast ganz zu-
rücktritt.

Bei der Eisenbahn ist abgesehen von künstlichen Tunnel- und
Viaducten-Bauten die Unterlage der Communication, die Bahn-
strecke das minder Wichtige, das in der Regel leichter Herzustel-
lende: das Transportmittel selbst aber, die Locomotive, das Erzeugniß höchster menschlicher Kunstfertigkeit und Erfindungsgeistes,
der Betrieb desselben ein derartiger, daß er neben dem größten Aufwand von Capitalien einen solchen Organisationsapparat nothwendig
macht, wie ihn ein Privater fast gar nicht nur der Staat selbst
oder mächtige Capitalisten-(Actien)-Gesellschaften bestreiten können.

An der Spitze des jahrhundertelangen Entwicklungsganges des
Transportwesens, steht heutzutage die Eisenbahn als eine der höchsten Errungenschaften der neuesten Zeit, die nur durch das Inein-
andergreifen der Bestrebungen höchster menschlicher Intelligenz und
staatlicher Förderung erreicht werden konnte.

Durch die Kostspieligkeit ihrer Herstellung und die Schwierigkeit ihres Betriebes scheint dieses mächtige Transportmittel von Personen und Gütern für die Verstaatlichung prädestinirt zu sein.
Der Umstand, daß dasselbe nichtsdestoweniger seine ersten Entwicklungsphasen nicht als staatliche Institution sondern als Privat-
Unternehmung von Gesellschaften durchmachte und durchmacht, kann
hier nicht in die Wagschale fallen, denn erstens stehen wir beim
Eisenbahnwesen erst am Anfang der Entwicklung und sind Zeugen
des Stadiums der Experimente; zweitens entspricht die private Initiative, die private Experimentirperiode und das theilweise Gewährenlassen seitens des Staates ganz der Natur des letzteren der auf all
und jedem Gebiete neuen Richtungen und Strebungen des menschlichen Lebens gegenüber diese reservirte Haltung einnimmt und erst
der positiven und unzweifelhaften Resultate in seinem Interesse und
zum Wohl der Gesammtheit sich bemächtigt [1]).

[1]) Ueber Eisenbahnen vergl. Rau Lehrb. b. politischen Oekonomie II.
§ 258. S. 225 ff. Wagner, Finanzwissenschaft (1877) I. Theil S. 550 ff.
woselbst massenhafte Literaturangaben über den Gegenstand. Stein Handbuch
S. 402. Rösler Verwaltungsrecht II. 431 ff. Roscher L a. Bd. III. S. 396.

Anm. Denjenigen gegenüber die im Namen der „Freiheit" für vollkommene Ueberlassung des Eisenbahnwesens an private Industrie eintreten, muß hervorgehoben werden, daß sich eine Eisenbahnunternehmung in größerem Maßstab, als Privatunternehmung gar nicht denken läßt. Denn schon die technische Natur dieses Transportmittels ist derart, daß dasselbe auf die Hilfe und den besonderen Schutz des Staates angewiesen ist. Eine Eisenbahn kann ihrer technischen Natur zufolge mit den Mitteln des Privatrechts gar nicht einmal gebaut werden und sie muß die Hilfe des Staates in Anspruch nehmen um die seitens des Privatrechts ihr entgegenstehenden Hindernisse zu bewältigen. Mischte sich der Staat nicht ein, dann könnte keine einzige große Bahn gebaut werden. Denn man kann keine größere Bahn bauen ohne gewaltsame Expropriation, was doch nur in der Macht des Staates liegt.

Es kann keine größere Eisenbahn betrieben werden, ohne die verschiedensten Privilegien zu Gunsten ihres Betriebes vom Staat in Anspruch zu nehmen. Es müssen z. B. einige Zeit vor Passirung ihrer Züge öffentliche Straßen gesperrt werden, da der Bahnzug vor andern, die Straße passirenden Fuhrwerken nicht stehen bleiben kann und einen Vorrang haben muß; es müssen die allgemeinen manigfachsten Rechte der Einzelnen zu Gunsten des Eisenbahnbetriebes beschränkt werden u. dgl. Diese und ähnliche Umstände allein zwingen jede Privat=Eisenbahn=Unternehmung sich an den Staat um Schutz und Hilfe zu wenden, von ihm Concessionen und Begünstigungen zu erlangen, so daß es streng genommen, eine reine Privat=Eisenbahn=Unternehmung gar nicht giebt. Ihrer Natur nach ist jede Eisenbahn=Unternehmung gezwungen, einen das Privatrecht beeinträchtigenden öffentlich=rechtlich=privilegirten, also — halbstaatlichen Charakter anzunehmen. Es sprechen aber tausend Gründe des allgemeinen Interesses und der Staatsklugheit für vollkommene Verstaatlichung des ganzen Eisenbahnwesens. Wir wollen von diesen Gründen nur den wichtigsten staatspolitischen anführen der von den Anhängern der Verstaatlichung meist ganz übersehen wird [1]).

Es liegt im Wesen des Eisenbahnbetriebes, daß er in der Regel keine Concurrenz zuläßt ja eine solche unmöglich macht. Wenn z. B. zwischen Wien und Graz auf der möglichst kürzesten Linie eine Eisenbahnverbindung existirt: so kann keine zweite Concurrenzbahn zwischen diesen zwei Orten mehr aufkommen Denn jede weitere Linie die einen Umweg macht ist nicht concurrenzfähig; dieselbe Linie kann aber von keiner zweiten Unternehmung benützt werden; auch kann man weder über, noch unter der bestehenden Bahnlinie und auch nicht dicht daneben eine zweite bauen.

---

[1]) Vergl. jedoch Adolph Wagner, Finanzwissenschaft (1877) I. Theil S. 586.

Nun schafft aber der Besitz einer Bahnverbindung, die ein öffentliches Bedürfniß geworden ist, ein Abhängigkeitsverhältniß ganzer Landesgebiete und ihrer Bevölkerungen von den Eigenthümern und Leitern der Bahn. Diese letzteren entscheiden darin über Wohl und Wehe Einzelner und ganzer Gesammtheiten; sie regeln den Verkehr nach ihrem Belieben; sie können beliebig heute Theuerung der Lebensmittel schaffen, morgen die Preise derselben drücken; sie sind Herren des Landes das sie durch die Eisenbahn beherrschen. Ja! der Staat selbst, die Regierung käme leicht in Abhängigkeit von einer Eisenbahn-Unternehmung, wenn sie dieselbe als rein private anerkennen wollte. Sie würde mit derselben bei Kriegsgefahr über Truppentransporte pactiren müssen; ebenso bei öffentlichen Calamitäten, z. B. Hungersnoth oder dgl. ihre Rettungs-Maßregeln von der privaten Eisenbahn-Unternehmung durchkreuzt oder gar unmöglich gemacht sehen u. s. w.

Mit einem Worte die Eisenbahninhaber würden die Souveränität des Staates beeinträchtigen, sie wären Herren im Lande und zwar in so hohem Maße, wie das keine Regierung, kein moderner Staat im Bereiche seiner Macht dulden kann. Die Eisenbahn-Unternehmung wäre ein Staat im Staate und könnte durch ihre Maßregeln und Actionen die Herrschaftsübung der Staatsgewalt beeinträchtigen und durchkreuzen. Ein solches Verhältniß kann und darf der moderne Staat nicht dulden und es bleibt ihm nur der Ausweg übrig entweder durch Ertheilung von Privilegien sich die vollkommene Connivenz und Gehorsamsleistung der Eisenbahn-Unternehmungen zu sichern (wie es heute meist, nicht gerade zum allgemeinen Besten, geschieht), oder die Eisenbahn-Unternehmungen, was das Einfachste ist, als Staatsmonopol zu erklären [1]).

Entwicklung des Eisenbahnwesens.

§ 126.

Der ganze bisherige Gang des Eisenbahnbau- und Gründungswesens zeigt die deutliche Tendenz und auch die Nothwendigkeit der Verstaatlichung aller Eisenbahnen. Zuerst bemächtigte sich, wie natürlich privater Unternehmungsgeist der Erfindung, während die Regierungen dieselbe mit mißtrauischen Blicken und vornehmem Zweifel betrachteten. Zwei Rücksichten waren es nun die bei den ersten

---

[1]) Ein solches Staatsmonopol an den Eisenbahnen ist durchaus kein „Gemeineigenthum" und auch kein Uebergang dazu, wie das die Katheder-socialisten uns weiß machen wollen, die den Begriff Staatseigenthum in ihrer unklaren Auffassung mit einem utopistischen „Collectiveigenthum" verwechseln. Näheres darüber in „Rechtsstaat und Socialismus" S. 456.

Privateisenbahn - Unternehmungen entscheidend sein mußten: billige Herstellung und lohnender Ertrag.

Daher suchte man bei den ersten Eisenbahnanlagen vor allem ein geeignetes, ebenes Terrain, sodann wählte man zur Eisenbahnverbindung vorzüglich kurze Strecken zwischen zwei gutbevölkerten Städten. Auf diese Weise konnte man hoffen, mit wenig Capital eine durch Personenfrequenz rentable Eisenbahn zu schaffen [1]).

Von diesem Gesichtspunkte aus baute man in Deutschland die ersten Eisenbahnen zwischen Nürnberg und Fürth (1835), zwischen Leipzig und Dresden (1837), zwischen Magdeburg und Leipzig)1839) u. s. w. In Oesterreich die Linie Wien-Gloggnitz und insbesondere Wien-Brünn.

Die glänzenden Erfolge dieser ersten Versuche, welche die Möglichkeit einer weiteren Entwicklung und Ausdehnung des neuen Transportmittels bewiesen, legten den Regierungen den Gedanken nahe, dasselbe für den Staat in Beschlag zu nehmen. Man begann nun einerseits in den Concessionsurkunden an die Unternehmer-Gesellschaften die Clausel, betreffs Ueberganges der Bahnen in das Eigenthum des Staates nach Ablauf einer gewissen Concessionsdauer (meist 50—90 Jahre) einzuschalten, andererseits wichtige Linien auf Staatskosten als Staatsbahnen zu bauen.

So geschah es auch in Oesterreich, wo im Jahre 1836 die Kaiser-Ferdinands-Nordbahn von Wien nach Oderberg und Krakau auf 50 Jahre concessionirt wurde mit der Bestimmung, daß die Bahn nach Ablauf der Concessionsdauer ins Eigenthum des Staates zu übergehen habe. In den 40er Jahren schon begann die österreichische Regierung auf eigene Kosten, auf den Hauptverkehrslinien von Wien nach den wichtigsten Haupt- und Handelsstädten der einzelnen Länder und an die Reichsgrenzen Eisenbahnverbindungen herzustellen. Leider wurde diese ganz rationelle Eisenbahnpolitik der österreichischen Regierung in den letzten 50er Jahren in Folge von finanziellen Calamitäten unterbrochen und die Regierung sah sich gezwungen die Staatsbahnen an Privatgesellschaften (Actiengesellschaften) zu verkaufen. Die guten Geschäfte, welche diese Actiengesellschaften an den erworbenen Eisenbahnen machten, die hohen Dividenden, die

---

[1]) Vergl. Wagner l. c. 561. Note 10.

die Actionäre erhielten, reizten andere Privatunternehmer=Gesellschaften sich um Concessionen immer neuer Eisenbahnlinien zu bewerben.

Da aber die wichtigsten Hauptlinien des Verkehrs, auf denen eben die hohe Rentabilität erzielt wurde, meist schon mit Eisenbahn= verbindungen versehen waren: so blieb diesen späteren Gesellschaften nichts übrig als sogenannte secundäre Linien zu acquiriren und Secundärbahnen zu bauen.

Da konnte aber der Erfolg kein glänzender sein und die Actien= besitzer wurden oft arg enttäuscht und in's Mitleid gezogen.

Wenn aber auch die Actionäre den Schaden hatten, so war der Nutzen doch immer auf Seiten des Staates. Denn der Gesammtheit und dem Staat bringt jede neue Bahnlinie unzählige Vortheile, wenn sie dieselbe auch finanziell als unfreiwilliges Ge= schenk seitens der enttäuschten Actionäre empfangen. Dieser Um= stand bewirkte, daß der Staat in der Ertheilung von Concessionen sehr coulant wurde: braucht er doch bei einer Privatunternehmung sich um den Gewinn der Unternehmer nicht zu kümmern. Diese Verhältnisse führten oft zu der bekannten Erscheinung des „Eisen= bahnschwindels". Denn es finden sich überall Leute, die die Leich= tigkeit vom Staate Bahn=Concessionen zu erhalten und die Leicht= gläubigkeit der Massen, wo es sich um einen möglichen Gewinn handelt ausnützen, um die verschiedensten unmöglich rentablen Bahnen zu bauen, in der Absicht beim Bau oder gar nur beim Actien= spiel zu gewinnen und die „nothleidende" Bahn den betrogenen Actionären zu überlassen.

Als sich solche abschreckende Beispiele oft wiederholten und voll= kommen werthlose Eisenbahnactien nicht mehr zu den Seltenheiten gehörten, begann das Eisenbahnbaugeschäft zu stocken. Da aber der Staat mittlerweile die großen Vortheile all und jeder Eisenbahn= verbindung kennen lernte, so griff er nun auf diese Weise ein, daß er den Actiengesellschaften einen gewissen Ertrag ihres Anlagecapitals (5%) garantirte.

Auf diese Weise entstanden die Eisenbahnen mit staatlicher Zinsen= garantie. Nun lehrte wieder die Erfahrung, daß der Staat bei der Zinsengarantie am ärgsten daran ist. Denn er hat den Aus= fall am Ertrage zu decken und ist bennoch weder Eigenthümer noch unmittelbarer Verwalter der Bahn.

Die Verwaltung einer garantirten Bahn kann um so nach-
lässiger geführt werden, da den eventuellen Schaden der Staat zu
ersetzen hat — der nicht immer in der Lage ist, durch seine Controle
Mängel und Fehler der Verwaltung hintanzuhalten. Die Zinsengarantie führte also durch schlimme Erfahrungen direct zur entschie-
denen und reinen Verstaatlichung der Eisenbahnen.

So drängt denn die thatsächliche Entwicklung des Eisenbahnwesens zu derjenigen schließlichen Form desselben, die sich uns
eben als letztes Resultat der Erwägungen für und gegen die
Privatbahn ergab — es giebt keinen andern Ausweg, der Staat
muß die Eisenbahnen zu seinem Monopol erklären [1]).

Oesterreichische Eisenbahn-Gesetzgebung.
§ 127.

So lange jedoch die Monopolisirung des Eisenbahnwesens nicht
gesetzlich ausgesprochen ist, besteht auf diesem Gebiete das „gemischte
System", nach welchem der Staat die ihm am wichtigsten scheinenden
Linien selbst baut und verwaltet, andere hingegen an Privatunternehmer und Gesellschaften mittelst Concessionen überläßt.

In Oesterreich ist das Eisenbahn-Concessionswesen mit Ministerial-Verordnung vom 14. September 1854 Nr. 238 R.-G.-B.
geordnet [2]). Darnach ist zur Anlage einer Eisenbahn, welche bestimmt ist als öffentliches Transportmittel zu dienen eine doppelte
behördliche Bewilligung nöthig und zwar die Bewilligung zu den
Vorarbeiten sodann die definitive Concession zum Bau der Eisenbahn. Die Vorconcession ertheilt das Ministerium für Handel und
öffentliche Bauten; die Concession die gesetzgebende Gewalt.

---

[1]) Vergl. Knies, Die Eisenbahnen und ihre Wirkungen 1853 S. 43 ff.
Die geringere Rentabilität der Staatsbahnen besprechend macht Knies mit
Recht geltend, „daß die Privaten eben überall nur die rentableren Linien für
sich auswählten und der Staat dann, wollte er das vollkommenste Communicationsmittel allgemeiner machen, das in den Landesverhältnissen natürlich gegebene Netz vervollständigen die minder ergiebigen Strecken von sich aus durchführen müßte. Und hier ist ganz allgemein darauf aufmerksam zu machen,
was so viele Heißsporne gegen die Staatseisenbahn irrthümlich oder klüglich
übersehen, daß durch die Privatunternehmer allein nimmermehr die Vorbereitung
und Verallgemeinerung der Eisenbahnen in Europa eingetreten wäre, deren
wir uns mit Recht erfreuen."
[2]) Manzische Gesetzesausgabe B. 17. S. 1 ff.

Die Concessionsdauer darf 90 Jahre nicht überschreiten; nach Ablauf der Concessionsdauer geht das Eigenthum an der Eisenbahn auf den Staat über. Die Tarife für die Personen und Frachten-Transporte müssen vom Ministerium genehmigt werden und werden von drei zu drei Jahren einer Revision unterzogen. Postsendungen und Postbedienstete müssen die Eisenbahnen unentgeltlich befördern. Für Beförderung von Truppen und Militäreffecten besteht ein besonderer Tarif. Die Eisenbahn-Unternehmungen müssen den Anordnungen der vorgesetzten Behörden Folge leisten; widrigenfalls kann das Ministerium die Sequestration der Eisenbahn anordnen.

Ueber die Anlage von Eisenbahnen in technischer Beziehung, über den Bau der Bahnhöfe und Stationen, bestehen besondere gesetzliche Bestimmungen (Ministerialverordnung vom 4. Februar 1871 Nr. 8 R.-G.-B.) ebenso über den Eisenbahnbetrieb (Kais. Verordnung vom 16. November 1851 Nr. 1 R.-G.-B. für 1852) [1].

Die Bestimmungen über den Bau von Eisenbahnen beziehen sich a) auf die Beschaffenheit der Generalprojekte, die dem Ministerium längstens nach drei Monaten nach der Bewilligung zur Vornahme der Vorarbeiten vorzulegen sind (§ 1. b. Ministerial-Verordnung vom 4. Februar 1871) b) auf die Anlage der Bahnhöfe und Stationen, bezüglich welcher die politischen Behörden der an der Trace betheiligten Bezirke ihre Gutachten abzugeben haben; c) auf die Detailprojecte die erst nach Feststellung der Stationen ausgearbeitet werden können; d) auf den Vorgang der politischen Begehungs-Commission die vom Handelsministerium angeordnet wird, auf Grund der Detailprojecte die Trace begeht und die Frage in Bezug auf Straßen, Wege, Wasserläufe, Kunstbauten, Sicherung der Bahnanlage u. dgl. behandelt.

Ueber den Bau von Eisenbahnbrücken besteht eine besondere Ministerial-Verordnung (vom 30. August 1870 Nr. 114 R.-G.-B.) [2].

Die österreichische Eisenbahnbetriebsordnung vom 16. November 1851 enthält Bestimmungen über die Verpflichtungen der Eisenbahn-Unternehmungen und ihrer Angestellten einerseits und des mit der Bahn in Berührung tretende Publikums andererseits. Die Ver-

[1] Manz'sche Gesetzesausgabe B. 17 S. 68 ff.
[2] Daselbst S. 41.

pflichtnngen der **Bahnunternehmungen** beziehen sich auf die Er=
öffnung der Bahn, auf die Erhaltung derselben, auf Fahrordnung
und Tarife, auf die Instructionen an die Beamten und Diener, auf
das Verhalten bei Betriebsstörungen und Unglücksfällen, auf die
Beschaffenheit der Locomotiven, Personen= und Güterwagen, auf die
Zusammenstellung der Züge, auf die Vorsichten bei der Fahrt und
auf die Bewachung der Bahn und die Signalisirung,

Näheres Detail über die Dienstleistung des Eisenbahnpersonals
und den Vorgang bei Beförderung von Personen und Gütern ent=
hält das **Eisenbahnbetriebs=Reglement** (Ministerialverord=
nung vom 10. Juni 1874 Nr. 75 R.=G.=B.)

Bei dem unvermeidlichen, übrigens auch sehr erwünschten In=
einandergreifen der verschiedenen Eisenbahnen auf dem Gebiete eines
Staates ist es geboten, daß alle Bahnverwaltungen sowohl die der
Staats= als auch die der Privatbahnen an einen einheitlichen und
gleichmäßigen Verkehrsdienst sich halten uud gleichmäßiger Signale
sich bedienen. Zu diesem Zwecke ist in Oesterreich=Ungarn mit der
Kundmachung des Handelsministeriums vom 10. Februar 1877
Nr. 10 R.=G.=B. eine einheitliche Signalordnung für alle Eisen=
bahnen eingeführt worden uud hat das Handelsministerium den ihm
vom Verwaltungsrathe der k. k. priv. österreichischen Staats=Eisen=
bahngesellschaft im Namen sämmtlicher öste rreichischer Eisenbahn=
Verwaltungen vorgelegten Entwurf einheitlicher „Grundzüge der Vor=
schriften für den Verkehrsdienst auf Eisenbahnen" genehmigt [1]).

Das an die Eisenbahnverwaltung sich anschließende Gebiet des
Eisenbahnrechts enthält vor allem die Bestimmungen über Ent=
eignung zum Zwecke des Eisenbahnbaues. Dieselben sind enthalten
in dem Gesetz vom 18. Februar 1878 Nr. 30 R.=G.=B. und be=
ziehen sich auf den Gegenstand und den Umfang der Enteignung,
auf die Entschädigung, auf das Verfahren in Enteignungsfällen und
auf den Vollzug der Enteignung.

Da die Eisenbahngesellschafteu juristische Personen sind und als
solche Verbindlichkeiten eingehen können und für dieselben mit ihren
Vermögen wozu auch die Eisenbahn gehört haften: so stellte sich die

---

[1]) Verordnung des Handelsministeriums vom 18. October 1876 Z. 30084.
Manz'sche Gesetzesausgabe Bd. 17 S. 173.

Nothwendigkeit heraus, den gesammten immobilen Besitz der Eisen-
bahngesellschaften zum Gegenstande öffentlicher Hypothekenbücher zu
machen. Zu diesem Zwecke regelt das Gesetz vom 19. Mai 1874
Nr. 70 R.=G.=B. die Anlegung von Eisenbahnbüchern und das
Verfahren bei Erwerbung von Pfandrechten an einer Eisenbahn.

Gegenüber dem fahrenden Publikum sind die Eisenbahnver-
waltungen zur Ersatzleistung für allen Schaden verpflichtet der dasselbe aus Verschulden des Eisenbahnpersonals an Leben und Gesundheit trifft. (Gesetz vom 5. März 1869 Nr. 27 R.=G.=B.) [1]).

Post.

§ 128.

Landstraßen, Schifffahrt und Eisenbahnen sind Mittel der Communication; indem sie den Transport von Personen und Gütern
ermöglichen oder ausführen erfüllen sie ihren Zweck.

Neben Personen und Gütertransport ist aber noch die Vermittlung und Uebermittlung von Mittheilungen und der manigfachsten
Sendungen, die nicht zum Gütertransport gerechnet werden (Geld-
sendungen u. dgl.) eine Hauptaufgabe des Communicationswesens.
Diese Aufgabe erfüllt die Post [2]).

Die Anfänge des Postwesens reichen weit in das Alterthum
zurück. Im alten Persien gab es eine sehr gut organisirte Reichs-
post die aber vorwiegend nur Regierungsdepeschen und Mittheilungen
beförderte. Ebenso besaßen und besitzen bis heutzutage die ost-
asiatischen Reiche China und Japan wohlorganisirte Postanstalten
die jedoch in erster Reihe ebenfalls nur für Regierungsmittheilungen
und Sendungen bestimmt sind.

In Europa war es zuerst Rom das von bescheidenen Anfängen
zur Zeit der Republik ausgehend, unter den Kaisern bereits weit-
verzweigte, regelmäßige Postverbindungen besaß [3]).

---

[1]) Vergl. Reiniz: Das Eisenbahnwesen Oesterr.-Ungarns. Wien 1881.
[2]) Hüttner, das Postwesen unserer Zeit. 1854—60. Flegler, zur
Geschichte der Posten. Nürnberg 1858. Knies, Der Telegraph als Verkehrsmittel, Abschnitt V. Sax, Die Verkehrsmittel in Volks- und Staatswirthschaft, Wien 1878. Franz Ilwof: Das Postwesen Graz 1880.
[3]) Hudemann: Geschichte des römischen Postwesens während der Kaiserzeit 2. Aufl. Berlin 1878. Stephan: Das Verkehrsleben im Alterthum.
In Raumers Taschenbuch.

In den ersten Jahrhunderten des Mittelalters verfiel das öffentliche Postwesen ganz und Corporationen, Klöster, Städte mußten
die Entwicklung desselben wieder von Neuem in's Leben rufen.
Einen gewaltigen Aufschwung nahm dasselbe erst wieder seit dem
15. Jahrhundert als die Familie de Tassis (die späteren Fürsten
Turn=Taxis) von den deutschen Kaisern ein Privilegium zum Post=
betriebe erhielten.

Die guten Geschäfte, die dieses italienische Adelsgeschlecht mit
dem Postbetrieb machte, reizten in der Folge manche Landesherrn
und Regierungen es mit eigenen Postanstalten zu versuchen. Diese
Versuche glückten. Ueberall in Europa wurden neue Staatsposten
eingerichtet, als Monopole behandelt, die den Staatscassen immer
bedeutendere Gewinne einbrachten. Seit den 40er Jahren unseres
Jahrhunderts machte die Entwicklung des Postwesens unterstützt durch
die Eisenbahnen und Telegraphen bisher ungeahnte Fortschritte und
erreichte endlich in Folge der Einführung des gleichmäßigen niederen
Portos für die weitesten Entfernungen (Rowland Hill's Idee)[a])
und in Folge des 1850 geschlossenen österreichisch=deutschen Post=
vereines und des 1876 gegründeten Weltpostvereines den heutigen
Gipfelpunkt. Das Charakteristische des heutigen Zustandes des Post=
wesens in der ganzen civilisirten Welt ist, daß es dem Publikum
die größtmöglichsten Vortheile und Bequemlichkeiten bietet und für
die Staaten zugleich eine bedeutende Einnahmsquelle bildet.

Anm. a) „Die Hauptsätze der (durch ein Gesetz vom 17. August
1839 in England eingeführten) Postreform Rowland Hill's sind
diese: Eine sehr starke Erniedrigung des Briefporto's für die interne
Correspondenz ist nicht nur eine Forderung der Gerechtigkeit und Bil=
ligkeit, sondern wird sich durch die enorme Zunahme der Briefe selbst
finanziell empfehlen. Ein einziger niedriger Satz (von 1 Penny oder
3 Kreuzer) soll für die einfachen Briefe ohne Rücksicht auf die Ent=
fernung erhoben werden. Die (mit gestempelten Marken oder gestem=
pelten Couverts zu bewerkstelligende) Frankatur der Briefe muß (durch
Ansatz eines doppelten Porto's für den unfrankirten Brief) begünstigt
werden." Knies: Der Telegraph als Verkehrsmittel 1857. S. 87.

Das Post-Regal.
§ 129.

Aus der Betrachtung der Entwicklung und des heutigen Zu=
standes des Postwesens sollte man die besten Belehrungen über

Fragen und Controverſen ſchöpfen die bezüglich des Eiſenbahnweſens noch immer Theoretiker und Praktiker beſchäftigen.

Solche Fragen, wie z. B. ob Privat- oder Staatsbahnen, können beim Poſtweſen gar nicht mehr ernſtlich aufgeworfen werden — nachdem hier die thatſächliche Entwicklung und der thatſächliche Erfolg zu Gunſten des ſtaatlichen Monopols-Betriebes entſchieden hat. Es läßt ſich aber aus der Entwicklung des Poſtweſens ſehr wohl auf diejenige des Eiſenbahnweſens ſchließen, denn das letztere weiſt Momente auf, die es noch viel entſchiedener auf den Staat anweiſen als dieß bei der Poſt der Fall iſt.

Bei der Poſt könnte man ſich ſehr wohl private Unternehmer denken die das Vertrauen des Publikums genießend aus dem Transport von Briefen und Perſonen ihr Geſchäft machten; ſolche Unternehmungen überſteigen nicht die finanziellen Kräfte von Privaten oder Geſellſchaften und laſſen ſich ſehr gut als Privatunternehmung ohne jede öffentlich-rechtliche Ausnahmsſtellung denken.

Dahingegen ſtehen, wie wir das oben bereits erwähnten, einer Eiſenbahnunternehmung öffentlich-rechtliche Hinderniſſe entgegen die nur der Staat beheben kann und ſprechen manche gewichtige Rückſichten der Sicherheit, des öffentlichen Wohles und des öffentlichen Wirthſchaftslebens für den ſtaatlichen Betrieb der Eiſenbahnen. Wenn alſo das ſtaatliche Monopol des Poſtbetriebes, das ſogenannte Poſt-Regal heutzutage ſo über alle Einwendungen erhaben baſteht, wie viel mehr ſollte das Staatsmonopol des Eiſenbahnbetriebes über allen Zweifel und über alle theoretiſchen Anfechtungen erhaben ſein.

Oeſterreichiſche Poſtverwaltung.

§ 130.

Die techniſche und geſchäftliche Seite des Poſtbetriebes iſt heutzutage faſt in allen Staaten der civiliſirten Welt nach gleichen Grundſätzen organiſirt.

In Oeſterreich unterſteht das geſammte Poſtweſen dem Handelsminiſterium; in den einzelnen Ländern ſind mit der Leitung deſſelben Poſtdirectionen betraut.

Die Poſt übernimmt zur Weiterbeförderung 1. Briefe und Schriften ohne Werthangabe bis zum Gewichte von 250 Gramm. 2. Correſpondenzkarten. 3. Druckſachen (unter Kreuzband) bis zum

Gewichte von 1000 Grammen. 4. Waarenproben und Muster bis 250 Gramm. 5. Zeitungen. 6. Postgeldanweisungen. 7. Geldbriefe.

Der große Fortschritt der in neuester Zeit nach dem Vorgange Englands (Rowland Hill's Reformgedanke) auf dem Gebiete des Post=Portowesens gemacht wurde, besteht darin, daß die Entfernungen keinen Einfluß auf die Höhe des Portos üben; daß letzteres viel= mehr in einem gleichmäßig niedrigen Betrage für all und jede Ent= fernung bestimmt wurde.

Dieser billige und gleichmäßige Portotarif wurde in neuester Zeit mittelst internationaler Verträge (allgemeiner Post = Vereins= Vertrag 1875) auf einem Postgebiet eingeführt, welches ganz Europa das asiatische Rußland und die asiatische Türkei, einen Theil Afrikas und den größten Theil Amerikas umfaßt.

Ein weiterer Fortschritt des Postwesens der neuesten Zeit be= steht darin, daß die Post in vielen Fällen, wo es sich um Ueber= sendung von Geld handelt den Parteien die thatsächliche Uebersendung erspart und die Rolle einer Bank übernimmt indem sie Geldzahlungen auf der einen Station in Empfang nimmt, um sie auf einer andern Station an den Adressaten auszuzahlen. Da dabei von der factischen Uebersendung abgesehen wird, so können solche Anweisungen auch mittelst telegraphischer Weisung von einer Station auf die andere ausgezahlt werden. An die Postanweisungen knüpft sich das Nach= nahmewesen indem nähmlich die Post Sendungen nur gegen Be= zahlung eines von dem Aufgeber der Sendung bestimmten Betrages ausfolgt und den empfangenen Geldbetrag an den Aufgeber zu= rückleitet.

Sind einmal die Postanstalten auf diese Weise zu einer Art Banken entwickelt, die alle an den Geld= und Gütertransport sich anknüpfenden Zahlungen und Geldempfänge für die Parteien be= sorgen; so ist die weitere Entwicklung in dieser Richtung nur eine Frage der Zeit. In der That beginnt man gegenwärtig in England die Posten auch schon als Sparkassen zu benützen, die das eingelegte Geld verzinsen und diese Postsparkassen sollen nun auch auf dem Continent und in Oesterreich eingeführt werden [1]).

---

[1]) Eine diesbezügliche Regierungsvorlage ist soeben (November 1881) dem österreichischen Reichsrathe vorgelegt worden.

Telegraphenwesen.

§ 131.

Die Beförderung von Mittheilungen hat in dem Telegraphen einen Grad von Vollkommenheit erreicht den man in früheren Jahrhunderten für ganz unglaublich gehalten hätte. Wie die Eisenbahn die Pferdepost in Schatten stellte, so überholte der Telegraph die Eisenbahn. Das Dämonische dieser Erfindung gab derselben im vorhinein einen Anstrich von besonderer Gefährlichkeit.

Diesem Umstande ist es zuzuschreiben, daß die Regierungen bei diesem Beförderungs- und Verkehrsmittel nicht so wie bei den früheren erst ruhige Zuschauer blieben und dasselbe einige Zeit den Händen der Privaten überließen: sondern vielmehr gleich zugriffen und dasselbe ausschließlich für den Staat in Beschlag nahmen [1].

In der That war es für jede Staatsgewalt nicht ohne Gefahr sich von einem unsichtbaren, geheimen Netz von Verständigungen und Einverständnissen umgeben zu sehen, in welches sie keinen Einblick hätte.

Politische Ränke und Bestrebungen hätten in dem f r e i e n, von der Staatsgewalt nicht controlirbaren Telegraphen ein Mittel in

---

[1] Die erste physikalische Beobachtung die in der Folge zur Erfindung des Telegraphen führte, war bekanntlich die von Galvani (1789) über die Zuckungen der Froschschenkel; weitere Beobachtungen und Untersuchungen führten auf den Gedanken, die Electricität für den Nachrichtenverkehr zu verwerthen. Im Jahre 1809 veröffentlichte S ö m m e r i n g in München eine dießbezügliche Abhandlung „über den electrischen Telegraphen.“ Rasch folgten nun Versuche, Entdeckungen und Verbesserungen an denen hervorragenden Antheil nahmen die Physiker: S c h w e i g g e r in Halle, A r a g o in Paris, M o r s e in Amerika, G a u ß und W e b e r in Göttingen, S t e i n h e i l in München und W h e a t s t o n e in England; schon im Jahre 1844 legte M o r s e den ersten Telegraphendraht von W a s h i n g t o n nach B a l t i m o r e. Fast gleichzeitig ward in Deutschland eine Privattelegraphenlinie von M a i n z nach F r a n k f u r t gelegt (im Dienst einer Eisenbahn) worauf die preußische Regierung sogleich das neue Correspondenzmittel einer genauen Prüfung unterzog und noch in den vierziger Jahren die ersten Staatstelegraphenlinien legen ließ. Oesterreich und die andern mitteleuropäischen Staaten folgten rasch nach und schon 1850 kam der erste österreichisch-deutsche Telegraphenverein zu Stande. So schnell bemächtigten sich die Regierungen dieser jüngsten Erfindung auf dem Gebiete des Communicationswesens. Vergl. K n i e s: Der Telegraph als Verkehrsmittel Abschnitt VI.

der Hand, wirksamer als alle bis dahin in Anwendung gekommenen Mittel geheimer Verbände und Verschwörungen.

Der Telegraph mußte daher dieser seiner Natur gemäß allsogleich in die Hände des Staates fallen der ihn in erster Reihe wieder für sich in zweiter jedoch nicht minder zum allgemeinen Besten benützt.

Auf keinem andern Gebiete kann der Staat so wie auf den der Post- des Eisenbahn- und des Telegraphenwesens mit Stolz darauf hinweisen, daß seine Thätigkeit dem Wohle der Gesammtheit dient; auf keinem andern Gebiete ist diese Arbeit für das allgemeine Beste so offenbar und so handgreiflich.

Und ebenso wie auf dem Gebiete des Postwesens wird diese Arbeit derart geleistet, daß sie all und jede zu Gunsten der Privatisirung des Telegraphendienstes erhobene Anfechtung widerlegt.

Wie die Post, ist der Telegraph als öffentliches Communicationsmittel Staatsmonopol: und wie von der Post, muß vom Standpunkt der Theorie und Praxis, vom Standpunkt des Staates wie des Privatinteresses gewünscht werden, daß er immer Staatsmonopol bleibe.

Anm. Die fernere Entwicklung und Vervollkommung sowohl des Post- wie des Telegraphenwesens liegt in der Ausdehnung dieser Verkehrsmittel auf die ganze von Menschen bewohnte Welt oder mindestens auf alle Staaten der Welt. In dieser Richtung aber haben Post und Telegraph nur als Staatsanstalten, als Staatsmonopole eine Zukunft. Denn private Gesellschaften können nie auf die Dauer das erreichen was die Staaten heutzutage mittelst internationaler Verträge erreichen können. Vollkommenste Weltpost- und Welt-Telegraphenvereine aber sind die Zielpunkte auf die heute die Staaten, als Post- und Telegraphen-Monopols-Besitzer hinarbeiten.

See-Schifffahrt.

§ 132.

Wenn die bisher betrachteten Communicationsmittel sich in den Grenzen des Staates, auf dem Gebiete seiner unmittelbaren Herrschaft befinden und seiner fortwährenden Einflußnahme unterworfen sind: so greift der Staat mit der See-Schifffahrt weit über seine Grenzen hinaus, auf ein Gebiet das er nie ganz und unmittelbar beherrschen kann. Wohl ist das Schiff ein Stück des Staates dem es angehört und an die heimische Staatsgewalt durch Rechtsverhältnisse gebunden, die in der civilisirten Welt als unantastbar und heilig gelten: doch ist die Gewalt des Staates, die er über jedes Stück seines Gebietes immerfort übt, die Möglichkeit jedesmaligen kräftigen Eingreifens in die ihm unterworfenen Lebensgebiete seiner Unterthanen mit Bezug auf das Schiff und dessen Besatzung keine bedingungslose mehr von den Augenblicke an wo dasselbe die heimatliche Küste verlassend die hohe See beschifft oder in fernen Welttheilen weilt.

Aber gerade das Verhältniß der Schiffe und Flotten zu ihren Heimathländern, zeigt in dem schönsten Lichte den Triumph der modernen Rechtsidee. Zerstreut auf weiten Oceanen, bilden die zahlreichen Schiffe eines Staates und ihre Besatzungen eine einheitliche Gemeinde die ein und denselben Normen unterliegt, dieselben Vorschriften und Bestimmungen beobachtet, welche fern in der Heimath das vaterländische **G e s e t z** verkündet.

Die Wichtigkeit und Bedeutung der Seeschiffahrt für die Macht und den Wohlstand der Staaten lehrte reichliche Erfahrung schon die Völker des Alterthums. An den Meeresküsten erblühten die ersten mächtigen und wohlhabenden Städte; von den Meeresküsten gegen das Innere des Landes war von jeher der Gang aller Civilisation. Während Binnenländer Jahrtausende in Barbarei und Noth verblieben; hat die Berührung mit der See und die Schifffahrt auf derselben auch die roheste Stämme schnell zu Macht und Bildung gelangen lassen. Als ob die See das befruchtende Element aller Civilisation wäre, sehen wir überall nur an ihren Küsten und unweit von Flußmündungen geschäftliches Leben sich entwickeln und Brennpunkte menschlicher Cultur entstehen.

Kein Wunder, daß ein natürlicher Instinkt alle Staaten von jeher zur See drängt; daß sie sich von dieser Grundlage aller Macht und alles Wohlstandes nicht trennen lassen wollen und immer bestrebt sind dieselbe zu erweitern.

Das Mittel aber, durch welches die See ihren segensreichen Einfluß auf Länder und Staaten übt, ist die **S c h i f f f a h r t**. Es war daher immer das Streben der an das Meer grenzenden Staaten ihre Schiffahrt zu heben, d. h. eine möglichst große Anzahl seetüchtiger und gut ausgerüsteter Schiffe zu besitzen.

Nun schloß aber die Natur der Sache von jeher jedes staatliche Monopol an der Seeschifffahrt aus: die Entwicklung der Seeschifffahrt war vielmehr Sache des Handels der wieder seinerseits nie und nimmer staatlichen Zwang, Bevormundung oder gar Verstaatlichung erträgt. So wie nun der Handel seiner Natur nach nur privat sein kann und als staatliches Institut nirgends gedeiht so fiel auch von jeher die Schifffahrt den Privat-Bestrebungen und Interessen anheim. Auch machte der oben hervorgehobene Umstand, daß das Gebiet der Schifffahrt, die See, außer den Grenzen der Staaten liegt, jede Monopolisirung der Schifffahrt von vornherein unmöglich.

Nur zu Kriegszwecken konnten Staaten eigene Schiffe bauen und unterhalten: doch haben Kriegsmarine auf die Hebung und Entwicklung der Handelsmarine keinen bedeutenden Einfluß. Kriegsmarinen sind eine Ergänzung der Staatswehr: auch können sie der privaten Handelsmarine eines Staates oft eine moralische Unterstützung leihen. Aber der Aufschwung dieser letzteren und ihre Entfaltung hängt weniger vom Staate ab und liegt nicht in seiner Macht; die Handelsmarine ist überall ein Product des Handelsgeistes eines Volkes, aus dessen eigenster Initiative stammend, ein Werk natürlicher Neigungen und Fähigkeiten die sich im Laufe der Zeiten bei Küstenbewohnern herausbilden.

Nur die Förderung solcher naturwüchsigen und angeborenen auf den Seehandel gerichteten Bestrebungen liegt in der Hand der Staatsverwaltung ebenso wie es in ihrem Interesse liegt.

Diese Förderung geschieht auf doppelte Weise, erstens durch Pflege und Entwicklung des Seerechts, zweitens durch Handhabung der Seeschifffahrts-Polizei.

Seerecht.
§ 133.

Der Zweck des Seerechts nun ist, für die besonderen Verhältnisse die sich aus der Thatsache der Schifffahrt für alle Betheiligten ergeben und die mit den Normen des allgemeinen Privatrechts nicht bewältigt werden können, feste Rechtssätze zu statuiren.

Die Thatsache der Schifffahrt erzeugt nähmlich eigenthümliche

Verhältnisse zwischen dem Eigenthümer des Schiffes (Rheder) und dem Leiter desselben (Capitän) einerseits, sodann zwischen diesem letzteren und der Schiffsmannschaft, den Passagieren und den Befrachtern andererseits. Außer diesen Privatrechtsverhältnissen kommt die völkerrechtliche Stellung des Schiffes selbst gegenüber allen fremden Schiffen und gegenüber den Ländern und Staaten in Betracht, vor deren Küsten das Schiff vorbeikommt, oder an denen es vor Anker geht.

Soll die Schifffahrt eines Staates frei und unbehindert sich entwickeln so müssen sowohl jene inneren, privatrechtlichen als auch diese äußern internationalen Verhältnisse durch Gesetz und Recht geregelt sein. Das Erstere nun, die Regelung privat-seerechtlichen Verhältnisse kann jeder Staat selbständig mit Giltigkeit für seine Schiffe vornehmen und die betreffenden Bestimmungen codificiren: letzteres hingegen, die Regelung der internationalen Schifffahrtsverhältnisse kann nur mittelst volkerrechtlicher Verträge geschehen.

Das Privatseerecht ist verhältnißmäßig sehr spät Gegenstand der Codification geworden. Das Alterthum hat uns nur ein unbedeutendes Bruchstück eines Seerechtsgesetzes hinterlassen (aus der lex Rhodia).

Das europäische Mittelalter und auch noch das 16. Jahrhundert begnügten sich mit Privataufzeichnungen von auf Schifffahrtsverhältnisse sich beziehenden Gewohnheitsrecht [1]). Die ersten Codificationen des Seerechts begegnen wir in Europa in den Recessen der Hansa. Sodann folgt Frankreich mit Ludwig des XIV „Ordonance de la marine du mois d'août 1681", welche ein Werk des genialen Colbert ist; Preußen mit seinem „Seerecht" von 1727; endlich Oesterreich mit seinem Marine-Edict: Editto politico di

---

[1]) Hieher gehören die sogenannten Assisen des Königreichs Jerusalem (1100 n. Chr.); die Jugemens d' Oleron (das Gewohnheits=Seerecht der an der französischen Westküste liegenden Insel Oleron); die Gewohnheiten von Amsterdam (n. 1400) das Seerecht von Wisby (einer Stadt auf der Insel Gothland in der Ostsee); das Consolato del Mare der sogenannte Guidon de la mer entstanden in Frankreich im 16. Jahrhundert). Vergl. Kaltenborn Grundsätze des europäischen Seerechts 1851. Nizze allgemeines Seerecht. Rostock 1875. Pardessus: collection des lois maritimes anterieures au XVIII. siècle. Paris 1829—45.

navigazione mercantile vom 25. April 1744. Dieſes letztere iſt noch heutzutage Grundlage des öſterreichiſchen Seerechts während in Deutſchland der fünfte Theil des neuen deutſchen Handelsgeſetzbuchs enthaltend das Seerecht, die neueſte Codification auf dieſem Gebiete, geltendes Recht iſt. In Oeſterreich wurde dieſer Theil des deutſchen Handelsgeſetzbuches nicht eingeführt, da das öſterreichiſche Seerecht auf verſchiedener Grundlage als das der norddeutſchen Staaten beruht und daher eine Rückſichtnahme auf die öſterreichiſchen Seerechts-verhältniſſe geboten ſchien. Doch wird gegenwärtig an einem neuen Entwurf für ein öſterreichiſches Seerecht gearbeitet.

Seeſchifffahrts-Polizei.

§ 134.

Die Sicherſtellung des Schiffsverkehrs durch Maßregeln, welche den demſelben drohenden Gefahren vorbeugen ſollen, iſt die Aufgabe der Seeſchifffahrts-Polizei. Im Vergleiche mit der Flußſchifffahrts-Polizei iſt dieſe Aufgabe um ſo ſchwieriger, um wie viel die Gefahren der Seeſchifffahrt und die möglichen Schäden und Unglücksfälle zur See größer ſein können, als auf Flüſſen.

Daß viele Grundſätze dem einen wie dem andern Gebiete der Schifffahrts-Polizei gemeinſam ſind, folgt aus der gemeinſamen Natur der Schifffahrt überhaupt.

Die Seeſchifffahrts-Polizei hat es mit den Beſtimmungen 1. über die Beſchaffenheit der Fahrzeuge, 2. über die Qualification der Schiffsleiter (Capitäne), 3. über die Vorſichtsmaßregeln während der Fahrt, und 4. beim Einlaufen und Verweilen im Hafen zu thun.

Grundlage aller Schifffahrts-Polizei iſt ein genau geführtes Schiffsregiſter in welches all und jedes Schiff nach behördlicher ſchiffsbau-polizeilicher Beſichtigung, aus der ſich kein Anſtand ergibt, eingetragen wird.

Die Eintragung in das Schiffsregiſter umfaßt nach dem öſter-reichiſchen Geſetze am 7. Mai 1879, R.-G.-Bl. Nr. 65. den Namen und die Bauart des Schiffes, den Tonnengehalt, den Ort und die Zeit der Erbauung, den Heimathhafen, den Namen (und alle nähern Bezeichnungen) des Rheders eventuell der Mitrheder, des Schiffers u. dgl. Je nach der Bauart und Größe des Schiffes wird die Kategorie bestimmt in die es eingereiht wird, wonach wieder der Umfang des dem Schiff zu ertheilenden Verkehrsbefugnisses bemessen wird. Darnach giebt es Schiffe mit dem Befugnisse zur kleinen oder großen Küstenschifffahrt (Cabotage) und zur Schifffahrt in die weite See. Für die kleine und große Küstenschifffahrt werden gewisse Seebezirke festgesetzt.

So umfaßt, um ein Beispiel anzuführen, der Seebezirk für die kleine österreichische Cabotage das ganze adriatische Meer (westlich bis zum Cap Santa Maria bi Leuca und östlich bis zu den Küsten von Morea und zwar bis zum Cap Clarenzo mit Inbegriff des Golfes von Lepanto und den jonischen Inseln einschließlich des Hafens und Canales von Zante (Verordnung des Marineministers 29. Juli 1863 R.-G.-B. Nr. 69). Die große österreichische Cabotage erstreckt sich auf das adriatische und mittelländische Meer einschließlich der Meerenge von Gibraltar, auch auf das Schwarze und Asowsche Meer auf den Kanal von Suez auf das rothe Meer und auf die Küstenstrecke bis in den Hafen von Aden.

Der Schiffer, Schiffslenker (Capitän) muß seine Qualification zu diesem Berufe gehörig nachweisen [1].

Die Vorsichtsmaßregeln während der Fahrt bestehen in der Führung von Signallichtern, in Beobachtung der Vorschriften bezüglich des Ausweichens der sich begegnenden und des Einhaltens einer bestimmten Distanz der in derselben Richtung fahrenden Schiffe endlich in Beobachtung der die gefährlichen Stellen bezeichnenden Boien, Flaggen, Stangen u. s. w.

Beim Einlaufen in einen Hafen hat sich jedes Schiff der Hafenbehörde zu melden, sich in all und jedem nach dem betreffenden Hafenreglement zu richten und der Hafenbehörde Folge zu leisten.

Anm. Die völkerrechtlichen Bestimmungen zum Zwecke der Verhütung von Unfällen zur See aus Anlaß der Begegnung oder des Zusammentreffens von Schiffen auf derselben Schifffahrtslinie bilden den Inhalt des Seestraßenrechts. In der Aufstellung der Grundsätze und Normen desselben gieng England allen andern Staaten voraus,

---

[1] Vorschriften darüber für Oesterreich enthalten Ministerial-Verordnung vom 29. Juli 1863 R. G.-B. Nr. 69 und das Gesetz vom 7. Mai 1879 R.-G.-B. Nr. 65 und Verordnung des Handelsministerium vom 10. October 1879 R.-G B. Nr. 122 vergl. Mayrhofer III. 277 ff.

und England gebührt auch das Verdienst seit Mitte dieses Jahrhunderts diesen Grundsätzen und Normen durch internationale Verträge allgemeine Anerkennung verschafft zu haben. Die Bestimmungen des Seestraßenrechtes schließen sich an die Seeschifffahrts-Polizeivorschriften an und beziehen sich, wie diese letzteren auf das Geben von Signalen (mittelst Dampfpfeife, Glocke, Nebelhorn 2c.) das Führen von Lichtern zur Nachtzeit, Mäßigung der Fahrtgeschwindigkeit bei Nacht und Nebel und auf das gegenseitige Ausweichen der Schiffe.

C. I.
Wohlfahrtsbeförderung.

Ausgangspunkte und Eintheilung.

§ 135.

So wie die Landwirthschaft durch die Macht der Umstände die ursprünglich extensive Bodenbewirthschaftung mit der Zeit in eine intensive zu verwandeln gezwungen ist: so sieht sich der Staat in seiner Entwicklung genöthigt von einer extensiven zu einer intensiven Ausnützung der Volkskräfte überzugehen. Während er in den Anfängen seiner Entwicklung die ihm zu Gebote stehenden Volkskräfte nur in der Weise eines Raubbaues ausnützt ohne an die gehörige Kräftigung und Stärkung so zu sagen des socialen Bodens zu denken: gelangt er mit der Zeit, bei besserer Erkenntniß seiner Interessen zu der Einsicht, daß er die Ausgiebigkeit dieses Bodens für sich vergrößern kann, wenn er die Fruchtbarkeit desselben fördert, wenn er denselben materielle und geistige Hilfsmittel zuführt, denselben stets in gutem Stande erhält und sich dessen Pflege angelegen sein läßt.

· Aus dieser Erkenntniß und Einsicht des Staates erwächst die Sorge um die Wohlfahrt des Volkes, entspringt der Inbegriff all jener Thätigkeiten die wir mit dem Namen Wohlfahrtspolizei oder Wohlfahrtspflege bezeichnen.

Diese Thätigkeiten beziehen sich a) auf die wirthschaftlichen Hilfsmittel des Volkes (Volkswirthschaftspolitik)[1] b) auf die gei-

---

[1] Von Rau Volkswirthschaftspflege, Wohlstandssorge, Wirthschaftspolizei genannt und als besonderer Theil der politischen Oeconomie behandelt. Rau versteht unter Wohlstand den günstigen Vermögensstand eines Volkes also den materiellen Wohlstand. Wir gebrauchen hier das Wort Wohlfahrt für den weiteren Begriff der auch den intellectuellen Zustand eines Volkes in sich faßt. Vergl. Rau l. c. II. S. 1.

stigen Hilfsmittel desselben (Cultus- und Unterrichtspolitik) und c) auf die persönlich-phisischen Hilfsmittel desselben (Sanitätspolizei und Armenpflege).

Anm. Diejenige Wissenschaft, auf die sich die Staatsverwaltung auf dem Gebiete der Wohlfahrtsbeförderung zumeist stützen, von der sie die wichtigsten Weisungen entlehnen muß, die besten Rathschläge sich erholen kann, ist die Nationalöconomie d. i. jene Wissenschaft, welche die Erscheinungen des wirthschaftlichen Lebens untersucht und aus der Erforschung des Wesens derselben die Gesetze zu erkennen strebt, die diesen Erscheinungen zu Grunde liegen. Leider bleibt uns auch hier das Schauspiel nicht erspart, daß einseitige Richtungen der Theorie in der Praxis der Staaten sich Geltung verschaffen und die Staats= verwaltungen auf falsche Wege drängen auf denen sie erst nach Ent= täuschungen und schlimmen Erfahrungen für sich und für die Wissenschaft bessere Erkenntniß einsammeln.

Die Nationalöconomie ist eine junge Wissenschaft; als solche be= ginnt sie erst im 16. Jahrhundert. Seit dieser Zeit hat sie sich nach= einander in drei verschiedenen Richtungen entwickelt (Mercantilismus, Physiocratismus, Industriepolitik) und jedesmal hat sie die Staatsver= waltungen indem sie dieselben nach diesen Richtungen drängte, ins Mit= leid gezogen. Dabei glaubte jede spätere Richtung dem Staate das beste Heilmittel gegen die Schäden der vorhergehenden bieten zu können. Heute sind wohl die Irrthümer jeder dieser Extreme klar geworden und die Nachtheile die dem allgemeinen Wohlstand jedesmal durch deren Irrthümer zugefügt worden sind. Und wieder stehen wir vor einer extremen Richtung, die die Schäden der zuletzt vorherrschenden heilen will, es ist die socialistische und kathedersocialistische. Welche Vorsicht da der Staatsverwaltung allen solchen extremen Richtungen gegenüber geboten ist, lehrt am besten diese ganze Entwicklungsgeschichte der natio= nalöconomischen Theorien und ihrer so oft unheilvollen Folgen für den Wohlstand der Staaten.

Als Mercantilismus kam die Nationaloconomie auf die Welt. Vom Glanze des frisch aus Amerika importirten Goldes geblendet, sah es im Geldbesitz das größte Glück der Völker. Die Regierungen sollten nun die Volkswirthschaft in der Weise beeinflussen, daß nur recht viel Gold und Edelmetall ins Land komme und so wenig als mög= lich hievon ins Ausland abfließe [1]).

---

[1]) Die Theorie des Mercantilismus findet man zuerst bei dem Franzosen Jean Bodin (Bodinus) in seinem Buch: De republica Paris 1589. In Italien beginnt diese Richtung mit Serra: trattato delle cause che possono far abandonare d'oro e d'argento, dove non sono miniere 1613. In Deutsch= land gehören dieser Richtung an: Schröder: Fürstliche Schatz- und Rüst= kammer, Leipzig 1686. In Oesterreich Horned: Oesterreich über alles 2c.

Diesen Lehren vertrauend, verbot man oder erschwerte doch die Einfuhr fremder Fabricate; setzte Prämien auf die Ausfuhr inländischer Kunstprodukte; verbot die Ausfuhr von Gold 'und Silber; unterstützte Fabriksunternehmungen auch wo die natürlichen Bedingungen dafür fehlten; richtete die Handels- und Colonialpolitik nach diesem einzigen Gesichtspunkte ein um eine sogenannte günstige Handelsbilanz d. h. einen Ueberschuß der Ausfuhr über die Einfuhr zu erzielen [1]).

Die Irrthümer und Uebertreibungen der Mercantilisten wiesen die Physiocraten zum Theil ganz richtig nach und plaidirten für vollkommene Freiheit des Handels und der Gewerbe: verfielen aber ihrerseits in eine ganz ungerechtfertigte, einseitige Ueberschätzung der Macht und Bedeutung der Rohproduction, insbesondere des Ackerbaus [2]), woraus sie sodann für die Staatsverwaltung die Nothwendigkeit der besonderen Begünstigung der Landwirthschaft andererseits aber auch der Einführung einer einzigen Steuer auf Grund und Boden deducirten. Auch diese extremen Lehren fanden hie und da bei den Regierungen Gehör so z. B. in Baden wo man das Experiment mit der einzigen Grundsteuer („Einsteuer“) zum Schaden des Landes durchmachte und auch in Oesterreich berücksichtigte man bei den josephinischen Steuerreformen vielfach die phisiokratischen Grundsätze.

Leipzig 1654. In England: I. Law: money and trade considered with a proposal for supplying the nation with money. Edinburgh 1705.

[1]) Ueber das Mercantilsystem vergl. vor allem die bekannten Lehrbücher: Rau: Grundsätze der Volkswirthschaftslehre 7. Ausg. 1863 B. I. S. 34 ff. Daselbst reichhaltige Literaturangaben über die Mercantilisten des 16., 17. und 18. Jahrhunderts. — Max Wirth, Grundzüge der Nationalöconomie 3. Aufl. 1861. I. S. 71. Mischler: Grundsätze der Nationalöconomie, Wien 1857. I. 116, 117. Kautz: Die geschichtliche Entwicklung der Nationalöconomik und ihrer Literatur Wien 1860 S. 243. Dühring: Kritische Geschichte der Nationaloconomie Berl. 1879. Knies: Die politische Oconomie vom Standpunkt der geschichtlichen Methode 1853 S. 172 ff. Hildebrand: Die Nationalöconomie der Gegenwart und Zukunft (Frankfurt 1848) S. 7 u. f. Hermann Bischof: Grundzüge eines Systens der Nationalöconomie. Graz 1874 S. 52. Von Monographien über den Mercantilismus ist H. J. Bidermann's Schrift „Ueber den Mercantilismus. Wagner 1870 zu erwähnen. Den Grundirrthum des Mercantilsystems und den in demselben liegenden Widerspruch faßt klar und bündig zusammen Franz Reumann: Oesterreichs Handelspolitik, Wien 1864 S. 3 u. f.

[2]) Begründer dieser Richtung der Franzose François Quesnay (1694—1774); seine Hauptschrift: Tableau economique (1758) und Maximes generales du gouvernement economique (1758). Ihm zunächst Turgot: Recherches sur la nature et l'origine des richesses Paris 1774. In Deutschland repräsentiren den Phisiokratismus: Iselin, Versuch über die gesellschaftliche Ordnung. Basel 1772, J. C. E. Springer: über das phisiokratische System. Nürnberg 1781.

Abam Smith[1]) stellte ein neues nationalœconomisches System
auf, welches die Schwächen und Mängel der zwei vorhergehenden auf-
deckte. Gegen all und jede Bevorzugung irgend eines speziellen Pro-
ductions- oder Erwerbszweiges streitend brachte er alle volkswirthschaftliche Thätigkeiten unter einen gemeinsamen Nenner: die Arbeit und
verlangte für dieselbe Freiheit auf allen Gebieten ihrer Bethätigung.
Smith lehrte in der Arbeit die einzige Quelle des Wohlstandes und
Reichthums der Völker zu erkennen, gleichviel ob sie den Boden be-
baut, Kunstproducte liefert, im Handel den Produzenten dem Consumenten
näher bringt, oder in Wissenschaft und Kunst höheren menschlichen Bedürfnissen Rechnung trägt.

Für diese in den manigfachsten Formen und Gestalten in Erscheinung tretende menschliche Arbeit reclamirte er überall dieselbe Frei-
heit. Sein System war der Ausdruck eines Zeitalters in dem die
Industrie einen früher nie geahnten Aufschwung genommen und
paßte sehr gut zu den Riesenschritten, mit denen dieselbe ihrem heutigem
Höhenpunkte entgegeneilte. Was in unserem Jahrhundert auf dem
Gebiete der Industrie erreicht wurde (namentlich in England, Frank-
reich und Deutschland), das konnte in der That nur durch vollkommene
Freiheit der Arbeit auf all und jedem Gebiete, in all und jeder
Form und Gestalt, erreicht werden.

Aber diese von den Staatsverwaltungen vielfach adoptirten Smith'-
schen Grundsätze über vollkommene Freiheit all und jeder wirthschaftlichen Thätigkeit im weitesten Sinne des Wortes, dieses vollkommene Gewährenlassen all und jeder industriellen „Arbeit" bei vollkom-
mener Schrankenlosigkeit der freien Concurrenz, all dieß erzeugte
mancherlei Mißstände und Schäden, die man kurz als rücksichtslose Ausbeutung der Schwächeren durch die Stärkeren bezeichnen kann. Diese
Ausbeutung manifestirte sich einerseits auf dem Gebiete des Fabrik-
wesens in der elenden Lage der Arbeiter und auf dem Gebiete des
internationalen Handels in der Zugrunderichtung so manches blühenden
Industriezweiges eines Staates durch die Concurrenz des mächtigeren
rivalisirenden Industriezweiges eines anderen Staates.

Solche Uebelstände und Schäden riefen allenthalben Widerspruch
und Opposition gegen das Smith'sche Industriesystem hervor. Diese
in mancher Beziehung gerechtfertigte Opposition erreicht aber wieder in
den Lehren des Socialismus und Kathedersocialismus ein
gefährliches Extrem[2]). Es hatte vorerst den Anschein, daß die Staatsverwaltungen in Folge der Opposition gegen das Industriesystem dessen

---

[1]) „An Inquiry in to the Nature and Causes of Wealth of Nations"
zuerst erschienen 1776.

[2]) Vergl. des Verfassers „Rechtsstaat und Socialismus". Innsbruck 1881.
Wagner.

Uebertreibungen und krankhaften Auswüchse beseitigen werden ohne sich wieder in extreme socialistische Experimente einzulassen. Aber die neuesten volkswirthschaftlichen Projecte Bismarck's beweisen, daß auch diese extreme Richtung ebenso wie die vorhergehenden bestimmt ist, im praktischen Staatsleben theilweise erprobt zu werden.

Volkswirthschaftspolitik.

§ 136.

Wirthschaftspolitik ist keineswegs, wie das auf den ersten Blick scheinen könnte, eine moderne Errungenschaft, eine Novum das den modernen Staat vor den früher existirenden Staaten auszeichnet. Jeder Staat, auch auf seiner primitivsten Stufe treibt Wirthschafts= politik. Es folgt das aus seiner Natur [1]. Denn indem die herr= schenden Classen leben und sich erhalten wollen, was doch der Zweck aller Herrschaft ist, müssen sie Wirthschaftspolitik treiben. Nur ändert und entwickelt sich sowohl die Art und Weise wie auch der Umfang und das Gebiet der staatlichen Wirthschaftspolitik unter dem allmächtigen Einfluß menschlicher Cultur, geistiger Entwicklung und des Weltverkehrs. Vor allem aber ist es Handel und In= dustrie die, wie wir das sehen werden, den Staat zwingen, seine Wirthschaftspolitik zu ändern und auf diesem Gebiete seiner Thätig= keit in seinem eigenen Interesse unaufhörlich mit dem „Geiste der Zeit" fortzuschreiten [2].

Wenn das Mitglied der herrschenden Classe, der antike Sklaven= besitzer seine Sklaven füttert, treibt er Wirthschaftspolitik; ebenso der Frohnherr des europäischen Mittelalters und auch der Neuzeit der seine Leibeigenen einige Tage der Woche für ihren eigenen Unter= halt arbeiten ließ oder ihnen ihren Antheil an dem Naturalertrage der Ernte zuwies.

---

[1] „Es liegt nun aber in dem Selbsterhaltungstriebe des Staates und ist eine Seite seines Machtzweckes, daß er gerade seine Angehörigen, das Staats= volk auch in wirthschaftlicher Beziehung möglichst günstig gestellt zu sehen ver= langt". Inama-Sternegg Verwaltungslehre S. 124.

[2] „Die Volkswirthschaftspflege ist die unmittelbare auf den guten Erfolg der Volkswithschaft oder auf den Volkswohlstand gerichtete Thätigkeit der Re= gierung". „Der Wohlstand des Volkes gehört demnach unter die Bedingungen der Staatswohlfahrt ...." Rau l. c.

Nicht das Princip und das Wesen der Wirthschaftspolitik änderte sich, nur hat die culturelle Entwicklung der Menschheit, Industrie, Handel und Verkehr die herrschenden Classen und die Staatsgewalt gezwungen ihre Ziele auf ganz a n d e r e W e i s e anzustreben, ihre Wirthschaftspolitik auf anderen Gebieten, mit andern Mitteln zu betreiben.

Der moderne Staat braucht G e l d zu seiner Erhaltung ᵃ). ‚Er muß es im regelmäßigen Gange des staatlichen Lebens v o n d a nehmen, woher alle Staatsgewalt immer die Mittel zu ihrem Unter= halt nahm, vom Volke. Da man aber nur da nehmen kann wo etwas ist (wo nichts ist hat der Kaiser sein Recht verloren) und da man bestomehr nehmen kann, jemehr vorhanden ist: so ist es klar, daß der moderne Staat sich das wirthschaftliche Wohlergehen also die wirthschaftliche Kräftigung und die immer größere wirthschaft= liche Wohlhabenheit des Volkes muß angelegen sein lassen, was er auch in vollem Maaße thut.

A n m. a) Der mittelalterliche Staat betrieb die Staatsmaschine, wie wir das schon oben erwähnten, meist mittelst Naturaldiensten. Die Umwälzung der socialen Verhältnisse in Folge der Entdeckung Amerikas, der Erfindung des Schießpulvers, der Buchdruckerkunst und des Em= porkommens der Städte und des dritten Standes: zwangen die moder= nen Staaten die Naturaldienste im Staate abzuschaffen und dieselben durch Geldbienste zu vertreten. Dazu brauchte man nach der ersten oberflächlichen Ansicht offenbar viel G e l d. Daher die merkantilistischen Theorien des 16. Jahrhunderts. Erst eine gereiftere Erkenntniß er= blickt im Geld nur die s e c u n d ä r e Erscheinung, in der A r b e i t und der I n d u s t r i e, in der wirthschaftlichen P r o d u c t i o n hin= gegen die wahre Q u e l l e alles Reichthums und aller staatlichen Macht. Ueber Letzteres herrscht heute kein Streit; Industriesystem, (Manchester= thum) und Socialismus sind darüber vollkommen einig. Der Streit zwischen diesen entgegengesetzten Richtungen und Parteien bewegt sich nur um die Frage w i e, i n w e l c h e r F o r m diese Production vor sich gehen solle und wie die producirten Güter v e r t h e i l t werden sollen. Während das Industriesystem auf allen Gebieten der Production vollkommen freie Concurrenz will walten lassen und dem freien Kampf der nur ihrem Eigeninteresse folgenden Individuen ruhig zuschaut: will der Socialismus und Kathedersocialismus solche gesellschaftliche „socie= täre“ Productionsformen schaffen in denen für freie Concurrenz und ihre schlimmen Folgen für die Massen kein Platz bliebe. Das In= dustriesystem betrachtet den wirthschaftlichen Kampf der Menschen als eine Art Naturproceß den man sich ruhig abspielen lassen soll, da man durch Eingriffe in denselben nur Unheil und Schaden anrichtet: der Socialismus sieht in diesen Vorgängen nur ein unmoralisches Treiben der Capitalisten dem er im Interesse der Gesammtheit ein Ende machen will, um den ganzen Productionsprozeß „gesellschaftlich" zum Heile Aller zu reorganisiren. Die Pläne der Socialisten nehmen sich nicht übel aus; leider aber scheinen sie ewig unrealisirbar weil sie auf jedem Schritt mit der Natur der Menschen zumal der wirthschaftenden Menschen in unversöhnlichem Widerstreit sich befinden.

Production.
§ 137.

Jede Wohlhabenheit hat Production im weitesten Sinne zur Voraussetzung. Will der Staat die Erstere so muß er diese letztere ermöglichen und fördern. Zu diesem Zwecke richtet der Staat sein Augenmerk auf die drei Elemente der Production: Natur (Boden) Arbeit und Capital[1]). Alle diese drei Elemente trachtet er für die Production ergiebig und ausgiebig zu machen. Die Erfahrung lehrte, daß dieses mittelst möglichst großer Freigebung jedes dieser Elemente der Production am besten erreicht wird, d. h. mittelst Beseitigung aller staatlichen Beschränkungen der Ausbeutung dieser Productionselemente und Ueberlassung derselben der ungehinderten Bewegung in die sie durch die Erwerbsthätigkeit der Menschen gebracht werden. Der moderne Staat also ist nach den manigfachsten Experimenten die er in dieser Beziehung durchmachte (s. oben S. 330.) bei der Anerkennung der Ungebundenheit des Grund und Bodens, der Freiheit der Arbeit und des Capitalumlaufes angelangt. Wir wollen nun kurz jedes dieser Elemente der Production und das Verhalten des Staates zu denselben mit Hinblick auf die Hebung der Production und Wohlhabenheit des Volkes in Betracht ziehen.

Anm. Grundlegend für die Theorie der Production ist Roscher dem wir hier folgen: sodann Rau (Bd. I. Buch 2. „Entstehung der Vermögenstheile") der zwei Arten von „Güterquellen" annimmt, und zwar Kräfte und schon vorhandene Vermögenstheile. Die ersteren sind „Naturkräfte und menschliche Kräfte" was jedoch auf eins herauskommt und passender als „Natur" bezeichnet wird; zu den letzteren rechnet Rau: Grundstücke und Capitale; auch das ist etwas schief da doch Grundstücke nichts anderes als Natur und Naturkräfte sind.

---

[1]) Roscher Bd. I. Buch 2. „Production der Güter".

Grund und Boden.

§ 138.

Grund und Boden wurde als Grundlage und nothwendigste Bedingung all und jeder Production daher auch als Mittel der Selbsterhaltung und der Herrschaft über Andere, seit den ältesten Zeiten in jedem Staate zum Eigenthum der herrschenden Klasse erklärt. Als solches wurde er von den beherrschten Klassen, zuvörderst von den Sklaven zu Gunsten der Herren bearbeitet [1]. Damals wo es Grund und Boden im Ueberfluß und eher an Menschenhänden, an Arbeit Mangel war, brauchte der Staat an eine Förderung der intensiven Bearbeitung des Bodens nicht zu denken. Nur da wo allgemeine Mißstände, z. B. zu große Trockenheit oder zu große Feuchtigkeit den Ackerbau im allgemeinen und somit den Wohlstand der Bürger zu schädigen drohten, unternahm man wohl von staatswegen Bewässerungs= oder Entwässerungsarbeiten [2].

Wo mit der Zeit bei wachsender Bevölkerung sich eine freie Mittelclasse herausbildete, da reclamirte dieselbe einen Theil des Bodens für sich oder verlangte vom Staate mit Parcellen neuerworbenen Bodens beschenkt oder belehnt zu werden. Solche Grundanweisungen und Betheilungen nahm dann der Staat unter Umständen vor, wenn er dazu durch einen mächtig gewordenen socialen Bestandtheil gezwungen wurde, oder wenn er durch dieselbe den öffentlichen Wohlstand in seinem eigenen Interesse heben wollte.

Wie nun das Grundeigenthum von der herrschenden Classe von jeher und mit Recht als Herrschaftsmittel betrachtet und daher dessen Unbeweglichkeit und Gebundenheit im Kreise der Herrschenden eifersüchtig aufrechterhalten wurde: so übergieng meist der traditionelle Grundsatz der Unbeweglichkeit und Gebundenheit des Grundeigenthums auch auf jenen Besitz der in den Kreis der beherrschten Classen übergieng. Daher finden wir denn bis in die neueste Zeit in den europäischen Staaten auch den kleinen Grundbesitz in Bauernfamilien durch staatliche Gesetze festgebannt und untheilbar [3]. Spät erst dämmerte die Erkenntniß, daß solche Unbeweglichkeit und Gebundenheit

---

[1] Roscher: System der Volkswirthschaft Band II. S. 150.

[2] Vergl. Roscher: System der Volkswirthschaft Band II. S. 98 § 36 wo in den Anmerkungen reichliches historisches Material über Entwässerungs= und Bewässerungsarbeiten zusammengetragen ist. [3] Roscher l. c. S. 229 ff.

des Grund und Bodens auf die Productionsverhältnisse einen nach=
theiligen Einfluß übe. Heutzutage hat sich in den modernen Staaten
der Grundsatz der vollkommenen Freiverkäuflichkeit und Theilbarkeit
des Grund und Bodens überall Bahn gebrochen und im Interesse
der Production übernimmt es heutzutage der Staat alle dem
leichten und freien Verkehr mit Grund und Boden etwa entgegen=
stehenden Hindernisse aus dem Wege zu räumen.

Freitheilbarkeit und Meliorationen.

§ 139.

Diese negative Thätigkeit des Staates, die in der Wegräumung
der Hindernisse eines freien Verkehrs mit Grund und Boden besteht
fand in unserer Zeit ihren Ausdruck in einer Reihe von Gesetzen
über Theilbarkeit des Grund und Bodens, über Aufhebung früherer
Verbote Grund und Boden zu erwerben oder zu veräußern u. dgl. [1]).

Dabei blieb aber der moderne Staat nicht stehen. Er über=
gieng bald auch zu positiver Thätigkeit behufs Hebung und Förderung
landwirthschaftlicher Production.

Denn die Wegräumung jener Hindernisse hat nur das Eigen=
interesse der Einzelnen von den früheren Banden, in die es durch
Unbeweglichkeit und Gebundenheit des Grundeigenthums geschlagen
war, befreit. Wo aber das Eigeninteresse der Einzelnen zu schwach
ist, um die einer möglichen Production entgegenstehenden Hinder=
nisse zu überwinden: da schreitet der moderne Staat mit positiver
Hilfeleistung ein [2]).

---

[1]) Roscher l. c. § 98. In Oesterreich sind die Beschränkungen, welche
aus den Zeiten des Unterthanenverbandes rücksichtlich des freien Verkehrs mit
Grund und Boden, der Theilbarkeit der Landwirthschaften u. s. w. in einzelnen
Kronländern bestanden in den Jahren 1868 und 1869 aufgehoben worden. Die
bezüglichen Gesetze sind aufgezählt in der Manz'schen Gesetzesausgabe B. II.
(1880) S. 104. — Ueber die früher bestandenen Beschränkungen vergl.
Mayrhofer l. c. B. III. S. 394.

[2]) Vergl. Rau l. c. Bd. II. Abg. I. § 44 u. f. „Daher hängt der Zu=
stand der Landwirthschaft in einem Lande größtentheils von den Regierungs=
maßregeln ab die ihr Schutz und Unterstützung gewähren und die Erfahrung
zeigt, daß nicht gerade die von der Natur am meisten gesegneten, sondern die
am besten regierten Länder am schönsten angebaut sind." Als die allgemeinsten
Mitel zur Pflege der Landwirthschaft empfiehlt Rau: 1. eine oberste Staats=

Diefe Hilfeleiftung braucht nie einen Zwangscharakter anzu=
nehmen, da es sich doch in erfter Linie um das materielle Wohl
der Einzelnen handelt, erft in zweiter Linie das Intereſſe des Staates
in Frage kommt. So kann, z. B. das Eigenintereſſe des Land=
wirthes die Schwierigkeiten der Bewirthſchaftung die aus der Zer=
ſtückelung der Feldparzellen herrühren oft nicht überwinden. Der
Staat kommt hier mit geſetzlichen Beſtimmungen, welche die bezüg=
lichen eine Zuſammenlegung der Parzellen bezweckenden Transactionen
der Privaten erleichtert und begünſtigt entgegen, jedoch ohne einen
Zwang zu üben [1]).

Oder die allgemeine locale Beſchaffenheit und Lage eines Land=
theils kann der landwirthſchaftlichen Production Schaden bringen,
wobei die nöthige Abhilfe die Kräfte der Einzelnen überſteigt.

behörde ad hoc (alſo Ackerbauminiſterium wie gegenwärtig in Oeſterreich);
2. eine die Regierung berathende aus Landwirthſchaftskundigen beſtehende er=
nannte oder gewählte Körperſchaft (alſo etwa Landwirthſchaftskammern, wie ſie
heute allgemein verlangt werden); 3. periodiſche landwirthſchaftliche Enqueten;
4. eine gute Statiſtik der Landwirthſchaft. „Die beſonderen Beförderungsmittel
der Landwirthſchaft im Ganzen, fährt Rau fort, laſſen ſich in eine geordnete
Ueberſicht bringen, wenn man die verſchiedenen Erforderniſſe dieſes Gewerbes
Land, Capital, Arbeitskräfte, Abſatz als Gegenſtände einer ſtaatli=
chen Mitwiekung der Reihe nach betrachtet.“ In dieſer Reihenfolge behandelt
nun Rau die Fragen der Landwirthſchaftspolitik. Roſcher widmet
den ganzen 2. Band ſeines Syſtems der Volkswirthſchaft der „National=
öconomie des Ackerbaus“, womit er eben eine Darſtellung der Landwirth=
ſchaftspflege bezeichnen will. Für den Standpunkt Roſchers gegenüber
ſtaatlicher Landwirthſchaftspolitik iſt jedoch folgende Stelle bezeichnend: „Es
begründet für die Gemeinnützigkeit eines wirthſchaftlichen Unternehmens gewiß
eine ſehr üble Präſumtion, wenn daſſelbe nicht auf dem Wege des Privatin=
tereſſes zu Stande kommen kann. Gleichwohl iſt die Vornahme der Urbarung
von Staatswegen da indicirt, wo die Vortheilhaftigkeit, wohl gar Nothwen=
digkeit der Operation außer Zweifel ſteht und die Kräfte der Privaten ebenſo
unzweifelhaft nicht dafür reif ſind“ l. a. S. 102.

[1]) Das öſterreichiſche Geſetz vom 3. März 1868 R.=G.=B. Nr. 17 be=
ſtimmt in dieſer Beziehung, daß, wenn durch Tauſch von Grundſtücken, die der
landwirthſchaftlichen Benützung gewidmet ſind, eine Arrondirung des Beſitzes
des einen oder des andern tauſchenden Theiles bewirkt wird, die darauf
Bezug habenden Rechtsgeſchäfte gebührenfrei, ſind in ſo weit die einge=
tauſchten Grundparzellen von gleichem Werthe ſind. Die Wirkſamkeit dieſes
Geſetzes dauert vorderhand nur bis zum Jahre 1885. Vergl. Mayrhofer III.
S. 400.

In diesen Fällen muß der Staat in seinem eigenen Interesse die nöthigen Arbeiten in Angriff nehmen oder auf deren Inangriffnahme und Durchführung den geeigneten Einfluß nehmen. Solche Arbeiten sind z. B. Entwässerungen, Bewässerungen, Canalbauten, Deiche, Dämme, Uferschutzbauten, Flußregulirungen u. dgl. a).

Wenn nun schon im gewöhnlichen und normalen Lauf der Dinge der Staat activ eingreift, um die landwirthschaftliche Production zu fördern: um so mehr und um so dringender tritt an ihn die Aufgabe heran helfend, rettend und schützend einzugreifen wo unvorhergesehene Ereignisse, elementare Unfälle, oder Wechselfälle des Krieges ein Landgebiet heimsuchten und verwüsteten. Der moderne Staat tritt in solchen Fällen immer als der Retter in der Noth auf und trachtet die der Production durch derlei Ereignisse und Katastrophen geschlagenen Wunden zu heilen um ihre fernere Entwicklung wieder zu ermöglichen und in Gang zu bringen. Meistens geschieht dieß heutzutage neben ausgiebigen Steuerbefreiungen und Steuernachlässen bei Elementarunfällen durch directe Unterstützung der von solchen Unfällen betroffenen Bevölkerung. Die Mittel zu solchen Unterstützungen bringt der moderne Staat meist durch Staats- und Landesanlehen auf, zu deren Tilgung im Amortisatiosorwege sei es das ganze Land, sei es diejenigen, die die Unterstützung empfangen haben, herangezogen werden. Der Staat übt also in solchen Fällen im Grunde das Amt einer Versicherungsanstalt, welche keinen Gewinn sucht und die Versicherungsprämie hintendrein durch eine Reihe von Jahren eincassirt.

Anm. a) Wasserpolizei. Meliorationen haben den Zweck die Fruchtbarkeit des Bodens zu heben. Da nun die Grundbedingung aller Bodenfruchtbarkeit in einer entsprechenden Feuchtigkeit desselben besteht: so kann man sich keine Melioration ohne geeignete Regelung der Feuchtigkeitsverhältnisse des Bodens denken. Daher ist das Wasser die Hauptfrage aller Bodenmeliorationen. Selbstverständlich kann sich dabei nicht um jene Wasserquantitäten handeln die aus der Atmosphäre in Form von Regen und Schnee herabfallend, den Boden befeuchten denn diese Niederschläge kann keine menschliche Kunst regeln. Es kann sich hier nur um jene Wasserquantitäten handeln, die sich auf der Erde bereits ansammelten, sei es in Gestalt von stehenden oder fließenden Gewässern und die durch zeitweise Niederschläge mehr oder weniger verstärkt werden.

Diese Gewässer nun können jedem Boden durch entsprechende Verwendung nützen; sie können aber auch durch außergewöhnliche elementare Umfälle großen Schaden zufügen.

Die menschliche Thätigkeit mit Bezug auf diese Gewässer ist also darauf gerichtet, dieselben einerseits zu benützen, andererseits ihre möglichen schädlichen Einwirkungen abzuwenden. Da nun aber das Wasser eines jener mächtigen Elemente ist denen die Kraft des Einzelnen nicht immer gewachsen ist, so ist ebensowohl zu dessen Benützung wie zur Abwehr desselben die gemeinschaftliche Thätigkeit größerer Gesammtheiten erforderlich, welcher Umstand wieder die Initiative und die Leitung seitens des Staates nothwendig macht.

Letzteres ist aber vorzüglich der Fall bei allen fließenden Gewässern (Flüssen und Bächen) weil solche eben ihrer Natur nach die Interessen größerer Gesammtheiten, ja ganzer Länder und Staaten berühren und durch die natürliche aber oft plötzlich eintretende Zunahme ihrer Wassermengen diesen Gesammtheiten und Länderstrecken gefährlich werden können.

Diesen fließenden Gewässern gegenüber ist daher die größte Sorgfalt und Achtsamkeit der Staatsverwaltung in der doppelten Hinsicht erstens auf ihre Benützung zweitens auf die Abwehr der von denselben drohenden Gefahren geboten.

Was nun die Benützung anbelangt, so ist das Eingreifen der Verwaltung schon deswegen unerläßlich, da die Natur der fließenden Gewässer ein Privateigenthum an denselben nicht zuläßt und jede Ausübung eines unbeschränkten Eigenthumsrechtes an denselben an einer Stelle einen Eingriff in die Rechte dritter Personen und ganzer Gesammtheiten von selbst nach sich zieht. Wollte man z. B. den Uferbesitzer eines Baches oder Flusses das uneingeschränkte Eigenthum und Besitzrecht an denselben im Umfange seines Uferbesitzes gestatten: so könnte leicht allen am untern Lauf befindlichen Uferbesitzern die Benützung desselben Wassers erschwert oder unmöglich gemacht werden. In der That pflegten in früheren Zeiten solche an einzelne Großen und Herren verliehene Eigenthums- und Benützungsrechte an fließenden Gewässern ganze Gesammtheiten und Länder von der Benützung derselben auszuschließen. Die modernen Gesetzgebungen schlagen nun im allgemeinen Interesse den Weg ein alle fließenden Gewässer als „öffentliches Gut" und die Benützung desselben unter Aufsicht der Behörden und nach Maßgabe der Gesetze frei zu geben.

So bestimmt denn auch das neue österreichische Wassergesetz [1]), daß Flüsse und Ströme von der Stelle an wo deren Benützung zur Fahrt mit Schiffen oder gebundenen Flössen beginnt mit ihren Seitenarmen öffentliches Gut sind.

---

[1]) Gesetz vom 30. Mai 1869 Nr. 93 R.-G.-B. bei Manz B. XVIII. S. 295.

Im allgemeinen aber ist nach demselben Gesetze bei fließenden Gewässern (auch ohne Rücksicht auf Schiff- und Flößbarkeit) die Benützung derselben „durch die Rechte der übrigen Wasserberechtigten, sowie durch die aus dem Zusammenhange und der Unentbehrlichkeit des Wassers hervorgehenden öffentlichen Rücksichten nach Maßgabe der Gesetze beschränkt." (§ 10) Insbesondere ist jede Verunreinigung, jede Ableitung, jeder Rückstau und dergleichen Eingriffe in die natürliche Beschaffenheit und den natürlichen Lauf des fließenden Wassers zu Ungunsten dritter Personen und der Gesammtheit verboten (§ 11).

Zum Zwecke der Abwehr der von fließenden Gewässern möglicherweise drohenden Gefahren sind unter Umständen Schutz- und Regulirungs sowie Entwässerungsanlagen erforderlich. Da aber solche sowie auch Bewässerungsanlagen ihrer Natur nach ganzen Gesammtheiten zu Gute kommen und es daher recht und billig ist, daß diese Gesammtheilen die Kosten dieser Anlagen nach Verhältniß gemeinschaftlich tragen; auf den Rechtssinn und Opfer-Bereitwilligkeit der Einzelnen aber nie mit Zuversicht zu rechnen ist: so bestimmt das österreichische Wassergesetz, daß durch Verfügung der Verwaltungsbehörde alle Betheiligten zu Wassergenossenschaften vereinigt werden können und die Minderheit der Betheiligten durch die Mehrheit unter Intervention der Behörde zur Beitragsleistung zu den Kosten solcher Bauführungen gezwungen werden kann (§ 20, 21).

Feldpolizei.

§. 140.

Grund und Boden kommen hier offenbar nur als Substrat landwirthschaftlicher Producte, als Productionsstätte in Betracht. Es versteht sich nun von selbst, daß das auf diesem Grund und Boden zu Erzeugende und Erzeugte in allen Stabien dieses Erzeugungsprocesses nicht minder die Obsorge der Verwaltung in Anspruch nimmt. Soll die Production gefördert werden, so muß der Staat dem Producenten einen entsprechenden Schutz seiner Arbeitsproducte angedeihen lassen. Dieser Schutz ist doppelt nöthig gegenüber den landwirthschaftlichen Producten (Feldfrüchte) die der Natur der Sache auch mehr wie andere, z. B. Industrieproducte unter freiem Himmel, auf schwer zu bewachnendem Terrain der sträflichen Habgier blosgestellt sind. Diese Erwägungen veranlaßten die Gesetzgeber von jeher die Feldfrüchte unter besondern Schutz strenger Strafgesetze zu stellen und veranlaßten besondere Maßnahmen

behufs wirksamer Handhabung derselben (Feldpolizei.) Die Feldfrüchte sind aber auch andererseits solchen natürlichen Gefahren ausgesetzt denen durch eine allgemeine von allen Dorfgenossen gleichmäßig geübte Sorgfalt vorgebeugt werden kann. Dahin gehören
die Gefahren, die den Feldfrüchten von Raupen und andern schädlichen Insekten drohen, und welche theils direct bekämpft werden
müssen, theils durch Schonung nützlicher Vögel indirect bedeutend
vermindert werden können.

Die Feldpolizei umfaßt daher auch alle Bestimmungen und
Maßregeln, welche den Zweck haben zu verhüten, daß nicht durch
Nachlässigkeit Einzelner (z. B. in der Reinigung der Bäume von
Raupen) oder durch anderweitige verbotene Handlungen (z. B. Ver-
nichtung nützlicher Vögel) die Gesammtheit Schaden leide.

Anm. (Feldschutz in Oesterreich). Die Ministerial-Verordnung
vom 30. Jänner 1860 erklärt als Feldgut alle Gegenstände, welche
mit dem Betriebe der Land- und Feldwirthschaft im weitesten Sinne
im unmittelbaren oder mittelbaren Zusammenhange stehen, in so lange
sie sich im offenen Felde befinden. Also außer allen Arten von Grundstücken und Nutzpflanzen gehören zum Feldgut noch Preßhäuser, Heu-
stabeln, Bienenhäuser, Feldhütten, Bäume ꝛc. ꝛc. Zum Schutze dieses
Feldgutes werden von den Gemeinden und Großgrundbesitzern Feld-
hüter und Flurwächter bestellt, welche von den politischen Behörden be-
eidet werden und denen in der Ausübung des Feldschutzdienstes der
Charakter und die Vorrechte einer öffentlichen Wache zuerkannt sind [1]).
Zum Schutze der Bodenkultur gegen Raupenschäden sind in
den meisten österreichischen Kronländern in den Jahren 1870—72
Landesgesetze erlassen worden. Nach denselben sind alle Besitzer und
Pächter von Grundstücken verpflichtet bis Ende März jeden Jahres
ihre Obst- und Zierbäume, Gesträuche und Hecken in den Gärten und
Weingärten und auf den Feldern und Wiesen von den im Herbste
zwischen den Blättern auf den Aesten und Bäumen eingesponnenen
Raupen und von den in Häufchen oder Ringform angesetzten Raupen-
eiern sorgfältig zu reinigen und die eingesammelten Raupennester und
Eier zu verbrennen. Ebenso sind alle Besitzer und Pächter von Grundstücken verpflichtet, die Maikäfer in der festgesetzten Frist täglich in
den frühen Morgenstunden von den Bäumen abzuschütteln und zu ver-
tilgen. Die Gemeindevorsteher haben die Erfüllung dieser Pflichten zu

[1]) Vergl. auch das Gesetz vom 16. Juni 1872 Nr. 84 R.-G.-B. betreffend die amtliche Stellung des zum Schutze der Landescultur aufgestellten Wach-
personals. Manz l. c. S. 344.

überwachen; in Fällen, wo die Besitzer diesen Pflichten nicht nachkommen, auf Kosten derselben die Abraupungen und die Vertilgung der Maikäfer vornehmen zu lassen und die Säumigen obendrein mit Geldstrafen zu belegen [1]).

Hieher gehören endlich die in den verschiedenen österreichischen Ländern ebenfalls in Jahren 1870 –1872 erlassenen Landesgesetze zum Schutze der für die Landwirthschaft nützlichen Vögel sowie anderer Thiere (z. B. Maulwürfe) die sich von Insecten und Mäusen nähren. Das Fangen oder Tödten dieser unter den Schutz des Gesetzes gestellten Vögel so wie das Ausnehmen ihrer Nester ist verboten und wird an den Dawiderhandelnden polizeilich gestraft [2]).

Nebenzweige der Landwirthschaft.

§ 141.

Es versteht sich von selbst, daß der Staat die Grundsätze, die er der landwirthschaftlichen Production (im engsten Sinne dieses Wortes) gegenüber befolgt auch auf alle Nebenzweige dieser Production also auf Bergbau und Forstwirthschaft, Viehzucht und Fischerei in Anwendung bringt [3]). Nur daß die besondere Natur jedes dieser speziellen Productionszweige eine besondere Art des Vorgehens des Staates eine besondere „Politik" nothwendig macht. Ja, einige Zweige des Bergbaus und insbesondere die ganze Forstproduction sind so geartet, daß sie dem Staate in seinem Interesse die gänzliche Ausschließung der Privaten von dem Betriebe derselben und ihre Uebernahme in eigene Regie zur Pflicht machen. Wir wollen nun das Verhalten des Staates zu jedem einzelnen der obengenannten Nebenzweige der landwirthschaftlichen Production etwas näher betrachten.

---

[1]) Die betreffenden Gesetze bei M a n z Bd. VIII. S. 26.

[2]) Die Vogelschutzgesetze sind abgedruckt bei M a n z Bd. VIII 295 ff.

[3]) Ueber Nebenzweige des Ackerbaues und die Politik des Staates ihnen gegenüber vergl. R o s c h e r B. II. Buch 3 wo Jagd, Süßfischerei, Viehzucht und Forstwirthschaft und Bd. III. Anhang wo Bergbau behandelt werden; R a u l. c. Bd. II. Abth. 1. § 33 ff. (Bergbau) und § 153 ff. (Waldbau) und § 167 ff. (Thierzucht) R ö s l e r l. c. Bd. II. § 449—484. S t e i n Handbuch S. 604—653. J n a m a - S t e r n e g g l. c. S. 159—176.

Bergbau.

§ 142.

Wie alle Production so war auch der Bergbau zuerst dem privaten Interesse ganz überlassen und das Recht dazu als Bestandtheil des Eigenthumsrechts an Grund und Boden betrachtet. Die erste Veranlassung des Eingriffs der Staatsgewalt in die Bergwerksproduction ist fiscalisches Interesse.

Der Staat griff nach dieser Quelle von Reichthum eben nur darum weil sie es war. Die juristische Begründung die diesen Eingriff rechtfertigen sollte ward, wie immer leicht gefunden.

„Während im römischen und früheren deutschen Rechte der Eigenthümer des Grundstücks auch als Eigenthümer aller in den Grund und Boden enthaltenen Mineralien angesehen und ihm auch das Recht der ausschließlichen Aneignung durch Bergbau nicht abgesprochen wurde, machten seit dem 12. Jahrhundert die deutschen Kaiser den Anspruch geltend, daß der Bergbau ein Regal sei. d. h. daß dem Staate allein das Recht zustehe, gewisse Mineralien (die Regalität wurde niemals auf alle Mineralien ausgedehnt) durch Bergbau auszubeuten, daß diese der Disposition · des Grundeigenthümers entzogen seien [1]". Seit jener Zeit war die Regelung des Bergbauwesens vom Standpunkte der Regalität ein Gegenstand fortwährender Sorge der Gesetzgebung in Europa, speciell aber in Deutschland eine ewige finanzielle Frage zwischen Kaiser und Landesherren — die sich diese Regalität gegenseitig streitig machten, so lange bis der Zerfall des alten deutschen Reiches diese Streitigkeiten löste.

Der moderne Staat hat das alte Regal dessen Wesen darin besteht, daß die Staatsgewalt aus dem Bergbau im ganzen Lande einen eminenten finanziellen Vortheil beansprucht und bezieht, in den verschiedensten Formen beibehalten. Zugleich aber wurden für die Aufrechthaltung der Bergregale auch im modernen Staate Gründe geltend gemacht die entsprechend dem Geiste der modernen Zeit, aus dem Interesse der Gesammtheit geschöpft sind — und denen man in der That eine gewisse Vernünftigkeit und Berechtigung nicht absprechen kann.

Der Bergbau nähmlich ist eine so kostspielige und umfangreiche

---

[1] Löning bei Bluntschli II. Staatswörterbuch I. 303.

Productinn, daß derselae nur in den seltensten Fällen von dem Privateigenthümer des Grund und Bodens betrieben werden kann. Der Einzelne muß auf diese Production meist aus Mangel an Mittel verzichten. Auch ist bei dem Bergbau eine Aussicht auf verhältnißmäßig rasch zu erlangenden Gewinn gar nicht vorhanden. Meist ist diese Aussicht sehr in die Ferne gerückt und überschreitet oft die kurze Spanne eines Menschenlebens; lauter Gründe die diesen Productionszweig, wenn er dem privaten Interesse überlassen ist, zu keinem entsprechenden Aufschwung kommen lassen — wenigstens nach der Ansicht der früheren Zeiten denen die collossale Macht des Actiengesellschaftscapitals noch unbekannt war.

Jedenfalls aber kann aus obigen Gründen nebst dem fiscalischen Interesse allerdings auch die Rücksicht auf den Volksreichthum durch nachdrücklichere Förderung des Bergbaus durch den Staat für das Bergregale geltend gemacht werden.

Entwicklung des Bergbaues.

§ 142.

Wie sehr die Benützung und Ausbeutung der Bergwerke ein Vorrecht ist, das sich der Staat immer und überall, seiner Natur nach vorbehält und zueignet, geht aus dem Umstand hervor, daß lange bevor im Mittelalter die Theorie von der aus der Staatshoheit fließenden Regalität des Bergbaus ausgebrütet wurde, daß schon die Staaten des Alterthums dieses „Regale" übten. In Athen wurden die Bergwerke vom Staate gegen einen Zins von $\frac{1}{24}$ des Rohertrages verpachtet. In Rom scheint der Staat zur Kaiserzeit schon die Oberaufsicht über alle Bergwerke geübt und eine bedeutendere Abgabe von ihrem Ertrag bezogen zu haben, ohne jedoch daß er sich irgend welches Eigenthumsrecht an den Schätzen des Bergbaues zugeschrieben hätte. Nun verliehen die römischen Kaiser in dem Falle als der Eigenthümer des Grund und Bodens den darauf möglichen Bergbau nicht betrieb, im allgemeinen Interesse, das Ausbeutungsrecht an andere gegen eine zu zahlenden Abgabe im Betrage von $\frac{1}{10}$ des Rohertrages an den Fiscus und $\frac{1}{10}$ an den Grundeigenthümer [1].

---

[1] L. 3. Cod. lib. XI. tit. 6. De metallariis et metallis.

Aehnlich scheinen es auch die ältesten Könige in Frankreich ge=
halten zu haben; wenigstens geht aus einer Urkunde König Dagoberts I.
vom Jahre 635 hervor, daß er aus Bleiwerken eine bedeutende Natural=
abgabe bezog [1]).

In Deutschland machte Karl der Große zuerst den Anspruch
des Königs auf die unterirdischen Schätze geltend [2]) und seine Nach=
folger übten dieses Recht immer mehr aus. Die erstarkende Lehens=
verfassung erzeugte Streitigkeiten in Betreff des Bergregals zwischen
den Landesherrn und ihren Vasallen. Diese letzteren machten das
Recht geltend, auf ihren Kammergütern nach Erzen zu graben; die
Kaiser protestirten gegen ein solches Recht mit Bezug auf edle Me=
talle. In Frankreich machte Philipp der Lange durch die Ordonanz
vom 15. April 1321 den Versuch das königliche Vorrecht auf die
Bergwerke wieder zu erlangen. Dieses gelang aber erst Karl VI.
dessen Ordonanz vom 30. Mai 1413 lange als Grundlage aller
spätern Regelungen des Bergwesens diente.

Diese Ordonanz bestimmte: 1. das Recht des Königs auf $\frac{1}{10}$
des Reinertrags aller Bergwerke; 2. vollkommene Freiheit Jeder=
manns nach Erzen zu graben; 3. die Verpflichtung des Bergwerks=
unternehmers den Grundeigenthümer zu entschädigen.

In Deutschland sprach die goldene Bulle den Kurfürsten
das Bergregal zu. Nach und nach erwarben dasselbe auch andere
Reichsstände bis es endlich der westphälische Friede allen Reichsständen
zusprach. In Frankreich dagegen bildet sich mit der erstarkenden abso=
luten Monarchie das Bergregal aus d. i. das Eigenthumsrecht
des Staates an allen unterirdischen Gütern.

Dieses absolute Bergregal, das sogar von jeder Entschädigung
an die Grundeigenthümer absah, dauerte bis zur großen Revolution
die das Regal als Vorrecht der Nation bestätigte zugleich aber die
Entschädigungspflicht an den Grundeigenthümer aussprach. (Decret
vom 12. Juli 1791). Doch schon das Gesetz vom 24. April 1810 re=
gelte von neuem das Bergwesen durch Einführung des Concessions=
systems. Darnach ist das Eigenthum an der Oberfläche von dem
Eigenthum der unterirdischen Güter ganz getrennt; an letzteren
ertheilt der Staat das Ausbeutungsrecht mittelst Concession.

---

[1]) Lafferière II. 190. [2]) Capitulare ap. Baluzium II. art. 62.

Oesterreichisches Berggesetz.

§ 143.

Schon aus dem Vorausgeschickten erhellt die große Wichtigkeit der gesetzlichen Regelung der Bergwerksverhältnisse. Es drängten dazu die widerstrebenden Gesichtspunkte der Grundeigenthümer und des Staates, die Collissionen zwischen dem Privat- und allgemeinem Interesse.

Insbesondere fordern eine gesetzliche Regelung folgende Verhältnisse: die Vorrechte des Staates bezüglich gewisser Mineralien (der sogenannten „vorbehaltenen" Mineralien); das Recht nach Mineralien zu suchen und die gefundenen auszubeuten; das Verhältniß zwischen dem Bergbau-Unternehmer einerseits, dem Staate und dem Grundeigenthümer andererseits; endlich bedarf der gesetzlichen Regelung im öffentlichen Interesse der gesammte Bergbaubetrieb.

Schon aus dieser Aufzählung erhellt, daß es sich hier sowohl um **Bergrecht** als um **Bergbaupolizei** handelt.

Für Oesterreich sind die Bestimmungen sowohl des erstern als auch der letzteren vorwiegend enthalten in dem allgemeinen Berggesetz vom 23. Mai 1854 [1]).

Dasselbe bestimmt zuvörderst, daß alle Mineralien, welche wegen ihres Gehaltes an Metallen, Schwefel, Alaun, Vitriol oder Kochsalz benützbar sind, ferner die Cementwässer, Graphit und Erdharze, endlich alle Arten von Schwarz- und Braunkohle **vorbehaltene Mineralien** und daher Gegenstand des sogenannten **Bergregales** sind. (§ 3.)

Nach solchen Mineralen darf nur nach behördlich ertheilter Berechtigung gesucht („geschürft") werden und deren Gewinnung darf nur nach Erlangung solcher Berechtigung in Angriff genommen werden. (§ 5.)

Die behördliche Bewilligung kann auf das bloße **Schürfen** lauten, womit dem Schürfer wohl ein Schurfgebiet angewiesen wird doch nicht das **ausschließliche** Recht des Schürfens auf diesem Gebiete; (§ 21) unter gewissen Bedingungen jedoch kann auch der

---

[1]) Dasselbe sammt allen Vollzugsvorschriften und nachträglichen Verordnungen und Erläuterungen enthalten in der Manz'schen Gesetzesausgabe Band VII. (Wien 1879.)

sogenannte Freischurf erlangt werden d. h. das ausschließliche Recht auf einem bestimmten Gebiete zu schürfen. (§ 22.)

Die Schurfbewilligung berechtigt nur zum aufsuchen und aufschließen der vorbehaltenen Mineralien; erst nach der Aufschließung der Mineralien kann man sich um das Eigenthumsrecht an denselben bei der Bergbehörde bewerben. Die Ertheilung desselben erfolgt mittelst Verleihung und Concession (§ 40), welche in verschiedenem Ausmaße und Umfange ertheilt werden können.

Was das Verhältniß des Bergbau-Unternehmers zum Grundeigenthümer anbelangt, so ist letzterer verpflichtet, die zum Bergbaubetriebe nothwendigen Grundstücke den ersteren gegen angemessene Schadloshaltung zur Benützung zu überlassen. (§ 98.)

Kommt zwischen Unternehmer und Eigenthümer keine gütliche Auseinandersetzung zu Stande so entscheidet die politische Behörde nach Anhörung der Bergbehörde. (§ 102.)

Was endlich die polizeilichen Bestimmungen über den Bergbaubetrieb anbelangt, so ist jeder Besitzer eines Freischurfes oder verliehenen Bergbaues verpflichtet denselben bauhaft zu erhalten (§ 170) d. h. den unternommenen Bergbau (Tag oder Grubenbau) gegen jede Gefahr für Personen und Eigenthum möglichst zu sichern und in stetem Betriebe zu erhalten. Die in ersterer Hinsicht erforderlichen Sicherheitsmaßregeln werden vom Gesetz speciell aufgezählt und auch noch in nachträglichen Verordnungen festgesetzt. Ueberdieß verlangt jedes einzelne größere Bergwerk specieller, seiner Beschaffenheit und Oertlichkeit angemessenen sicherheitspolizeilichen Instructionen deren Erlassung und Kundmachung der Bergbehörde obliegt[1]).

Waldwirthschaft.

§ 144.

Wald und Wild waren von jeher eine bedeutende Quelle der Befriedigungsmittel menschlicher Bedürfnisse. Von einer Wald- und Wildproduction läßt sich in dem Sinne, wie man von einer landwirthschaftlichen und auch von einer Bergwerksproduction spricht, eigentlich nicht sprechen. Denn, wenn wir unter Production eine

---

[1]) Beispiele solcher speciellen Instructionen s. Manz'sche Gesetzesausgabe B. VII. S. 64 ff.

solche Erzeugung von Gütern verstehen bei der menschliche Arbeit eine Hauptrolle spielt; eine solche Hervorbringung von Gütern die ohne menschliche Arbeit entweder gar nicht vorhanden oder doch nicht in benutzbarem Zustande vorhanden wär'n: so können wir Wald und Wild nicht zu diesen Gütern rechnen. Wald und Wild erzeugen sich von selbst und es bedarf nur der weisen und vorsichtigen Ein= schränkung des Gebrauches derselben um diese Quelle wirth= schaftlicher Güter nicht nur nicht versiegen zu machen sondern auch für die Zukunft in vollem Fluße zu erhalten.

Von einer solchen Einsicht jedoch waren die Staaten des Alter= thums und des Mittelalters weit entfernt und das aus ganz natür= lichen und naheliegenden Gründen. An Wald und Wild herrschte nähmlich in früheren Jahrhunderten nie Mangel — eher noch Ueber= fluß. Waldrodungen waren noch im Mittelalter eine segensreiche Culturarbeit ebenso wie Säuberung der Wälder von wilden Thieren.

Daß in solchen primitiven Zeiten Wald und Wild als freies Naturproduct jederman zu beliebiger Benützung offen stand, ist selbst= verständlich. Die ersten Schranken gegen diese freie Benützung wurden nicht aus Rücksicht auf irgend ein allgemeines Interesse — lediglich aus Rücksicht auf waidmännische Vergnügungen der Großen gezogen. Wald und Wild wurden als Tummelplatz und Gegenstand der Jagd= lust der Fürsten und Herren zuerst in besondere Obhut der Re= gierungen genommen.

Daher erstreckte sich aber auch diese Obhut nur so weit als es diese eine Rücksicht gebot, woraus sich die zahllosen Waldnutzungs= rechte (Servituten) erklären die man dem Landvolke unversehrt ließ und die man erst in unserer Zeit, wo mit der Abnahme der Wälder und des Wildstandes sich eine ganz verschiedene Betrachtung von Wald und Wild Bahn brach, als schädliche Belästigungen der Wald= wirthschaft zu empfinden begann.

So kann man denn in der öffentlich=rechtlichen Betrachtung und Behandlung von Wald und Wild dreierlei Phasen unterscheiden, nähmlich: Wald und Wild als freies Naturproduct, als ausschließ= lich den Herren vorbehaltenes Jagdprivilegium, endlich als Gegenstand der Waldwirthschaft im allgemeinen Interesse [1]).

---

[1]) Vergl. Roscher Bd. II. Buch 2. Cap. 3. Forstwirthschaft; Rau, Bd. II. § 153 Waldbau.

Entwicklung der Waldeigenthums-Verhältnisse.
§ 145.

Diese verschiedenen Betrachtungsweisen und Gesichtspunkte kommen in der geschichtlichen Entwicklung der Waldwirthschaft nacheinander zum Ausdruck. Wir wollen uns bei Darstellung derselben hier nur auf Deutschland beschränken.

In den Urzeiten deutscher Geschichte stehen Wald und Wild in keinem ausschließlichen Eigenthum; wer die Herrschaft über ein gewisses Territorium übt, wer zur herrschenden Classe gehört und die Mittel hat Wald und Wild für sich nutzbar zu machen der hat auch das Recht dazu.

Mit der Ausbildung des Privateigenthums an Grund und Boden (seit dem 5. Jahrhundert) konnte es nicht fehlen, daß die Eigenthumsbegriffe auch auf die Wälder und ihre Nutzungen übertragen wurden. Doch dauerte am Walde lange noch das Gesammteigenthum von Gemeinschaften (ebenso wie an der Weide) während Ackergrund schon in Sondereigenthum übergieng. Was aber in dieser Beziehung vom Walde galt, das sollte nach einem ausdrücklichen Gesetz der ripuarischen Franken auch vom Wilde gelten. Also diejenigen die an dem Gesammteigenthum eines Waldes Antheil hatten, waren auch zur Jagd in diesem Walde berechtigt.

In diese noch immer ungebundenen Verhältnisse griff das deutsche Kaiserthum seit Karl dem Großen in so ferne ein, daß es in Nachahmung römisch-kaiserlicher Oberhoheitsrechte ganze Wäldercomplexe (die vielleicht noch in keinem nachweisbaren Privateigenthum standen) mit dem königliche Banne belegte (bannus regius).

In solchen Bannforsten war nur der König Herr und Eigenthümer; niemand durfte in solchen Forsten jagen oder in denselben Rodungen vornehmen. Die Verwandlung von immer größeren Waldesstrecken in Bannforste nahm mit der Macht der Kaiser immer zu; mit dem Verfall dieser Macht aber zum Vortheil der Landesherrn kamen auch die Bannforste an diese letzteren als Landesherrnregal. (Jagdhoheit). Von dieser Jagdhoheit deren rücksichtslose Ausübung für die Landwirthschaft von großem Nachtheil war, übergieng man in neuester Zeit zugleich mit den politischen Neugestaltungen der Staaten zum Grundsatz der freien Waldeigenthums und des Jagdrechts als Bestandtheils des Eigenthumsrechts am Walde; nur das man aus öffentlichen volkswirthschaftlichen Rücksichten bei der Ausübung sowohl des Waldeigenthumsrechtes als des Jagdrechts gewisse Beschränkungen eintreten ließ, die wir speciell bei der österreichischen Gesetzgebung betrachten wollen.

Oesterreichische Forst- und Jagdgesetze.

§ 146.

Die Tendenz des modernen Staates auf allen Gebieten der Production die volle Freiheit der Bewegung gelten zu lassen, mußte sich auf dem Gebiete der Forstwirthschaft Beschränkungen auferlegen, die durch öffentliche Rücksichten, durch allgemeine Interessen der Volkswirthschaft geboten waren. Das volle und unbedingte Privatrecht konnte auf diesem Gebiete nicht durchgreifen. Wohl hat es die französische Republik proclamirt, und die in Frankfurt 1848 beschlossenen deutschen Grundrechte (§ 37) erklärten sich für dasselbe, ja sogar die preußische Gesetzgebung (vom 31. October 1848) machte alles Jagdrecht vom Grundeigenthumsrecht abhängig: doch zeigte die Praxis und Erfahrung das Unzweckmäßige dieser Einrichtung. Man gelangte bald zur Einsicht, daß sich an die Forstwirthschaft gar zu mächtige öffentliche Interessen knüpfen die man dem reinen Privatinteresse nicht zum Opfer bringen kann.

Die gegenwärtige Forst- und Jagdgesetzgebung Oesterreichs stammt hauptsächlich aus den Jahren 1849 und 1852 [1]) also aus einer Zeit, wo man schon die anderwärts gemachten Erfahrungen mit der unbedingten Freigebung der Wald- und Jagdrechte verwerthen konnte, indem man die berechtigte Interessen der Grundeigenthümer mit den jedenfalls wichtigeren öffentlichen volkswirthschaftlichen Rücksichten in Harmonie zu bringen trachtete.

Das österreichische Forstgesetz unterscheidet Reichsforste, Gemeindewälder- und Privatwälder (§ 1). Die Reichsforste stehen unter der obersten Verwaltung des Ackerbauministeriums [2]),

---

[1]) Jagdgesetz vom 7. März 1849, Forstgesetz vom 3. December 1852 f. Manz'sche Gesetzausgabe B. VIII, 1878.

[1]) Erl. d. Mini. des Innern vom 14. April 1872 §. 1560 ferner Kundmachung des Ackerbauministeriums vom 3. April 1873 Nr. 44 R.-G.-Bl.

welchem zugleich in oberſter Inſtanz die Handhabung des Forſtge=
ſetzes und die geſammte Forſtpolizei zuſteht.

Außer den gewöhnlichen politiſchen Unter=Inſtanzen, welche
bei dieſer Verwaltung und Aufſicht mitzuwirken haben, beſtehen bei
den einzelnen Statthaltereien Forſtinſpectorate oder Directionen,
deren Wirkungskreis durch beſondere Inſtructionen feſtgeſetzt iſt. Wo
die Verhältniſſe es erfordern iſt den Forſtinſpectoren noch ein
Forſtperſonale (Forſtcommiſſäre, Forſtadjuncten ꝛc.) beigegeben.

Die Bewirthſchaftung der Staatsforſte hat „die Erzielung des
möglich größten, nachhaltigen Material= und Geldbetrages, und zwar
unter ſorgfältiger Schonung, Erhaltung und Pflege
der Wälder zum Zwecke" [1]).

Dieſem Zwecke entſprechend iſt die ganze Bewirthſchaftung der
Reichsforſte nach einheitlichen Prinzipien durch geſetzliche
Inſtructionen und Vorſchriften geregelt.

Die Gemeinde= und Privatwälder ſtehen inſoferne unter behördlicher Aufſicht in wieferne die Erhaltung der Wälder im
öffentlichen Intereſſe gelegen iſt. Es darf daher kein Waldgrund
„ohne behördliche Bewilligung der Holzzucht entzogen werden" (§ 2
des Forſtgeſetzes). Dieſe Bewilligung ertheilt bei Gemeinde= und
Privatwäldern die politiſche Behörde der I. Inſtanz (Bezirkshaupt-
mannſchaft).

Die Holzzucht könnte aber in Gemeinde= und Privatwäldern
auch indirect durch irrationale Bewirthſchaftung, durch Waldver-
wüſtung gefährdet und unmöglich gemacht werden. In ſolchen
Fällen muß die politiſche Behörde einſchreiten und die Waldbeſitzer
durch Geldſtrafen zur Unterlaſſung der Waldverwüſtungen eventuell
auch zur Wiederaufforſtung devaſtirten Waldbodens zwingen.

Weitere Beſtimmungen des Forſtgeſetzes beziehen ſich auf die
Art und Weiſe der Ausübung verſchiedener Waldnutzungen und
Servituten, damit durch dieſelbe die eigentliche Waldwirthſchaft nicht
geſchädigt werde; dieſen Zweck verfolgen die Beſtimmungen über die
„Bringung der Waldproducte" über „Waldbrände und Inſecten-
ſchäden" u. dgl.

---

[1]) § 3 der Vorſchrift für die Vermeſſung, Schätzung und Betriebsein-
richtung der Reichsforſte, bei Manz B. VIII. S. 123.

Das österreichische Jagdgesetz beruht auf zwei Grundsätzen, erstens auf der **Abschaffung all und jedes Jagdrechts** auf **fremdem Grund und Boden** (§ 1), zweitens auf der **Anerkennung des Jagdrechts als integrirenden Bestandtheils des Grundeigenthumsrechts** (§ 5). Nur wird die **Ausübung** des Jagdrechts auf Grundcomplexen unter 115 Hektaren, wenn dieselben nicht **eingefriedet** sind, **den betreffenden Gemeinden** zugewiesen (§ 6) welche verpflichtet sind, die ihnen zugewiesene Jagd entweder ungetheilt zu **verpachten** oder selbe durch eigens bestellte Jäger ausüben zu lassen (§ 7).

Bei nicht eingefriedeten Grundcomplexen daher unter 115 Hektaren, auf denen die Ausübung des Jagdrechtes durch **die Grundeigenthümer** aus öffentlichen Rücksichten unzulässig ist, unterscheidet der Gesetzgeber zwischen dem Recht auf die **Jagderträge** und dem Recht auf die **Jagdausübung.** Nur das letztere unterliegt einer Beschränkung, das erstere hingegen bleibt auch den kleinsten Grundeigenthümern in so ferne gewahrt, in wie ferne „der jährliche Ertrag der den Gemeinden zugewiesenen Jagd am Schlusse jedes Verwaltungs- oder Pachtjahres unter die Gesammtheit der Grundeigenthümer auf deren in der Gemeindemarkung gelegenen Grundbesitze die Jagd von der Gemeinde ausgeübt wird, nach Maßgabe der Ausdehnung des Grundbesitzes" vertheilt wird (§ 8) [1].

Während obiges Jagdgesetz hauptsächlich die Regelung der „Jagdgerechtigkeit" zum Gegenstande hat, verfolgen besondere „jagdpolizeiliche Vorschriften" für die einzelnen Länder den Zweck, theils die Grenzen der Ausübung des Jagdrechts gegenüber den Eigenthumsrechten der Einzelnen festzusetzen, theils für den Fall der Ueberschreitung dieser Grenzen die dem Einzelnen zustehenden Nothwehracte zu normiren [2]. Endlich sind hier noch die verschiedenen Landes-

---

[1] Für Böhmen existirt ein besonderes Jagdgesetz vom 1. Juni 1866 Nr. 49 L.-G.-Bl. Dasselbe formulirt die Grundsätze des österreichischen Jagdrechts viel klarer und bündiger als obiges Jagdgesetz vom Jahre 1852. Es heißt in demselben: § 1. **Das Jagdrecht ist Ausfluß des Grundeigenthums.** Die Ausübung des Jagdrechts wird durch gegenwärtiges Jagdgesetz geregelt ꝛc.

[2] Vergl. insbesondere Ministerial-Erlaß vom 15. December 1852 Z. 5681 Nr. 473 L.-G.-Bl. für Niederösterreich.

gesetze über die Schonzeit des Wildes zu erwähnen, welche die Ausübung aller Jagdrechte im Interesse der Erhaltung des Wild- standes je für bestimmte Zeitperioden einschränken [1]).

Thierzucht.
§ 147.

Eng verknüpft mit der Landwirthschaft, aus derselben fast von selbst sich ergebend und dieselbe in ihrer Entfaltung fördernd und unterstützend ist die Thierzucht [2]).

Die wichtigsten Zweige derselben für Volkswirthschaft und Staat sind Pferdezucht, Rindvieh- und Schafzucht.

Speciell bei der Pferdezucht handelt es sich nicht nur um Pflege und Erhaltung einer mächtigen Triebkraft der Landwirthschaft und des Transportwesens sondern auch insbesondere um ein hochwichtiges Mittel der Staatswehr. Daher ist es auch bei der Pferdezucht, bei der die Verwaltung den größten Apparat von staatlichen Maßregeln entwickelt um dieselbe zu fördern und zu heben.

Der Staat unterhält nicht nur in eigener Regie Stamm- gestüte, wo Pferde guter Racen herangezogen und das Beschäl- wesen mit Fachkenntniß betrieben wird, sondern beaufsichtigt auch das private Beschälwesen in seinem ganzen Gebiete, um jedem Pferde- besitzer die Möglichkeit zu bieten gute Pferde aufzuziehen. Zur Er- munterung der Pferdezüchter dienen nicht nur wie bei allen andern nützlichen Erzeugnissen der Landwirthschaft und Industrie, Ausstel- lungen mit entsprechend festgesetzten Auszeichnungen für schöne Exem- plare sondern speciell bei der Pferdezucht auch noch Wettrennen mit Preisen für hervorragende Leistungen.

Die Rindviehzucht hat für die Ernährung des Volkes die höchste Bedeutung. Milch (Milchproducte) und Fleisch sind die besten Nahrungsmittel des Menschen; dabei ist das Halten von Rindvieh für den Betrieb jeder Landwirthschaft des Düngers wegen unent- behrlich; für Ackerbaustaaten obendrein die Viehproduction als Handels- artikel überaus lohnend. Auch hier kommt es darauf an, die Race des inländischen Vieh's zu heben, wobei staatliche Aufsicht und Maß-

---

[1]) Dieselben sind verzeichnet bei Manz l. c. S. 277.
[2]) Rau l. c. B. II. Abth. I. § 167 u. f. Roscher l. c. II. § 176 u. f

regeln viel wirken können. (Die Gemeinden müssen verpflichtet wer=
den, gute Zuchtstiere zu halten.)

Dieselben Grundsätze wie bei der Rindviehzucht kommen end=
lich bei der Kleinviehzucht in Anwendung, wobei nur noch die Schaf=
zucht besonders erwähnenswerth ist, da dieselbe für die Textil=In=
dustrie (Wolle) von Bedeutung werden kann [1].

Unter den directen Maßregeln der Verwaltung zur Beförderung
der Thierzucht sind die Maßregeln zur Abhaltung von Thierseuchen
ein wichtiges Moment der Wirthschaftspolitik. Es muß zu diesem
Zwecke eine fortwährende sehr umsichtige thierärztliche Polizei geübt,
ausgebrochene Thierkrankheiten sofort behördlich constatirt, die ver=
seuchten Orte aber müssen sofort abgesperrt werden, um das Uebel wo
möglich zu localisiren und dessen Weiterverbreitung zu verhüten.
Hieher gehört auch das staatlich zu organisirende Veterinärwesen
(Veterinärschulen und diplomirte Thierärzte).

Anm. Zur Hebung der Pferdezucht bestehen in Oesterreich staat=
liche Beschälstationen (Hengstendepots) die dem Ackerbauministerium un=
tergeordnet sind. Für die Benützung derselben seitens der Pferdebesitzer
muß jedoch eine wenn auch geringe Taxe gezahlt werden. Die Controle
der Verwaltung erstreckt sich aber auch auf das Privatbeschäl=
wesen. (Ministerial=Verordnung vom 24. April 1855 R.=G.=B. Nr. 79).
Jeder Besitzer eines Hengstes der denselben zum Beschälen verwenden
will, muß sich hiefür einen behördlichen Erlaubnißschein lösen
(auf die Dauer eines Jahres). Dieselben werden nur nach genauer
thierärztlicher Untersuchung der betreffenden Hengste und auf Grund
eines Zeugnisses seitens des Thierarztes, daß der Hengst zu diesem
Zwecke geeignet ist, erfolgt. Der Erlaubnißschein muß, um Mißbräuchen
vorzubeugen, eine genaue Beschreibung des betreffenden Hengstes ent=
halten. Zuwiderhandelnde Pferdebesitzer werden bestraft [2]. Dagegen
können die Besitzer „guter Privatbeschäler" staatliche Subventionen er=
halten, die den Zweck haben „die Aufzucht und Haltung von, zur Fort=
pflanzung und Erhaltung der in einzelnen Ländern bestehenden Pferde=
racen geeigneten Privathengsten zu fördern, um sohin die Aerarialbe=
schäler nach und nach vermindern oder ganz auflassen zu können."

---

[1] Auch die Seidenraupenzucht kann für die Textil=Industrie von großem
Werthe sein und wird von Seite des Staates auch aus dem Grunde befördert
um der ärmeren Landbevölkerung einen lohnenden Nebenverdienst zu verschaffen.

[2] Die Nachtragsverordnungen zu obiger Ministerial=Verordnung s. bei
Mayrhofer III. 538 ff.

(Ministerial-Verordnung vom 15. Mai 1874 R.-G.-B. Nr. 76.) Zur Hebung der Pferdezucht wurden schließlich Prämien für vorzügliche Pferde inländischer Zucht festgesetzt und zwar Rennpreise und Zuchtpreise. Die näheren Bestimmungen darüber enthält der Ministerial-Erlaß vom 29. Mai 1872.

Was die Rindviehzucht anbelangt, so ist die Sorge um Hebung derselben neuestens durch Landesgesetze den autonomen Behörden (meist den Bezirksvertretungen) zur Pflicht gemacht worden. Dieselben wählen specielle Thierzucht-Commissionen die ihre Bezirke und Sprengel von Zeit zu Zeit begehen und über ihre Beobachtungen Bericht erstatten, und Anträge stellen. Auch hier findet von Zeit zu Zeit Prämienvertheilung statt und wird auf Haltung guter Gemeindestiere gesehen [1]).

Die zu ergreifenden Maßregeln behufs Abwehr und Tilgung ansteckender Thierkrankheiten wurden neuestens durch das Gesetz vom 29. Februar 1880 Nr. 35 R.-G.-B. festgesetzt [2]). Und zwar dürfen Hausthiere, die b:n im Gesetze (§ 1) verzeichneten Krankheiten unterliegen nur gegen Vorweisung von (Gesundheits-) Viehpässen vom Auslande eingeführt werden. Ist ` aber in einem Nachbarlande eine ansteckende Thierkrankheit ausgebrochen, so wird die Einfuhr entlang der betreffenden Grenze überhaupt verboten. (Grenzabsperrung.) Kranke Hausthiere dürfen nicht in den Verkehr gebracht werden. (§ 7). Auch im inändischen Verkehr müssen für gewisse Thiere Viehpässe beigebracht werden. Die Viehmärkte, Thierauctionen ꝛc. stehen unter sachverständiger behördlicher Aufsicht. Für den Viehtransport auf Eisenbahnen und Schiffen, sind besondere Vorsichtsmaßregeln vorgeschrieben. (§ 10.) Triebheerden müssen von fünf zu fünf Tagen thierärztlich untersucht werden. Schlacht- und Stechvieh unterliegt in Schlachtlocalitäten der thierärztlichen Beschau. Jedermann hat die Pflicht, die an Thieren in seinem Besitze wahrgenommenen Krankheitsfälle sofort der Behörde anzuzeigen. Für den Fall des Ausbruchs von Seuchen sind besondere im Gesetz aufgezählten Vorkehrungen zu treffen.

Diese Vorkehrungen beziehen sich auf Absonderung, Bewachung und polizeiliche Beobachtung der verdächtigen Thiere; auf Beschränkungen des inländischen Verkehrs; (Stallsperre, Ortssperre ꝛc.) auf die Tödtung seuchenkranker oder verdächtiger Thiere; endlich auf die Desinfectionen der verdächtigen oder verseuchten Orte.

Außer diesen Maßregeln enthält das Gesetz für besondere Krankheiten, die durch deren Natur erforderlichen besonderen Vorschriften [3]). Die Bestimmungen zur Abwehr und Tilgung der Rinder-

---

[1]) Die besonderen Bestimmungen bei Mayrhofer l. c. 550 u. f.

[2]) Bei Manz B. XX (1880); bei Mayrhofer, B. II. 435.

[3]) Vergl. auch die Durchführungsvorschrift zu obigem Gesetz vom 12. April 1880 Nr. 36 R.-G.-Bl.

p e ſt enthält das gleichzeitig erlaſſene Geſetz vom 29. Februar 1880 Nr. 37 R.-G.-B. Ueber die Merkmale all dieſer Krankheiten und die Vorſichts- und Schutzmaaßregeln gegen dieſelben erfloſſen auch beſondere populäre Belehrungen [1].

Fiſchzucht.

§ 148.

Einen ganz ähnlichen Entwicklungsgang wie die Waldeigenthumsverhältniſſe (ſ. ob. S. 350) machte die Fiſcherei durch: von unbeſchränkter Freiheit der Benützung zu Regalität, Hoheitsrechten und Bevorrechtungen Einzelner, endlich zur Regelung des Fiſchereirechtes nach Maßgabe des Eigenthums an den Binnenwäſſern, unter Beſchränkungen mit Rückſicht auf das allgemeine volkswirthſchaftliche Intereſſe. (Beſtimmungen über Hegezeit und Fangart). Die Sorge für letzteres hat in neueſter Zeit die Staatsverwaltungen zu Maßregeln veranlaßt behufs Förderung der künſtlichen Fiſchzucht, als einen nutzbringenden Zweig der Urproduction [2].

Die ältere Fiſchereigeſetzgebung, ſo auch die öſterreichiſche, hatte meiſt den Zweck dem Ausfangen der jungen Brut entgegenzutreten; es wurde zu dieſem Zwecke das Fiſchfangen mit engen Garnen verboten und die Maſchenweite der Netze für ſpezielle Fiſchgattungen feſtgeſetzt [3].

In neuerer Zeit wurde in dieſer Hinſicht die Anwendung des Dynamits und ähnlicher Sprengſtoffe beim Fiſchfang verboten. (In Oeſterreich. Erlaß des Ackerbauminiſteriums vom 23. Februar 1874 Z. 4077).

Dieſen negativen geſetzlichen Vorkehrungen folgten in der neueſten Zeit „poſitive Maßregeln zum Zwecke der Hebung der Fiſchzucht in den Binnengewäſſern. (In Oeſterreich die a. h. Entſchließung vom

---

[1] So z. B. über die Rinderpeſt mit Kundmachung der k. k. nieder-öſterr. Statthalterei vom 12. Juli 1867 Nr. 18 L.-G.-Bl. bei Manz l. c.

[2] Vergl. Roſcher Syſtem der Volkswirthſchaft B. II. § 175. Rau l. c. Bd. II. Th. L S. 373.

[3] Das Fiſchereirecht an den öſterreichiſchen Küſten iſt bis auf eine Seemeile den Küſtenbewohnern vorbehalten. (Hofkriegs. Verord. vom 29. April 1824). Solche Fiſchfanggeräthe die der Fiſchbrut ſchädlich ſein können, ſind verboten (Hfkzld. vom 17. Februar 1847) und zwar eben ſo wohl in der See wie in Binnenwäſſern.

7. November 1880 für Oberösterreich, sodann auch für andere Kronländer) [1].

Gewerbe.

§ 149.

Grund und Boden sind nicht die alleinigen Quellen des Volks-wohlstandes. Neben ihnen behaupten Gewerbe, Handel und In-dustrie eine zum mindesten gleichwerthige Stelle im Wirthschaftsleben der Völker. Wir sagen Gewerbe, Handel und Industrie, um damit den geschichtlichen Entwicklungsgang und die Reihenfolge, in der sich diese drei Zweige des Verkehrs meist geltend machten, anzudeuten. Daß auch der Staat mit seinen, die Förderung dieser Productions-zweige bezweckenden Maßregeln diesem Entwicklungsgange im Großen und Ganzen folgen mußte, ist klar.

So steht denn schon in den Staaten des Alterthum die Ge-werbepolizei auf einer ziemlich entwickelten Stufe; das europäische Mittelalter brachte den Staaten das Verständniß ihrer Handels-interessen und der moderne Staat entwickelt in Gesetzgebung und Verwaltung eine bewundernswerthe Thätigkeit in der Förderung der Industrie. Wir wollen nun in derselben Reihenfolge zuerst die Gewerbe-, sodann die Handels- und schließlich die Industriepolitik erörtern. Das Gewerbe [2] war ursprünglich das vom Staate, von den herrschenden Klassen, am meisten sich selbst überlassene und vernachlässigte Gebiet der Production. Dagegen aber lastete auch der Druck der Herrschaft auf ihm weniger; es genoß von jeher persönlicher Freiheit [3]: freilich war es auch von jeder Theilnahme an der Herr-schaft ausgeschlossen und in Folge dessen einer geringeren Ehre und Achtung seitens der herrschenden Klassen theilhaftig.

---

[1] Vergl. Peyrer: Fischereibetrieb und Fischereirecht in Oesterreich Wien, Staatsdruckerei 1874.

[2] „Das Gewerbe ist . . . diejenige Erwerbsform, bei welcher das per-sönliche Kapital die Hauptsache und die auf einen bestimmten und dauernden Erwerb berechnet ist. Von der Industrie scheidet es sich formell im Wesent-lichen dadurch, daß es mit dem Werkzeug statt mit der Maschine arbitet" Stein Handb. der Verwaltungslehre S. 653, vergl. ferner Rösler l. c. II. 590. ff. vorzüglich aber Roscher B. II. Zweite Abtheilung.

[3] „Auch mit der persönlichen Freiheit steht der Gewerbefleiß in eng-ster Wechselwirkung" Roscher l. c. S. 488.

Uebrigens herrschte frühzeitig im Kreise der Gewerbetreibenden dieselbe Gebundenheit und Geschlossenheit, die wir im antiken und mittelalterlichen Staat auf dem Gebiete der landwirthschaftlichen Production finden. Strenger Kastengeist und Zunftwesen regelten den Gewerbefleiß und hüteten seine eng gezogenen Grenzen [1]).

Nur im Widerspruch und unter stetem Widerstreben der gewerblichen Kreise führte der moderne Staat das Prinzip der Freiheit, in so ferne staatliche Rücksichten dem nicht entgegen standen, auf dem Gebiete des Gewerbes durch [2]). Mit Bezug nämlich auf die öffentlichen Interessen die der Staat vertritt, können die Gewerbe entweder ganz indifferenter Natur oder bald mehr bald minder bedenklich und gefahrbrohend sein. Es können diese öffentlichen Interessen von einem Gewerbe gar nicht tangirt werden oder in größerem oder geringerem Grade. Nur jene ersteren sind im modernen Staate ganz freigegeben (freie Gewerbe) und ihre Ausübung von gar keiner besonderen Bewilligung abhängig gemacht. Die Ausübung der letzteren ist theils an gewisse Bedingungen geknüpft, theils endlich den Privaten ganz untersagt und nur staatlichen Organen und ihrer speziellen Aufsicht vorbehalten.

Oesterreichische Gewerbeordnung.

§ 150.

Bis zum Jahre 1859 beruhte hier die Gewerbeorganisation auf dem mittelalterlichen Zunftwesen. Die Gewerbe theilte man in f r e i e G e w e r b e, die nur gegen eine einfache Anzeige über die Wahl der Beschäftigung und in c o n c e s s i o n i r t e, die nur auf Grund einer

---

[1]) „Da überhaupt in j e d e m M i t t e l a l t e r jeder Beruf, wenn er nicht durch Cölibatsgesetze verhindert ist, die Tendenz hat, zur Kaste zu werden, so finden wir auch schon frühe jene brüderliche Fürsorge der Zünfte für die Familie der Genossen zur factischen Erblichkeit ausarten." R o s c h e r l. c. S. 697.

[2]) Es war nicht bloß die Ausartung des Zunftwesens, die gerade im 18. Jahrhundert von der Gesetzgebung in vielen Punkten verbessert wurde, sondern mehr noch die Geringschätzung des Handwerks von Seiten des höheren fabricirenden Bürgerthums und die seit R o u s s e a u vorherrschende zugleich centralistische und individualistische Abneigung des Zeitgeistes wider alle Corporationen, was der neueren Gewerbefreiheit den Weg gebahnt hat." Das. 663.

behördlichen Conceſſion betrieben werden konnten. Die conceſſionirten
Gewerbe zerfielen noch in Commercial-und Polizei- (beſchränkte)
Gewerbe.

Die erſteren waren ſolche, die nicht auf den Localbedarf
berechnet waren und daher eine größere Freiheit genoſſen; die letzteren
die für den Ortsbedarf arbeiteten, mußten ſich polizeilichen Beſchränkungen fügen. Das Zunftweſen ſelbſt war in Oeſterreich ſeit dem
18. Jahrhundert geſetzlich geregelt und behördlicher Aufſicht und
Controle unterworfen [1]).
Mit dem kaiſerlichen Patent vom 20. December 1859 Nr. 227
R.-G.-B. [2]) wurde für das ganze Reich eine einheitliche Gewerbeordnung
erlaſſen, die vom 1. Mai 1860 in Wirkſamkeit trat und mit dem
alten Conceſſions- und Zunftweſen vollkommen aufräumte.

Auch dieſe Gewerbeordnung behält zwar die Eintheilung in
freie und conceſſionirte Gewerbe, doch ſind im Gegenſatz zu
der ältern öſterr. Gewerbegeſetzgebung die erſteren Regel, die letzteren
Ausnahmen. („Alle Gewerbe, welche nicht als conceſſionirte
erklärt werden, ſind freie Gewerbe“ § 3.)

Die freien Gewerbe nun können gegen bloße Anmeldung betrieben werden (§ 1.) Als conceſſionirte werden theils in der
Gewerbeordnung (§ 16), theils in Nachtragsverordnungen im Ganzen
21 Gewerbe erklärt, bei denen öffentliche Rückſichten dieſe geſetzge-
beriſche Maßregel rechtfertigen. Es ſind das folgende: 1. Alle Ver-
vielfältigungs-Gewerbe als Buch- Kupfer- Stahl- Holz- Steindruckerei,
Photographie u. dgl., 2. Leihanſtalten von Erzeugniſſen obiger
Gewerbe, 3. öffentliche Transportanſtalten, 4. öffentliche Dienſtan-
ſtalten, 5. Schiffergewerbe, 6. allerhand Baugewerbe, 7. Rauchfang-
kehrerei, 8. Canalräumer- 9. Abdeckergewerbe, 10. Waffen- und
Munitionerzeugung, 11. Feuerwerkerei, 12. Tröblerei, 13. Handel
mit Giften und Medicinalkräutern, 14. Gaſt- und Schankwirthſchaften,
15. Detailhandel mit Mineralölen, 16. öffentliche Meß- und Wäge-
anſtalten, 17. Huſſchmiedgewerbe, 18. Ratten- und Mäuſevertilgungs-

[1]) Vergl. Stubenrauch Verwaltungsgeſetzkunde 1. Aufl. (1851, 1852)
B. II. S. 512, Daſelbſt auch die Literatur über die ältere öſterr. Gewerbe-
organiſation.
[2]) Manz’ſche Geſetzesausgabe 1880 Band I.

gewerbe, 19. Brunnenmeisterei, 20. Leucht-Gasanstalten, 21. Spreng-
mittelerzeugung und Verkauf.

Zur Betreibung eines oder mehrerer dieser concessionirten Gewerbe ist eine behördliche Concession nöthig, um die, unter Nachweis
der gesetzlichen Erfordernisse anzusuchen ist. Diese Erfordernisse sind:
persönliche Verläßlichkeit und Unbescholtenheit, und bei einigen dieser
Gewerbe spezielle Befähigung, unter Umständen auch geeignete
Localverhältnisse (§ 18).

Außer der Concession sind bei einigen im Gesetze namentlich
aufgezählten concessionirten Gewerben und zwar solchen, welche mit
Feuerstätten, Dampfmaschinen und Wasserwerken betrieben werden,
und welche durch gesundheitsschädliche Einflüsse aller Art der Nachbar-
schaft gefährlich oder lästig werden können, besondere Geneh-
migungen der Betriebsanlagen erforderlich (§ 31—41) [1].

Die wichtigsten Bestimmungen über Gewerbebetrieb, die für die
freiheitliche Entwicklung des Gewerbewesens im Gegensatz zu den
früheren Beschränkungen desselben charakteristisch sind, enthält das
4. Hauptstück des Gesetzes. Darnach kann jeder Gewerbetreibende
alle zur vollkommenen Herstellung seiner Erzeugnisse nöthigen Arbeiten vereinigen (was früher meist verboten war), und die hiezu
erforderlichen Hilfsarbeiter auch anderer Gewerbe halten (§ 43);
sodann ertheilt das Gesetz jedem Gewerbetreibenden das Recht nicht
nur mit seinen eigenen Erzeugnissen, sondern auch mit den gleichen
fremden Erzeugnissen Handel zu treiben; auch ist kein freies
Gewerbe an eine einzige Betriebsstätte gebunden, sondern kann beliebig in mehreren betrieben werden, und sich auch nach auswärts
in andere Gemeinden und Städte mittelst Commission, Arbeitsüber-
nahme, Zweigetablissements, Niederlagen, Reisende, Agenten, Markt-
besuch rc. erstrecken (§§ 46—50).

Wurde der Grundsatz der Freiheit in der Ausübung der Ge-

---

[1] Die deutsche Gewerbeordnung vom Jahre 1869 schließt sich im Wesentlichen an die österreichische an. Der Betrieb eines Gewerbes ist auch da Jedermann gestattet, die Unterscheidung zwischen Stadt und Land aufgehoben, der
gleichzeitige Betrieb mehrerer Gewerbe freigegeben; zur Ausübung gewisser im
Gesetze aufgezählte Gewerbe (Bergwesen, Fischerei, ärztliche Praxis, Apothekergewerbe, Advolatur, Notariat und 37 verschiedene Fabriksgewerbe) wird behördliche Concession erfordert.

werbe proclamirt, so mußte derselbe nothwendigerweise auch in den Verhältnissen zwischen den Gewerbetreibenden, respective den Gewerbsunternehmern und ihrem Hilfspersonale zur Geltung gebracht werden. Mit der Gewerbefreiheit ward das frühere Zunftwesen gestürzt und mit dem Zunftwesen mußten auch die früheren Zwangsverhältnisse zwischen Meistern, Gehilfen und Lehrlingen fallen und freien Privatrechtsverhältnissen Platz machen.

So bestimmt denn die Gewerbeordnung, daß die Rechtsverhältnisse zwischen Gewerbetreibenden und ihrem Hilfspersonale „nach den Bestimmungen des allg. bürgerl. Gesetzbuchs zu beurtheilen" sind (§ 72) und das bildet die Regel; dagegen enthält die Gewerbeordnung einige „besondere Bestimmungen", die durch die besondere Natur dieser Verhältnisse und durch öffentliche Rücksichten geboten erschienen.

Zu diesen Bestimmungen gehören vor allem, daß jeder Gehilfe (Handlungsdiener, Geselle, Fabriksarbeiter) mit Dienstzeugnissen oder Arbeitsbuch versehen sein muß (§ 74); sodann, daß in Ermangelung eines besonderen Uebereinkommens wöchentliche Ablöhnung und vierzehntägige Kündigung vorausgesetzt wird (§ 75); weiters gehören hierher Verbote von Verabredungen (Strikes) und Bedingungen bezüglich der Auflösung des Dienstverhältnisses, bezüglich vorzeitiger Entlassung und vorzeitigen Austrittes; endlich gehören hieher einige Bestimmungen über das Lehrlingsverhältniß [1].

Die Gewerbeordnung von 1859 wollte an die Stelle der aufgehobenen Zünfte freie Vereinigungen, „Genossenschaften" in's Leben rufen, zur Pflege der gemeinsamen Interessen der Gewerbegenossen; dieses Institut hat sich jedoch nicht bewährt [2]. Dagegen haben die mit dem Gesetz vom 14. Mai 1869 in's Leben gerufenen Gewerbegerichte in einigen Ländern Anklang gefunden und eine gedeihliche Wirksamkeit als eine Art Schiedsgerichte entwickelt [3].

---

[1] Ueber Bedeutung der Lehrlingschaft im Gewerbe s. Roscher l. c. 693. der dafür plaidirt, daß die Lehrlingschaft nicht „als bloße Privatsache gelten" und einer „völligen Reorganisirung" unterzogen werden solle. Roscher neigt in diesem Punkte zu größerem Zwange und verlangt wieder Einführung von Prüfungen.

[2] Roscher l. c. 709. [3] Roscher l. c. 730.

Handel: a) Binnenhandel.

§ 151.

Aus dem Gewerbe entwickelt sich auf natürlichstem Wege und bleibt mit demselben vielfach verwachsen der Kleinhandel, auf welchen demnach zumeist dieselben Grundsätze zur Anwendung kommen, wie auf das Gewerbe überhaupt.

Aber von dem Kleinhandel, der nur einem kleinen Kreise von Consumenten dient und der Industrie und dem Gewerbe sozusagen nur Handlangerdienste leistet, unterscheidet sich prinzipiell der Großhandel, der den entfernten, oft ausländischen oder gar überseeischen Produzenten mit dem einheimischen Consumenten oder vice versa in Verbindung bringt [1]). Indem der Großhandel der heimischen Industrie auswärtige Absatzgebiete eröffnet oder auswärtige Producte vortheilhaft gegen inländische eintauscht, leistet er der heimischen Production unschätzbare Dienste und verdient die größte Förderung, den größten Schutz jedes Staates [2]).

Den Inbegriff der Thätigkeiten und Maßregeln des Staates mit Bezug auf den Handel nennt man Handelspolitik. Dieselbe

---

[1]) Ueber Handel vergl. Roscher Bd. III. Abthl. I., nach welchem sich der „Handelsstand" „früher bildet als der eigentliche Gewerbestand, aber viel später als der Stand der Landwirthe". Eine solche Behauptung geht von der Anschauung einer Entwicklung und Aufeinanderfolge dieser Berufs- und Ständebildungen in ein und demselben Lande aus. Nun lehrt uns aber die Geschichte daß solche Berufsbildungen gleichzeitig in verschiedenen Ländern, aus verschiedenen natürlichen Bedingungen herauswachsend, vor sich gingen und später erst sich miteinander combinirten, so daß von einer bestimmten Aufeinanderfolge weniger die Rede sein kann.

[2]) Roscher scheint uns l. c. den Einfluß des Handels auf den Staat zu wenig hervorzuheben. Er betont nur, daß der Handel „auf's Höchste interessirt ist bei Aufrechthaltung der friedlichen Rechtsordnung im Staate" und zwischen den Staaten; daß er zum Kosmopolitismus neige und die „Aufklärung befördert." Diesen Lichtseiten stellt aber Roscher gleich Schattenseiten gegenüber wie Sittenverderbniß (?) und Weichlichkeit. Letzteres mag wahr sein, ersteres ist gewiß nicht richtig. Man denke nur an das sittenstrenge England. Auch was Roscher über den Einfluß des Handels auf die bildende Kunst sagt, daß letztere „bei Handelsvölkern mehr nach bürgerlichen und häus. lichem Behagen als nach religiösem und politischem Schwunge trachtet" (l. c. 64) wird Niemand unterschreiben der z. B. an die St. Marcuskirche und den Dogenpalast denkt.

erſtreckt ſich ſowohl auf den inländiſchen wie auf den ausländiſchen
Handel, die übrigens von einander ſchwer zu trennen ſind, weil ſie
in fortwährender inniger Wechſelwirkung aufeinander ſtehen. Den
inländiſchen Handel nennt man auch Binnenhandel; den ausländi=
ſchen unterſcheidet man je nach ſeiner Richtung und ſeinem Ziel in
Export=Import=Tranſito= und Zwiſchenhandel [1]).

Keinem Gebiet volkswirthſchaftlicher Thätigkeit hat der Staat
in früheren Zeiten durch ſeine Einmiſchung und ſeine vielfältigen
Beſchränkungen ſo geſchadet, wie dem Handel; denn keines verträgt
ſo wenig ſtaatliche Bevormundung wie dieſes. Der Staat kann
vom Handel den allergrößten Vortheil ziehen und die Geſchichte und
Erfahrung der Gegenwart belehrt uns wie viel ein ausgebreiteter
Handel zur Macht eines Staates beitragen kann. Aber eine conditio
sine qua non des Aufſchwunges jeglichen Handels iſt Freiheit
und Beſeitigung aller engherzigen Beſchränkungen [2]). An letzteren
hat es bis vor Kurzem auch in Oeſterreich nicht gemangelt. Mit
Ausnahme von Trieſt und der Lombardei, wo der Handel frei war,
galt in Oeſterreich bis zum Jahre 1860 das Conceſſionsſyſtem.
Freigegeben waren nur ausnahmsweiſe einige wenige Handels=
zweige (Getreide, Holz, Kohlen, Wein, Moſt und Branntwein, Vieh,
Schafwolle u. dgl.) [3]).

Die Regel war die Verleihung des Befugniſſes ſeitens
der Behörde. Solche Befugniſſe lauteten auf Großhandel, Klein=
handel, Krämerei, Hauſirhandel und Buchhandel und ihre Ertheilung
war an ganz ungerechtfertigte Bedingungen geknüpft.

Die meiſten dieſer Beſchränkungen des Handels ſind gegen=
wärtig in Oeſterreich beſeitigt, theilweiſe auf Grund der Gewerbe=
ordnung vom Jahre 1859 theilweiſe auf Grund des Handelsgeſetz=
buches vom 17. December 1862 [4]).

Nur gewiſſe unterſte Stufen des Kleinhandels (Hauſirerei,
Krämerei) unterliegen im Intereſſe der öffentlichen Sicherheit beſon=
deren Einſchränkungen und ebenſo iſt der öffentliche Handel mit

---

[1]) Roſcher l. c. § 16 (S. 95).

[2]) Vergl. Rau l. c. II. Bd. II. Abthl. S. 307 ff. Ueber Beſchränkungen
des Handels durch Stapelrechte ſ. Roſcher III. 115.

[3]) Vergl. Stubenrauch Verwaltungsgeſetzkunde 1. Aufl. 1852. B. II.
S. 562. [4]) Manz'ſche Geſetzesausgabe B. XI.

Werthpapieren (an den Börsen) im öffentlichen Interesse einer staatlichen Controle unterworfen.

Anm. Der Hausirhandel war früher in Oesterreich durch
das Hausirpatent v. J. 1811 geregelt; dasselbe wurde durch das gegenwärtig geltende Gesetz über den Hausirhandel vom 4. September 1852
aufgehoben [1]). Nach diesem Gesetze kann der Hausirhandel nur mit
besonderer Bewilligung und unter Beobachtung der daselbst aufgezählten
Bestimmungen betrieben werden.

Diese Bewilligung wird von den politischen Behörden mittelst
Ausfertigung eines Hausirpasses oder Hausirbüchels ertheilt, und lautet
für eine bestimmte Person auf ein bestimmtes Gebiet (oder Kronland).
Gewisse Waaren, namentlich Nahrungsmittel, deren Echtheit und Beschaffenheit im Hausirhandel schwer zu controliren wären, sind von
demselben ganz ausgeschlossen. Daß auch literarische und artistische
Werke diesem Ausschlusse unterliegen, daß die sog. Colportage verboten ist, entspricht mehr einem ängstlichen politischen Standpunkt als
den wirklichen Interessen des Staates.

Dagegen statuirt das Hausirgesetz bezüglich der Bewohner gewisser
Gegenden eine Ausnahme und gestattet denselben mit gewissen Erzeugnissen und Producten ihrer Heimat den Hausirhandel im ganzen Reiche,
unter Nachsicht einiger in der Regel geforderten Bedingungen, (z. B.
böhmische Weber und Spitzenklöpler aus dem Erzgebirge, slovakische
Drahtbinder u. dgl.)

Die höheren Stufen des Handels bis zum Großhandel hinauf
sind gegenwärtig von allen Beschränkungen frei und an keinerlei Concessionen gebunden. Ihnen gegenüber fühlt der moderne Staat sich
nur zu unbedingter Förderung ihrer Interessen verpflichtet und kommt
dieser Pflicht nach, indem er theils die Handelsverhältnisse unter besondere gesetzliche dieselben begünstigende Normen stellt (Handels- und
Wechselrechte) theils den Handelsleuten die öffentliche Vertretung ihrer
gemeinsamen Interessen durch gewählte Organe (Handelskammern)
gestattet.

Die zahlreichen, den Handel und die Handelsleute begünstigenden
gesetzlichen Bestimmungen des Handels- und Wechselrechts können wir
hier als dem Civilrechtsgebiete angehörend übergehen; dagegen müssen
wir der Handelskammern um so mehr Erwähnung thun, da dieselben
in vielen Stücken die Staatsverwaltung in ihrer gewerbe- und handels-
politischen Wirksamkeit und Thätigkeit unterstützen.

In Oesterreich sind die „Handels- und Gewerbekammern" mit
dem Gesetze vom 29. Juni 1868 Nr. 85 R.-G.-B. in's Leben gerufen und organisirt worden. Als ihre Aufgabe bezeichnet das Gesetz

---

[1]) Manz'sche Gesetzesausgabe Bd. I.

die „Vertretung der Interessen des Handels und der Gewerbe mit Einschluß des Bergbaus". Vorderhand wurden 29 solcher Kammern in den einzelnen Landeshaupt- und einigen andern wichtigern Handels- städten in's Leben gerufen und jeder derselben ein bestimmter Bezirk zugewiesen.

Die Attributionen der Handelskammern sind vorwiegend bera- thender Natur, doch haben sie auch einen selbständig administrativen Wirkungskreis, indem sie Register und Nachweisungen über alle Han- delsleute und protokollirten Firmen führen, die mannigfachsten Zeugnisse über Handelssachen ausstellen, als Schiedsgerichte in Handel- und Ge- werbeangelegenheiten fungiren, und jährliche Berichte über die Bewe- gung des Handels- und der Gewerbe ihres Bezirkes an das Handels- ministerium einsenden.

Im constitutionellen Leben der im Reichsrathe vertretenen Länder Oesterreichs nehmen sie auch als Wahlkörper je eines Reichsrath- und Landtagsabgeordneten Antheil.

Eine ganze spezielle Art des Handels, die der neuesten Zeit ihre Entstehung und Ausbreitung verdankt, ist der Effectenhandel. Man könnte ihn als die höchste Stufe des Handels betrachten, da sein Gegen- stand nicht mehr die Güter selbst, nur die Werthzeichen, die auf die- selben einen Anspruch verleihen, die Titel, die einen Antheil an beste- henden, auf die mannigfachste Weise investirten Kapitals repräsentiren, kurz dessen Gegenstand Actien, Obligationen, Staatsschuldentitel, Geld- sorten, Valuten und Devisen bilden.

Auf dieser höchsten Stufe des Handels treten nicht minder, wie auf der niedrigsten Stufe desselben, dem Hausirhandel, Rücksichten der öffentlichen Sicherheit mit der Forderung nach strenger Aufsicht und Controle an die Staatsverwaltung heran. Denn, was im Hausirhandel nur in kleinem Maßstab geschehen kann, die Ausbeutung der Uner- fahrenheit und Leichtgläubigkeit Einzelner, das kann im Effectenhandel auf viel großartigerem Maßstabe Platz greifen, indem ganze Gesell- schaftsclassen, vorzugsweise die Besitzenden, das „Anlage suchende Publikum" durch den Effectenschwindel gepreßt werden.

Um nun einerseits dem Einzelnen, der sein Ersparniß oder sein Vermögen in öffentlichen Papieren anlegen will, davor zu schützen, daß er nicht dem Schwindel in die Hände falle, andererseits aber um diesen für den Staat hochwichtigen Handelszweig zu fördern, sind die Mittel- punkte des Effectenhandels zu öffentlichen, unter staatlicher Aufsicht und Controle stehenden Instituten, Börsen gestaltet worden, deren innere Organisation und die Art und Weise der Geschäftsabwicklung auf den- selben durch besondere Börsengesetze und Ordnungen geregelt ist.

Das österr. Börsengesetz vom 1. April 1875 [1]) bestimmt, daß

---

[1]) Gesetz betreffend die Organisirung der Börsen vom 1. April 1875 Nr. 67 R.-G.-Bl. Manz'sche Gesetzsammlung B. I.

die Börsen unter einer selbständigen Leitung, jedoch unter staatlicher Ueber=
wachung stehen. Eine Börse kann nur auf Grund eines besonderen
Statuts, welches vom Finanz= und Handelsministerium genehmigt wurde,
errichtet werden. Ohne solche Genehmigung dürfen keine Börsen be=
stehen (sog. Winkelbörsen). Das Statut muß Bestimmungen enthalten,
betreffs der Geschäftszweige des Börsenverkehrs, der Mitgliedschaft
der Börse und des Besuchrechts, der Rechte und Pflichten der Mit=
glieder und Besucher, der Unterhaltsmittel der Anstalt, ihrer Leitung
und Organe ꝛc. Die Börseleitung regelt die Art und Weise des Ver=
kehrs im Sinne des Statuts.

Die an der Börse abzuschließenden Geschäfte müssen durch Sen=
sale (Börsensensale oder Makler) vermittelt werden. An jedem Börse=
tage wird unter Leitung des Börsencommissärs und Mitwirkung der
Makler ein amtlicher Courszettel verfaßt und veröffentlicht. Welche
Effecten an der Börse gehandelt und im amtlichen Courszettel notirt
werden dürfen, bestimmt der Finanzminister. Außer diesem allgemeinen
Börsegesetz existiren daher für die einzelnen Börsen besondere Statute.

b) Außen=handel.

§ 152.

Der Grundsatz der Freiheit hat auf dem Gebiete des Binnen=
handels heutzutage fast überall den Sieg davongetragen: nicht so
auf dem Gebiet des Außenhandels, speziell des Importhandels. Hier
stehen sich noch immer die Interessen mächtiger sozialer Bestand=
theile des Staates im Kampfe gegenüber — von denen die einen
vollkommene Freiheit des Außenhandels, die anderen dessen Be=
schränkung durch Zölle verlangen. (Freihändler und Schutzzöllner).
Die Staatsverwaltungen aber schwanken noch immer ängstlich hin
und her und können sich von den traditionellen frühern Beschrän=
kungen auf diesem Gebiete nur schwer lossagen. Wohl ist das
alte von der Schule der Mercantilisten den Staaten empfohlene
Prohibitivsystem, wonach der Importhandel namentlich mit
Industrieerzeugnissen durch hohe Zölle (Prohibitivzölle) fast unmöglich
gemacht wurde, heute meist aufgegeben, da man sich von dessen Irra=
tionalität überzeugte [1]: aber der alte Gedanke der Prohibition lebt
in etwas veränderter und milderer Form in den noch heute auf=
recht erhaltenen Schutzzollsystemen (Protectionssystemen) fort. Nur

---

[1] „Die eigentliche Prohibition wirkt in der Regel schädlich. Sie ver=
dirbt die Gewerbetreibenden durch zu große Sicherheit". Roscher III 646.

die Begründung, die Argumente, mit denen man diese Schutzzölle zu rechtfertigen sucht, sind andere, etwas rationellere: die Sache ist im Grunde dieselbe. Mit der **Prohibition** wollte man das Inland zwingen, die heimischen Rohproducte selbst zu bearbeiten; man wollte damit eine heimische Industrie schaffen. Mit der **Protection** beabsichtigt man angeblich die heimische Rohproduction und Industrie von der ausländischen **Concurrenz** zu schützen, sie daher in ihrem Bestande und ihrer Entwicklung zu kräftigen und zu fördern.

Wir sagen **angeblich**, denn daß diese Argumentationen der Protectionisten falsch und grundlos sind, das ist längst auf die klarste Weise dargelegt[1]). Wenn sie aber wiederkehren und wenn man immer wieder den Außenhandel durch Schutzzölle beschränkt und unmöglich macht, so geschieht dies **in der Wahrheit** aus ganz anderen Motiven. Es geschieht das immer um momentane Partei- und Classeninteressen auf Kosten der Gesammtheit zu fördern; aber man bringt damit dem momentanen Classeninteresse nicht nur die Interessen der Gesammtheit, sondern auch die wahren zukünftigen Interessen der momentan geschützten Classe zum Opfer. Wenn z. B. in Deutschland plötzlich ein hoher Getreidezoll decretirt wird, so geschieht das schwerlich im guten Glauben, damit der Gesammtheit einen Dienst zu leisten; es geschieht einfach um momentan die Großgrundbesitzer zu schützen, um ihre Säckel momentan zu füllen. Man vergißt aber dabei, daß man nicht einmal der Zukunft dieser Großgrundbesitzer einen Dienst leistet, da man sie nur in ihrer **Concurrenzunfähigkeit** erhält und dieselbe permanent macht, während man sie durch Freigebung des Handels in **ihrem eigenen Interesse** zwingen würde ihre Rohproduction concurrenzfähig zu machen, womit man ihre Zukunft sicherstellen würde ohne der Gesammtheit zu schaden.

Aehnlich verhält es sich, wenn man z. B. in Oesterreich einen Schutzzoll auf englische Eisenfabrikate einführt. Momentan wird dadurch den österreichischen Eisenindustriellen auf deren Reclama-

---

[1]) Siehe neuestens das vortreffliche Referat des Freiherrn **Max von Kübeck** in den Schriften der Gesellschaft österreichischer Volkswirthe über **Zoll-Politik.** Wien 1875 Manz. „Die Erfahrung lehrt, heißt es da, daß die Schutzzölle der Industrie schädlich sind und ihre Entwicklung hindern" — dieser Satz wird von **Kübeck** schlagend erwiesen.

tionen hin es geschieht, ein Dienst erwiesen. Aber nur im Kampfe mit ausländischer Concurrenz würde man sie concurrenzfähig machen und nicht nur der Gesammtheit, sondern auch dem wahren Interesse der Zukunft der österr. Eiseninduſtrie den beſten Dienſt leiſten.

Anm. Die modernen internationalen Handelsverträge ſind Vorläufer einer immer weitere Staaten-Kreiſe umfaſſenden Handelsfreiheit. Vorderhand hat jeder Handelsvertrag den Zweck aus dem Handelsverkehr der vertragschließenden Theile, wenn nicht alle anderen Nationen auszuſchließen, doch keiner anderen größere Vortheile zu gewähren. Man verpflichtet ſich daher gegenſeitig, ſich in Handels- und Schiffahrtsangelegenheiten alle diejenigen Begünſtigungen zu gewähren, die man nur irgend einer (meiſtbegünſtigten) andern Nation gewährt. Erſt ſtanden dieſe Handelsverträge vereinzelt da. Mit der Zunahme derſelben jedoch und dem immer größer werdenden Kreis, der durch ſolche Verträge verbundenen Staaten, gewinnt thatſächlich die Handelsfreiheit ein immer größeres Gebiet. Daß dieſe es iſt, die man anzuſtreben hat, dafür tritt auch Roſcher in folgender Stelle ein. „Auch das Gewerbeſchutzſyſtem kann darum als Erziehungsmaßregel nur unter Vorausſetzung ſeines allmähligen Entbehrlichwerdens, alſo in Hinblick auf eine dadurch anzuſtrebende **Handelsfreiheit** gerechtfertigt werden. Bei jedem hochcultivirten Volke ſpricht die Vermuthung, wie im Innern ſo auch nach Außen für Handelsfreiheit und das Verlangen nach Zollſchutz ꝛc. muß hier in der Regel als ein **Krankheitsſymptom** gelten. . . . Jedenfalls kann die internationale Handelsfreiheit, ſobald ein Volk zu männlicher Reife bereits entwickelt iſt, für ſeine Nationalität nur günſtig ſein, weil es dadurch veranlaßt wird, ſeine beſondere Eigenthümlichkeiten zur Geltung zu bringen" (l. c. III 641).

Induſtrie.

§ 153.

Als mächtigſter Hebel der Production und ergiebigſte Quelle des Reichthums kommt endlich die Induſtrie in Betracht. Die Induſtrie iſt die eigentliche Staatsdomäne des modernen Staates: ein ſtarker Pfeiler auf dem ſein Finanzweſen ruht.

Kein Zweig der Volkswirthſchaft kann dem Staate auf ſo leichte Weiſe ſo großes Einkommen bieten wie die Induſtrie. Daher hat auch der Staat alle Urſache ihr Gedeihen ſich angelegen ſein zu laſſen.

Eine Induſtrie zu ſchaffen, wo deren volkswirthſchaftliche Vorausſetzungen und Bedingungen fehlen, iſt freilich kein Staat im Stande.

Denn die Industrie kann nicht wie eine Minerva in voller Rüstung plötzlich zur Welt kommen, sondern ist vielmehr das Resultat langer, mühevoller Bestrebungen und volkswirthschaftlicher Entwicklung. Landwirthschaft, Gewerbe und Handel müssen ihr vorausgehen, das Communicationswesen muß bereits einen hohen Grad der Entwicklung erreicht haben, Wissenschaft und Kunst müssen vorhanden sein, wo und wenn die Industrie entstehen soll. Erblühen aber wird diese letztere nirgends wo die Staatsverwaltung für dieselbe keinen Sinn hat, wo sie ihr nicht die Wege ebnet, alle Hindernisse ihrer Entfaltung beseitigt und sie thatkräftig unterstützt.

Die Industrie ist nicht nur wie die Landwirthschaft eine Frucht menschlicher Bedürfnisse und natürlicher Anlagen, nicht nur wie der Handel das Resultat eines gewissen Grades von Findigkeit und instinctmäßiger Ausbeutungstriebe: sie ist zugleich das Product höherer geistiger Speculation und Erfindungsgabe, die es versteht, die Errungenschaften der Naturforschung und der Naturwissenschaften praktisch zu verwerthen. Soll nun die Industrie bestehen und gedeihen, so müssen alle diese ihre materiellen und geistigen Voraussetzungen gleichzeitig mit ihr erhalten und gepflegt werden, denn mit dem Verfalle derselben muß auch die Industrie verfallen. Von der Pflege des Communicationswesens nun, der Landwirthschaft und des Handels haben wir bereits gesprochen, von der Pflege der Wissenschaft und Kunst werden wir weiter unten noch sprechen: hier wollen wir nur von dem Schutze handeln, den die Seele der Industrie, die Erfindungsgabe, das industrielle Genie das sich oft in dem kleinsten und unscheinbarsten Industrieartikel offenbart, seitens des Staates theilhaftig werden muß, wenn die Industrie prosperiren soll.

Denn all' und jede Industrie beginnt mit einem genialen Gedanken, mit einer schöpferischen That, mit einer Erfindung.

Wir sind heutzutage, im Jahrhundert der Erfindungen, gegen diese letzteren so abgestumpft, daß wir es gar nicht merken, welche ungeahnten, an's Wunderbare streifenden Thaten der menschliche Erfindungsgeist fast täglich vollbringt. Mit einer Gleichgiltigkeit als ob es sich um Selbstverständliches und Alltägliches handeln würde, lesen wir heute in den Zeitungen von den Fortschritten auf dem Gebiete des Telegraphenwesens, der Telephonie und Phonographie, lesen wir von Dingen die wir vor einigen Jahren noch zu den Unmöglichkeiten gezählt haben und deren Erfinder noch vor 200 Jahren gewiß dem Feuertod als Hexenmeister und Zauberer verfallen wären. Eine jede solche Erfindung eröffnet ein neues Gebiet der Industrie und jedes Gebiet der Industrie, von den einfachen Zündhölzchen bis zur Locomotiv=Fabrikation verdankt einer solchen Erfindung ihr Bestehen.

Erwägt man nun den Nutzen und die hohe Bedeutung der Industrie für den Staat, so muß es klar werden, nicht nur welches eminente Interesse derselbe daran hat, den Erfindungsgeist, den Er= zeuger der Industrie, zu hegen und zu pflegen, sondern daß er auch die sittliche Verpflichtung hat denselben zu schützen, ihm die Anerken= nung seines Verdienstes und die Erlangung seines materiellen Lohnes nicht verkümmern zu lassen. Diesem Interesse und dieser Pflicht kommt der Staat in erster Reihe durch die Privilegien= und Patent= gesetzgebung und deren Handhabung nach, in zweiter Linie entsprechen denselben die Gesetze zum Schutze industrieller Marken und Muster.

Anm. Es ist charakteristisch, daß Roscher, auf der Rechtsstaats= theorie fußend, ähnlich wie diese all' und jedes im Staate aus dem Grundsatz der Freiheit deduzirt — sogar den Markenschutz. Wenn er z. B. die concessionirten Gewerbe erklären will, so hebt er nicht das Inter= esse des Staates oder das allgemeine Interesse als Grund hervor, son= dern sagt: „Die wahre Freiheit will kein rechtmäßiges Interesse verletzen. Darum haben die meisten gewerbefreien Staaten immer noch einen Ueberrest des Concessionssystems für diejenigen Gewerbe festge= halten, deren mangelhafter Betrieb gemeingefährlich sein, oder deren Betrieb überhaupt an gewissen Plätzen die Bewohner gefährden, we= nigstens in auffallendem Grade belästigen würde" (III 667). Auch der Markenschutz wird bei ihm aus der „Freiheit" deduzirt. „Die wahre Freiheit, meint er, liebt (?) die Verantwortlichkeit. Darum ist es durchaus vereinbar mit der wahren Gewerbefreiheit, ja eine Be= dingung derselben, wenn dafür gesorgt wird, daß jeder Produzent, welcher seine Waare mit seinem Namen oder Namenszeichen versehen will, vor dessen Nachahmung durch Andere sicher ist" (l. c. 679).

Oesterreichische Patentgesetzgebung.

§ 154.

All' und jede Patentgesetzgebung hat die schwierige Aufgabe zu lösen, zwischen den widerstreitenden Interessen des Erfinders und der Gesammtheit zu vermitteln. Welche Rücksichten der Staat dem

Erfinder schuldig, zu welchem Schutze ihm gegenüber er moralisch verpflichtet ist, haben wir soeben auseinandergesetzt: andererseits aber ist ja der Staat mit all' seinem Streben und Ringen, mit all' seinen Interessen und Zielen auf die Gesammtheit der Staatsgenossen gewiesen. Ihr Wohlstand ist sein Wohlstand; ihre wirthschaftliche Macht ist seine politische Macht — ihr Interesse ist sein Interesse. Nun liegt die schnellste und allgemeinste Verwerthung und Ausnützung jedweder neuen Erfindung im Interesse der Gesammtheit daher auch im Interesse des Staates. Dieses letztere also einerseits und die von der Klugheit und Billigkeit geforderte Rücksicht auf den Erfinder andererseits — das sind die Gegensätze, welche die Patentgesetzgebung zu versöhnen hat. — Aus diesem Gesichtspunkte nun ergiebt sich als erster Grundsatz, daß ein Privilegium nie unnöthigerweise, also erstens nur auf eine wirklich neue Entdeckung, Erfindung oder Verbesserung und nur in dem Umfange, in welcher dieselbe neu ist (§ 1 des österr. Privilegiengesetzes vom 15. August 1852 Nr. 184 R.-G.-B.) sodann nur dem wirklichen Erfinder oder dessen Rechtsnehmer verliehen werde (§ 3). Sind nun alle gesetzlichen Vorbedingungen einer Privilegiumsverleihung vorhanden, so erfolgt dieselbe für den Umfang der ganzen Monarchie, jedoch höchstens nur auf fünfzehn Jahre. Auf eine längere Zeit steht nur dem Kaiser ein außerordentliches Privilegiumsverleihungsrecht zu (§ 25). Nach Ablauf der Privilegiumsdauer wird die bis dahin privilegirte Erfindung Gemeingut und steht ihre Benützung und Verwerthung Jedermann frei.

Soll aber die privilegirte Erfindung nach Ablauf der Privilegiumsdauer wirklich und mit Erfolg von Jedermann benützt, soll sie Gemeingut der Gesammtheit werden können, dann muß ihr Wesen, dann muß das ihr zu Grunde liegende Geheimniß auch bekannt und Jedermann leicht zugänglich werden. Zu diesem Zwecke knüpft das Gesetz vorsorglich die Privilegiumsertheilung an die Bedingung der Hinterlegung einer genauen Beschreibung der neuen Erfindung in einem eigens hiezu bestimmten, beim Ministerium für Handel- und Gewerbe befindlichen Privilegiumsarchiv (§§ 16 und 20). Nach Ablauf nun der Privilegiumsdauer steht Jedermann die Einsicht in diese Beschreibungen sammt Beilagen im Privilegiumsarchiv frei.

Das Gesetz enthält selbstverständlich auch Strafbestimmungen auf Eingriffe in Privilegien und eine Vorschrift über das Verfahren in Privilegienstreitigkeiten [1]).

Eine allerdings mindere jedoch analoge Bedeutung für die Industrie hat der staatliche Schutz der gewerblichen Marken und Muster. Die gewerbliche Marke bezeichnet keine neue Erfindung, sondern nur die Provenienz des Fabrikates. Erfreut sich nun eine Firma eines guten Rufes der Güte ihres Fabrikates wegen und ist dieses letztere an der gebrauchten Marke leicht kenntlich, so ist es analog den Grundsätzen der Patentgesetzgebung nur recht und billig, die Fabriksfirma, die durch Solidität und Güte der Waare sich eines guten Rufes erfreut, vor Nachahmung ihrer Waaren-Marke und somit vor betrügerischer Unterschiebung fremder Waare zu schützen. Gleichzeitig wird aber auch durch diesen Schutz das öffentliche Interesse gewahrt, indem dadurch die Consumenten vor Täuschung und Irreführung bewahrt werden.

Das österreichische Markenschutzgesetz [2]) stellt es jedem Gewerbetreibenden der sich das Alleinrecht zum Gebrauche einer der gesetzlichen Bestimmungen entsprechenden Marke sichern will frei, dieselbe zu diesem Zwecke in das bei jeder Handels- und Gewerbekammer zu führende Markenregister eintragen zu lassen. Damit erlangt derselbe das Alleinrecht zum Gebrauche dieser Marke und es stehen ihm gegen jeden Eingriff in dasselbe die gesetzlichen Maßregeln zu und zwar kann er auf Einstellung des ferneren Gebrauches der widerrechtlichen Marke und auf Beseitigung derselben von den damit bezeichneten Waaren soweit sie für den Verkauf bestimmt sind, dringen.

Schon etwas mehr als die bloße Solidität und Güte eines Fabrikates ist die Form desselben oder das Muster auf demselben. In der Form und dem Muster kann sich ein selbständiger und origineller Geschmack offenbaren, wozu schon ein gewisser Grad von Erfindungsgeist nöthig ist, auf den billigerweise die Grundsätze der Privilegiengesetzgebung analog zur Anwendung kommen. Das österr. Musterschutzgesetz vom 7. December 1858 [3]) beabsichtigt ganz so wie

---

[1]) Vergl. auch die Vollzugsvorschriften zum Privilegiengesetz in dem Erlaß des Handelsministeriums vom 5. October 1852 bei Manz B. I. Abthl. 2. S. 24. [2]) Kais. Patent vom 7. Dezember 1858 Nr. 230 R.-G.-Bl. Manz Bd. I. Thl. 2. S. 49. [3]) Nr. 237 R.-G.-Bl. Manz Bd. I. Abth. 2. S. 60.

es auch im Eingang zum Privilegienschutzpatent ausgesprochen ist „der inländischen Industrie einen angemessenen Schutz zu gewähren". Zu diesem Zwecke wurden über Registrirung der Muster und Modelle ähnliche Bestimmungen wie in dem Privilegienschutzpatente erlassen nur daß, entsprechend dem geringeren Grade des in diesem Falle nöthigen Erfindungsgeistes, die Schutzdauer auf höchstens 3 Jahre festgesetzt ist.

Capital und Credit.

§ 155.

Wir haben die Einflußnahme des Staates auf die zwei Factoren aller Production: Natur und Arbeit erörtert. Wir wollen nun sein Verhältniß und seine Einflußnahme auf den dritten Factor der Production, auf das Capital in Betracht ziehen [1]). Capital zu schaffen, die Entstehung desselben direct zu fördern, braucht nicht Sorge des

---

[1]) „Der gesammelte und aufbewahrte Vorrath von Dingen, die einen Werth haben, ist, was ich Kapital nenne", so lautet Adam Smith's Definition des Capitals (National=Reichthum II. Buch, Einl.). Man vergleiche mit dieser einfachen und zutreffenden Definition was Adolf Wagner (Grundlegung I. Theil S. 29) über Capital vorbringt. Nachdem er in seiner extremscholastischen Methode den Begriff des Capitals aus den allgemeineren Begriffen der verschiedenen Güter, des Vermögens, des Reichthums glücklich herausgewunden hat, theilt er dasselbe in das Capital als „rein öconomische Kategorie" und das Capital im „historisch=rechtlichen Sinne." Das erstere bezeichnet er als einen „Vorrath solcher wirthschaftlichen Güter, welche als technische Mittel für die Gewinnung neuer Güter in einer Wirthschaft vorhanden sein müssen" — das letztere ist „derjenige Theil des Vermögensbesitzes einer Person, welcher derselben als Erwerbsmittel zur Erlangung eines Einkommens aus ihm dient". Diese Unterscheidung ist ganz überflüssig und nur im Hinblick auf kathedersocialistische Zukunftsorganisationen gemacht wo es angeblich ein Kapital ohne „Rechtsordnung, welche Privateigenthum an Productionsmitteln und Renten= und Zinsenbezug daraus anerkennt" geben wird. Für unsern Zweck hier genügt vollkommen die von Wagner l. c. S. 30 gegebene Begriffsbestimmung des „eigentlichen" Capitals als eines Vorrathes wirthschaftlicher Güter, welche als Mittel zur Erwerbung neuer wirthschaftlicher Güter dienen. Bis die kathedersocialistischen Reorganisationen der capitalistischen Rechtsordnung noch nicht realisirt sind, kann man sich mit dieser Begriffsbestimmung des „eigentlichen Capitals" zufrieden geben und braucht vorderhand keine weiteren Distinctionen.

Staates zu sein. Der Trieb nach Besitz, also auch nach Capital ist bei den Menschen ein so mächtiger, daß der Staat denselben nicht erst anzufachen oder künstlich zu unterhalten braucht. Wenn er nur auf dem Gebiete der Production, des Erwerbes, des Handels und der Industrie nicht störend und hemmend in den Weg tritt, wenn er auf diesen Gebieten Freiheit walten läßt: so hat er zur Entstehung des Capitals das Seinige in vollem Maße beigetragen. Alles Uebrige kann er getrost den Einzelnen überlassen. Aber die Schaffung und Entstehung des Capitals ist noch nicht dessen Einfluß auf die Production. An und für sich ist das Capital nur das Resultat der letzteren — damit es auf dieselbe Einfluß übe, damit es selbst wieder Factor der Production werde, muß es zu den ersten zwei Factoren der Production, zur Natur und Arbeit als selbständiger Factor hinzutreten und dieses Hinzutreten geschieht außer dem Falle, wo der Capitalist selbst Unternehmer und Produzent ist — in der Form des Credites [1]. Vermittelst des Credites fließt das Capital als Productionsfactor in solche Unternehmungen ein, in die es ohne Credit nicht einfließen könnte und dieser Capitalshinzutritt ruft theils neue Unternehmungen in's Leben, theils gestaltet er bestehende Unternehmungen productiver, indem er ihren Umfang vergrößert.

Die Belebung und Förderung des Credites ist also ein eminentes Mittel der Hebung der Production und deswegen ein Gegenstand staatlicher Wirthschaftspolitik [2].

---

[1] Diese Eigenschaft des Credites betont auch Rau in folgender Stelle: Die Erleichterung des Leihens und Borgens ist volkswirthschaftlich nützlich weil sie den Gewerben reichlichere Mittel zur Erweiterung der Gütererzeugung zuführt und zugleich die Capitalisten in der einträglichen und sicheren Anlegung ihres Vermögens unterstützt, so daß sie nunmehr Geldsummen nicht blos aus Mangel an Gelegenheit brach liegen zu lassen brauchen und eine stärkere Ermunterung zum Uebersparen empfinden. Volkswirthschaftspolitik B. II. Abthl. 2. S. 351. Ebenso Roscher: Nationalöconomie 1. 160: „Wenn nun der Schuldner das Capital productiver anwendet, als der Gläubiger gethan haben würde, so ist dieß ein Vortheil für die ganze Volkswirthschaft."

[2] „Der Credit erleichtert die Uebertragung der Productionsfactoren, zumal des Capitals aus einer Hand in die andere . ." Inama-Sternegg l. c. 198. „Credit ist die Verfügungskraft über fremde Mittel auf Grund von Darlehen oder einer sonstigen Verschiebung der Gegenleistung". Dühring Cursus der Nationalöconomie S. 55. Ueber Credit vergl. ferner: Nebenius: der öffentliche Credit 1820. Cieszkowski: du credit et de

Auf das Creditwesen nun kann der Staat einen mächtigen Einfluß üben vor allem durch entsprechende Creditgesetzgebung und und durch gerechte und schleunige Rechtspflege. Wo der solide Creditgeber sicher sein kann gegen den säumigen Schuldner prompte und erfolgreiche richterliche Hilfe zu finden; wo in Fällen gehörig beurkundeter Darlehen (durch Notariatsacte, Handelswechsel ꝛc.) ein schnelles Verfahren mit sofortiger Execution Platz greift; da kann sich der Credit leichter entwickeln. Von justizpolitischen Vorkehrungen die der Förderung des Credites dienen sei hier noch erwähnt ein gutes und schleuniges Concursverfahren, Gesetze gegen fraudulose Vermögensübertragungen der Schuldner u. dgl. Andererseits sind aber auch Gesetze gegen unredliche Vorgänge bei Creditgeschäften seitens der Gläubiger (Wuchergesetze) dazu nöthig, um den Credit nicht auf Abwege gerathen zu lassen, um ihn nicht zu corrumpiren, sondern auf einer gesunden und soliden Basis zu erhalten [1]. — Aber der mächtigste Hebel und Regulator alles Credites ist der Credit der öffentlichen Banken; dieser ist es vornehmlich, der auf die gesammte Production eines Landes von nachhaltigem Einfluß ist.

Oeffentliche Creditinstitute aber können nur unter hilfreicher Mitwirkung des Staates entstehen, weil sie auf gewisse Vorrechte und auf einen gewissen Schutz seitens des Staates angewiesen sind. Andererseits muß der Staat auch das öffentliche Creditwesen beaufsichtigen, damit es nicht zu einer Ausbeutung der Credit-

---

la circulation 1847. K n i e s : Geld und Credit. Berl. 1873—79 II. Abtheilung: Der Credit. — W a g n e r Grundlagen S. 68 u. ff. S t e i n Handbuch S. 460: „Der Credit ist die Quelle des Erwerbes und der Capitalbildung . . ." B i s c h o f Grundzüge S. 344.

[1] Zu den besonderen Verfahrensarten vor Gericht, die dem Gläubiger auf kürzestem Wege zu seinem Rechte dem Schuldner gegenüber kommen lassen gehört in Oesterreich das sogenannte Mandatsverfahren, welches die Einbringung von durch Notariatsacte bewiesenen Forderungen zum Zweck hat. (Kais. Verordnung vom 21. Mai 1855 Nr. 95 R.-G.-Bl M a n z. B. VI. S. 472 vergl. dazu auch Verordnung des Justizministeriums vom 18. Juli 1859 Nr. 130 R.-G.-Bl. M a n z l. c. 475). Ein verhältnißmäßig beschleunigendes Verfahren in Concursfällen ist in Oesterreich mit dem Gesetz vom 25. December 1868 Nr. 1 R.-G.-Bl. M a n z l. c. S. 526 eingeführt worden. Gegen unredliche Vorgänge bei Creditgeschäften (Bewucherung) bietet das bereits oben (§ 96.) erwähnte Gesetz vom 28 Mai 1881 Nr. 47 R.-G.-Bl. Abhilfe.

nehmer ausarte und somit statt zur Förderung zum Verfall der
Production beitrage [1]).

Ueber die verschiedenen Gattungen von Crebitanstalten wollen
wir weiter unten bei den Banken sprechen.

Actiengesellschaften.
§ 156.

Der Crebit befördert die Production indem er derselben ver=
wendungsloses Capital zuführt. So lange aber der einzelne Unter=
nehmer und Produzent den Privatcapitalisten aufsuchen muß, um
von ihm im Wege des Crebits Capital zu erhalten, befindet sich
das Crebitwesen noch auf seiner primitivsten Stufe. Sobald mehrere
Capitalisten zur Gründung einer Bank zusammentreten die den
Unternehmern, Handelsleuten und Produzenten Crebit in den ver=
schiedensten Formen gewährt, hat das Crebitwesen bereits eine höhere
Stufe erreicht. Die höchste Entwicklung aber erlangt das Crebit=
wesen mittelst der Actiengesellschaften [2]). Es ist das diejenige, der
Neuzeit ihr Entstehen verdankende kunstvolle Methode der Vereini=
gung kleiner zersplitterter Capitalien zu großen Unternehmungen, bei
denen das ganze unangenehme und viele Schattenseiten aufweisende
Verhältniß zwischen dem Gläubiger und Schuldner, zwischen Capi=
talist und Produzent wegfällt und an dessen Stelle ein Verhältniß
tritt, vermöge dessen der kleinste Capitalist als Actionär unmittel=
baren Antheil nimmt an den größten productiven Unternehmungen

---

[1]) Daß eine von der Regierung concessionirte und unter der Controle
der Verwaltung stehende Bank durch wucherisches Treiben ihre Schuldner ruinire
scheint unglaublich: dennoch sind solche Fälle nicht ausgeschlossen so z. B. wurde
im galizischen Landtag in dieser Richtung gegen eine galizische Rusticalbank
Klage geführt.

[2]) „Da bei der Actiengesellschaft die Personen der einzelnen Gesellschafter
gänzlich in den Hintergrund treten und die Persönlichkeit der Gesellschaft selbst in
dem zu einem bestimmten wirthschaftlichen Zweck vereinigten Capital besteht, so
läßt sich die Actiengesellschaft auch als eine eigenthümliche Art des Credits
auffassen." Adolph Held im Art. Gesellschaft, in Bluntschli's II. Staats=
wörterbuch. „Die anonyme oder Actiengesellschaft . . . ist eine, von
der Persönlichkeit ihrer Mitglieder so gut wie abgelöste Capitalverbindung."
Roscher III. 147. Vergl. ferner Stein Handbuch S. 299 ff. Rösler
l. c. I. § 94—96.

die seine capitalistische Einzelkraft unmeßbar weit übersteigen. „Die Actiengesellschaft ermöglicht die rasche Aufbringung einer mächtigen Capitalkraft durch Concentrirung der zerstreuten kleinen Capitale, die Durchführung gewagter Unternehmungen durch Zersplitterung des Risicos in Minimalbeträge und die erfolgreichste Leistung durch die von der Größe der eigenen Capitalseinlage unabhängige Berufung der befähigsten Individuen zur Leitung der Geschäfte" [1].

Aber eben diese Fähigkeit, zerstreute kleine Capitalien in großer Masse in einem Brennpunkte zu vereinigen, durch welche die Actiengesellschaft einerseits zur Förderung der Production in großem Maßstabe beitragen kann, eben diese Fähigkeit die Capitalien einer großen Anzahl kleiner Capitalisten an sich heranzuziehen, birgt in sich andererseits die große Gefährlichkeit der Actiengesellschaften für die öffentliche Sicherheit. Denn eine mißglückte Unternehmung, noch mehr aber ein schwindelhaftes Gebahren, kann Hunderte und Tausende kleiner Capitalisten um ihre oft mühsam erarbeiteten und ersparten kleinen Capitalien bringen.

Diese Rücksichten, noch mehr aber traurige Erfahrungen, die man in verschiedenen Staaten (namentlich in England) mit der Freiheit der Actiengesellschaften machte, zwangen die Regierungen theils die Gründung solcher Gesellschaften an besondere staatliche Concessionen zu knüpfen, theils an den Nachweis der Erfüllung gesetzlich vorgeschriebenen Bedingungen [2].

Anm. In Oesterreich herrscht in Bezug auf Actiengesellschaften noch das Concessionirungssystem auf Grund des kais. Pa-

[1] So schildert Hermann Bischof vollkommen richtig die Lichtseiten der Actiengesellschaft denen er freilich sofort ihre Schattenseiten entgegenstellt, die jedoch keiner menschlichen Institution fehlen und speciell bei Actiengesellschaften leicht aus Habsucht und Ausbeutungstrieb entstehen. S. dessen Nationalöconomik S. 294.

[2] Der Unterschied dieser zwei Systeme darf nicht übersehen werden. Bei der Concession fällt die Verantwortlichkeit für die Erfolge der Gebahrung der Actiengesellschaft auf die Regierung; was jedenfalls mißlich ist. Sodann öffnet das Concessionssystem sowohl der Willkühr der Regierungsorgane wie auch sträflichem Mißbrauch der Regierungsgewalt Thür und Thor; das zweite System ist eigentlich eine Freigebung der Actiengesellschaften und enthält nur die Forderung, daß dieselben ihre Gründung und ihr Gebahren den allgemeinen für die Actiengesellschaften bestehenden Gesetzen gemäß einrichten. Letzteres System besteht heute in England, Frankreich, Belgien und Deutschland.

tentes vom 26. November 1852 Nr. 253 R.-G.-B. § 1. lit. b. Dagegen ist die Gründung von Erwerbs- und Wirthschaftsgenossenschaften (unter welchen auch Creditvereine begriffen sind) freigegeben, nach Maßgabe des Gesetzes vom 9. April 1873 Nr. 70 R.-G.-B. [1]).

Verkehr und Geld.
§ 157.

Alle Production hat nur einen Zweck, nämlich: Consumtion [2]). Den ganzen wirthschaftlichen Prozeß von der Production bis zur Consumtion, der in sich die Rohproduction, das Gewerbe, den Handel in allen seinen Zweigen, das Creditwesen und alle die Wechsel-wirkungen dieser Thätigkeiten und Vorgänge aufeinander in sich begreift, nennen wir Verkehr.

Für Staat und Gesellschaft nun ist ein frei und ohne Stockun-gen sich vollziehender wirthschaftlicher Verkehr ungefähr dasselbe, was für einen Organismus der ungehinderte Kreislauf der Säfte und des Blutes. Stockungen im wirthschaftlichen Verkehr reagiren schäd-lich auf den Staat; sein Interesse erheischt diesen Verkehr immer zu fördern, diesen Kreislauf der wirthschaftlichen Güter so viel als möglich zu erleichtern, alle Hindernisse die demselben im Wege stehen wegzuräumen.

Nun bringt es die Natur dieses Verkehrs mit sich daß er, um sich leicht und frei vollziehen zu können, eines allgemein anerkannten und acceptirten Tauschmittels bedarf, das immer und jederzeit die Incommensurabilität aller andern Tauschobjecte ausgleichen, vermit-teln und aufheben könnte. Ein solches allgemeines Vermittlungs-Tauschmittel ist das Geld [3]).

---

[1]) Manz'sche Gesetzesausg. B. I. Abtheilung II. S. 124.

[2]) Freilich muß man hier dieses Wort in seiner weitesten Bedeutung nehmen in der es auch Benützung öffentlicher Anstalten, den geistigen Genuß von Werken der Kunst und Wissenschaft umfaßt.

[3]) Ueber Geld f. Rau I. 315 (§ 257) ff.: „Geld ist das Umlaufsmittel, welches im Güterverkehr alle andern Güter vertritt (repräsentirt)" . . . „ohne ein solches Hilfsmittel würde der Verkehr sehr beschwerlich und der Umlauf langsam sein . . ." Ferner Roscher I. § 116: „Eine solche allgemeine be-liebte Waare, die eben deßhalb zur Vermittlung der verschiedenartigsten Tausch-operationen und zur Messung der Tauschwerthe überhaupt angewendet wird, nennen wir Geld. Kommt die Anerkennung des Staates hinzu . . . so voll-

Der Staat, der heute faft ausschließlich das Geld fabricirt und
es dem Verkehre zur Verfügung stellt, der Staat hat das Geld nicht
erfunden. Als ein unentbehrliches Organ, ohne das er nicht existiren
kann, hat der Verkehr das Geld naturwüchsig in langsamer, jahr=
hundertelanger Entwicklung erzeugt. Wie auf so manchem andern
Gebiete ist der Staat hier derjenige, der in seinem eigenen und auch
der Gesammtheit Interesse die fremde Idee und Erfindung sich an=
eignet, sich zu ihrem Herrn macht, sie monopolisirt und zu seinen
Zwecken benützt.

Da nun die Bestimmung des Geldes in der Erleichterung und
Förderung des wirthschaftlichen Verkehrs liegt, so ist es klar, daß
die Geldpolitik des Staates (Münzpolitik und Papiergeldwirthschaft)
diese Hauptbestimmung des Geldes immer im Auge behalten muß.
Freilich macht der Staat bei dieser Gelegenheit oft auch sein kleines
Nebengeschäft, indem er quasi für seine Mühewaltung für die Fabri=
cation und die Versorgung des Verkehrs mit leichten Umlaufsmit=
teln für sich noch extra einen Profit herausschlägt. Dieser Profit
ist aber so geringfügig, daß er in der Geldpolitik des Staates gar
nicht in die Wagschale fällt und für dieselbe nicht wesentlich ist.

Dagegen geschieht es lediglich im Interesse des Verkehrs und
der Gesammtheit, daß der Staat, um Verkehrsstörungen und Schwie=
rigkeiten zuvorzukommen, einen gesetzlichen Münzfuß einführt und
den bestimmten Werth der Münzen garantirt — mit andern Worten,
daß er die Sorge dafür übernimmt, daß die einzelnen Geldstücke
immer denselben offendeclarirten Werth beibehalten.

Anm. Daß die mannigfachsten Waaren denen gewisse Vorzüge
zukommen (allgemeine Beliebtheit, Nützlichkeit, Dauerhaftigkeit, leichte
Transportfähigkeit ꝛc.) Geld sein könnten und als Geld verwendet wur=
den, ist bekannt (Thierfelle, Vieh, Muscheln, Pelzwerk ꝛc.). Schließlich
ward zu Geld Metall im allgemeinen, vorzüglich Edelmetall verwendet,
welcher Gebrauch sich bis heute erhielt. In dem Metallstadium der
Geldentwicklung übernimmt nun der Staat die Controle und öffentliche
Garantie für die Echtheit und den Werthmaß des Geldes und schafft
somit die Münze ("durch Stempelung der Geldmetalle nach Gewicht
und Feingehalt" Roscher III 195), deren Fabrikation (Prägung) er
sobann als sein ausschließliches Vorrecht (Monopol, Münzregal) in

endet sich der Begriff des Geldes." Rösler l. c. II. 325. Stein Handb
S. 434. Herzka: Die österreichische Währungsfrage. Wien 1877, Cap. 1.

Anspruch nimmt [1]). Für die Kosten dieser Münzfabrikation (Prägung) macht sich der Staat zuweilen dadurch bezahlt, daß er der geprägten Münze einen geringeren Feingehalt giebt als den, auf welchen sie lautet (Schlagschatz) [2]). Oft gingen einzelne Regierungen in dieser Richtung zu weit und der „Schlagschatz" artete in systematische Münzverringerung aus; der momentane Nutzen den die Staatsregierung daraus zog ward aber durch den Verfall des Staats-Credites überwogen.

Uebrigens ist zwischen einfacher **Münzprägung** des Staates und **Einführung einer Währung** zu unterscheiden. Zuerst nämlich „beschränkte sich der Staat darauf, durch seine Autorität zu beglaubigen, daß ein gestempeltes Metallstück eine bestimmte Zahl Gewichtseinheiten und einen bestimmten Feingehalt besäße; er prägte auch wohl, um den verschiedenartigen Verkehrsbedürfnissen zu genügen Geldstücke von kostbarerem und minder kostbarem Metalle, überließ es aber gänzlich dem freien Ermessen jedes Einzelnen zu berechnen, wie viel von den Münzen des einen Stoffes für die des andern im Handel zu geben seien". „**Der nächste Schritt** in der Vervollkommnung des Münzwesens ist die Feststellung einer **gesetzlichen Währung**. Es wird bestimmt, daß alle bedungenen Zahlungen falls Anderes nicht ausdrücklich stipulirt ist, in den aus einem bestimmten Metalle geprägten Münzen zu leisten und zu empfangen sind" [3]).

Papiergeld.
§ 158.

Mannigfach sind jedoch die Schwierigkeiten und Verlegenheiten die dem Staate das Münzwesen bereitet. Die Ursachen derselben liegen theils in den Verhältnissen die das **Papiergeld**, theilweise in denjenigen, die durch eine **Metallwährung** erzeugt werden. Sprechen wir zuerst von den ersteren [4]). Das Papiergeld ward

---

[1]) Roscher III. 228 ff. [2]) Roscher III. S. 220 ff.

[3]) Herzka die österreichische Währungsfrage S. 227.

[4]) Ueber Papiergeld vergl. Roscher I. 123 und III. § 50—56; „alles Papiergeld ist Creditgeld", damit ist zugleich gesagt, daß das Papiergeld nur in Vertretung des Metallgeldes, der Münze, zur Erleichterung des Verkehrs gebraucht wird. Ist das vollkommene Vertrauen vorhanden und gerechtfertigt, daß das Papiergeld wirklich nur die momentane Vertreterschaft der Münze übernimmt und jederzeit gegen letztere eingetauscht werden kann: so leistet das Papiergeld dem Verkehr ausgezeichnete Dienste. Fällt eines dieser Momente hinweg also Vertrauen oder Einlösbarkeit, dann hat das Papiergeld seinen Zweck verfehlt und schädigt den Verkehr statt ihm zu nützen. Der Werth des Papiergeldes beruht also auf einem Rechtsverhältniß. „Der Emittent verspricht in dieser oder jener Form ausdrücklich oder stillschweigend, daß er den

durch die Bequemlichkeit und Erleichterung die es dem Verkehre bot n's Leben gerufen. Seine ursprüngliche Form war, wenn wir vom iWechsel absehen, die Banknote. Was aber zuerst nur ein Er= leichterungsmittel des Verkehrs war, das gestaltete sich mit der Zeit zu einem unentbehrlichen Bedürfniß. Der wachsende Verkehr konnte der Banken [1]) und Banknoten nicht mehr entbehren. So lange sich aber der Staat in diese Verhältnisse nicht einmischte, blieben die Banken reine von den Verkehrsbedürfnissen geschaffene Ver= mittlungsinstitute und die Banknoten reine, von den Banken zu größerer Bequemlichkeit in Umlauf gesetzte Schuldurkunden, denen die Firma und der Credit der Bank ihren Werth liehen.

Doch wie kein Gebiet des Verkehrs und wirthschaftlichen Lebens auf dem der Staat nur irgend ein Macht=Interesse zu verfolgen vermag, von seiner Einmischung frei bleiben kann: ebenso war es mit dem Gebiet des Bankwesens.

Kaum zeigte es sich, daß das Zettelgeschäft d. h. die Aus= gabe von Banknoten ein sehr lucratives Geschäft sei, als auch schon der Staat sich beeilte in irgend welcher Form aus diesem Geschäft Nutzen zu ziehen. Dieß geschah zuerst in der Form, daß er an einem solchen Bankgeschäfte als Theilnehmer auftrat und die Bank an der er Theil nahm mit besonderen Privilegien ausstattete. Diese Privilegien steigerten sich mit der Zeit in einigen Staaten bis zum ausschließlichen Privilegium der Banknotenemittirung — für dessen Verleihung sich der Staat sodann von der so privilegirten Bank mancherlei Vortheile zusicherte. Diese am weitesten gehende Aus= nützung des allgemeinen Verkehrs=Bedürfnisses nach Banknoten durch Schaffung einer einzigen, ausschließlich zur Banknotenemission privilegirten Centralbank, griff Platz in Frankreich und Oesterreich. Die Form aber in der die so privilegirten Centralbanken dem Staate ihr Privilegium bezahlten, war theils ein stabiles großes Dar= lehen, theils gelegentliche Aushilfe, sei es Geldvorschüsse in Bank= noten, sei es auf andere Weise.

---

an sich fast werthlosen Zettel durch wirkliche Güter einlösen wolle; und der Werth dieses Versprechens hängt ab von der Wahrscheinlichkeit seiner Er= füllung." (Roscher).

[1]) Ueber Banken s. Roscher III. 280 ff. Rau l. c. II. 2 §§ 247 bis 254. Rösler l. c. II. S. 352 und die dort angeführte Literatur.

Die Abhängigkeit jedoch, in der solche Central-Banken von dem Staate geriethen und die daraus folgende Leichtigkeit des letzteren, sich im Nothfalle beliebige Quantitäten von Banknoten zu verschaffen: brachten den Staat oft in die größten Verlegenheiten und verwickelten ihn überhaupt auf die Dauer in solche schwierige Verhältnisse zu den Centralbanken, daß jede Staatsverwaltung heutzutage mit diesen Verhältnissen rechnen muß und daß dieselben daher ein stehendes Capitel in jeder Verwaltungslehre bilden müssen.

Anm. Die Banken entwickelten sich aus einfachen Geldwechslergeschäften, zu denen sich sodann Darlehensgeschäfte gegen Faustpfand und Deposit gesellten. Die älteste Form der Banken ist die Depositenbank. Wenn auf Grund bei der Bank hinterlegter Depositen vom Deponenten Zahlungsanweisungen auf die Bank an dritte Personen gegeben werden, die Bank also zur Vermittlerin von Zahlungen wird, vollzieht sich die weitere Entwicklung des Bankwesens zur Girobank. Das Bankgeschäft nimmt einen größeren Aufschwung sobald den Banken gestattet wird mit den ihnen anvertrauten Depositen, oder auf Grundlage derselben selbständige Geschäfte zu betreiben, für welche Bewilligung die Deponenten gewisse Nutzungen (Zinsen) erhalten. Hiemit wird die Bank aus einen bloßen Geldinstitut ein Creditinstitut (Roscher III 281). „Aus dem Depositengeschäft entwickelt sich dann auch das Banknoten- und Zettelgeschäft, welches nichts anderes ist als eine Unterart des Deposits . .“ (Adolph Helb, Artikel Banken in Bluntschli's H. Staatswörterbuch).

Mit der Ausgabe der Banknote, überhaupt des Creditpapieres, erreicht das Bankgeschäft seine höchste Entwicklung und es handelt sich nur noch darum, dieses Creditpapier den mannigfachsten Bedürfnissen des großen Handelsverkehrs anzupassen. In Folge dessen machen auch diese Creditpapiere eine Entwicklung durch, die heutzutage in den Checks ihren Gipfelpunkt erreicht hat [1]).

Zettelbankwesen.

§ 159.

Die wichtigste Frage über die sich die Verwaltung hier klar werden muß ist: Zettel-Bankfreiheit (und somit auch Vielheit der Zettelbanken) oder Zettel-Bankmonopol (also Bankeinheit). Die Finanzwissenschaft ist heutzutage über diese Frage mit sich ganz im

---

[1]) Vergl. Richard Hildebrand: Das Chequesystem und das Clearinghouse in London. Jena 1867.

Reinen. Die mannigfachsten Erfahrungen sowohl in europäischen Ländern wie auch in Amerika belehren uns, daß nicht nur für den Staat, sondern auch für den allgemeinen Verkehr, Zettelbankeinheit größere Vortheile bietet. Die oberste Rücksicht die hier entscheidend sein muß, ist offenbar einerseits die größte Erleichterung des Verkehrs, andererseits der größere Vortheil des Staates.

Nun erweist es all' und jede Erfahrung mit Zettelbanken, daß je größer das Emissionsgebiet derselben d. h. auf ein je größeres Verkehrsgebiet die Noten einer einzigen Bank zählen können, desto größer ihr Ansehen ist, und desto leichter der Verkehr mit ihrer Hilfe sich abwickelt. Existirt in einem Staate Bankfreiheit, so bildet sich je für die einzelnen Banken ein abgesondertes Terrain in dem ihre Noten größeres Ansehen, größeren Credit genießen als in den anderen; daraus ergeben sich Schwierigkeiten und Hindernisse in der Circulation der Noten der einen Bank in dem Creditterrain der andern Bank — und der Verkehr ist fortwährenden Stockungen ausgesetzt. Auch ist bei Vielheit der Zettelbanken sowohl die staatliche Controle als auch die des Publikums sehr erschwert und es können leicht durch Mißwirthschaft einzelner Banken große Schädigungen sowohl des notenbesitzenden Publikums als auch des öffentlichen Vertrauens in die Banken im Allgemeinen erfolgen.

Anm. Bevor sich noch die Wissenschaft auf Grund reichlicher Erfahrungen für die Einheit des Zettelbankwesens entschied, war in Oesterreich schon aus historischer Entwicklung und unter zwingenden Verhältnissen das System einer einzigen großen ausschließlich privilegirten Zettelbank angenommen worden. (Früher k. k. österr. Nationalbank, jetzt Oesterr. ung. Bank). Doch haben allerdings neben politischen und wirthschaftlichen Verhältnissen auch die Resultate wissenschaftlicher Erfahrungen dazu beigetragen daß, nachdem im J. 1877 das Privilegium der österr. Nationalbank abgelaufen war, dasselbe mit Gesetz vom 27. Juni 1878 XXV ung. Gesetzart. 1878 wieder unter einer, der mittlerweile vor sich gegangenen politischen Umgestaltung der österreichischen Monarchie Rechnung tragenden Firma erneuert wurde. Diese „österreichisch-ungarische Bank" hat zwei Hauptanstalten in Wien und Budapest, und 47 Filialen in der gesammten Monarchie. Außer dieser Zettelbank giebt es in den diesseitigen österreichischen Ländern 48 Banken und Creditinstitute, in den Ländern der ungarischen Krone 112.

Währungsfrage.

§ 160.

Gäbe es nur einen einzigen Stoff der sich zur Münze eignen würde: dann gäbe es keine Währungsfrage [1]) und keine Münz=politik — oder die letztere wäre dann sehr einfach und leicht zu lösen. Nun giebt es aber leider mehrere solcher Stoffe — oder wenn wir auch von allen andern mindergeeigneten absehen, giebt es noch immer zwei nähmlich: Silber und Gold — und schon die Möglichkeit dieser Alternative bereitet der Münzpolitik fast unüberwindliche Schwie=rigkeiten. Dieselben rühren daher, daß sich das Gold neben dem Silber als Umlaufsmittel und Münze, Kraft seiner natürlichen dem Silber Concurrenz bietenden Eigenschaften in den Verkehr eindrängte. Anfangs nun lag die Idee nahe beide Metalle als Münze zu be=nützen — also etwa das Silber zur Ausprägung kleinerer Münzen und zur Vermittlung minder umfangreicher Umsätze — das Gold zur Ausprägung größerer Wertheinheiten und zur Vermittlung größerer Umsätze. Doch „der Mensch denkt und" — der Weltverkehr lenkt. Wohl konnte der einzelne Staat, indem er Silber= und Goldstücke prägte von einem bestimmten Werthverhältniß zwischen diesen beiden Metallen ausgehen und dieses Verhältniß zwischen den von ihm ge=prägten Silber= und Goldmünzen gesetzlich festsetzen — aber die Mittel, auch die Strömungen des Weltverkehrs die auf dieses Werth=verhältniß zwischen Silber und Gold fortwährend reagiren und das=selbe in fortwährenden Schwankungen erhalten, die Mittel diese Strömungen zu beherrschen, besitzt der einzelne Staat nicht. Diese Strömungen aber hängen von den mannigfachsten Factoren ab, von Umständen und Thatsachen, die bald in dem einen, bald in dem andern Welttheil zu Tage treten können.

---

[1]) „Währung nennt man diejenige Geldart, welche vom Staate als stillschweigend verstandenes Zahlungsmittel für alle öconomischen Verbindlich=keiten anerkannt, der also die Solutionskraft (puissance liberatoire) vom Staate beigelegt wird" Roscher III. 208. Wo also ein Papiergeld (auch Banknoten) vom Staate mit Zwangscurs ausgestattet wird, da spricht man folgerichtig von einer „Papierwährung" im Gegensatz zur Metallwährung (Gold oder Silberwährung). Ueber Papierwährung f. Roscher III. S. 246 und 255 wo von einer „einlöslichen Papierwährung" die Rede ist, implicite also auch die Möglichkeit einer „uneinlöslichen Papierwährung" zugegeben wird.

Bald ist es eine ergiebigere Goldausbeute aus californischen Minen und Goldwäschereien, die nach dem ehernen Gesetze von Angebot und Nachfrage das Gold im Verhältniß zum Silber billiger macht; bald ist es wieder eine noch größere Ausbeute südamerikanischer Silberwerke die das Silber verwohlfeilt. Heute bedarf der Handel einer größern Menge Silbers für Ostasien, wo nun einmal Silber das weitaus beliebteste Münzmetall ist: morgen wieder machen Mißernten in Ostasien die gewöhnliche, für dahin bestimmte Silberrate überflüssig. Auf diese Weise schwankt fortwährend im Weltverkehr das Werthverhältniß zwischen Silber und Gold und macht alle gesetzlichen Bestimmungen der einzelnen Staaten über dieses Verhältniß illusorisch und verursacht somit in Ländern, die sich beider Metalle zur Münzprägung bedienen, gefährliche Schwankungen. Denn wie einmal das thatsächliche Werthverhältniß dem gesetzlichen nicht entspricht, wählt der Schuldner offenbar immer das billigere Währungsmetall, um den Gläubiger gesetzlich zu befriedigen und thatsächlich zu benachtheiligen — und kein Gläubiger ist sicher, ob er statt der ihm gebührenden Forderung nicht am Zahlungstage eine thatsächlich geringere Werthsumme anzunehmen gesetzlich gezwungen sein wird. Eine solche Unsicherheit des Verkehrs muß Stockungen zur Folge haben — und die wichtigste Aufgabe des Geldes ein sicheres, untrügliches, immer gleichen und festen Werth besitzendes Umlaufsmittel zu sein, wird nicht erreicht.

Alle die Ursachen nun, die den Staat veranlaßten, die Regelung, Ueberwachung und Beaufsichtigung des gesammten Geldwesens in seine Hand zu nehmen: zwingen ihn auch die Währungsfrage, also die Frage nach Silber- oder Goldwährung oder Doppelwährung und ihre verschiedenen Formen, reiflich zu erwägen und dieselben im Interesse des Verkehrs und der allgemeinen Sicherheit desselben einmal endgiltig zu regeln.

Ueber die Art und Weise jedoch wie diese Regelung vorzunehmen sei, kann die Verwaltungslehre von ihrem Standpunkte keinerlei meritorische Entscheidung treffen. Es ist das wieder eine jener vielen Fragen, in denen die Verwaltung den Ausspruch der Wissenschaft (in diesem Falle der Finanzwissenschaft oder eigentlich der Verkehrswissenschaft) berücksichtigen und denselben mit dem speziellen Interesse des Staates womöglich in Einklang zu bringen hat.

Nun ist freilich die Währungsfrage auf dem Gebiete der Wissenschaft eine der streitigsten und eine halbwegs wissenschaftlich sichere
und imponirende Entscheidung noch sehr weit im Felde. Denn kaum
giebt es wohl ein zweites Problem, das der Wissenschaft solche
Schwierigkeiten böte, als die Währungsfrage. Der Grund davon
liegt theils in dem unermeßlich großen Beobachtungsgebiet, auf dem
sich die maßgebenden und folgenschweren Erscheinungen die zu untersuchen sind, zutragen — denn dieses Gebiet umfaßt hier fast alle
in den Weltverkehr einbezogenen Länder und Welttheile; theils in
der schweren Meßbarkeit der Tragweite dieser Erscheinungen — endlich
in dem Mangel jeder genauen Bestimmbarkeit des zu beobachten
Objects — d. h. in diesem Falle des in der Welt vorhandenen Silber-
und Goldvorrathes. Soll nämlich die Wissenschaft in der Währungsfrage zu sicherer Erkenntniß und zu festen Ueberzeugungen gelangen,
so muß sie erstens das zu beobachtende Object, also den vorhandenen
Silber- und Goldvorrath kennen, zweitens muß sie — was freilich
schon leichter ist — den jährlichen Zuwachs dieses Vorrathes abschätzen
und endlich die regelmäßigen und auch die außergewöhnlichen Hin-
und Herströmungen dieses Vorrathes und den Einfluß sowohl des
jährlichen Zuwachses, als auch aller andern wo immer auftauchenden
regelmäßigen und außerordentlichen Vorkommnisse auf diese Strömungen genau kennen und abschätzen. Nun ist schon die erste der
hier aufgezählten Thatsachen, die Menge des heutzutage wirklich
existirenden Silber- und Goldvorrathes aus dem Grunde schwer
sicherzustellen, weil dabei das Quantum von Silber und Gold das
uns von der ganzen historischen Vergangenheit, von Alterthum und
Mittelalter überliefert wurde mit in Rechnung kommt — eine Größe
die immer nur sehr unzuverlässig abgeschätzt werden kann. Und
ebenso können alle übrigen oben aufgezählten Thatsachen nur sehr
beiläufig und unzuverlässig a n g e n o m m e n werden. Angesichts
dieser schwierigen Lage der Wissenschaft ist es nahezu gewiß, daß
die Staaten noch lange Gefahr laufen werden mit ihren dießbezüglichen Maßnahmen selbst nur neue, keineswegs gefahrlose Experimente
für die Wissenschaft der Zukunft zu liefern, wie in der That auch das
deutsche Reich durch seine im Jahre 1871 getroffene Maßregel, womit
es die Goldwährung einführte, ein solches für die Wissenschaft sehr
werthvolles, aber dem deutschen Volke sehr theuer zu stehen kommendes

Experiment machte. Neben dem Hinweis auf diese Unzuverlässigkeit der Wissenschaft in dieser Frage und die daraus sich ergebende Nothwendigkeit eines sehr behutsamen Vorgehens, kann die Verwaltungslehre nur noch eines, mit Bezug auf die formelle Behandlung dieser Frage als sicher hinstellen nähmlich: daß in Anbetracht der Machtlosigkeit des einzelnen Staates, den Silber und Goldströmungen des Weltverkehrs gegenüber — kein Staat in dieser Frage selbständig vorgehen dürfe, sondern womöglich im Einverständnisse mit andern Staaten die mit ihm in diesen Beziehungen in ähnlicher Lage und in Interessengemeinschaft sich befinden [1]).

Maaß und Gewichtsordnung.

§ 161.

Neben dem **Gelde** fällt ein Theil der Aufgabe den Umlauf der Güter und demnach den wirthschaftlichen Verkehr zu erleichtern, der Einrichtung der öffentlichen Maaße und Gewichte zu.

Um den Werth der gegenseitig auszutauschenden, nicht nach Stücken meßbaren Güter, zum Zweck dieses Austausches kennen zu lernen, mußte man schon in den rohesten Zeiten zu gewissen festen Quantitätsbestimmungen Zuflucht nehmen. Jede Quantität kann auf dreifache Weise gemessen und bezeichnet werden — der Länge nach, dem Gewichte und dem Umfange nach. Verschiedene Güter eignen sich ihrer natürlichen Beschaffenheit nach zur Messung nach je einer dieser Richtungen.

Da es sich bei dieser Messung vorzüglich darum handelt, um die Quantität der gemessenen Güter so bezeichnen zu können, um nicht nur die jedesmalige Prüfung sondern auch oft sogar die Inaugenscheinnahme zu vermeiden und dadurch den Tauschverkehr zu erleichtern: so ist es klar, daß man sich immer nach festen und womöglich wenig wandelbaren Grundlagen dieser Maaßeinheiten umsah, um den Tauschverkehr auf einen festen Calcül basiren zu können.

Es ist nun sehr bezeichnend, daß ursprünglich die einzelnen Theile des menschlichen Körpers die feste Grundlage für Längen-

---

[1]) Vergl. **Grote** der Uebergang von der Silberwährung zur Goldwährung Berlin. 1868. **Mosle** das teutonische Münzsystem, 1870; und die neueren Schriften über diese Frage von **Hertka**, **Neuwirth** und **Soetbeer**.

maaße abgeben mußten (Fuß, Zoll, Elle u. dgl.) Daß damit eine Einheit der Maaße nur sehr unvollständig hergestellt werden konnte, ist klar.

Ebenso wählte man zur Grundlage der Gewichts= und Umfangs=maaße (Hohlmaaße) bekannte Naturgegenstände wie z. B. eine Bohne, oder bekannte Gewichtsgrößen wie z. B. die Last die ein Mensch tragen kann; als Hohlmaaß eine Eierschaale u. dgl. [1])

Das Schwankende und Unbestimmte all' dieser Maaßgrundlagen spornte aber immer den menschlichen Geist zur Suche nach einem für alle Fälle und Zeiten in seiner Länge festen und unabänderlichen Gegenstand. Denn schließlich kann das Längenmaaß leicht zur Grundlage aller andern Maaße dienen, da man auf demselben sowohl Hohlmaaß, wie auch in Verbindung mit einem immer sich gleichbleibenden Naturstoff z. B. Wasser auch eine Gewichtsmaaß=einheit construiren kann.

Eine solche Grundlage des Längenmaaßes ward schon sehr frühe, in Mesopotamien unter dem Kalifen Almamun [2]) in den astrono=misch festzustellenden Längendimensionen des Erdballes gesucht und mehr oder weniger richtig auch gefunden. In verbesserter Form kam man in Frankreich im vorigen Jahrhundert auf dieses System der Maaßgrundlegung zurück, auf dem das, seither auch in den übri=gen Staaten Europa's recipirte Metermaaßsystem beruht, dessen De=tails wir hier als allgemein bekannt voraussetzen dürfen.

Anm. Man hat heutzutage nicht nur die, früher den Verkehr arg behindernde Verschiedenheit und Vielheit der Maaße und Gewichte in den einzelnen Provinzen und Ländern, sondern auch in den einzelnen Staaten Europa's überwunden. Diese schwere Operation, die immer einer Krisis des Verkehrs gleicht, machte Oesterreich auf Grund des Gesetzes vom 23. Juli 1871 (Nr. 16 R.=G.=B. für 1872) [3]) im Jahre 1876 durch. Das erwähnte Gesetz stellte die neue Maaß und Gewichtsordnung genau nach dem französischen Metermaaßsystem fest und machte dessen allgemeine Anwendung im Verkehr vom 1. Jänner 1876 obligat.

Ist nun einmal eine einheitliche Maaß und Gewichtsordnung für das ganze Staatsgebiet eingeführt, so bleibt der Verwaltung auf diesem Gebiete nur mehr die Thätigkeit der Beaufsichtigung und Aufrechthal-

---

[1]) Vergl. Roscher l. c. III. 464. [2]) Daselbst nach Ritter's Erdkunde [3]) Manz'sche Ausgabe B. XIII. 1880.

tung dieſer geſetzlichen Ordnung übrig. Zu dieſem Zwecke werden die Urmaaße- und Gewichte [1]) in einem Centralamte niedergelegt, nach denen dann die Normalmaaße- und Gewichte für die einzelnen Provinzial- und Bezirksämter angefertigt und an dieſelben vertheilt werden. Nach dieſen Normalmaaßen- und Gewichten werden ſodann die für den Privatgebrauch nöthigen Maaße und Gewichte verfertigt und deren Uebereinſtimmung mit den erſteren durch Aichung (Stämpelung, Zimentirung) beurkundet. Als Centralbehörde für dieſe Thätigkeit functionirt in Wien die „k. k. Normal-Aichungs-Commiſſion" der die verſchiedenen Landes-Aich-Aemter untergeordnet ſind.

Sprache als Verkehrsmittel.

§ 162.

Neben den materiellen Verkehrsmitteln die den Tauſch und ſomit den Umlauf der Güter ermöglichen und erleichtern, ſpielt eine nicht minder wichtige Rolle das ſinnlich-geiſtige Verkehrsmittel — die Sprache. Denn alle gegenſeitigen Verhältniſſe des Tauſches, des Handels und Verkehrs erhalten ihren Ausdruck nur mittelſt der Sprache, und wenn dieſer Ausdruck den gewünſchten Erfolg haben ſoll, muß er von der Partei an die er gerichtet wird, verſtanden werden. — Kurz, nur eine beiderſeits verſtandene Sprache kann zwiſchen den im Verkehr ſich entgegentretenden Parteien dieſen Verkehr ermöglichen.

Auf welche unüberwindliche Schwierigkeiten ſtößt z. B. der Verkehr der civiliſirten Nationen mit wilden Völkerſtämmen meiſt nur aus Mangel eines Verſtändigungsmittels, einer gemeinſam verſtandenen Sprache! Jeder wirthſchaftliche Verkehr drängt daher von ſelbſt zur Schaffung eines Verſtändigungsmediums, zur Schaffung einer gemeinſamen Verkehrsſprache. Dieſe allgewaltige Tendenz des wirthſchaftlichen Verkehrs tritt nun auf den verſchiedenen Stufen der Entwicklung deſſelben hervor und eine ſolche Stufe deſſelben iſt das, durch die Thatſache des Staates geſchaffene, in ſich zuſammenhängende und einheitliche, gegen das Ausland ſich mehr oder weniger abſchließende Verkehrsgebiet. Auf dieſer Stufe drängt der innerſtaatliche Verkehr von ſelbſt zu einer gemeinſamen Verkehrsſprache. Dieſe Tendenz, des im Staate und durch denſelben ge-

---

[1]) Da ſich beim Metermaßſyſteme die Urmaße und Urgewichte in Paris befinden, ſo beſitzt Oeſterreich nur die Copien derſelben.

bilbeten wirthschaftlichen Verkehrs trifft mit der Tendenz des Staates selbst, für seine politischen Bedürfnisse eine gemeinsame Staats-sprache zu bilden zusammen.

Dieses gleiche Bedürfniß des wirthschaftlichen Verkehrs und des Staates nach einem leichten Verständigungsmittel zwischen den ver-schiedenartigen ethnischen Bestandtheilen des Staates kann auf dop-pelte Weise befriedigt werden, entweder durch die Verallgemeinerung eines Polyglottismus oder durch die Verallgemeinerung einer ein-zigen Verkehrs- und Staatssprache. Welcher dieser zwei Wege nun in einem gegebenen Staate leichter zum Ziele führt, das hängt meistens von historischen Verhältnissen ab. Treten sich in einem Staate mehrere, an geistiger Macht und Ausbildung sich ungefähr gleiche Cultursprachen entgegen, so siegt meist der Polyglottismus. So z. B. verursacht in der Schweiz die Sprachenfrage keine Schwie-rigkeiten, weder im Verkehr noch im staatlichen Leben, da die halb-wegs gebildeten Klassen der Bevölkerung aller drei in der Schweiz sich begegnenden Cultursprachen mächtig sind.

Wo hingegen eine größere Anzahl und dabei ungleich ausge-bildeter Sprachen zusammentreffen, da wird aus natürlichen Gründen der Bequemlichkeit die ausgebildetste Sprache die meisten Chancen haben vom wirthschaftlichen Verkehr zur alleinigen Verkehrs- (Ge-schäfts-) Sprache gewählt zu werden. So war es z. B. lange Zeit in Oesterreich mit der deutschen Sprache. Sie war thatsächlich Verkehrs- und Geschäftssprache auf dem gesammten österreichischen Verkehrsgebiete.

Diese natürliche Tendenz zur Bildung einer einzigen Verkehrs-sprache auf Kosten minder ausgebildeter Sprachen, ebenso wie die Tendenz des Staates zur Bildung einer einzigen Staatssprache be-gegnen aber im socialen und staatlichen Leben oft heftigen Wider-stand von Seiten derjenigen socialen Bestandtheile des Staates, die sich in ihrem natürlichem Rechte, sich ihrer Muttersprache immer und überall zu bedienen dadurch verkürzt glauben. Dieser Wider-stand ist ebenso natürlich wie die Tendenzen gegen die er sich richtet. Denn auf socialem und staatlichem Gebiete kann nichts ohne Kampf zur Geltung kommen; jedes neue Gebilde, jede neue Gestaltung muß die Probe ihrer Existenzberechtigung im Kampfe um's Dasein bestehen und das Resultat dieser Kämpfe wird von dem gegenseitigen Verhältniß der an denselben betheiligten Factoren abhängen. Doch werden alle diese Kämpfe beherrscht von der allgewaltigen Nothwendigkeit, daß da, wo gemeinsame Interessen vorhanden sind auch ein gemein=sames geistiges Verkehrsmittel geschaffen werden muß und diese Noth=wendigkeit bestimmt auch die Resultate der Kämpfe auf dem Gebiete der Sprachen.

Daher kann es für diese Resultate nur eine Alternative geben und zwar, entweder siegt eine einzige Sprache und macht sich zum gemeinsamen Verständigungsmittel des einheitlichen Verkehrs= oder Staatsgebietes, oder sie kann die ihr entgegentretenden Sprachen nicht verdrängen und muß mit ihnen so zu sagen Compromisse schließen, wo dann Polyglottismus entstehen muß. Eine dritte Möglichkeit giebt es nicht. Ueber das Maaß aber des Polyglottismus entscheidet wieder die innere, geistige Kraft der einzelnen, in den Kampf ein=greifenden Factoren. Wie sich nun der Staat zu diesen Kämpfen zu verhalten hat, ergiebt sich aus seinem Interesse. Dasselbe ver=langt nur eine Möglichkeit allgemeiner gegenseitiger Verständigung Ob diese durch einen höheren oder geringeren Grad von Polyglottis=mus oder durch die Herrschaft e i n e r Sprache herbeigeführt wird, ist für den Staat gleichgiltig. Er braucht daher seine Kräfte keines=wegs daran zu setzen ein b e s t i m m t e s Resultat dieser Kämpfe her=beizuführen: er kann sich damit begnügen, Zuschauer dieser Kämpfe zu sein und nur wo sein Interesse und das Interesse des allge=meinen Verkehrs gefährdet wird, einzugreifen. Machen sich also gegen die neue Verkehrs und Staatssprache Tendenzen zum Polyglottismus geltend, so braucht er ihnen nicht entgegenzutreten. Nur wo diese Tendenzen dahin ausarten, daß sie jede Möglichkeit eines gemein=samen Verständigungsmittels zu beseitigen drohen, da muß der Staat in seinem Interesse und im Interesse des Verkehrs eingreifen, um einer Zersplitterung des gemeinsamen Verkehrsgebietes vorzubeugen. Freilich braucht das Eingreifen auf diesem Gebiete nie in Zwangsmaß=regeln zu bestehen, sondern nur in der Aufrechthaltung und Schaffung der M ö g l i c h k e i t und L e i c h t i g k e i t der Erlernung der im ge=sammten Staatsgebiete üblichen Sprachen [1].

---

[1] Vergl. des Verfassers: Recht der Nationalitäten und Sprachen in Oester=reich=Ungarn. Innsbruck, Wagner 1879 S. 273 ff.

C. II. a)
Cultusverwaltung.

Religionen.

§ 163.

Wo immer uns in der Geschichte Staaten entgegentreten, finden wir auch Kirchen d. h. Stände oder Korporationen von Priestern die den religiösen Uebungen und Praktiken vorstehen, dieselben leiten, die religiösen Lehren vertreten, auslegen und erklären — mit einem Worte Hüter und Pfleger der Religion sind.

Daß uns diese Erscheinung immer und überall zugleich mit dem Staate entgegentritt, kann uns als Beweis der Naturwüchsigkeit und Naturnothwendigkeit sowohl des Staates wie der Religion dienen; als Beweis, wie tief diese beiden Institutionen in der Natur des Menschen wurzeln.

Machen wir uns nun zuerst klar, worin das Wesen der Religionen und Kirchen besteht, welches von jeher ihr Verhältniß zum Staate war und welche tieferen Gründe auf die Gestaltung dieses Verhältnisses Einfluß nehmen?

Den Inbegriff der Vorstellungen, die sich im menschlichen Geiste über all' die Dinge bilden, die er sinnlich wahrzunehmen nicht im Stande ist, die zu kennen aber ein unüberwindliches Bedürfniß seines Gemüthes ihn drängt, nennen wir Religion. Die Folge dieser Vorstellungen ist, daß er sein Leben und Handeln denselben vielfach anpaßt, daß er ihnen in all' seinem Thun und Lassen Rechnung trägt — und zwar durch allerhand religiöse Handlungen wie Opfer, Gebete u. dgl.

Es ist also Religion kein künstliches Erzeugniß etwa der menschlichen Phantasie oder Erfindung, sondern eine naturnothwendige

Function seines endlichen und beschränkten Geistes, den ein unstill-
bares Sehnen ewig über die ihm von Natur gesetzten Schranken
hinaustreibt.

Schon aus dem Gesagten folgt, daß die Religion an und für
sich keineswegs etwas Ueberflüssiges und Schädliches sein kann, wie
man das oft behauptete, sondern im Gegentheil, daß dieselbe als
eine Befriedigung eines natürlichen Bedürfnisses des menschlichen
Gemüthes, ihre vollkommene natürliche Berechtigung hat und wo sie
diese Berechtigung hat, nur heilbringend wirkt. ª)

Nun liegt es im Wesen der Religion — und wir folgern dieß
aus der Art und Weise wie sie immer und überall in Erscheinung
tritt — daß sie durch entsprechende Handlungen geübt wird und
daß sie zur Leitung dieser Uebungen immer und überall gewisse
Functionäre, Priester, in's Leben ruft. Wie Gemüth und Geist des
Menschen sich die Welt nicht ohne Gott oder Götter denken können,
ebenso bedarf die Gottesvorstellung der greifbaren Existenz von Repräsentanten und „Dienern Gottes" auf Erden.

Noch ein zweiter, tieferer Grund ist es der immer und überall
zugleich mit der Religion ihre Functionäre schafft. Die religiösen
Vorstellungen sind ein Bedürfniß des menschlichen Gemüthes: aber
diesem Bedürfniß ist mit der bloßen Vorstellung und auch mit den
bloßen, ihnen entsprechenden religiösen Handlungen noch immer nicht
gedient. Da das Wesen dieses Bedürfnisses theilweise auch darin
besteht, daß sich der Mensch in der Noth des Daseins gerne als
einem höheren Willen unterworfen denkt, dem er vertrauensvoll die
Leitung seines Schicksals überlassen möchte, so folgt daraus nothwendigerweise, daß er dieser unsichtbaren, über ihn waltenden Macht
irgend eine greifbare und leibhafte Personification auf Erden substi-
tuirt. Das Bedürfniß des menschlichen Gemüthes nach einer solchen
über ihm waltenden Macht wird erst dann voll befriedigt, wenn er
dieser Macht einen irdischen Repräsentanten gegeben hat — sei es
Fetisch, Thier oder Mensch. Mit der unsichtbaren Macht ist ihm
nicht geholfen — so lange er sie nicht sieht, sich mit seinem Schmerz
und Kummer, mit seiner Freude und Lust nicht unmittelbar an sie
wenden kann, ist das Bedürfniß seines Gemüthes unbefriedigt. Daher
kommt es, daß wir bei einigermaßen entwickelten Völkern, nachdem
Fetisch und Thierdienst überwunden sind, in Folge der natürlichsten

Entwicklung, Priester sei es als Repräsentanten der Gottheit sei es neben ihr finden. Es ist ein psychologischer Proceß der die Priester erzeugt.

Daß diese Priester immer und überall eine große Macht über die Völker erlangten und übten, lag in der Natur der Sache, die hier das ewigmenschliche Streben nach Herrschaft begünstigte. Das erklärt uns aber auch, warum in der Regel die herrschenden Classen mit den Priesterschaften Hand in Hand gehen. Denn es ist eines jener Gesetze, die sich stets in der Geschichte bewähren, daß sich Macht mit Macht verbindet — insbesondere aber solche Macht= factoren, die sich gegenseitig ergänzen und einander bedürfen.

Dieser Fall tritt aber immer ein zwischen der geistlichen und weltlichen Macht — zwischen der Macht, die sich die Geister unter= wirft und der, welche den phisischen Zwang zu üben vermag.

Der Bund zwischen Priesterschaften und Herrschenden war immer und überall naturnothwendig, weil auf beiderseitigem Interesse ge= gründet.

Das Interesse aber der weltlichen Herrscher an der Aufrecht= haltung der Religionen und Kirchen ist nicht schwer einzusehen.

Wenn schon an und für sich jede Religion ihrem innersten Wesen nach den Menschen mit seinem irdischen Loos versöhnt, wenn sie ihn gefügiger macht das Joch des Lebens zu tragen, indem sie ihm im Jenseits dafür reichliche Entschädigung bietet: so kann diese na= türliche Tendenz all' und jeder Religion seitens der weltlichen Herr= scher, wenn sie mit der Priesterschaft in gutem Einvernehmen sind, noch viel nachdrücklicher zu Gunsten der staatlichen Institutionen und der weltlichen Herrschaft verwerthet werden. Denn auch der Staat bedarf dringend der Resignation und Bescheidung der Menschen, er bedarf der Hingabe und Aufopferung der Massen für Ziele und Zwecke, die ihnen, wenn nicht ganz fremd, doch gewiß nicht ein= leuchtend sind. Mit der bloßen phisischen Gewalt kann der Staat die Massen diesen Zwecken und Zielen nicht dienstbar machen — ja nicht einmal seine Herrschaft wäre er im Stande, lediglich durch phisische Gewalt zu behaupten und aufrechtzuhalten. So hat denn von jeher der Instinct der Selbsterhaltung die Staaten zu dem Bunde mit den Kirchen, mit Religionen und Priesterschaften ge= drängt — denen wieder das Bündniß mit weltlicher Macht und Herrschaft nur Sicherstellung und weltliche Vortheile bringen konnte.

Diese Verhältniſſe ſind uralt — es gab und giebt keine Staaten ohne Religionen und Kirchen. Die Geſtaltung aber des Verhält- niſſes des Staates zur Kirche war mannigfach und verſchieden nach Zeiten und Umſtänden, machte aber im Großen und Ganzen immer eine, der Entwicklung des Staates parallele Entwicklung durch. Die Hauptformen dieſes Verhältniſſes wollen wir nun überblicken.

Anm. a) Es hat zu allen Zeiten, nicht nur im 18. Jahrhunderte unſerer Zeitrechnung ſolche „Aufklärer“ und „Encyclopädiſten“ gegeben, die all' und jede Religion für einen Betrug, die Gläubigen für Be- trogene, die Prieſter für Betrüger ausſchrieen. Dieſe Angriffe ent- ſpringen einer oberflächlichen, jeder tieferen wiſſenſchaftlichen Grundlage entbehrenden Betrachtung der Dinge.

Daß die Religion, dieſer Inbegriff von Glaubensſätzen und Vor- ſtellungen über die, das menſchliche Leben umgebenden Geheimniſſe ein naturwüchſiges und naturnothwendiges Exſudat des menſchlichen Geiſtes und Gemüthes iſt, haben wir ſchon erwähnt: bleibt noch die andere Seite des Vorwurfs, daß die helleren Köpfe, die auserleſenen Geiſter, die ſich von ſolchen natürlichen Auswüchſen der Phantaſie zu ſchützen und bewahren wiſſen, die die „Nichtigkeit“ jener Vorſtellungen erkennen und jene Glaubensſätze nur als Gemüthspoſtulate begreifen, daß dieſe ſtatt ihrer wahren Ueberzeugung Ausdruck zu geben, die Maſſen im Glauben beſtärken und deſſelben als Mittel ihrer Herrſchaft benützen. Auch dieſer Vorwurf iſt ungerecht. Denn dieſen bevorzugten Geiſtern bleibt keine andere Wahl. Die Maſſen nähmlich ſind immer und überall geiſtig minorenn; ſie ſind für höhere Wahrheiten der Wiſſen- ſchaft nicht empfänglich und können nur durch die „Wahrheiten der Religion“ beruhigt und im Zaume gehalten werden. Ebenſo nun, wie wir im täglichen Leben gezwungen ſind unſere Kinder wiſſentlich und abſichtlich mit gewiſſen falſchen Vorſtellungen, die ihrem Alter entſprechen, abzuſpeiſen, ſo ſind immer und überall die geiſtig höher ſtehenden gezwungen, die Maſſen, die immer Kinder ſind und bleiben werden, bei den ihrer geiſtigen Beſchaffenheit entſprechenden Vorſtellungen und Glaubensſätzen zu erhalten. Es ſind das ſeitens der geiſtig höher ſtehenden mit nichten freie, von ihrem Willen abhän- gige, überlegte Handlungen und Vorgänge: es iſt das eine immer und überall bei allen Völkern und in allen Zeiten mit derſelben Regel- mäßigkeit und Nothwendigkeit ſich wiederholende Erſcheinung.

Kirche und Staat.
§ 164.

Rein logiſch betrachtet können zwiſchen zwei Mächten wie Kirche und Staat dreierlei verſchiedene Verhältniſſe beſtehen, nähmlich das der Nebenordnung, das der Ueberordnung der Kirche über den Staat und drittens das umgekehrte Verhältniß b. h. das der Ueberordnung des Staates über die Kirche. In der That weist uns die Geschichte alle diese verschiedenen Verhältnisse auf, obenbrein noch durch die mannigfachsten, von Zeit und Umständen abhängigen Gestaltungen derselben mobificirt [1]).

Im Orient finden wir häufig die Macht der Priesterschaften über die der Könige erhaben wie z. B. bei den Juden; ebenso häufig beide diese Mächte in innigem Einverständniß miteinander, endlich auch wie im Reich der Khalifen, den weltlichen Herrscher zu= gleich mit der höchsten geistlichen Macht bekleidet, was nur eine Form der Oberherrschaft des Staates über die Kirche ist (wie z. B. heute in Rußland).

Im alten Griechenland konnten die Priesterschaften durch ihre Orakel und Weißsagungen oft einen überwiegenden Einfluß auf die weltlichen Beherrscher der kleinen Stadtstaaten üben. Rom machte in dieser Beziehung eine Entwicklung durch die sehr lehrreich und charakteristisch ist. Unter den Königen scheinen die Priestercollegien einen überwiegenden Einfluß gehabt zu haben. Kein weltlicher Act, keine wichtigere Staatsaction, kein Krieg und Friede konnte ohne ihre Einwilligung, respective ohne ihre entscheidende Weißsagung und Zeichendeutung unternommen oder geschlossen werden.

Zu Zeiten der Republik scheint das Ansehen der Priesterschaft etwas gesunken zu sein; jedenfalls ist ein Uebergewicht über die welt= liche Macht der Consuln nicht bemerkbar. Die Kaiser endlich nahmen für sich die höchste geistliche Würde, das Pontificat, in Anspruch und vereinigten so in ihren Händen weltliche u. geistliche Herrschaft - was wie gesagt, immer nur eine Form der Oberherrschaft des Staates über die Kirche ist.

Die Entstehung des Christenthums und dessen Verbreitung nach den europäischen Provinzen des römischen Reiches hat vor allem für

---

[1]) Vergl. Laurent histoire du droit de Gens Bd. VI. Laurent l' Eglise, l' Etat, la Reforme Brüx. 1860 Lange über die Neugestaltung des Verhältnisses von Staat und Kirche. Janus der Papst und das Concil 1869. Friedberg die Grenzen zwischen Staat und Kirche 1872. Rütti= man Kirche und Staat in Nordamerika 1871. Thompson Kirche und Staat in den Vereinigten Staaten 1873.

die vorliegende Frage die Bedeutung, daß es uns das früher seltene Schauspiel darbietet, wo der **einen** Staatsgewalt **zwei** mächtige Religionen und Kirchen entgegentreten. Dieser Umstand verviel= fältigt offenbar die Combinationen der möglichen Gestaltungen der kirchlich=staatlichen Verhältnisse, von denen wir oben sprachen.

Denn der Staat kann sich jetzt mit **einer** Religion verbünden um gegen die andere aufzutreten — oder er kann sie beide frei schalten und walten lassen — oder beide nach gleichen Normen be= herrschen, in ihren gegenseitigen Kampf activ eingreifen oder ihm gegenüber sich passiv verhalten oder endlich jeden Kampf verbieten u. s. w.

Für die kirchlich=staatlichen Verhältnisse der modernen euro= päischen Staaten ist nun die ganze Entwicklung der christlichen Kirchen= gewalt in Europa von maßgebender Bedeutung.

Der moderne Staat findet in dieser Entwicklung alle möglichen Combinationen des Verhältnisses von Staat und Kirche und kann auch die Einflüsse dieser verschiedenen Gestaltungen auf die Macht und den Wohlstand der Staaten klar überblicken.

Keinem Zweige des staatlichen Lebens, keinem Zweige der Ver= waltung steht in der geschichtlichen Entwicklung vergangener Jahr= hunderte ein so reichhaltiges und lehrreiches Material zu Gebote wie der Verwaltung der kirchlichen Angelegenheiten, der Cultus= verwaltung [1]).

Weltliche und geistliche Herrschaft.

§ 165.

Im Allgemeinen wiederholt sich sowohl in Deutschland wie speziell auch in den österreichischen Ländern die Erscheinung, daß sich in den Anfängen staatlicher Organisation daselbst, also im Mittel= alter, die weltlichen Herrscher an die, die Geister damals in hohem Grade beherrschende Gewalt der Kirche schutzbedürftig anlehnten. Kaum war aber die weltliche Gewalt erstarkt, als sie auch schon die Tendenz verfolgte „souverän" zu sein, d. h. keinerlei andere Macht

---

[1]) Ausführlich dargestellt ist diese ganze geschichtliche Entwicklung in **Friedbergs** oben citirtem Werke.

also auch nicht die der Päpste und der Kirche über sich anzuerkennen. So war es in Deutschland, so war es in Oesterreich.

Während in den ersten Zeiten „der botmäßige Staat nur als blindes Werkzeug und willenloser Executor der kirchlichen Urtheile in Anspruch genommen wurde" [1]) und die kirchliche Competenz sich unbestritten über: Ketzerei, Feiertagsverletzung, Blasphemie, Meineid, Wucher, Eheverhältnisse u. dgl. erstreckte: that in Oesterreich schon Herzog Rudolph IV den charakteristischen Ausspruch: er wolle in seinen Landen Kaiser und Papst zugleich sein.

„Auf ihren kirchlichen Befugnissen, schreibt Friedberg, beharrten auch die späteren österreichischen Fürsten mit Festigkeit. Sie be= steuerten insgesammt den landsäßigen Clerus, beschränkten den Er= werb der todten Hand auf's Aeußerste, hielten strenge auf die Grenzen der Jurisdiction, reformirten ihre Klöster, säcularisirten ihre Prä= laten oder verpflichteten sie wenigstens bei den Landgerichten zu erscheinen" [2]).

Die jahrhundertelange Praxis der Staatsverwaltung mit ihrem fortwährenden Ankämpfen gegen die Ansprüche und Uebergriffe der Kirchengewalt brachte endlich eine wissenschaftliche, antikirchliche For= mulirung der souveränen Rechte des Staates zur Reife, die zuerst in dem 1764 erschienenen Buch von Justinus Febronius (Pseudonym, Verfasser Hontheim) „de statu ecclesiae" sich an's Tageslicht wagte.

Als „Febronianismus" erlangte diese, gegen die Oberherrschaft der Kirche gerichtete Lehre bald große Verbreitung und erwarb sich eifrige Adepten auf den Kanzeln der Universitäten und bis in die höchsten Sphären weltlicher Herrschaft. Für Kaiser Joseph II. ist es charakteristisch, daß er Hontheim für zu „orthodox" bezeichnete. In der That ging er in seinen Reformen viel weiter als der Ur= heber des „Febronianismus"'

Eine kaiserliche Verordnung vom 26. März 1781 verfügte, daß alle päpstlichen Bullen, Breven u. dgl. vor ihrer Publicirung in Oesterreich der landesfürstlichen Prüfung und Genehmigung bedürften. Eine strenge, vielleicht allzustrenge Censur der kirchlichen Kanzei ward eingeführt. Schließlich folgten Repressivmaßregeln gegen die kirch= liche Hierarchie wie z. B. Aufhebung geistlicher Orden, Klöster u. dgl.

---

[1]) Friedberg l. c. l. 52. [2]) l. c. 210.

Mit einem Worte Joseph II. unterstellte die Kirche nicht nur den Gesetzen des Staates sondern der eingreifendsten polizeilichen Maßregelung desselben [1]).

Wenn nun auch diese extreme Richtung mit seinem Tode nicht weiter verfolgt wurde: so lebte doch der „Josephinismus" noch lange, fast ein halbes Jahrhundert als hochgehaltene Tradition in der österreichischen Verwaltung fort. Kaum aber begann dieselbe in den 30er und 40er Jahren unter der Regierung Kaiser Ferdinands ab-zusterben als sich eine neue freiheitliche Bewegung mit der Forderung der „freien Kirche im freien Staate" von Westen her nach Oester-reich verbreitete [2]).

Der Grundsatz der „freien Kirche" im freien Staate war schon in der Verfassung der Vereinigten Staaten von Nordamerika in der zweiten Hälfte des vorigen Jahrhunderts zur Geltung gelangt. Von dort überging er in die französische Verfassung von 1791. Kaiser Franz I. machte dieser Richtung in Oesterreich einige Concessionen. Die belgische Verfassung von 1830 statuirte vollkommene Kirchen-freiheit.

Die vom Frankfurter Parlamente beschlossenen „Grundrechte" des deutschen Volkes die auf die Bewegung in Oesterreich von viel-fachem Einfluß waren, sprachen den Grundsatz der „Trennung der Kirche vom Staate" aus. Der österreichische Reichstag in Kremsier und nach ihm die octroyirte Verfassung vom 4. März 1849 stellten

---

[1]) „Der Josephinismus, repräsentirt eben den Durchgang des Verhält-nisses von Staat und Kirche durch die geschichtliche Region des Polizei-staates." Aus dem Motivenbericht der Regierungsvorlage zum Gesetz vom 7. Mai 1874 betreffs Regelung der äußeren Rechtsverhältnisse der katholischen Kirche. Vergl. Die confessionellen Gesetze vom Mai 1874, herausgegeben von Gautsch von Frankenthurn Wien, 1874.

[2]) „Dieselbe Bewegung der Geister, welche seit der zweiten Hälfte (?) des 18 Jahrhunderts gegen den Polizeistaat zu Felde zog befehdete auch dessen Consequenz, den Josephinismus. Die allseitig vorangestellte Forderung freier Entwicklung für jede sittlich unanstößige Lebensrichtung wurde auch zu Gunsten der Kirche erhoben; wie auf anderen Gebieten widerstrebte auch hier die Bevor-mundung durch den Staat, noch mehr die Ausnützung des religiösen Lebens zu staatlichen Zwecken, der herrschenden politischen Richtung. So kam es, daß die Emancipation der Kirche vom staatlichen Einflusse genau auf denselben ge-schichtlichen Wegen einherzog, wie die neue Staatsauffassung." Motivenbericht der Regierungsvorlage zum Gesetze vom 7. Mai 1874 l. c. S. 5.

die Trennung der Kirche vom Staate als Grundgesetz auff mit Unterwerfung der Kirche unter die allgemeinen Gesetze des Staates[1]).
Bald aber erfolgte ein Umschlag. Eine kaiserliche Verordnung vom
18. April 1850 und die darauf folgende von 23. April 1850 regelten die Beziehungen von Kirche und Staat im Geiste der kirchlichen Lehren.

Das landesfürstliche Placet, dieses Palladium des Staates gegen
Uebergriffe der Kirche, wurde abgeschafft. Diese Wendung der
Gesetzgebung erreichte ihren Höhepunkt in dem am 5. November 1855
abgeschlossenen Concordat mit der päpstlichen Curie. Mittelst desselben wurde der katholischen Kirche wieder eine solche Freiheit und
ein so großer Wirkungskreis für ihre Herrschaft eingeräumt wie sie
es seit Jahrhunderten in Oesterreich nicht mehr besessen hatte.

Die kirchliche Strafgewalt wurde anerkannt, den Bischöfen die
Exemption von der weltlichen Gerichtsbarkeit zugestanden, die kirchliche
Ehegesetzgebung wieder reactivirt, die Schule der Kirche unterstellt u. dgl.

Der durch das Concordat geschaffene Zustand dauerte ungefähr
zwölf Jahre. Das Staatsgrundgesetz vom 21. December 1867
inaugurirte wieder eine neue Entwicklungsphase auf Grundlage der
Oberherrschaft des Staates über die Kirche. Indem der Art. 15.
dieses Gesetzes „jede gesetzlich anerkannte Kirche und Religionsgesellschaft ... wie jede Gesellschaft den allgemeinen Staatsgesetzen
unterworfen", erklärte, hob er eo ipso all und jede durch das Concordat der katholischen Kirche eingeräumte Ausnahmsstellung dem
Staate gegenüber auf.

Diese principiellen Bestimmungen erhielten sodann durch die
confessionellen Gesetze vom 25. Mai 1868 ihre detaillirte Ausführung.
Das Ehegesetz vom 25. Mai 1868 reactivirte wieder die weltliche
Gesetzgebung des allgemeinen bürgerlichen Gesetzbuches über die Eheverhältnisse der Katholiken; das Schulgesetz von demselben Datum
gab dem Staate wieder die ganze Autorität und Herrschaft über die

---

[1]) „Jede gesetzlich anerkannte Kirche und Religionsgenossenschaft hat das
Recht der gemeinsamen öffentlichen Religionsübung, ordnet und verwaltet ihre
Angelegenheiten selbständig, bleibt im Besitze und Genusse der für ihre Cultus-
Unterrichts- und Wohlthätigkeitszwecke bestimmten Anstalten, Stiftungen und
Fonde, ist aber wie jede andere Gesellschaft den Staatsgesetzen unterworfen."
Oesterreichische Märzverfassung 1849.

Schule wieder; ein drites Gesetz endlich ordnete die interconfessionellen Verhältnisse auf Grundlage der Gleichheit aller gesetzlich anerkannten Kirchen und Religionsgesellschaften.

Somit endigte, wie die Dinge heute stehen, der jahrhundertelange Kampf und die wechselvolle Entwicklung der kirchlich-staatlichen
Verhältnisse in Oesterreich mit dem Siege der Staatsgewalt über
die Kirche und die oberste Aufsicht über die Angelegenheiten der
katholischen Kirche ist heutzutage in Oesterreich eben so gut Aufgabe
der Staatsverwaltung, wie die oberste Aufsicht über die Angelegenheiten aller andern, gesetzlich anerkannten Kirchen und Religionsgesellschaften.

Cultusangelegenheiten.

§ 166.

Trachten wir uns nun klar zu machen, welche Ziele der Staat
bei Verwaltung der Cultusangelegenheiten im Allgemeinen verfolgt.

Der moderne Culturstaat erkennt die hohe Wichtigkeit und Bedeutung der Religion für das Volk an. Doch schützt er jede
Religion als solche, ohne dem Volke oder den einzelnen Bürgern
die Bekennung irgend einer bevorzugten Religion zur Pflicht zu
machen oder die Bekenner der einen vor denen einer andern zu be-
vorzugen. Mit andern Worten, der moderne Culturstaat gewährt
seinen Bürgern volle Gewissensfreiheit — und die österreichische Gesetzgebung stellt es sogar den Einzelnen anheim, nicht nur zu welcher
sondern auch ob er überhaupt zu irgend einer der gesetzlich anerkannten Kirchen und Religionen oder zu gar keiner gehören wolle.

Mit der eigentlichen Religion nun, d. h. mit dem Inhalt der
Lehren und Vorstellungen der gesetzlich anerkannten Religionen hat
der Staat nichts weiter zu schaffen. Dagegen bezieht sich seine Aufsicht und Verwaltung auf die Cultusangelegenheiten der einzelnen Kirchen und Religionen, die wir nun näher ins Auge zu
fassen haben.

Würde Religion in der geschichtlichen Entwicklung nur Religion geblieben sein d. h. nur ein Inbegriff von Vorstellungen und
Anschauungen über die das menschliche Leben umgebenden, sein Gemüth bedrängenden Räthsel und Geheimnisse: dann brauchte kein

Staat je weiter sich um Religion zu kümmern. Sie bliebe was sie im Grunde ist, die privateste Angelegenheit jedes Einzelnen, die Art und Weise wie er die Unruhe seines Gemüthes beschwichtigt, wie er sich in seinen Gedanken mit den Räthseln des Lebens abfindet.

Aber wie wir das schon oben erwähnten, erzeugt jede Religion immer und überall mit eben derselben Nothwendigkeit, wie sie selbst entsteht ein Personale, sie bringt sich selbst ihre „Diener" und Repräsentanten mit auf die Welt. Wo immer Religion zu einer gewissen Stufe der Entwicklung gelangte, da sehen wir sie von „Priestern" repräsentirt, gelehrt, gedeutet und verwaltet.

Dieser Umstand hat aber eine weitere, sehr wichtige und dem Staat so zu sagen direkt an den Leib gehende Consequenz. Diese Priester sind Menschen — sie wollen herrschen und in ihren Händen wird daher die Religion ein Herrschaftsmittel. Das haben Priester und Kirchen übrigens immer offen zugegeben, freilich in der Form, daß sie nur über den Geist herrschen wollen, was doch offenbar nur eine Redensart sein kann [1]).

Indem aber Priesterschaften und Kirchen herrschen wollen gerathen sie nothwendigerweise mit dem Staat in Conflict. Denn das Herrschen und die Herrschaft ist ja eben sein ureigenstes Wesen, seine Seele.

Auf welche Art und Weise nun machen Priesterschaften und Kirchen ihre Herrschaft geltend? Sie thun das auf eine von der Art und Weise der Herrschaftsübung des Staates ganz charakteristisch verschiedene Weise. Der Staat gebraucht Gewalt und Zwang wenn auch nur mittelbar durch seine Gebote — um entweder persönliche Leistungen oder die Stelle derselben vertretende materielle Güter zu erlangen. Die Kirche setzt die Hebel ihrer Herrschaft an jenen Punkten an, wo der Mensch entweder der Tröstungen der Religion bedürftig ist,

---

[1]) So heißt es beim hl. Gregor von Nazianz: „Das Gesetz Christi unterwirft euch (weltliche Machthaber) unserer Macht und unserem Gericht. Denn auch wir herrschen und unsere Gewalt ist erhabener als die eurige." Der hl. Chrysostomus sagt: „Das Priesterthum ist dem Kaiserthum überlegen, so wie der Geist dem Körper. Der Kaiser regiert den letzteren, der Priester den ersteren. Darum muß der König sein Haupt unter die Hand des Priesters beugen, dieser hat mehr wie jener die Herrschaft inne . . ." vergl. Friedberg l. c. l. 5.

ober wo überſchwellendes Gefühl in ihm ben Drang erzeugt ſich einer geglaubten überſinnlichen Urſache ſeines Glückes dankbar zu erweiſen. Von jeher waren Geburt unb Tob die geeignetſten Momente unb die günſtigſten Umſtände die ben Prieſterſchaften unb Kirchen zur Uebung ihrer Herrſchaft Gelegenheit boten — dazu kamen bann meiſt noch in entwickelteren ſocialen Zuſtänben die Eheſchließungen.

Geburt, Ehe unb Tob ſinb benn auch die drei Momente, an die die chriſtliche Kirche gleich ihrer Vorgängerin der jübiſchen, an- knüpfte um ben Gläubigen ben Tribut der geiſtlichen Herrſchaft abzufordern.

Theils drängt ein natürliches Gefühl ben Menſchen dieſe Mo- mente des Lebens (Geburt unb Ehe), wie ſie ſich aus dem Einerlei des täglichen Lebens von ſelbſt auszeichnen, feierlich zu begehen, theils bedarf er wie beim Tob, einer höheren Tröſtung um ben ihn über- wältigenden Schmerz zu linbern. Dieſen natürlichen Gefühlen kommt die Kirche entgegen — unb indem ſie die Gemüthsbedürfniſſe der Menſchen befriedigt, macht ſie zugleich ihre Herrſchaft über dieſelben in der einen ober anbern Form geltenb.

Aber das Weſen dieſer Herrſchaft iſt ſchließlich nichts anderes wie das Weſen jeder Herrſchaft unb beſteht in der Leiſtung materi- eller Güter ſeitens der Beherrſchten an die Herrſchenden alſo hier ſeitens der Gläubigen an die Kirche. So lange nun dieſe Herrſchaft der Kirche dem Herrſchaftsgebiete des Staates, der doch auf dieſelben materiellen Güter des Volkes angewieſen iſt keinen Eintrag thut, kann zwiſchen Kirche unb Staat Friede unb Bünbniß herrſchen.

Beginnt aber die Herrſchaft der Kirche burch zu große Inan- ſpruchnahme der materiellen Güter des Volkes der Herrſchaft des Staates, der Erhaltung ſeiner Anſprüche an das Volk, gefährlich zu werden: dann legt der Staat ſein veto ein, dann ruft er der Kirche ſein: „bis hieher unb nicht weiter!" entgegen. Die Form in der er bieß thut, iſt offenbar de r entſprechenb unb angepaßt in der die Kirche ihre Herrſchaft übt.

Hat die Kirche burch ihre Mittel zu große Reichthümer an Grunb unb Boden erlangt: ſo verbietet der Staat ben weitern Er- werb ſolcher Güter „zur tobten Hanb". Hat die Kirche ihren geiſt- lichen Einfluß auf Sterbenbe zur Erlangung von Gütern benützt: ſo erklärt der Staat Vermächtniſſe Sterbenber an die Kirche für

ungültig. Scheint dem Staat der Einfluß der Kirche aus Anlaß von
Eheverhältnissen zu groß und mächtig und seine eigenen Interessen
beeinträchtigend: dann entzieht er der Kirche die Gesetzgebung und
Rechtssprechung in Eheangelegenheiten. Aus solchen Gesichtspunkten
des Staates erfolgte nach und nach die Beseitigung jedes Zwanges
sich aus Anlaß der Geburt, der Ehe und des Todes den feierlichen
kirchlichen „Amtshandlungen" zu unterwerfen. Die Beseitigung dieses
Zwanges ist der Kern der neuesten österreichischen Gesetzgebung auf
confessionellem Gebiete.

Kirchliche Hierarchie.
§ 167.

Von den Mitteln, durch welche die Staatsverwaltung die Uebergriffe der kirchlichen Gewalt auf weltliches Gebiet abwehrt ist die
Gesetzgebung, welche jeden Zwang sich den kirchlichen Satzungen zu
unterwerfen, beseitigt, nicht das einzige.

Die Herrschaft der Kirche wird durch die „Diener" und Repräsentanten derselben, durch die geistliche Hierarchie geübt. Will
nun der Staat dieser Herrschaft die ihm gefährliche Spitze ab-
brechen so trachtet er diese ganze Hierarchie von sich abhängig zu
machen. Der Kardinalpunkt des seit Jahrhunderten in Europa geführten Streites zwischen Kirche und Staat lag weniger in der
Frage ob über gewisse Partien des Familienrechts kirchliche oder
staatliche Gesetze gelten sollen, als darin ob die Functionäre der
Kirche von dem selbständigen und souveränen Oberhaupt derselben,
vom Papst oder von den weltlichen Oberhäuptern der einzelnen
Staaten abhängen sollen. Diese Abhängigkeit aber vom weltlichen
Herrscher wird erreicht durch das Placet und das Ernennungsrecht.

Hat der Papst das Recht an die kirchlichen Würdenträger und
Functionäre der einzelnen Länder und durch ihre Vermittlung unbehindert seitens der weltlichen Machthaber an die Gläubigen Verfügungen und Lehren, Befehle und Anordnungen, Verbote und Bewilligungen zu richten; hat er das Recht die Würdenträger und
Functionäre der Kirche nach freiem Ermessen zu ernennen: dann ist
der Staatsgewalt ein Theil ihrer Souveränität genommen. Will
sie die letztere in ihrem Gebiete ganz und voll besitzen, dann muß
all und jeder Verkehr, wenigstens zwischen dem Oberhaupt der Kirche

und den Gläubigen — ihrer Controle unterworfen (an ihr Placet gebunden) und die Ernennung sowohl der obersten Würdenträger wie der niederen Functionäre der Kirche ihr gewahrt bleiben.

Die heutige österreichische Gesetzgebung hat sich auf diesem Standpunkt gestellt.

Oesterreichische Cultusverwaltung.

§ 168.

Die österreichische Cultusverwaltung hat durch das Staatsgrundgesetz vom 21. December 1867 Nr. 42 R.-G.-Bl. Art. 14—16 eine gründliche Umgestaltung erfahren — so daß sich dieselbe heutzutage nicht mehr auf demselben öffentlich-rechtlichen Boden wie vordem bewegt.

Und zwar wurden die frühere öffentlich-rechtliche Stellung der katholischen Kirche und die bestandenen öffentlich-rechtlichen Verhältnisse der einzelnen Kirchen zu einander und zum Staate gesetzlich dadurch annulirt, daß „der Genuß der bürgerlichen und politischen Rechte als von Religionsbekenntnisse unabhängig“ erklärt wurde (Art. 14). Mit diesem einzigen individuellem Rechte jedes Staatsbürgers ist aber formal und legal wenigstens alle Macht der Kirchen und Religionsgenossenschaften über den Einzelnen also auch über die Gesammtheiten gebrochen, was noch obendrein mit den Worten bekräftigt wird, daß „niemand zu einer kirchlichen Handlung oder zur Theilnahme an einer kirchlichen Feierlichkeit gezwungen werden kann.“ (al. 3. Art. 14).

Diesen grundsätzlichen negativen Bestimmungen, die die Kirchen und Religionsgenossenschaften jeder gesetzlichen Macht über den Einzelnen fürder für verlustig erklären, folgt die Bestimmung der vollkommenen Gleichstellung aller „gesetzlich anerkannten Kirchen und Religionsgesellschaften“ (Art. 15) eine Bestimmung, welche implicite (gesetzlich anerkannte) die souveräne Macht und Herrschaft des Staates über alle Kirchen und Religionsgenossenschaften ausspricht indem sie ihre rechtliche Existenz von der Anerkennung des Staates abhängig macht.

Diesen grundgesetzlichen Bestimmungen gemäß mußte nun die ganze österreichische Cultusverwaltung umgestaltet werden, welcher Umgestaltungsproceß noch immer nicht abgeschlossen ist.

Vor allem ist nach diesem Staatsgrundgesetze zwischen anerkannten und nicht anerkannten Kirchen und Religionsgenossenschaften
zu unterscheiden (denn auch diesen letzteren ist, wenn dieselben nicht
„verboten" sind, die „häusliche Religionsübung" gestattet. Art. 16).
Zu den gesetzlich anerkannten Kirchen und Religionsgenossenschaften gehören nun in Oesterreich: 1. Die (römisch- griechisch- und
armenisch) katholische Kirche; 2. die evangelische Augsburger und
helvetischer Confession; 3. die griechisch nichtunirte; 4. die jüdische
Religion; 5. die altkatholische Kirche; 6. die evangelische Bruder-
kirche [1]). Die staatliche Cultusverwaltung hat es nun lediglich mit
diesen anerkannten Kirchen und Religionsgesellschaften zu thun und
bezieht sich bei denselben 1. auf deren Geistlichkeit d. h. auf die
Kirchen und Religionsfunctionäre; 2. auf die Kirchen- oder Re-
ligionsgemeinden; 3. auf die kirchlichen oder Religions-Anstalten;
4. auf das gegenseitige Verhältniß zwischen den Functionären und
ihren respectiven Gemeinschaften, welches einerseits in der Lehre und
Verrichtung religiöser Ceremonien, Andachten und Amtshandlungen
seitens der Functionäre, andererseits in materieller Unterstützung seitens
der Gemeinschaften besteht.

ad 1 Die Organisation der Kirchenfunctionäre ist nicht Sache
des Staates. Dieselbe hängt mit der Lehre jeder Kirche und Religion eng zusammen. Am complicirtesten ist dieselbe in der katholischen Kirche, was eine Folge sowohl der jahrhundertelangen Entwicklung, der großen Verbreitung und der herrschenden Stellung
ist, die dieselbe in früheren Jahrhunderten in der civilisirten Welt
eingenommen hat. Die Hierarchie der katholischen Kirche ist mit
der Lehre und den Dogmen derselben eng verwachsen und der Staat
hält sich daher von jeder Einmischnng in die Organisation derselben
als einer innern Angelegenheiten der Kirche fern [2]).

---

[1]) Der Kreis dieser gesetzlich anerkannten Kirchen und Religionsgenossenschaften ist selbstverständlich nicht geschlossen. Das Gesetz vom 20. Mai 1874
R.-G.-Bl. Nr. 68 setzt die Bedingungen fest unter denen eine neue oder bisher noch nicht anerkannte Kirche oder Religionsgenossenschaft die gesetzliche
Anerkennung, deren Ertheilung in der Competenz des Cultusministers liegt,
erlangen kann.

[2]) Ueber diese Organisation der katholischen Hierarchie, des katholischen
„Klerus" sei hier nur folgendes bemerkt: an der Spitze des gesammten Kirchenregiments steht der Papst, als erster Bischof der katholischen Christenheit. Ihm

Doch wird in Oesterreich zur Erlangung kirchlicher Aemter und Pfründen die durch das staatliche Gesetz vorgeschriebene Befähigung verlangt [1]). Uebrigens ist zur Besetzung der höheren kirchlichen Aemter, der Bisthümer und Canonicate in der Regel die landes=fürstliche Ernennung erforderlich; die niedrigeren Aemter (Deca=nate, Pfarreien ꝛc.) beruhen auf der Ernennung seitens der Bischöfe, die dabei einverständlich mit der Staatsverwaltung vorgehen und gegen deren rechtzeitige Einwendung keine Ernennung rechtsgiltig werden kann.

Solche kirchlichen Aemter und Pfründen, die theilweise oder ganz aus dem Staatsschatze unterhalten werden, können von den Bischöfen nur auf Grund einer staatlichen Präsentation verliehen werden. Aehnlich wie bei Ernennung der katholischen Kirchenfunc=tionäre verhält es sich mit der Ernennung derjenigen der griechisch=orientalischen Kirche in Oesterreich.

Die Verfassung der evangelischen Kirche beider Confessionen in Oesterreich, die von den evangelischen Generalsynoden im Jahre 1864 beschlossen wurde, erhielt die kaiserliche Sanction am 6. Jänner 1866 (Min. Erl. vom 23. Jänner 1866). Die Functionäre dieser Kirche sind die Pfarrer, Senioren und Superintendenten. Dieselben werden aus der Zahl der für das Pfarramt gesetzlich befähigten (§ 34) gewählt und von der Staatsbehörde bestätigt (§ 37).

Endlich ist auch zur Erlangung des Amtes eines jüdischen Rab=biners eine gewisse, in den früheren Judenordnungen und einigen Hof=kanzleidecreten vorgeschriebene wissenschaftliche Qualification nöthig.

---

zunächst steht das Collegium der Kardinäle die aber für die Kirchenverwaltung in den einzelnen Staaten nur in so ferne sie auch Bischöfe sind in Be= tracht kommen. In den Bischöfen (im Episcopat) liegt der Schwerpunkt des Kirchenregiments. Die Bischöfe sind einerseits dem Papste zu Gehorsam ver= pflichtet (kraft des Obbienzeibes) und sind andererseits Leiter und Aufseher der Geistlichkeit ihrer Diöcesen. Diese Diöcesen zerfallen in Decanate (Archi= biaconate) deren Aufsicht dem Dechant zusteht jedes Decanat endlich in Pfar= reien, in denen die Seelsorge den Pfarrern obliegt. Diese ganze Hier= archie hat ihre materielle Grundlage vorwiegend im Vermögen der katholischen Kirche dessen einzelne Bestandtheile als Beneficien den einzelnen geistlichen Functionären, je nach Amt und Würde in verschieden abgestuftem Maßstabe zur Nutznießung verliehen wurden. Vergl. v. Schulte Lehrbuch des katholischen Kirchenrechts. Gießen 1873.

[1]) Gesetz vom 7. Mai 1874 R.=G.=Bl. Nr. 50 zur Regelung der äußeren Rechtsverhältnisse der katholischen Kirche.

ad 2. Die territoriale Eintheilung der katholischen Kirche in Provinzen, Diöcesen, Decanate und Pfarreien ist durch die geschicht= liche Entwicklung gegeben. Für die Staatsverwaltung sind vorzüg= lich die Diöcesen und Pfarreien von Wichtigkeit, weil der Umfang derselben die Pflichten sowohl der Bischöfe wie der Seelsorger einer= seits, als auch der Pfarrgemeinden andererseits mit bestimmt. Daher ist zur Errichtung neuer Diöcesen und Pfarrbezirke, zu einer Aen= derung der bestehenden, dann zur Errichtung, Theilung oder Ver= einigung von Pfründen die staatliche Genehmigung erforderlich [1]. Als katholische Pfarrgemeinde erklärt das Gesetz, die Gesammtheit der in einem Pfarrbezirke wohnhaften Katholiken desselben Ritus. Diese Pfarrgemeinden werden von der Staatsverwaltung zur Be= deckung der kirchlichen Bedürfnisse, wenn für dieselben nicht durch ein eigenes Vermögen oder andere kirchliche Mittel vorgesorgt ist, mittelst Umlage herbeigezogen und zwar nöthigenfalls im Wege poli= tischer Execution. (§§ 28 und 36 des citirten Gesetzes).

ad 3. Das Verhältniß der Kirchenfunctionäre zu den ihrer Seelsorge unterstehenden Gläubigen unterliegt der staatlichen Auf= sicht in so ferne in wie ferne durch die Ausübung kirchlicher und geistlicher Functionen einerseits die öffentlichen Interessen des Staates, andererseits die Rechte der Staatsbürger geschädigt werden können. Daher unterliegen der Controle des Staates alle Emanationen der kirchlichen und geistlichen Behörden an ihre Kirchengemeinden und Gläubigen. Der Staat wacht darüber, daß die Verlautbarungen der geistlichen Behörden keine, den staatlichen Grundsätzen und der Re= gierung abträglichen Lehren und Behauptungen enthalten; daß durch die Function derselben die Rechte der Staatsbürger nicht verletzt, dieselben weder an ihrer persönlichen Freiheit noch an ihrer Ehre und an ihrem Vermögen ungebührlich und ungerechtfertigterweise geschädigt werden. Andererseits unterstützt der Staat die geistlichen Behörden und kirchlichen Anstalten, damit denselben die ihnen für ihre Functionen gebührenden Leistungen seitens ihrer Religionsge= meinden und einzelner Gläubigen nicht vorenthalten werden.

Was die Emanationen an die Gläubigen anbelangt, so sind die katholischen Bischöfe nach dem Gesetze vom 7. Mai 1874 ver=

[1] § 20 des Gesetzes vom 7. Mai 1874 R.-G.-Bl. Nr. 50.

pflichtet „ihre Erläße (Verordnungen, Instructionen, Hirtenbriefe 2c.) zugleich mit deren Publication der politischen Landesbehörde zur Kenntnißnahme mitzutheilen" (§ 16). „Findet die Regierung, daß einer den öffentlichen Gottesdienst betreffenden kirchlichen Anordnung öffentliche Rücksichten entgegenstehen so hat sie dieselbe zu untersagen". (§ 17). „Von der kirchlichen Amtsgewalt darf nur gegen Angehörige der Kirche und niemals zu dem Zwecke Gebrauch gemacht werden um die Befolgung der Gesetze und behördlichen Anordnungen oder die freie Ausübung staatsbürgerlicher Rechte zu hindern." (§ 18). „Bei Handhabung der kirchlichen Amtsgewalt darf kein äußerer Zwang ausgeübt werden." (§ 19). Diese im Gesetz vom 7. Mai 1874 zunächst für die katholische Kirche enthaltenen Bestimmungen sind der Ausdruck von Grundsätzen, die in eben solchem Maße und Umfange auf alle anderen Kirchen und Religionsgesell= schaften in Oesterreich in Anwendung kommen.

Dieselben Grundsätze wie betreffs der katholischen Pfarrgemeinden, gelten auch in Ansehung der evangelischen [1]) griechisch=orientalischen Pfarrgemeinden und der jüdischen Cultusgemeinden [2]).

ad 4. Zu den Kirchenanstalten gehören in erster Reihe die Gotteshäuser und ihre Nebengebäude (Pfründengebäude) im weiteren Sinne aber das ganze Kirchenvermögen überhaupt. Dasselbe ist namentlich bei der katholischen Kirche seiner Größe wegen von Bedeutung. Die Staatsverwaltung überwacht nun dasselbe ganz ebenso wie jedes andere öffentliche gemeinnützigen Zwecken gewidmete Vermögen.

„Für die Gebahrung mit kirchlichem Vermögen gilt als Regel, daß dasselbe den für gemeinnützige Stiftungen bestehenden staat= lichen Schutz genießt". (§ 38). Die staatliche Cultusverwaltung wacht insbesondere über die Erhaltung des Stammvermögens der Kirche. Daher steht einerseits der „Religionsfond" [3]) unter unmit= telbarer Verwaltung des Staates und andererseits erstreckt sich die

---

[1]) § 11 der evangelischen Kirchenverfassung bestätigt mit kaiserlicher Ent= schließung vom 6. Jänner 1866 R.=G.=Bl. Nr. 15.

[2]) Vergl. Mayrhofer II. 1032 ff.

[3]) d. i die Gesammtheit derjenigen Fonde, welche subsidiarisch zur Er= haltung der Kirchen und ihrer Bedürfnisse und Einrichtungen sowie zur Unter= stützung und Versorgung der Geistlichkeit bestimmt sind" vergl. Mayrhofer II. 977.

Aufsicht desselben auch auf die Verwaltung des den Kirchen-
functionären zur Nutznießung überlassenen Vermögens (Beneficien,
Pfründenvermögen). Der Staat sorgt ferner im Wege der Landes-
gesetzgebung-[1]) und Verwaltung für die Herstellung und Erhaltung
der katholischen Kirchen- und Pfründengebäude, Einrichtung und
Erfordernisse derselben, endlich für die Beschaffung der Kirchenpara-
mente. („Die Verwaltungsbehörden haben die zur Bestreitung der
nothwendigen Auslagen erforderlichen Einleitungen zu treffen", §57).

Ebenso wie das in Oesterreich befindliche römisch-katholische
Kirchenvermögen, steht auch der Religionsfond (die Religionsfonds-
güter in der Bukowina) der griechisch-orientalischen Kirche unter der
Verwaltung des Staates[2]); endlich erhalten die evangelischen Glaubensgenossen beider Bekenntnisse „zur Bestreitung ihrer kirchlichen
Bedürfnisse, abgesehen von demjenigen, was nach früheren Bestimmungen aus Staatsmitteln für evangelische Unterrichts- und Cultus-
zwecke geleistet wird, jährliche Beiträge aus dem Staatsschatze (Unter-
stützungspauschale)" (§ 133 der evangelischen Kirchenverfassung).

Außer den allgemeinen Beiträgen für kirchliche Bedürfnisse,
welche durch Umlagen auf die Pfarr- und Cultusgemeinden eingebracht werden (s. oben) sind die geistlichen Functionäre aller Kirchen
und Confessionen zu gewissen Bezügen aus Anlaß besonderer, den
Einzelnen geltenden geistlichen Functionen berechtigt. Die Höhe dieser
Bezüge wird jedoch vom Staate für jede einzelne geistliche oder
amtliche Function festgesetzt und darf nicht willkührlich überschritten
werden. Hieher gehören die vom Staate festgesetzten Taxen für
Eheaufgebote, Trauungen und Leichenbegängnisse (Stolgebühren) sowie für allerhand pfarrämtliche Ausfertigungen[3]).

Anm. (Confessionslosigkeit.) Eine Eigenthümlichkeit der
neuesten österreichischen Gesetzgebung ist die Confessionslosigkeit. Die
Möglichkeit derselben war freilich schon durch den Artikel 14 des

---

[1]) Die einschlägigen älteren gesetzlichen Bestimmungen und die neueren
Landesgesetze über Concurrenz zu Kirchen- und Pfarrhofbauten, bei Mayrhofer II. 985 ff.

[2]) Erlaß des Ackerbauministeriums vom 19. Mai 1875 R.-G.-Bl. Nr. 81
enthält das Statut für die Verwaltung der Güter dieses Fondes.

[3]) S. §§ 23—26 des Gesetzes vom 7. Mai 1874 R.-G.-Bl. Nr. 50. Mayrhofer II. S 952.

St.-Gr.-Gef. vom 21. December 1867 Nr. 141 R.-G.-Bl. gegeben („volle Glaubens- und Gewissensfreiheit"): das Institut selbst wurde aber durch die folgende confessionelle Gesetzgebung noch mehr ausgebildet. Nachdem nämlich das Gesetz vom 25. Mai 1868 über die interconfessionellen Verhältnisse: Jedermann nach vollendetem 14. Lebensjahre die freie Wahl des Religionsbekenntnisses nach seiner eigenen Ueberzeugung zugesteht (Art. 4), nachdem daher Art. 6 desselben Gesetzes den „Austritt" aus einer Kirche oder Religionsgesellschaft" als möglich und gesetzlich voraussetzt, nachdem endlich Niemand zu einem „Eintritt in eine neu gewählte Kirche oder Religionsgesellschaft" als einer eminent „kirchlichen Handlung" gezwungen werden kann (Art. 14 Staatsgrundgesetz vom 21. December 1867 Nr. 142 R.-G.-Bl.): so folgt aus diesen gesetzlichen Bestimmungen, daß es eine Kategorie Staatsbürger geben kann die aus ihrer Kirche oder Religionsgesellschaft ausgetreten sind ohne in eine andere eingetreten zu sein. Dieselben sind daher confessionslos. Diese nothwendige Consequenz aus den obigen gesetzlichen Bestimmungen ist auch in der Folge von der österreichischen Gesetzgebung rückhaltlos anerkannt worden. Mit dem Gesetze vom 9. April 1870 R.-G.-Bl. Nr. 51 sind jene Amtshandlungen bei der Matrikenführung über Ehen, welche gesetzlich den Seelsorgern zugewiesen sind, in Ansehung jener Personen „die keiner gesetzlich anerkannten Kirche oder Religionsgesellschaft angehören" von den politischen Behörden vorzunehmen. Endlich hat auch die Ministerialverordnung vom 20. October 1870 R.-G.-Bl. Nr. 128 Bestimmungen erlassen „in Betreff der innern Einrichtung und Führung der Geburts-, Ehe- und Sterberegister für Personen, welche keiner gesetzlich anerkannten Kirche oder Religionsgesellschaft angehören", unter welchen Bestimmungen sich auch die befindet, solche Personen in den amtlichen Registern als „confessionslos" zu bezeichnen. Doch haben die mangelhaften und theilweise unklaren gesetzlichen Bestimmungen bezüglich der Confessionslosigkeit, speciell der Kinder, viele Zweifel ergeben die eine gesetzliche Regelung nothwendig machen. Es wird hier die Frage zu entscheiden sein, ob es vom pädagogischen Standpunkt zulässig ist Kindern bis zu einem gewissen Alter die Confessionslosigkeit zu gestatten.

C. II. b)
Unterrichtsverwaltung.

Der Staat und das Bildungswesen [1].

§ 169.

Erziehung und Staatsverwaltung, Bildung und Regierung scheinen zwei ganz aparte Dinge zu sein, die mit einander nichts zu schaffen haben sollten. In der That hat es auch Jahrhunderte gegeben wo sich Staat und Regierung um Erziehung und Bildung nicht kümmerten. Dem ist heutzutage anders; Staat und Regierung kümmern sich sehr viel um Erziehung und Bildung. Aber die Frage gehört zu den schwierigsten, wie weit die Sorge des Staates um Erziehung und Bildung zu gehen habe und ob nicht ein Zuweitgehen beiden, der Bildung und dem Staate schade.

Betrachtet man die Entwicklung dieses Verhältnisses historisch [2] so finden wir, daß sich in den Staaten des Orients die Staatsverwaltung wohl nicht direct um Erziehung und Bildung bekümmerte, daß jedoch die Sorge für geistige Entwicklung sowohl als für Wissenschaft und Kunst der einzigen selbständigen Macht anvertraut war die sich in jenen Staaten neben der weltlichen Staatsmacht geltend zu machen wußte, dem Priesterthum.

Sowohl in Egypten wie in den asiatischen Reichen, scheinen die Priester Beschützer und Pfleger der Wissenschaft gewesen zu sein und höhere Erziehung konnte nur bei ihnen genossen werden. Aber das intime Verhältniß, welches immer und überall zwischen den weltlichen Herrschern und dem Priesterthume waltete, beweist, daß schon im orienta=

---

[1] Am erschöpfendsten und großartigsten behandelt von Stein Verwaltungslehre V. Theil. Stuttgart 1868. Gedrängter und übersichtlicher in dessen Handbuch der Verwaltungslehre 1876 S. 212 u. ff. Im ersteren Werke l. c. S. 17—19 ist die ältere einschlägige Literatur angegeben.

[2] Vergl. Stein Verwaltungslehre l. c. S. 22 ff.

lischen Alterthum die Herrscher und Herrschenden von der hohen
Wichtigkeit und Bedeutung des Wissens und Forschens für den Staat
den richtigen Sinn besaßen.

Als in Griechenland und Rom die Wissenschaft sich verwelt-
lichte, als sie aus dem Bann der Religion und Kirche heraustrat,
ward sie oft eine Macht, die mit dem Staate in Conflict gerieth
und gegen die der Staat Maßregeln ergreifen zu müßen glaubte (s. ob.)

Die immer und ewig, trotz der freiesten Regierungsformen con-
servative Natur des Staates als solchen, hat nothwendigerweise und
unvermeidlich eine heilige **Scheu vor jeder freien Entwicklung des
Geistes** und der Wissenschaft. Der Staat als solcher fürchtet nichts
so sehr als die ewige Kritik wissenschaftlichen Denkens und Forschens
und wähnt sich nur sicher wenn er die geistigen Bestrebungen durch
eine an sein Interesse gebundene Kirche bewachen und nöthigenfalls
zügeln kann. Denn jede Religion und jede Kirche bietet ihm durch
ihre Beherrschung und Beschränkung des geistigen Gebietes, durch
ihre festen und fertigen Formeln, durch ihre geschlossenen Lehren,
durch ihre Systeme und Dogmen, eine Garantie der Ruhe und
Stabilität.

Wohingegen er der fessellosen, freien Forschung gegenüber, der
nichts fest und heilig zu sein scheint, eine ewige Unruhe empfindet.

Der Schierlingsbecher den der Staat für den Philosophen bereit hält, das ist die typische Formel für sein Verhältniß zur freien
Lehre und Forschung.

Aus dieser Natur der Sache folgte es, daß auch in Europa
durch lange Jahrhunderte die Kirche die einzige Pflegerin und Be-
wahrerin der Lehre und Wissenschaft war, und erst seit dem Wie-
dererwachen des Classicismus, seit dem Auftreten des Humanismus
datirt die Emancipation der Lehre und Wissenschaft von den Banden der kirchlichen Satzung — was aber schließlich die Folge haben
mußte, daß der Staat, die sich verweltlichende Lehre und Wissenschaft unter seine unmittelbare Aufsicht und Obhut nahm. So ist
denn charakteristisch für die Neuzeit (wenn auch nicht durchgehends
für alle modernen Staaten) der Uebergang der Lehre und Wissenschaft von der Vormundschaft der Kirche unter die der Staatsgewalt [1]).

---

[1]) Vergl. **Mohl** Polizeiwissenschaft (Tübingen 1844) I. Band 2. Buch:
„Sorge des Staates für die geistige Persönlichkeit des Bürgers.“ Inama-

Hat Erziehung, Lehre und Wissenschaft durch diesen Uebergang gewonnen? Vom modernen, weltlichen Standpunkt wird diese Frage unbedingt bejaht. Eines ist jedenfalls sicher, daß der Staat dabei gewonnen hat und dieser unstreitige und unzweifelhafte Gewinn ist es, der den modernen Staat die frühere Scheu vor der Wissenschaft hat überwinden lassen und der ihn heutzutage zum mächtigen Be= schützer und Förderer derselben (wenigstens nach seinem besten Wissen und Willen) gemacht hat.

Freilich gibt es gewisse dunkle Punkte in ¡der Wissenschaft die auch der freieste und civilisirteste Staat nur mit einigem Mißtrauen betrachtet; jedes ungestüme Vorwärtsdrängen des forschenden Geistes erfüllt auch noch heutzutage den Staat als solchen mit einem un= heimlichen Angstgefühl, doch beginnt in unseren Tagen schon in Herrschern und Herrschenden die Erkenntniß zu dämmern, daß der Staat als solcher von der Wahrheit, der einzigen Gottheit der Wissenschaft, nichts ¡Böses zu fürchten habe. Wenn einmal diese Erkenntniß sich ganz Bahn gebrochen haben wird, dann wird auch für Lehre und Wissenschaft die Stunde der Freiheit und Erlösung geschlagen- haben.

Anm. Das Verhältniß des Staates zum Bildungs= und Unter= richtswesen kann ¸nach alle dem ein dreifaches sein, entweder nämlich überläßt der Staat das Bildungs= und Unterrichtswesen ganz seiner eigenen freien Entwicklung, oder er monopolisirt dasselbe in seiner Hand und leitet es als eine Verwaltungsangelegenheit oder endlich er gestattet der Privatunternehmung und Thätigkeit vollkommene Freiheit auf dem Gebiete des Bildungs= und Unterrichtswesens unterhält aber daneben sein eigenes staatliches, Bildungs= und Unterrichtswesen. Diese drei verschiedenen Typen kommen sowohl in der geschichtlichen Ent= wicklung der einzelnen Staaten zur Geltung, entsprechen aber auch andererseits der eine mehr der andere weniger dem Geiste und den Eigenthümlichkeiten der einzelnen Völker, bei denen sie sich sodann je nach diesem größeren oder geringeren Sympathieverhältniß mit dem Geiste des Volkes und seiner Staatsverfassung länger erhalten oder gar stabilisiren, so viel überhaupt in staatlichen Dingen von Stabilisirung die Rede sein kann.

Sternegg l. c. S. 89—122. „Unterrichtswesen". Vergl. ferner Schmid's Encyclopädie des Erziehungs= und Unterrichtswesens. Beer und Hochegger die Fortschritte des Unterrichtswesens in den Culturstaaten Europa's 1867.

So können wir denn unter den europäischen Nationen für jeden dieser drei Typen des Bildungs- und Unterrichtswesens je **eine** finden, in welchen derselbe zum reinsten Ausbruck gelangt ist, während andere Nationen und Staaten uns in dieser Beziehung die verschiedensten Uebergangs- und Mischformen darstellen. Und zwar ist heutzutage das rein staatliche, durch die Staatsgewalt monopolisirte Bildungs- und Unterrichtswesen in **Deutschland**, der dualistische Typus des nebeneinander bestehenden **freien** und staatlichen Unterrichts in **Frankreich**, endlich der reinste freie Unterricht in **England** einheimisch. Daher man auch kurzweg mit **Stein** diese drei Systeme als das deutsche, französische und englische bezeichnen kann.

Die Frage nun, welches dieser drei Systeme den Vorzug verdient, kann nicht ex cathedra entschieden werden, da jedes dieser Systeme als Produkt einerseits geschichtlicher Entwicklung, andererseits nationalen Geistes und nationaler Eigenthümlichkeiten gewiß immer der Entwicklungsstufe und den staatlichen und culturellen Verhältnissen jeder Nation angemessen ist. Zweitens aber läßt sich ein allgemeines Urtheil über diese Systeme im Großen und Ganzen deßwegen nicht abgeben, weil man dabei auf die natürlichen **drei Abstufungen** der Elementar- Mittel- und Hochschulbildung Rücksicht nehmen muß und die Antwort auf die Frage, welches dieser drei Systeme den Vorzug verdient, für jede dieser Abstufungen anders ausfallen wird.

Wir wollen uns daher an dieser Stelle nur auf eine allgemeine Andeutung über den Werth jedes dieser drei Systeme beschränken, indem wir uns vorbehalten die Bedeutung derselben für jede dieser drei Abstufungen des Bildungswesens bei der speciellen Behandlung der letzteren in Betracht zu ziehen. Im Allgemeinen nun ist der Staat als solcher vermöge seines Wesens und seiner innersten Natur mehr zum **drillen** als zum **bilden** befähigt. Eine schlagfertige Armee zu schaffen ist mehr sein Sache als wahrhaft **gebildete** Menschen d. h. bei denen Geist und Gemüth harmonisch entwickelt ist, heranzuziehen. Denn der Staat kann alles, was er thut, nur mittelst seines Verwaltungsapparates thun: dieser aber ist sozusagen ein **mechanischer** Apparat, ein gefühlloser, bei dem das **formale** Recht jede andere Rücksicht bei Seite drängt: mit einem solchen Apparat kann man Menschen drillen, abrichten, kann ihnen vieles beibringen, eintrichtern, nur eines läßt sich damit schwer bewerkstelligen, die Menschen **bilden**. Denn Bildung ist das Werk der freien und ungezwungenen Uebertragung geistiger Güter, nicht nur von Verstand zu Verstand aber auch von Gemüth zu Gemüth. Das aber kann kein Verwaltungsapparat, möge er von noch so vielen Gesetzen, Normen, und Reglements geleitet werden, leisten.

Ferner ist ja der letzte Zweck aller geistigen Arbeit und alles geistigen Strebens die Wissenschaft und ihre jedesmaligen Fortschritte und Errungenschaften sind es, die auf all und jeden Unterricht, auf all und jede Bildung reflektiren; das Licht, das die Wissenschaft in ihren höchsten Regionen unterhält, es strahlt zurück und beeinflußt das Bildungs- und Unterrichtswesen auch auf seinen ersten, niedrigsten Stufen. Nun ist aber der Staat seiner Natur nach kein Förderer, ja kein Freund der reinen Wissenschaft. Denn das Princip der letzteren ist ewiger Fortschritt, ewiges, unruhiges, nimmermüdes Vorwärts-streben: das Princip aber des Staates ist was auch in seinem Namen schon liegt Stabilität. Daher verbindet sich der Staat so gerne mit allen Mächten der Stabilität z. B. den Kirchen, gegen die freie Wissenschaft. Denn während diese letztere in all und jedem über den Staat hinausstrebt trachtet der Staat dieselbe auf ihrem jeweiligen Standpunkt festzuhalten. Daher ist der Natur der Sache nach zwischen Staat und wahrer Wissenschaft ein ewiger Zwiespalt, ein ewiges Mißtrauen. Wird nun das gesammte Bildungs- und Unterrichts-wesen und somit die Grundlage aller Wissenschaft dem Staate ganz und gar überantwortet: dann ist das Todesurtheil über die Wissen-schaft gesprochen. Die üblen Folgen aber einer Stagnation und eines Verfalles der Wissenschaft bleiben auch für den Staat nicht aus: denn das was ihm Furcht und Sorge einflößt, die freie Wissenschaft ist sein Heil, und was er im momentanen Interesse immer wünscht, die Sta-bilität der Wissenschaft, das ist sein Verderben.

Wissenschaft und Bildung.

§ 170.

In so ferne Wissenschaft die Erkenntniß der Wahrheit anstrebt, verfolgt sie keine unmittelbar practischen Zwecke; sie ist sich selbst Zweck. Dieser Standpunkt ist allerdings der höchste und idealste den man der Wissenschaft gegenüber einnehmen kann. Es wäre aber nach dem soeben Gesagten gewiß Schönfärberei und Uebertreibung wenn man auch vom modernen Staate behaupten wollte, daß er der Wissenschaft gegenüber diesen Standpunkt einnimmt, daß er sie als solche frei gewähren läßt. Das liegt ja wie wir gesehen haben, gar nicht in seiner Natur.

Der Staat verfolgt auf allen Gebieten des Lebens vor allem praktische Zwecke. Auch sein Bündniß mit Priesterschaften und Kirchen entsprang von jeher solchen praktischen Zwecken. Ebenso ver-folgt er dieselben heutzutage, wo er die geistige Bildung großentheils in eigene Verwaltung übernahm, auf dem Gebiete des Bildungswesens.

Diese Zwecke aber können zweierlei Art sein: unmittelbare und mittelbare.

Die unmittelbaren beziehen sich auf Ausbildung seiner eigenen Diener und Beamten; die mittelbaren auf Ausbildung tüchtiger und im wirthschaftlichen Leben des Staates leistungsfähiger Bürger.

Diese letztere Ausbildung zerfällt der Natur der Sache nach in eine allgemeine, wie sie der Staat aus vielfachen Gründen, die wir später erörtern werden, für jeden seiner Unterthanen wünschen muß (Volksschule) und in eine specielle (Berufsbildung) wie er sie im Interesse des Aufschwunges der verschiedenen Wissenszweige, der Gewerbe, der Industrie, des Handels und der Künste anstrebt.

Daß ihm auch die Förderung und Pflege der reinen, sich Selbst= zweck seienden, Wissenschaft großen mittelbaren Nutzen gewähre, diese Erkenntniß ist dem modernen Staate ebenfalls vielfach aufgegangen.

Diesen Zwecken entsprechend organisirt der moderne Staat sein Schulwesen, wo er sich eben dieser Aufgabe unterzieht. Durch die Volksschule[1]) ist er bestrebt jedem Einzelnen die allernoth= wendigsten allgemeinen Kentnisse zu geben ohne die an ein gedeih= liches Zusammenleben der Volksgenossen im Staate nicht zu denken ist.

Durch die „gelehrte Schule," oder wie man sie heute nennt, die Mittelschule (Gymnasium und Realschule) bezweckt der Staat denjenigen, die sich einem gelehrten Berufe widmen wollen und aus deren Zahl er meist seine Beamten entnehmen muß, die nöthige Vorbereitung für die Hochschule angedeihen zu lassen. Daneben dient die Gewerbeschule den wirthschaftlichen In= teressen und soll diejenigen, die keinem gelehrten Beruf sich widmen, zu tüchtigen Producenten und überhaupt wirthschaftenden Staats= genossen heranbilden.

Die Hochschule endlich soll ihre Jünger zu den höchsten Be= rufen im Staate befähigt machen und zugleich Pflegestätte der reinen Wissenschaft sein.

Betrachten wir nun das Wesen dieser einzelnen Bildungsstufen insbesondere.

---

[1]) Mohl Polizeiwissenschaft I. S. 486 ff. Stein Verwaltungslehre V. S. 73 ff. Inama-Sternegg l. c. 91. ff. Rößler II. 78 ff. Gneist: Die confessionelle Schule. Berlin 1869 und: Die Selbstverwaltung in ihrer An= wendung auf die Volksschule. Berlin 1869.

Volksschule.

§ 171.

An einem gewissen Grade geistiger Ausbildung des gesammten Volkes hat der Staat von jeher ein mächtiges Interesse gehabt. Denn es bedarf allerdings einer gewissen Gesittung und Bildung, und möge sie auch noch so geringfügig sein, um den Einzelnen für das Leben im Staate tauglich zu machen. Die bloße Gewalt und Uebermacht kann auf die Dauer nicht ausreichen die Gesammtheit eines Volkes in die ihrer Natur nach keineswegs sanfte Organisation des Staates hineinzuzwängen. Es muß noch ein anderes, ein geistiges Moment hinzukommen soll die ruhige Einfügung der Gesammtheit und aller Einzelnen in diese Organisation gelingen. Und dieses Moment eben besteht in einem gewissen geistigen Einfluß des Staates auf alle Volksgenossen, für welchen Einfluß jedoch in jedem Einzelnen ein gewisser Grad geistiger Empfänglichkeit geschaffen werden muß.

Dieses Bedürfniß fühlten instinctiv alle Staaten von jeher — jede Herrschaft besaß diesen Instinct. Als Mittel jedoch dessen sich all und jede staatliche Herrschaft von jeher bediente um die Massen so zu sagen staatsfähig oder wenn man will, beherrschbar zu machen, galt wie gesagt die Religion. Mit richtigem Instinct hat es noch jede Staatsgewalt gefunden, daß die Lehren der Religion den Menschen gefügig machen und ihm das nothwendige Joch staatlicher Organisation mit stiller Entsagung tragen lernen (s. oben § 163).

Daher enthielt der Satz, daß es ohne Religion keinen Staat und keine Gesellschaft geben könne, daß Religion die mächtige Stütze des Staates ist eine große Wahrheit und enthält eine solche in gewissem Maße noch heutzutage.

Alle religiösen Vorstellungen und Lehren erfüllen ein und dieselbe Aufgabe, ein und denselben Zweck — nähmlich den Menschen mit den gegebenen socialen Verhältnissen zu versöhnen, sie ihm erträglich zu machen indem sie ihn für die Noth und die Entbehrungen dieses Lebens durch die Verheißungen eines Lohnes im künftigen zu entschädigen suchen.

Man pflegt diese Bedeutung und diesen Werth aller Religionen oft zu übersehen und nur ein Auge für die gemüthstillenden und trostbringenden Lehren derselben zu haben.

27*

Diese Lehren sind allerdings, wie wir das oben gezeigt haben, von nicht zu unterschätzender Bedeutung: doch liegt ihre Tragweite eben auch darin, daß sie den Menschen social machen, daß sie ihn in die nothwendigen socialen und staatlichen Verhältnissen sich fügen lehren. Und diese letztere nicht minder wichtige Aufgabe haben alle Religionen gelöst und darin liegt die nicht mindere Be= deutung derselben für die Culturgeschichte der Menschheit — liegt die nicht minder erhabene Rolle die sie bei weiten noch nicht aus= gespielt haben.

Nur die Religion ermöglichte es von jeher die Massen für die Dauer zu beherrschen und die Naturwüchsigkeit aller Religionen ist eben ein wunderbares natürliches Correctiv der durch die Natur des Menschen bedingten Nothwendigkeit des Staates.

Aber die Macht der religiösen Vorstellungen und Lehren hört erfahrungsgemäß bei einem gewissen Niveau geistiger Entwicklung auf, ihre frühere Wunderthätigkeit zu üben. Dieses Niveau haben in den Culturstaaten des Alterthums zu verschiedenen Zeiten gewiß mehr Menschen erklommen, als wir es aus den Ueberlieferungen der Geschichte ahnen können. Die Massen des Volkes hatten aber zu solch geistiger Entwicklung nie Gelegenheit — und vielleicht auch nicht die Fähigkeit. Auch heutzutage noch ist die Macht der reli= giösen Vorstellungen und Lehren in unseren intelligentesten Schichten dem Theile der Gesellschaft, der in geistiger Entwicklung im Ver= gleiche mit dem andern Theile im allgemeinen noch zurückgeblieben ist, wir meinen dem weiblichen Geschlechte gegenüber, viel größer und wirksamer als gegenüber dem geistig weit vorgeschritteneren männlichen Geschlechte.

Die Masse des Volkes aber ist für diese Vorstellungen und Lehren im Ganzen noch immer viel empfänglicher als die höheren, intelligenteren Schichten.

Wir sagen „noch immer viel empfänglicher" — doch läßt sich heutzutage die Thatsache nicht mehr bestreiten, daß die großen Fort= schritte auf allen Gebieten des Wissens und namentlich die großen Resultate der Naturwissenschaft und die Verbreitung die sie durch Presse und Buchdruck gefunden haben, die Empfänglichkeit auch der Massen für jene Vorstellungen und Lehren zusehends abschwächen. Der Staat kann sich heutzutage der Ueberzeugung nicht mehr ver=

schließen, daß eine Zeit kommen kann und vielleicht nicht sehr ferne ist, wo die Massen dem Gängelbande der Religion entwachsen sein werden und wo die religiösen Vorstellungen und Lehren ihre einstige Macht auf die Gemüther bedeutend einbüßen könnten.

Für diesen Fall und für diese früher oder später heranbrechende, hie und da bereits hereingebrochene Zeit muß der Staat Vorsorge treffen — er muß sich nach einem andern zeitgemäßen Mittel umsehen um die Massen staatsfähig zu erhalten, um ihnen eine solche allgemeine Bildung zu Theil werden zu lassen, daß sie ein tauglicher Bestandtheil in der socialen Gemeinschaft des Staates bleiben.

Dieses Mittel ist die Schule — und mit Bezug auf die Massen speciell die Volksschule.

Daß der moderne Staat fast überall heute zu diesem Mittel greift, ist wieder eine Aeußerung jenes gesunden, natürlichen Instinctes den jede staatliche Herrschaft immer bewies, wo es sich um ihre Selbsterhaltung handelte; es ist dieser gesunde Naturtrieb, der dem Staate als naturwüchsiger und naturnothwendiger Organisation immer und überall innewohnt, der ihn führt und anleitet im Großen und Ganzen immer das zu thun was seiner Natur entspricht.

Volksschule und Religionsunterricht.

§ 172.

Der Zweck der Volksschule ist nach dem Obigen leicht zu ersehen. Sie soll den Massen einen geistigen Halt geben den ihnen heutzutage die Religion allein nicht mehr geben kann.

Daraus ergiebt sich aber nun die in unsern Tagen so viel ventilirte und vielumstrittene Frage nach dem Verhältniß der Religion und der Kirche zur Schule und speciell zur Volksschule.

Denn offenbar läßt sich auch hier wieder ein dreifaches Verhältniß denken. Entweder steht die Schule, wie das früher der Fall zu sein pflegte ganz unter dem Einfluß der Religion und der Kirche d. h. dieselbe ist eine streng confessionelle; oder sie steht zwar unter der ausschließlichen Herrschaft des Staates, derselbe läßt aber den Religionsunterricht und den religiösen Uebungen ein von der Kirche gefordertes und gebilligtes Uebergewicht und einen Vorrang vor allen anbern Lehrfächern; es wäre das die staatlich=confessionelle Schule wie sie thatsächlich heute in vielen Staaten, so auch in Oesterreich existirt; endlich ist das dritte Verhältniß denkbar, welches heute vielerseits verlangt wird, wo der Staat die Religion als einen Lehr= gegenstand in der Schule nicht anerkennt und dieselbe sammt allen religiösen Uebungen aus dem Lehrplan ganz ausschließt; das wäre die confessionslose Schule.

Nach unsern obigen Ausführungen nun stellt sich die Frage nach dem Verhältniß der Kirche zur Schule (oder auch des Staates zur Schule, was nur eine andere Art der Fragestellung ist) als eine Frage der thatsächlichen Entwicklung dar. Thatsächlich war die Schule früher confessionell und das hatte, wie wir das zeigten seine guten Gründe. Thatsächlich ist heutzutage die Schule in den meisten modernen Staaten so auch in Oesterreich staatlich=confessionell — und dieses Verhältniß ist, wie sich ebenfalls aus den obigen Ausführungen ergiebt, ein nothwendiges Stadium der Entwicklung Daß die Schule einst rein staatlich und ganz confessionslos werden wird, ist wahrscheinlich doch nicht über allen Zweifel erhoben und gar über das Wann, über den Zeitpunkt in dem dieses Stadium erreicht werden könnte, läßt sich vorderhand gar nichts behaupten. Eines aber ist in dieser letzteren Streitfrage wieder ganz sicher: daß man einen solchen Uebergang nicht plötzlich decretiren kann son= dern, daß man der natürlichen Entwicklung ihren Lauf lassen muß indem man die nöthig werdenden Reformen langsam und schrittweise nach Maßgabe der wirklich vorhandenen Bedürfnisse ein= treten läßt.

Entwicklung der Volksschule.

§ 173.

Schon Karl der Große soll an allgemeinen Volksunterricht durch Priester gedacht haben — was freilich auf einfachen Religionsunter= richt hinauslaufen würde, denn schwerlich wird man damals an Lese= und Schreibunterricht gedacht haben.

In der That kommt schon im 14. und 15. Jahrhundert in Deutschland ein Volksunterricht durch Priester und einzelne geistliche Orden z. B. die Hyeronymianer vor. Doch besteht dieser Unterricht meist nur in der Bekanntmachung mit der Bibel durch mündlichen

Vortrag. Es konnte eben vor Erfindung der Buchdruckerkunst gar kein anderer Volksunterricht existiren, denn Bücher gab es keine und Manuscripte für den Volksunterricht zu verwenden wäre zu theuer gewesen.

Auch Luthers und der deutschen Reformatoren auf den Volksunterricht gerichtete Bestrebungen wären gewiß fruchtlos geblieben, würde nicht inzwischen die Buchdruckerkunst erfunden und vervollkommnet worden sein.

In dieser Beziehung hat Guttenberg und seine Nachfolger der Reformation vorgearbeitet. Luther aber war in der Propagirung des Volksunterrichts unermüblich und sein Streben war vom besten Erfolge begleitet. Ihn muß man als den eigentlichen Schöpfer der deutschen Volksschule bezeichnen. „Die wichtigsten Lehrbücher derselben, die deutsche Bibel, der kleine lutherische Katechismus, dazu deutsche geistliche Lieder für Kirche und Schule sind sein Werk"[1].

Im Jahre 1531 richtet Luther eine Schrift an die Rathsherrn aller Städte Deutschlands und ermahnt sie, christliche Schulen zu errichten und zu halten. Man möge an denselben je einen oder zwei Lehrer anstellen um die Jugend zu unterrichten.

Aus dem Jahre 1538 batirt sein „Unterricht an die Visitatoren", worin es heißt: „Es sollen auch die Prediger die Leute vermahnen ihre Kinder zur Schule zu thun, damit man Leute aufziehe, geschickt zu lehren in der Kirche und sonst zu regieren." Diese letzten Worte zeigen freilich, daß auch Luther den eigentlichen Zweck des Volksunterrichts nicht recht präcisiren konnte[2].

Als unmittelbare Folge dieser Bestrebungen sehen wir im 16.

---

[1] Raumer Geschichte der Pädagogik I. 131.

[2] Dagegen ist interessant, daß Luther zuerst das Princip des staatlichen Schulzwanges aufstellte. „Ich halte aber, schreibt er, daß auch die Obrigkeit hie schuldig sei die Unterthanen zu zwingen, die Kinder zur Schule zu halten, denn sie ist wahrlich schuldig, die obgesagten Aemter und Stände zu erhalten, daß Prediger, Juristen, Pfarrherrn, Schreiber, Aerzte, Schulmeister u. dgl. bleiben, denn man kann derer nicht entbehren. Kann sie die Unterthanen zwingen so da tüchtig dazu sind, daß sie müssen Spieß und Büchsen tragen, auf die Mauern laufen und anders thun, wenn man kriegen soll: wie vielmehr kann und soll sie die Unterthanen zwingen, daß sie ihre Kinder zur Schule halten weil sie wohl im Krieg vorhanden ist mit dem leidigen Teufel 2c. 2c." Raumer l. c. I. 170.

Jahrhundert allenthalben von Städten und Fürsten Schulen errichten und „Schulordnungen" erlassen.

Als unterste Stufen wurden überall die „deutschen Schulen"
organisirt (im Gegensatz zu den „lateinischen"). Als Lehrgegenstände
derselben bezeichnen die Schulordnungen: Lesen, Schreiben, Religion
und Kirchengesang". Und zwar sollten solche Schulen auch in „kleinen
Dörfern und Flecken" errichtet werden (so Württembergische Schul-
ordnung vom 16. Jahrhundert). Zur mächtigen Entwicklung des
Unterrichtswesens im Allgemeinen und des Volksschulwesens insbesondere trugen im 17. Jahrhundert die Schriften und Bestrebungen
des großen Pädagogen Johann Amos Comenius bei, dessen
Einfluß sich fast auf alle christlichen Staaten Europas erstreckte und
bis tief in das 18. Jahrhundert fortwirkte.

In Oesterreich muß die Kaiserin Maria Theresia als die
wahre Begründerin der Volksschule bezeichnet werden[1]. Im Ver-
laufe von sechs bis sieben Jahren wurden unter ihrer Regierung
4000 Volksschulen in Oesterreich gegründet. Und während bis zur
Regierungszeit Maria Theresia's das ganze Unterrichtswesen, ausschließlich unter dem Einflusse der Kirche stand: wurden während
ihrer Regierung, namentlich aber seit dem Ende des Erbfolgekrieges
die ersten staatlichen Organe für das Unterrichtswesen geschaffen[2].

„Das Schulwesen ist und bleibt allezeit ein politicum" resol-
virte die Kaiserin und übergab den politischen Behörden (Kreishauptleuten) die Aufsicht und oberste Leitung der Schulen. Nun folgten
in bunter Abwechslung Organisationen und Reorganisationen der mit
der obersten Leitung des Schul- und Unterrichtswesens betrauten
staatlichen Behörden.

Im Jahre 1760 wurde die Studien- und Büchercensur-Hof-
commission geschaffen, welcher in den einzelnen Ländern die Studien-
Commissionen untergeordnet waren. Die Aufhebung des Jesuitenordens
im Jahre 1773 beseitigte wieder ein Stück kirchlicher Unterrichts-

---

[1] Ueber Volksschulen in Oesterreich, siehe das ausgezeichnete Werk von
Helfert. „Die österreichische Volksschule, Geschichte, System, Statistik" Prag
1860 Band I. und III. Der II. Band ist leider noch nicht erschienen.

[2] Adolf Ficker: Bericht über österreichisches Unterrichtswesen, aus
Anlaß der Weltausstellung 1873.

leitung und befreite den Staat von jeder Concurrenz auf diesem Gebiete. Unter Kaiser Joseph II. machte sich der ausschließliche staat=liche Standpunkt in der Leitung des Unterrichts immer mehr geltend; hingegen ward unter Leopold II. der 1791 die Studien=Ein=richtungs=Commission berief, wieder in gemäßigtere Bahnen eingelenkt. Kaiser Franz setzte wieder die Studien=Revisions=Commission ein, die dem Unterrichtswesen gegenüber sich strenge an die Grundsätze des Polizeistaates hielt.

Charakteristisch in dieser Beziehung sind die Worte in dem Gut=achten des Kanzlers Grafen Rottenhann über die Reorganisation des Unterrichtswesens, „... über die kluge Ausspendung, hieß es da, der Reichthümer des Geistes, muß ebenso wie über jeden anderen Genuß des gesellschaftlichen Lebens eine Art von Staats=Polizei walten".

Doch verstand es die Kirche durch langsame und stille Be=mühungen sich wieder einen gewissen Einfluß auf das Unterrichts=wesen zu erringen und im Jahre 1802 wurden geistliche Aufsicht über die Schulen und geistliche Directorate neben der politischen Leitung und Oberaufsicht, wieder zugelassen. Den Zustand des Schul=wesens in der ganzen ersten Hälfte unseres Jahrhunderts (bis 1848) schildert Ficker folgendermaßen: „Das aufgestellte Unterrichts=Ver=waltungs=System war eben ein treffliches Werkzeug staatspolizeilicher Bevormundung, entsprach den Principien unbedingten Stillstandes und geistiger Absperrung und wirkte mächtig stützend auf beide zu=rück". Die Organisation der Volksschule beruhte in diesem ganzen Zeitraume auf der „Politischen Verfassung der deutschen Schulen in den k. k. deutschen Erblanden" vom 11. August 1805. Das Jahr 1848 brachte vorerst das ganze Schulwesen unter die oberste Leitung eines Unterrichtsministeriums. Vom 29. November dieses Jahres bis zum Jahre 1860 stand an der Spitze der Schul=verwaltung Helfert.

In die Mitte dieser Periode (18. August 1855) fällt der Ab=schluß des Concordates mit Rom, nach welchem die Volksschule ganz und gar, was ihre inneren Angelegenheiten also die Lehre anbe=langt, unter kirchliche Aufsicht kam; die politische Behörde hatte sich nur um die äußeren, materiellen Angelegenheiten der Volksschule zu kümmern. Im October 1860 ward das Unterrichtsministerium auf=

gehoben; die oberste Leitung des Schulwesens kam an das Staats-
ministerium, eigentlich aber an den zugleich ins Leben gerufenen
Unterrichtsrath.

Erst 1867, im Jahre des Ausgleichs mit Ungarn und der
Einführung des Dualismus in Oesterreich, wurde das Unterrichtsministerium wieder hergestellt.

Der Artikel 17 des Staatsgrundgesetzes vom 21. December
1867 Nr. 142 erklärte wieder die „oberste Leitung und Aufsicht
rücksichtlich des gesammten Unterrichts- und Erziehungswesens" als
ein Recht des Staates und nicht der Kirche; für den Religionsunterricht in den Schulen ist „von der betreffenden Kirche oder Religionsgesellschaft Sorge zu tragen".

Mit dem Gesetze vom 25. Mai 1868 Nr. 48 R.-G.-Bl. wurden sodann in Ausführung obigen Grundsatzes weitere „grundsätzliche Bestimmungen über das Verhältniß der Schule zur Kirche"
erlassen. Nur die Besorgung, Leitung und unmittelbare Beaufsichtigung des Religionsunterrichtes und der Religionsübungen für die
verschiedenen Glaubensgenossen in den Volks- (und Mittelschulen)
wurde „unbeschadet des Aufsichtsrechts des Staates" der betreffenden
Kirche oder Religionsgesellschaft überlassen. Der Unterricht in den
übrigen Lehrgegenständen in diesen Schulen wurde „von dem
Einflusse jeder Kirche oder Religionsgesellschaft unabhängig" erklärt (§ 2.)

Zur Leitung und Aufsicht über die Volksschulen wurden eigene
Behörden eingesetzt und zwar der Ortsschulrath für jede Schulge-
meinde, der Bezirksschulrath für jeden Schulbezirk und der Landes-
schulrath für jedes Kronland.

Endlich wurden mit dem Gesetz vom 14. Mai 1869 Nr. 62
R.-G.-Bl. „die Grundsätze des Unterrichtswesens bezüglich der Volksschulen" festgestellt. Dieses Gesetz, welches an die Stelle der früheren
„Politischen Verfassung der deutschen Schulen" trat, ist das Werk
des damaligen Unterrichtsministers Hasner.

Die wichtigste Grundlage dieses Gesetzes ist die darin ausge-
sprochene allgemeine achtjährige Schulpflicht.

„Die Eltern oder deren Stellvertreter dürfen ihre Kinder
oder Pflegebefohlenen nicht ohne Unterricht lassen, welcher
für die öffentlichen Volksschulen vorgeschrieben ist". (§ 20.) „Die

Schulpflichtigkeit beginnt mit dem vollendeten sechsten und dauert bis zum vollendeten vierzehnten Lebensjahre" (§ 21) [1]).

Den Lehrplan der Volksschulen stellt das Unterrichtsministerium fest; von diesem Lehrplan hängt die dem Religionsunterricht zuzuweisende Anzahl von Stunden ab. Außer der Religion umfaßt der Volksschulunterricht das Lesen, Schreiben, Sprachlehre, Rechnen, sodann das „wissenswertheste aus der Naturkunde, Erdkunde und Geschichte, mit besonderer Rücksicht auf das Vaterland und dessen Verfassung." (§ 3).

Zu den Volksschulen gehören auch die „Bürgerschulen" im Gegensatz zu welchen die ersteren „allgemeinen Volksschulen" genannt werden. „Die Bürgerschule hat die Aufgabe, denjenigen, welche eine Mittelschule nicht besuchen, eine über das Lehrziel der allgemeinen Volksschule hinausreichende Bildung zu gewähren." (§ 17 des Gesetzes vom 14. Mai 1869.) Dieser Aufgabe entsprechend umfaßt der Lehrplan der Bürgerschule außer der weiteren Entwicklung der Gegenstände der allgemeinen Volksschule noch Geometrie, Buchhaltung, Freihandzeichnen u. dgl. Die Bürgerschule kann entweder eine selbständige 8classige sein oder sich als 3classige Schule an eine Volksschule anschließen.

Als Ergänzung des Volksschulgesetzes erfloß die Verordnung des Ministers für Cultus und Unterricht vom 20. August 1870. Z. 7648 womit eine Schul- und Unterrichtsordnung für die allgemeinen Volksschulen erlassen wurde.

Da die näheren Anordnungen in Bezug auf Errichtung, Erhaltung und den Besuch der Volksschulen mit dem Gesetz vom 14. Mai 1869 der Landesgesetzgebung überlassen wurde, so wurden in den Jahren 1870—1873 zu diesem Zwecke besondere Landesgesetze erlassen [2]). Die Lehrpläne für die Volks- und Bürgerschulen wurden jedoch mit Ausnahme derjenigen für Galizien vom Unterrichtsministerium festgestellt. (Verordnung vom 15. Mai 1874). Dem in Folge der Reorganisation der Volksschule und des eingeführten Schulzwanges bedeutend vergrößerten Bedarf an geeigneten Lehrkräften mußte mit der Reorganisirung und Vermehrung von Lehrerbildungsanstalten entgegengekommen werden. Das Organisations-

---

[1]) In Istrien, Galizien, Bukowina und Dalmatien dauert die Schulpflicht nur bis zum vollendeten 12. Lebensjahre; ebenso in Ungarn.

[2]) Manz'sche Gesetzesausgabe Bd. XV. 1877. Volksschulgesetze.

statut für dieselben wurde mit der Verordnung des Ministers für Cultus und Unterricht vom 20. Mai 1874 erlassen [1]). Die Zahl der Volksschulen beträgt in Cisleithanien über 15.000, in Ungarn über 17.000; Lehrerbildungsanstalten giebt es in jeder Reichshälfte rund je 70.

Kaum ist auf diese Weise das gesammte Volksschulwesen auf neue, rein staatliche Grundlage gestellt und die Organisation des= selben in allen Details durchgeführt worden: als schon gegen dieselbe von „conservativen" und kirchlichen Parteien der parlamentarische Krieg eröffnet wurde. Derselbe gilt vornehmlich der achtjährigen Schulpflicht von der man das Volk „befreien" will.

A n m. Wir haben nun der Volksschule gegenüber die Frage der oben (S. 416.) dargestellten drei Systeme zu betrachten. Nun bringt es aber die Natur der Sache mit sich, daß der Volksschule gegenüber die zwei extremen Systeme, das rein staatliche und das rein private oder freie, sich nothwendigerweise abschwächen und dem gemischten Systeme sich nähern müssen.

Denn einerseits sind die Lehrgegenstände der Volksschule von so geringem Umfange und die Unterweisuug in denselben so leicht, daß der größte Theil der besitzenden Classen es vorzieht den Kindern diesen Elementarunterricht entweder zu Hause oder in Privatschulen (Pensionen) beibringen zu lassen.

Der Staat aber hat gar kein Interesse, biesen Elementarunterricht den er getrost der Sorge der Eltern aus den besitzenden Classen über= lassen kann, durch seine eigenen Organe ertheilen zu lassen. Genügt es ihm doch auch da wo er das Unterrichtswesen monopolisirt, für die Aufnahme in die Mittelschule eine Aufnahmsprüfung über die Gegen= stände der Volksschule zu verlangen. Also auch beim deutschen System des Unterrichtswesens gestattet der Staat durch den häuslichen und Privatschulunterricht den öffentlichen zu ersetzen — und begnügt sich mit dem pflichtmäßigen Besuche seiner Schulen seitens derjenigen Kinder die sich über keinen entsprechenden häuslichen oder Privatschulunterricht ausweisen können.

Andererseits zwingen die Grundsätze und Ueberzeugungen des modernen Staates auch dort, wo man das Bildungs= und Unterrichts= wesen der Selbstthätigkeit des Volkes überläßt, wie in England, die Regierung dazu, für arme und verwahrlose Kinder deren sich Niemand sonst annimmt, Elementarschulen zu errichten. Also auch jenes Staatswesen, welches auf dem Gebiete des Unterrichts sich ganz passiv verhält und denselben der freien Entwicklung und der privaten Thätig-

[1]) Daselbst S. 301.

keit überläßt ist beim Elementarunterricht durch Rücksichten der Menschlichkeit, der Wohlthätigkeit enblich der öffentlichen Sicherheit gezwungen **Armenschulen** zu errichten.

So näheren sich benn **hier** in der **praktischen Ausführung** in Folge der zwingenden Natur der Sache einerseits das beutsche, anbererseits das englische System bem in der Mitte liegenden französischen, welches selbstverständlich ben Dualismus bes freien unb des staatlichen Unterrichts auf bem Gebiete ber sogenannten **instruction primaire** in vollstem Maße unb principiell gelten läßt [1]).

Dieser thatsächlichen Entwicklung gegenüber entfällt von selbst bie Frage, welches ber brei Systeme ben Vorzug verbient. Hier ist bas französische System bas einzig richtige unb alle anberen sinb gezwungen bemselben sich zu nähern.

Mittelschulen.

§ 174.

Die Mittelschule ist ihrem Begriffe nach biejenige, welche ihre Schüler zum Besuche der Universität vorbereitet. Bis vor nicht lange besorgte biese Vorbereitung ausschließlich das **Gymnasium**. Heutzutage muß man auch bie **Realschulen**, bie ein Ausfluß ber realistischen Richtung unserer Zeit sinb, zu ben Mittelschulen zählen ba bieselben als Vorbereitungsschulen für die in neuester Zeit geschaffenen technischen Hochschulen bienen.

Die Gymnasien sinb erst in neuester Zeit vorwiegenb Staatsanstalten geworden; sie waren früher fast ausschließlich Privatanstalten bie von kirchlichen Orden, Genossenschaften unb Gemeinden erhalten wurden[a]). Der **Polizeistaat** bes 18. Jahrhunderts bemächtigte sich ber Gymnasien um bie Erziehung seiner „Beamten, Priester unb Aerzte" in eigene Hanb zu nehmen.

Gegen die Organisation unb Richtung ber Gymnasialstudien erheben sich heutzutage **überall** sehr gewichtige Bedenken bie theils gegen ben **Inhalt** bieser Studien, theils gegen bie **Art unb Weise** wie sie betrieben werden gerichtet sinb, unb sowohl in Deutschlanb wie in Oesterreich steht eine **Reform** ber Gymnasialstudien in Aussicht.

Bei der Gründung ber **Realschulen** war man sich über ihre Aufgabe nicht recht klar. Es blieb unbestimmt ob sie ihre Schüler

---

[1]) Vergl. **Stein** Verwaltungslehre V. S. 93 ff. Ueber französische Volksschulverwaltung, **Ducrocq** I. 427 ff.

für praktische Erwerbszweige oder zur Pflege realistischer Wissenschaft an technischen Hochschulen vorbereiten sollten.

Es scheint heutzutage, daß mittelst der Realschulen vorwiegend letzteres erreicht wird, und daß sie einzig und allein die künftigen wissenschaftlich gebildeten „Techniker" (Architekten, Ingenieure, Chemiker, Maschinenbautechniker) für die technische Hochschule vorzubereiten berufen sind.

In Folge dessen stellt sich heute immer mehr das Bedürfniß heraus, solche Schulen zu schaffen die unmittelbar für die praktischen Erwerbszweige die nöthige Vorbereitung und Ausbildung zu besorgen haben. Diese Aufgabe erfüllen die Gewerbeschulen.

Gewerbeschulen.

§. 175.

Dieselben sind entweder Fortbildungsschulen oder Fachschulen. Die ersteren dienen dazu den in das praktische Leben bereits übergetretenen Arbeitern und Handwerkern in entsprechenden Abend- und Sonntagscursen eine über den Lehrplan der Volksschulen hinausgehende Fortbildung zu geben. Sie sollen den Arbeiter und Handwerker, dem es nicht gegönnt war sich in einer Fachschule auszubilden und der nur eine Volksschulbildung besitzt eine Ergänzung derselben und dabei gewisse Anleitungen für den praktischen Gewerbsbetrieb bieten.

Dagegen ist es die Aufgabe der Fachschulen denjenigen die nicht genöthigt sind aus der Volksschule gleich zum materiellen Erwerbe überzugehen die nöthige Ausbildung für einen praktischen Erwerbszweig angedeihen zu lassen.

Um diesen Zweck zu erreichen, müssen sich Fachschulen womöglich auf bestimmte Fachgruppen beschränken. Allgemeine Bildung kann nicht ihre Sache sein; auch nicht Vorbereitung des Einzelnen für viele Fachgruppen, was keinen Sinn und keinen Nutzen hätte. Solche einzelne Fachgruppen sind Maschinengewerbe, Baugewerbe, chemische Gewerbe, Kunstgewerbe ꝛc. Jede solche Fachgruppe enthält in sich eine größere Anzahl von gewerblichen Productionszweigen. So z. B. enthält die Fachgruppe Baugewerbe-

die Gewerbszweige des Zimmermanns, des Maurers, des Stein=
metzes, des Bautischlers und Bauschlossers u. s. w. Je nachdem die
einzelne Fachschule eine vollständige Fachgruppe oder nur einen ein=
zelnen gewerblichen Productionszweig enthält, spricht man von voll=
ständigen oder unvollständigen Fachschulen [1]. Die ersteren eignen
sich besonders zur Anlage in größeren gewerblichen und industriellen
Städten; die letzteren können mit großem Erfolg auch am Lande
wirken, wenn sie an einen örtlich bestehenden Gewerbszweig oder an
eine in der Umgegend blühende Hausindustrie sich anlehnen und
denselben wiederum zur Stütze dienen.

Oesterreichisches Mittelschulwesen.

§ 176.

Nicht Staatsanstalten sondern wie anderwärts Privatanstalten
geistlicher Orden waren die ersten österreichischen Gymnasien. Jesuiten,
Piaristen und Benediktiner waren Gründer und Pfleger derselben.

Kaiser Karl VI. unterwarf zuerst die Lehrthätigkeit der Jesuiten
staatlicher Controle (1735).

Gegen die Mitte des vorigen Jahrhunderts entstand sodann die
erste staatliche „Vorschrift wegen künftiger Einrichtung der Studien“
an den Gymnasien. Unter Maria Theresia entwarf der Wiener
Professor Heß einen fortschrittlichen Reformplan der Gymnasien
im Geiste damaliger Aufklärung. Derselbe schien den politischen
Behörden zu radical und aus diesem Antagonismus gieng der Reform=
plan des Piaristen Marx siegreich hervor.

Kaiser Joseph II. sah im Geiste des Polizeistaates in den
Gymnasien nur Anstalten die als Vorstufen dienen sollten zur Her=
anbildung von Staatsdienern, Aerzten und Seelsorgern. Heßens
Reformplan der nur „Bildung“ bezweckte, schien ihm eine Utopie [2].
Nach Kaiser Joseph's Tode machten sich auf die Gestaltung der
Gymnasien dieselben Einflüsse einer Gegenströmung geltend wie auf
das Volksschulwesen und fanden ihren vorläufigen Abschluß in der
1808 erlassenen Gymnasialordnung die gleich der politischen Ver=
fassung für die Volksschulen bis 1849 für das gesammte österreichische

---

[1] Vergl. die treffliche Schrift: Ueber die Aufgaben der Unterrichtspolitik
im Industriestaate Oesterreich von A. Freiherr v. Dumreicher. Wien 1881.

[2] Ficker l. c. S. 120.

Gymnasialwesen maßgebend war. Das Jahr 1849 brachte für das österreichische Mittelschulwesen einen „Entwurf zur Organisation der Gymnasien und Realschulen", welcher 1854 die kaiserliche Sanction erhielt und bis heutzutage in Geltung ist.

Was den Lehrplan anbelangt, so wird auch an österreichischen Gymnasien das Hauptgewicht auf „classische Studien" d. h. auf lateinische und griechische Grammatik gelegt und dieser Grammatik zu Liebe werden von jedem Classiker einige meist aus dem Zusammenhang gerissene Fragmente analisirt.

Bezüglich der Prüfungen namentlich der Maturitätsprüfungen, sind unter dem Minister Stremayr einige sachgemäße und sehr vernünftige Verordnungen erflossen, die wenn sie durchgeführt und beobachtet würden einen wirklichen Fortschritt auf diesem Gebiete bringen könnten [1]. Auch bezüglich der Ueberbürdung der Schüler an Mittelschulen hat das Ministerium Stremayr eine sehr anerkennenswerthe Verordnung erlassen [2]; doch scheint es, daß all diese Ministerialerläsfe sehr ungenügend und nicht ihrem Geiste nach zur Ausführung gelangen, da neuestens wieder Gymnasial-Reform-Enqueten wegen „Ueberbürdnng" für nöthig befunden wurden.

Das österreichische Mittelschulwesen beruht übrigens fast ausschließlich noch auf der vorconstitutionellen Gesetzgebung; es ist von der constitutionellen Aera noch nicht berührt. Doch werden hoffentlich die gegenwärtig im Zuge befindlichen Reformbestrebungen dazu führen, eine Reorganisirung des Gymnasialwesens im Wege einer verfassungsmäßigen Gesetzgebung zu veranlassen. Dann werden auch vom österreichischen Gymnasialwesen die letzten Schatten des absoluten Polizeistaates schwinden.

---

[1] Vergl. den ausgezeichneten Erlaß des Ministeriums für Cultus und Unterricht vom 18. Juni 1878 8. 9644 worin der Zweck der Maturitätsprüfung folgendermaßen formulirt wird: die geistige Reife des Schülers zu einem akademischen Studium zu erproben, weßhalb bei ihr das ganze Gewicht nicht auf die einzelnen Kenntnisse des Schülers sondern einzig und allein auf die erreichte allgemeine Bildung, auf den allmälig erlangten geistigen Gesichtskreis und auf jene formale Schulung des Geistes zu legen ist, welche zu wissenschaftlichem Studium, wie sie auf der Hochschule betrieben werden, die nothwendige Voraussetzung ist".

[2] Ministerialerlaß vom 17. Februar 1876 8. 1501 im Verordnungsblatt des Ministeriums für Cultus und Unterricht. Jahr 1876.

Anm. a) Es gibt derzeit in Oesterreich dreierlei Arten von Mittelschulen: Gymnasien, Realschulen und Real-Gymnasien. In diesen letzteren ist in den unteren vier Jahrgängen der Lehrplan so eingerichtet, daß die Schüler sowohl für die humanistische wie auch für die realistische Richtung vorbereitet werden, in welche zwei Abtheilungen dann das Realgymnasium in seinen oberen Jahrgängen zerfällt.

Im Ganzen giebt es in der österreichisch-ungarischen Monarchie 271 Gymnasien von denen auf die im Reichsrathe vertretenen Länder 109 entfallen; Realschulen giebt es 118 von denen diesseits der Leitha 79; Realgymnasien existiren fast nur in den diesseitigen Ländern und zwar 47. Außerdem giebt es in Oesterreich diesseits der Leitha 12 landwirthschaftliche und forstliche Mittelschulen, 416 landwirthschaftliche Fortbildungsschulen, 6 Bergschulen, 9 Staatsgewerbeschulen und eine Kunstgewerbeschule (in Wien), 271 gewerbliche Fach- und Fortbildungsschulen, 51 Handelslehranstalten von denen einige den Namen Akademien führen, 4 nautische Schulen, 4 Lehranstalten für Thierheilkunde, endlich 172 verschiedene Kunst- und Musikschulen.

Anm. b) Eine Reform der Gymnasien muß in erster Linie die Lehrpläne selbst ins Auge fassen. Es scheint richtig zu sein, daß denselben eine Ueberschätzung des Werthes der classischen Literatur zu Grunde liegt. Schon vor 40 Jahren hat Macaulay mit Recht aufmerksam gemacht, daß der Werth dieser Literatur seit dem 15. und 16. Jahrhundert in dem Maße abgenommen hat, in welchem der Werth der modernen europäischen Literaturen gestiegen ist. Die phrasenhaften Tiraden Ciceros haben im Vergleich mit den sachgemäßen und auf gediegener Bildung sich stützenden Parlamentsreden moderner Staatsmänner bedeutend an Werth verloren. Dasselbe gilt von der belletristischen Literatur des Alterthums deren Werth offenbar im 17. und 18. Jahrhundert ein viel größerer war, als heutzutage. Nun bedenke man aber, daß seither auch die neuaufgedeckten Schätze der orientalischen Literatur den Werth der classischen Studien noch um ein Bedeutendes mehr herabdrückten. Es ist z. B. gar nicht abzusehen, welchen Vorzug für geistige Ausbildung der Jugend das Studium der Iliade und Odyssee vor dem Studium der Ramajanah und Mahabharatah haben sollten. Diese Ueberschätzung der griechischen und römischen Literatur beruht auf traditionellem Vorurtheil [1]).

---

[1]) Auch von den auf die erfolgreichste und beste Weise betriebenen humanistischen Studien gelten die trefflichen Worte Karl Schmids über Humanismus „statt jedoch den Zögling in das wahrhaft Menschliche d. i. in die Entwicklung der Geschichte einzuführen, macht es ihn nur in Griechenland und Rom heimisch und statt seinen Geist wahrhaft zu entwickeln macht es ihn weil er der Gegenwart entfremdet wird, unbehilflich, unpraktisch und urtheilslos" Geschichte der Pädagogik 1868 S. 42.

Ein zweiter schwerer Fehler dieser Gymnasiallehrpläne ist, daß sie eine gleichmäßige „allgemeine" Bildung anstreben d. h. von den Schülern eine gleiche Tüchtigkeit in jedem der vielen so ganz verschiedenen Lehrfächer verlangen. Nun sind aber nach einem natürlichen Gesetze mit dem Fortschritt der Cultur durch fortgesetzte Theilung der geistigen Arbeit die Köpfe der Jugend heute verschieden veranlagt; die Gesetze der Anpassung und Vererbung haben auch hier ihre Wirkung geübt und schon die jugendlichen Geister haben heutzutage specialisirte Anlagen. Das ist nun nichts Schlechtes. Denn eine fortschreitende Cultur braucht keine Universalbildung nur immer größere Specialisirung. Dieses natürliche Gesetz wird von den heutigen Gymnasiallehrplänen vollkommen ignorirt — ja man hat sogar die naive Prätension, diesem natürlichen Gesetz entgegenzuwirken.

Ferner hat die Aufnahme von Realien neben den classischen Studien eine entschiedene Ueberbürdung der Jugend zur Folge. Die Masse des Lehrstoffes an Gymnasien ist heutzutage eine so große, daß von einer entsprechenden Verdauung desselben gar nicht die Rede sein kann. Es läuft schließlich alles nur auf mechanische Aneignung des riesigen Stoffes mittelst des Gedächtnisses hinaus. Vor lauter Gedächtnißübung aber wird der Geist abgestumpft.

Ueberdieß bringt es der Andrang der Schüler zu den Gymnasien mit sich, daß die Lehrer gar nicht die Zeit und die Möglichkeit haben, dieselben nach ihrem wahren Wissen zu tariren sondern nur nach ihren Leistungen. Diese letzteren bestehen aber in einer Unzahl rein mechanischer Arbeiten bei denen das Sitzfleisch eine größere Rolle spielt als der Geist.

Endlich ist es auch eine Folge des Andranges zu den Staatsgymnasien und des Lehrplanes, daß alle diese Leistungen häusliche Arbeit nothwendig machen, so daß die Schüler außer den 5 Stunden täglichen Sitzens auf den Schulbänken zum mindesten noch zu 3 Stunden sitzender Arbeit zu Hause verurtheilt sind. Die üblen Folgen davon für die Gesundheit der heranwachsenden Generation werden heutzutage von den Aerzten allgemein in den grellsten Farben geschildert und diese Schilderungen sind noch immer nicht zu grell.

Anm. c) Was endlich die Frage der Anwendbarkeit der drei Systeme des englischen, französischen und deutschen auf die Mittelschulen anbelangt, so müssen wir hier dem französischen entschieden einen großen Vorzug einräumen. Denn wenn auch das englische System, wonach der Staat jede über die nothwendige Elementarbildung hinausgehende Bildung, der freien Thätigkeit der Einzelnen, privaten Körperschaften und Vereine überläßt einerseits die freie Entwicklung der Bildung ungemein fördert namentlich in einem materiell so reichen Lande wie England; so ist doch andererseits durch den Mangel aller staatlichen Anstalten auf dieser Unterrichtsstufe die Gefahr vorhanden, daß der Unbemittelte nur schwer einen gelehrten Beruf ergreifen oder gar eine Gelehrtenlaufbahn einschlagen kann. Freilich kann der Staat dieser Gefahr durch Ertheilung von Subventionen und Stipendien theilweise vorbeugen — doch nur theilweise. Soll Bildung nicht zu einem Monopol der besitzenden Classen werden, soll auch den besitzlosen die Möglichkeit geistigen Strebens offen gelassen werden: so muß der Staat auch über die Volksschule hinaus, auf dem Gebiete des mittleren Unterrichts öffentliche Schulen unterhalten und das Besuchen derselben wenigstens den Mittellosen unentgeltlich gestatten. Ist das englische System daher in diesem Punkte mangelhaft und gegen die besitzlosen Classen ungerecht, so ist das andere Extrem, die staatliche Monopolisirung der Mittelschulen wie sie der deutsche Polizeistaat des 18. Jahrhunderts in's Werk setzte eine grobe Versündigung gegen jede freie Entwicklung des Bildungs- und Unterrichtswesens, gegen jede freie geistige Entwicklung und jeden Fortschritt auf diesem Gebiete überhaupt. Man bedenke nur, daß die durch wahre Bildung und Charakterfestigkeit ausgezeichnete englische G e n t r y, auf deren Schultern das ganze englische S e l f g o v e r n e m e n t ruht, nicht aus staatlichen oder gar staatlich-monopolisirten Lehranstalten sondern aus freien, privaten Unterrichts- und Bildungsanstalten hervorgeht; dem gegenüber denke man aber nur daran, welche Hindernisse und Schwierigkeiten einer gedeihlichen Entwicklung der Selbstverwaltung in manchen Staaten des Continents entgegentreten, in denen die staatlich-monopolisirten Unterrichtsanstalten so viel charakterloses Streberthum großgezogen haben

Wir können hier dieses Thema nicht weiter ausführen und müssen uns vorderhand mit dem bloßen Hinweis auf diesen t h a t s ä c h l i c h e n G e g e n s a t z zwischen einem Staat mit freiem und einem solchen mit staatlich monopolisirtem Unterrichtswesen begnügen.

Auch hier hat Frankreich die goldene Mittelstraße eingeschlagen. Neben der großartigen Institution der französischen „Universität“, welche alle staatlichen Unterrichtsanstalten von ganz Frankreich in sich begreift: entwickelt sich frei und ungehindert das private Unterrichtswesen, auf der Stufe des mittleren Unterrichts (instruction secondaire) vertreten insbesondere durch die c o l l è g e s und l y c é e s, bezüglich deren dem Staate nur eine Oberaufsicht und eine „in enge Grenzen gebannte Controle“ zusteht [1]).

Uebrigens darf hier nicht unerwähnt gelassen werden, daß auch dem österreichischen Gesetzgeber ein solcher Dualismus auf dem Gebiete des mittleren Unterrichtswesens wie in Frankreich vorgeschwebt hat. Der

---

[1]) „En ce qui concerne l'enseignement libre, supérieur, secondaire et primaire, l'administration n'exerce qu'une surveillance et une contrôle restreints dans des limites étroites“. D u c r o c q L. p. 480.

Ministerial-Erlaß vom 15. September 1849 mit dem der Entwurf der Organisation der österreichischen Mittelschulen kundgemacht wurde, enthält die ausdrückliche Bestimmung, daß „Jedermann berechtigt ist Gymnasien zu errichten": aber es ist das nur ein Beweis mehr wie gesetzliche Bestimmungen todte Buchstaben bleiben, wenn im wirklichen Leben die Bedingungen der Ausführung derselben mangeln oder wenn die bestehende Verwaltung mit einem jenen Bestimmungen feindlichen Geiste erfüllt ist.

Universitäten.

§ 177.

Wenn schon den Mittelschulen staatliche Monopolisirung nicht sehr zu Statten kommt: so wäre dieselbe für Hochschulen in noch viel höherem Grade schädlich. Die Wissenschaft verträgt weder Zwang noch Monopol; sie kann nur in der Freiheit gedeihen. Die Hochschulen haben sich aus freien Vereinen gelehrter Männer entwickelt und haben diesen ihren ursprünglichen Charakter noch heutzutage in Frankreich und England beibehalten. In Deutschland und Oesterreich wo sie reine Staatsanstalten wurden, soll durch eine weitgehende Autonomie der Lehrkörper und durch den Grundsatz der Lern- und Lehrfreiheit dem schädlichen Einfluß staatlichen Regiments auf die Entwicklung der Wissenschaften theilweise vorgebeugt werden. Doch kann es noch immer nicht genug betont werden, daß die Hochschulen desto besser ihrer Aufgabe, der Pflege und Förderung der Wissenschaften, entsprechen können, je weniger sie auf diesem, rein wissenschaftlichem Gebiete von staatlichen Reglementirungen behindert werden. Diese letzteren sind nun auf gewissen Gebieten weniger, auf gewissen mehr zu befürchten. So z. B. hat der Staat weniger Veranlassung und Interesse sich in den Lehrplan der philosophischen und medizinischen Facultäten zu mischen; dagegen ist er geneigt, und hat auch jedenfalls mehr Veranlassung dazu den juridischen Facultäten als den Bildungsstätten seiner künftigen Beamten, gewisse seinen Gesichtspunkten entsprechende Lehrpläne vorzuschreiben.

Diese letzteren Facultäten kommen auf diese Weise leicht in die Gefahr, mehr dem Staate als der Wissenschaft zu dienen; mehr Abrichtungsstätten von Justiz- und politischen Beamten als Pflegestätten der Wissenschaft zu sein. Doch werden liberale Regierungen immer darnach streben, auch auf den juridischen Faculäten der Freiheit der Lehre jenen Spielraum zu lassen der nöthig ist, damit die An=forderungen des Staates an die praktische Ausbildung seiner zu=künftigen Beamten den wissenschaftlichen Charakter dieser Facultäten nicht beeinträchtigen [1]).

Anm. Hochschulen im wahren Sinne des Wortes als Pflege=stätten der Wissenschaft giebt es und kann es nur geben im innigen Zusammenhange mit mächtig entwickelten Literaturen. Denn Pflege der Wissenschaft ist ein Mitarbeiten vieler an einem gemeinsa=men Werke; ein Fortspinnen geistiger Arbeiten die von zahlreichen Vorgängern begonnen wurden und von zahlreichen Mitstrebenden ge=fördert werden. Wo beide Bedingungen fehlen, wo sich nur Einzelne mit einzelnen Disciplinen beschäftigen, wo die Voraussetzung einer reichen Literatur fehlt — da ist erstens ein wahres Bedürfniß nach einer Hochschule nicht vorhanden und zweitens eine Hochschule im wahren Sinne des Wortes ganz unmöglich. Denn was eine Hochschule zu einer solchen stempelt, das ist daß sie nur ein Glied ist in einer weit ausgedehnten Kette wissenschaftlicher Arbeiten; nur eine Masche in einem großen Netze über eine zahlreiche Nation ausgespannter Bestrebungen die alle ein gemeinsames wissenschaftliches Ziel verfolgen.

Wenn Volksstämme, deren Cultur von gestern datirt, die keine wissenschaftliche Literatur und nur einzelne Gelehrte und Forscher für einige Fächer besitzen, wenn solche Volksstämme Universitäten bei sich haben wollen, so ist ihnen ein solcher Ehrgeiz nicht übel zu nehmen, ja derselbe ist sogar löblich.

Nur verkenne man nicht die Sachlage: auch in solchen Ländern kann man Schulen gründen die man Universitäten nennt — aber sie sind es nicht; kein Gesetz kann sie zu solchen machen. Es fehlt die breite Grundlage einer großen Literatur, es fehlt das Ineinander-

---

[1]) Daß gerade diese Frage eine besonders wichtige ist, und daß es nicht so leicht ist die vom Staate geltend gemachten Interessen mit denen der Wissen=schaft in diesem Punkte in Uebereinstimmung zu bringen, beweisen die zahl=reichen darüber in Deutschland und Oesterreich in neuerer Zeit veröffentlichten Schriften von Schäffle, Nasse, Jolly, Georg Meyer und Lorenz v. Stein, die man verzeichnet findet in Kleinwächter's an dieselben sich anschließende Schrift: Die rechts- und staatswissenschaftlichen Facultäten in Oesterreich. Wien 1876. Vergl. auch Gneist: die Studien- und Prüfungs=ordnung der deutschen Juristen. Berl. 1878. Ueber Organisation und Ver=waltung der österreichischen Universitäten giebt Lemayer's „Verwaltung der österreichischen Hochschulen 1868—1877 nicht nur eine vortreffliche, erschöpfende Darstellung, sondern auch ausgezeichnete fachmännische Bemerkungen.

greifen der Bestrebungen der großen Zahl der Mitstrebenden, worin eben das Wesen der Universitäten besteht.

Anm. b) Oesterreich-Ungarn besitzt fünf deutsche Universitäten (Wien, Graz, Prag, Innsbruck, Czernowitz), zwei polnische (Krakau, Lemberg ohne medizinische Facultät), zwei ungarische (Buda-Pest und Klausenburg) eine croatische (Agram); eine selbständige czechische ist soeben neben der deutschen in Prag in Entstehung begriffen. Technische Hochschulen giebt es 7, je eine in Wien, Lemberg, Graz, Brünn, Budapest und zwei, eine czechische und eine deutsche in Prag. Endlich sind hier zu erwähnen die orientalische Akademie in Wien die höheren Kriegsschulen in Wien und Wiener-Neustadt — die Hochschule für Bodenkultur in Wien, die Bergakademien in Leoben und Pribram, die Handels- und nautische Akademie in Triest und die Kunstakademien in Wien und Krakau.

Die gegenwärtige Organisation der österreichischen Universitäten beruht auf den aus den Jahren 1849 und 1850 datirenden Ministerial-Verordnungen über Studienordnung und Disciplin an Universitäten (vom 13. October 1849 R.-G.-Bl. Nr. 416, vom 1. October 1850 R.-G.-Bl. Nr. 370; vom 8. October 1850 R.-G.-Bl. Nr. 430). Speciell die Organisation der Universitätsbehörden wurde neuerdings mit Gesetz vom 27. April 1873 R.-G.Bl. Nr. 63 gleichmäßig für die dießseitige Reichshälfte geregelt [1]). Besondere Verordnnngen regeln den Studiengang und die Prüfungsordnung an den einzelnen Facultäten. Die technischen Hochschulen sind organisirt auf Grund des Gesetzes vom 10. April 1872 R.-G.-Bl. Nr. 54. Für die anderen Hochschulen und Academien existiren Organisationsstatute, die im Verordnungswege erlassen werden.

Anderweitige Bildungsanstalten. Presse.
§ 178.

Neben den eigentlichen Unterrichtsanstalten sind öffentliche Anstalten zur Bildung des Geschmacks und zur Erweiterung der Kenntnisse, als Galerien, Museen, Bibliotheken, Förderungsmittel der Bildung [2]). Schließlich aber ist eine freie Presse der mächtigste Hebel jedes geistigen Lebens und Fortschritts [3]).

---

[1]) Abgedruckt bei Mayrhofer II. 1184 Vergl. übrigens Thaa Sammlung der für die österreichischen Universitäten giltigen Gesetze und Verordnungen Wien. Manz. 1871, Supplementheft 1875.

[2]) Vergl. insbesondere Stein Verwaltungslehre B. V. „Die allgemeine Bildung und die Presse." S. 27 u. ff

[3]) Daselbst S. 44 u. ff. Rösler Verwaltungsrecht I. S. 166 ff. wo auch reichhaltige Literaturangabe und geschichtliche Daten.

Um eine solche zu schaffen, braucht die Staatsverwaltung heutzutage nichts zu thun, sondern sie muß sehr vieles unterlassen,
was sie zu thun sehr geneigt ist. Es ist ein natürliches Angstgefühl
das sich jeder Regierung und Staatsgewalt angesichts einer freien
Presse bemächtigt; und all und jede Regierung ist immer versucht
die freie Entwicklung und Bewegung der Presse zu hindern. Darüber aber sind die Acten geschlossen, daß Beschränkungen der Presse
dem Staate mehr schaden als alle nur möglichen Ausschreitungen
derselben. Die Staatsverwaltungen der civilisirtesten Staaten wissen
sich heutzutage diesen Ausschreitungen gegenüber kaltes Blut zu bewahren — denn auch die ärgsten Mißbräuche einer freien Presse
sind durch die Vortheile, die sie dem Staate bringt, bei weitem
aufgewogen. Schließlich ist die Presse nichts anderes als der Ausdruck
der Meinungen und Ideen; giebt es staatsfeindliche Ideen, so ist es
viel besser, wenn sie offen auftreten. Im Geheimen wühlend, schaden
sie mehr. Dagegen braucht es heutzutage nicht mehr hervorgehoben
zu werden, wie eine entwickelte Presse Bildung und Aufklärung in alle
Schichten der Bevölkerung trägt. Das bischen regierungsfeindliche Politik,
das dabei immer getrieben wird, darf keiner Regierung bange machen.

Es giebt keine bessere Preßpolitik als dem Kampf der entgegengesetzten Meinungen und Ideen freie Bahn lassen — dieser Kampf
ist das beste Mittel des Fortschrittes zu besseren Erkenntnissen. Auch
die Staatsverwaltung kann aus diesem Kampfe nur lernen: sie
hüte sich ihn unmöglich zu machen und nur patentirte Meinungsäußerungen zu gestatten.

Anm. Wie aller Fortschritt auf politischem Gebiete nach Buckles
richtiger Bemerkung in der Beseitigung von Hindernissen und Beschränk-
lungen besteht, die man früher aufzurichten für nöthig erachtete: so
beruht auch der moderne Fortschritt auf dem Gebiete der Preßverwaltung in der Aufhebung jener complicirten preßpolizeilichen Fesseln die
die europäischen Regierungen seit dem Anfang des 16. Jahrhunderts
der Entwicklung des freien Gedankens anlegten. Den ersten Anlaß zu
solchen Beschränkungen der freien Meinungsäußerung gab der katholischen Kirche und den unter ihrem Einfluß stehenden Staatsregierungen
Europas die Reformation [1]). Im Jahre 1521 wurden durch das
Wormser Edict Luthers Schriften verboten und deren Vernichtung

---

[1]) Nach Philipp's Kirchenrecht B. VI. § 324 gab es schon im Jahre
496 nach Christi eine kirchliche Censur. Vergl. Stein l. c. S. 100.

angeordnet; für die Zukunft aber eine Censur für alle neuen Preßer-
zeugnisse eingeführt [1]).

Diesem Beispiel folgten bald alle katholischen Staaten Europa's;
das Erscheinen „ketzerischer" Schriften wurde durch die Censur verhindert und wo dieß nicht möglich war wurden dieselben nach ihrem
Erscheinen verboten und vernichtet. Daß der Protestantismus gerade
in Deutschland, wo diese Repression am eifrigsten betrieben ward,
am weitesten um sich griff und am imposantesten sich entwickelte, ist
wohl eine der eindringlichsten geschichtlichen Lehren von der Nutzlosig-
keit und Verwerflichkeit solcher Maßregeln.

Das auf kirchlichem Gebiet gegebene Beispiel wurde bald auf
politischem nachgeahmt; der Unterbrückung religiöser Meinungsäußerungen
folgte Repression und Verfolgung politischer Publicationen. bis man
auf diesem Wege schließlich zur Censur gelangte und all und jede
literarische Publication von der vorhergehenden Bewilligung der
Behörde abhängig machte (Prävention).

In Oesterreich erfolgte dieser Schritt mittelst Verordnung Kaiser
Ferdinand's I. 1528. Dieselbe verbot strenge irgend ein Werk
ohne Bewilligung der Obrigkeit in Druck zu legen; beschränkte zur
leichteren Controle der Druckereien die Freiheit des Druckereibetriebes
auf die Provinzialhauptstädte und befahl die Errichtung eigener Censur-
behörden [2]). Neben dem Verhältniß des Staates zur Kirche, neben
Schulorganisation und Lehrplan ist in der Censur ein Spiegel mehr
geschaffen, der uns treu die aufeinanderfolgenden Wandlungen des Zeitgeistes reflectirt. Je nachdem Kirche oder Staat die Oberhand gewinnen, übt die Censur ihren Druck mehr gegen kirchliche oder staatliche Opposition; dabei fährt die Gedankenfreiheit am ärgsten bei
der Eintracht zwischen Kirche und Staat und befindet sich etwas besser
bei ausgebrochenem Zwiespalt zwischen denselben. Letzteres war in der
Aufklärungsperiode der Fall wo der Staat freie Gedankenäußerung
über religiöse und kirchliche Dinge gestattete, gegen das von ihm befolgte politische System jedoch keinen Widerspruch duldete.

So brachte denn auch die Regierungszeit Josef II. wenn auch nur
ein für jene Zeit freisinniges Censurgesetz (1781) und sodann auf kurze
Zeit und nur für die Druckereien der Reichshauptstadt die Aufhebung
der Censur und Einführung des Repressivsystems (1787 1790).
Darauf folgten wieder sechs Jahrzehnte kleinlichster Censurherrschaft bis
seit dem Jahr 1848 unter wiederholter Verkündigung der „Preßfrei-

[1]) Ranke Geschichte der Reformation in Deutschland I. B. 2. Buch.
4. Cap. Doch kommt in England schon unter Heinrich IV. (1400) das
Stat. de haeretico comburendo vor mit strengem Verbot des Verfassens
und Abschreibens von ketzerischen Büchern. Vergl. Stein l. c. 124.
[2]) Vergl. Liszt Lehrb. des österr. Preßrechts Leipz. 1878. S. 4 ff.

heit" eine neue Periode der Preßgesetzgebung begann die das Bild
fortwährenden Schwankens zwischen Freiheit und Reaction darbietend
heutzutage noch nicht abgeschlossen ist und noch zu keinen festen Grundlagen und zu keiner consequenten auf klaren Gesetzesnormen beruhenden
Preßverwaltung gelangt ist. (Objektives Verfahren!) Die einzelnen
Stationen dieser neuesten Entwicklung der österreichischen Preßverwaltung
find: 1848 Aufhebung der Censur und liberale Preßverordnun-
gen; die kaiserlichen Preßpatente vom 13. und 14. März 1849
mit polizeilichen Beschränkungen der politischen Tagespresse;
die vollkommen reactionäre Preßordnung vom 27. Mai 1852, die
den Beweis lieferte, daß man auch ohne Censur die Presse, namentlich
die politische knebeln kann; das verfassungsmäßig zu Stande gekommene
Preßgesetz vom 17. December 1862, welches einen bedeutenden Fortschritt anbahnte; der Art. IX. des Staatsgrundgesetzes vom 21. December 1867, welcher die Presse nicht nur von der Censur, sondern
auch von dem verwerflichen Concessionssystem befreite; 1869 Einführung
der Schwurgerichte für Preßvergehen, welche entschiedene Reform jedoch
durch das „objektive Verfahren" wieder theilweise paralifirt wurde. Auf
diesem unentschiedenen Standpunkte steht die österreichische Preßgesetzgebung heutzutage und die Bestrebungen der liberalen Partei richten
sich daher in erster Linie gegen das „objektive Verfahren" [1]).

---

[1]) Ein bezüglicher Antrag zur Abschaffung desselben ist im November
1881 vom Abgeordneten Jacques im Reichsrath eingebracht worden.

C. III.

Sanitätswesen und Armenpflege.

Sanitätswesen.

§ 179.

So wie die Staatsgewalt im Interesse des Staates Wirth=
schafts=, Cultus= und Unterrichtspolitik betreibt: ebenso handelt es
sich ihr beim Sanitätswesen in erster Linie um allgemeine Zu=
stände. Nicht des Einzelnen wegen wie das oft dargestellt wird,
nur um seiner selbst willen kümmert sich der moderne Staat um
die öffentliche Gesundheit d. h. um den Gesundheitszustand
der Gesammtheit.

Um den Einzelnen als solchen handelt es sich dabei nur in
so ferne derselbe durch seine Krankheit eine Gefährbung des
allgemeinen Gesundheitszustandes darstellt. Nur aus diesem Ge=
sichtspunkte kann man die Sanitätsverwaltung der modernen
Staaten verstehen: die entgegengesetzte Anschauung als ob es dem
Staate um die Gesundheit jedes Einzelnen als solchen zu thun wäre
würde zu Mißverständnissen und falschen Anforderungen an den
Staat führen ¹).

---

¹) Götel giebt der Anschauung der herrschenden Rechtsstaatstheorie in
der Einleitung seines trefflichen Buches über öffentliche Gesundheitspflege ge=
treuen Ausdruck in folgenden Worten: „Wenn es die Aufgabe des Staates
ist, einen jeden seiner Bürger die möglichste Entwicklung seiner Kräfte und
Fähigkeiten zu gewährleisten (!) und Hindernisse, welche der Einzelne nicht be=
wältigen kann und die zum großen Theile gerade in dem Zusammenleben
Vieler begründet sind hinwegzuräumen, so ist es klar ersichtlich, daß der öffent=
lichen Gesundheitspflege, welche sich mit dem körperlichen Wohlbefinden der Ge=
sammtheit zu befassen habe, bei Erhaltung dieser Aufgabe ein wichtiger An=
theil zufallen muß." Dr. Carl Götel: „Die öffentliche Gesundheitspflege in

Historisch kann obige Behauptung dadurch erwiesen werden,
daß die erſten Maßregeln der Staatsverwaltung auf dieſem Gebiete
immer erſt dort beginnen, wo durch eine Epidemie oder Contagion
die Geſammtheit der Staatsbevölkerung bedroht wird. So gaben
in den continentalen Staaten Europas die manigfachen Peſtgefahren
den erſten Anlaß zu ſtaatlichen Sanitätsmaßregeln und die ganze
moderne Sanitätsgeſetzgebung Englands datirt ſeit der großen Cholera
im Jahre 1831.

Freilich ſehen wir auch hier wie das Intereſſe des Staates und
der Geſammtheit in letzter Linie auch dem Einzelnen zu Gute kommt
— wie das Individuum ſeinen Antheil erhält an den Vortheilen
die der Geſammtheit wegen angeſtrebt werden und wie es ſchließlich
nur Nutzen zieht von Vorkehrungen und Maßregeln, die der Staat
in ſeinem eigenen Intereſſe und in dem der Geſammtheit ergreift.

Wenn alſo auch nicht das Individuum Ziel und Zweck des
Staates iſt, ſo iſt es doch ſchließlich nur der Staat an dem der
Einzelne Schutz und Anhalt findet gegenüber all den elementaren
Uebeln die übermächtig auf ihn einbringen und denen ſeine Ein-
zelkraft nimmermehr gewachſen wäre [1].

Zu ſolchen elementaren Uebeln die der Geſammtheit der Bevölkerung mit Verderben drohen, gehören die Seuchen und Epidemien. Die Maßregeln, die die Staatsverwaltungen gegen dieſelbe
ergreifen, ſind theils repreſſive theils präventive.

---

den außerdeutſchen Staaten ꝛc. Leipzig 1878. Uebrigens betont Mohl (Polizei-
Wiſſenſchaft B. I. S. 131 2. Aufl.), daß „ſittliche Pflicht und eigener Vortheil" den Staat dazu anhalten, dafür zu ſorgen, daß „die vorhandenen Bürger
(deren Daſein in „richtiger Zahl" nach Mohl der Staat zu „bewirken" hat)
nicht vor der Zeit wieder und aus Urſachen, welche abzuwenden geweſen wären
— ſiech werden und ſterben".

[1] Vergl. Mohl Polizeiwiſſenſchaft I. Band. 1. Buch 2. Cap. „Es muß
demnach unwandelbar als Regel feſtſtehen, daß es zunächſt Aufgabe für jeden
Staatsgenoſſen iſt, für Erhaltung und Wiederherſtellung ſeiner eigenen Ge-
ſundheit und der ſeiner Angehörigen durch die paſſenden Mittel zu ſorgen. So
ferne ſeine eigenen Kräfte irgend dazu hinreichen hat der Staat weder das
Recht noch die Pflicht, anſtatt ſeiner zu handeln. Dagegen iſt es freilich nicht
ſchwer den Beweis zu führen, daß es wirklich mancherlei Vorkehrungen hin-
ſichtlich der Geſundheitspflege gebe, welche zu treffen der Einzelne weder das
Recht noch die Macht hat". Ueber Sanitätsweſen vergl. Stein Verwaltungslehre B. III., Handb. S. 159 Jnama-Sternegg S. 42—65.

Zu den ersteren gehört die Absperrung des Staatsgebietes (mittelst Cordon oder ähnlicher Maßregeln) gegen Nachbarländer in denen die Seuche aufgetreten ist oder gegen alle Provenienzen aus entfernteren von der Seuche heimgesuchten Gegenden und Ländern. Die Absperrung kann eine absolute sein, was bei übergroßen Gefahren z. B. gegenüber der asiatischen Pest oft angewendet wurde, oder dieselbe kann in Verbindung mit Quarantänen verhängt werden [1]).

Letztere sind Anstalten, die an den Grenzen des Staates an geeigneten Punkten errichtet werden zum Zwecke des zwangsweisen Aufenthaltes in denselben aller derjenigen vom Auslande kommenden Personen, die sich in das Innere des Staatsgebietes begeben wollen. Dieser Aufenthalt wird auf eine solche Zeit fixirt, in welcher nach ärztlicher Erfahrung die im menschlichen Organismus befindlichen Keime der Seuche zum Ausbruch gelangen müssen.

Es ist nur ein Gebot der Menschlichkeit, daß Quarentänen mit Lazarethen verbunden werden um im Falle des Ausbruches der Krankheit die Erkrankten der entsprechenden Pflege übergeben zu können.

Zu den repressiven Maßregeln gegen Seuchen und Epidemien, die im Inlande ausgebrochen sind gehört ferner die Errichtung von Spitälern (Lazarethen), die möglichste Absonderung der Kranken endlich die Desinfection.

Zu den präventiven Maßregeln gehört außer den allgemeinen Maßregeln der Gesundheitspolizei, von denen wir noch sprechen werden, insbesondere die gegen die Blatternkrankheit eingeführte Impfung der Kuhpocken. Ob es den Bemühungen der Wissenschaft gelingen wird auch gegen andere Krankheiten eine so erfolgreiche Präventivmaßregel zu erfinden, ist eine Frage der Zeit.

Anm. „Um zur schnellen, genauen und ununterbrochenen Kenntniß von dem Ausbruche, dem Bestande und den weiteren Verhältnissen epidemischer Krankheiten, sowie der dagegen getroffenen Maßregeln zu gelangen, sowie die etwa weiters erforderlichen Vorkehrungen dagegen treffen zu können, müssen über die ersten Krankheitsausbrüche eigene Erhebungsprotokolle aufgenommen, über den ferneren Stand und Verlauf der Krankheit periodische Rapporte und Berichte, nach deren gänzlichem Erlöschen aber besondere Schlußberichte erstattet werden." (§ 1

---

[1]) Vergl. Mohl l. c. S. 178.

der österreichischen Instruction für die bei den Epidemien verwendeten Aerzte bei Obentraut: Systematisches Handb. der österreichischen Sanitätsgesetze. Wien. Manz 1881. S. 269). Für den Vorgang und die zu beobachtenden Vorsichtsmaßregeln bei einigen besonderen Arten von Epidemien als: Blattern, Cholera, orientalische Pest und gelbes Fieber bestehen spezielle Vorschriften (Daselbst S. 294—329.)

Die Vorschriften über die Kuhpockenimpfung in den österreichischen Ländern enthält das Hoflanzleidecret vom 9. Juli 1836 B. 13192. (Daselbst S. 173 ff.)

Medizinalwesen.

§ 180.

Der Keim alles Sanitätswesens liegt im Heilberufe [1]). Nicht der Staat, sondern das Bedürfniß der Erkrankten und das Interesse der Heilkünstler schuf denselben.

Diese letzteren bildeten sich ursprünglich aus den Reihen geistig überlegener, erfahrener Männer und Frauen und wir finden in den ältesten historischen Zeiten, daß sich gewisse (meist geheimgehaltene) Kenntnisse des Heilverfahrens in Priestergeschlechtern und Kasten forterben, so z. B. bei Egyptern, Juden und Germanen. Dort wo auf Grundlage von Beobachtungen und Forschungen ärztliches Wissen einen größeren Umfang erreichte und zu dessen Erwerbung ein eigenes Studium nothwendig war, widmeten sich demselben oft Leute aus untergeordneten socialen Stellungen, so z. B. in Griechenland und Rom, wo Sklaven sehr häufig die Heilkunst ausübten. In Zeiten überhandnehmender Barbarei und Aberglaubens, wie im europäischen Mittelalter, betrachtete man wieder die Heilkunst als eine Art Zauberei und vertraute sein körperliches Wohl gerne auch solchen Personen an, die im Geruche standen mit den bösen Geistern einen näheren Verkehr zu pflegen, als mit dem wahren Gott und seinen Heiligen. Daher kommt es, daß man sich im Mittelalter allgemein ohne Scrupel der Heilkunst der „ungläubigen" Juden anvertraute, obwohl neben ihnen auch Mönche sich viel mit ärztlicher Praxis beschäftigten.

Daß bei einer solchen freien Ausübung der Heilkunst der Aberglaube und die Leichtgläubigkeit der Massen von der Pfiffigkeit

---

[1]) Die Literatur darüber bei Rösler II. 13.

und dem Eigennutz Einzelner häufig ausgebeutet zu werden pflegte, liegt in der Natur der Sache. Diese Ausbeutung kann aber nicht nur durch den wirthschaftlichen Schaden, den sie dem Einzelnen bereitet sondern noch mehr durch Untergrabung der Gesundheit derselben gemeingefährlich werden.

Diese Erkenntniß veranlaßte den Staat die Ausübung der Heilkunst unter behördliche Aufsicht und Controle zu stellen. Zu diesem Zwecke müssen vor allem staatlich autorisirte, öffentliche Schulen der Medizin vorhanden sein, damit die Verwaltung überhaupt weiß, wem sie die ärztliche Praxis gestatten kann und wem sie dieselbe untersagen muß. Eine der ersten solcher Schulen ist die von Friedrich II. 1232 zu Salerno gegründete [1]. Mit der Entwicklung der Universitäten übergieng die Pflege der medizinischen Wissenschaft an dieselben und die europäischen Staaten überließen den medizinischen Facultäten die Ausbildung befähigter Aerzte, denen dann die ärztliche Praxis als öffentliches Recht zuerkannt wurde. Gleichzeitig mit dieser Anerkennung des Berufsrechts der studierten und diplomirten Aerzte bildet sich sodann die Gesammtheit jener gesetzlichen Maßregeln heraus, die der Staat zum Schutze des ärztlichen Berufsrechts gegen alle diejenigen ergreift, die dasselbe unbefugt ausüben also gegen Quacksalber, Kurpfuscher ꝛc. Neben den eigentlichen Aerzten endlich entsteht zur Besorgung der manigfachen Nebendienste der Gesundheitspflege das ganze ärztliche und Sanitäts-Hilfspersonale das sich nach der Beschaffenheit und Wichtigkeit der einzelnen Dienstzweige so zu sagen hierarchisch abstuft.

Anm. Den unmittelbaren Gesundheitsdienst versehen in Oesterreich Aerzte, Wundärzte, Zahnärzte und Zahntechniker endlich Hebammen. Aerzte müssen Doctoren der gesammten Heilkunde sein. Die Bedingungen deren Erfüllung zur Erlangung des Doctorates nöthig ist, enthält die Ministerialverordnung vom 15. April 1872 R.-G.-Bl. Nr. 57. Die Ausübung der Praxis ordnungsmäßig im Inlande diplomirter Aerzte ist freigegeben; sie können ihren Niederlassungsort nach Belieben wählen. Im Auslande diplomirte Aerzte müssen sich in Oesterreich einer Nostrification unterwerfen. Bestimmungen darüber enthält die Ministerialverordnung vom 6. Juni 1870 R.-G.-Bl. Nr. 240.

Der wundärztliche Beruf ist als eigener Beruf seit dem Jahre 1875 in Oesterreich aufgehoben. Die wundärztlichen Diplome wurden

---

[1] Stein System der Verwaltungslehre III. S. 97.

nur bis 1875 ausgefolgt und nur den bis dahin diplomirten Wund-
ärzten ist ihre Praxis auf Lebenszeit gestattet.

Sowohl zur Ausübung der zahnärztlichen Praxis als auch des
Hebammen-Dienstes ist die Absolvirung der betreffenden theoretischen
und klinischen Curse und Ablegung von Prüfungen erforderlich worüber
Bestätigungen (Diplome) ausgefertigt wurden. Für die „Ausübung der
Hebammenkunst" besteht eine besondere Instruction. (Ministerialverord-
nung vom 25. März 1874 R.-G.-Bl. Nr. 32).

Apothekerordnung.
§ 181.

Das Medizinalwesen hat es neben den Personen des Heil-
berufes mit sachlichen Mitteln desselben mit den Medicamenten und
Arzneimitteln zu thun.

Dieselben Rücksichten, die den Staat zu einer Aufsicht, Controle
und Rechtsordnung der ersteren veranlassen, zwingen ihn auch zu
Maßregeln um diese letzteren nicht zu einem Mittel der Ausbeutung
oder gar zu einer Gefahr für die Gesundheit der Staatsgenossen
werden zu lassen.

Gründe der Vorsicht und der Klugheit geboten es, das Prinzip
der Arbeitstheilung auf dem Gebiete des Heilwesens festzuhalten,
die Aerzte in der Regel von der Erzeugung und dem Verkauf von
Medicamenten auszuschließen und diese Beschäftigungen in ihrem erwerbsmäßigen Betrieb einem, specieller behördlicher Concession und
Controle unterliegenden Gewerbe (Apothekergewerbe) zu überweisen.

Daß übrigens letzteres Gewerbe meistens einer größeren Beschränkung, als der eigentliche Heilberuf und die ärztliche Praxis
unterworfen wurde, liegt in der Natur der Sache. Denn dem Medicamente gegenüber steht der Einzelne bei weitem wehrloser gegenüber als dem Arzte.

Die Befähigung des letzteren und dessen Berechtigung zur Praxis
ist behördlich sichergestellt; überdieß kann ihn der Einzelne als Menschen mit bischen Menschenkenntniß leicht beurtheilen; er kann ihn
nach seiner Wirksamkeit und seinen praktischen Erfolgen leicht kennen
lernen. Dagegen hat der Einzelne nicht die Mittel, die Echtheit und
Güte eines ihm dargereichten Medicamentes zu prüfen, was oft auch
für den Fachmann schwer ist.

Daher ist wohl die ärztliche Praxis nur an die Bedingung der Erlangung der gesetzlichen wissenschaftlichen Qualification geknüpft; im übrigen aber vollkommen frei gegeben, so daß auf dem Gebiete der ärztlichen Praxis die freie Concurrenz unbehindert walten kann; hingegen ist das Apothekergewerbe nicht nur als concessionirtes, an eine gewisse gesetzlich vorgeschriebene Qualification geknüpft sondern obendrein noch ein beschränktes d. h. ein solches das nur von einer festgesetzten Anzahl von concessionirten Gewerbetreibenden und zwar von jedem an einem bestimmten ihm zugewiesenen Platze betrieben werden darf.

Auch darin besteht für die ärztliche Praxis eine größere Freiheit, daß die Höhe der Honorarforderung des Arztes seinem Belieben und der freien Uebereinkunft mit den Parteien überlassen ist: während für die Preise der Medicamente behördliche Taxen vorgeschrieben sind. Auch unterliegt die Betriebsart und Erzeugung der Medicamente der behördlichen Controle, während die Methode der Behandlung der Kranken ganz dem Ermessen der qualificirten Aerzte überlassen ist — und dieselbe nur für nachweisbare Fahrlässigkeit oder offenbar verbrecherisches Vorgehen zur Verantwortung gezogen werden können.

Anm. Nur Magister der Pharmacie dürfen Apotheker werden. Zur Erreichung dieses Magisteriats ist neben einer gewissen Zeit der praktischen Verwendung ein bestimmtes Studium, nach bestimmtem Plan und Bestehung der vorgeschriebenen Prüfungen erforderlich. Für Oesterreich sind die betreffenden Bestimmungen enthalten in den Erlässen des Ministeriums für Cultus und Unterricht vom 27. November 1853 R.-G.-Bl. Nr. 252 und vom 5. Juli 1854 R.-G.-Bl. Nr. 191 [1]).

Das Apothekergewerbe ist jedoch kein freies und die Zahl der Apotheker an jedem Orte behördlich bestimmt. Die Taxen für die Arzneien sind mit der Ministerialverordnung vom 31. December 1875 R.-G.-Bl. Nr. 5 vom Jahre 1876 festgesetzt. Alle Apotheker je eines Kronlandes bilden ein zunftmäßig organisirtes Gremium und die einzelnen Landes-Gremial-Ordnungen enthalten auch Bestimmungen über das Verhältniß der Apotheker-Lehrlinge und Gehilfen.

---

[1]) Nachtragsverordnungen s. bei Obentraut l. c. S. 50 ff.

Spitäler.

§ 182.

Neben dem Arzt und dem Heilmittel ist die Heilstätte der dritte nicht zu unterschätzende Factor jedes Heilungsprocesses.

Arzt und Heilmittel vermögen nichts gegen Mängel und schädliche Einflüsse der örtlichen Umgebung des Kranken. Nun ist es nur eine Minderheit der Bevölkerung, die ihre gewöhnliche Wohnstätte im Falle einer Krankheit zu einer entsprechenden Heilstätte umwandeln kann. Die Mehrheit der Bevölkerung, der besitzlose und arbeitende Theil derselben bringt das Leben in so engen und in solchen Wohnungen zu die kaum für den Gesunden den nöthigen Anforderungen entsprechen: für den Kranken aber durchaus nicht die nöthigen Bedingungen einer Heilungsbeförderung bieten. Hier muß also der Staat im allgemeinen Interesse eingreifen und der moderne Culturstaat ist sich dieser Pflicht, für unvermögende und hilfsbedürftige Arme öffentliche Hospitäler herzustellen, vollkommen bewußt geworden.

Auch auf diesem Gebiete waren confessionelle Genossenschaften, voran die christliche Kirche, die Vorläufer des Staates. Orden und Bruderschaften zum Zwecke der Pflege armer Kranken weist die Geschichte fast aller Confessionen nach. In großem Style aber stiftete zuerst Papst Innocenz III. das Heiligengeist=Hospital in Rom und weckte damit erfolgreich den Eifer zu ähnlichen Gründungen in allen Staaten Europa's [1]).

Die französische Revolution säcularisirte das gesammte Hospitalswesen, indem es dasselbe der unmittelbaren Leitung der Gemeinden unter oberster Aufsicht des Staates übergab. Dieses Beispiel Frankreichs fand seit dem Anfange unseres Jahrhunderts überall Nachahmung und bewährt sich vollkommen. Die Krankenpflege ist wie die gesammte Armenpflege in erster Reihe Sache der Gemeinden, Sache der Selbstverwaltung: der Staat begnügt sich mit der Feststellung der obersten gesetzlichen Normen bezüglich der Erhaltungspflicht und der Einrichtung der Hospitäler, endlich mit der obersten Aufsicht ob die Gemeinden und die Selbstverwaltungsorgane jene

---

[1]) Sauber Geschichte der Krankenhäuser. Aeltere Literatur über Spitäler bei Mohl l. c. B. L S. 243. Stein Verwaltungslehre III. 121 ff.

gesetzlichen Normen zur Ausführung bringen. Ueber die zweck-
mäßigste Art der Einrichtung von Krankenanstalten entscheidet auch
in der Verwaltung in erster Reihe das Votum von Aerzten [1]).

Theils sanitätspolizeiliche, theils praktische Rücksichten oder gar
anderweitige äußere Umstände führten zur Specialisirung der Krankenanstalten; so z. B. werden für allerhand ansteckende Krankheiten
wo es die Verhältnisse gestatten, besondere Spitäler gegründet; ebenso
werden die Geisteskranken in besondere Irrenanstalten untergebracht;
endlich empfehlen sich auch abgesonderte Gebäranstalten.

Den Krankenanstalten schließen sich — als weitere Entwicklung
derselben Idee, die verschiedensten **Humanitätsanstalten** an,
als: Findelhäuser, Blinden- und Taubstummeninstitute, Asyle für
Sieche, Blödsinnige ꝛc.

Anm. Für die einzelnen Spitäler in den Landeshaupt- und andern
größeren Städten Oesterreichs bestehen meist Specialstatute und Instructionen; für die Landspitäler existirt eine allgemeine **Instruction**
(Hofkanzleidecret vom 17. November 1787) [2]). Die neuesten Landesgesetzgebungen der einzelnen österreichischen Kronländer enthalten viele
Gesetze und Verordnungen über Errichtung von Krankenanstalten und
über die Kosten der Krankenpflege so wie über den ärztlichen und administrativen Dienst in diesen Anstalten [3]).

Sanitätspolizei.

§ 183.

Der Fortschritt der medizinischen Wissenschaft brachte die Erkenntniß, daß Aerzte, Medicamente und auch Spitäler die geringsten
und minderwichtigsten Bedingungen eines guten Gesundheitszustandes
des Volkes sind; daß aber die bei weitem wichtigsten Bedingungen
desselben ganz wo anders zu suchen sind. Man erkannte, daß der
menschliche Organismus auf gewisse natürliche Medien und Elemente
angewiesen ist, die ihn, wenn sie ihm in reinem und gesundem Zustande zur Verfügung stehen, gesund erhalten; die ihm aber, wenn
sie selbst verdorben sind, nur Keime von Krankheiten zuführen. Solche
Lebensmedien für den Menschen sind **Licht, Luft** und **Boden:**

---

[1]) Mohl l. c. S. 244 ff.   [2]) Abgedruckt bei Obentraut l. c. S. 592.
[3]) Theilweise bei Obentraut S. 549.

ein solches Element ist das Wasser. Mit Licht, Luft, Boden und Wasser ist der Mensch in stetem Contact — des Lichtes kann er nicht entbehren — schlechte und verdorbene Luft und ungesunder Boden [1]) untergraben seine Gesundheit und das Wasser kann ihm Tod und Verderben bringen wenn es seinen Körper mit Resten von verwesten animalischen Organismen inficirt. Diese Erkenntnisse — heute so populär — waren vor nicht lange eine überraschende Entdeckung.

Eine Folge derselben war die Ausbildung eines neuen Wissenszweiges der sich an die Heilkunde anschloß, der Hygiene [2]). Dieselbe untersucht die Einflüsse, der den Menschen umgebenden Lebensmedien und Nahrungselemente auf den allgemeinen Gesundheitszustand und gelangt zur Erkenntniß der Ursachen und Quellen der schädlichen und gefährlichen Einflüsse. Diese Ursachen und Quellen aufzuzeigen, die Mittel ihrer Beseitigung anzugeben, ist das praktische Resultat der Hygiene. Die Verwaltung verwerthet nun diese praktischen Resultate, indem sie ihre Maßregeln darnach ergreift und somit die Bedingungen eines guten allgemeinen Gesundheitszustandes herzustellen bestrebt ist [3]).

Wenn man von ungesunden Gegenden absieht, welche Ausnahmsmaßregeln verlangen so handelt es sich nur darum, um dem Menschen in seiner Behausung (besonders aber da, wo dichte Bevölkerung die natürlichen Lebensmedien für jeden Einzelnen verkümmert) Licht, Luft und Wasser in entsprechendem Maße und in reinem gesundem Zustande zugänglich zu machen. Für Zugänglichkeit von Licht und Luft sorgen entsprechende Bauordnungen die zugleich der Rücksicht auf die körperliche Sicherheit der Einzelnen Rechnung zu tragen haben; für gesundes Wasser sorgen Vorschriften bezüglich Anlagen der Brunnen und in größeren Städten bezüglich der Wasserleitungen.

---

[1]) Ueber die Bedeutung des Bodens für den allgemeinen Gesundheitszustand vergl. Max von Pettenkofer: „Der Boden und sein Zusammenhang mit der Gesundheit des Menschen" in der deutschen Rundschau. November 1881.

[2]) Vergl. Lèvy: Traité d'hygiène.

[3]) Ueber Sanitätspolizei vergl. Pappenheim Handbuch der Sanitätspolizei; Finkelnburg: die öffentliche Gesundheitspflege Englands.

Der Boden auf dem wir leben, die Luft die wir athmen, das Wasser das wir trinken, können in gefährlicher Weise durch Ausdünstungen und Aufnahme von verwesenden animalischen Stoffen verunreinigt werden. Solche Stoffe sammeln sich aber in der Nähe menschlicher Wohnstätten theils in Folge der um dieselbe rings herum sich anhäufenden **Abfallsstoffe** theils in Folge der bei uns gegenwärtig üblichen **Leichenbestattung**. Die Gefahren, die den Lebenden auf diese Weise sowohl von dem massenhaften Zusammenleben als auch von den Todten drohen, wachsen mit dem Wachsthum der Städte und verursachen die verhältnißmäßig große Sterblichkeit in denselben, namentlich in den Großstädten.

Städtische Gesundheitspolizei.

§ 184.

Da nun diese Gefahren hauptsächlich die **Städte** bedrohen so ist man leicht versucht diesen Theil der Gesundheitspolizei als eine lediglich die Selbstverwaltung der Städte angehende Stadt-Verwaltungsangelegenheit zu behandeln. Das wäre jedoch in so ferne unzulässig als der Staatsverwaltung angesichts des eminenten Interesses das sich für den ganzen Staat an den Gesundheitszustand seiner Städte knüpft auf diesem Gebiete nicht nur ein Aufsichtsrecht sondern gewiß auch das Recht der Initiative und eventuell der zwangsweisen Durchführung der für heilsam erkannten Maßregeln den Städten gegenüber zusteht [1]).

Gewiß, diese Erkenntniß hat sich ziemlich spät Bahn gebrochen und **England**, wo dieselbe zuerst aufgieng, hat sein erstes staatliches **Gesundheitsgesetz** erst seit dem Jahre 1848. (Act for Promoting the Public Health) [2]). Dasselbe hat vorzüglich die Reinhaltung der Städte und Entfernung aller gesundheitsschädlichen Stoffe

---

[1]) Selbstverwaltung der Städte ist gewiß etwas sehr Löbliches. Wenn aber eine Stadtverwaltung sich über die Gebote der Gesundheitspolizei hinwegsetzt dann ist es Sache des Staates einzugreifen und die nöthigen Maßregeln durchführen zu lassen.

[2]) Gneist Geschichte und heutige Gestalt der englischen Communalverfassung oder des Selfgouvernement. 2. Aufl. 1863. B. II. S. 1107. Dem oben erwähnten giengen freilich verschiedene fragmentarische Bestimmungen über einzelne Punkte der Städtereinigung voraus.

aus dem Bereiche menschlicher Wohnstätten zur Aufgabe. Es umfaßt daher ein vollständiges System von Bestimmungen die sich
1. auf Trockenlegung von Häusern und Straßen, 2. auf Pflasterung
von Straßen, Höfen und Durchgängen, 3. auf Reinigung, Beseitigung
gesundheitsschädlicher Stoffe (nuisances), 4. auf Beschaffung guten
Wassers für häusliche und öffentliche Zwecke, endlich 5. auf rationelle
Bauart und Ventilation der Wohnhäuser beziehen. Zur Ausführung
dieses Gesetzes wurde gleichzeitig ein ganzes Netz von Gesundheits-
ämtern (als gewählte Selbstverwaltungs-Körperschaften) geschaffen,
an dessen Spitze das General-Gesundheitsamt gestellt wurde (General
Board of Health). Damit war nur ein Anfang gemacht. Seither
hat die gesundheitspolizeiliche Gesetzgebung Englands sich bedeutend
entwickelt und namentlich in besonderen Gesetzen den speziellen Verhältnissen der Großstädte und der Hauptstadt Rechnung getragen.
Dem Beispiele Englands folgte in neuester Zeit Deutschland sowohl
in der Reichsgesetzgebung wie auch durch Errichtung eines Reichs-
Gesundheitsamtes.

Fragt man nun nach den Grundsätzen an die sich die Verwaltung auf dem Gebiete der Gesundheitspolizei zu halten hat, so
lassen sich dieselben in Anknüpfung an das von uns oben über die
den Menschen umgebenden Lebensmedien und Elemente Gesagte ganz
kurz formuliren: die Verwaltung muß trachten, daß den Einzelnen
ihr Antheil und ihr Mitgenuß an diesen Lebensmedien und Elementen
weder der Qualität, noch der Quantität nach durch öffentliche
Mißstände verkümmert werde. Daraus ergeben sich nun folgende Sätze:

Menschliche Wohnungen und Aufenthaltsstätten müssen so angelegt sein, daß sie genügendes Licht haben. Dunkle Räume dürfen
nicht bewohnt oder zu längerem Aufenthalte benützt werden.

Die städtische Luft darf nicht durch Ausdünstungen was immer
für Art verunreinigt werden; da solche Ausdünstungen ihre Quelle
haben theilweise in Anhäufungen von in Fäulniß übergehenden oder
anderen schädlichen Abfallstoffen [1], theilweise in gewerblichen Pro-

[1] Eines der schwierigsten Capitel der städtischen Gesundheitspolizei bildet
die Frage der Beseitigung menschlicher Excremente. Die primitive Methode
dieselben in Senkgruben sich ansammeln zu lassen und von Zeit zu Zeit zu beseitigen ist heute wohl allgemein als schädlich, weil den Boden rings herum

buctionsprocessen, so muß für die Beseitigung oder Desinfection der ersteren gesorgt und die Anlegung von Fabriken mit gesundheits= schädlichen Ausdünstungen im Umkreise bewohnter Orte verboten werden. Auch ohne Anhäufung von Abfallsstoffen kann der Boden in Folge Ansammlung von stagnirender Feuchtigkeit gesundheits= schädliche Miasmen in denen die Keime der verschiedensten Krank= heiten stecken, ausströmen. Der Boden der Städte muß daher vor solcher stagnirender Feuchtigkeit sowohl durch Pflasterung oder Ma= cadamisirung als auch mittelst entsprechender Abzugsrinnen und Canäle bewahrt und wo möglich trocken erhalten werden.

Das Wasser endlich darf in so ferne es zum Trinken dient urchb keinerlei organische Stoffe verunreinigt sein. Da aber eine solche Verunreinigung auch bei der vorsorglichsten und geschütztesten Anlage von Hausbrunnen in Städten schwer zu verhindern ist in Folge der Porosität des Bodens und der leichten Verunreinigung des ganzen Grundwassers namentlich der großen Städte; so bleibt für diese letzteren kein anderes Mittel übrig als das nöthige Trink= wasser für die Bevölkerung mittelst Wasserleitungen, sei es aus Ge= birgsquellen, sei es aus Flüssen mittelst guter Filtration herbeizu= schaffen. Die Erkenntniß der Nothwendigkeit der Wasserleitungen in Städten ist leider noch nicht allgemein genug — und doch liegt gerade im schlechten durch organische Bestandtheile verunreinigten

---

inficirend und auch das Grundwasser verunreinigend anerkannt worden. Die= selben Nachtheile hat auch die Canalisation ohne Schwemmung — ja dieses System ist in so ferne noch schädlicher da es nicht nur den Boden und das Wasser sondern auch noch die Luft, durch die miasmatischen Ausströmungen aus den unvermeidlichen Canalöffnungen inficirt. Die Durchschwemmung der Canäle etwa mittelst Wasserableitungen aus Bächen und Flüssen und die Ableitung des Unraths in die letztere steuern dem Uebel keineswegs; denn erstens variirt die dazu nöthige Wassermenge und ist im Sommer meist ungenügend — ebenso im Winter wenn das Wasser einfriert, sodann ist das Inficiren der Flüsse ebenfalls von höchst nachtheiligen Folgen. Das rationellste System hingegen ist dasjenige, welches die Beseitigung aller schädlichen Einflüsse deren Quelle Unrathsanhäufungen sind mit der productiven Verwendung derselben für die Landwirthschaft verbindet. Und dieses ist die Abfuhr (Tonnenabfuhr= system) und Verarbeitung der Excremente zu Pudretten. Nur die Art und Weise der Abfuhr und der Verarbeitung kann noch mancherlei Verbesserungen unterzogen werden; das Prinzip aber dieses letzteren Systems dürfte nicht mehr angefochten werden und eine immer größere Anwendung finden.

Trinkwasser der Städte die eigentliche Ursache vieler Krankheiten und deren größeren Sterblichkeit.

Anm. In Oesterreich ist die bezügliche Gesetzgebung theils in den einzelnen Landesgesetzen, theils auf verschiedenen Gesetzgebungsgebieten (Gewerbegesetzgebung, Bauordnungen, Straßengesetze, Städteverordnungen ꝛc.) zersplittert. Die Vorschriften über Beseitigung gesundheitsgefährlicher Zustände in Wohnhäusern und andern Gebäuden sind in den verschiedenen zwischen den Jahren 1857—1874 erlassenen Bauordnungen für die einzelnen Länder enthalten [1]).

Vorschriften über Reinhaltung der Luft von Ausbünstungen aus gewerblichen Productionsprocessen befinden sich in einigen auf die betreffenden Gewerbe bezüglichen Verordnungen [2]).

Die älteren österreichischen Vorschriften über Reinhaltung der Brunnen genügen für größere Städte keineswegs [3]).

Hieher könnte man endlich auch alle jene Vorschriften die sich auf den Schutz des Lebens und der Gesundheit der Einzelnen durch gefährliche im Fabriksbetrieb angewendete Maschinen, Chemikalien, explodirende Stoffe ꝛc. beziehen, die aber eigentlich schon zum „Arbeiterschutz“ gehören (s. unten).

Leichenbestattung.

§ 185.

Eine der wichtigsten Fragen städtischer Gesundheitspolizei bildet bis jetzt noch die Friedhoffrage, die hoffentlich einst der Leichenbestattungsfrage Platz machen dürfte. Die mittelalterliche Sitte die „Kirchhöfe“ in der Mitte zwischen menschlichen Wohnstätten zu unterhalten, ist glücklich überwunden. Man legt heute die Friedhöfe nur mehr außerhalb der Städte, fern von menschlichen Wohnstätten an. Aber diese Entfernung des Uebelstandes ist meist nur eine provisorische. Die Friedhöfe wachsen und nähern sich den Städten — die Städte wachsen und nähern sich den Friedhöfen. Das Uebel wird auf diese Weise nur zeitweilig etwas ferne gerückt — ganz beseitigt wird es damit nicht. Die Ausbünstungen verwesender Leichen bahnen sich unter dem Einfluß des Witterungswechsels ihren Weg in die Luft und bekanntlich hat ja auch der Boden seine Luft die in ihm ebenso kreist wie auf seiner Oberfläche und auch diese

---

[1]) Dieselben sind abgedruckt bei Manz B. 14. vergl. auch Obentraut l. c. S. 111 u. ff. [2]) Obentraut S. 142 ff. [3]) Daselbst S. 122.

Luft in den innern Gängen des Bodens strömend, nimmt die Ausdünstungen der verwesenden Körper auf; mit den Niederschlägen aber
sickern die verwesenden organischen Bestandtheile ins Grundwasser,
das weithin in die fernste Umgebung die Trinkbrunnen speist. Kurz
— „die Todten reiten schnell“ und die Friedhöfe üben eine schauerliche Wirkung auf die Sterblichkeit der heutigen Menschheit. Diesen
Gefahren wird einst gar nicht anders vorgebeugt werden können als
durch die Leichenverbrennung. Freilich, der Einführung derselben und der Abschaffung der Leichenbeerdigung stehen noch
heutzutage riesige Vorurtheile entgegen — Vorurtheile die schon im
Alterthum viele Culturnationen überwunden hatten. Daß jedoch die
Leichenverbrennung die rationellste und auch die schönste Leichenbestattung ist, das wird wohl kein nüchterner Geist bestreiten, zumal der heutige Fortschritt der Technik und Physik, für dieselbe leicht
eine Methode finden kann (und auch schon gefunden hat) bei der
unser Gefühl viel mehr geschont wird, als bei der Beerdigung.

Nichtsdestoweniger kann der moderne europäische Staat die Leichenverbrennung nicht decretiren — da dieselbe der allgemeinen Sitte
zuwider ist. Die allgemeine Sitte aber ist der wichtigste Verfassungs-Paragraph jedes Staates, dessen Verletzung noch keine Staatsgewalt ungestraft verübt hat. Doch was der moderne Staat thun
kann und theilweise schon gethan hat, das ist die Einführung der
facultativen Leichenverbrennung. Auf diesem Wege wird sich diese
rationelle und schöne Sitte langsam Bahn brechen und mit der Zeit
zur herrschenden werden.

Die criminalistischen Bedenken gegen die Leichenverbrennung,
daß dieselbe die Exhumation unmöglich mache und daher manchmal
die Entdeckung eines Verbrechens verhindere, sind ganz irrelevant.
Denn erstens kann eine gründliche Leichenschau immer und in
Verdachtsfällen schließlich auch eine vereinzelte Beerdigung statt
finden. Aber um im Tausendsten — oder Hunderttausendsten Falle
ein jedenfalls schwaches und schwankendes criminalistisches Beweismaterial (?) gegen einen Verbrecher zu haben, deßwegen allein das
Leben von Millionen Menschen durch gesundheitsschädliche Zustände
zu gefährden, wäre doch vollkommen unvernünftig [1]).

---

[1]) Ueber Leichenverbrennung vergl. Trusen Leichenverbrennung Breslau
1855; Wegmann-Ercolani: Die Leichenverbrennung als rationellste Be

Anm. An das Leichenbestattungswesen knüpfen sich die Vorschriften behufs der L e i ch e n s ch a u, des Zeitraumes, vor welchem und über welchem hinaus die Bestattung nicht stattfinden respective verschoben werden darf, enblich über „Leichenhöfe" und Leichenkammern und Grüfte. Schwierig und verwickelt werden diese Fragen mit Rücksicht sowohl auf die Gefahr des Scheintodes als auch vom criminalistischen und gerichtsärztlichen Standpunkte. Ueber die L e i ch e n b e s ch a u in Oesterreich enthält der Ministerialerlaß vom 6. März 1861 §. 817 eine besondere Instruction. Ist der Tod constatirt so wird darüber ein Tobtenschein aufgenommen. Für „gerichtliche Todtenbeschau" besteht eine besondere Vorschrift. (Ministerialverordnung vom 28. Jänner 1855 R.-G. Bl. Nr. 26).

Lebensmittelpolizei.

§ 186.

Das, was wir oben Lebensmedien und Elemente des Menschen nannten, bildet so zu sagen nur die Folie, die natürliche Unterlage auf der sich sein Lebensproceß abspielt; dieser Proceß selbst aber wird durch N a h r u n g unterhalten, deren Beschaffenheit auf seine Gesundheit und sein Leben den entscheidensten Einfluß übt. Den größten Theil dieser Nahrung bilden Culturproducte — und zwar wieder m e i s t e n s Rohproducte.

Je mehr nun die Bestandtheile menschlicher Nahrung einem künstlichen Umgestaltungsproceß unterliegen, desto größer ist die Gefahr der Fälschung ihres reinen und gesunden Zustandes und zugleich desto schwieriger für den Einzelnen diese Fälschung zu erkennen. Aber auch bei solchen Nahrungsmitteln die gar keiner künstlichen Bearbeitung bedürfen (z. B. Fleisch) ist oft die Gefahr für die Gesundheit die aus einem schlechten Zustand derselben (von kranken Thieren, Trichinen rc.) sich ergiebt für den Einzelnen nicht erkennbar.

Hier tritt nun die Verwaltung mit ihrer Markt- und Lebensmittelpolizei ein um Krankheitsursachen die in den Nahrungsmitteln gelegen sein können zu beseitigen.

Und zwar hat es die M a r k t p o l i z e i meistens mit der Controle n a t ü r l i ch e r Lebensmittel zu thun (Milchpantscherei, unreifes Obst rc.)

---

stattungsart. Zürich 1874. A d l e r: Die Leichenverbrennung mit besonderer Rücksicht auf die österr. Gesetzgebung. Wien 1874.

Die Lebensmittelpolizei in wahrem Sinne des Wortes erstreckt ihre Controle auf alle mehr oder weniger fabrikmäßig und künstlich erzeugten Nahrungsmittel (Gebäck, geistige Getränke ꝛc.)

Anm. „Die Aufgaben der Sanitätspolizei als Lebensmittelpolizei sagt richtig Obentraut, lassen sich niemals erschöpfend aufzählen, sie ergeben sich so zu sagen aus den Vorkommnissen und Geschehnissen des Tages“ — und fügen wir hiezu, aus den Fortschritten und dem Raffinement der industriellen Nahrungsmittel-Fabrication und des Nahrungsmittelhandels der heutzutage so ungeahnte Dimensionen angenommen hat. Die österreichischen Lebensmittel-Polizeivorschriften die man bei Obentraut verzeichnet findet, beziehen sich auf die Beschaffenheit der vegetabilischen Nahrungsmittel (Brod, Mehl, Getreide Obst ꝛc.) der animalischen, des Fleisches, bezüglich dessen die behördliche Vieh- und Fleischbeschau eingeführt ist, endlich auf die Beschaffenheit der natürlichen und künstlichen Getränke. Eine gute Lebensmittelpolizei verlangt in erster Reihe eine genaue Marktaufsicht durch sachverständige Marktinspectoren; in zweiter Linie müssen Nahrungsmittelfabriken und sonstige Productionsstätten von Zeit zu Zeit einer Revision unterworfen werden.

Armenpflege und Arbeiterschutz.

§ 187.

Wenn die Staatsverwaltung auf dem Gebiete der Sanitätspolizei den Zweck verfolgt das physische Wohlbefinden der Gesammtheit, wenn auch nicht sicherzustellen, doch so viel es in ihren Kräften liegt zu ermöglichen und die demselben drohenden Gefahren zu beseitigen; so sieht sie sich schließlich gezwungen den zwei größten Gefahren gegenüber, welche dieß Wohlbefinden bedrohen und untergraben, Stellung zu nehmen — es sind das Armuth und Arbeitsüberbürdung (Ueberarbeit). Die Gesundheit und das Leben der Einzelnen und ganzer Gesellschaftsclassen sind durch diese zwei Uebelstände unmittelbar gefährdet; denn Armuth versetzt in die Unmöglichkeit die materiellen Lebensbedürfnisse zu befriedigen, erzeugt daher die verschiedensten Krankheiten (Hungertyphus ꝛc.) und bringt endlich unter unsäglichen Qualen den Lebensproceß zum Stillstand; Ueberarbeit dagegen ist eine Mehrverausgabung von physischen Kräften als sie der Mensch durch Nahrung ersetzt oder ersetzen kann und führt daher ebenfalls erst Störungen des Lebensprocesses, sodann frühzeitigen Tod herbei.

Es ist also klar, daß die Staatsverwaltung, wenn sie in ihrer natürlichen Entwicklung einmal auf dem Gebiete der Sanitätspolizei angelangt ist, vor diesen zwei Uebelständen nicht Halt machen kann ohne sich selbst und die Principien von denen sie sich bisher leiten ließ zu verläugnen. Vielmehr muß sie, treu diesen Principien und ihrem ganzen historischen Entwicklungsgange ihre Thätigkeit jetzt auch auf diese zwei Gebiete ausdehnen — auf das der **Armenpflege** und des **Arbeiterschutzes.**

Wohlthätigkeit und Armenpflege.

§ 188.

Gewiß — die Armenpflege wartete nicht erst auf den modernen Staat [1]). Zur Ehre der Menschheit muß es gesagt werden, daß Armenpflege von jeher aus anderen als politisch-socialen und zwar aus rein ethischen Gesichtspunkten betrieben wurde. Bei den meisten orientalischen Nationen war es und ist es bis heutzutage ein Gebot der Religion dem Armen zu helfen: die Werke christlicher aus „Nächstenliebe" fließender Wohlthätigkeit waren oft großartig. Nichtsdestoweniger blieb es unserem als „materiell" und „gottlos" verschrieenem Zeitalter vorbehalten die Armenpflege als ein nothwendiges und integrirendes Gebiet in die staatliche Gesetzgebung und Verwaltung einzufügen. Die Aufgabe, die der „religiöse" mittelalterliche Staat mit seiner „Nächstenliebe" nur sehr unvollkommen löste: der moderne europäische „confessionslose" Staat, er strebt die Lösung derselben als einer politisch-socialen in ihrem ganzen Umfange an.

Die Armenversorgung nimmt heutzutage die Thätigkeit der Gesetzgebung und Verwaltung in einem Grade in Anspruch den

---

[1]) Die Literatur des Armenwesens und der Armenpflege ist sehr reichhaltig. Vom national-öconomischen Standpunkt behandelt diesen Gegenstand ausführlich Rau l. c. II. Bd. 2. Abthl. S. 421. ff. woselbst die ältere Literatur über Armenwesen zusammengestellt ist. Vom verwaltungsrechtlichen Standpunkte behandeln die Armenpflege Mohl Polizeiwissenschaft I. 313 (2. Aufl.) Stein Handbuch (2. Aufl.) S. 796 ff. Rösler l. c. L. 152 ff. Jnama-Sternegg l. c. 69—89. Die englische Armenpflege Gneist: Englische Communalverfassung S. 1029 ff. Von neueren Monographien sei erwähnt: Emminghaus: Das Armenwesen und die Armengesetzgebung in den europäischen Staaten. 1870.

man in der „guten alten Zeit" gar nicht begreifen würde; und der
ausgedehnten und auf alle Gebiete des Lebens sich erstreckenden
Wohlthätigkeitsgesetzgebung, wie man sie nennen könnte, steht im
modernen „ materialistischen" Staat ein mächtiger Apparat von Ver-
waltungseinrichtungen zur Seite der dieselbe in der Praxis durchzuführen die Aufgabe hat.

Nichtsdestoweniger muß auch heute zwischen Wohlthätigkeit und
Armenpflege im e. S. d. W. unterschieden werden. Wohlthätigkeit
ist nicht Sache des Staates — sie war und bleibt Sache des Pri-
vatlebens. Der Staat kann sie durch Aufmunterung und Anerkennung fördern — sie selbst systematisch betreiben muß er den Einzelnen und den Privatvereinen überlassen.

Der Unterschied aber zwischen Wohlthätigkeitsübung und Armenpflege ist durch die verschiedenen Abstufungen der Mittellosigkeit, der
Dürftigkeit und der Armuth gegeben. Die ersteren appelliren an
den Wohlthätigkeitssinn der besitzenden Classen, der Staat kann sich
auf die unendliche Manigfaltigkeit der Wohlthätigkeitsübung gar
nicht einlassen. Er greift nur da ein und kann nur da eingreifen,
wo absolute Armuth das Leben des Einzelnen oder momentan und
örtlich (z. B. bei Hungersnoth, elementaren Schäden 2c.) auch ganzer
Gesellschaftsclassen bedroht.

Den verschiedenen Abstufungen der Mittellosigkeit und Dürftigkeit gegenüber entledigt sich der Staat seiner Pflicht und Aufgabe
nur mittelst der allgemeinen Förderung der Volkswohlfahrt und der
Volkswirthschaft: über dieß hinaus ergreift er nur da directe Maßregeln der Hilfe und Unterstützung, wo absoluter Mangel an Sub-
sistenzmittel bei der Unmöglichkeit, sich dieselben durch Arbeit zu
verschaffen, die Gesundheit und das Leben Einzelner oder Vieler
bedroht.

Anm. Armuth entsteht entweder aus subjectiver Arbeitsunfähigkeit oder aus der objectiven Unmöglichkeit Arbeit zu finden, endlich aus
Arbeitsscheu. Jede dieser drei Arten von Armuth erheischt eine besondere Behandlung.

Der Arbeitsunfähige (sei es in Folge von Krankheit, Gebrechlich-
keit oder Altersschwäche) hat als Mensch ein Recht auf Unterstützung.
Der moderne Staat kann die Befriedigung dieses Rechtsanspruchs nicht
dem privaten Belieben, dem Zufall anheimgeben. Seine Controle
der öffentlichen Wohlthätigkeit, nöthigenfalls sein eigenes Eingreifen und

feine eigene Unterſtützung müſſen dem Arbeitsunfähigen ſein Recht gegen die Geſammtheit realiſiren.

Bei objectiver Unmöglichkeit lohnende Arbeit zu erhalten hat die öffentliche Armenpflege nur die Pflicht dem Arbeitswilligen und Fähigen die Gelegenheit zur Arbeit zu verſchaffen. Der Staat hat ein um ſo größeres Intereſſe an der Erhaltung dieſer Pflicht da ja damit zugleich auch der Volkswirthſchaft ein Dienſt geleiſtet wird. Doch kann der Staat nur in den ſeltenſten Fällen die Rolle des Arbeitsgebers übernehmen — weil das nicht ſeine Sache iſt und all und jede Erfahrung g e g e n „Nationalwerkſtätten" wie ſie in Frankreich verſucht worden ſind, ſpricht.

Nur da, wo Arbeitsſcheu im öffentlichen Intereſſe einen Arbeitszwang nothwendig macht, iſt der Staat berufen und auch einzig dazu berechtigt und im Stande in öffentlichen Arbeits- und Correctionshäuſern die arbeitsſcheuen Individuen zur Arbeit a n z u h a l t e n. Er entzieht damit der Geſammtheit eine ihr doppelt ſchwer fallende Beläſtigung, giebt der Geſammtproduction des Volkes die ihr von den Einzelnen entzogenen Antheile zurück und beugt zugleich Laſtern und Verbrechen vor die eine Folge eines unterhaltsloſen und müſſigängeriſchen Lebenswandels ſind.

Verwaltung des Armenweſens.

§ 189.

Alle Armenverwaltung theilt ſich in A r m e n p f l e g e und A rm e n p o l i z e i. Die erſtere hat es mit der zweckmäßig organiſirten Unterſtützung der unverſchuldet verarmten die letztere mit den Maßregeln gegen die Vagabundage, unbefugte Bettelei und ungebührliche Beläſtigung des Publikums zu thun.

Charakteriſtiſch für den Staat iſt es allerdings, daß ſein erſtes thätiges Auftreten auf dieſem Gebiete im vorigen Jahrhundert in der Erlaſſung allerlei armenpolizeilicher Verfügungen, (Bettelverbote, Schubweſen) beſtand. Zuerſt alſo kam die Armenpolizei — ihr erſt folgte das ſtaatliche Armenverſorgungs- und Pflegeweſen.

Auf keinem anderen Gebiete nun kann der Staat ſo wenig wie auf dieſem letzteren der Mithilfe der Selbſtverwaltungskörper, namentlich der Gemeinden entbehren. Denn jede Armenpflege ſetzt eine genaue Kenntniß der individuellen Verhältniſſe der einzelnen Armen voraus; — eine ſolche Kenntniß können aber nur ganz kleine locale Körperſchaften, Gemeinden, Stadt- und Stadtbezirksvertretungen, endlich örtliche Vereine erlangen. Es iſt alſo nur folgerecht wenn

der Staat die Pflicht der u n m i t t e l b a r e n Armenpflege diesen
untersten Selbstverwaltungskörpern im Staate auferlegt. Der Grundsatz jede Gemeinde habe ihre Armen zu versorgen hat in alle
modernen Gesetzgebungen Eingang gefunden.

Eine Schwierigkeit bietet nur die Frage, welche Arme eben
als „Gemeindearme" zu betrachten sind? Sind es all diejenigen
die sich momentan in der Gemeinde a u f h a l t e n, oder alle, die bereits eine bestimmte Zeit daselbst ansässig sind, oder endlich nur
diejenigen die durch Geburt der Gemeinde z u g e h ö r i g, oder aus
andern Gründen daselbst z u s t ä n d i g sind?

Soll der Staat die einzelnen Gemeinden zur Unterstützung ihrer
Armen anhalten können, so muß diese Frage r e c h t l i c h geregelt
sein — der Staat muß dabei ein einheitliches gleiches Vorgehen
beobachten, er muß sich darüber entscheiden, in welchem gesetzlich
festgesetzten Umfange die Gemeinden zur Tragung der Lasten der
Armenunterstützung verpflichtet sind.

Diese Frage läßt sich nun ebenso auf vielfache Art lösen, wie
sie vielfach gestellt werden kann und thatsächlich hat man sie nacheinander und in verschiedenen Ländern auf diese vielfache Weise zu
lösen versucht. Ja man kann sogar in diesen vielfachen Versuchen
eine gewisse gesetzmäßige Entwicklung nicht verkennen.

Der primitivste Standpunkt dieser Frage gegenüber ist der, daß
jede Gemeinde nur ihre e i n h e i m i s c h e n, bei ihr vollkommen zu-
zuständigen und h e i m a t b e r e c h t i g t e n Armen zu unterstützen verpflichtet sei. Die „Fremden", d. h. in der betreffenden Gemeinde
nicht zuständigen und nicht heimatberechtigten werden entweder „ab-
geschoben" oder wenn die Nothwendigkeit einer unaufschiebaren Hilfe
eintritt auf Kosten ihrer Heimatsgemeinde unterstützt. Welche Un-
masse administrativer Thätigkeit und Schreibereien mithin auch un-
nöthiger Kosten eine solche Regelung der Armen-Unterstützungsfrage
verursacht, ist klar.

Ein bedeutender Fortschritt ist es schon, wenn die Frage nach
der Zuständigkeit dahin geregelt wird, daß eine bestimmte Dauer des
Aufenthalts und der Ansässigkeit in einer Gemeinde (die Bestimmungen schwanken zwischen 10 und 2 Jahren) diese Zuständigkeit erzeugt.

Man nennt neuestens diesen Wohnsitz, in dem sich der Einzelne
durch eine gesetzlich vorgeschriebene Zeit des Aufenthaltes und der

Anfäſſigkeit das Recht auf Unterſtützung erwirkt, den Unterſtützungswohnſitz — und der Streit zwiſchen dem primitiven Standpunkt
und dieſem mehr fortſchrittlichen ſpitzt ſich in der Frage zu: Heimat oder Unterſtützungswohnſitz?

Je mehr dieſer letztere Standpunkt ſich zu einer Reducirung
derjenigen Zeitdauer neigt die zur Erlangung des Unterſtützungsrechts
an eine Gemeinde mittelſt des Aufenthaltes in derſelben erfordert
wird, deſto mehr nähert er ſich der letzten Entwicklungsphaſe dieſer
ganzen Frage die einfach die Thatſache des momentanen Aufenthaltes des Armen für die Unterſtützungspflicht der Gemeinde als
entſcheidend anſieht. Dieſe letzte Entwicklungsphaſe iſt freilich nur
erſt von der Theorie aber noch von keiner Geſetzgebung erreicht —
vom Standpunkt der Staatsverwaltung jedoch iſt dieſe vorderhand
noch theoretiſche Löſung der Unterſtützungsfrage die allerpraktiſcheſte
und es dürften auch alle vom beſchränkten communalen Geſichtspunkte dagegen erhobenen Einwände leicht zu widerlegen ſein.

Art und Weiſe der Unterſtützung.

§ 190.

Die Armenpflege beſteht in Unterſtützung der Armen. Dieſe
Unterſtützung kann ihrer Art nach eine ſehr vielfältige ſein. Sie
kann eine ein- oder mehrmalige oder auch eine immerwährende,
ſtabile ſein. Sie kann an Arme ertheilt werden die im eigenen Haus-
weſen verbleiben oder in eigens hiefür gegründeten Anſtalten verpflegt
werden. Sie kann endlich in Geld oder in Lebensmitteln und verſchiedenen Gegenſtänden der Lebensbedürfniſſe (Heizungsmaterial, Klei-
der ꝛc.) beſtehen.

Welche Art der Unterſtützung den Armen ertheilt werden ſoll
darüber entſcheidet in erſter Linie die Individualität und Lage des
Armen, ſodann die Erwägung des Zweckes der Armenunterſtützung
der freilich von dem erſteren Moment (Individualität und Lage)
beſtimmt wird. Handelt es ſich um Kinder und unmündige Perſonen die mittel- und hilflos daſtehen aber geſund und bildungs-
fähig ſind — ſo darf eine rationelle Armenpflege bei derſelben nur
den Zweck verfolgen, ihre Erziehung und Ausbildung ſo lange zu
fördern bis ſie ſelbſtändig und arbeitsfähig werden. Am beſten iſt

es wohl, wenn für solche Arme Bildungsanstalten (z. B. landwirthschaftliche) bestehen, wo dieselben in kürzester Zeit zu einem
praktischen Berufe herangebildet werden. Wo solche Anstalten nicht
bestehen, dort werden solche arme Kinder oder junge Personen Familien zur Verpflegung und zur Ueberwachung ihrer Ausbildung
übergeben, gegen Bestreitung der Verpflegskosten.

Bei erwachsenen und arbeitsfähigen Personen die momentan
durch irgend welche Unglücksfälle in drückende Armuth gerathen sind
kann es sich nur um einmalige oder zeitweise Unterstützung handeln, bis
sie wieder in den Stand gesetzt werden ihrer Arbeit nachzugehen;
denn all und jede Unterstützung muß vor allem, wo das nur möglich ist, den Zweck verfolgen die Arbeit des Individuums der
Gesammtproduction des Volkes zuzuführen eventuell zurück-
zugeben. Nur bei altersschwachen Personen entfällt jener oberste
Zweck jeder Unterstützung und handelt es sich nur schon um die
Versorgung, die die Gesammtheit ihren mittel- und hilflosen, zur
Arbeit untauglich gewordenen Mitgliedern gegenüber moralisch verpflichtet ist. Eine solche Versorgung geschieht wohl am besten und
passendsten in Versorgungshäusern, wo solche jedoch nicht existiren
mittelst für lebenslänglich festgesetzten, in regelmäßigen Zeitabschnitten
zu ertheilenden Unterstützungen.

Was endlich die Organisation der Armenpflege anbelangt,
so übt der Staat dieselbe heutzutage meistens durch seine untersten
Selbstverwaltungskörper, die Gemeinden, oder endlich, was ein
großer Fortschritt ist, unter Aufsicht der Gemeinden durch freie zu
diesem Zweck gebildete Vereine.

Der Staat selbst kann eigentlich nur für die Mittel der Armenpflege sorgen; er kann die zur Unterstützung Verpflichteten anhalten ihrer Beitragspflicht nachzukommen: zur unmittelbaren Uebung
aber der Armenpflege ist er selbst am ungeeignetsten; viel geeigneter
dazu sind allerdings die Gemeinden, sei es nun Stadt- oder Landgemeinden, die höchste Vollendung jedoch der Kunst der Armenpflege kann nur da erreicht werden, wo unter der Aufsicht und dem
Protectorate der Gemeinden, also auch des Staates, ein freies
Vereinswesen sich dieser humanitären Aufgabe unterzieht.

Anm. Wie dieses Wohlthätigkeits-Vereinswesen am besten zu
organisiren sei, gehört nicht mehr in die Staats-Verwaltungslehre; wohl

wäre das aber eines der wichtigsten Capitel jeder Communal-Verwaltungslehre. Die beste Organisation der Armenpflege, auf freier Mitwirkung der Gemeindegenossen beruhend, ist in Deutschland die von Elberfeld (seit 1852). Ueber diese wie überhaupt über den gegenwärtigen Stand der einschlägigen Fragen, sehe man die treffliche Darstellung von A. Lammers: Wohlthätigkeit und Armenpflege in der Deutschen Rundschau. Augustheft 1881.

Oesterreichische Armengesetzgebung.

§ 191.

Der historische Entwicklungsgang der Armenpflege der mit der Privatwohlthätigkeit (durch Stiftungen, Vermächtnisse c.) und kirchlicher Armenpflege beginnt, brachte es mit sich, daß die Staatsverwaltung vorerst alle wohlthätigen Privatstiftungen und kirchlichen Armeninstitute sanctionirte und in ihren Schutz nahm[1]) sodann aber auf denselben weiterbauend eine Reihe von Einnahmsquellen (Strafgelder, allerlei Taxen, Percenttheile von gewissen Verlassenschaften und Vermächtnissen) diesen Wohlthätigkeitsanstalten, Armeninstituten und Armencassen überwies. Eine weitere Folge dieses Entwicklungsprocesses der Armenpflege ist, daß für dieselbe keinerlei einheitliche Organisation in Oesterreich besteht, sondern daß für einzelne Städte und Gemeinden je nach der Manigfaltigkeit der ersten Gründungen und Anfänge der Armenpflege dieselbe sich manigfaltig gestaltet.

Dem Staate handelt es sich auf diesem Gebiete eben nur um die Sache und weniger um die Form und er läßt hier der persönlichen Initiative sowohl Einzelner wie der Gemeinden und Körperschaften gerne den freiesten Spielraum. Auch der Umstand, daß die Armengesetzgebung in Oesterreich den Landtagen zusteht, bringt in die Organisation der Armenpflege die größte Manigfaltigkeit. Nur die Gemeinde- und Heimatsgesetzgebung stellt die principielle Einheitlichkeit der Armenpflege in Oesterreich in so weit her, als sie eben die Pflicht der Gemeinden ihre heimatsberechtigten Armen zu versorgen ausspricht[2]). Und auch darin läßt sich eine gleichartige Tendenz der neueren Armengesetzgebung in Oesterreich nicht ver-

---

[1]) Vergl. kaiserliche Entschließung vom 6. Juli 1819.
[2]) §§ 1 und 22—31 des Heimatsgesetzes vom 3. December 1863 Nr. 105 R.-G.-Bl.

kennen, daß überall an Stelle pfarrämtlicher Armenpflege die gemeindeämtliche gesetzt wurde. Endlich sind auch die Grundsätze bezüglich der Organisation und der öffentlich-rechtlichen Stellung der Correctionsanstalten (Zwangsarbeitsanstalten) für die österreichischen (Reichsraths) Länder durch ein Reichsgesetz festgestellt [1]).

Arbeiterschutz.
§ 192.

Die Aufhebung der Leibeigenschaft und Hörigkeit und die Ausstattung der arbeitenden Classen mit persönlicher Freiheit hatte zur Folge, daß die besitzenden Classen, die Arbeitsgeber, ihr früheres Interesse an der physischen Erhaltung ihrer Arbeiter verloren, und daß eine rücksichtslose Ausbeutung der Arbeitskraft ein Merkmal der freien Industrie wurde. Anscheinend rechtfertigte eben die Freiheit diesen Mißbrauch; denn anscheinend war es ja der freie Wille des Arbeiters, der den Arbeitsvertrag mit dem Capitalisten, Fabriksherrn ꝛc. eingieng. Thatsächlich aber befindet sich der besitzlose Arbeiter der Neuzeit der besitzenden Classe gegenüber in einer nicht minderen Zwangslage, wie der Leibeigene und Hörige früherer Zeiten; und die Freiheit und Freizügigkeit bietet nur dem Arbeitgeber einen Vortheil, da sie seinem Bedürfniß nach Arbeitskräften einen unbeschränkten Markt öffnet.

Ließe nun der Staat dieser rücksichtslosen Ausbeutung der Arbeiter freien Lauf so wäre damit schließlich ein physischer Niedergang der Mehrzahl der Bevölkerung also eine Erschütterung und Schwächung der Grundlage der Gesellschaft angebahnt. Abgesehen davon, daß ein solches regellose Verhältniß zwischen Arbeitgeber und Arbeitnehmer, wo nur die materielle Uebermacht der einen Partei der andern die Lebensbedingungen dictirt, jede Sittlichkeit untergräbt und direct zu staatsgefährlichen socialen Erschütterungen führt.

Es sind also ebensowohl Rücksichten auf das physische Wohl der Mehrzahl der Bevölkerung, als auch Rücksichten auf öffentliche Sittlichkeit, wie endlich das Interesse der Staatserhaltung, die den modernen Staat veranlaßen, in die „freien" Verhältnisse

---

[1]) Gesetz vom 10. Mai 1873 R.-G.-Bl. 108.

zwischen Arbeitgebern und Arbeitern und zwar zum Schutze der Letzteren regelnd einzugreifen [1]).

Dieser Schutz tritt überall da ein, wo aus dem Arbeitsvertrag für das Leben oder die Gesundheit der Arbeiter eine Gefahr sich ergibt. Solche Gefahren können ihre Quelle haben entweder a) in der Person des Arbeiters, oder b) in der Quantität der Arbeit oder c) in der Qualität derselben — endlich im ungünstigen Zusammentreffen dieser Momente.

Wenn auch der reife und entwickelte Mann für die Arbeit bestimmt zu sein scheint, da schließlich ohne Arbeit keinerlei Culturfortschritt möglich ist: so sind doch Kinder und unreife Jünglinge, sodann Frauen und Mädchen theils gar nicht theils nur in geringerem Grade zur Arbeit insbesondere zu Fabriksarbeit tauglich. Kinder bis zum 12. Jahre sollten eigentlich gar nicht des Verdienstes sondern einzig ihrer Ausbildung wegen arbeiten (lernen); Jünglinge von 12. bis zum 18. Jahre sollten zur Arbeit nur in einem solchen Maße zugelassen werden, daß ihre körperliche Entwicklung darunter nicht Schaden leide. Dasselbe gilt von Mädchen vom 12. bis zum 18. Jahre, doch bleiben die Frauen auch im reifen Alter durch ihre schwächlichere Constitution auf leichtere Arbeit und geringere Arbeitsquanta angewiesen.

Da nun das rücksichtslose, nur dem Triebe des Egoismus folgende und von den Strömungen der Concurrenz gedrängte Interesse der Industrie diese Verhältnisse erfahrungsmäßig immer und überall ignorirt, wo man die Berücksichtigung derselben ihrem Belieben überläßt, so hat sich der moderne Staat, nach dem Beispiel Englands, entschlossen diese dem Alter und Geschlecht gebührende

---

[1]) Der Polizeistaat des vorigen und auch wohl bis über die Mitte unseres Jahrhunderts kannte nur ein Eingreifen in diese Verhältnisse zum Schutze der Arbeitgeber. Zu diesem Zwecke verbot er unter Strafe alle Verabredungen unter den Arbeitern (Strikes). Das österreichische Strafgesetz vom Jahre 1852 behandelte noch solche Verabredungen „um eine Umänderung der Arbeits- und Lohnverhältnisse zu erwirken" als Uebertretung und setzte darauf eine Strafe bis 3 Monaten strengen Arrests (§§ 479 und 480 St.-G. von 1852 Erst das Vereinsgesetz vom 15. November 1867 Nr. 134 R.-G.-B. und speziell das Coalitionsgesetz vom 7. April 1870 setzten an die Stelle jener (durch letzteres Gesetz ausdrücklich aufgehobenen) §§ gerechtere Bestimmungen die den Arbeitern die ihnen gerechterweise gebührende Actionsfreiheit zuerkennen.

Rückſichtnahme in den Verhältniſſen der Arbeitnehmer zu den Arbeit=
gebern im Wege imperativer Geſetzgebung zu erzwingen [1]).

Die modernen europäiſchen Culturſtaaten haben daher in eigenen
Geſetzen Beſtimmungen getroffen, von welchem Alter an Kinder
überhaupt zur Arbeit verwendet werden dürfen; welche Stundenzahl
der Arbeit bei Jünglingen, Mädchen und Frauen nicht überſchritten
werden darf; endlich iſt auch für die männlichen Arbeiter in reifem
Alter ein ſogenannter N o r m a l a r b e i t s t a g feſtgeſetzt, d. h.
eine gewiſſe Stundenzahl täglicher Arbeit deren Ueberſchreitung unter
keinen Umſtänden erlaubt iſt; auch die Verhältniſſe der Nachtarbeit
reſpective das Verbot jeder Nachtarbeit für Kinder, Jünglinge, Mäd=
chen und Frauen und die Modalitäten, unter denen dieſelbe bei
männlichen Arbeitern im reifen Alter in Anwendung kommen darf,
werden durch dieſe Beſtimmungen geregelt [2]).

Wenn es durch ſolche Beſtimmungen verhältnißmäßig leicht iſt
jene Gefahren zu beſeitigen, die ihre Quelle in der P e r ſ o n des
Arbeitenden und ad b) in der Q u a n t i t ä t der Arbeit haben: ſo
iſt dagegen die Beſeitigung jener Gefahren die ad c) aus der Q u a-
l i t ä t der Arbeit für die Arbeitenden entſpringen eine der ſchwierig=
ſten Aufgaben der modernen Geſetzgebungen. Denn bei der hohen
Entwicklung der modernen Induſtrie, bei den rieſigen Fortſchritten
die ſie täglich und ſtündlich macht, bei der Raffinirtheit des modernen
Erfindungsgeiſtes der jeden Augenblick neue Mittel zur Bewältigung
der ſchwierigſten Aufgaben der Induſtrie, zur Ueberwindung aller
möglichen natürlichen Hinderniſſe erſinnt: iſt keine Geſetzgebung im
Stande das ganze Gebiet induſtrieller Arbeit mit ihren Normen zu
beherrſchen [3]).

---

[1]) „England hat mit der ſogenannten „Fabriksgeſetzgebung d. i. mit dem
S c h u t z e d e r A r b e i t e r b e v ö l k e r u n g den Anfang gemacht und alle übrigen
Staaten folgten dem Beiſpiele nach.“ K l e i n w ä c h t e r in dem über Arbeiter-
verhältniſſe ſehr inſtructiven Buche: Zur Geſchichte der engliſchen Arbeiterbe-
wegung in den Jahren 1873—74. Jena 1878. S. 143.

[2]) Vergl. R a u l. c. Bd. II. Abthl. 2. §§ 202—203 und die dort angegebene Literatur.

[3]) Die w i r k l i c h e Lage der arbeitenden Claſſen war noch bis Mitte
unſeres Jahrhunderts in der L i t e r a t u r wenigſtens eine terra incognita.
Das Verdienſt auf dieſelbe hingewieſen und ſie dargeſtellt zu haben gebührt in
erſter Reihe E n g e l s: die Lage der arbeitenden Claſſen in England. Sobann

Die Qualität der Arbeit aber kann auf dreifache Weise dem Arbeitenden Gefahr bringen: durch die Art und Weise w i e er arbeitet (seine Stellung und Lage) durch den Ort wo er arbeitet (z. B. auf Dächern und hohen Gerüsten, in Bergwerken oder in schlecht ventilirten Fabriksräumen u. dgl.), endlich durch den S t o f f, der dabei verarbeitet wird, (Metalle mit gesundheitsschädlichen Oxydirungen, giftige Stoffe ꝛc.)

Die modernen Gesetzgebungen fassen nun bei jeder Arbeit, namentlich bei jeder Fabriksarbeit ihre Q u a l i t ä t nach obigen drei Beziehungen ins Auge und sind bestrebt, den aus denselben entspringenden Gefahren für das Leben und die Gesundheit der Arbeiter durch Anbefehlung geeigneter Maßregeln vorzubeugen.

Aber keine menschliche Voraussicht, keine gesetzliche Maßregel kann es verhindern, daß nicht unglückliche Zufälle, die aus Anlaß der Arbeit und während derselben sich ereignen der Gesundheit und dem Leben der Arbeitenden p l ö t z l i c h Verderben bringen: für solche Unglücksfälle, die trotz aller gesetzlichen Vorsorge sich dennoch immer ereignen, bleibt der Gesetzgebung nichts anderes mehr übrig als Normen betreffs E n t s c h ä d i g u n g der Verunglückten und betreffs H a f t u n g der Arbeitgeber für deren ferneren Unterhalt oder für Versorgung ihrer dadurch zu Schaden kommenden Angehörigen zu treffen. Die Erlassung solcher H a f t p f l i c h t - und U n f a l l v e r - s o r g u n g s g e s e t z e steht gegenwärtig auf der Tagesordnung der europäischen Gesetzgebungen.

A n m. Für Oesterreich sind die wichtigsten Bestimmungen zum Schutze der Arbeiter in der Gewerbeordnung vom 20. December 1859 enthalten (§§ 85—87). Darnach dürfen Kinder unter z e h n Jahren g a r n i c h t, Kinder über 10 Jahre aber unter 12 Jahren nur ausnahmsweise zur Arbeit in „größeren Gewerbsunternehmungen" verwendet werden und zwar nur zu solchen Arbeiten, welche der Gesundheit nicht nachtheilig sind und die körperliche Entwicklung nicht hindern.

Was die A r b e i t s z e i t anbelangt, so darf dieselbe für Individuen unter 14 Jahren z e h n Stunden täglich, für solche, die über

hat C a r l M a r x in seinem „Capital" auf Grundlage englischer Parlaments-Commissionsberichte weitere höchst interessante Details gebracht. Vergl. ferner B r e n t a n o: Zur Geschichte der englischen Gewerksvereine 1871 u. B. A. H u b e r's Artikel: Arbeitende Classen in B l u n t s c h l i's kleinem Staatswörterbuch wo die englische und französische Literatur angegeben ist.

14 (aber unter 16 Jahren) zwölf Stunden täglich nicht übersteigen und nur in entsprechender Eintheilung mit genügenden Ruhezeiten bemessen werden. Zur Nachtarbeit d. i. zur Arbeit nach 9 Uhr Abends und vor 5 Uhr Morgens dürfen Individuen unter 16 Jahren nicht verwendet werden. Ausnahmsweise kann aber die Nachtarbeit für Personen unter 16 Jahren jedoch nicht unter 14 Jahren behördlich gestattet werden [1]).

Wir sind am Schlusse. Wir durchwanderten, wenn auch etwas eiligen Schrittes, alle Gebiete staatlicher Thätigkeit zu dem Zwecke um uns einen Blick in das Wesen derselben zu eröffnen, um die Erkenntniß der, diese Thätigkeit in Bewegung setzenden Triebfedern zu gewinnen. Auch sollte uns die Betrachtung der historischen Entwicklung der Staatsverwaltung das Wesen des Staates selbst erschließen. Und in der That sahen wir, wie die ursprünglich nur um ihre nackte Existenz und um ihre Herrschaft ringende sociale Organisation, nach und nach je mehr sie sich consolidirt, immer weitere Gebiete des gesellschaftlichen Lebens in den Kreis ihrer Sorge und Pflege einbezieht.

Jene ursprünglich nur vom blinden Trieb der Selbsterhaltung und der Herrschaft beseelte Institution entwickelt sich langsam doch immer und überall denselben Entwicklungsgesetzen folgend zu einem Complex von Einrichtungen deren Zweck, über nackte Selbsterhaltung und Herrschaft weit hinausgehend, in thatkräftiger Förderung aller vernünftigen, berechtigten und erhabenen Bestrebungen der Menschen besteht. Was ursprünglich den Eindruck einer Art Raubinstitution macht, das entwickelt sich im Laufe der Ge-

---

[1]) Die deutsche Gewerbeordnung die um 10 Jahre später erschien als die österreichische (1869) geht in ihren dießbezüglichen Bestimmungen etwas weiter. Sie verbietet nähmlich jede regelmäßige Verwendung in Fabriken von Kindern unter zwölf Jahren; Kinder zwischen 12 und 14 Jahren dürfen täglich nur sechs Stunden mit Fabrikarbeit beschäftigt werden (dabei dreistündiger obligater Unterricht); junge Leute von 14 bis 16 Jahren dürfen nur zehn Stunden mit Fabriksarbeit beschäftigt werden. Vergl. Rösler l. c. II. S. 630 Note 2.

schichte zu einer großen Pflegeanstalt in der die unmittelbarsten und höchsten Interessen der Menschheit werkthätige Hilfe und Unterstützung finden.

Was ursprünglich einzig und allein durch rohe Mittel der Gewalt, des phisischen Zwanges und materieller Uebermacht zusammengehalten werden konnte: das gestaltet sich zu einem wunderbaren Gemeinwesen das nicht nur durch die manigfachsten gegenseitig verschlungenen materiellen Interessen, sondern was noch mehr, durch gemeinschaftliche sittliche Ideen und Gefühle, so zusammengehalten wird, daß man versucht sein könnte, dieses einheitliche Ganze mit einem lebendigen Organismus zu vergleichen (welches Gleichniß in neueren Zeiten auf die naivste Weise in Uebertreibung ausartete). Dabei unterlauft aber meist der Irrthum, daß man das Wesen des Staates mit der Idee seiner neuesten Entwicklungsphasen identificirt, und daß man glaubt, dieses Wesen bestehe einzig und allein in dem Streben nach Erfüllung sei es des „Rechtszweckes" oder des „Wohlfahrtszweckes", und daß der Staat diese Zwecke einzig und allein mit den Mitteln des Rechts und der Freiheit, die diesen letzten Entwicklungsphasen entsprechen, zu verwirklichen habe.

Das ist ein Irrthum. Denn der Staat hat wohl im Laufe seiner Entwicklung (die wie wir oben S. 46 zeigten eine doppelte ist) immer neue Prinzipien seines Handelns adoptirt, immer zu neuen Ideen sich aufgeschwungen, neue Gebiete seiner Thätigkeit gewonnen, neue Aufgaben und Zwecke sich gesetzt, die er mit neuen Mitteln zu erreichen bestrebt ist, bei alle dem aber von seinen ursprünglichen Principien und Ideen nichts aufgegeben, von seinen Grundtendenzen mit denen er so zu sagen zur Welt kam, keine über Bord geworfen. Und diese Grundtendenzen der Selbsterhaltung und Herrschaft werden auch auf der höchsten Stufe der Entwicklung, die wir erreichten, im wesentlichen nicht anders und mit andern Mitteln verfolgt, wie in den Anfängen des staatlichen Daseins. Der moderne Staat gleicht in dieser Beziehung einem hochaufgeführten Bau an dem Jahrhunderte hindurch mühsam gearbeitet, wobei jedoch jedes neue Stockwerk in einem andern Styl ausgeführt wurde und den Charakter der verschiedenen aufeinanderfolgenden Zeitalter trägt. Wenn also auch die Giebel das Gepräge eines verfeinerten Geschmackes, einer hochentwickelten Cultur tragen: so ist es schwer zu sagen ob der rohe cyklopiſche Unterbau, der das Ganze ſtützt, ſich beſeitigen läßt: denn dieſer iſt's, der dem Ganzen nicht nur die Unterlage ſondern auch die Grundformen und den Grundcharakter giebt. Jene In= ſtitutionen die durch den Trieb der Selbſterhaltung und Herrſchaft in den Anfängen des Staates entſtanden und nur durch Uebermacht und Zwang erhalten wurden, ſie behalten meiſt dieſen ihren Cha= rakter auch in hochentwickelten und civiliſirten Staatsweſen.

Ob mit „Recht und Freiheit" allein ein Staatsweſen beſtehen kann, das iſt noch fraglich: es ſind das nemlich die oberen, in ſpä= teren Zeiten aufgeführten Stockwerke, die auf der Baſis der Ueber= macht und des Zwanges ruhen. Ob es menſchlichem Fortſchritt und menſchlicher Culturentwicklung einſt gelingen wird, auch dieſen Unter= bau des Staates im Geiſte des Rechts und der Freiheit wenigſtens einigermaßen umzugeſtalten, darüber kann die Wiſſenſchaft, als über etwas Zukünftigem, keine Auskunft geben.

Ihre Sache iſt es nur, das thatſächliche Verhältniß offen und unumwunden darzulegen. Ein ſich ſelbſt und andere täuſchender Optimismus über dieſe wirklichen Grundverhältniſſe des Staates bringt keinen Nutzen, ſtiftet, wie jede Lüge, nur Unheil.

Dagegen iſt es Sache des Staates in den einzelnen Sphären und Gebieten ſeiner Thätigkeit die denſelben entſprechenden, ihnen zukommenden Prinzipien walten zu laſſen. Wo es ſich um ſeine Selbſterhaltung handelt, da mag in letzter Linie Zwang herrſchen, weil er unvermeidlich iſt: wo es ſich nur um Verhältniſſe der inneren Ordnung handelt da ſei das Recht vor= herrſchend; wo es ſich um Beförderung der Wohlfahrt des Volkes handelt, alſo vorzüglich auf den Gebieten des wirthſchaftlichen Ver= kehrs, des Cultus= und Unterrichtsweſens, da laſſe man der Frei= heit den ihr auf dieſem Gebiete gebührenden Spielraum - ſo lange eben nicht dringende Selbſterhaltungsintereſſen des Staates in Be= tracht kommen, was freilich auch auf dieſen Gebieten (z. B. beim Sanitätsweſen) oft der Fall ſein kann.